『중동의 눈으로 본 예수』는 복음서의 기록을 역사적 맥락에서 떼어냄으로써 집 나간 해석적 "탕자"의 길을 가는 이들을 중동의 역사적 문맥과 배경이라는 본래 고향으로 돌아가게 하는 해석적 "귀향"의 노력을 담고 있다. 흑백 영상 같은 복음서의 기록에 중동의 옷을 입히고 중동 문화의 스크린에 예수의 가르침과 행적을 투영하여 복음서 이해에 입체감을 입혀주는 수고가 뛰어나다. 또한 무미건조할 수 있는 본문 해석을 스토리텔링 형식으로 전개해서 가독성을 높이고 있으며, 본문의 신학적 의미를 정리해주는 세심한 배려도 아끼지 않는 값어치 있는 책이다.

김경식 | 웨스트민스터신학대학원대학교 신약학 교수

성경 주석의 기본 원리 중 하나는 "그 당시, 거기에서"다. 성경 본문을 삶과 연결시키려는 조바심에 우리는 흔히 이 원리를 망각하고 본문에서 곧바로 "지금, 여기에서"를 찾는다. 성서학자들조차도 이런 실수를 자주 범한다. 중동 문화에 대한 베일리의 식견은 문화에 대한 무지가 가져오는 해석의 오류에서 많은 성서학자들을 구해주었다. 그는 성서학자들의 선생이었다. 그동안 베일리의 식견이 주로 성서학자들에게 혜택을 주었다면, 본서는 일반 독자들에게도 이 축복을 나누어줄 수 있게 집필되었다. 본서를 읽으면 "아, 이 구절이 당시 문화에서는 이런 뜻이었구나!" 하는 생각이 절로 든다. 일독(一讀)을 넘어 중독(重讀)을 권한다.

김동수 | 평택대학교 신학과 교수

복음의 진리는 무궁무진해서 시좌(視座)를 바꾸면 새로운 깨달음을 준다. 중동 기독교 문화의 눈으로 복음서를 읽고 해석하는 베일리의 글은 놀라운 통찰을 주고 본문을 생동감 있게 살린다. 한국의 기독교인들이 그동안 간과했던, 그러나 역사적 예수가 살았던 것과 근접한 문화권의 신약성경 읽기에 매료되지 않을 수 없다. 현재로서는 베일리만이 공헌할 수 있는 분야의 정돈된 연구서인 이 책을 적극 추천한다. 더불어 정갈한 번역이 이 책의 진가를 더욱 높이고 있다.

김학철 | 연세대학교 학부대학 교수

유대인 예수는 일차적으로 팔레스타인에 거주했던 중동인이었다. 그분의 언어와 습관과 사고는 중동인의 그것이었으며, 그의 제자들 역시 그러했다. 그들을 통해 남겨진 복음서를 중동인의 안목으로 읽어야 하는 것은 너무도 당연하고 자연스러운 일이 아닌가? 서구 학계는 이런 단순한 사실을 오랫동안 등한시했다. 중동인의 눈으로 복음서(특별히 예수의 비유)를 읽어내는 베일리는 우리가 전통적으로 알고 있던 복음서 해석에 상당한 도전과 새로운 가능성을 제시한다. 이 책은 단순한 학문적 연구서가 아니라, 본문의 문화-신학적 의미를 목자의 애정과 함께 담아 독자에게 다가가는 책이다. 중동 문화의 렌즈로 읽는 복음서가 간혹 생소하게 느껴지겠지만 동시에 이전에 느끼지 못한 신선한 감동을 준다. 목회자들의 복음서 설교 준비에 필수적인 책일 수밖에 없겠다. 곱씹어 읽고 영적 유익을 얻으라!

류호준 | 백석대학교 신학대학원 구약학 교수

이 책은 서구의 복음서 해석 전통에 익숙한 우리에게 중동의 성경 해석 시각을 맛보게 해주는 신선한 도전이다. 베일리는 중동 지역에서 60년을 살았고, 그중 40년을 성경을 연구하고 가르치며 보냈다. 그 기간 동안 저자는 중동의 살아 있는 문화에 비추어 복음서를 해석하는 데 관심을 집중했다. 그 결과 『시인과 농부』, 『농부의 눈으로』와 같은 걸출한 저서들로 누가복음 비유 연구에 이미 지대한 기여를 해온 그가 만년에 지금까지의 연구의 결정체로 본서를 내놓았다. 이 책에서 베일리는 자신의 중동 문화 경험에 바탕을 둔 절제된 상상력으로 복음서 본문을 살아 움직이게 만든다. 또한 중동의 언어와 수사학을 활용하여, 복음서의 다양한 본문들을 생동감 넘치게 풀어나간다. 『중동의 눈으로 본 예수』가 우리의 복음서 이해의 폭을 새로운 측면에서 놀랍게 넓혀주리라고 확신한다.

양용의 | 에스라성경대학원대학교 신약학 교수

이 책은 "중동의 시각"이란 새로운 관점으로 복음서의 "익숙한" 이야기를 "낯설게" 읽어내는 사례들을 제시한다. 복음서 해석의 게토(ghetto)로 치부되어온 아랍어권의 성경 번역을 비롯해서 중동의 문화와 수사법을 완벽하게 적용한 저자의 독법을 만나는 순간, 독자는 예수의 선포가 함의한 하나님의 구원과 해방의 민낯을 발견하는 "독서의 쾌락"에 빠지게 될 것이다. 복음서 해석을 위한 최고의 나침반인 이 책의 필독을 정중히 권한다.

윤철원 | 서울신학대학교 신학전문대학원 신약학 교수

탁월한 신학자들의 한계는 늘 문화에 대한 이해와 쉬운 글쓰기였다. 베일리처럼 서구 기독교인으로 어린 시절을 이집트에서 보내고 중동 문화의 선교사로 평생을 지냈으며, 서구 교육을 통해 습득한 학문성도 탁월하지만 동시에 문학적이면서 쉽게 풀어가는 글을 쓰는 이는 극히 드물다. 그의 복음서 해석은 새로운 것이 아니라 오히려 현대인들이 당시 문화를 몰라 왜곡하고 있는, 복음서의 가장 오래된 관점과 해석의 복원이라 할 수 있다. 이 책은 신학교뿐만 아니라 교회에서 성경 교재로 사용할 수 있을 정도로 쉽다. 또한 누구라도 한번 책을 들면 손에서 떼기 어려울 정도로 재미있다.

이민규 | 한국성서대학교 신학대학원 신약학 교수

이 책은 서구 신약학자들의 역사비평 중심의 논의에서 제외되었던 동방 기독교 전통의 자료들을 풍부하게 사용하여 예수의 말씀과 예수에 대한 이야기에 놀라운 통찰력을 제공하고 있다. 특별히 60년 이상 중동에서 생활했던 베일리는 수천 년 동안 그 지역에서 사용되었던 수사학적 방법과 문화적 이해를 바탕으로 복음서의 예수 이해에 설득력 있는 새로운 해석들을 제시한다. 역사적 예수와 복음서 이해에 관심이 있는 그리스도인들부터 신학 전문 학자들에 이르기까지 이 책은 중요한 필독서가 될 것이다.

이상일 | 총신대학교 신약학 교수

켄 베일리는 깊고 예민한 "중동의 눈"을 가질 만큼 아랍의 문화와 생활을 잘 안다. 그 눈으로 우리 한국인이 잘 알아볼 수 없는 예수의 모습을 보고 그분 말씀의 뜻을 풍성하게 풀어준다. 하지만 이 책에는 단지 "중동의 눈"만 작동하는 것이 아니다. 최근까지의 복음서 연구의 치열하고 균형 잡힌 학문적 열매들이 페이지마다 스며 있다. 그래서 책 제목을 이렇게 늘이고 싶다. "신학적·목회적 통찰이 곁들여진 중동의 눈으로 본 예수."

조재천 | 횃불트리니티신학대학원대학교 신약학 교수

오래전 예레미아스가 당시 서구 신약학계를 위해 그랬던 것처럼, 베일리 박사는 예수를 그분 자신의 문화와 사회적 배경의 빛으로 조명하는 신선함을 제공해준다. 더구나 이 책은 예수의 탄생, 주기도, 제자를 부르심, 여자들, 그분의 비유들을 단지 중동의 눈으로 볼 뿐만 아니라, 중동의 눈으로 보았을 때 더욱더 확연히 드러나는 "복음"의 내용을 확증한다. 그래서 흥미로운 조합이다. 독자들은 통상 서구 학자들의 주석에서는 찾아보기 어려운 배경 이해에서 오는 신선함과 생생함, 그럼에도 믿을 만한 안정적인 해석을 만날 것이다. 옆에 두고 꼼꼼히 읽어보고 싶은 책이다.

채영삼 | 백석대학교 신학대학원 신약학 교수

이집트에서 어린 시절을 보내고 중동에서 연구 이력을 쌓은 베일리는 예수의 삶을 문화의 시각에서 해석하는 탁월한 해석자로 우뚝 섰다. 문화인류학의 여러 통찰과 능숙한 주해 솜씨를 사용해서 살펴본 복음서가 지금도 살아 있는 중동의 이야기로 우리에게 불쑥 다가온다.

개리 버지 Gary Burge | 휘튼 칼리지 신약학 교수

탁월한 이야기꾼이요 중동 문화 전문 관찰자인 베일리는 그가 이 지역에서 40년을 살며 체험한 것을 예수의 세계에 관한 놀라운 작품을 만들어내는 데 활용한다. 성경 이야기를 캐내는 그의 열정과 독자와 대화하는 것 같은 글 솜씨는 이 책을 읽는 학자와 목회자 그리고 평신도를 모조리 사로잡아버린다.

린 코힉 Lynn Cohick | 휘튼 칼리지 신약학 교수

『중동의 눈으로 본 예수』에는 해석의 통찰과 문화를 꿰뚫는 통찰이 풍부하다. 저자는 예수에 관해서 서구의 시각으로 쓴 대다수 주석과 책이 자주 간과하는 지점을 밝히 설명해준다.

크레이그 에번스 Craig A. Evans | 아카디아 신학대학원 신약학 교수

베일리가 아주 기막힌 일을 해냈다. 중동의 신자가 쓰는 안경을 통해 보면 성경 속에 늘 존재하고 있었지만, 우리 시각만으로 볼 때는 또렷이 보이지 않았던 것들을 새롭게 통찰할 수 있게 해준다.

메리 에번스 Mary J. Evans | 런던 신학교 명예 부학장

베일리는 새로운 시각을 제시하는 것이 아니라, 초기 교회와 고대 교회 교부만큼 오래되었지만 이 시대 서구의 많은 독자에게는 생소할 수 있는 생각들을 제시한다. 신약성경이 전제하는 구체적 세계를 강조하는, 치열하고 매력이 넘치는 연구서가 여기에 있다.

이디스 험프리 Edith Humphrey | 피츠버그 신학대학원 신약학 교수

나는 오랫동안 저자의 유익한 통찰들을 칭송해왔다. 그는 주로 고대 기록 자료에 의존하는 우리를 자극하여 새로운 접근법들을 고려해보도록 만든다.

크레이그 키너 Craig Keener | 애즈베리 신학대학원 신약학 교수

이 흥미진진한 연구서는 서구 독자들이 거의 읽을 수 없는 중동의 해석자들을 자유자재로 원용한다. 이 책은 우리의 역사 이해를 예리하게 만들고 많은 설교를 발전시켜주며 새로운 학문 연구를 진작시킬 것이다. 베일리는 이 모든 연구 작업을 펼치면서, 십자가와 그가 원용하는 자료들의 메시지를 늘 그 중심으로 삼는다.

로버트 야브로 Robert W. Yabrough | 커버넌트 신학대학원 신약학 교수

Jesus Through Middle Eastern Eyes
Cultural Studies in the Gospels

Kenneth E. Bailey

Originally published by InterVarsity Press as
Jesus Through Middle Eastern Eyes by Kenneth E. Bailey.
ⓒ 2008 by Kenneth E. Bailey.
Translated and printed by permission of InterVarsity Press, P.O. Box 1400, Downers Grove, IL 60515, USA.
License arranged through rMaeng2, Seoul, Republic of Korea.
This Korean Translation Edition ⓒ 2016 by Holy Wave Plus Publishing Company, Seoul, Republic of Korea.

이 책의 한국어판 저작권은 알맹2 에이전시를 통하여 미국 InterVarsity Press와 독점 계약한 새물결플러스에 있습니다. 신 저작권법에 의해 한국 내에서 보호받는 저작물이므로 무단 전재와 무단 복제를 금합니다.

중동의 눈으로 본 예수
고대 중동의 삶, 역사, 문화를 통해 본 복음서

케네스 E. 베일리 지음 | 박규태 옮김

• 옮긴이의 일러두기

1. 성경 본문은 한국어 역본을 그대로 옮기지 않고 저자가 제시한 본문을 번역하여 실었습니다.
2. 히브리어를 비롯한 고대어와 아랍어를 비롯한 현대어 음역 표기가 통일되지 않은 것은 저자와 저자가 인용한 다른 학자들의 표기법이 서로 다르기 때문입니다.
3. 역주는 본문 안에 "-역주"로 표기했습니다.

절망을 넘어 소망을 택하고
시들지 않는 사랑으로 밤마다 노래를 들려주었던
데이비드 마크 베일리께
깊은 감사를 담아 이 책을 바칩니다.

차례

서문 17
들어가는 글 21

| 제1부 | 예수 탄생   39
1장 예수 탄생 이야기   누가복음 2:1-20   41
2장 예수 계보와 의인 요셉   마태복음 1:1-21   61
3장 구원자, 현자들 그리고 이사야의 환상
마태복음 2:1-12; 이사야 60:1-7   77
4장 헤롯의 잔학 행위, 시므온과 안나
마태복음 2:13-18; 누가복음 2:22-36   91

| 제2부 | 지복(至福)   103
5장 지복 설교 1   마태복음 5:1-5   105
6장 지복 설교 2   마태복음 5:6-12   123

| 제3부 | 주기도   143
7장 주기도: 하나님 우리 아버지   마태복음 6:5-9   145
8장 주기도: 하나님의 거룩하심   마태복음 6:9   165
9장 주기도: 하나님 나라와 우리 양식   마태복음 6:10-11   181
10장 주기도: 우리 죄와 악   마태복음 6:12-13   199

| 제4부 | 예수의 극적 행위   211

　11장 베드로를 제자로 부르심 누가복음 5:1-11   213
　12장 예수가 사역을 시작하심 누가복음 4:16-31   231
　13장 맹인과 삭개오 누가복음 18:35-19:1   267

| 제5부 | 예수와 여자들   291

　14장 예수와 여자들: 들어가는 글   293
　15장 우물가에서 만난 여자 요한복음 4:1-42   309
　16장 수로보니게 여자 마태복음 15:21-28   337
　17장 너희 중에 죄 없는 자가 먼저 돌로 치라 요한복음 7:53-8:11 353
　18장 바리새인 시몬의 집에서 만난 여자 누가복음 7:36-50   373
　19장 과부와 재판관 비유 누가복음 18:1-8   407
　20장 지혜로운 처녀와 어리석은 처녀 비유 마태복음 25:1-13   419

| 제6부 | 예수의 비유들   429

21장 예수의 비유들: 들어가는 글   431

22장 선한 사마리아인 비유 누가복음 10:25-37   439

23장 어리석은 부자 비유 누가복음 12:13-21   463

24장 큰 잔치 비유 누가복음 14:15-24   481

25장 두 건축자 비유 누가복음 6:46-49   499

26장 불의한 청지기 비유 누가복음 16:1-8   515

27장 바리새인과 세리 비유 누가복음 18:9-14   533

28장 긍휼히 여기는 고용주 비유 마태복음 20:1-16   551

29장 섬기는 주인 비유 누가복음 12:35-38   567

30장 나사로와 부자 비유 누가복음 16:19-30   589

31장 열 므나 비유 누가복음 19:11-27   619

32장 고귀한 포도원 주인과 그 아들 비유 누가복음 20:9-18   639

참고 문헌 665
색인 677

서문

이 책은 여러 단계를 거쳐 나왔다. 이 책의 몇 장은 전문적으로 비디오로 녹화된 강의를 녹취한 것이다. 내 다정한 벗이요 동지이며 그로브 시립대학(Grove City College) 신약학 교수(명예 교수)인 데일 본 박사가 아주 꼼꼼하게 이 작업을 해주었다. 녹취는 물론이요, 강의 스타일로 되어 있던 내용을 가독성 있는 산문으로 바꾸는 과정까지 수고해준 벗에게 깊이 감사한다.

다른 장들은 내가 약 30년 전에 출간했던 비유 연구를 새로 쓴 것이다. 이런 장들의 내용은 대부분 이 책에서 처음으로 제시하는 것이다. 내가 새롭게 발견한 이런 내용을, 중동 전통 문화에 비추어 본문을 살펴보는 데 관심 있는 독자들에게 소개할 수 있도록 특별한 혜택을 베풀어주신 IVP(InterVarsity Press)에 깊이 감사드린다.

이 책의 각 장은 추려 뽑은 주제를 다루고 있다. 여기에는 예수 탄생, 지복(至福), 기도, 예수 사역 속에 등장하는 여자들, 극적 행위와 비유가 포함된다. 이 책의 목표는 중동 지역 그리스도인의 성경 해석과 담을 쌓았던 서구인이 서서히 그 담을 허물면서 우리에게 다가온 몇몇 보화를 살짝이나마 볼 수 있게 해주는 것이다. 내 목표는 성경 본문을 이해하는 데 도움을 줄 새 시각들을 제시하는 것이지, 옛 시각들을 재배열하는 것이 아니다.

아울러 이 책의 편집자요 친구이며 책 집필을 처음부터 끝까지 끈기 있게 이끌어준 조엘 스캔드레트에게도 감사한다. 그는 늘 유익한 통찰을 발휘하여 내가 약한 곳을 보강하고 모호한 곳을 명쾌하게 설명하도록 지혜롭게 독려해주었다. 그에게 큰 빚을 졌다.

내 개인 원고 정리자인 사라 베일리 마카리에게도 갚지 못할 신세를 졌다. 사라는 내가 쓴 복잡한 문장을 나누어주고, 왔다 갔다 하는 시제를 바로잡고, 혼란을 일으키는 많은 곳에서 그 의미를 분명히 밝혀주고 군더더기를 없애주었다. 요컨대 최종 결과물의 품질이 어떠하든, 사라는 이 책에 엄청난 기여를 했다. 사라에게 감사를 표한다.

나는 20년 넘게 (PCUSA 소속인) 셰넌고 노회 회원으로 이루어진 "자문위원회"로부터, 그리고 근자에는 미국 성공회 피츠버그 교구 지체들로 이루어진 "자문위원회"로부터 건강한 권면과 슬기로운 조언을 얻는 남다른 특혜를 누렸다. 지금 이 훌륭한 모임에는 윌리엄 크룩스 목사, 데이비드 도슨 목사, 조지프 홉킨스 목사, 변호사인 토머스 맨슬, 파멜라 맬로니 목사, 공인회계사인 윌리엄 맥나이트, 앤 패튼 목사가 속해 있다. 오랜 세월 은혜를 입고 신세를 진 이 모든 다정한 벗들에게 감사한다는 말을 전하고 싶다.

많은 교회와 개인이 이름을 밝히거나 밝히지 않은 채 줄기차게 이어온 내 연구 노력을 도와주었다. 이들이 도와주지 않았으면 나는 이 책을 쓰는 데 필요한 자료들을 얻지 못했을 것이요, 이 책을 끝내지도 못했을 것이다. 특별히 캔자스 주 위치타의 이스트민스터 장로교회와 펜실베이니아 주 머서의 트리니티 장로교회가 생각난다. 이 모든 이들에게 진심으로 감사드린다.

중동에는 아랍어를 쓰는 그리스도인이 천만이 넘는다. 이들의 기원을 찾아가 보면 오순절까지 올라갈 수 있다. 오순절 날 베드로가 말씀을 전하는 자리에 모인 사람 중에는 아라비아로부터 온 사람들도 있었으며, 이들은 그 말씀을 아랍어로 들었다. 니케아 공의회에는 바레인에서 온 주교

두 사람이 참석했다.[1] 아랍어권 기독교 신학자와 주해가들은 900년부터 1400년 무렵까지 5세기에 걸쳐 수준 높은 기독교 학문을 만들어냈으며, 그 탁월함은 지금도 발견할 수 있다.

지난 40년 동안 셈어권 기독교 세계를 물려받아 살아가는 이들이 나를 받아주고 격려하고 사랑하고 지켜주고 가르치고 이끌어준 것은 내 인생이 누린 가장 큰 혜택이었다. 편할 때든 힘들 때든, 전쟁이 나고 전쟁 소문이 들릴 때도, 나는 언제나 그 모든 이들에게 감사하련다. 이 책은 다만 그들이 (그리고 우리가) 물려받은 유산에서 배움을 얻으면서 이를 통해 나사렛 예수의 삶과 메시지를 더 분명히 생각해보려는 부족한 시도에 불과하다.

오직 하나님께 영광을!

케네스 E. 베일리

---

[1] Irfan Shahid, *Byzantium and Arabs in the Fourth Century* (Washington, D.C.: Dumbarton Oaks Research Library and Collection, 1984), p. 330.

들어가는 글

1935년부터 1995년까지 60년 동안, 나는 중동을 거주지로 삼았다. 이집트에서 어린 시절을 보냈고, 이집트와 레바논과 예루살렘과 키프로스에 있는 신학교와 연구소에서 신약성경을 가르치며 40년을 보냈다. 그러는 동안 나는 내 학문 연구의 초점을 중동 문화에 비추어 복음서의 이야기를 제대로 이해하는 데 맞추었다. 이 책은 지금껏 계속해온 이런 노력의 한 토막이다.

이 연구에는 고대와 중세와 현대의 기록 자료들이 사용되었다. 고대 문헌(아람어와 히브리어와 시리아어와 아랍어로 쓴 자료)의 경우, 내가 관심을 가진 것은 구약성경과 중간기 문헌 그리고 사해 사본만이 아니다. 신약 이후에 나온 유대 문헌(미쉬나, 미드라쉬 라바 그리고 두 탈무드) 역시 중요하다. 유대 문헌뿐 아니라 셈어권 동방 교회에서 나온 문헌도 있다.

존 마이언도르프(John Meyendorff)는 동방 기독교 전통의 중요성을 이야기하면서 이렇게 쓰고 있다.

초기 기독교 전통을 표현한 언어가 그리스어와 라틴어뿐이라는 생각은 지금도 널리 퍼져 있다. 이런 억측은 역사적 사실을 왜곡하고 기독교 신학과 영성에 관한 우리 이해를 빈약하게 만든다. 3세기와 4세기에는 시리아어가 교회에서 세 번째로 많이 사용되는 국제어였다. 시리아어는 시리아, 팔레스타인, 메소포타미아를 포함한 로마의 "동방" 교구에서 주요한 의사소통 수단이었다.[1]

중동의 그리스도인은 기억에서 사라진 신자로 불려왔다. 세상이 알다시피 중동에는 여러 세기 동안 유대인과 이슬람교 신자들이 살아왔다. 하지만 451년에 열린 칼케돈 공의회 이후 중동의 그리스도인은 서구인의 의식에서 사라졌다. 오늘날 고대와 현대 문헌의 풍성한 유산을 향유하는 아랍어권 그리스도인이 천만 명 넘게 존재한다는 사실을 아는 이는 극소수다. 셈어를 사용하는 이 그리스도인들은 중동 문화 속에서 살아가고 숨 쉬고 생각하고 활동하며, 그 문화에 참여하는 이들이다. 이들은 중동의 전통 생활 방식에 뿌리를 내리고 있다. 과거는 물론이요 지금도 성경을 연구하려면 이들의 목소리에 귀를 기울여야 한다.

이 책(논문 모음)은 이들의 목소리를 귀 기울여 들어보고자 복음서를 다룬 초기 시리아어 기독교 문헌과 아랍어 기독교 문헌을 활용했다. 시리아어는 예수가 쓰셨던 아람어의 자매어(姉妹語)다. 아랍어권 기독교는 오순절에 베드로가 설교하는 자리에 있었던 일부 사람들이 아랍어로 그 설교를 들으면서 시작되었다. 이후 첫 몇 세기를 거치는 동안 아랍어권 기독교는 예멘과 바레인과 카타르 그리고 다른 지역에 널리 퍼진 것으로 알려져 있다.[2] 이슬람교가 등장하면서 아랍어는 차츰 모든 동방 그리스도인의 주요 신학 언어가 되었다. 여러 세기에 걸쳐 나온 수준 높은 아랍어 기독교 문헌은 지금도 대부분 출간되지 않고 사람들이 모르는 문헌으로 남아 있다.[3] 시리아어, 히브리어/아람어, 아랍어로 쓴 이 자료들은 모두 더 넓게

---

1) John Meyendorff, *Ephrem the Syrian, Hymns*의 preface, trans. Kathleen McVay (New York: Paulist, 1989), p. 1.
2) J. Spencer Trimingham, *Christianity Among the Arabs in Pre-Islamic Times* (London: Longmans, 1979).
3) Georg Graf, *Geschichte der christlichen arabischen Literatur*, 5 vols. (Vatican

고대 중동 문화를 공통분모로 갖고 있으며, 언어와 문화상 그리스어와 라틴어를 사용한 서방 문화보다 예수가 사셨던 셈어 세계에 더 가깝다.

이런 초창기 문헌으로부터 시리아인 에프렘(Ephrem the Syrian)의 저술과, 번역의 고전이 된 세 개의 시리아어 복음서 역본이 나타났다. 이 세 역본이란 고(古)시리아어 역본, 페쉬타(Peshitta; 시리아 정교회가 5세기 초부터 사용한 공인 표준 성경. 위작 논란이 있었던 베드로후서, 요한2서, 요한3서, 유다서, 요한계시록은 제외함-역주), 하르켈 역본(7세기 초에 하르켈의 도마가 이집트에서 완성한 역본. 페쉬타에서 제외된 다섯 책을 포함시킴-역주)인데, 내 책은 이 세 역본을 모두 참조했다.

8세기에 시작하는 초기 아랍 기독교 전통이 중요해진다. 중세 초기가 막을 열면서 내가 여태껏 발견한 중동 신약학자 중 가장 탁월한 인물이 등장한다. 바로 그가 이븐 알 타이이브(Ibn al-Tayyib)로 알려져 있는 아부 알 파라지 압달라 이븐 알 타이이브 알 마쉬리키(Abu al-Faraj Abdallah Ibn al-Tayyib al-Mashriqi)다. 바그다드가 낳은 이 걸출한 학자는 1043년에 숨졌다. 게오르크 그라프(Georg Graf)는 이븐 알 타이이브를 "철학자와 예술가와 수도사와 사제의 모습을 한 사람 속에 다 갖춘 인물"[4]로 묘사한다. 정말 그는 르네상스보다 500년 앞서 나타난 르네상스인이었다. 이븐 알 타이이브는 그리스어에 능통하고 그리스어 문헌을 폭넓게 읽었을 뿐 아니라, 능숙한 의사로서 의학을 가르치고 의서(醫書)도 썼다. 또한 그는 학자로서 신약성경을 시리아어에서 아랍어로 번역하고, 철학서와 신학서를 쓰고, 디아테사론(Diatessaron; 2세기에 타티아노스가 네 복음서를 하나로 엮어 만든 통합 복음서-역주) 아랍어판을 편집했으며, 구약 주석과 신약 주석을 썼다.[5] 내 책에서는 복음서에 대한 그의 저작을 거듭 인용했다.

City: Biblioteca Apostolica Vaticana, 1944-1953).
4) Graf, *Geschichte der christlichen arabischen Literatur*, 2:160.
5) Albert Abuna, *Adab al-Lugha al-Aramiyya* (Literature in the Aramaic Language) (Beirut: Starko Press, 1980), pp. 417-18.

중세가 낳은 두 번째 주요한 목소리는 콥트파 학자 히바트 알라 이븐 알 아살(Hibat Allah Ibn al-'Assal)이다. 그는 1252년에 본문 비평 도구를 완벽히 갖춘 사복음서 비평본을 완성했다. 그의 작품은 그가 살던 시대 이전에 여러 세기 동안 성경 본문을 그리스어와 콥트어와 시리아어로부터 아랍어로 어떻게 번역했는지 압축하여 보여준 놀라운 결과물이었다.[6] 디유니시유스 자쿱 이븐 알 살리비(Diyunisiyus Ja'qub Ibn al-Salibi, 1171년에 숨짐)가 쓴 복음서 주석도 참고했다.

현대 학자의 경우는 이집트의 탁월한 개신교 신학자로서 20세기에 아랍어로 훌륭한 누가복음 주석과 요한복음 주석을 써낸 이브라힘 사이드(Ibrahim Sa'id)에 의존했다. 더불어 콥트 정교회 학자로 2006년에 세상을 떠난 마타 알 미스킨(Matta al-Miskin)도 거듭 참조했다. 이 박식한 수도사는 어쩌다가 콥트 정교회 총대주교가 되었지만, 수십 년에 걸친 수도사 생활을 아랍어로 신약성경 주석을 쓰며 보냈다. 복음서를 다룬 그의 여섯 권짜리 대작은 놀라운 작품이지만 아랍어권 기독교 세계 밖에는 알려져 있지 않다.

주석도 주석이지만, 고대와 현대에 여러 성경 역본이 나왔다. 나는 아랍어 성경이 모든 언어 전통을 통틀어 가장 유구하고 빛나는 성경 번역 역사를 가졌다고 확신한다. 고대 기독교 전통은 신약성경을 라틴어와 콥트어와 아람어와 시리아어로 번역했다. 그러나 5세기에 이르러 이런 번역 노력은 모두 그쳤다.[7] 아랍어 신약성경은 8세기부터 있었던 것 같고 9세기부터는 확실히 존재했다. 아랍어 신약성경은 시리아어, 콥트어, 그리스어로부터 번역되었으며, 현대에 이르기까지 계속하여 다듬어지고 새롭게 번역되고 있다.[8] 번역은 늘 해석이며, 이런 역본은 그것을 만들어낸 교회

---

6) Kenneth E. Bailey, "Hibat Allah Ibn al-'Assal and His Arabic Thirteenth Century Critical Edition of the Gospels," *Theological Review* (Beirut) 1 (1978): 11-26.
7) 유일한 예외가 614년에 완성한 하르켈 시리아어 역본이다.
8) I. Guidi, "Le traduzione degle Evangelli in arabo e ethopico," *Tipografia della*

가 가지고 있는 본문 이해를 그대로 담고 있다. 이런 역본은 동방 교회의 복음서 주해를 다시 발견할 수 있는 금광이라고 할 수 있다.

내 책은 문화뿐 아니라 수사법에도 초점을 맞추고 있다. 중동인들은 고대와 현대에 걸쳐 수천 년 동안 평행법을 사용하여 시를 짓고 산문을 써왔다. 구약성경은 서구가 "히브리 평행법"으로 알고 있는 것을 널리 사용한다. 그러나 일찍이 히브리 문학 전통에서는 이런 평행법이 내가 "예언적 설교"(prophetic homilies)라 부른 것 속에 함께 녹아들었다. 이런 설교를 구성하는 몸통들은 히브리 평행법을 다양하게 결합해놓았다. 어떤 때는 말하고자 하는 생각을 쌍을 지어 표현하는데, 이 쌍들은 일직선으로 순서를 이루면서 AA BB CC 패턴으로 등장한다. 또 다른 방식은 말하고자 하는 생각을 제시하고 다시 역순으로 되풀이하는 A B CC B A 모양을 보여주기도 한다. 이런 평행법은 "반전 평행법"(inverted parallelism)이라 부를 수 있다(이 평행법은 "고리 모양 구성"[ring composition]과 "교차 대구법"[chiasm]으로도 불린다). 나는 세 번째 수사 스타일을 "단계 평행법"(step parallelism)이라 부른다. 이 평행법은 ABC ABC 패턴을 따르기 때문이다. 이 세 가지 기본 스타일이 한 설교 안에 결합해 있을 때도 종종 있다. 이런 수사 스타일을 정교하게 다듬어 결합한 초기 사례 중 하나가 그림 0.1.에서 볼 수 있듯이 이사야 28장에서 나타난다.

Reale Accademia dei Lincei, vol. CCLXXV (1888): pp. 5-37.

이러므로 **야웨의 말씀을 들으라.** 너희 비웃는 자들,
곧 **예루살렘에서** 이 백성을 **다스리는 자들아!**

이는 너희가 (이렇게) 말했기 때문이니,

1. a. "우리가 죽음과 언약을 맺고
   b. 또 스올과 우리가 맹약을 맺은즉   죽음, 스올과
   c. 엄청난 재앙이 지나갈 때   언약함
   d. 그것이 우리에게 오지 않으리니

2. a. 이는 우리가 거짓말을 피난처로 삼았음이요   피난처
   b. 또 거짓 속에 우리가 숨었기 때문이라."   숨을 곳을 만듦

3.   그러므로 주 하나님이 이같이 말씀하시되
     "보라, 내가 시온에 두어 **기초로 삼으리니**   지음
     한 돌을, 시험한 돌을,   재료
     귀중한 모퉁잇돌을, 튼튼한 기초를,

4.   '(그것을-70인역) 믿는 자는   새김글
     흔들리지 않으리라.'   INSCRIPTION

5.   또 내가 **정의를** 측량줄로 삼고   지음
     또 의를 다림추로 (삼으리니)   도구

6. a. 또 우박이 거짓이라는 피난처를 쓸어버리고   피난처
   b. 또 물이 그 숨은 곳을 덮치리라."   숨을 곳이 파괴됨

7. a. 그러면 너희가 죽음과 맺은 언약이 무효 되고
   b. 또 너희가 스올과 맺은 맹약이 서지 못하리니   죽음, 스올과
   c. 엄청난 재앙이 지나갈 때   맺은 언약이 무효가 됨
   d. 네가 그것에 쓰러지리라.

그림 0.1. 이사야서의 두 건축자 비유(사 28:14-18)

이 설교에 구사된 수사법에는 다음과 같은 특징들이 있다.

- 이 설교는 일곱 연이다. 이 연들은 1연이 7연과, 2연이 6연과, 3연이 5연과 결합하면서 앞으로 나아갔다가 역순으로 뒤풀이된다. 중앙(4연)이 정점인데, 여기서 예언자 이사야는 백성에게 **믿고 흔들리지 말라**고 요구한다. 일곱 개의 연을 사용한 이 독특한 수사 스타일은 일찍부터 널리 사용되었기에 뭔가 이름을 붙여도 되겠다. 나는 이 스타일에 "예언적 수사 틀"(prophetic rhetorical template)이라는 이름을 붙였다. 이 스타일은 시편 23편에서도 나타난다. 또 마가복음에서는 이 스타일이 17회 등장한다. 그렇다면 신약성경에서 볼 수 있는 이 스타일은 적어도 천 년을 이어온 셈이다.

- 1연과 7연은 "단계 평행법"을 사용해서 이어져 있다. 두 연을 나란히 놓고 보면, 둘 사이의 대비점이 분명하게 드러난다.

1. a. "우리가 **죽음과 언약을 맺고**
   b. 또 **스올과 우리가 맹약을 맺은즉**   죽음, 스올과
   c. **엄청난 재앙이 지나갈 때**   언약함
   d. 그것이 우리에게 오지 않으리니

7. a. 그러면 너희가 죽음과 맺은 언약이 무효가 되고
   b. 또 너희가 스올과 맺은 맹약이 서지 못하리니   죽음, 스올과
   c. **엄청난 재앙이 지나갈 때**   맺은 언약이 무효가 됨
   d. 네가 그것에 **쓰러지리라.**

7연의 네 문장은 1연과 쌍을 이루며, 1연이 말하는 바와 철저히 대조를 이룬다. 1연 c와 7연 c는 같다.

- 얼핏 봐도 2연과 6연 역시 같은 관계를 보여준다. 다만 이 경우에 이사야는 그가 구사한 단계 평행법의 각 단계에서 두 개념을 활용한다. 이 두 개념은 "피난처 및 숨을 곳"과 관련된다. 2연에서는 피난처와 숨을 곳이 살아 있다. 6연에서는 피난처와 숨을 곳이 파괴당한다.

- 3연과 5연도 쌍을 이루지만, 다른 방식으로 쌍을 이룬다. 3연은 약속된 새 초석을 열거한다. 5연은 건축 도구를 사용할 것을 묘사한다. "측량줄"(수평)은 "정의"요, "다림추"(수직)는 "의"일 것이다. 석공이 돌집을 지으려면 건축 재료가 있어야 하고(3연) 지을 때 쓸 도구가 있어야 한다(5연). 이 두 연은 분명히 한 쌍을 이룬다.

- 이 설교 중앙에 자리한 정점은 약속된 복, 곧 믿음이 가져다줄 복에 초점을 맞춘다. 그들이 지은 건축물(피난처와 숨을 곳)은 흔들리고 무너질 것이다. 그러나 (하나님을) 믿는 이들은 **흔들리지 않을 것이다**. 나아가 늘 그렇듯이 이 중앙은 설교의 시작 및 끝과 이어져 있다. 예루살렘을 다스리는 자들은 무효가 될(7연) "죽음과 언약을" 맺는다(1연). 오직 "믿는" 자만이(4연) 흔들리지 않을 것이다. 중앙(4연)은 2행으로 이루어져 있는데, 4연 a는 1연과 이어진 반면, 4연 b는 7연과 연관된다. 이는 다음을 보면 알 수 있다.

4. a. **믿는 자는** ("언약/맹약"이라는 말을 가진 1연과 이어져 있다. "언약/맹약"은 본질상 어느 정도 "믿음"을 요구한다.)
   b. **흔들리지 않으리라.** (7연과 이어져 있다. 7연에 나오는 "서지 못하다"와 "쓰러지다"는 장차 흔들릴, 가치 없는 언약의 특징이다.)

이런 분석이 "흥미로우며" "예술적 측면에서 보아도 만족스럽다"라고 여기는 이들이 있을 듯한데, 이런 분석이 해석에도 중요한가? 과거 여러 세기 동안 교회는 이 책에서 살펴본 대다수 본문이 일직선 형태를 이루면서 "이것 다음에 저것" 식으로 차례차례 이어진다고 보아왔다. 이 책이 제시한 수사 패턴이 모두 설득력 있다고 여기는 이도 있고 그렇지 않은 이도 있겠지만, 설령 이 수사 패턴 중 **일부**만 타당하다 판단해도 괘념치 않겠다. 이 중요한 문제를 좀 설명하고 가는 것이 도움이 될 것 같다.

1. 저자가 자신이 주장하려는 것을 ABC CBA 구조를 사용하여 제시한다면, 그가 "A"를 놓고 말하려는 것 가운데 절반은 1행에서 등장하고 다른 절반은 6행에서 읽어내야 한다. 역시 두 행이 한 쌍을 이룬 2행(B)과 5행(B)에서도 마찬가지다. 이렇게 어떤 취지를 한 쌍으로 표현했음을 알아차리지 못하면, 화자나 저자가 제시하는 주장의 중요 부분을 놓치는 셈이다.
2. "반전 평행법"은 그 정점이 끝이 아니라 중앙에 있다. 이미 말했듯이, 이 스타일은 종종 "고리 모양 구성"이라고도 불린다. 저자의 생각이 원을 그리며 움직이다가 처음 시작했던 주제로 다시 돌아오기 때문이다. 이 현상의 간단한 예가 누가복음 16:13에서 나타난다. 누가복음 16:13은 다음과 같이 이루어져 있다.

>   아무도 두 주인을 섬길 수 없나니
>   이 사람을 **미워하고**
>   다른 사람을 **사랑하든지**
>   아니면 이 사람에게 **헌신하고**
>   다른 사람을 **경시하리라.**
>   너희는 **하나님과 맘몬**을 섬길 수 없느니라.

첫 행과 마지막 행을 짝지어보면 예수가 말씀하시는 두 주인이 **하나님과 재물** 소유임이 분명하게 드러난다. 각 주인은 자신에게 신자의 삶을 주관하는 권위가 있다고 역설하며, 신자는 누구를 주인으로 삼을지 근본적 선택을 해야 한다. 더욱이 이 말씀의 정점은 중앙에 나타나는데, 여기서는 한 주인(하나님)을 사랑하고 그에게 헌신하라고 독려한다. 논리에 능숙한 사람은 정점이 늘 끝에서 나타나리라고 짐작한다. 그러나 이런 짐작이 옳지 않다면, 해석자는 정점을 어떻게 찾아내야 하는지 알아야 한다.

3. 수사 형태를 밝혀내면 종종 특정 내러티브가 시작하는 곳과 끝나는 곳을 훨씬 더 분명하게 알아낼 수 있다. 바울은 고린도전서 1:17-2:2에 십자가를 찬미하는 위대한 찬송을 기록해놓았다. 서방 본문이 1장과 2장을 나눠놓은 곳은 잘못이다. 이 찬송은 십자가에 못 박히신 그리스도를 설교하는 말로 시작한다. 십자가에 못 박히신 그리스도는 중앙에서 등장하고 끝에서 다시 등장한다.[9] 수사 스타일은 이 걸작 찬송의 처음과 끝이 어디인가를 선명히 보여주며, 덕분에 우리는 이 걸작을 통일체로 곱씹어볼 수 있다.

4. 수사 분석(rhetorical analysis)은 더 작은 단락들을 드러내 보여준다. 덕분에 이 단락들은 무시되거나 분리된 구절들로 쪼개지지 않고 그 통일성을 유지할 수 있다.

5. 수사 분석은 독자를 숫자 체계가 저지르는 전제정치로부터 구해준다. 수사 분석을 하면 본문이 어떤 순서로 말하고자 하는 것을 이야기해가는지 알아낼 수 있다. 숫자는 어떤 것이 자리한 곳을 찾아내는 데 도움을 주긴 하지만, 독자에게 교묘히 이런 명령을 내린다. "붙여놓은 숫자를 일직선으로 차례차례 따라가면 본문이 말하는 취지나 이야기 줄거리를 **알리라**." 수사 분석은 1,650년 동안 우리를 지배

---

9) Kenneth E. Bailey, "Recovering the Poetic Structure of I Corinthians i17-ii2: A Study in Text and Commentary," *Novum Testamentum* 17 (October 1975): 265-96.

해온 장별 표제와 450년 동안 교묘히 통제해온 구절 숫자로부터 우리를 해방시켜준다.

6. 본문의 수사적 순서는 중요한 내부 구성 요소로서 어떤 그리스어 독법을 골라야 할지 결정할 때 종종 도움을 준다. 어떤 본문이 가장 오래되고 가장 믿을 수 있는지 알려주는 외부 증거는 아주 중요하다. 내부 증거인 수사 스타일 역시 고려할 가치가 있다.

7. 연(聯)들 사이의 평행 관계는 (직선 형태든, 반전 형태든, 단계 형태든) 다른 방법으로 알아낼 수 없는 중요한 의미를 종종 밝혀주기도 한다. 이사야 28:14-18은 무시무시한 산헤립이 이끄는 앗수르군의 침입으로 나라가 위기에 빠진 일을 다룬다. "예루살렘에서 다스리는"(14절) 지도자들은 애굽과 언약을 맺은 다음, 백성에게 애굽과 언약을 맺었으니 모두 안전하다고 말했다. 이사야는 그 말에 넘어가지 않았다. 애굽인들은 죽은 자를 숭배하는 데 초점을 맞추었다. 이사야는 애굽과 맺은 언약을 "죽음(즉 애굽)과 맺은 언약"이라 부른다. 이사야 예언자는 1연에서 정부의 주장을 제시한 다음, 7연에서 이 주장을 조목조목 뒤엎어버린다. 우리는 여기서 정부의 주장을 엎어버리고 비판하는 이 예언자를 관찰할 수 있어야 한다.

8. 종종 복음서에는 세심하게 균형을 맞춘 행(行)들의 묶음이 등장하며, 이 묶음들에는 "각주"가 몇 개 붙어 있다. 이에 해당하는 사례가 누가복음 12:35-38이다. 여기서는 "밤 이경에나 삼경에"라는 말이 행들의 균형을 깨뜨린다. 두 번째 각주는 누가복음 4:25하반절에 등장한다. 이 본문의 기본 수사 구조를 밝혀내면, 설명을 담은 이 각주들을 알아낼 수 있다. 이런 "각주"는 기초가 되는 본문이 아주 오래되었음을 확인해준다.

9. 앞서 말했듯이 이런 수사 스타일은 유대인들이 구사한 것으로서, 예언서 기록은 물론이요 그 이전으로 거슬러 올라갈 수 있다. 이 수사 스타일이 신약성경에 다시 등장한다는 것은 관련 본문들이 그리스

세계가 아니라 유대 세계에서 나왔음을 분명하게 일러준다. 이는 그 자료가 역사적으로 진정성을 가진다는 주장에 힘을 실어준다.
10. 모든 지식인이 20세기에 태어난 것은 아니다. 정교하고 사려 깊게, 예술 면에서도 균형미를 갖춘 이 수사 스타일들을 관찰해보면, 이런 본문을 쓴 사람들을 높이 평가하게 된다.

성경 본문의 수사 분석은 색소폰을 연주하는 것과 같아서 허접해지기 십상이다.[10] 여기서 제시한 수사 분석은 출발에 불과하므로 더 정교하게 다듬어가야 한다.

서구에서는 성경 영감론을 성경신학의 일부로 거의 다루지 않는다. 폴 악트마이어(Paul Achtemeier)는 성경 영감 교리가 "지난 20-30년 동안 유명해진 이유는 이 교리가 존재했기 때문이 아니라 이 교리가 존재하지 않았기 때문이다. 영감 교리는 많은 집단이 무시하는 바람에 유명해졌다"라고 주장한다.[11] 중동의 교회들은 천 년이 넘는 세월 동안 이슬람교 천지인 세상에서 소수 집단으로 살아왔다. 이런 세계에서는 성경 영감론을 피할 수 없다. 이슬람 세계는 가브리엘 천사가 예언자 무함마드에게 7세기 베두인 아랍어로 10년이 넘는 세월 동안 한 번에 한 장씩 일러주어 적게 한 것이 쿠란(Qur'an)이라고 믿는다. 이슬람교 신자들은 쿠란 내용 자체가 피조물이 아니요 영원 전부터 하나님 생각 속에 자리해 있었다고 강조하기 때문에 이를 번역할 수 없다고 여긴다. 이 일을 표현하려고 쓰는 문구가 *nuzul al-Qur'an*(쿠란이 내려옴)이다. 등산객이 산꼭대기에서 "내려옴"을 나타낼 때 바로 이 "내려오다" 동사를 쓴다. 쿠란은 선재(先在)하다가 위로부터 "내

---

10) 수사 분석을 할 때 "조심해야 할 여덟 가지"를 열거한 목록으로는 Kenneth E. Bailey, *Through Peasant Eyes*, in *Poet and Peasant and Through Peasant Eyes* (Grand Rapids: Eerdmans, 1980), pp. xix-xx을 보라.
11) Paul J. Achtemeier, *The Inspiration of Scripture: Problems and Proposals* (Philadelphia: Westminster Press, 1980), p. 14.

려온" 통일체다.

채색 장식이 덧붙여진 초기 복음서 사본 첫 페이지에는, 천사가 복음서 저자에게 받아 적게 하는 장면 그림이 들어 있다.[12] 대중적 차원에서 보면, 말은 하지 않아도 이슬람교의 영감론 이해와 함께 다가온 이런 확신을 열렬히 지지하려 하는 집단들이 있다.

그러나 우리가 보는 그리스어 본문은 앞과 같은 이론을 허용하지 않는다. 대신 우리는 우리가 보는 정경 복음서가 네 단계를 거쳐왔다고 생각해야 한다. 이 네 단계는 다음과 같다.

1. **아람어를 사용한** 예수의 **삶과 가르침.**
2. 아람어로 그 삶과 가르침을 들려준 **목격자 증언.**[13]
3. 이 **증언**을 그리스어로 **번역함.**
4. 이 **그리스어 본문**을 고르고 배열하고 편집하여 **복음서**를 만듦.

이 단계들을 고려할 때, 복음서 영감론은 30년에서 40년이 넘는 시간이 걸려 완성된 **과정**으로 다루어야 한다. 우리가 첫 단계에만 관심을 가진다면 "정경 안의 정경"을 고른 셈이다. 지난 50년간 나는 이 문제를 둘러싼 서구 학계의 논의를 큰 흥미를 가지고 주의 깊게 따라가며 살펴보았다.[14] 그러나 이런 과정을 무시하고 오로지 첫 단계만 중요시하는 것은 중요한 의미를 지닌 모든 역사를 기억하고 기록하는 방법을 인정하지 않는 것이다.

성공회 사제로서 탁월한 이슬람 학자인 케네스 크래그(Kenneth Cragg)는 1977년 1월 16일 이집트 카이로에 있는 올 세인츠 성공회 성당(All

---

12) 이런 견해는 이미 「희년서」 2:27; 2:1에 나타날 정도로 오래되었다(기원전 2세기).
13) Richard Bauckham, *Jesus and the Eyewitnesses: The Gospels as Eyewitness Testimony* (Grand Rapids: Eerdmans, 2006). 『예수와 그 목격자들』(새물결플러스 역간).
14) Achtemeier, *Inspiration of Scripture*를 보라.

Saints Episcopal Cathedral)에서 한 설교에서, 복음서의 본질을 이렇게 설명했다.

과학을 신봉하는 오늘날 서구의 정서는 시험관이나 증거로 검증되지 않는 것에는 "사실"(그리고 진리)이라는 지위를 부여하지 않으려는 유혹을 받을 때가 많습니다. 슬프게도 이 시대 많은 철학자들은 이런 본능적 환원주의 때문에 신앙의 역사적 의미와, 사건과 신비 사이에 존재하는 심오한 상호관계를 성찰하지 못합니다.

다음과 같은 비유에서 도움을 받아봅시다. 1963년 11월 22일, 텍사스에서 제가 이렇게 말한다고 가정해봅시다. "소총을 가진 남자가 한 창고 창문에서 지나가는 차에 탄 다른 남자를 쏴 죽였습니다." (워렌 위원회[미국 케네디 대통령 암살 사건 진상을 밝히려고 조직한 위원회-역주]의 조사 결과를 받아들인다고 할 때) 여기서 한 말은 모두 진실입니다. 그러나 이런 사실만 말하면 그야말로 냉랭하고 무미건조할 뿐입니다. 이런 일은 퍽 드물기에 사실 같지도 않습니다. 사건이 아직 거의 언급되지도 못한 상태지요. 그러나 제가 더 나아가 이렇게 말한다고 가정해봅시다. "미국 대통령이 암살당했습니다." 이는 사실에 훨씬 더 깊이 다가갔습니다. 일어난 일을 더 충실하게 이야기하기 때문입니다. 희생자가 누구인지 밝혔고, 그 살인이 정치적 사건이라고 말했습니다. 덕분에 사건을 보는 시각도 진실에 더 가까워졌습니다. 그러나 우리는 아직도 이 비극의 의미로부터 멀리 떨어져 있습니다. 이 일을 더 자세히 이야기해봅시다. "온 세상 사람들이 악의 심연을 들여다봤다고 느꼈으며, 거리에 있던 사람들은 눈물을 흘렸습니다."

세 번째 말은 우리 마음을 끌어당깁니다. 정녕 또 다른 종류의 진실이 있습니다. 이 진실은 다른 사람들이 말한 내용을 전제하지만, 그것을 넘어서 일어난 두려운 사건의 본질을 풀어주기 시작하는 차원들로 들어갑니다. 세 번째 이야기 같은 것이 없으면, 이 사건은 일부만 밝혀지고 일부는 아득히 먼 암흑 속에 감춰져 거짓인 채로 남아 있을 것입니다.

이제 이 비유에 비추어 복음서와 신약성경 전체를 살펴봅시다. 분명 복음서와 신약성경 전체는 세 번째 종류의 말이요, 마음과 생각에 깊은 영향을 주어 체험한 의미―역사 및 사건과 긴밀히 결합해 있는 의미―를 고백하게 합니다. 예수가 바로 그런 경우입니다. 예수 이야기는 가치중립도 아니고 단순한 기록만도 아니며, 텅 빈 연대기도 아닙니다. 그것은 삶으로 참여하며 마음으로 동참하는 이야기입니다. 예수 이야기는, 모든 중요한 역사가 그렇듯이, 생각(지성)과 영혼으로 함께하지 않으면 말할 수 없는 이야기입니다.

기독교 신앙은 사실이지만 단순한 사실만이 아닙니다. 기독교 신앙은 시(詩)이지, 상상이 아닙니다. 여러분이 그것에 부여한 무게 때문에 점점 더 힘을 얻어가는 아치(arch)처럼, 복음서 이야기도 여러 세기에 걸쳐 예수를 그리스도로 믿어온 헌신을 담고 있으며, 확신을 심어주는 든든한 힘을 갖고 있습니다. 월트 휘트먼(Walt Whitman)은 음악이 무엇이냐고 물었지만, 악기 소리를 들을 때 여러분 안에서 여러분을 깨우는 것은 무엇입니까? 예수는 하나님의 실재를 들려주는 음악이요, 신앙은 우리가 귀를 기울일 때 우리를 깨워주는 것입니다.[15]

이 연구서는 케네스 크래그가 쓴 내용과 조화를 이루면서, 여기서 살펴본 영감 이해의 시각을 따라, 성경 본문을 "단순히 부분의 종합이 아니라 통일성을 가진 전체로서" 살펴보려고 시도하겠다.

어쩌면 텔레비전 다큐멘터리 편집자야말로 현대에 복음서 편집자/저자와 가장 가까운 일을 하는 사람일지도 모르겠다. 다큐멘터리 편집자는 자신이 내보내는 모든 내용을 취사선택하고 배열하고 편집하고 적절한 설명을 녹음하여 화면에 집어넣어야 한다. 편집자가 "편견이 없다면" 자기가 다루는 주제를 공정하게 내보내려고 진지하게 노력할 것이다. "공정하

---

[15] Kenneth Cragg, "Who is Jesus Christ?" 크래그 주교가 1977년 1월 16일 주일에 이집트 카이로 올세인츠 성공회 성당에서 한 설교이며 출간되지 않았다.

게"라는 말은 "편집자가 그 주제와 관련된 진실을 깊이 인식하고 이런 인식을 그대로 반영하여"라는 뜻이다.

오늘날 많은 주석들은 본문 내용이 본질상 "1차 본문이냐" 아니면 "2차 본문"이냐를 논의하는 데 엄청난 에너지를 소비하는데, 이는 타당하고 이해 가능한 일이다. 이런 저런 단어나 문구는 예수로부터 나온 것인가, 아니면 그의 유대인 제자들이나 그리스파 교회로부터 나온 것인가? 나는 복음서가 신학적으로 해석된 역사라고 확신한다. 나는 앞서 영감에 대해 말했던 내용에 발맞춰 하나님의 영이 예수께도 주어지고(막 1:9-11) 그를 기억한 교회에도 주어졌다고(행 2:1-4) 인정한다. 따라서 예수가 하신 바로 그 말씀과 복음서 저자들이 꼼꼼하게 편집한 결과물을 분리하는 것은 이 연구서의 의도가 아니다. 나는 복음서 본문이 펼쳐 보이는 신학-역사 드라마를 창조적 통일체로서 살펴보겠다.

이 책이 추구하는 목표는 완벽한 학술성을 갖춘 주석이 아니다. 나는 나 자신의 견해와 다른 견해들을 잘 인식하고, 지난 반세기 동안 서구 신약학계의 다양한 논쟁을 따라가면서 이런 논쟁에 참여했다. 하지만 이 책은 여기서 제시한 본문들을 다룬 방대한 분량의 현대 문헌과 상호작용하려고 하지 않는다. 이런 작업은 조지프 피츠마이어(Joseph Fitzmyer), 알란드 헐트그렌(Arland Hultgren), 하워드 마샬(I. Howard Marshall)을 위시한 다른 학자들이 이미 훌륭히 해냈다.[16]

바라건대 전문적 훈련을 받지 않은 독자들도 이 책의 논의를 쉽게 따라갈 수 있었으면 한다. 이 책을 감히 비교할 수 없는 작품과 견주려는 것은 아니지만, 이 책이 추구하는 목표는 캔터베리 대주교를 지낸 윌리엄 템플(William Temple)이 쓴 『요한복음』(Readings in St. John's Gospel)[17]을 본보기

---

16) Joseph Fitzmyer, *The Gospel According to Luke*, vol. 2 (New York: Doubleday, 1981); Arland J. Hultgren, *The Parables of Jesus* (Grand Rapids: Eerdmans, 2000); I. Howard Marshall, *The Gospel of Luke* (Exeter, U.K.: Paternoster, 1978).

17) William Temple, *Readings in Saint John's Gospel*, 1st and 2nd ser. (London:

삼아 중동 문화에 비춰 쓴 주석을 제시하는 것이다. 레슬리 뉴비긴(Lesslie Newbigin)이 요한복음을 다룬 작품도 염두에 두었다.[18]

내 의도는 여태까지 아랍어권 기독교 세계 밖에서는 거의 관심을 두지 않은 동방 전통에서 유래한 새로운 시각들을 제시해보는 것이다. 이 책이 독자가 그리스도의 마음을, 그리고 복음서 저자/편집자가 그들이 활용할 수 있었던 전승들을 기록하고 해석할 때 가졌던 마음을 더 잘 이해하는 데 도움을 주기를 간절히 소망한다. 내가 내 목표를 이루었는가는 독자가 결정할 일이다.

이 책에서 아랍어 자료로부터 인용한 글은 모두 내가 직접 번역했다. 번역문마다 말미에 "내가 번역했다"라는 말을 되풀이하는 것도 자기 자랑 같아 여기서 미리 밝혀둔다. 혹시 오류가 있다면 오로지 내 잘못이다. 하지만 나는 내가 히브리어, 아람어, 그리스어, 시리아어 본문을 번역한 곳들을 분명히 지목할 수 있다. 성경 본문을 인용할 때는 RSV(Revised Standard Version)을 활용했지만, 가끔은 내가 그리스어 본문으로부터 직접 번역하기도 했다. 어떤 본문의 수사 구조를 분석하여 제시할 때는 RSV를 활용했으나, 그리스어 본문을 토대로 RSV의 번역을 고쳐 활용할 때도 가끔 있었다.

여기서 연구한 본문들은 거의 이천 년 동안 신자들에게 영감을 불어넣은 위대한 본문이다. 초가 제단에서 타고 있는 거룩한 공간으로 감히 들어가려고 하는 해석자는 누구든지 "두려움과 떨림"에 사로잡히기 마련이다. 이런 일이 책 저자뿐 아니라 독자에게도 똑같이 일어나기를 기도한다.

Macmillan, 1955).
18) Lesslie Newbigin, *The Light Has Come* (Grand Rapids: Eerdmans, 1982).

제1부

예수 탄생

Jesus Through
Middle Eastern Eyes

1장

예수 탄생 이야기

누가복음 2:1-20

모든 그리스도인은 전승이 전해주는 성탄 이야기 속 사건들을 잘 알고 있다. 예수 탄생 이야기에는 선물을 가져온 세 현자, 한겨울 들판에 있던 목자들, "여관에 방이 없어" 마구간에서 태어난 아기가 나온다. 이야기를 구성하는 이런 요소들은 사람들 마음에 단단히 박혀 있다. 그럼 이런 의문이 생긴다. 본문과 우리가 전해 받은 본문 이해 사이에 중대한 차이점이 존재하는가? 오랜 세월을 거쳐 오는 동안 우리의 본문 이해에는 실제로 존재하지 않는 의미들이 추가되었는가?[1]

사람들은 다이아몬드 반지를 자랑스럽게 끼고 다닌다. 그러나 이런 다이아몬드 반지도 세월이 가면 보석상에 가서 깨끗이 세척하고 본디 가졌던 광채를 되찾아야 한다. 반지를 끼고 다닌 기간이 길면 길수록 때때로 세척해줘야 할 필요성도 커진다. 우리가 성경 이야기를 익히 알면 알수록, 이런 이야기를 우리가 늘 이해해오던 것과 다른 시각으로 바라보기가 힘들어진다. 어떤 전승에 정확하지 않은 부분이 있는데도 이런 부분이 아무

---

1) 이 본문을 전문적으로 논의한 글로는 Kenneth E. Bailey, "The Manger and the Inn: The Cultural Background of Luke 2:7," *Theological Review* 2 (1979): 33-44을 보라.

런 도전도 받지 않은 채 존재해온 기간이 길면 길수록, 이 부분은 그리스도인의 의식 속에 더 깊이 박힌다.

예로부터 누가복음 2:1-18 기사를 이해해온 내용을 보면 중대한 허점이 수없이 존재한다. 이런 허점에는 다음과 같은 것들이 있다.

1. 요셉은 그가 태어났던 마을로 돌아온다. 중동에서는 사람들이 기억하는 역사가 길며, 대가족 및 이런 대가족과 그 고향 마을의 유대 관계가 중요하다. 이런 세계에서 요셉 같은 사람이 베들레헴에 나타났다면, 그는 사람들에게 "나는 헬리 아들인 요셉입니다. 헬리는 맛닷 아들이고 맛닷은 레위 아들이지요"라고 말했을 것이며, 동네에 있는 집들은 대부분 문을 열고 그를 맞아주었을 것이다.

2. 요셉은 "왕통"(王統), 즉 다윗 왕가 사람이었다. 다윗 왕가는 베들레헴에서 명성이 자자하여 지역 사람들도 그 동네를 "다윗의 도시"라 불렀다(이런 일은 종종 벌어진다). 그 동네의 공식 명칭은 베들레헴이었다. 사람들은 모두 히브리 성경(구약성경)이 예루살렘을 "다윗의 도시"라 부른 것을 알았다. 그러나 베들레헴 지역에서는 많은 이들이 분명히 베들레헴을 "다윗의 도시"라 불렀다(눅 2:4). 요셉은 이렇게 이름 있는 집안 출신이었기에 동네 사람 누구에게나 환대를 받았을 것이다.

3. 어떤 문화권에서나 출산을 앞둔 여자는 특별한 주목을 받는다. 전 세계를 살펴봐도 소박한 촌락 공동체는 그 공동체에 속한 여자가 출산하면 상황이 어떠하든 늘 도움을 베푼다. 베들레헴이라고 예외였을까? 베들레헴이라고 명예를 중히 여기는 의식이 없었을까? 분명 그 공동체도 요셉이 마리아에게 알맞은 쉴 곳을 찾고 필요한 보살핌을 제공할 수 있도록 도울 책임을 느꼈을 것이다. "다윗의 도시"란 곳이 다윗 자손을 외면하고 돌보지 않는 것은 마을 전체에 큰 치욕이었을 것이다.

4. 마리아는 가까운 동네에 친척이 있었다. 예수가 태어나시기 몇 달

전, 마리아는 "유대 산골"로 그의 사촌 엘리사벳을 방문했으며 엘리사벳으로부터 환대를 받았다. 베들레헴은 유대 중앙에 자리해 있다. 따라서 마리아와 요셉이 베들레헴에 이르렀을 때 그들은 사가랴와 엘리사벳의 집으로부터 가까운 거리에 있었다. 만일 요셉이 베들레헴에서 숙소를 찾지 못했다면 당연히 사가랴와 엘리사벳에게 신세를 졌을 것이다. 그러나 그에게 몇 킬로미터를 더 갈 여유가 있었을까?

5. 요셉은 적절히 준비할 시간이 있었다. 누가복음 2:4은 요셉과 마리아가 "갈릴리에서 유대로 올라갔다"라고 말하며, 6절은 **"그들이 거기 있는 동안에** 그(마리아)가 해산할 **날이 찼다"**(while they were there, the *days* were accomplished that she should be delivered, KJV; 베일리 강조)[2]고 말한다. 보통 그리스도인은 예수가 그 가족이 베들레헴에 도착한 바로 그날 밤에 태어나셨으며, 설령 마구간이라 할지라도 요셉이 서둘러 어떤 숙소라도 얻으려 했던 것도 그 때문이었을 것이라고 생각한다. 전통으로 내려온 성탄절 성극도 시간이 갈수록 이런 생각에 힘을 보태준다.

성경 본문은 예수가 탄생하시기 전에 그 가족이 베들레헴에서 보낸 기간을 자세히 밝히지 않는다. 그러나 그 기간은 적절한 숙소를 찾거나 마리아의 친족에게 도움을 구할 수 있을 정도로 분명히 긴 시간이었다. 요셉과 마리아가 밤늦게 도착하여 곧바로 출산했다는 이 신화는 보통 그리스도인의 생각 속에 깊이 박혀 있기 때문에 그 기원을 파헤쳐보는 것이 중요하다. 이런 생각은 대체 어디서 나왔을까?

---

2) 몇몇 현대 역본은 예수가 나시기 전에 베들레헴에서 많은 날이 흘러간 사실을 드러내지 않는다. 원문이 (그리고 KJV도) 정확하다.

한 기독교 소설

이런 그릇된 해석의 근원은 예수가 태어나신 때로부터 대략 200년 뒤로 거슬러 올라간다. 당시 이름이 알려지지 않은 한 그리스도인이 그때까지 남아 있던 예수 탄생 기사를 확장하여 글로 썼는데, 이것이 「야고보 원복음」(*Protevangelium of James*)이다.[3] 야고보는 이 「야고보 원복음」과 무관하다. 이 원복음 저자는 유대인이 아니었기에 팔레스타인 지리나 유대 전통을 이해하지 못했다.[4] 그 시기에는 많은 사람들이 유명인을 저자로 내세워 책을 썼다.

학자들은 이 특별한 "소설"이 200년경에 나왔으리라고 본다. 이 책에는 상상에서 나온 세부 설명이 가득하다. 많은 교황들뿐 아니라 유명한 라틴어 학자인 히에로니무스(Jerome)도 이 책을 공격했다.[5] 이 책은 그리스어로 쓰였으나 라틴어, 시리아어, 아르메니아어, 조지아어, 에티오피아어, 콥트어, 구(舊)슬라브어로 번역되었다. 분명히 저자는 복음서의 이야기들을 읽었지만, 성지(聖地) 지리는 익히 알지 못했다. 예를 들어 저자는 이 소설에서 예루살렘과 베들레헴 사이에 있는 길을 사막으로 묘사한다. 그곳은 사막이 아니라 비옥한 농경지다.[6] 이 소설을 보면, 요셉과 마리아가 베들레헴에 이를 때 마리아가 요셉에게 이렇게 말한다. "요셉, 나를 나귀에서 내려줘요. 뱃속의 아기가 나오려고 해서 너무 아파요."[7] 요셉은 요청대로 한 다음, 마리아를 동굴에 놓아두고 베들레헴으로 달려가 산파를 구한다. 요셉은 가는 길에 황홀한 환상을 본 뒤 산파와 함께 돌아오지만(이때 아

---

3) Oscar Cullman, "Infancy Gospels," in *New Testament Apocrypha*, ed. Wilhelm Schneemelcher (Philadelphia: Westminster Press, 1963), 1:370-88.
4) Ibid., p. 372.
5) Ibid., p. 373.
6) 나는 그 길에서 10년 동안 살았으며, 당시 그 길에는 올리브 과수원이 늘어서 있었다.
7) *The Protevangelium of James* 17:3, in *New Testament Apocrypha*, ed. Wilhelm Schneemelcher (Philadelphia: Westminster Press, 1963).

기는 이미 태어났다), 검은 구름에 이어 밝은 빛이 동굴을 가린 것을 목격한다. 살로메라는 이름을 가진 여자가 갑자기 나타나 산파와 만난다. 이때 산파는 살로메에게 동정녀가 아기를 낳았으며 그녀는 지금도 동정녀라고 말한다. 살로메는 이 놀라운 일에 의심을 표현한다. 그러자 그의 손이 나병에 걸리고 만다. 확인해보니, 마리아의 주장이 진실로 밝혀진다. 이때 갑자기 한 천사가 살로메 앞에 "서서" 아기를 만지라고 말한다. 살로메가 천사 말대로 하자, 병든 손이 낫는 기적이 일어난다. 그리고 이 소설은 거기서부터 계속 이야기를 이어간다. 대중 소설 저자는 보통 훌륭한 상상력을 갖고 있다. 이 소설 줄거리의 중요 부분은 예수 부모가 베들레헴에 도착하기도 전에 예수가 태어나셨다는 것이다. 이 소설은 마리아와 요셉이 베들레헴 혹은 베들레헴 근처에 도착하던 밤에 예수가 태어나셨다는 생각을 처음으로 밝힌 글로 알려져 있다. 이 책을 들어본 적이 없는 보통 그리스도인조차 자기도 모르는 사이에 이 소설로부터 영향을 받았다.[8] 이 소설은 공상을 발휘하여 복음서 기사를 확장해놓은 것이지, 그 자체가 복음서 이야기는 아니다.

예로부터 내려온 누가복음 2:1-7 해석의 문제점들을 요약해보면, 요셉은 그의 고향 마을로 돌아왔을 때 거기서 쉽게 숙소를 구할 수 있었을 것이라는 점이다. 그는 다윗 왕의 후손이었기에 마을 사람들은 대부분 문을 열고 그를 맞아주었을 것이다. 마리아는 근처에 친척이 있었으며, 그들에게 신세를 지려면 질 수 있었지만 그렇게 하지 않았다. 적당한 거처를 마련할 수 있는 충분한 시간이 있었다. 유대 동네가 출산을 앞둔 젊은 유대인 산모를 돕지 않는다는 것은 생각조차 할 수 없는 일이다. 이런 문화적 현실과 역사적 사실을 고려할 때, 우리는 이 본문을 어떻게 이해해야 할

---

8) 흥미롭게도 코덱스 베자(Codex Bezae, 5-6세기)는 "그들이 도착했을 때 그(마리아)가 출산했다"로 본문을 바꿔놓았다. 그리스어 본문을 이렇게 바꿔놓은 것은 그들(마리아와 요셉)이 도착하자마자 예수가 태어나셨다는 생각을 인정한 것이다.

까? 두 가지 문제가 생긴다. 구유는 어디에 있었는가? 그리고 "여관"은 무엇이었는가?

이 두 질문에 답하면, (누가복음의) 예수 탄생 이야기가 성지 지리와 역사에 비추어 진실이라는 것이 분명하게 드러난다. 성경은 마리아와 요셉이 나사렛으로부터 베들레헴으로 "올라갔다"고 기록해놓았다. 베들레헴은 나사렛보다 상당히 높은 지대에 세워졌다.[9] 둘째, "다윗의 도시"는 십중팔구 그 지역에서 사용되던 명칭이며, 누가는 이 지역에 살지 않는 독자들을 배려하여 여기에 "베들레헴이라 불리는"이라는 말을 덧붙였다. 셋째, 성경은 독자에게 요셉이 "다윗의 **집**과 다윗 **혈통**에서" 났다고 알려준다. 중동에서 "아무개의 집"이라는 말은 "아무개 집안"이라는 뜻이다. 이 기사를 읽는 그리스인 독자들은 "다윗의 집"이라는 말을 읽으면서 어떤 건물을 상상했을 수도 있다. 누가가 **혈통**이라는 말을 덧붙인 것은 독자들에게 요셉이 누구인가를 확실히 이해시켜주려 했기 때문일지도 모른다. 누가는 본문을 바꾸지 않았는데, 이 본문은 누가가 받은 전승 속에서 이미 고정되어 있었다(눅 1:2). 그러나 누가는 자유롭게 몇 가지 설명을 덧붙였다. 넷째, 누가는 그 아기가 강보에 싸여 있었다고 말한다. 이런 고대 관습은 에스겔 16:4에 언급되어 있으며, 지금도 시리아와 팔레스타인 촌락 사람들은 이렇게 한다. 마지막으로 이 기사에는 다윗 기독론이 나타나 있다. 이 다섯 가지 점은 교회사에서 아주 이른 시기에 메시아를 대망하던 한 유대인이 이 이야기를 썼음을 강조해준다.

서구인들은 **구유**라는 말을 들으면 **마구간**이나 **헛간**을 떠올리지만, 중동의 전통 촌락에서는 그렇지 않다. 어리석은 부자 비유를 보면(눅 12:13-21) "창고"를 언급하지 헛간을 언급하지는 않는다. 재산이 많은 사람은 사람이 지낼 곳과 별도로 동물을 기를 공간을 따로 갖고 있었을 것이다.[10]

---

9) 나사렛은 해발고도가 480미터인 반면, 베들레헴은 산마루에 있으며 해발고도가 675미터다.
10) Yizhar Hirschfeld with M. F. Vamosh, "A Country Gentleman's Estate: Unearthing

그러나 팔레스타인의 소박한 농촌 가정에는 방이 두 개뿐인 경우가 잦았다. 하나는 오로지 손님에게만 내주는 방이었다. 그 방은 집 끝에 붙어 있거나, 혹은 엘리야 이야기에 나오는 것처럼(왕상 17:19) 지붕에 있는 "예언자의 방"이었을 수 있다. 큰방은 "가족이 쓰는 방"이었는데, 여기서 온 가족이 요리하고 먹고 잠을 자고 기거했다. 문 옆에 있는 방 끝에는 나머지 바닥보다 몇 십 센티미터 낮거나 크고 무거운 목재로 막아놓은 곳이 있었다. 매일 밤 이렇게 만들어놓은 구역으로 집에서 기르는 소와 나귀와 양 몇 마리를 밀어 넣었을 것이다. 또 매일 아침이면 가축들을 우리에서 끌어내어 집 마당에 매어놓았다. 따라서 이 가축우리는 낮 동안에 청소했을 것이다. 이런 소박한 집은 다윗 시대까지 거슬러 올라갈 수 있으며 20세기 중반까지 존재했다. 나는 이런 집들을 갈릴리 위쪽 지방과 베들레헴에서 보았다. 그림 1.1.은 이런 집을 옆에서 바라본 그림이다.

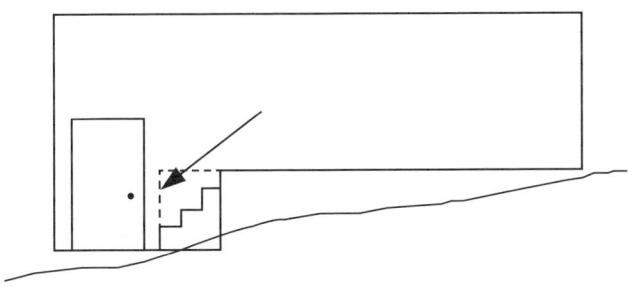

그림 1.1. 옆에서 본 팔레스타인의 보통 시골집

지붕은 평평하여 그 위에 손님이 머물 방을 지을 수 있었다. 손님방을 집 끝에 이어붙일 수도 있었다. 더 낮은 곳에 있는 문은 사람과 가축이 드나드는 출입구 역할을 한다. 농부는 가축을 매일 밤 집안에 두고 싶어했

---

the Splendors of Ramat Hanadiv," *Biblical Archaeology Review* 31, no 2 (2005): 18-31.

다. 겨울에는 가축들이 열기를 공급해주었고, 이렇게 집안에 두어야 도둑을 맞지 않았기 때문이다.

그림 1.2.는 같은 집을 위에서 내려다 본 것이다.

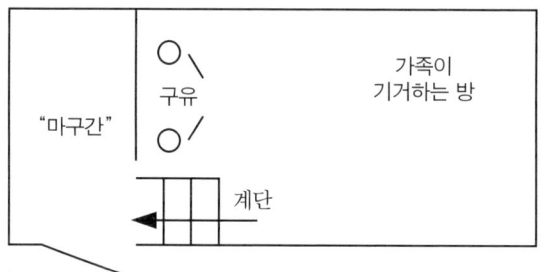

그림 1.2. 위에서 내려다 본 팔레스타인의 보통 시골집

그림에서 두 개의 작은 원은 사람이 기거하는 방 아래쪽 끝부분에 바닥을 파서 만든 구유를 나타낸다. "가족이 기거하는 방"은 가축우리 쪽으로 약간 기울어져 있으며, 덕분에 청소하고 물로 닦아내기가 쉽다. 먼지와 물은 자연스럽게 아래쪽으로 움직여 가축이 머무는 공간으로 내려가며, 거기서 문밖으로 쓸어낼 수 있다. 집에서 키우는 소가 한밤중에 배가 고프면, 일어나 방바닥을 잘라내 만든 구유에 든 여물을 먹을 수 있다. 양들을 먹이는 구유는 나무로 만들었으며, 사람이 기거하는 방보다 더 낮은 바닥에 놓아둘 수 있다.

이런 전통 가옥 스타일은 예수 탄생 이야기와 자연스럽게 들어맞는다. 구약성경의 이야기들도 이런 집을 암시한다. 사무엘상 28장을 보면, 사울이 엔돌에 사는 신접한 여인 집을 찾아간다. 이때 사울 왕은 음식 먹기를 거절한다. 그러자 그 신접한 여인은 "집에" 있는 살진 송아지를 가져다가 (24절) 죽인 다음, 이를 요리하여 왕과 신하들에게 내놓는다. 이 여인은 송아지를 들판이나 외양간에서 데려오지 않고, **자기가 사는 집안에서** 데려왔다.

사사기 11:29-40의 입다 이야기도 방 하나짜리 집을 전제한다. 입다는 전쟁터로 나가는 길에 하나님이 승리하여 돌아오게 해주시면 그의 집에서 처음 나와 영접하는 이를 희생제물로 드리겠다고 서원한다. 입다는 전쟁에서 승리했다. 그러나 그가 집으로 돌아왔을 때, 그의 딸이 맨 먼저 집 밖으로 나와 영접하는 끔찍한 비극이 벌어진다. 그는 아침 일찍 돌아왔을 가능성이 아주 높다. 때문에 그는 십중팔구 밤새 우리에 갇혀 있던 가축 중 하나가 풀려나 밖으로 나오리라고 예상했을 것이다. 본문은 이 무시무시한 도살자 이야기를 들려주려는 것이 아니다. 독자는 그가 자기 가족 중 한 사람이 맨 처음 밖으로 나오리라는 것은 꿈에도 생각지 못했으리라고 추측할 수밖에 없다. 그렇게 생각해야 이 이야기가 말이 된다. 그가 사는 집에 사람만 살았다면, 그는 결코 그런 서원을 하지 않았을 것이다. 사람만이 그 집에 살았다면, 어떤 인간이 무엇 때문에 사람을 죽일 작정을 하겠는가? 이 이야기가 비극인 이유는 입다가 맨 처음 나오리라고 예상한 것이 동물이었기 때문이다.

신약성경에도 이와 같은 소박한 집이 등장한다. 마태복음 5:14-15에서 예수는 이렇게 말씀하신다.

사람이 등불을 켜서 말 아래에 두지 아니하고 등경 위에 두나니 이러므로 집안 모든 이에게 비치느니라.

예수는 방이 하나뿐인 시골의 보통 집을 생각하고 계신 것이 분명하다. 하나의 등불이 **집안에 있는 모든 이에게** 비친다면, 그 집에는 방이 하나일 수밖에 없다.

같은 생각이 바탕에 깔린 또 다른 사례가 누가복음 13:10-17에서 등장한다. 이곳을 보면 예수가 안식일에 "꼬부라져 조금도 펼 수 없었던" 여자를 고치신다. 예수는 그 여자를 부르신 뒤 "여자야, 네가 네 병에서 **자유를 얻었다**(말 그대로 번역하면 풀려났다)"라고 말씀하셨다. 이를 보고 회당장이 예수가 안식일에 "일하셨다"며 화를 낸다. 그러자 예수는 이렇게 대답하셨다. "너희 위선자들아! 너희가 각자 안식일에도 너희 소나 나귀를 구유에서 풀어내어 바깥으로 데리고 나가 물을 먹이지 않느냐?"(15절) 예수가 말씀하시는 요지는 이렇다. 안식일인 오늘, 너희는 **가축**을 풀어주었다. 나는 한 여자를 "풀어주었다." 그런데 너희가 어찌 나를 비판할 수 있느냐? 본문은 "그를 반대하는 모든 자들이 부끄러움을 당했다"(17절)라고 보고한다.

예수는 매일 밤 당신을 반대하는 자들이 적어도 소 한 마리나 나귀 한 마리는 그들 집안에 들여놓는다는 것을 아셨다. 아침이면 방안에 있던 모든 이가 그 가축을 집 밖으로 데리고 나가 바깥에 묶어놓았다. 회당장은 "오, 나는 안식일에는 절대 동물을 만지지 않습니다"라고 대꾸하지 않았다. 낮 시간에 집안에 동물을 그대로 놔두는 일은 생각할 수가 없으며, 그렇게 동물을 놔둘 외양간(가축우리)도 없었다. 가장 일찍 그리고 가장 꼼꼼하게 번역된 아랍어판 신약성경 중 하나가 9세기에 나왔는데, 이 역본은 틀림없이 팔레스타인에서 나왔을 것이다. 이 역본은 여덟 개 필사본만이 남아 있다. 이 위대한 역본(그리스어에서 번역함)은 앞의 구절을 이렇게 기록한다. "너희 모든 이가 너희 소나 나귀를 **집안에 있는** 구유에서 풀어 밖으로 데려가 물을 먹이지 아니하느냐?"[11] 이 본문에서는 어떤 그리스어 사본을 봐도 "집안에 있는"이라는 말이 없다. 그러나 아랍어를 사용하던 9세기 그리스도인 번역자는 본문을 올바로 이해했다. 모든 사람이 집안에 구유를 갖고 있지 않은가? 그가 살던 세계인 중동의 소박한 시골 사람들은 늘 그러했다!

현대 학자들도 방 하나에 구유가 있는 집을 언급했다. 19세기 중엽에 장로교 선교사요 학자로서 아랍어를 구사했던 윌리엄 톰슨(William Thompson)은 베들레헴에서 시골집들을 관찰하고 이렇게 쓰고 있다. "어떤 평범한 농사꾼이 사는 여염집에서 예수 탄생이 실제로 일어났다는 것, 그

---

11) Vatican Arabic MSS 95, Folio 71(베일리 강조).

리고 그 아기가 지금도 이 지역 농사꾼들의 집에서 볼 수 있는 구유에 누워 있었다는 것이 내가 받은 인상이다."[12]

1922년부터 1950년까지 예루살렘에서 살았던 성공회 신학자 비숍(E. F. F. Bishop)은 이렇게 쓰고 있다.

> 어쩌면 동물에게 (사람이 기거하는 공간보다) 더 낮고 "돌을 파서 만든" 구유가 딸린 부분을 주고 더 높은 자리는 가족이 기거할 공간으로 마련해둔 베들레헴의 집들 중 하나를 염두에 두어야 할 것 같다. 그렇게 움직이지 않고 잘게 썬 여물이 가득 든 구유였기에 요람 역할을 해냈을 것이다.[13]

100년이 넘는 세월 동안 중동의 학자들은 누가복음 2:7이 방바닥 한쪽 끝을 파서 만든 구유가 붙어 있는 방을 가리킨다고 이해했다. 이 해석에 따르면, "여관"의 정체를 밝혀야 하는 문제가 남는다. 본문이 가득 찼다고 말하는 그 여관은 정확히 무엇인가?

만일 요셉과 마리아가 어느 개인 집에 들어가 예수를 낳고 그를 그 집 구유에 눕혔다면, 누가복음 2:7의 **여관**은 어떻게 이해해야 하는가? 대다수 영역 성경은 아기가 태어난 뒤 그를 구유에 뉘었는데, "이는 그 **여관**에 그들이 묵을 방이 없었기 때문"이라고 말한다. 이는 마치 베들레헴 사람들이 요셉과 마리아를 받아들이길 거부한 것처럼 들린다. 정말 그랬을까?

전통적 언어에는 함정이 있다. "여관에 방이 없다"는 말은 "그 여관에 방이 많은데, 그 방이 다 찼다"라는 뜻이었다. 말하자면 요셉과 마리아가 베들레헴에 도착했을 때는 이미 "빈방 없음"이라는 "알림판에 불이 들어온 상태"였다. 그러나 "여관에 있는 방"으로 번역한 그리스어 단어는 "여관

---

12) William Thompson, *The Land and the Book* (New York: Harper & Brothers, 1871): 2:503.
13) E. F. F. Bishop, *Jesus of Palestine* (London: Lutterworth, 1955), p. 42.

에 있는 방"을 가리킨다기보다 오히려 "내 책상에는 새 컴퓨터를 올려놓을 **공간**이 없다"고 말할 때처럼 "공간"(*topos*)을 가리킨다. 우리가 여태껏 "여관"이라 들어왔던 말을 살펴볼 때는 이렇게 바로잡은 내용을 마음에 새겨두는 것이 중요하다.

누가복음 2:7에서 보통 "여관"으로 번역되는 그리스어는 *katalyma*다. 이 말은 보통 말하는 숙박업소인 여관이 아니다. 선한 사마리아인 비유에서(눅 10:25-37) 사마리아인은 다친 사람을 여관으로 데려간다. 이때 그리스어 본문에서 여관을 가리키는 단어는 *pandocheion*이다. 이 단어 첫 부분(즉 *pan*)은 "모든"(모든 이, 모든 것)을 뜻하며, 둘째 부분은 동사로서 "받아들이다"라는 뜻이다. *pandocheion*은 모든 이를 받아들이는 곳, 곧 숙박업소인 여관이다. 그리스어에서 보통 여관을 가리키는 이 말은 중동 전역에 널리 알려져 있었다. 이런 이유로 세월이 흐르는 사이 아르메니아어, 콥트어, 아랍어, 터키어도 이 그리스어를 자기 말로 흡수하여 같은 의미로—즉 숙박업소로—사용했다.

누가가 독자들이 자기 글을 읽으며 "여관"이 요셉을 받아들이지 않았다고 생각하리라 예상했다면, 그는 *pandocheion*을 사용했을 것이다. *pandocheion*은 분명 숙박업소인 여관을 뜻하기 때문이다. 그러나 누가복음 2:7을 꽉 채운 단어는 *katalyma*다. 그렇다면 이 단어는 무슨 뜻인가?

말 그대로 번역하면 *katalyma*는 단지 "머무는 곳"이다. 이 말은 여러 유형의 숙소를 가리킬 수 있다. 이 이야기에서는 그 의미로 세 가지를 생각해볼 수 있는데, **여관**(예로부터 영역 성경이 해온 번역), **집**(천 년이 넘는 아랍어 성경 역본이 따른 번역), 그리고 **객실**(누가가 택한 뜻)이다. 실제로 누가는 이 중요한 단어를 자신의 복음서에서 한 번 더 사용했는데, 그곳에서는 본문 자체가 이 말의 의미를 정의해준다. 누가복음 22장을 보면, 예수는 제자들에게 이런 말씀을 하신다.

보라, 너희가 도시로 들어가면 물 한 동이를 가져가는 사람을 만나리니 그를 따라 그가 들어가는 집으로 들어가서 그 집주인에게 "선생님이 네게 내가 내 제자들과 유월절 음식을 먹을 객실(katalyma)이 어디 있느냐고 말씀하셨다"라고 말하라. 그러면 그가 준비해놓은 큰 다락방을 너희에게 보여주리니 거기서 준비하라(눅 22:10-12).

여기서는 핵심 단어인 *katalyma*가 무슨 뜻인지를 밝힌다. 그것은 "다락방"이요, **개인 집에 있는 객실**임이 분명하다. 이를 예수 탄생 이야기에 적용해보면 정확한 의미가 완벽하게 드러난다. 누가복음 2:7은 독자들에게 예수를 (가족이 쓰는 방에 있는) **구유**에 뉘였다고 말한다. 그 집 **객실**이 이미 찼기 때문이다. 누가복음 끝부분에 사용된 *katalyma*가 여염집에 붙은 객실을 뜻한다면(22:11), 같은 복음서 시작 부분에 사용된 말도 동일한 의미이지 않을까? 가족이 쓰는 방에 객실이 붙어 있었다면, 얼추 아래 그림과 같은 모습이었을 것이다.

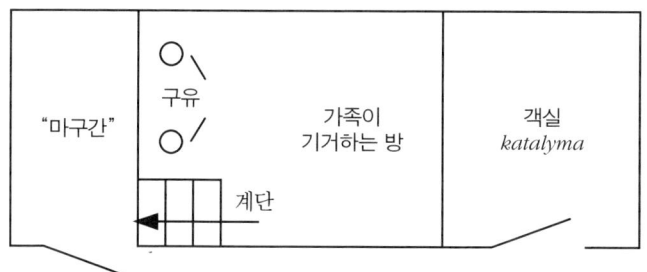

그림 1.3. 객실이 붙어 있는 팔레스타인의 보통 시골집

알프레드 플러머(Alfred Plummer)는 19세기 말에 출간된 영향력 있는 주석에서 *katalyma*를 이런 의미로 해석했다. "익숙한 번역인 '여관에서'가 옳은지 조금 의심스럽다.…요셉은 베들레헴에 사는 어떤 친구가 베푼 호의에 신세를 졌지만, 요셉과 마리아가 도착했을 때는 그 친구네 '객실'

이 이미 차 있었다."¹⁴⁾

하워드 마샬도 똑같은 관찰 결과를 주장하지만, 그 결과를 단어의 의미까지 확장하지는 않는다.¹⁵⁾ 피츠마이어는 *katalyma*를 "잠시 머무는 숙소"(lodge)라 부른다. 그는 이곳을 "대상(隊商)이 머무는 공공 숙소나 숙사"로 본다.¹⁶⁾ 나는 플러머가 옳다고 확신한다. 그렇다면 동방 교회나 서방 교회는 왜 *katalyma*를 이렇게 이해하지 않았을까?

서방 교회는 내가 앞서 열거했던 문제점들에 주목하지 않았다. 이런 이유로 예로부터 이 탄생 이야기를 이해해온 것에 "하자가 없으면", "그 이야기를 고치지 않는 것"이 최선책처럼 보였을 것이다. 그러나 예수 탄생을 다룬 본문을 바라보는 전통 견해에 문제가 있음이 밝혀진 이상, 이 문제는 해결책을 제시하라고 외친다. 반면 동방에서는 숭앙받던 정교회가 기독교 교파 중 대세이며, 이 정교회는 여러 갈래로 뻗어나갔다. 동방 정교회 전통은 어떠한가?

중동 기독교는 예로부터 예수가 동굴에서 탄생하셨다는 데 초점을 맞춰왔다. 성지의 전통 촌락에 있는 많은 소박한 집들도 동굴에서 시작하여 그 수가 늘어갔다. 예수가 태어나신 곳을 동굴로 보는 전통은 2세기 중엽에 저술 활동을 했던 순교자 유스티누스(Justin Martyr)까지 거슬러 올라갈 수 있다. 내가 앞서 제시한 내용은 이 전통과 조화를 이룬다. 동방 전통은 늘 아기 예수가 태어나셨을 때 마리아가 혼자 있었다고 주장해왔다. 예배를 보면 심지어 제단도 신자들이 못 보게 가려져 있으며, (성찬 때) 빵과 포도주가 예수의 몸과 피가 되는 사건도 눈에 보이지 않는 가운데 일어난다. 하물며 "말씀이 육신이 되신" 일은 더더욱 증인이 없는 가운데 일어나야 하지 않겠는가? 20세기 콥트 정교회 신학자요 수도사이며 사복음서를 다룬 비중

---

14) Alfred Plummer, *Gospel According to S. Luke*, International Critical Commentary (1896; Edinburgh: T & T Clark, 5th Edn., 1922), p. 54.
15) Marshall, *Gospel of Luke*, p. 107.
16) Fitzmyer, *Gospel According to Luke* (I-IX), p. 408.

있는 주석 여섯 권을 아랍어로 쓴 마타 알 미스킨은 오직 마리아만이 동굴에 있었다는 것을 놀랍게 곱씹어 이야기한다. 그는 이렇게 쓰고 있다.

> 이 외로운 엄마에게 내 마음이 가네.
> 여자 혼자 그 산고를 어찌 견뎠을까?
> 여자 혼자 어떻게 자기 손으로 아기를 받았을까?
> 완전히 탈진한 몸으로 어떻게 그 아기를 감쌌을까?
> 먹을 것이나 마실 것이나 있었을까?
> 오, 세상 여자들이여, 구주의 어머니를 증언하라.
> 이 여자가 얼마나 많이 고통하고 얼마나 큰 영예를 받을 만한지
> …상냥한 마음과 사랑을 담아 증언하라.[17]

순수하고도 마음에 와 닿는 이 경건한 믿음은 어느 개인 집에서 이루어진 탄생을 꼼꼼히 살피는 데에는 전혀 관심이 없으며, 다른 여자들이 베풀었을 법한 도움을 살펴보는 데도 관심이 없다. 따라서 동방 교회와 서방 교회를 불문하고 그리스도인들이 이 본문에 대한 새로운 견해를 무시해 온 이유들도 나름 이해가 간다.

요컨대 누가가 예수 탄생과 관련해서 우리에게 일러주는 것은 예수 가족이 베들레헴까지 여행했다는 것, 그리고 누군가가 자기 집에 이 가족을 받아들였다는 것이다. 아기가 태어나고 강보에 싸여 사람들이 기거하는 방에 있는 구유에 (말 그대로) "뉘어졌다"(*anaklinō*). 그 구유는 사람들이 기거하는 방바닥을 파서 만든 것이거나, 나무로 만든 뒤에 가족이 거주하는 공간으로 옮겨다놓은 것이었다. 누가복음 독자들은 왜 예수 가족이 그 집 객실로 들어가지 못했는지 궁금해할지 모르겠다. 당연한 의문이다. 다른 손

---

[17] Matta al-Miskin, *al-Injil, bi-Hasab Bisharat al-Qiddis Luqa* (Cairo: Dayr al-Qiddis Anba Maqar, 1998), p. 128(베일리 번역).

님들이 이미 그 객실을 차지했다는 것이 그 대답이다. 주인 가족은 마리아와 요셉을 자기 가족이 기거하는 방으로 맞아들이는 친절을 베푼 것이다.

아기를 낳을 수 있게 남자들은 당연히 주인 가족이 기거하는 방에서 나갔을 것이며, 마을 산파와 다른 여자들이 출산을 도왔을 것이다. 마리아는 아기를 낳고 강보에 싼 뒤 이 신생아를 신선한 짚이 가득한 구유에 눕히고 요로 덮어주었다. 예수가 어른이 되어 사역에 나섰을 때, "보통 사람들이 그가 하는 말을 즐겁게 들었다"(막 12:37). 그가 태어났을 때도 사람들은 분명 똑같이 그를 맞아주었다. 그렇다면 목자들 이야기는 무엇인가?

목자들 이야기는 내가 제시한 그림에 힘을 실어준다. 1세기 팔레스타인의 목자들은 가난했으며, 랍비 전승은 이 목자들에게 부정(不淨)하다는 이름표를 붙였다.[18] 이를 기이하다고 보는 이도 있을 것 같다. 시편 23편만 봐도 "야웨는 내 목자시니"로 시작하기 때문이다. 어쩌다가 이토록 고결한 은유가 부정한 직업으로 바뀌었는지 그 경위는 분명치 않다. 중요한 점은 가축 떼가 사유지의 작물을 먹어치웠다는 것으로 보인다.[19] 랍비 문헌에는 "배척하는 직업들" 목록이 다섯 개 기록되어 있는데, 목자는 그중 세 번째 목록에 등장한다.[20] 이 목록들은 신약 시대 이후에 나왔지만, 예수 시대에 살아 발전하던 생각들을 반영하고 있는 것 같다. 어쨌든 목자는 비천하고 배우지 못한 사람이었다.

누가복음 2:8-14을 보면, 예수가 태어나셨다는 소식을 맨 처음 들은 사람들은 그 사회에서 맨 밑바닥 계층에 가까웠던 한 무리 목자들이었다. 목자들은 그 소식을 듣고 두려워했다. 우선 그들은 천사들이 나타난 것에 놀랐을 것이다. 그러나 뒤이어 천사들은 목자들에게 아기 예수를 찾아가

---

18) Joachim Jeremias, "Despised Trades and Jewish Slaves," in *Jerusalem in the Time of Jesus* (Philadelphia: Fortress, 1969), pp. 303-4.
19) J. D. M. Derrett, "Law in the New Testament: The Parable of the Prodigal Son," *New Testament Studies* 14 (1967): 66, n. 1.
20) Jeremias, *Jerusalem in the Time of Jesus*, pp. 303-12.

라고 요구했다! 그들이 생각하기에, 그 아기가 진정 메시아라면 목자들이 아기를 뵈려 할 때 그 부모가 거부할지도 모를 일이었다. 목자들이 어찌 자신들이 환영받으리라고 예상했겠는가?

천사들도 이런 염려를 예상하여 목자들이 찾아가면 강보에 싸인 아기를 발견하리라고 말했다(갓 태어난 아기를 강보에 싸는 일은 목자들처럼 농부들이 갓난아기에게 하는 일이었다). 더욱이 천사들은 갓난아기가 **구유**에 누워 있을 것이라고 목자들에게 말했다! 즉 목자들이 그리스도이신 아기를 발견할 곳은 그들이 사는 집과 같은 평범한 농가였다. 아기는 으리으리한 총독 관저나 부유한 상인의 객실이 아니라, 목자들이 사는 집처럼 방 둘이 있는 소박한 집에 계셨다. 이것은 **정말** 좋은 소식이었다. 목자들은 아기를 찾아가도 "이 더러운 목자들, 여기가 어디라고, 꺼져!"라는 말을 듣지 않을 것이다. 이것이 **그들이 받은 징표**, 비천한 목자들이 받은 징표였다.

비록 "비천하긴" 하지만(눅 1:52), 목자들은 용기를 안겨준 이 특별한 징표를 간직한 채 베들레헴으로 나아갔다. 그들은 도착하자 자신들이 겪은 일을 들려주었고 모든 이가 이 이야기에 놀랐다. 그런 다음 그들은 "그들이 듣고 본 모든 것 때문에 하나님을 찬미하며" 그곳을 떠났다. 이 모든 것이라는 말에는 목자들이 도착했을 때 목격한 **환대**도 들어 있음이 틀림없다. 분명히 이들은 예수 가족이 더러운 마구간이 아니라, 전혀 부족함이 없는 적절한 숙소에 머무는 것을 발견했다. 만일 목자들이 도착하여 발견한 것이 냄새나는 마구간과 걱정하며 어쩔 줄 몰라 하는 어린 엄마와 만사를 체념한 요셉이었다면, 그들은 이렇게 말했을 것이다. "이런 우라질! 우리 집으로 갑시다! 우리 집사람이 당신들을 돌봐줄 거요!" 목자들은 아마 5분도 안 되어 그 작은 집을 떠나 자기 집으로 갔을 것이다. 그 마을 전체의 명예는 목자들의 어깨에 달렸을 것이요, 이들도 자기 의무를 다해야 할 책임을 느꼈을 것이다. 목자들이 떠나가면서 이 젊은 가족을 데려가지 않았다는 것은 자신들이 이 가족이 이미 받고 있던 대접보다 더 나은 대접을 할 수 없으리라는 것을 느꼈다는 뜻이다.

중동인들은 손님을 영예롭게 대접하는 엄청난 능력을 갖고 있다. 이는 일찍이 아브라함과 그를 찾아온 손님들 이야기에서 나타나며(창 18:1-8), 지금까지도 이어지고 있다. 목자들은 예수 가족을 떠나면서 메시아가 태어나신 것과 메시아가 태어나신 집이 이 가족에게 베푼 환대를 생각하며 하나님을 찬미했다. 이것이 목자들 이야기의 정점이다. 그 아기는 목자들 같은 이들―가난한 자, 비천한 자, 배척당한 자―을 위해 태어나셨다. 아울러 이 아기는 부자들과 나중에 황금과 유향과 몰약을 가지고 등장하는 현자(賢者)들을 위해서도 오셨다.

마태는 독자들에게 현자들이 집으로 들어와 마리아와 아기를 보았다고 알려준다(마 2:1-12). 마태복음 이야기는 누가복음의 기사가 누군가의 집에서 있었던 예수 탄생을 묘사한다는 것을 확인해준다.

이런 이해를 염두에 두면, 내가 문화와 관련지어 언급한 모든 문제가 풀린다. 요셉은 숙박업소인 여관을 구하지 않아도 되었다. 성경에 등장하는 요셉은 마리아에게 필요한 것도 준비해주지 못하는 무능하고 형편없는 남편이 아니다. 마찬가지로 요셉은 그런 다급한 상황에서 아내의 친족들에게 신세를 질 수 없다 해서 그들에게 화를 내지도 않았다. 아기 예수는 요셉과 마리아가 베들레헴에 도착한 뒤 어느 때에 한 농가의 평범한 환경에서 태어났다. 거기에는 어떻게든 구슬려야 하는 냉정한 여관 주인은 없었다. 다윗의 집 가족인 요셉은 자기 고향 마을로 돌아왔을 때 문전박대를 당하는 수모를 겪지 않았다. 베들레헴 사람들은 있는 힘을 다해 그 가족을 환대했고 공동체로서 그들의 영예를 지켰다. 목자들은 처지가 다급한 낯선 가족을 도와야겠다는 생각은 눈곱만큼도 없는 무정한 바보들이 아니었다.

우리가 성탄절에 장식하는 구유 속의 아기 예수상은 늘 변함이 없다. "아기 예수가 지금 구유 안에 계시므로 소와 나귀가 그 앞에 절하기" 때문이다. 그러나 그 구유는 차갑고 쓸쓸한 가축우리가 아니라 따뜻하고 살가운 집안에 있었다. 예수 탄생 이야기를 이런 시각으로 보면 그 이야기를 에워싸고 층층이 쌓여온 해석의 신비가 벗겨진다. 예수는 방이 둘 있는 소박한 시골집, 그러니까 적어도 삼천 년 동안이나 중동에 존재해온 바로 그런 집에서 태어나셨다. 그렇다. 우리는 성탄절 연극을 다시 써야 한다. 그 연극을 다시 쓰면, 이야기가 경박해지는 것이 아니라 오히려 풍성해질 것이다.[21]

요약: 예수 탄생 이야기

1. 예수의 성육신은 완벽했다. 예수가 태어나셨을 때 예수의 가족은 한 농사꾼 집으로부터 환대를 받았다. 이 사람들은 최선을 다했고 그것으로 충분했다. 예수가 나셨을 때 보통 사람들이 그를 돌보았다. 현자들도 그 집으로 왔다. 예수가 어른이 되셨을 때, 보통 사람들은 그가 하시는 말씀을 기쁘게 들었다.
2. 구유 앞에 이른 목자들은 환대를 받았다. 깨끗하지 않은 자들이 깨끗하다는 판단을 받았다. 따돌림 당하던 이들이 영예로운 손님이 되었다. 지극히 소박한 이들에게도 천사들의 노래가 울려 퍼졌다.

나는 점점 더 세속에 물들어가는 세상에서 "메리 크리스마스"가 "행복한 휴일 보내세요"와 경쟁을 벌이고 있음을 안다. 나는 예로부터 내려온 "메리 크리스마스"를 다르게 바꾸어 성탄절 아침에 걸맞은 새 인사말을 소개하고 싶다.

인사말: 구주가 나셨다.
대답: 그가 구유에서 나셨다.

우리가 서로 이런 말로 인사할 수 있기를 간절히 바란다.

---

21) 참고. Kenneth E. Bailey, *Open Hearts in Bethlehem* (Louisville: Westminster/John Knox, 2005). 여기서 제시한 생각을 토대로 구성한 성탄절 뮤지컬이다.

2장

예수 계보와 의인 요셉

마태복음 1:1-21

2장에서는 마태복음의 예수 계보에 등장하는 네 여자 이야기에 초점을 맞추면서, 왜 그녀들이 이 계보에 들어 있는지 질문하겠다. 이어 요셉이 한 가장 중요한 행동 중 하나를 살펴보겠다. 성탄절 이야기를 곱씹어볼 때면 이 두 가지를 무시할 때가 잦다.

마태복음 1장의 예수 계보를 일부러 다 읽으려고 애쓰는 사람은 거의 없다. 그래도 한 번 더 슬쩍 쳐다보면 놀랍고 의미 있는 곳이 몇 군데 나타난다. 중동에서 계보는 보통 남자들을 열거해놓은 목록이다. 벤 시라(Sirach)도 자기 계보를 열거하기 시작하면서 "이제 유명한 남자들을 찬미하자"(집회서 44-50장)라고 말했으며, 누가복음 3:23-28도 여자는 단 한 명도 포함시키지 않은 채 남자만 76명 열거한다. 그런데 왜 마태는 남자 40명을 열거한 목록에 네 여자를 포함시켰을까?

이 물음에 답하려면 여자들에 대해 알려져 있는 바를 다시 검토해보는 것이 도움이 되겠다.

1. 목록에 처음 등장하는 여자는 다말이다. 그리스도가 오시기 전에 나온 문헌은 이 다말을 아람인으로 본다(「희년서」 41:1). 창세기 38:1-30

에 따르면, 다말은 삼 형제 중 맏이와 혼인했으나 남편은 아이가 없이 죽었다. 당시 관습은 한 여자의 남편이 상속자를 남기지 않고 죽었는데 죽은 이에게 형제가 있으면, 그 가족은 과부와 죽은 이의 형제를 혼인시켜야 했다. 이 관습은 "취수혼"(娶嫂婚, Levirate marriage)이라 불렸는데, 신명기 25:5-10도 이를 기록해놓았다. 과부가 낳은 자녀는 자라서 죽은 첫 번째 남편이 남긴 토지를 물려받는다. 이런 혼인 형태 역시 "과부 부조 및 보호"와 관련이 있었다.[1] 다말도 당연히 둘째 아들(죽은 남편의 첫째 동생)과 재혼했으나 이 동생 역시 죽었다(불행한 경우다). 셋째 아들은 혼인하기에는 너무 어렸다. 이런 이유로 시아버지인 유다는 다말에게 셋째 아들이 어른이 되면 곧바로 다말과 혼인시키겠다고 약속했다. 다말은 기다리고 기다렸다. 마침내 셋째가 자라 어른이 되었으나, 시아버지는 약속을 지키지 않았다.

그러자 다말은 놀랍고도 대담한 계획을 짠다. 시아버지가 어느 날 어떤 시간에 어느 길을 따라 가리라는 말을 들은 다말은 창녀처럼 옷을 입고 얼굴은 가린 채 시아버지인 유다가 지나감직한 길가에 앉아 있었다. 예상대로 나타난 유다는 다말에게 다가가 "이봐, 내가 네게 들어가게 해줘"(16절)라고 말한다. 다말이 유다에게 뭘 대가로 주겠냐고 묻자, 유다는 염소를 주겠다고 말한다. 이 제안을 받아들인 다말은 유다가 약속을 지키지 않을 것을 대비하여 그의 지팡이와 인장 반지를 담보물로 달라고 요구한다. 유다는 이를 승낙하고 다말과 동침한 뒤, 약조한 담보물을 그녀에게 주고 갈 길을 갔다. 그러나 유다는 그 여자가 누구일지 짐작조차 못했다. 자기 집으로 돌아온 유다는 사람을 시켜 염소를 보냈으나, 그 사람은 길에서 "창녀"를 찾지 못했다. 이윽고 다말은 잉태했고 이 소식이 죄를 지은 시아버지 귀에 들어갔다. 유다는 격노하여 다말을 불살라 죽이라고 명령한

---

1) V. P. Hamilton, "Marriage (OT and ANE)," in *The Anchor Bible Dictionary*, ed. D. N. Freedman (New York: Doubleday, 1992), 4:565-67.

다. 다말은 끌려 나가 죽임을 당할 처지가 되자, 시아비인 유다에게 인장 반지와 지팡이를 보내며 함께 전갈을 보낸다. 그 전갈은 "이 물건 주인이 나를 잉태케 한 사람입니다"(25절)였다. 유다는 그 물건이 자기 인장 반지와 지팡이임을 금세 알아보고 "이 일은 내가 그에게 내 아들 셀라를 주지 않았기 때문에 벌어졌으니, 그가 나보다 의롭습니다"(26절)라고 선언한다. 다말은 대담하고 감히 엄두도 못 낼 계획으로 자기 권리를 지켜냈다. 슬픈 일이지만, 다말이 가진 권리를 달리 확보할 방법이 없어 보인다. 레위기 율법을 따르면 유다와 다말은 근친상간을 저지른 자이므로 돌에 맞아 죽어야 한다(레 20:12). 이 이야기는 도리에 어긋난 수단을 쓰는 한이 있더라도 자기 권리를 기어코 지키고야 말겠다는 한 대담한 이방인(?) 여자를 보여준다. 예수 계보가 이런 여자를 예수의 조상으로 열거하다니 놀라울 따름이다.

2. 예수 계보에 두 번째로 등장하는 여자는 라합이다. 라합은 성경 전체를 통틀어 창녀로 알려져 있다. 라합은 여호수아가 이끄는 이스라엘 백성이 여리고 성을 정복할 때 그 성 주민이었다. 여호수아는 여리고 성을 포위 공격하기 전에 두 정탐꾼을 보낸다(수 2장). 라합은 이 정탐꾼들이 자기 성 사람들에게 목숨을 빼앗길 위험에 빠졌을 때 그들을 구해줄 배포를 가지고 있었다. 두 정탐꾼은 돌아가면서 여리고 성이 함락될 때 라합을 구해주겠다고 약속한다. 라합은 이방인이었으며 창녀로 알려져 있다. 그러나 라합은 어쨌든 이스라엘의 하나님이 유일하신 참 하나님임을 깨닫고 오직 그분을 섬기기로 결심했다. 이런 깨달음 때문에 라합은 목숨을 걸고 믿기 힘든 신앙의 결단을 내린다. 라합은 자신의 새 신앙에 의지하여 그가 속한 공동체와 이 공동체가 따르던 신들과 지도자들을 거역하는 행동을 했다. 라합 역시 예수 계보에 등장한다. 이 경우에 라합 이야기는 부도덕한 이방인이 용기 있는 신앙으로 개과천선한 예를 보여준다.

3. 세 번째로 등장하는 여자는 룻이라는 모압 여자다. 두 아들이 있는 히브리인 가족 하나가 베들레헴으로부터 모압으로 옮겨온다. 두 아들은 모압 여자와 혼인했다. 얼마 뒤 그 아버지는 죽고, 두 아들도 죽었다. 가족은 이제 어머니인 나오미와 두 며느리만 남았다. 두 며느리는 모두 모압인이었다. 나오미는 현명하게도 자신이 살 길은 오로지 베들레헴으로 돌아가는 것뿐임을 깨달았다. 베들레헴에는 아직도 몇몇 먼 친척이 있었다. 나오미가 떠나려고 채비할 때, 두 모압 여자 중 하나는 고향에 남기로 결정했다. 그러나 다른 며느리인 룻은 나오미가 어디로 가든 그녀와 함께 가겠다고 선언한다. 룻은 이어 유명한 말을 한다. "어머니의 백성이 내 백성이 되고 어머니의 하나님이 내 하나님이 될 것입니다. 어머니가 돌아가신 곳에서 저도 죽어 거기에 묻히겠습니다"(룻 1:16-17). 나오미와 룻은 베들레헴으로 돌아갔다. 거기서 룻은 나오미 집안의 부유한 먼 친족을 만나 혼인했다. 어떤 이들은 룻이 이 친족을 꾀어 간음을 저질렀으며, 성경이 이 간음 행위를 "발을 드러냈다"(룻 3:6-9, 14)라는 말로 간접적으로 묘사했다고 주장했다. 이 주장이 타당할 가능성은 아주 희박하다. 본문은 보아스가 종일 곡식을 추수한 뒤에 누워 잠이 들었다고 말한다. 룻은 밤에 보아스에게 다가가 "그의 발을 드러내고" 그의 발치에 누워 잠들었다. 잠이 깬 보아스는 그의 발치에 한 여자가 있는 것을 발견하고 누구인지 묻는다. 그러자 그 여자는 이렇게 대답했다. "저는 당신 여종 룻입니다. 당신 옷자락을 펴서 여종을 덮어주소서. 이는 당신이 기업을 무를 분이기 때문입니다." 룻은 계대(繼代) 혼인을 요구한다. 보아스는 자기 의무를 다하겠다고 정중히 대답한 다음 룻에게 "젊은 남자들을 따라"가지 말라고 당부한다. 결국 보아스는 룻과 혼인했으며 이 부부는 행복하게 살았다.

이 본문은 있는 그대로 읽는 것이 가장 좋다. 룻은 자신이 잠든 보아스의 발을 드러내면 자연히 발이 춥다 느낀 보아스가 잠에서 깰 것이요, 그러면 보아스와 은밀한 이야기를 나눌 수 있으리라는 것을 깨달았다. 기막힌 계획이다. 레이먼드 브라운(Raymond E. Brown)은 간단한 각주에서 이 이야기에 부도덕함이 들어 있다는 주장을 무시해버린다.[2] 세월이 흘러 룻은 다윗 왕의 할머니가 되었다. 예수 계보에 세 번째로 등장한 이 여자는 이방인이지만, 이야기가 시작하여 마칠 때까지 거룩한 이였다. 룻은 믿음과 사랑과 헌신과 지식과 용기를 보여준다. 룻이 없었으면 다윗은 태어나지 않았을 것이다.

4. 마태복음의 예수 계보에 나오는 네 번째 여자는 밧세바다. 마태는 밧세바를 좋아하지 않는다. 그렇다면 마태가 밧세바의 이름을 빼지 않고 계보에 포함시킨 사실을 달리 어떻게 설명해야 할까? 마태가 밧세바가 한 일을 몰랐을 리 만무하다. 마태는 밧세바를 그냥 "우리아의 아내"라 부른다. 왜 이렇게 에둘러 표현했을까? 밧세바도 사연이 있다.

중동에서는 남녀 불문하고 자기 몸을 드러내는 것에 유달리 조심한다. 그러나 이 특별한 이야기를 보면(삼하 11:1-12:25), 밧세바는 이스라엘을 위해 싸우러 나간 군인인 (헷 족속) 남편이 돌아오기를 기다렸다. 그러다가 **왕궁을 마주한** 창문을 열어놓고 그 창문 앞에서 목욕을 하기로 한다. 이웃집으로 옮겨가 거기 있는 다윗 왕과 함께 살 수만 있다면 급료도 적은 외국인 장수인 남편과 굳이 평생을 보낼 이유가 있겠는가? 다윗 왕과 살 수 있는 방법이 창문 앞에서 목욕하는 것밖에 없다면, 이런 방법을 시도하지 않을 이유가 없지 않은가?

어느 문화에서나 자존감 없는 여자는 그런 일을 한다. 중동의 전통 촌락을 보면, 유력자만이 이층집이나 삼층집에 산다. 유력자는 뜰과 창으로 에워싸인 이웃집들을 위에서 내려다보고 그 집안까지 들여다볼 수 있다. 그러나 보통 사람들은 유력자의 사사로운 공간을 살펴볼 수 없다. 다윗 시대 예루살렘은 작았다(12에이커에서 15에이커 정도였음). 이런 이유로 예루살렘은 모

---

2) Raymond E. Brown, *The Birth of the Messiah* (London: Geoffrey Chapman, 1977), p. 72, n. 24.

든 것이 과밀했다. 고고학자들은 예루살렘에서 다윗 시대에 지은 것으로 다윗 왕궁일 가능성이 있는 "큰 석조 건축물"을 발견했다. 고고학자들이 발견한 이 건물에 실제로 사람이 살았는지 여부와 무관하게, 왕궁과 밧세바의 집 사이의 거리는 아무리 멀어도 6미터가 넘지 않았을 것이다.

밧세바는 자신이 무슨 일을 하고 있는지 알고 있었다. 이 여자는 바보가 아니었다. 밧세바의 계획은 성공했고 왕은 밧세바를 마음에 두었다. 그리고 얼마 지나지 않아 다윗은 밧세바를 왕궁으로 데려오게 한다. 밧세바는 왕에게 왔고, 왕과 동침하여 잉태한다. 그러자 다윗은 "피해 방지 관리 모드"에 들어가 밧세바의 남편을 최전선에서 싸우다 죽게 만든다. 다윗은 이런 비열한 짓을 저지르고 난 뒤, 밧세바를 그의 여러 아내에 추가한다. 예언자 나단은 하나님의 법을 이처럼 심각하게 어겼으니 책임을 지라고 요구한다. 다윗은 회개했으며, 전승은 그가 회개하라는 요구에 부응하여 시편 51편을 썼다고 일러준다. 그렇게 태어난 아기가 죽고 둘째가 태어났는데, 이 둘째가 솔로몬이다.

마태는 솔로몬을 얼른 계보에 넣으면서도, 분명 솔로몬의 모친은 좋아하지 않았다. 그는 밧세바를 "헷 사람 우리아의 아내"라 부르며 무시해 버리고, 이 여자가 외국 혈통임을 강조한다. 마태는 밧세바를 "다윗의 아내"라 부르지 않는다. 그런데도 밧세바는 예수 계보에 네 번째 여자로 등장한다. 어쩌면 밧세바는 히브리인이었으나 이방인과 혼인했을지도 모른다. 그러나 룻과 달리 밧세바는 자기 남편에게 신실하지 않았다. 좋게 보면, 밧세바는 자기에게 이익이라 생각하는 일들을 이뤄가면서 지략과 대담함과 일을 주도하는 힘과 용기를 증명해 보인 여자다. 결국 다윗은 이방인 할머니를 갖게 되었다. 그리고 애초에 헷 사람과 혼인했던 솔로몬의 모친도 이방인이었을 수 있다. 이 두 여자가 모두 예수 계보에 들어 있다.

예수 계보는 총명하나 비천한 농사꾼 처자인 마리아로 끝을 맺는다. 마리아는 시종일관 거룩한 사람이었으며 예수의 어머니가 됨으로써 치러야 할 비싼 대가를 기꺼이 받아들이려고 했다. 마리아는 자신이 잉태한 것을 하나님이 행하신 기적으로 받아들였다. 그러나 마리아가 속한 공동체에서 그가 한 이야기를 곧이곧대로 믿은 이가 많았으리라고 생각하기는 힘들다. 대다수는 마리아를 부정하고 돌에 맞아 죽어야 할 여자로 봤을 것이다. 천사로부터 수태 소식을 들은 마리아는 이렇게 조용히 대답했다. "당신 말씀대로 제게 이루어지이다"(눅 1:38). 마리아는 제자로서 가야 할 길을 겸손히 받아들였다. 그 길을 가다간 자기 동네에서 온갖 망신을 당하고 죽을 수도 있었지만, 그는 기꺼이 그렇게 했다.

그렇다면 마태는 왜 위에서 말한 네 여자를 예수의 조상으로 열거했을까? 확실한 이유는 알 수 없다.[3] 그러나 여러 가지 이유를 제시해볼 수 있다.

1. 마태는 남자들과 여자들을 계보에 담았다. 이것이 큰 이유다. 예수는 여자들을 당신 제자 무리에 들이셨으며(눅 8:1-3), 여자들은 예수 사역에서 두드러진 위치를 차지한다. 그의 가르침은 남자 청중과 여자 청중 모두를 염두에 둘 때가 잦다. 마태는 새로운 하나님 나라를 상징하는 표지로서 예수 계보에 여자들을 포함시켰을지도 모른다. 하나님 나라는 "유대인도 없고 그리스인도 없으며, 노예도 없고 자유인도 없으며, '남자도 없고 여자도 없는'"(갈 3:28, 베일리 번역) 나라이기 때문이다.

2. 마태는 유대인과 이방인을 계보에 담았다. 마태가 유대인과 이방인을 예수 계보에 담으려 했다면, 어떤 방법을 쓸 수 있었을까? 계보에 들어 있는 남자는 모두 유대인이었다. 마태가 그의 복음서 서두에 이방인을 담을 수 있는 방법은 복음서 말미에 있는 "대위임령"(마 28:18-20)을 미리 염두에 두고서 이 여자들을 계보에 담는 것이었다. 룻과 라합은 이방인이었고, 다말은 십중팔구 이방인이었으며, 밧세바는 이방인과 혼인한 여자였

---

[3] 생각해볼 수 있는 이유로 크게 세 가지가 있다. 여기에 대해서는 ibid., pp. 71-74을 보라.

다. "남자들이 모인 곳"(계보)에 여자들이 들어 있다는 놀라운 사실은 1세기 유대인 독자/청자의 이목을 잡아당기는 일이었을 것이다. 이 사실에 주목하여 마태복음을 어느 정도 곱씹어본 독자/청자라면 마태복음의 처음과 끝이 이방인을 매개로 이어져 있음을 간파했을지도 모른다.

3. 마태가 고른 여자 중에는 성도와 죄인이 함께 들어 있다. 다말은 의를 위해 싸웠고 "의인"이라 불렸다. 그러나 다말은 시아버지와 동침했다. 라합은 창녀로 등장한다. 밧세바는 간통을 저질렀으며 분명 죄를 지었다. 이와 달리 룻은 그의 이름을 단 책에서 시종일관 성도의 모습을 보여준다. 마리아가 보여준 성도다움이 이런 설명에 마침표를 찍는다.

4. 네 여자는 모두 지식과 대담함과 용기를 생생히 보여준다. 레이먼드 브라운은 이렇게 썼다. "이 여자들은 주도하는 힘을 보여주거나 하나님의 계획에서 중요한 역할을 했다. 이런 이유로 그녀들은 하나님의 섭리 혹은 하나님의 성령이 부린 도구로 여김을 받게 되었다."[4]

마태는 이 목록을 통해 메시아가 구원하실 사람들이 어떤 이들인지 알 수 있는 실마리를 제공한다. 그는 여자와 남자, 거룩한 자와 죄인, 유대인과 이방인의 구주가 되실 분이었다. 이 계보는 진정 모든 이를 아우른다. 많은 사람이 이 여자들과 남자들을 다룬 이야기를 살펴보고 자신을 돌아볼 수 있다. 그럼 요셉은 어떤 사람인가?

의인 요셉

예수 탄생 내러티브에서 두 번째로 놀라움을 안겨주는 것이 예수 계보에 이어 곧바로 등장한다. 마태복음 1:18-19에서 그것을 발견할 수 있다.

---

4) Ibid., p. 73.

예수 탄생은 이렇게 이루어졌느니라. 그 어머니 마리아가 요셉과 약혼했는데 그들이 동거하기 전에 마리아가 성령으로 잉태한 것이 나타났더니 그 남편은 의로운 사람인지라 마리아에게 치욕을 안겨주지 않으려고 마리아와 조용히 파혼하기로 결심했더라.

문제는 이것이다. 성경은 요셉을 "의로운 사람"이라 부르는데 이는 무슨 뜻인가? 이런 말은 보통 율법에 순종하고 규칙을 만인에게 공평히 적용하는 사람을 가리킨다. 자기가 가르치는 도제를 의롭게 대하는 장인은 규칙을 왜곡하여 자기가 편애하는 제자를 두둔하지 않는다. 신명기는 만일 약혼한 처녀가 성안에서 남자를 만나 동침하면 둘 다 돌을 던져 죽여야 한다고 말한다(신 22:23). 그러나 마태복음 1:18-19은 요셉이 "의로워" 모세 율법을 어기고 마리아와 조용히 파혼하려고 하면서 마리아가 사람들 앞에서 치욕을 당하지 않게 했다고 강조한다. 그 행위가 하도 대담하여 진지하게 곱씹어보지 않을 수가 없다.

요셉은 정의를 특이하고 예상치 못한 모습으로 규정하여 이를 마리아에게 닥친 위기에 적용했다. 요셉이 생각하는 정의는 "법을 평등하게 적용"하는 차원을 넘어선 것이었다. 그러면 요셉이 활용할 수 있을 정도로 이미 정의를 더 넓게 이해한 견해가 있었을까?

유명한 덴마크 신학자인 쇠얀 키에르케고어(Søren Kierkegaard)는 『공포와 전율』(Fear and Trembling)에서 진정한 신앙은 "절대자와 맺은 절대 관계"를 요구한다고 주장한다.[5] 신자는 하나님 앞에 벌거벗은 채 서 있다. 둘 사이에는 율법이 없다. 키에르케고어가 이처럼 신자가 하나님 앞에 벌거벗은 채 서 있음을 보여주는 성경의 사례로 제일 먼저 드는 것이 아브라함 이야기다. 아브라함은 하나님께 순종하고자 이삭을 제물로 바치려 한

---

5) Søren Kierkegaard, *Fear and Trembling*, trans. Walter Lowrie (New York: Doubleday Anchor Books, 1954), p. 66.

다(창 22장). 고금을 불문하고 모든 법은 아비가 아들을 죽여서는 안 된다고 말한다. 아브라함이 하나님께 순종하려면 어떤 법에도 어긋나는 일을 해야만 한다. 아울러 키에르케고어는 마리아를 언급한다. 마리아는 하나님의 뜻을 받아들임으로써 "절대자와 맺은 절대 관계" 안에서 행동했고 "고통과 두려움과 역설"을 체험했다.[6] 키에르케고어가 세 번째 예를 들었다면 요셉을 들었을 것이다. 요셉은 율법이 보통 기대하는 윤리를 뛰어넘어 더 높은 차원의 정의에 순종했다. 요셉이 적용한 이런 더 고결한 정의관은 이사야서에서 볼 수 있다.

이사야의 예언은 "고난 당하는 종"이라는 특별한 종을 묘사한다. 하나님은 장차 이 종을 통해 역사 속에서 구원을 행하려 하신다. 이사야서에는 이 종을 묘사하는 독특한 노래가 네 개 나온다. 첫 번째 노래는 이사야 42:1-6인데 3절은 이렇게 말한다.

그는 상한 갈대를 꺾지 않으시고
꺼져가는 심지를 끄지 않으시고
신실하게 정의를 이뤄내시리라.

하나님의 이 특별한 종이 이해한 것을 따르면, 정의는 "보복으로 지키는 정의"(네가 나를 해코지했으니 너도 나만큼 해를 입는 것을 봐야겠다)도 아니요 "법을 평등하게 적용함"(나는 내가 낼 세금을 냈으니 너도 네가 낼 세금을 내야 한다)도 아니다. 여기서 정의는 약하고 지쳐 쓰러지기 직전인 사람에게 긍휼을 베풂을 뜻한다. 이 본문에 구사된 은유 언어는 놀랍고도 강력하다. 고대 세계는 갈대를 펜으로 사용했다. 이라크 남부에서는 요 근래까지도 갈대를 집과 조그만 배를 만드는 데 사용했다. 즉 상한 갈대가 아니면 이런 것들을 만드는 데 사용할 수 있었다. 그러나 갈대가 상했으면 그것으로 무엇

---

6) Ibid., pp. 75-76.

을 할 수 있겠는가? 그런 갈대는 꺾어 요리나 난방에 쓸 수밖에 없다.

모든 집에는 어떤 형태든 조명이 필요했다. 옛날에는 조그만 진흙 등잔을 사용했으며 올리브유로 불을 밝혔다. 이런 등은 심지가 등잔 옆쪽 주둥이에 달려 있었다. 등잔에 기름이 떨어지면, 심지가 불타 끊어지면서 불붙은 심지 꼭지가 등잔 주둥이에서 떨어져 불이 날 위험이 있었다. 이런 사고를 막고자 등잔 아래 바닥에는 종종 물을 담은 그릇을 놓아두었다. 그러나 이사야 42장이 묘사하는 하나님의 종은 상한 갈대를 **꺾지** 않으시고 꺼져가는 심지를 **끄지** 않으신다. 그는 **신실하게 정의를 이뤄내신다.**

요셉은 율법이 요구하는 벌을 넘어, 상처를 입고 지쳤을 한 젊은 여자에게 온유함으로 다가갔다. 어쩌면 요셉은 마리아를 "꺼져가는 심지"로 보았을지 모른다. 이사야 예언자처럼 정의(正義)를 정의(定義)하면, 곤고한 처지에 있는 약자와 짓밟힌 자와 배척받은 자들에게 긍휼 어린 관심을 보일 수밖에 없다. 요셉은 마리아를 대할 때 예언자 이사야가 말하는 정의에 비추어 행동했다. 예언자 이사야처럼 정의를 이해하는 시각이 요셉의 마음에 박혀 있지 않았으면, 예수는 태어나시지 못했을 것이다. 그런 점에서 요셉은 매사에 억지로 끌려 다니고 해야 할 말도 못하는 사람이 아니었다. 오히려 그는 강하고 심지가 굳은 사람답게 행동한다. 그가 위기의 순간에 내린 대담한 결정은 한 어머니와 태어나지 않은 아기의 목숨을 구했다.

요셉의 분노

마태는 독자들에게 요셉이 **한** 일뿐 아니라 요셉의 **감정**도 이야기한다. 앞서 말했듯이, 요셉은 그가 속한 공동체로부터 자기 약혼자가 잉태했다는 말을 들었다(마 1:20). 우선 그는 천사가 나타나 마리아가 잉태한 것이 하나님이 하신 일임을 알려주는 환상을 체험하지 못했다. 천지가 뒤집어지는 그런 소식을 들었을 때 요셉은 기분이 어땠을까? 여기서 아주 중요한 그리스어 단어가 하나 나오는데, 영역 성경들은 이 단어를 똑같이 번역했다.

이 번역은 옳긴 하지만 오해를 낳기 쉽다. 영역 본문은 "그가 이 일을 **생각할 때에**"(as he considered this)로 번역하고 있다. 여기서 "그가 생각했다"로 번역한 그리스어 단어(*enthymēomai*)는 두 가지 의미가 있다. 그중 하나는 "그가 생각했다/심사숙고했다"이다. 그러나 두 번째 의미는 "그는 화가 났다"이다.[7] 즉 그는 **속이 뒤집어졌다**. 이런 경우에 분노를 느끼는 것은 자연스러운 일 아닌가?

오랜 세월 동안 요셉은 "성 요셉"으로 숭앙받았다. 그러다 보니 사람들은 요셉이 화를 내지 않았으리라고—특히 마리아에게—추측해왔다. 하지만 이런 추측은 요셉도 정녕 사람이라는 사실을 간과하고 있다. 자기 약혼자가 아기를 가졌다는 말을 들었을 때, 요셉은 과연 조용히 앉아 이 문제를 "생각했을까?" 도리어 깊이 상심한 채 분노하는 것이 인지상정 아닌가? 앞에서 살펴봤듯이, 그는 자신이 이해한 정의를 따라 "의로운 일을 했고" 마리아를 인간답게 대했다. 그러나 그랬다고 요셉이 배신당했다고 느껴 분노하지 않았을까? 여기에 사용된 그리스어 동사의 어근은 *thymos*다. 이 말은 복음서에서 단 한 번 등장하는데, 회당에서 회중이 일어나 예수를 돌로 치려 할 때 이 회중이 품었던 "격노"를 묘사한다(눅 4:28). 신약성경 전체를 통틀어 바로 이 말을 동사로 사용한 사례는 단 한 번으로, 예수 탄생 때 찾아온 현자 이야기에서 발견할 수 있다. 헤롯은 이 현자들이 아기가 태어난 곳을 자신에게 일러주지 않은 채 베들레헴을 떠난 것을 알고 "격노"했다(마 2:16).

이 말의 변형 하나가 사도행전 10:19에서 등장한다. 여기서 베드로는 이방인 가정을 방문하라고 명령하는 환상을 본다. 유대인은 이방인을 부정하다고 여겼다. 이런 이유로 베드로가 이 환상에 크게 놀란 것은 당연하다. 여기서도 영역 성경은 보통 그가 이 환상을 "심사숙고했다"라고 번역

---

7) Henry G. Liddell and R. Scott, *A Greek-English Lexicon*, rev. H. S. Jones and R. McKenzie (Oxford: Oxford University Press, 1966), p. 567.

한다. 그러나 여기서 활용된 그리스어 어근은 베드로가 이 환상이 자기가 오랫동안 지켜온 견해를 뒤집어버린 것에 화를 냈음을 일러준다. 이 환상 때문에 베드로는 하나님이 이 세상에서 일하시는 방법을 바라보는 자기의 시각 전체를 바꿀 수밖에 없었다. 베드로는 평생 자신이 유대인으로서 가진 의무가 이방인과 아무 상관이 없다고 믿어왔다. 그런 그가 오랜 세월 내려온 이해를 어떻게 하루아침에 뒤집어엎는단 말인가? 짐작컨대 그는 제정신이 아니었을 것이다. "어떻게 하나님이 내게 이런 일을 하실 수 있지?" 그는 이렇게 물었음이 틀림없다.

마태복음 1:20에서는 이 단어에 전치사 *en*을 더하여 *en-thymēomai*를 만들었다. 이 특별한 형태의 단어는 (마태복음은 물론) 신약성경을 통틀어 오로지 한 번 더 등장하는데, 이 경우 "악하다"라는 말이 그 단어에 붙어 있다. 본문은 다음과 같다. "그러나 예수는 그들의 생각을 아시고 이르시되 '너희가 어찌하여 너희 마음에 악한 생각을 하느냐?'"(마 9:4) 여기서도 분노를 짐작할 수 있다. 이 그리스어 단어(*enthymēomai*; 마 9:4에서는 *enthymeisthe*-역주)가 문자 그대로 뜻하는 것은 **사람 안에**(*en*) 들어 있는 분노와 관련된다. 이는 요셉이 소스라치게 놀랄 소식을 처음 들었을 때 가졌을 심정에 들어맞는다. 이 본문을 이렇게 이해하는 이는 비단 나뿐만이 아니며, 이런 이해를 뒷받침해주는 증인이 있다.

마태복음 1:20에 대한 아랍어 역본 중 가장 오래된 것으로 8세기 또는 그 이전으로 거슬러 올라가는 역본은 이 대목을 이렇게 번역하고 있다. "그가 이 문제로 불안해하는(disturbed) 동안…"[8] 이름이 알려져 있지 않은 이 초기 아랍어 번역자는 요셉이 속이 뒤집어졌음을 알았다. 이 모든 내용을 고려해볼 때, "그가 이 문제로 화가 나 있는 동안"이 그리스어 원문을 더 정확히 번역하고, 인간의 진정한 모습을 더 잘 포착한 번역일지도 모른다.

마태는 카메오로 등장한 요셉을 훌륭한 영혼을 가진 인간으로 제시한

---

8) Vatican Arabic 13, folio 1 r.(아랍어 본문: *lemma hamm bithalik*).

다. 요셉은 온 동네의 반대를 물리치고 마리아를 아내로 맞을 만큼 담대함과 배포와 용기와 굳센 인격을 가졌다. 그는 마리아가 돌에 맞아 죽길 원하는 세력이 있는데도 그렇게 했다. 그는 자신이 생각하는 정의를 행동으로 옮겼다. 요컨대 그는 자신의 분노를 조절하여 은혜로 바꿔놓을 수 있었다.

예수가 말씀하신 비유 중 두 가지도 바로 이 탁월한 능력을 소재로 삼고 있다. 큰 잔치 비유를 보면, 어떤 사람이 공개적으로 모욕을 당한다. 그는 "화가 나서" 잔치에 올 만한 자격이 없는 사람들에게 은혜를 베풀어 그들을 잔치에 불러들인다(눅 14:16-24). 두 번째 비유에서는 한 농부가 포도원을 만들고 이를 임차농(賃借農)들에게 빌려준다. 주인이 세를 거두려 하자, 농부들은 주인이 보낸 종들을 부당히 대하고 모욕하고 때리다가 끝내 죽이고 만다. 주인은 분노가 치밀었지만, 임차농들이 자신이 저지른 행동으로 모조리 죽임을 당하기 전에 부끄러움을 깨달으리라는 소망을 품고 은혜를 베풀어 이름이 밝혀져 있지 않은 자신의 외아들을 보낸다(막 12:1-12). 어쩌면 예수는 당신의 비유에 등장하는 이 두 주인공의 모습을 생생히 보여주는 모델과 함께 성장하시지 않았을까?

마지막으로 중동에서는 공식적이거나 법률적인 문제가 생기면 보통 집안 남자가 나서서 자기 집을 대표한다. 그런데 왜 요셉은 마리아를 데리고 베들레헴에 호적 등록을 하러 갔을까? 가장 쉬운 설명은, 만일 요셉이 자기가 보호해야 할 마리아를 나사렛에 무방비 상태로 놔둔 채 떠나버리면 무슨 일이 닥칠지 불안했기 때문에 그녀를 함께 데려간 것이라는 설명이다. 우리는 요셉을 예수 탄생 이야기의 영웅으로 봐야 한다. 그가 예언자 같은 용기와 이해를 보여주지 않았다면 우리가 듣는 성탄절 이야기는 아예 존재하지도 않았을 것이다.

요약: 예수 계보와 의인 요셉

이 두 기사에 등장하는 몇 가지 신학적·윤리적 테마는 다음과 같다.

예수 계보
1. 예수 계보는 여자들과 남자들을 열거한다. 독자들은 이런 계보에 오직 남자만이 나오리라고 예상한다. 이 계보가 말하는 메시아는 인류의 절반이 아니라 인류 전체를 구하시려고 오셨다.
2. 예수 계보는 이방인도 요셉 혈통으로 인정한다(동시에 이방인이 마리아의 혈통을 이룬다는 것도 암시한다). 마태복음은 시작할 때나 마칠 때나 이방인에게 초점을 맞춘다.
3. 이 계보에 등장하는 여자 중에는 성도와 죄인이 있다. 새로운 메시아는 성도와 죄인을 아울러 모든 이를 위해 오셨다.
4. 이 특별한 여자들은 용기와 지식과 일을 주도하는 힘을 보여주었다. 이런 특징들은 예수가 가지신 것이었다.

요셉
1. 요셉은 신학자였다. 그가 생각하는 정의 개념은 이사야가 들려주는 고난 당하는 종의 노래에서 나왔다. 이 신학이 마리아와 태어나지 않은 아기의 목숨을 구했다.
2. 요셉은 자신이 천사로부터 받은 말씀에 비추어 삶을 살아가면서 자기 시대 문화를 이겨낼 용기를 갖고 있었다.
3. 요셉은 자기 분노를 조절하여 은혜로 바꿔놓을 수 있었다.

3장
구원자, 현자들 그리고 이사야의 환상
마태복음 2:1-12; 이사야 60:1-7

그리스도인들은 성탄절 이야기 본문들을 익숙하게 알지만, 부지런한 학생은 이런 본문을 신선하게 이해한다. 3장에서는 다음 세 가지 질문으로 요약되는 성탄절 관련 본문 세 곳을 더 살펴보겠다.

1. 예수는 누구를 구원하러 오셨는가?
2. 현자들은 어디서 축하하러 왔는가?
3. 예루살렘과 이사야 60장은 성탄과 무슨 관련이 있는가?

예수는 누구를 구원하러 오셨는가?

마태복음 1:20-21에서 요셉은 이런 말을 듣는다. "다윗의 자손 요셉아, 네 아내 마리아 데려오기를 무서워하지 마라. 이는 그가 잉태함이 성령으로 말미암았기 때문이라. 그가 아들을 낳으리니 너는 그 이름을 예수라 하라. 이는 그가 자기 백성을 그들의 죄에서 구원하실 것이기 때문이라."

히브리어나 아람어에서는 이 단어가 그리스어나 영어에서는 볼 수 없는 언어유희를 제공한다. "예수"는 히브리어로 *Yešûaʻ*이며 "구원하다"

는 *yāšaʻ*다. 히브리어와 영어(한국어)를 한 문장으로 조합해보면 이렇게 번역할 수 있다. "그의 이름이 *Yēšûaʻ*라 불리리니 이는 그가 그의 백성을 *yāšaʻ*할 것이기 때문이라."

1세기 성지의 유대인 공동체는 로마가 점령한 채 억압하고 있었다. 로마가 다스리기 전에는 그리스가, 그전에는 페르시아가 다스렸다. 예수 시대에는 큰 토지를 좌지우지하던 외국인들이 유대 땅을 많이 소유하고 있었다. 유대의 농부들은 땅을 빌릴 수밖에 없었으며 자주 불공평한 대우를 받았다. 기원후 1세기, 곧 60년대에 일어난 유대인 봉기는 유대인들을 경제적·정치적으로 억압한 것이 한 원인이 되었다.

정치적·경제적 억압을 받다 보니 사람들은 자연히 구원을 갈망했다. 그렇다면 그들은 무엇으로부터 구원받기를 원했는가? 그들은 자신들이 받는 억압으로부터 풀려나기를 갈망했다. 이를 생생히 보여주는 사례가 바빌론의 몰락을 예언하며 기뻐하는 모습을 표현한 이사야 47장이다. 본문 중 일부를 읽어보자.

> 내려와 티끌에 앉으라.
> 오, 처녀 딸 바빌론아
> 보좌 없이 땅에 앉으라.
> 오 딸 갈대아여!
> 맷돌을 가져다 곡식을 갈고
> 네 베일을 벗으며
> 네 옷을 벗고 네 다리를 드러낸 채
> 강을 건너라.
> 네 벌거벗음이 드러나고
> 네 치부가 보이리라.
> 내가 보복하리니
> 한 사람도 남기지 않으리라(사 47:1-3).

이 본문은 증오하는 원수의 몰락을 기뻐하는 심정을 숨김없이 드러내고 있는데, 이는 충분히 이해할 만하다. 원수에게 점령당한 공동체와 함께 죄와 구원을 이야기하고 싶어하는 예언자라면 누구나 이 말들을 이미 정의해놓고 있다. **죄**는 사람들이 억압자로부터 당한 일에 의해 형성되는 개념이며, **구원**은 이런 억압으로부터 자유를 얻기를 바라는 갈망을 표현한다. 이런 공동체는 공동체 자신이 지은 죄를 이야기하고 그 자신이 이런 죄로부터 구원받아야 한다고 말하는 사람을 용납할 마음의 여유가 없다. 억압받는 공동체는 자신에게 고통을 안겨주는 다른 이들의 죄는 아주 크지만 자기 죄는 작다고 생각한다. 누군가 **공동체 자신이 저지른 죄**를 들먹인다면, 그 공동체는 자신이 얼마나 힘난한 세상을 사는지 몰라서 하는 말이라며 귓등으로 흘릴 것이다. 이런 공동체를 상대로 공동체 자신이 지은 죄로부터 구원을 받아야 한다고 말하는 것은 배짱이 두둑한 사람이나 할 수 있는 일이다.

아파르트헤이트(apartheid) 시절, 남아프리카공화국의 데스몬드 투투(Desmond Tutu) 대주교는 자신의 설교와 강연을 모아 출간했다. 나는 진지하고 감동적인 이 책을 감사하고 또 감사하며 읽었다. 당연한 일이지만, 투투 대주교는 압제자들이 저지르는 죄를 이야기하면서, 외부인들이 남아프리카의 아파르트헤이트를 "남 일 보듯"(objective) 해서는 안 된다고 주장한다. 그는 이런 입장을 취하는 것이 마치 쥐꼬리를 밟고 서 있는 코끼리를 멀뚱하니 바라보고 있는 것과 같다고 썼다. 투투 대주교는 이렇게 말한다. "코끼리가 쥐꼬리를 밟고 서 있는데, 그걸 보고도 '나는 이편도 저편도 아니요'라고 말하는 것은 쥐가 보기에 하나마나한 위로다. 그렇게 말하는 것은 실상 잔인한 코끼리를 도와주는 것이다."[1]

이 경우에는 아무리 외부인이라도 서로 다른 두 관점을 논의하기 전에 우선 코끼리더러 쥐로부터 떨어지라고 말해야 한다. 나도 전적으로 같은

---

1) Desmond M. Tutu, *Hope and Suffering* (Grand Rapids: Eerdmans, 1984), p. 115.

생각이다. 그러나 만일 그 쥐가 다른 쥐를 억압하는 쥐라면 어찌해야 하는가? 외부인은 그 코끼리를 잊지 말아야 하지만, 그렇다고 꼬리가 밟힌 쥐의 억압 행위를 못 본 체해야 하는가? 이것이 예수의 사역에 시사하는 점은 무엇인가?

예수 탄생 이야기를 보면, 아기 이름이 *Yēšûaʻ* 곧 예수(구원자)다. 본문은 그가 당신 백성을 **그들의 죄에서** *yāšaʻ* 하시리라고, 곧 구원하시리라고 강조한다. 이 메시지는 분명 중요하다. 예수가 반대를 받으시고 이 땅의 삶을 십자가에서 마치신 이유를 일부 밝혀주기 때문이다. 세례 요한처럼 예수도 억압받는 당신 백성이 민감히 여길 일들을 줄기차게 힘주어 말씀하셨다.

이 점은 누가복음 13장에서 선명하고 강력하게 나타난다. 이 본문을 보면, 사람들이 예수에게 와서 빌라도가 성전 제단에서 희생 제사를 올리던 몇몇 예배자들을 죽였다고 보고한다(로마군이 성전에서 유월절 희생제물을 잡던 유대인들을 죽인 사건-역주). 외국 군대가 신앙인의 순례 여정에서 가장 신성한 순간에 가장 신성한 곳에 모인 무리를 죽이다니, 이보다 더 악독한 일이 어디 있겠는가?

그리스도인이 쓰는 말로 번역해본다면, 예배당에 난입하여 예배하고 있는 목사와 그 목사가 섬기는 사람들을 총으로 쓰러뜨리는 테러리스트들을 상상해야 할 것 같다. 예수는 빌라도가 바로 그런 일을 했다는 이야기와 맞닥뜨렸다. 예수는 "흉악한 이야기"를 들었으며, 예수를 반대하는 자들은 거기서 그의 반응을 살피고 있었다. 사람들은 당연히 예수가 자기 옷을 찢고 가슴을 치며 이렇게 절규하리라고 예상했다. "오, 주여, 얼마나 오래 견뎌야 합니까? 대체 언제 오셔서 당신 백성을 구하시고 우리를 이 짐승 같은 점령자로부터 해방시켜주시렵니까?"

하지만 예수는 이런 놀라운 대답을 했다. "너희도 회개하지 않으면 모두 이렇게 망하리라"(눅 13:5). 어떤 공동체가 억압을 받고 있는데, 이 공동체를 상대로 모든 이가 죄인이요 따라서 구원의 은혜가 필요하니 모든 이가 회개해야 한다고 말하려면 엄청난 용기가 필요하다. 천사는 "그가 아들을 낳으리니 너는 그 이름을 예수라 하라. 이는 그가 자기 백성을 **그들의 죄에서** 구원하실 것이기 때문이라"라는 말로 이미 예수가 나시기 전에 이런 신학을 요셉에게 강조했다(그들의 1차 문제는 그들이 지은 죄다. 로마의 점령도 중요하지만 이는 2차 문제였다).

바로 이 문제가 사가랴의 노래에서는 다른 형태로 나타난다. 누가복음 1:68-69은 이렇게 말한다.

> 이스라엘의 주 하나님을 찬송하리니
> 이는 그가 당신 백성을 찾아와 구속하시고
> 우리를 위하여 그의 종 다윗의 집에서
> 구원의 뿔을 일으키셨기 때문이라.

분명히 이것은 만인에게 좋은 소식이다. 사가랴는 이 노래를 70-71절로 이어간다.

> 이는 그가 예로부터 그의 거룩한 예언자들의 입으로 말씀하신 것처럼
> 우리를 우리 원수들로부터 구원하시고
> **또 우리를 미워하는 모든 이의 손으로부터** 구원하심이라(베일리 강조).

사가랴는 "정치적으로는 옳다." 이것이야말로 유대인들이 듣고 싶어하던 메시지였다. 메시아는 로마의 압제자들과, 유대인의 종교 의식에 함께할 수 없는 더러운 이방인들을 유대인들 중에서 몰아내실 것이다. 하나님은 이 메시아를 통해 유대인들을 원수로부터 구원하시고, 그들을 미워하는 모든 이의 손으로부터 구원하실 것이다.

그러나 사가랴는 누가복음 1:76-77에서 자기 아들 요한을 두고 몇 마디 말을 계속 이어간다.

이는 네가 주 앞에 가서 그의 길을 준비하고
그의 백성에게 **그들의 죄를 용서하심으로**
베푸실 구원을 알게 할 것이기 때문이라(베일리 강조).

여기서 갑자기 이야기가 달라진다. 이제 이 공동체의 문제는 단순히 "우리를 미워하는 자들"이 아니다. 도리어 문제는 이 말씀이 공동체 구성원들을 **그들 자신의 죄**로부터 구원받아야 할 이로 선언한다는 것이다. 억압받는 자들도 역시 죄인이다! 죄인을 위한 구주는 만인을 위한 구주이시다. 모든 사람이 죄인이기 때문이다.

이런 시각은 일찍이 전도서 4:1에서도 나타난다.

내가 다시 해 아래서 행하는 모든 억압들을 보았도다.
또 보라, 억압받는 자들의 눈물을,
그리고 그들에게는 위로할 자가 아무도 없구나!
그들을 억압하는 자들에게는 힘이 있으나
(억압받는) 그들에겐 위로할 자가 아무도 없네.

이런 본문을 보면 억압하는 자들과 억압받는 자들이 모두 빠져나오지 못하는 감옥에 갇혀 있다. 각 사람에게는 옥 밖에서 주어지는 은혜가 필요하다. 누가복음 본문은 "우리 원수들"은 물론이요 "우리 죄"라는 내부 문제로부터 구원받음을 이야기한다.

현자들은 어디서 축하하러 왔는가?

마태복음 2:1-2은 현자들을 이야기한다.

이제 헤롯 왕 때에 예수가 유대 베들레헴에서 나셨으니 보라, 현자들이 동쪽으로부터 예루살렘으로 와서 말하되 "유대인의 왕으로 나신 분이 어디 계십니까? 우리가 동쪽에서 그의 별을 보고 그에게 예배하러 왔습니다."

위의 대목은 많은 질문을 낳는다. 만일 이 마기(magi, "마법사, 점성술사"를 뜻하는 magus의 복수형-역주)가 이스라엘 동쪽에 있었고 그의 별을 동쪽에서 봤다면, 그들은 마땅히 인도로 갔어야 했다! 그런데 이들은 서쪽으로 왔다. 이 구절을 해명하는 열쇠는 히브리어에서는 "동쪽"을 가리키는 말이 "떠오름"을 뜻하기도 한다는 사실에 들어 있다. 이 그리스어 본문은 (NRSV도) "우리가 그의 별이 떠오르는 것을 보았습니다"로 번역하는 것이 더 나을 수 있다.

그렇다면 이 현자들은 어느 나라 출신인가? 그들은 이방인인가? 아라비아로부터 왔는가? 첫 질문의 답은 그들이 실제로 이방인이었다는 것이다. 목자들은 베들레헴 지역으로부터 왔고 대부분 유대인이었지만, 현자들은 이방인이었다.[2] 새 "유대인의 왕"은 태어나실 때 유대인과 이방인으로부터 경배를 받으셨다. 더욱이 현자들은 아라비아로부터 왔을 가능성이 아주 높다.

본문은 이들을 "동쪽으로부터 온 현자들"이라 묘사하는데, 그러다 보니 이런 질문이 나올 수밖에 없다. 동쪽 어디인가? 이 물음의 답은 본문 기자가 어디에 사는가에 따라 달라진다. 어떤 미국인이 뉴저지에 사는 친구들을 방문하여 자신이 "서쪽"에서 왔다고 말한다면, 주인은 이 손님이 피츠버그에서 왔다고 생각할지 모른다. 미 해군에서 복무하는 사람이 "서쪽에 있는 태평양"에서 복무하게 되었다면 그는 지금 태평양에 있을지 몰라도 그로부터 100야드(약 91미터) 떨어진 곳에 있는 영국 함정은 "동쪽에 있는 태평양"에 있는 셈이다. 똑같은 태평양인데, 영국에서 보면 태평양이

---

2) W. D. Davies and Dale C. Allison Jr. *The Gospel According to Saint Matthew* (New York: T & T Clark, 1988), 1:227-31.

동쪽에 있고 미국에서 보면 서쪽에 있다.

교회사 초기 몇 세기 동안 로마에 살던 그리스도인은 "동쪽"이라는 말을 들으면 자연히 페르시아를 생각했을 것이다. 실제로 그리스 문헌에서 *Magi*는 바빌로니아나 파르티아에서 온 사람들을 가리킨다.[3] 그러나 성지에 사는 그리스도인이 볼 때 "동쪽"은 요단 강 저쪽을 가리키는 말이었다. 사실 이런 정의는 오늘날까지도 이어지고 있다. 나는 이스라엘/팔레스타인 서안(West Bank)에 살 때 요르단에서 온 방문객들을 늘 "동쪽에서" 온 사람들로 부르는 것을 보았다. 여기서 동쪽은 당연히 "요단 강 동쪽"을 뜻했다. 1세기에 성지에 살았던 유대계 그리스도인들도 이와 같이 생각하고 말했으리라고 추측할 수밖에 없다. 이 그리스도인들이 볼 때 "동쪽"은 아라비아 사막과 이어져 있는 요르단 사막을 가리켰을 것이다.

마태복음 2장에 따르면, 현자들은 황금과 유향과 몰약이라는 선물을 갖고 왔다. 부자들은 늘 황금을 소유하기 마련인데, 이런 황금은 아라비아에서 캐냈다.[4] 더 자세히 말하면, 유향과 몰약은 아라비아 남부에서만 자라는 나무에서 거두었다. 이런 사막 지대에 살던 부자들은 당연히 황금과 유향과 몰약을 갖고 있었을 것이다. 초기 교회는 이를 알고 있었다.

예수 탄생 이야기를 다룬 현존하는 주석 중 가장 오래된 것은 순교자 유스티누스가 160년경에 쓴 주석이다. 그는 팔레스타인계 그리스도인으로 사마리아에서 뻗어 내린 산자락 아래의 도시 가이사랴에서 살았다. 유스티누스는 트리포(Trypho)라 하는 유대인과 나눈 대화를 기록해놓았다. 이 책은 「유대인 트리포와 나눈 대화」(*Dialogue with Trypho, the Jew*)라고 불리는데 지금도 남아 있다. 유스티누스는 이 책에서 다음과 같이 쓰

---

[3] 데이비스와 앨리슨은 동쪽이 아라비아와 바빌론과 페르시아를 가리킨다는 것을 보여주는 증거를 제시하면서, 그들 자신은 "아라비아를 지지하는 쪽에 마음이 끌린다"라고 말한다. Ibid., 1:228-31.
[4] 성경 저자들은 황금이 아라비아와 스바와 오빌에서 나왔다고 말한다(왕상 9:28; 10:2; 욥 28:16).

고 있다. "현자들은 아라비아에서 베들레헴으로 와서 아기에게 경배하고 선물로 황금과 유향과 몰약을 바쳤다."⁵⁾ 유스티누스는 자기 주장을 내세우지 않고, 다만 다섯 군데에서 현자들이 아라비아로부터 와서 축하했다고 말할 뿐이다.⁶⁾ 테르툴리아누스(Tertullian)와 로마의 클레멘스(Clement of Rome)도 현자들이 아라비아로부터 왔다고 인정한다.⁷⁾

1920년대에 영국 학자 비숍은 요르단에 사는 한 베두인족을 방문했다. 이슬람교를 믿는 이 부족은 아랍어로 *al-Kokabani*라는 이름을 갖고 있었다. *kokab*라는 말은 "행성"을 뜻하며 *al-Kokabani*는 "행성을 연구하는/따르는 사람들"이라는 뜻이다. 비숍은 이 부족 원로들에게 이 이름의 연유를 물었다. 그들은 위대한 예언자인 예수가 태어났을 때 자기 조상들이 행성을 따라 서쪽 팔레스타인으로 여행하여 그분께 경배했기 때문이라고 대답했다.⁸⁾ 이는 현자들이 아라비아에서 온 아랍인이었다는 2세기 유스티누스의 주장을 뒷받침한다. 그렇다면 이런 사실이 역사적 호기심을 채워주는 것 말고 달리 무엇을 바꿔놓는가? 이 물음에 답하려면 이사야 60장과 성탄 이야기의 관계를 살펴봐야 한다.

예루살렘과 이사야 60장은 성탄과 무슨 관련이 있는가?

이사야 60장은 헨델의 위대한 오라토리오 "메시아"를 통해 익숙해진 말씀으로 시작한다. 본문은 다음과 같다.

---

5) Justin Martyr, *Selections from Justin Martyr's Dialogue with Trypho, a Jew*, trans. and ed. R. P. C. Hanson (London: Lutterworth, 1963), p. 78.
6) Ibid., pp. 78-88.
7) Raymond E. Brown, *Birth of the Messiah* (London: Geoffrey Chapman, 1977), pp. 169-70을 보라.
8) 비숍과 부족 원로들이 나눈 대화는 비숍이 1957년 여름에 예루살렘에서 내게 직접 말해 준 내용이다.

일어나라, 빛을 비춰라, 이는 네 빛이 왔고
또 야웨의 영광이 네 위에 임했기 때문이라.
보라, 이는 어둠이 땅을 덮고
짙은 어둠이 사람들을 덮겠으나
야웨가 네 위에 임하시고
그의 영광이 네 위에 임할 것이기 때문이라.
또 나라들이 네 빛으로 나아오고
왕들이 네 떠오르는 광명으로 나아오리라(사 60:1-3).

빛나는 영광으로 둘러싸인 "너"는 누구이며, 나라들이 누구의 빛으로 나아온다는 말인가? 계속해서 이사야는 "네 아들들은 먼 곳에서 오고 네 딸들은 팔에 안겨 오리라"라고 강조한다. 이어 5절과 6절은 이렇게 선포한다.

나라들의 부(富)가 네게로 오리라.
수많은 낙타들이 너를 덮으리니
미디안과 에바의 어린 낙타들이요
스바에서 온 모든 이가 네게 오리라.
그들이 황금과 유향을 가져오고
야웨의 찬송을 선포하리라.

미디안과 에바는 부족들이 거주하는 땅으로 아라비아 북부에 있으며, 스바는 아라비아 남부 지역을 가리킨다. 이 스바로부터 스바 여왕이 "많은 금"을 갖고 왔다(왕상 10:2). 앞서 말했듯이, 유향은 아라비아 남부의 특산품이다. 이사야는 7절에서 "게달의 양 무리가 다 네게로 모이리라"고 말한다. 여기에는 목자들도 포함된다. 그렇다면 방문자들은 왜 먼 곳과 가까운 곳에서 찾아올까? 무엇이 혹은 누가 이 엄청난 주목을 독차지하는가?

10절과 11절은 "네 성벽"과 "성문"을 언급한다. 분명히 이사야는 **예루**

살렘에 대한 꿈을 꾸며 장차 이 예루살렘에서 일어날 놀라운 일들을 꿈꾸고 있다. 그러나 이 영광스러운 환상은 현실로 이루어지지 않았다. 거기 사는 공동체는 큰 빛이 성 둘레를 비추는 것을 보지 못했다. 부유한 아랍 수장들이 황금과 유향의 선물을 가지고 미디안과 에바와 스바로부터 오지도 않았다. 예수가 태어나시기 전 수 세기 동안 맹렬하고 불안한 정치적 분위기가 계속되었다. 이런 이유로 성문은 밤낮으로 닫혀 있었다(11절). 독자들은 당연히 이렇게 물을 것이다. 예수 탄생 이야기는 이사야의 위대한 약속과 관련해서 무슨 이야기를 하는가?

마태와 누가는 이 이사야서 본문을 잘 알고 있었다. 복음서 기자들은 예수의 삶과 관련해서 두루마리로 기록할 수 있었던 것보다 훨씬 더 많은 정보를 갖고 있었다. 특히 요한은 자신이 가진 정보를 취사선택했으며, 만일 그 정보를 다 기록한다면 "이 세상 전체도 그것을 기록한 책들을 다 담지 못할 것"(요 21:25)이라고 말한다. 그렇다면 마태와 누가는 무엇을 근거로 자신들이 기록한 예수 탄생 이야기를 **골랐을까**?

예루살렘을 영예롭게 해줄 영광스러운 사건은 일어나지 않았다. 하지만 복음서 기자들은 그 사건이 예수가 태어나셨을 때 일어났다고 인식했다. **아기** 둘레에는 큰 빛이 있었고 주의 영광이 나타났다. 아랍인 현자들이 **아기**에게 오면서 황금과 유향을 낙타에 싣고 가져왔다. 목자들은 성(城)이 아니라 그 **아기**를 찾아왔다. 성을 놓고 품었던 큰 소망이 구유에 누워 있는 아기에게로 옮겨갔다. 정말로 "주의 영광이" **아기**를 "에워싸고 비추었다." 이렇게 성으로부터 아기에게 옮겨감은 중요한 의미가 있다.

예수 탄생 이야기는 전승에서 "시온주의의 색깔을 지워버린다." 예루살렘 성과 관련하여 성취될 것으로 여겨졌던 소망과 기대는 실상 아기 예수가 태어나심으로 다 이루어졌다고 본다. 이 땅의 예루살렘은 절대성을 잃는다. 아기를 중심으로 이루어질 새 공동체는 조지프 플런키트(Joseph Plunkett)가 쓴 다음과 같은 말에 공감하는 공동체가 될 것이다.

나는 장미에서 그의 피를 보고
별들에서 그의 눈[目]의 영광을 보네.
그의 몸은 영원한 눈[雪] 속에서 빛나고
그의 눈물은 하늘에서 떨어지네.

나는 모든 꽃에서 그의 얼굴을 보네.
천둥과 새들의 노래 소리도
다만 그의 음성일 뿐.
또 그의 능력으로 조각한
바위들은 그가 쓴 말씀이라네.

모든 길은 그가 밟아 닳아지고
그의 강한 심장은 늘 요동하는 바다를 뒤흔드네.
그의 가시관은 모든 가시와 쌍을 이루고
그의 십자가는 모든 나무라네.[9]

어떤 특별한 장소에 가야 예수를 발견할 수 있는 것은 아니다. 신성한 공간보다 더 중요한 것은 신성한 역사다. 아브라함을 인정하는 세 신앙(즉 기독교, 유대교, 이슬람교) 전체가 이 땅에 있는 예루살렘을 순례하고 예배하고 성찰하는 곳으로 여김은 타당한 일이다. 예루살렘은 이 세 신앙이 똑같이 공유해야 한다. 그러나 그리스도이신 아기 예수를 따르는 자들이라면 정말 중요한 예루살렘은 역사의 마지막에 하나님이 주신 선물로서 위로부터 내려온 하늘의 예루살렘(계 21:9-27)임을 안다. 이 땅의 예루살렘을 놓고 전쟁을 벌이는 일도 없을 것이요, 그 예루살렘을 차지하겠다고 피를 흘

---

9) Joseph Mary Plunkett, "I See His Blood Upon the Rose," *The Circle and the Sword* (1911).

리는 일도 없을 것이다. 누가는 독자들에게 주의 영광이 예루살렘 성 주위가 아니라 아기 예수 둘레를 비추었다고 말하기 때문이다.

요약: 구원자, 현자들 그리고 이사야의 환상

이 연구 결과로부터 다음과 같은 내용을 지적할 수 있겠다.

1. 억압하는 자들과 억압받는 자들이 다 죄인이다. 둘 다 새 구원자가 베푸시는 은혜가 필요하다.
2. 고난이 죄 없는 사람들을 만들어내지는 않는다.
3. 예언자가 억압받는 사람들에게 그들도 죄인이며 그들에게도 은혜가 필요함을 말하려면 용기가 필요하다.
4. 이사야는 예루살렘 성에 특별한 복을 약속했다. 아랍인들이 선물을 갖고 올 것이요 목자들이 등장할 것이다. 큰 빛이 하나님의 영광과 더불어 예루살렘에 비췰 것이다. 복음서 저자들은 이 약속이 하 아기가 나심으로 이루어졌다고 보았다. "세세토록 이어온 소망과 꿈"은 예루살렘으로부터 베들레헴에서 태어난 한 아기에게 옮겨갔다.
5. 아기 예수가 나셨을 때 유대인 목자들과 이방인인 아랍인들이 함께 와서 구유에 누운 아기에게 경배했다.

4장

헤롯의 잔학 행위, 시므온과 안나

마태복음 2:13-18; 누가복음 2:22-36

어떤 이야기들은 텔레비전으로 방송하면 안 된다. 나는 베들레헴에서 일어난 어린이 학살(마 2:16-18)도 그런 이야기라고 본다. 그 장면은 우리 시대의 기준으로도 시청자들이 봐서는 안 될 만큼 잔인하기 그지없다. 두 가지 질문이 떠오른다. 왜 이런 사건이 일어났을까? 그리고 마태는 왜 입에 담을 수조차 없는 이런 불쾌한 사건을 그의 복음서에 포함시켰을까?

그 사건은 왜 일어났을까?

헤롯은 정말 복잡한 인물이다. 민족적 측면에서 헤롯은 아랍인이었다. 그의 아버지는 이두매라 불리던 성지 남부의 한 아랍 부족 출신이었다. 그의 어머니는 페트라 출신이었는데, 페트라는 1세기 아라비아 북부에 있던 아랍 왕국인 나바테아 왕국의 수도였다. 헤롯의 형제 중 하나는 이름이 파이살(Faisal)이었고, 다른 하나는 유세프(Yusef)였다. 그의 누이는 살라마(Salama)였다. 이 집에서 유일하게 그리스식 이름을 가진 아이가 바로 헤롯이었다.[1]

---

1) 헤롯의 생애에 대해서는 Stewart Perowne, *The Life and Times of Herod the Great*

종교적인 측면에서 헤롯은 유대인이었다. 기원전 135년경, 유대 통치자인 히르카누스(Hyrcanus)는 이두매를 정복하고 이두매인들에게 유대교를 강요하면서 이를 따르지 않으면 죽이겠다고 위협했다. 이어 히르카누스는 헤롯의 할아버지인 노(老)안티파테르(Antipater the elder)를 그 지역 총독으로 임명했다. 덕분에 헤롯은 "유대인"이 되었다. 문화적인 측면에서 헤롯은 그리스인이었다. 당시 그리스 문화는 팔레스타인 전역에 퍼져 있었으며 그리스어는 국제 사회의 공용어였다. 실제로 그리스어는 헤롯의 첫 번째 언어였다. 또 헤롯은 예루살렘을 그리스식 도시로 바꾸고자 여러 시도를 한 것으로 유명하다.[2]

정치적인 측면에서 헤롯은 로마인이었다. 그는 자신이 권력을 쥐고 있던 동안에 벌어진 큰 싸움에서 언제나 로마 편을 들었다. 민족적으로는 아랍인, 종교적으로는 유대인, 문화적으로는 그리스인, 정치적으로는 로마인이었던 헤롯은 복잡한 인물이었다. 어린 시절의 헤롯을 묘사한 글을 보면, 그는 잘 생긴 외모에 탄탄한 체격을 가졌다고 되어 있다. 그는 열 차례 전쟁에서 사사로이 그의 군대를 이끌고 싸움터에 나가 싸웠다. 그가 높은 명성을 얻게 된 계기에는, 로마 제국의 패권을 놓고 옥타비아누스(기원전 63-기원후 14)와 겨루었던 안토니우스(기원전 82-30)와 클레오파트라(기원전 69-30)를 도와준 것도 포함되어 있었다. 옥타비아누스(훗날 카이사르 아우구스투스)는 안토니우스에게 확실한 승리를 거둔 뒤, 로도스 섬으로 가서 다음 일을 계획했다. 헤롯은 잽싸게 그곳을 찾아가 로마를 다스릴 새 승리자를 만났으며, 옥타비아누스는 헤롯을 자기 부하로 받아들였다.

그때까지만 해도 헤롯은 생애 대부분을 안토니우스의 친밀한 친구로 지내왔으며 그를 도와 옥타비아누스에게 대항했다. 그랬던 그가 과연 새 카이사르와 원만한 관계를 이어갈 수 있을까? 헤롯은 왕관을 벗고 새 카이사르

(London: Hodder & Stoughton, 1957)을 보라.
2) Ibid., pp. 17-23.

앞에 나아가, 자신이 새 카이사르의 원수였던 안토니우스에게 제공했던 모든 도움을 대담하게 털어놓았다. 아울러 그는 안토니우스가 패배했을 때도 자신은 여전히 안토니우스에게 충성했음을 인정했다. 헤롯의 자기 소개는 이 말에서 정점에 이르렀다. "청하옵건대 제가 누구 친구였는가가 아니라 제가 얼마나 좋은 친구였는가를 헤아려주옵소서."[3] 카이사르는 헤롯이 신뢰할 만한 사람이라고 판단하고 벗은 왕관을 다시 쓰라고 분부했다. 이제 헤롯은 이전보다 더 든든한 왕관을 쓰고 팔레스타인으로 돌아왔다.

그러나 세월이 흘러가면서 헤롯은 무너져갔다. 그는 도합 열 여자와 혼인했다. 자주 헤롯은 자기 아들들도 정적(政敵)이 될 수 있다고 여겼다. 이런 이유로 사마리아 성에서는 직접 명령을 내려 자신이 사랑하는 두 아들을 목 졸라 죽이게 했다. 훗날 그는 총애하는 아내 마리암네(Mariamne)도 정치적으로 자기에게 충성하는지 의심하다가 결국 죽이고 말았다. 그는 이런 일을 저지르고도 마리암네의 이름을 부르며 왕궁을 돌아다니고 시종들에게 그녀를 자신에게 데려오라고 시켰다고 한다. 시종들이 마리암네를 데려오지 않으면 그들을 두들겨 패곤 했다.

헤롯은 똑똑했으나 잔인했다. 삶을 마칠 무렵에는 갖가지 고통스러운 병으로 점점 더 병세가 위중해갔다. 그는 생애 마지막 며칠 동안에 왕세자를 체포하여 왕궁 지하 감옥에 가두었다. 이 늙은이는 고통에 못 이겨 스스로 목숨을 끊으려 했으나 호위병 하나가 이를 제지했다. 그러나 잠시 혼란이 벌어진다. 왕이 죽었다는 소문이 왕궁에 퍼져 나갔다. 이 소문을 들은 왕세자는 왕위에 오를 수 있게 자신을 옥에서 꺼내달라고 외쳤다. 자살을 시도했다가 살아난 헤롯은 왕세자를 죽이라고 명령한다. 그리고 닷새 뒤에 헤롯 자신이 죽었다. 그가 내린 마지막 명령은 그의 군대더러 온 나라의 명사 수천 명을 체포하여 여리고의 경기장에 가두라는 것이었다. 헤롯은 자신이 죽었을 때 온 나라를 애곡 천지로 만들려는 심산으로 그가

---

[3] Ibid., p. 80.

죽으면 이 명사들도 죽이라는 명령을 내렸다. 헤롯은 자신을 기리며 애곡할 이가 아무도 없으리라는 것을 잘 알고 있었던 것이다. 다행히 이 명령은 집행되지 않았다. 이런 기록을 볼 때, 늙은 헤롯이 베들레헴과 그 주변 동리 아이들을 학살하라는 명령을 내렸으리라는 것은 충분히 있을 법하다. 예수는 이토록 잔혹한 세상에 태어나셨으며, 헤롯은 그의 시대에 나신 한 사람이 아니었으면 그야말로 알려질 필요조차 없는 인간이었다.[4)]

왜 이런 잔혹한 기사를 예수 탄생 이야기에 포함시켰을까?

늘 예수 탄생은 아름다운 배경 음악이 흐르는 부드러운 분위기에서 기억되고 되풀이 이야기된다. 죄 없는 이들이 죽임 당한 사건은 어떤 교회의 "성탄절 성극"에도 결코 등장하지 않는다. 나는 여태까지 성탄 전야 예배에서 그런 이야기를 들어본 기억이 전혀 없다. 신자들은 기쁨에 찬 천사들, 들뜬 목자들 그리고 값비싼 선물을 후히 가져온 현자들의 사연만 기대하며 보통 그런 이야기만 듣는다. 낭독되는 성경 본문도 평화를 약속하는 내용으로 가득하며, 여기에 아름다운 아기와 아기 어머니와 용감한 아버지 그리고 다소곳한 가축 몇 마리를 상기시키는 장면들이 섞인다. 학살극은 언급하길 거부한 채 침묵을 지키자는 음모가 존재하는 것처럼 보인다. 그렇다면 마태는 왜 이런 학살 이야기를 집어넣었을까?

자주 언급되는 이유는 마태가 예수를 새로운 모세로 제시하기 때문이라는 것이다. 모세는 파라오가 모든 히브리 남자 아기들을 죽이라는 명령을 내리면서 "죄 없는 이들이 학살당하는" 상황 가운데 태어났다(출 1:8-22). 이제 마태는 그 이야기와 유사한 예수 이야기를 자세히 들려준다.[5)] 그

---

4) Ibid., p. 172.
5) W. D. Davies and Dale C. Allison Jr., *The Gospel According to Saint Matthew* (New York: T & T Clark, 1988), 1:254; Raymond E. Brown, *Birth of the Messiah* (London: Geoffrey Chapman, 1977), pp. 228-29.

러나 이런 학살 이야기를 집어넣은 데는 또 다른 중요한 이유가 있었을지도 모른다.

20세기 후반 내내 (나를 포함해서) 중동에 살았던 사람들은 숱한 전쟁을 겪었다. 특별히 레바논에서는 35년 동안 일곱 차례나 전쟁이 벌어졌다. 어떤 전쟁은 17년이나 계속되었다. 다른 전쟁들은 빨리 끝났지만 잔혹했다. 사람들은 친구와 가족이 총탄과 폭탄에 죽어가는, 현대전의 온갖 무시무시한 장면을 목격했다.

이런 상황에서 사람들은 어떻게 신앙을 지켜냈을까? 한 가지 대답은 그들이 성탄 이야기와 십자가를 기억했다는 것이다. 예수가 태어나셨을 때 무지막지한 유혈 참극이 벌어졌다. 그 이야기를 읽은 이는 십자가에서 또 다시 추한 얼굴을 드러낸 그 무시무시함의 가능성이 인간에게 있음을 의식하지 않을 수 없다. 마태복음의 시작과 끝맺음 부분에는 예수가 구속하러 오신 악의 깊이를 드러내는 장면들이 제시된다. 이 잔혹한 이야기 덕분에 독자는 하나님이 철저한 약함 가운데 자신을 드러내려 하셨음을 깊이 깨닫는다. 이런 철저한 약함이 성육신의 핵심에 자리해 있다. 만약 이 복음서가 죄 없는 이들을 학살하고 십자가를 만들어내는 세상에서도 흥왕할 수 있다면, 다른 어디서도 흥왕할 수 있을 것이다. 이를 알기 때문에 복음서 독자들은 시대를 불문하고 다시 용기를 낼 수 있다.

시므온과 안나-남자와 여자

예수 탄생 이야기에는 자주 사람들이 못 보고 넘어가는 요소가 또 하나 있다. 시므온은 성전에서 아기 예수를 만난다(눅 2:25-32). 덕망이 높은 시므온은 하나님을 찬미하고 아기 예수를 이야기하면서 엄청난 주장을 한다. 이 아기가 이스라엘과 이방인을 구속하러 오셨다는 것이다. 이때 안나라는 노파가 느닷없이 등장한다. 안나는 "하나님께 감사하고, 예루살렘이 구속받기를 고대하는 모든 사람에게 그(예수)에 관하여 이야기했다"(눅 2:38).

누가는 안나가 무슨 말을 했는지 알려줄 증인을 찾지 못했던 것 같다. 우리가 아는 것이라고는 안나의 말을 들었을 사람들이 품었던 소망이 무엇인지 알려주는 한 가지 힌트뿐이다. 누가는 안나가 한 말을 꾸며내려고 하지 않았다. 그렇다면 누가는 왜 여기서 안나를 언급할까?

누가는 자기 복음서에서 시종일관 예수의 삶에서 두드러진 한 측면을 강조한다. 누가는 자신이 쓰는 이야기에서 이 구주가 여자와 남자를 위해 오셨다고 분명히 밝힌다. 누가복음을 꼼꼼히 살펴보면 한 번은 남자에게 초점을 맞췄다가 다른 한 번은 여자에게 초점을 맞춘 이야기들이 적어도 스물일곱 묶음이나 나타난다.[6]

그중 양을 잃어버린 선한 목자 비유와 은전을 잃어버린 선한 여인 비유가 있다(눅 15:3-10). 첫 번째 이야기는 남자의 세계에서 등장하고 두 번째 이야기는 여자가 살아가며 겪는 체험에서 등장한다. 그런가 하면 자기 밭에 겨자씨 한 알을 뿌린 농부 이야기와 빵 덩어리 속에 누룩을 집어넣어 부풀게 한 여자 이야기가 있다(눅 13:18-21). 이 본문 역시 한 이야기는 남자가 겪는 일을 가져다 말하고 다른 이야기는 여자의 일상생활에서 가져온 일을 말한다. 누가는 예수 탄생 이야기도 이런 식으로 기록하여 남자와 여자가 각각 등장하는 이야기를 세 쌍 기록하고 있다. 그 셋은 다음과 같다.

1. 가브리엘이 두 사람을 방문한다: 사가랴와 마리아.
2. 두 사람이 두 노래를 부른다: 하나는 사가랴가, 다른 하나는 마리아가 부른다.
3. 성전에서 두 증인이 등장한다: 시므온과 안나는 예수가 이루실 하나님의 구속 계획을 증언한다.

---

6) Kenneth E. Bailey, *Finding the Lost* (St. Louis: Concordia Press, 1992), pp. 97-99.

시므온이 안나보다 더 주목을 받는 것은 그렇다 치자. 하지만 사가랴와 마리아를 비교하면, 마리아가 더 두드러진다. 마리아가 좋은 소식을 전한 가브리엘에게 한 대답은 사가랴가 한 것보다 성질상 더 훌륭하다. 사가랴에게 아들을 약속한 것은 사가랴가 바라던 꿈을 이뤄준 선물이었지만, 이 선물은 아무런 대가도 요구하지 않았다. 그러나 사가랴는 이 좋은 소식을 듣고 믿지 않았다. 그의 아내가 아이를 낳기에는 너무 늙었기 때문이었다. 결국 그는 두 번째 기적과 대면하게 된다. 즉 아기가 태어날 때까지 벙어리로 지내게 되는 것이다.

이와 달리, 마리아는 하나님이 하신 일로 말미암아 자신이 아들을 낳으리라는 말을 들었다. 사가랴가 받은 약속과 달리, 마리아가 받은 선물은 그녀를 죽음으로 내몰 수도 있었다. 그러나 마리아는 사가랴와 달리 희생이 따르는 제자의 길을 받아들이면서 겸손히 이렇게 말했다. "당신 뜻대로 제게 이루어지이다." 마리아에게 다가온 두 번째 기적은 자기 사촌도 아기를 낳으리라는 좋은 소식이었다. 마리아는 심판이 담긴 기적 대신 복된 기적을 목격했다.

시므온의 예언

시므온의 찬송시 *Nunc Dimittis*(불가타 눅 2:29, *Nunc dimittis servum tuum, Domine*[주여, 이제는 당신이 당신 종을 놓아주시나이다]의 첫 두 단어-역주)는 마리아에게 아름다운 약속과 동시에 경고도 전한다. 시므온은 마리아에게 이렇게 말한다.

> 보라, 이 아기는 이스라엘의 많은 이들을 쇠하고 흥하게 하며
> 비방을 듣는 표적이 되려고 세움을 받았으며
> (또 칼이 네 자신의 영혼을 관통하리니)
> 이는 많은 마음에 있는 생각들을 드러내려 함이라(눅 2:34-35).

이 두려운 말은 무슨 뜻일까? "많은 마음에 있는 생각들을 드러내려 한다"는 말은 어떻게 이해할 수 있을까? 위 본문은 칼이 예수와 그 어머니의 영혼을 관통하리라는 것을 강조하는 것 같다. 이 본문은 독자들에게 마리아가 십자가 사건에 참여하고 마리아의 고난이 "많은 마음에 있는 생각들"을 드러내는 데 기여하리라고 일러준다. 마리아가 십자가를 떠나지 않고 그 자리를 신실히 지키면, 결국 이런 모습에 마리아를 에워싸고 있던 악한 세력들도 압박을 느껴 그들 자신을 돌아보고 그들의 잔인함이 마리아의 용기 있는 사랑과 너무도 다르다는 것을 깨달을 것인가?

십자가 주위에는 타협이라는 강이 흐른다. 이 십자가에 연루된 모든 사람이 이상한 모습을 드러낸다. 제자들은 믿었지만, 두려운 나머지 도망쳤다. 베드로는 큰소리치며 주를 떠나지 않겠다고 약속했지만 결국 부인하고 말았다. 대제사장은 성전의 신성함을 지키길 원했고 로마인들이 그의 신성한 공간에 끼어드는 것을 막으려 했다. 그는 그 과정에서 죄 없는 이를 죽이는 데 동참한다. 병사들은 단지 명령을 따랐을 뿐이지만, 그들이 따른 명령은 로마의 정의를 어긴 것이었다. 빌라도는 자기 자리를 지키고 싶어했고 골치 아픈 일에 말려들길 원하지 않았다. 아마도 빌라도는 성전 당국자들이 (그에 관해) 황제에게 좋지 않은 보고를 올려 그의 이력에 흠집을 낼까봐 두려워했던 것 같다. 빌라도는 그전에도 유대 민중과 숱하게 대립했지만, 그들에게 매번 지고 말았다. 이런 파란만장한 과거에 패배를 하나 더 추가해도 그가 자기 자리를 보전할 수 있을까? 빌라도에게는 자신의 전략적 이해관계가 한 시골 목수의 결백함보다 분명 더 중요했다. 십자가는 빌라도가 진짜 어떤 인간인가를 폭로했다. 십자가의 고난은 많은 이들이 마음에 품고 있는 생각을 그대로 드러냈으며, 마리아는 그 고난에 동참했다.

마리아는 골고다에 끝까지 남아 있었으며 그의 아들이 죽음에 이르기까지 겪은 고통을 목격했다. 마리아는 잡히지 않고 그 자리를 빠져나갈 수 있었다. 마리아는 자신이 병사들과 논쟁하거나 대제사장들에게 호소해도 자기 눈앞에서 벌어지는 일이 달라지지 않으리라는 것을 알았다. 마리아가 자유로이 내릴 수 있는 유일한 결정은 십자가 옆에 끝까지 남아 예수의 고통 속으로 들어가는 것이었다. 실제로 칼이 마리아의 마음을 꿰뚫었고, 그 과정에서 그는 다시 한 번 그리스도인이 걸어가야 할 제자도의 모범이 되었다.

성탄절 이야기는 이 위대한 사건들의 전조였다. 스리랑카의 유명한 목사인 대니얼 나일스(Daniel Thambyrajah Niles)가 쓴 성탄 송가도 그렇게 말한다.

> 사람들 숫자를 세던 날,
> 하나님이 인자가 되셨네.
> 그의 이름이 모든 인구조사에
> 들어가는 것, 그의 계획이었네.
> 하나님, 만유의 주이신 그가
> 겸비하여 피조물 자리를 취하셨네.
> 아무도 그 형상을 본 적이 없는 분이
> 오늘 사람 얼굴을 가지셨네.
>
> 반짝이는 동녘 하늘에
> 다윗의 별이 빛날 때
> 왕들이 그리스도, 지극히 높으신 주께
> 이르러 경의를 표했네.
> 그러나 모든 이가 그러진 않았은즉
> 온 거리에 두려운 절규가 들렸으니
> 경배하지 않은 한 왕이
> 그리스도를 죽이라 명령했기 때문이라.

그러나 성탄이요, 그분을 맞이하자.
그가 지금도 우리를 구하러 오시나니
이는 구원을 베푸시는 우리 주님이
무덤에 잡혀 계시지 않았음이라.
이집트에서 구원자가 나와
사람의 임마누엘이 되셨은즉
성탄이 부활의 영광과 함께 빛나니
영원무궁한 영광이로다.[7]

요약: 헤롯의 잔학 행위, 시므온과 안나

이 본문들과 관련하여 네 가지 점을 강조할 수 있겠다.

1. 말로 표현할 수 없는 잔학 행위가 예수 생애의 시작과 끝을 특징짓는다. 그의 사역은 이 엄혹한 세상 안에서 이루어졌고 그런 세상을 상대로 한 것이었다.
2. 마태는 독자들이 예수를 자기 백성을 해방시키러 오신 새로운 모세로 알길 원했다. 이런 이유로 마태는 죄 없는 자들이 죽임 당하는 기사를 자기 복음서에 집어넣어 모세 출생 이야기와 예수 탄생 이야기를 유사한 이야기로 만들어낸다.
3. 예수가 사역하시는 내내 여자들과 남자들이 두드러지게 나타난다. 이처럼 남녀를 불문하고 모든 인류에게 관심을 보이는 모습이 예수 탄생 이야기에서 세 번이나 나타난다.
4. 복음서는 마리아를 제자도의 본보기로 제시한다. 마리아는 자신이

---

7) Daniel T. Niles, "On a Day When Men Were Counted," *C. C. A. Hymnal* (Kyoto, Japan: Kawakita, 1974), p. 117.

겪은 고난을 통해 반드시 구속받아야 할 악을 드러내는 데 동참한다. 시므온의 말은 마리아가 이런 일에 동참하리라는 것을 미리 보여준다.

제2부

지복(至福)

Jesus Through
Middle Eastern Eyes

5장

지복 설교 1
마태복음 5:1-5

지복 설교는 심오한 의미를 지닌 간결한 말로 표현한 짧은 글을 독자들에게 제시한다. 5장의 목표는 그 의미를 일부 밝혀보는 것이다.

마태복음에는 "산상 설교"(마 5-7장)라고 불리는 예수의 말씀 모음이 들어 있다. 이와 비슷하나 더 짧은 말씀 모음이 누가복음에서도 나타나는데, 이는 "평지 설교"라고 불린다(눅 6:20-49). 두 말씀 모음을 꼼꼼히 비교해보는 것은 5장의 범위를 넘어서지만, 이 두 모음이 한 가지 중요한 차이점을 드러낸다는 점만은 짚고 넘어가야겠다. 누가는 긍정문으로 네 가지 지복을 기록하고("…하는 자는 복이 있나니 이는 …때문이라") 이와 짝을 맞춰 부정문으로 네 가지 사항을 기록했다("…하는 자는 화 있을지니 이는 …때문이라"). 이 설교 구조에 나타나는 이런 수사 균형은 그림 5.1이 보여준다(아래 그림을 보라).[1]

---

1) 오른쪽에 있는 말은 대조를 이루는 짝을 요약하려고 시도한 것으로서 여덟 가지 지복에 나타나는 평행 관계를 강조해준다.

1.	너희 가난한 자는 복이 있나니	복이 있음–가난함
	이는 하나님 나라가 너희 것이기 때문이라.	이는–나라 때문이라
2.	지금 주린 너희는 복이 있나니	복이 있음–배고픔
	이는 너희가 배부를 것이기 때문이라.	이는–배부름 때문이라
3.	지금 우는 너희는 복이 있나니	복이 있음–욺
	이는 너희가 웃을 것이기 때문이라.	이는–웃음 때문이라
4.	사람들이 너희를 미워할 때 너희에게 복이 있나니	복이 있음–미움 받음
	또 그들이 너희를 따돌릴 때	–
	또 너희를 욕할 때	–
	또 너희 이름을 악하다고 버릴 때	–
	인자로 말미암아	인자 때문에
	그날에 기뻐하라.	+
	또 기뻐 뛰라.	+
	이는 보라, 하늘에서 네 보상이 크기 때문이요	+
	이는 그들의 조상도 예언자들에게	이는–예언자들도
	그랬기 때문이라.	그랬기 때문이라
5.	그러나 부유한 너희에게 화가 있을지니	화–부유함
	이는 너희가 너희 위로를 받았기 때문이라.	이는–보상 때문이라
6.	지금 배부른 너희에게 화가 있을지니	화–배부름
	이는 너희가 주릴 것이기 때문이라.	이는–주림 때문이라
7.	지금 웃는 너희에게 화가 있을지니	화–웃음
	이는 너희가 슬퍼하며 울 것이기 때문이라.	이는–욺 때문이라
8.	사람들이 너희를 칭찬할 때	화–칭찬 받음
	너희에게 화가 있을지니	
	이는 그들의 조상도 거짓 예언자들에게	이는–거짓 예언자들도
	그랬기 때문이라.	그랬기 때문이라

그림 5.1. 누가복음 6:20-26의 지복

마지막 네 짝(5-8)은 첫 네 짝(1-4)과 반대다. 누가는 단계 평행법을 사용하여 이 짝들을 연결했다. 즉 가난한 자가 누리는 지복(1)은 부자가 당하는 화(5)와 균형을 이루며, 다른 짝들도 이런 식으로 균형을 이룬다. 네 번째 짝은 그 중앙부에 추가 내용이 들어 있으며 "샌드위치" 모양을 만들어낸다. 4는 샌드위치를 구성하는 내용을 세심하게 배치해놓았다. 모두 일곱 문구가 있는데, 시작 부분의 부정문과 끝부분의 긍정문이 짝을 이룬다. 중간에 자리한 정점은 이 본문 전체에서 유일하게 기독론적 내용을 언급한다.

마태는 아홉 가지 지복을 열거하지만, 이 지복과 균형을 이루는 부정문은 기록하지 않았다. 그는 누가복음에서 등장하는 것과 똑같은 것을 네 가지 포함시키는 동시에, 누가복음에서 볼 수 없는 다섯 가지도 독자들에게 제시한다. 그림 5.2.에는 마태복음의 전체 지복 묶음이 나타난다.

마태복음 5:3-12의 아홉 짝은 각기 예수가 "복이 있나니"라는 이름을 붙인 사람으로 시작한다. 각 경우에 짝을 이루는 조건은 둘째 줄에서 뒤따라 등장한다. 9번 짝은 중앙에 내용이 더 들어 있다. 마태복음은 물론이요 누가복음에서도 핍박에 초점을 맞춘 짝이 중앙에 내용을 더 갖고 있음을 볼 수 있다는 것이 놀랍다. 마태복음과 누가복음을 보면, 이 추가 내용이 부정문으로 시작한 다음 뒤이어 긍정문이 등장하여 균형을 맞춘다. 두 본문에서는 기독론적 강조 내용이 "샌드위치" 중앙에 등장한다. 한 가지 차이점이 있다면, 누가복음에서는 중앙에 일곱 말/문구가 자리해 있는 반면, 마태복음에서는 지복 전체가 일곱 문구로 한 "샌드위치"를 형성한다는 점이다. 이 샌드위치들은 오직 핍박이라는 주제 하나만을 중요하게 강조한다. 첫째 지복에 대해 생각해보기 전에 "복이 있나니"라는 핵심어가 무슨 의미인지 밝혀볼 필요가 있다.

1. 심령이 가난한 자는 복이 있나니
   이는 천국이 그들 것이기 때문이라.

2. 슬퍼하는 자는 복이 있나니
   이는 그들이 위로를 받을 것이기 때문이라.

3. 온유한 자는 복이 있나니
   이는 그들이 땅을 유업으로 받을 것이기 때문이라.

4. 의에 주리고 목마른 자는 복이 있나니
   이는 그들이 배부를 것이기 때문이라.

5. 긍휼히 여기는 자는 복이 있나니
   이는 그들이 긍휼히 여김을 받을 것이기 때문이라.

6. 마음이 청결한 자는 복이 있나니
   이는 그들이 하나님을 볼 것이기 때문이라.

7. 화평하게 하는 자는 복이 있나니
   이는 그들이 하나님 아들이라 불릴 것이기 때문이라.

8. 의를 위하여 핍박을 받는 자는 복이 있나니
   이는 천국이 그들 것이기 때문이라.

9. 사람들이 너희를 모욕할 때 너희에게 복이 있나니
       또 너희를 핍박할 때   -
       또 거짓으로 너희를 거슬러 너희에게 온갖 악한 말을 할 때   -
          나로 말미암아   예수
       기뻐하고 즐거워하라.   +
       이는 하늘에서 네 보상이 크기 때문이요,   +
   이는 그들이 이런 식으로 너희 앞에 있던 예언자들을 핍박했기 때문이라.

그림 5.2. 마태복음 5:3-12의 지복

복이 있다: 두 단어를 한 단어로

히브리어에는 (그리스어처럼) 영어로 "복이 있다"(blessed)로 번역할 수 있는 단어가 둘 있다. 이 두 그리스어 단어는 히브리어 두 단어와 평행을 이루며, 이 두 단어 사이의 차이점을 이해하는 것이 중요하다. 두 그리스어 단어 중 하나인 *eulogeō*는 배후에 구약성경에 나오는 히브리어 단어 *bĕrākâ*가 자리해 있다. 지복 설교에는 *eulogeō*가 나오지 않는다. 이 말은 예배 인도자가 기도하면서 하나님께 개인이나 공동체가 간절히 받고 싶어하는 어떤 복을 간구할 때 사용했다. "오 주여, 병자들에게 복을 주소서"나 "오 주여, 어린이들에게 복을 주소서"라고 간구할 때 쓰는 말이 바로 *eulogeō*다.

또 다른 히브리어 *'ašîr*와 그리스어 *makarios*는 레이먼드 브라운이 그 동족어들과 더불어 "기원의 일부도 아니요 복을 간구하는 말도 아니다. 오히려 이 말들은 이미 행복이나 행운이 존재하는 상태를 나타낸다"[2]라고 묘사한 단어들이다.

즉 이 말들은 **이미 현존하는** 영성의 특질을 강조한다. 영어에서는 이런 의미의 단어를 하이픈이나 악센트를 사용하여 전달한다. "우리 교회에 다니는 아무개 씨는 복된(bless-ed) 사람이다"라고 말한다면, 이는 무언가를 간구한다기보다 오히려 아무개 씨 안에 이미 존재하는 어떤 특질을 강조한다. 지복 설교에서 쓴 "복이 있다"는 말은 두 번째 단어인 *makarios*다. 지복 설교에 *makarios*가 존재함은 큰 차이를 만들어낸다. 셋째 지복은 "네가 만일 온유하면 땅을 유업으로 받을 것이다"라는 뜻으로 이해하면 안 된다. 지복 설교를 통틀어 놓고 봐도, 이 설교는 "X하는 사람은 복이 있나니, 이는 그가 Y를 받을 것이기 때문이다"라는 의미가 **아니다**. 이 설

---

2) Raymond Brown, *The Gospel According to John*, Anchor Bible (Garden City, N. Y.: Doubleday, 1970), p. 553. Joseph A. Fitzmyer, *The Gospel According to Luke X-XXIV* (New York: Doubleday, 1981), pp. 632-33도 보라.

교가 강조하는 요점은 어떤 유형의 행동을 하라는 권면이 아니다. 오히려 지복 설교는 "X를 갖고 있거나 받을 이 사람들의 진솔한 영성과 기쁨을 보라"라는 뜻으로 읽어야 한다. 이를 다음과 같이 상세히 표현할 수 있다. "존스 씨의 행복한 딸은 복이 있나니, 이는 그 딸이 존스 씨 농장을 물려받을 것이기 때문이라." 문제가 된 여자는 **이미** 존스 씨의 행복한 딸이다. 이 딸은 농장을 사들이려고 일하지 않는다. 이 딸이 누리는 행복하고 안전한 삶의 핵심 요소는, 이 딸과 주위 사람들 모두가 언젠가는 농장이 그녀 소유가 되리라는 것을 안다는 것이다. 이는 모든 이가 아는 사실이다. 첫 번째 말(존스 씨의 행복한 딸은 복이 있나니)은 이미 존재하는 행복한 상태를 강조한다. 두 번째 말(이는 그 딸이 존스 씨 농장을 물려받을 것이기 때문이라)은 바로 지금 그 딸에게 행복한 삶을 살게 해주는 미래를 강조한다. 하우크(Friedrich Hauck)는 이렇게 쓰고 있다. "신약성경에서 볼 수 있는 *makarios*의 특징은, 이 말이 어떤 이가 하나님 나라의 구원에 동참함에서 자연스럽게 생겨나는 독특한 신앙의 기쁨을 가리킨다는 것이다."[3]

이런 정의를 마음에 새기고 지복 설교 자체를 살펴보도록 하자.

첫째 지복

심령이 가난한 자는 복이 있나니
이는 천국이 그들 것이기 때문이라.

예수가 말씀하신 "심령이 가난한 자"는 무슨 뜻인가? 누가는 단순히 "가난한 자는 복이 있나니"라고 말한다. 서구 기독교는 이 두 문구를 둘러싸고

---

3) Friedrich Hauck, "μακάριος," *Theological Dictionary of the New Testament*, ed. Gerhard Kittel and Gerhard Friedrich, trans. Geoffrey W. Bromiley (Grand Rapids: Eerdmans, 1967), 4:367.

오랫동안 논쟁을 계속해왔다. 이 논쟁에서 한쪽은 예수의 진정한 목소리가 누가복음의 언급에서 발견된다고 주장한다. 하나님은 가난한 자에게 복을 주신다. 이 주장에 따르면, 마태는 이 단순하고 강력한 말을 영혼에 관한 말로 바꾸어버렸다. 마태가 기록한 말과 누가가 기록한 말의 차이를 이해하는 또 다른 입장은 예수를 예언자 전통에 속한 사람으로 보면서, 예수가 이사야처럼 "가난한 자"를 겸비하고 경건하여 하나님을 찾는 자로 보았다고 본다. 마태의 말은 이미 누가복음에 현존하는 원래 의미를 밝히는 데 도움을 준다. 예수가 이 말씀을 빌려오신 이사야 66:2은 이렇게 말한다.

> 그러나 이런 사람이 내가 찾으려는 사람이니
> 가난하고('ānî) 심령이 통회하는 자요
> 내 말을 듣고 떠는 자라(베일리 번역).

만일 독자가 이 본문은 물론이요 이 본문과 비슷한 이사야서와 시편의 다른 본문들로부터 이미 영향을 받았다면, 이런 독자에게는 "심령이"라는 문구가 더 필요하지 않다. 그러나 이사야서의 이런 배경을 모른다면, "심령이 가난한"이라는 말은 이 본문을 이해하는 데 중요하다. 드문 경우이긴 하나, 이사야서에서 "가난한 자"라는 말은 양식이 충분하지 않은 사람을 가리킨다(사 58:7). 그러나 대다수 경우에 "가난한 자"는 겸비하고 경건하여 자신에게 하나님 은혜가 필요함을 알고 하나님 말씀을 들으며 "떠는" 사람을 묘사한다.[4]

예수는 계속해서 복 있는 자들이 이미 그들이 소유한 천국을 구성하는 사람들이라고 강조하신다. 그렇다면 하나님 나라는 정확히 무엇인가? 이 문제는 간단히 대답할 수가 없다. 예수가 말씀하고 행하신 모든 것은 어쨌든 하나님 나라와 연결되어 있다. 그것은 하나님이 개인과 사회의 삶 속에

---

[4] 이 책 12장을 보라.

서 행하시는 통치와 관련된다. 주기도에는 "당신 나라가 임하시며"라는 말이 나오는데, 이는 분명 장차 펼쳐질 미래를 내다보고 있다. 하지만 그 나라는 "그러나 내가 하나님의 손가락으로 말미암아 귀신을 쫓아낸다면 하나님 나라는 이미 너희에게 임하였느니라"(눅 11:20)고 말씀하시는 예수 그리스도 안에서 벌써 임했다.

우리는 예수 그리스도의 오심으로 시작된 하나님의 통치(하나님 나라)와 역사 끝에 이루어질 그 나라의 완성 사이에서 살아간다. 우리가 평화와 정의를 이루려고 싸우는 것은 하나님의 선물인 그 나라가 이 땅에 임하도록 일하고 그것을 기다리면서 걸어가야 할 제자도의 한 부분이다.

예수는 이 지복에서 심령이 가난한 자는 이미 하나님 나라를 소유했다고 선언한다. 예수 당시에는 "하나님 나라"를 오직 하나님만이 왕이신 유대인의 나라를 묘사하는 말로 사용한 이들이 많았다.[5] 이와 달리, 예수는 그 나라가 (열심당원들이 아니라) 심령이 가난한 자들 가운데 이미 현존한다고 선언하셨다.

이 본문이 포함되어 있는 고(古)시리아어 역본은 이렇게 번역하고 있다. "심령이 가난한 자는 행복하나니 천국이 있기 때문이라."[6] 앞서 언급했듯이, 둘째 줄은 첫째 줄에 주어진 보상이 아니다. 오히려 심령이 가난한 자는 **이미 그 나라를 소유했다**.

둘째 지복

슬퍼하는 자는 복이 있나니
이는 그들이 위로를 받을 것이기 때문이라.

---

5) Martin Hengel, *The Zealots* (Edinburgh: T & T Clark, 1989), pp. 91-94.
6) F. Crawford Burkitt, *Evangelion Da-Mepharreshe*, 2 vols. (Cambridge: Cambridge University Press, 1904), 1:19.

이것은 "신적 수동태"를 분명하게 보여주는 사례다. 하나님이 슬퍼하는 자로서 복이 있는 자를 위로해주실 것이다. Good News Bible은 수동태를 능동태로 바꿔 "슬퍼하는 자는 복이 있나니 하나님이 그들을 위로해주실 것이라"(Happy are those who mourn; God will comfort them)로 번역했다.

우리가 슬퍼해야 하는 것은 무엇인가? 왜 "슬퍼하는 자들"을 복이 있다고 말하는가? 사람의 영혼에는 다른 사람이 고통당하는 것을 즐기는 무시무시한 측면이 있다. 영화업계는 이 어두운 측면을 발견하고 이를 악용하여 해마다 수십 억 달러를 벌어들인다. 사람의 마음속에 자리한 이런 왜곡된 매혹은 비열한 형태의 악이다. 정반대쪽에서는 사회 내부의 여러 세력이 공중(公衆)을 어떤 형태의 고난이나 심지어 불쾌함으로부터 지키고 보호한다는 명목으로 수십 억 달러를 챙긴다. "먹는 것을 줄이시지 않아도 됩니다. 운동도 필요 없습니다. 고통을 참으시지 않아도 됩니다. 드시고 싶은 것은 다 드세요. 우리 약만 사시면 불편한 것 하나 없이 체중이 쑥 빠집니다"라는 말이 판을 친다. 예수가 말씀하시는 둘째 지복은 이런 복들과 아무 상관이 없다. 슬퍼함이 있다면, 그 뒤편에는 어떤 고난이 있다. 우리는 이런 일들을 어떻게 이해해야 할까?

그리스도인은 고난을 추구하라는 촉구는 받지 않지만, 고난이 비범한 스승임을 깨달으라는 독려는 받는다. 우리는 고난을 겪고 난 뒤에야 비로소 인간의 영혼이 얼마나 깊고도 깊은지 깨닫는다. 고통은 우리가 우선시하는 것들의 순위를 바꿔놓는다. 피난민이 된다는 것은 비참한 일이다. 우리는 사람들을 고향에서 내쫓는 세력에 맞서야 한다. 그러나 나도 레바논에서 살면서 세 번이나 겪었지만, 자기 고향을 등지고 피난할 수밖에 없는 사람이라면 정말 중요한 것은 목숨이지 아무리 많은 소유도 마지막 날에는 모두 헛것임을 금세 깨닫는다. 슬퍼하는 자들은 고난을 견딘다. 그들 가운데 복이 있는 자들은 하나님의 위로를 체험하는 이들이다.

태풍이나 해일 같은 엄청난 자연 재해가 우리가 사는 세계를 강타한다. 이런 재앙이 닥친다는 경고가 있어도 몇몇 용감한 사람은 살던 집에 그대로 남는 쪽을 택한다. 그러나 대다수 주민은 다가오는 파멸을 피해 떠난다. 폭풍이 누그러지면 피신했던 이들이 집으로 돌아온다. 세상의 뉴스 보도 기사들을 보면, 그 행간에서 가끔씩 어떤 패턴이 등장한다. 남은 이들과 떠난 이들이 두드러지게 대조되는 경우가 있다. 생존자들의 마음은 그들이 여전히 살아 있다는 감사로 가득 찰 때가 종종 있다. 피신했다 돌아온 자들은 때로 폐허밖에 없는 것을 보고 극심한 고통만을 느끼기도 한다. 몰아치는 폭풍을 겪은 사람이 감사할 때가 종종 있다. 그렇다고 우리가 모든 것을 파괴하는 폭풍을 일부러 겪어서라도 감사를 배워야 한다는 말은 아니다. 그러나 깊은 상실로 말미암아 고난과 슬픔을 겪지만, 복 있는 자는 그 고난과 슬픔 속에서 하나님이 베푸시는 복을 체험할 수 있다.

전도서 7:2-4은 이렇게 말한다.

슬퍼하는 집(초상집)에 가는 것이
잔칫집에 가는 것보다 낫고…
슬픔이 웃음보다 나으니
이는 얼굴의 슬픔 때문에 마음이 기쁨을 얻기 때문이라.
지혜로운 자의 마음은 슬퍼하는 집에 있으나
어리석은 자의 마음은 기뻐 떠드는 집에 있느니라.

나는 수십 년 동안 이 말씀을 깊이 생각해왔지만 그 뜻을 이해하지 못했다. 지금도 이 말씀을 생각하고 또 생각한다. 나는 친한 벗이자 순례 여정을 함께했던 이의 장례식에 참석한 적이 있다. 세상을 떠난 이 성도를 알았던 많은 이들은, 그가 그들에게 큰 힘을 주고 영향을 미친 이야기를 들려주었다. 그들이 이런 이야기를 할 때, 그리고 우리가 그의 삶을 기억할 때, 조문객들 사이에서 분위기가 장엄하게 달아오르기 시작했다. 그럴 예정이 없었는데도 조문 온 친구들은 너나할 것 없이 자신이 기억하는 고인의 용기와 믿음과 성실함과 비전을 증언했다. 그랬다. 울음도 있고 때로 웃음소리도 들렸지만, 우리는 모두 우리 생각과 마음속에서 위대한 믿음의 종이 울려 퍼지는 것을 들었다. 딱히 묘사할 수는 없지만 이상하게도 이 지복이 전하는 신선한 의미 그대로 "초상집에서 마음이 기쁨을 얻었다."

또한 의인은 부당한 대우를 받는 사람들을 보면 슬퍼한다. 우리 자신이 다른 이들의 고통을 느끼지 못하도록 우리를 보호할 갑옷을 만들어내기는 쉽다. 이런 일이 일어나면 우리는 고통을 겪는 다른 이들 때문에 슬퍼하지도 않고 더불어 슬퍼하지도 않는다. 복 있는 자들은 불의에 부닥치면 계속 슬퍼한다. 나는 이전에 안네 프랑크(Anne Frank)의 친구들이 써낸 안네 프랑크 회상록을 읽었다. 안네와 함께 수용소에 있었던 한 증인은 "안네의 눈물이 마르지 않았다"라고 말했다. 안네의 몸은 쇠약해갔지만, 그의 영혼은 긍휼히 여기는 마음을 결코 잃지 않았다. 안네는 마지막까지 슬퍼할 수 있었고, 그를 알았던 모든 이에게 복이 있는 사람이었다.

이 지복은 신자들에게 자기 삶에 존재하는 악을 외부의 도움 없이 스스로 극복할 수 없음을 깨달았다면 이 악을 놓고 슬퍼하라고 요구한다. 하나님을 사랑하지 못하고 우리 이웃을 사랑하지 못함은 비통을 낳을 수밖에 없다. 이런 슬픔을 체험한 이들은 복이 있는 사람이다.

그렇다면 그들 자신의 고통 때문에 슬퍼하면서도 다른 사람들의 고통에는 무감각한 사람들에게는 무슨 일이 일어날까? 이런 사람들도 복이 있다고 암시하는 말은 없다. 오히려 자신이 하나님과 이웃을 사랑하라는 하나님의 제왕률(royal law)을 지키지 못함을 깨달은 자는 그분이 주시는 위로를 체험할 것이다. 이런 이들은 영혼의 깊은 곳으로부터 하나님이 주시는 고요한 평강이 그들이 느끼는 슬픔을 타고 흘러나온다. 그런 이들은 하나님의 백성 가운데 있는 자로서 복된 사람이다.

셋째 지복

온유한 자는 복이 있나니
이는 그들이 땅을 유업으로 받을 것이기 때문이라.

예수는 자신을 예언자로 규정하셨으며, 다른 많은 이들도 그를 그렇게 규정했다. "땅"을 이야기하는 이스라엘 예언자는 누구든지 한 가지 주된 의미를 마음에 두고 있었다. 예언자가 말하는 땅은 이스라엘/팔레스타인이라는 거룩한 땅이었다. 이 본문에서 "땅"을 가리키는 그리스어는 *gē*인데, 구약성경에서 이 말은 *'ereṣ*라는 히브리어로 이천 번 넘게 사용되었다. 성경은 *gē*를 다음과 같은 것을 가리키는 말로 사용한다.

a. 땅 전체
b. 약속받은 땅
c. 사람들이 사는 땅
d. 역사적 무대인 땅[7]

위 본문에서 예수가 말씀하신 단어 *'ereṣ*(땅)는 "약속받은 땅"을 가리킨다. 여기서 예수는 시편 37편을 인용하면서 세 구절을 살짝 고치시는데, 그 세 구절은 다음과 같다.

그러나 **야웨를 기다리는** 자들은
땅을 유업으로 받을 것이요…

---

[7] Hermann Sasse, "γῆ," in *Theological Dictionary of the New Testament*, ed. Gerhard Kittel and Gerhard Friedrich, trans. Geoffrey W. Bromiley (Grand Rapids: Eerdmans, 1964-76), 1:677-78.

그러나 **온유한** 자들은 땅을 유업으로 받고
풍성한 번영 가운데 기뻐할 것이요…
의로운 자들은 땅을 유업으로 받고
거기서 영원히 살리로다(시 37:9, 11, 29).

위 시는 이스라엘을 무대로 삼고 있으며, 이 시에서 말하는 "땅"과 "유업"은 약속받은 땅이다. 이런 배경은 지금 우리가 연구하는 본문을 살피는 데 중요한 의미가 있다.

이제까지 살펴본 세 지복의 순서는 중요하다. 처음에 예수는 제자들에게 **하늘나라가 심령이 가난한** 사람들로 이루어져 있지, 오만하고 싸움을 좋아하는 사람들로 이루어져 있지 않다고 말씀하셨다. 이어 예수는 **슬퍼하는** 자들이 **복이 있다**고 선언하셨다. 1세기에 갈릴리, 사마리아, 유대를 아우르는 지역은 전쟁과 전쟁의 소문으로 찢겨 있었다. 예수의 말씀은 그의 말씀을 듣는 이들 속에 있던 힘없는 이들에게 깊은 공감을 불러일으켰을 것이다. 여기서 예수는 **힘 있는** 자가 아니라 오히려 **온유한** 자가 **땅**(이스라엘 땅)**을 유업으로 받으리라고** 약속하신다. 로마와 열심당은 바로 이 이스라엘 땅의 정치적·군사적 지배권을 차지하려고 곧 전면전에 돌입할 참이었다. 예수는 이런 지배권을 가진 자가 누구인가라는 문제에서 다른 생각을 갖고 계셨다. 특정 대제사장과 같은 민족이요 그의 후예라는 것은 중요하지 않았다(특정 대제사장은 마카비 가문 출신 대제사장을 가리킴. 마카비 가문은 유대교 신앙을 순수하게 보존하고 외세 왕조를 몰아내려고 봉기하여 하스몬 왕조를 세웠다-역주). 권력만 유지할 수 있다면 어떤 비굴한 타협도 마다하지 않는 헤롯 가문과 한편이 되는 것도 해답이 아니었다. 예수는 열심당에 가담하는 것도 추천하시지 않았다. 예수의 주장은 그야말로 기이했다. 그는 **온유한** 자가 아브라함이 약속받았던 땅을 이미 유업으로 차지하는 복을 얻었다고 선언하셨다.

예수의 이 심오한 말씀은 자연히 첫 청중의 경계를 넘어 되풀이되었고, 그에 따라 이 말씀도 더 넓은 의미를 갖게 되었다. 수십 년 뒤에 그리스어로 기록된 마태복음을 읽었던 유대인과 이방인은 틀림없이 "땅"을 "온 세상"(the earth), 곧 피조 세계 전체로 보았을 것이다. 바울도 하나님이 아브라함에게 땅을 주시겠다던 약속을 논의할 때 바로 이런 방향으로 생각하여 그 약속을 온 세상을 아우르는 차원으로 끌어올린다. 그는 "아브라함과 그 자손에게 그들이 이 세상을 유업으로 받으리라고 하신 약속"(롬 4:13)이라고 말한다. 바울은 같은 서신 뒷부분에서 "피조물이 모두 이제까지 함께 탄식하고 고통을 겪어오면서" 인류가 하나님의 자녀로 입양받기를 기다려왔다고 역설한다(롬 8:22). 두 본문을 보면, 땅은 자연 전체를 아우르며 이 자연 전체가 하나님 가족이 물려받을 유업이 된다.

처음에 예수의 말씀을 들었던 청중은 예수가 "그 땅"(유대 땅)과 그 땅을 자기 유업으로 주장할 수 있는 사람들을 이야기하신다고 들었을 것이다. 땅을 차지하는 사람은 민족적으로 어떤 이의 자손이거나 폭력을 휘두르는 사람이 아니라 "온유한 자"다. 우리는 마태복음 독자들이 바로 이 본문을 읽으며, 온 세상을 하나님의 자녀, 곧 온 세상을 보살피고 이 세상과 조화를 이루며 살아갈 이들이 물려받을 귀중한 유업으로 규정한다고 이해했으리라고 추측할 수 있다. 그렇다면 이 두 경우에 이런 물음을 던져보는 것이 중요하다. 누가 온유한 자인가?

예수가 온유한 자를 가리키는 말로 사용하셨을 히브리어/아람어 단어와 우리가 보는 신약성경의 그리스어 단어는 강조점이 다르다. 각 단어는 본문을 풍성하게 해주는 뉘앙스를 제공한다.

히브리어 단어 *'ānî*(가난한/겸비한)는 하나님의 인도하심을 받아들이는 순종과 관련된다. 그리스어 단어 *praÿs*(온유한)는 하나님의 임재하심 가운데 살아가는 사람이 아니라 사람들 사이의 관계를 가리킨다. 아리스토텔레스는 기원전 4세기에 쓴 「니코마코스 윤리학」에서 *praÿs*를 무모함과 비겁함의 중도를 행하는 미덕이라고 정의한다. 아리스토텔레스는 덕의 길이란 늘 두 극단 사이의 "중용"(golden mean)이라고 보았다. 진정 *praÿs*한(온유한) 사람은 마땅히 분을 내야 할 사람을 상대로 마땅한 이유에 근거하여 마땅한 방법으로 마땅한 순간에 마땅한 시간만큼 분을 내는 사람이다.[8] 이 단어를 가리키는 말로서 본문 배후에 자리한 히브리어 단어의 의미는 우리에게 하나님의 인도하심을 받아들이고 그분의 뜻에 순종하라고 말한다. 이 본문에 사용된 그리스어 단어는 문제와 논쟁과 의견 차이를 해결하는 데 도움을 줄 중용의 윤리를 권고한다. 이 두 가지 의미는 이 본문에 포함된 보화의 일부로서 강조할 수 있다.

바빌로니아 탈무드를 보면, 초기 팔레스타인 랍비들이 두 성전이 파괴당한 이유를 논의한다. 랍비 요하난은 이렇게 말했다. "예루살렘에 있던 첫 성전이 파괴당한 이유는 무엇인가? 우상숭배다. 두 번째 성전이 파괴당한 이유는 무엇인가? 까닭 없는 증오다." 그는 계속하여 까닭 없는 증오가 "우상숭배보다 더 통탄스럽다"라고 설명한다.[9] 바로 이런 까닭 없는 분노가 지금 우리가 보는 본문이 말하는 온유함의 정반대다. 그렇다면 의로운 분노는 어떠한가?

하박국의 예언은 갈대아인들의 무시무시한 힘을 묘사한다. 예언자 하박국은 묘사 중간 부분에 이렇게 써놓았다. "그들의 정의와 위엄은 그들 자신으로부터 나온다"(합 1:7). 갈대아인들은 그들 나름대로 정의가 무엇인지를 규정했다. 예언자 하박국은 이를 무시무시한 일이라고 본다. 하나님은 정의를 규정하시고 이에 누구나 수긍할 권위를 부여하신다. 신자가 하나님의 정의라는 잣대를 사용하여 불의를 밝힐 때는 분명 분을 내는 것이 옳다. 하나님이 정하신 정의의 기준을 사용하는 사람들은 (하나님 앞에서) 온유한 자로서 그분의 정의를 이루고자 분투하는 자이기에 땅/세상을 유업으로 받는다.

이런 것을 깊이 생각하는 사람은 바울과 같은 심정을 느끼기 시작한

---

8) Aristotle, *Nicomachean Ethics* 4.5.3.
9) The Babylonian Talmud, Tractate *Kallah Rabbati* 54b(1).

다. 바울은 하나님의 지혜를 꿰뚫으려고 애쓰다가 마침내 이런 말을 터뜨린다. "오, 하나님의 풍성함과 지혜와 지식의 깊음이여! 그의 판단은 헤아릴 수가 없고 그의 길은 측량할 수가 없도다!"(롬 11:33) 지금까지 살펴본 것을 조심스럽게 요약해보면 다음과 같다.

요약: 지복 I

1. 누가는 지복과 저주 네 쌍을 제시한다. 마태는 아홉 가지 지복을 제시한다. 각각의 지복 모음에서는 핍박이 두드러지게 나타난다.
2. **복이 있다**는 어떤 보상을 받으려면 충족해야 할 요구 조건을 말하는 것이 아니라, 하나님이 주신 기쁨을 이미 누리는 영혼의 상태를 말한다.
3. 이사야의 용례에 비춰볼 때, "심령이 가난한" 자는 겸비하고 경건하여 하나님을 찾는 자를 말한다. 하나님 나라가 그들 것이다.
4. 하나님은 슬퍼함으로써 복이 있는 자를 위로하신다.
5. 고난을 부인하는 것도, 고난을 어둡게 받아들이는 것도 모두 옳지 않다.
6. 고난은 심오한 지혜로 들어가는 문이 될 수 있다.
7. 초상집이 마음에 즐거움을 줄 수 있다.
8. 의인은 불의를 보고 슬퍼하며 긍휼히 여길 자를 긍휼히 여김을 그치지 않는다.
9. 의인은 자신의 죄를 슬퍼하며 하나님께 위로를 받는다.
10. 예수가 말씀하신 "땅"은 이스라엘 땅이었다. 폭력을 쓰는 자나 특정 지파 사람이 아니라 온유한 자만이 그 땅을 유업으로 받을 권리를 가진다. 후대 교회는 이 본문이 말하는 땅의 의미를 온 세상을 아우르는 의미로 확대했다.
11. 온유한 자는 겸손히 하나님을 찾는 자다. 그들은 무모하지도 않고

비겁하지도 않다.

12. 온유함은 다른 사람들에게 가하는 불의에 분노하는 것과 조화를 이룬다.

6장

지복 설교 2

마태복음 5:6-12

6장에서는 넷째 지복부터 여덟째 지복까지 곱씹어보려 한다.

넷째 지복

> 의에 주리고 목마른 자는 복이 있나니
> 이는 그들이 배부를 것이기 때문이라.

예수는 뛰어난 중동인답게 여기서 은유 언어를 기막히게 활용하신다. "의에 주리고 목마른" 사람들을 이야기하는 것은 육신의 필요를 나타낸 말로 영혼의 실상을 묘사한다. 선진국의 대다수 사람들은 그들의 육신을 만족시키고도 남을 양보다 더 많은 음식과 물을 섭취하곤 한다. 반면 가난한 사람 중에는 슬프게도 굶주림이 여전히 남아 있으며, 음식물의 안전이 훨씬 더 큰 문제다. 그러나 선진 세계를 살펴보면, 심각한 목마름(물 부족)이 이어지는 경우는 거의 존재하지 않는다. 사람이 자만하기 시작하면 하나님이 주신 귀중한 선물인 음식과 물을 낭비한다는 것은 오랫동안 변함없는 진리였다. 이와 달리 예수의 세계 안에 사는 사람은 끊임없는 굶주림과 생명을 위협하는 갈증을 뼈저리게 겪은 이가 많았을 것이다.

나도 살아오면서 갈증 때문에 목숨을 잃을 뻔했던 일이 딱 한 번 있었다. 이집트 남부에 살 때, 나는 친구들과 낙타를 타고 사하라 사막 깊숙한 곳으로 들어갔다. 우리가 여행을 시작했을 때 그늘의 기온이 섭씨 43도 넘게 치솟았는데, 거기 사막에는 그늘조차 없었다. 게다가 가는 도중에 염소 가죽으로 만든 물주머니 하나에서 내용물이 모두 새고 말았다.

열기 때문에 물을 많이 소비했고 그 바람에 물이 다 떨어져버렸다. 하루하고도 반나절 동안 우리는 계속 나아가면서 극심한 갈증을 견뎌야 했다. 여행 목적지는 사막 깊은 곳에 있는 비르 샤이툰(Bir Shaytoun)이라는 유명한 우물이었다. 안내인은 그 우물이 결코 마르지 않는다고 장담했지만, 정작 문제는 우리가 생명줄인 그 물에 도착할 수 있을 것인가였다. 내 입은 완전히 말라붙었고, 음식을 삼키는 것조차도 마치 사포 두 장을 함께 맞대고 문지르는 것 같은 느낌이 들어 먹을 수가 없었다. 내 눈은 흐려졌고 한 걸음 한 걸음 나아갈 때마다 계속 전진하려고 더 힘든 싸움을 치러야 했다. 우리는 그 우물이 말라버렸을 경우, 무장 경호원들이 힘으로 우리 짐을 실은 낙타 세 마리를 빼앗은 뒤에 자기들은 계곡으로 되돌아가고 우리 중 나머지 사람은 죽도록 내버려두리라는 것을 알았다. 비틀거리던 나는 마음속으로 이 구절을 떠올렸다. 그리고 내가 지금 물을 찾는 것과 똑같은 열정을 품고 의를 구한 적이 한 번도 없었음을 깨달았다.

정말 우리는 비틀거리며 겨우 그 우물에 다가갔다. 우물에는 "하나님의 포도주"가 가득했다. 중동의 사막에 사는 부족 사람들은 물을 그렇게 부른다. 나는 그 과정을 겪으면서 예수가 구사하신 언어의 힘을 얼마간 깨달았다. 예수의 말씀을 들은 이들은 물이 귀하고 여행하기 힘든 세상에 살았다. 그랬기에 그들은 음식과 물에 "주리고 목마르다"는 말이 무슨 뜻인지, 예수가 모든 것을 불사르는 열정으로 의를 추구함에 대해 말씀하신 것이 무슨 뜻인지 이해했을 것이다.

그러나 예수는 "의롭게 살며 의로운 삶의 방식을 유지하는 사람이 복이 있다"고 말씀하시지 않는다. 도리어 그는 "의에 **주리고 목마른** 자는 복이 있다"고 역설하신다. 이 말씀은 의가 신실한 자세로 계속해서 힘써 추구해야 하는 것임을 전제한다. 복이 있는 자는 도착한 이들이 아니라, 어떤 대가를 치르더라도 계속 순례 여정을 이어가면서 더 완전한 의로 나아가는 이들이다. 쉬지 않고 의를 향해 달려가는 것이 복이 있는 자를 나타내는 특징이다.

마태복음 13:44-46에는 이 지복을 잘 보여주는 비유 한 쌍이 들어 있다. 첫째 비유는 천국을 **밭에서 보화를** 발견하자 모든 것을 팔아 그 밭을 산 사람에 비유한다. 둘째 비유는 천국을 아주 비싼 진주를 **구하는 상인**에 비유한다. 대중의 인식과 달리, 둘째 비유는 천국을 진주에 비유하지 않고 그 **진주를 구하는** 상인에 비유한다. 우리가 지금 살펴보는 지복은 이 두 비유 중 둘째 비유와 비슷하다. 의에 **주리고 목마른** 신자를, 그렇게 힘써 찾는다는 이유로 복되다 말하기 때문이다. 그렇다면 의는 정확히 무엇을 뜻하는가?

의의 본질

성경은 시종일관 *ṣĕdāqâ*와 *dikaiosynē*라는 위대한 두 단어에 신학적으로 무거운 의미를 부여한다. 『신약 신학 사전』(*Theological Dictionary of the New Testament*)에서 이 단어군(family of words)을 다룬 항목은 51페이지를 빼곡히 채우고 있다.[1] 이 모든 말을 이해하는 열쇠는 *ṣĕdāqâ*가 "절대적 이상인 윤리 규범"이 아니라 "철저히 어떤 관계를 가리키는 말"이라는 것이다.[2] 모든 관계는 상대방에게 행동을 요구하며, "이런 요구는 완전히 이

---

1) G. Schrenk, "δίκη, δίκαιος, δικαιοσύνη," *Theological Dictionary of the New Testament* (Grand Rapids: Eerdmans, 1964), 2:174-225.
2) Gerhard von Rad, *Old Testament Theology* (New York: Harper & Row, 1962), 1:371.

행되어야 한다. 이런 이행 요구는 그 관계에서 생기고, 상대방이 이런 요구를 완전히 이행해야만 그 관계가 존속할 수 있다. 요구 사항을 완전히 이행했을 때, 우리는 이를 ṣadaq라 표현한다."[3]

이런 기본 개념을 생각해보면 의가 여러 면을 가진 다이아몬드와 같음이 분명하게 드러난다. 그 여러 측면 가운데 네 가지를 간략히 살펴보겠다.

1. 성경에서 의는 종종 하나님이 구원 역사 속에서 행하신 여러 능력 있는 행위를 가리킨다. 여기서 게르하르트 폰 라트(Gerhard von Rad)의 다음과 같은 말이 도움을 준다. "이스라엘은 초창기부터 야웨를 백성에게 포괄적 선물인 당신의 의를 베풀어주신 분으로 송축했다. 이스라엘에게 주신 ṣdqh(의)는 늘 구원이라는 선물이다."[4] 이를 분명하게 보여주는 곳 중 하나가 미가 6:3-5이다.

> 오, 내 백성아 내가 네게 무엇을 했으며
> 무엇으로 너희를 힘들게 했느냐? 내게 대답하라!
> 이는 내가 너를 애굽 땅에서 끌어냈고
> 너희를 묶여 있던 집에서 구속했기 때문이라.
> 또 나는 네 앞에 모세와
> 아론과 미리암을 보냈노라.
> 오, 내 백성아 모압 왕 발락이 꾀한 것과
> 브올의 아들 발람이 그에게 대답한 것을 기억하며
> 싯딤부터 길갈까지 일어났던 일을 기억할지니
> 이는 네가 야웨(의 의)를 알게 하려 함이라.

---

3) H. Cremer, *Biblisch-theologisches Wörterbuch*, 7th ed. (Gothian: n.p., 1893), pp. 273-75. ibid에서 인용.
4) Von Rad, *Old Testament Theology*, 2:337.

이 본문에서 하나님은 당신이 과거 역사 속에서 이스라엘을 구하고자 능력으로 행한 일들을 돌아보시며, 이스라엘 백성에게 당신이 그들을 위해 한 모든 일을 기억하라고 요구하신다. 하나님이 이 회상에서 선언하신 목적은 "네가 야웨의 ṣĕdāqôt(의)를 알게 하려 함"이다. RSV는 여기서 ṣĕdāqôt(복수 형태)를 "구원 행위들"(saving acts)로 바르게 번역했다. 이 본문에서 의미하는 것이 바로 구원 행위다. 이 위대한 구원 행위는 이스라엘을 구원할 뿐 아니라 이스라엘에게 새로운 지위를 부여한다.

2. 의는 "의롭다고 선언받음"과 관련된다. 루돌프 불트만(Rudolf Bultmann)은 이렇게 쓰고 있다.

> 의는 사람의 윤리적 자질을 뜻하지 않는다. 그것은 자질이 아니라 관계를 뜻한다. 즉 dikaiosynē(의)는 어떤 사람이 본디 소유한 것이 아니라 "법정"에서 받은 평결로 갖게 된 것이다.

계속해서 불트만은 이렇게 쓴다.

> 마태복음 5:6이 뜻하는 사람들은 윤리적 완전성을 얻으려고 "계속하여 애쓰고 노력하는" 사람들이 아니라, 하나님이 심판하실 때 그들에게 내리시는 결정으로서 "의롭다"는 평결을 선언해주시길 간절히 원하는 사람들이다.[5]

의롭다는 것을 "의롭다고 인정받음"(즉 의로운 자라 확인받음)으로 이해하는 것은 이사야 54:10-17에서 발췌한 말씀에서도 나타난다. 그중 일부를 읽어보면 이렇다.

---

5) Rudolf Bultmann, *Theology of the New Testament* (New York: Scribner, 1955), pp. 272-73.

그러나 내 견고한 사랑은 너를 떠나지 않으며
내 평화의 언약은 없어지지 않으리라.…
의(sĕdāqâ)로(의의 안에) 네가 서리라.…
이것이 야웨의 종들이 받을 기업이요
그들이 나로부터 얻은 확인(sĕdāqâ)이라 야웨가 말씀하시느니라(10, 14, 17절).

쉬렝크는 위 본문을 놓고 이렇게 말한다. "공평한 법으로 다스리심을 말하는 하나님의 의는 그분이 당신 백성과 맺은 언약을 신실히 지키심으로써 백성을 변호하시며 구원하심을 뜻한다."[6]

하나님이 의롭게 행동하심으로 백성에게 새 지위를 부여하신다면, 하나님의 백성은 어떻게 응답해야 하는가? 이미 언급했듯이, 모든 관계는 상대방에게 일정한 행동을 할 것을 요구한다. 하나님의 의가 그분의 구원 행위라면, 하나님의 백성이 요구받는 행위의 본질은 무엇일까?

3. 의는 인간이 하나님으로부터 선물로 받은 "죄 없다/의롭다"는 평결에 보이는 반응이기도 하다. 하나님이 자신의 임재 안에 받아주심은 형언할 수 없이 은혜로운 선물이므로 신실한 자는 이 선물에 응답해야 한다. 정의와 의의 의미가 겹침을 기억할 때, 의로운 사람은 분명 정의롭게 행동하는 사람이다. 더욱이 정의/의는 "모든 사람에게 그가 당연히 받을 몫을 주는 것"일 뿐 아니라 소외당한 자, 억압받는 자, 약자, 고아와 과부에게 자비와 긍휼을 베풂도 포함한다.

욥은 의인의 고전적 본보기다. 욥은 공격을 받았을 때 이런 말로 자신을 변호한다.

나는 의를 입었고 의가 나를 감쌌다.

---

6) Schrenk, "δίκη, δίκαιος, δικαιοσύνη," p. 195.

내 정의는 겉옷과 터번 같았다.

나는 맹인의 눈이었고

저는 자의 발이었다.

나는 가난한 자의 아버지였고

내가 모르는 사람도 변호해주었다(욥 29:14-16).

다른 곳처럼 여기서도 의와 정의가 겹치며, 때로는 둘이 동의어다. 욥이 주장하는 자신의 의는 약자와 자기를 방어할 능력이 없는 자를 긍휼히 여겨 돌봐주는 행동이지, 법을 공평타당하게 적용함이 아니다. 이사야는 고난 받는 종을 이렇게 묘사한다.

그는 상한 갈대를 꺾지 않으시고

꺼져가는 등불을 끄지 않으시며

신실하게 정의를 이루시리라(사 42:3).

하나님의 이 유일무이한 종이 나타내실 정의의 본질은 부러지고 지쳐버린 자들에게 긍휼을 베푸시는 행동들이다. 미가도 계속하여 하나님이 백성을 애굽에서 구원하심으로 드러내신 그분의 "의"를 상기시킴으로써 방금 밝힌 의(義)의 의미를 분명하게 이야기한다. 그렇다면 이스라엘 백성은 어떻게 응답해야 하는가? 예언자는 이렇게 묻는다.

내가 무엇을 가지고 야웨 앞에 나아가며

높으신 하나님께 경배할까?(미 6:6)

여기서 의인화된 이스라엘은 하나님이 번제물이나 숫양 수천 마리나 강물 같은 기름이나 심지어 자기 맏아들을 제물로 바치길 원하시는지 깊이 생각하고 있다. 여기서 암시되는 대답은 "아니다"이다! 이어 예언자는 이스라엘에게 이렇게 말한다. "오, 사람아, 그가 네게 무엇이 선한지 보여주셨다"(미 6:8).

하나님은 이스라엘에게 기대하시는 응답 패턴을 어디서 보여주셨는가? 하나님은 이스라엘에게 "무엇이 선한지"를 보여주셨는가? 그 답은 분명하다. 이스라엘은 하나님이 이스라엘을 구원하신 행위 속에서 그분이 기대하시는 응답 패턴을 받았다(그 패턴은 방금 전에 본 구절들에서 살펴보았다). 하나님이 출애굽 때와 그 뒤에 이스라엘에게 베푸신 큰 자비는, 그분이 이스라엘이 다른 이들에게 베풀기를 기대하셨던 긍휼의 행위가 어떤 것인지 보여주는 모범이었다. 이런 기대를 잘 표현한 진수가 이 본문 마지막 줄에 나타난다.

> 또 야웨가 네게 요구하시는 것은
> 다만 정의를 행하고 인자를 사랑하며
> 네 하나님과 함께 행하는 것이 아니냐?(8절)

하나님이 곤고한 처지에 있는 **이스라엘을 대하신 태도는 이스라엘이 다른 이들을 대할 태도가** 어떤 것인지를 보여주는 모범이다.

4. 마지막으로 의는 평화와 이어져 있다. 이런 모습은 이사야 32장에서 볼 수 있는데, 일부를 인용해본다.

> 또 의의 결과는 평화요,
> 또 의의 결과는 영원한 평안과 신뢰라.
> 내 백성이 평화로운 집, 안전한 거처,
> 그리고 조용한 쉼터에서 살리라.
> 모든 물가에 씨를 뿌리는 너희,
> 곧 소와 나귀의 발을 자유롭게 풀어주는 너희는 행복하도다('aśrêkem/복이 있

다; 17-18, 20절).

의와 평화가 존속하는 곳에서는 심지어 **가축**조차도 자유롭다.

요컨대 굶주리고 목마른 사람이 먹을 것과 마실 것을 구할 때와 같은 간절함으로 의를 열심히 찾는 사람은 복이 있다. 하나님의 의는 그분이 역사 속에서 구원을 베푸신 행위들이다. 이 구원은 하나님의 백성에게 하나님이 받아주심이라는 선물을 안겨준다. 이제 백성은 그들이 선물로 받은 관계에 적합한 삶의 방식을 쉼 없이 추구한다. 하나님의 백성은 그분이 이 백성을 위해 능력 있는 일들을 행하시며 백성을 대하신 모습을 모범 삼아 자신이 하나님께 보일 반응을 형성한다. 그 반응에는 정의의 실천과 약한 자들에게 베푸는 긍휼이 들어 있다.

이 지복은 "이는 그들이 배부를 것이기 때문이라"(For they shall be satisfied)라는 말로 끝맺는다. 이는 "신적 수동태"에 해당하는 또 한 가지 사례다. 하나님은 그들을 배부르게 해주실 분이다. 많은 이들은 이런 생각이 기이하다고 본다. 보통 의는 곧 윤리 규범을 지키는 것이라고 이해되었다. 율법을 지키고 공동체가 받아들이는 기준을 따르며 칭송할 만한 삶을 사는 사람은 그 **공동체로부터** 존경을 받고 그로 말미암아 만족을 얻는다. 그러나 의가 하나님이 선물로 주시는 관계로서 평화를 가져다주는 것이라면, 오직 하나님만이 의를 추구하는 갈망을 만족시킬 수 있지, 공동체가 그 사람을 인정하느냐 않느냐는 상관이 없다. 우리는 함께 사는 이들을 기쁘게 할 때가 아니라, 하나님께 감사하며 우리와 하나님의 관계를 유지할 때 의롭다.

모든 사람은 날마다 굶주림과 목마름 때문에 음식을 구하고 물을 찾으면서 만족을 얻길 갈망한다. 하지만 그렇게 만족을 얻어도 이 만족이 오래가지 않는다. 몇 시간 뒤면 갈망이 다시 찾아온다. 이 지복은 의를 추구하는 갈망이 매일 굶주림과 목마름을 채우고자 하는 갈망만큼이나 온몸에 가득하고 뜨거우며 거듭 일어나는 사람들이 복이 있다고 선언한다. 의에 주리고 목마름은 오직 하나님만이 만족시킬 수 있다.

체중을 줄이고 싶어하는 사람은 누구나 먹고 마시려는 욕구를 억제하려고 애쓴다. 살 빼는 약, 심리 전략, 운동, 절제, 그룹 내부 친구들의 압력 등이 이런 욕구에 맞선 싸움에 동원하는 무기다. 복이 있는 자들을 보면, 의를 추구하는 욕구도 앞의 것만큼 강렬하지만 이들의 욕구는 제한할 필요가 없다. 오히려 이런 욕구는 추구하여 만족을 누려도 된다. 이런 욕구를 만족시키시는 분은 자비로운 하나님이다. 의는 아무리 과식해도 뒤탈이 없다.

폰 라트는 이 주제를 이런 말로 요약한다. "의는 모든 인생이 의지하는 삶의 최고 가치라고 서슴없이 말할 수 있다. 우선순위가 바르게 정립된다면 말이다."[7]

다섯째 지복

긍휼히 여기는 자는 복이 있나니
이는 그들이 긍휼히 여김을 받을 것이기 때문이라.

"긍휼히 여김"(자비를 보임)에는 두 가지 기본 의미가 있다. 첫째 의미는 불쌍히 여김과 관련되며, 이 불쌍히 여김은 감정 및 행동으로 이루어져 있다. 탕자 이야기에 나오는 아버지는 "불쌍히 여기고 달려갔다." 자비로 가득한 아버지의 감정은 극적 행위(dramatic action)로 바뀌었다. 성경은 예수가 주위의 곤고한 자들을 불쌍히 여기셨다고 거듭 표현한다(마 9:36; 14:14; 18:27; 막 1:41; 6:34; 눅 7:13; 10:33). 가끔은 이런 감정을 언급하지 않고 불쌍히 여기는 행동만을 기록하고 있다. 길가에 있던 눈먼 걸인은 예수께 "다윗의 자손이여, 나를 불쌍히 여기소서"(눅 18:38)라고 외쳤다. 예수의 대답은 그

---

7) Von Rad, *Old Testament Theology*, 2:370.

걸인을 고쳐주심이었다. 인간의 곤고함에 불쌍히 여김과 행동으로 응답하는 것이 긍휼히 여김의 핵심에 자리해 있다. 그러나 그보다 더 많은 것이 있다.

긍휼히 여기고 긍휼히 여김을 받음은 용서하고 용서받음과 깊은 관련이 있다. 그러나 여기서 우리는 다이아몬드와 같은 역설을 만난다. 다이아몬드가 오로지 한 방향으로만 빛을 발산하게 만들려 하면 결국 그 다이아몬드를 부수고 말 것이다. 마찬가지로 자비/용서를 베풀고 받음의 역설 역시 다음 세 가지 물음과 관련된다. (1) **하나님이 우리를 용서하시듯이 우리도 다른 사람을 용서하는가?** (2) 아니면 우리가 먼저 다른 사람을 용서하기 **때문에 이어서 하나님이 우리를 용서하실 것인가?** 아니면 (3) **하나님이 우리를 용서하시기 때문에 이어서 우리도 다른 사람을 용서할 수 있는가?** 다음에 열거하는 신약성경 본문을 보면 방금 말한 세 가지를 모두 주장할 수 있다.

1. 마태복음 6:9-13의 주기도는 "우리가" 다른 이들이 우리에게 저지른 죄를 "용서**하듯이**" 하나님도 우리 죄(허물과 빚)를 "용서해주시길" 간구한다. 이 말씀은 두 가지 용서 형태가 나란히 일어나는 것처럼 들린다.

2. 그러나 누가복음 11:4의 주기도는 이렇게 말한다. "**우리가 우리에게 빚진 모든 이를 용서하오니**, 우리 죄를 용서해주옵소서"(베일리 강조). 이 주기도 내용은 우리가 다른 이를 용서해야만 하나님께 나아가 우리 자신을 용서해달라고 간구할 수 있음을 강조한다.

3. 마지막으로 용서하지 않는 종(마 18:23-35) 이야기가 있다. 이 종은 먼저 그의 주인에게 용서를 받고도 다른 종을 용서하길 거부했다. 그는 동료를 용서하지 않음으로 말미암아 결국 용서를 받지 못한다. 요한1서 4:19이 강조한 대로, "우리가 사랑함은 그가 먼저 우리를 사랑하셨기 때문이다."

용서의 이 세 가지 패턴 중 어느 것이 이 지복을 가장 잘 설명하는가? 아니면 셋을 모두 골라야 할까? 신실함을 지키려고 애쓰는 도전은 늘 변화무쌍하지만, 기이하게도 방금 말한 세 가지 패턴은 모두 말이 된다. 논리로 따지면 이 셋은 서로 모순이다. 하지만 자비와 용서가 논리에 부합해야 한다고 주장한 이가 있었던가? 이 셋은 그리스도인의 신앙과 삶에 모두 중요하다.

큰 해를 입은 사람이 자비를 베풀거나 용서하기는 아주 어렵다. 그러나 자비를 베풀거나 용서하지 않고 원한을 품거나 복수하려 하는 것은 자기를 파멸시킨다. 이런 불만은 종종 이전 세대로부터 이후 세대로 전해지면서 개인과 사회의 삶을 파괴하는 요인이 된다. 복이 있는 자는 자기에게 해를 끼치는 이런 악순환을 피한다. 복이 있는 자는 긍휼히 여기기 때문이다. 그러나 그보다 더 많은 것이 있다.

이 지복은 긍휼히 여기는 자가 "긍휼히 여김을 받을 것"이라고 주장한다. 긍휼히 여기는 자는 누구로부터 긍휼히 여김을 받을 것인가? 여기서도 예수는 다시 "신적 수동태"를 사용하신다. 즉 긍휼히 여기는 자는 하나님으로부터 긍휼을 얻을 것이다. 자신과 같은 사람을 긍휼히 여김이 손해인 것 같지만, 하나님의 긍휼은 긍휼을 베푸는 사람이 결코 넘어지게 하시지 않는다.

여섯째 지복

마음이 청결한 자는 복이 있나니
이는 그들이 하나님을 볼 것이기 때문이라.

예수가 사셨던 세계의 맥락에서는 여기서의 강조점이 놀라울 따름이다. 사실 시편은 내면(마음)의 청결을 강조한다. 시편 24:3-4은 이렇게 말한다.

누가 야웨의 산에 올라가며

또 누가 그의 거룩한 곳에 설까?

손이 깨끗하고 마음이 청결한 자로다.

외면이 청결한 것(깨끗한 손)으로 충분하지 않으며 내면도 함께 청결해야 한다(깨끗한 마음). 여기서 볼 수 있듯이, 예수가 활용하실 수 있었던 전승은 이 두 가지 청결함을 모두 이야기한다. 하지만 발전해가던 랍비 전승은 외면의 청결함을 강조했다. 6부로 이루어진 마쉬나의 제6부는 *Toboroth*(깨끗함)라 불리며, 정결에 관한 주제를 다루는데, 이 부분은 거의 200쪽이나 이어지며 11편(tractates)으로 이루어진다.[8] *Toboroth* 편에 인용된 랍비 중에는 예수보다 한 세대 앞서 살았던 위대한 랍비 힐렐(Hillel)도 있다. 정결에 대한 이 폭넓은 논의는 분명 1세기 발전 과정에서 이루어졌다. 이 논의는 그릇, 장막, 몸과 손을 담그고 씻는 곳을 다루지만, 마음은 다루지 않는다. 여기서 논의되는 불결함에는 세 단계가 있으며, 손은 늘 둘째 단계나 셋째 단계. 이 지복 설교에서는 예수가 사람들이 발전시킨 의식(儀式) 차원의 정결 규정을 비판하시지는 않지만, 도리어 마음의 청결만을 강조하는 용기 있는 결단을 내리신다. 그렇다면 마음은 무엇을 의미하는가?

19세기 덴마크 철학자요 신학자인 쇠얀 키에르케고어는 한 가지 것을 원하는 자가 곧 마음이 청결한 자라고 주장한 것으로 유명하다. 그는 인간이 하는 행동 뒤편에는 종종 복잡다단한 동기가 자리해 있다는 사실을 인식했다. 마음이 청결한 사람은, 항간의 표현처럼, "보는 그대로 받아들인다." 이런 사람은 어떤 행동을 하든지 겉과 속이 일치하며 꿍꿍이 속내가

---

8) *The Mishnah*, ed. and trans. Herbert Danby (1933; reprint, Oxford: Oxford University Press, 1980), pp. 601-789. 이 책에 여기부터 인용된 미쉬나 본문은 짧게 줄여 제시하겠다.

없다.

그렇다면 성경에서 "마음"은 정확히 무엇을 말하는가? 현대 서구 문화는 **마음**을 감정이라는 뜻으로 좁혀 이해한다. 그러나 히브리인들이 생각하는 마음은 사람의 내면 전체를 아우르는 말이었다. 감정과 생각과 의지가 모두 "마음"을 이루는 부분이었다.[9] 복이 있는 자들은 내면세계를 구성하는 이 세 측면에서 모두 청결함을 보인다. 이런 청결함은 마음의 청결함으로 표현할 수 있는 투명함으로 나아갈 길을 열어준다.

그렇다면 "그들이 하나님을 볼 것이다"라는 말은 무슨 뜻인가? 이 말은 육신의 눈이 아니라, 하나님을 아는 것 또는 하나님을 보는 것과 관련된다. 요한복음 1:18은 "여태껏 하나님을 본 사람이 아무도 없다"고 말한다. 그러나 천사들—과 마음이 청결한 자—는 하나님을 알고 그분을 보는 특권을 받았다.

일곱째 지복

> 화평하게 하는 자는 복이 있나니
> 이는 그들이 하나님 아들이라 불릴 것이기 때문이라.

자주 화평은 전쟁이 없고 폭력이 그침이라는 의미로 좁게 이해된다. 포격을 중지하고 총을 내려놓는 것은 평화로 나아가는 첫 걸음으로서 중요하다. 그러나 성경이 말하는 평화에는 개인들끼리, 가족과 공동체와 국가 내부 구성원들이 서로 사랑을 주고받는 관계 가운데 진수가 담겨 있다. 또 평화는 좋은 건강을 만들어낸다. 여기서 논의되는 평화는 무엇보다 하나님의 평화다. 이 하나님의 평화는 위에서 말한 모든 것을 아우르며 "모

---

[9] W. D. Davies and Dale C. Allison Jr., *The Gospel According to Saint Matthew* (New York: T & T Clark, 1988), 1:456.

든 이해를 능가한다"(빌 4:7). **화평케 하는 자**라는 말은 성경 전체를 통틀어 오직 여기서만 등장한다. 셈어에서는 이 독특한 단어를 둘로 쪼개야 한다. 이 독특한 단어는 "평화로운"도 아니고 "평화주의자"도 아니며 화평케 하는 자다.

화평케 한다는 것이 이처럼 넓은 지평을 갖고 있음을 고려하면, 예수가 화평케 하는 사람을 "하나님의 아들/자녀"라 말씀하신 이유를 쉬이 알 수 있다.

여덟째 지복

의를 위하여 핍박을 받는 자는 복이 있나니
이는 천국이 그들 것이기 때문이라.

게으르거나 믿음을 주지 못하는 사람은 거부당하거나 배척받을 수 있다. 일터에서 다른 사람들과 화합하지 못하거나 그 조직의 일에 도움이 안 되는 태도를 보이는 사람은 쫓겨난다. 가끔은 이런 사람들이 자신을 "의를 위하여 핍박을 받는" 자로 보려고 한다.

앞에서 우리는 의가 하나님의 역사적 구원 행위, 하나님이 당신의 임재 가운데로 받아주심, 그리고 이렇게 하나님이 구원하시고 받아주심으로써 이뤄진 관계를 유지해가는 삶의 방식을 포괄하는 개념이라고 정의했다. 이런 일을 장려하다 괄시받는 사람이라면, 자신이 "의를 위해 핍박받으며" 하나님 나라가 그의 것이라고 주장해도 정당하다.

아홉째 지복

아홉째 지복은, 그림 6.1.이 보여주는 것처럼, 고전 시대의 수사 스타일을 담고 있다.

```
사람들이 너희를 모욕할 때 너희에게 복이 있나니
    또 너희를 핍박할 때,                                            -
    또 거짓으로 너희를 거슬러 너희에게 온갖 악한 말을 할 때          -
        나로 말미암아                                          예수
    기뻐하고 즐거워하라.                                          +
    이는 하늘에서 네 보상이 크기 때문이요,                           +
이는 그들이 이런 식으로 너희 앞에 있던 예언자들을 핍박했기 때문이라.
```

그림 6.1. 아홉째 지복의 수사 스타일

여기서는 지복 스타일이 "신학 샌드위치"로 확장되었다. 중간에 있는 다섯 문언("또 너희를 핍박할 때"부터 "이는 하늘에서 네 보상이 크기 때문이요"까지-역주)을 제거하면, 이 지복은 다음과 같다.

사람들이 너희를 모욕할 때 너희에게 복이 있나니
이는 그들이 이런 식으로 너희 앞에 있던 예언자들을 핍박했기 때문이라.

이 본문은 모두 일곱 개 문언을 보여주는데, 일곱은 예로부터 완전수(perfect number)다. 이 문구들은 무슨 뜻인가?

첫째, 우리는 이 지복을 다음과 같이 줄여볼 수 있다.

1. 여는 말
   2. 부정문을 사용한 두 문언
      3. 예수를 언급한 말
   4. 긍정문을 사용한 두 문언
5. 닫는 말

여는 말과 닫는 말은 샌드위치의 빵과 같다. 각각 두 개의 부정문과 두

개의 긍정문은 두 피클 조각 같다. 정점은 중앙에 자리해 있다. 이런 구조는 "고리 모양 구성"이나 "반전 평행법"으로 불렸다. 다른 학자들은 이를 "교차 대구 구조"라 부른다.

예수의 말씀을 듣는 청중과 마태복음의 독자들은 이런 고대 유대인의 글쓰기 패턴을 알고 있었다. 여는 말과 닫는 말만을 본디 예수가 말씀하셨던 지복으로 읽는 것도 가능하다. 이 지복을 "샌드위치"로 만들어주는 중앙 부분 내용은 예수가 본디 하셨던 말씀에 덧붙인 말로서 핍박을 겪기 시작한 교회가 집어넣은 것으로 보인다. 즉 예수가 여기서 제자들에게 가르치신 지복은 본디 두 줄이었다. 제자들은 이 지복 중앙 부분에 새 내용을 덧붙였다. 또는 다음과 같이 다르게 이해할 수도 있다. 즉 예수가 사역 말기에 당신을 향한 적대감이 강렬해지자, 자신이 말씀하셨던 지복의 내용을 직접 확장하셨을 수 있다. 어느 쪽으로 이해하든, "샌드위치"의 의미는 분명하다. 예언자들은 신실했고 핍박을 받았다. 예수를 따르는 이들도 신실함을 지키다 그 때문에 핍박을 받는다면, 그들 자신도 옛 시대의 예언자와 같은 무리에 속하여 큰 보상을 확신하며 살아가게 되었음을 기뻐해도 된다. 예수라는 분이 이 지복의 일곱 문언 중앙에 자리한 정점이다.

이제 이 지복에서는 아주 중요한 변화가 일어났다. 이곳에 이르기까지 등장한 모든 지복은 히브리어 성경에 비추어 설명할 수 있다. 그러나 무언가가 독자에게 다가오고 있었다. 예수의 삶은 이 지고한 여덟 가지 기준을 가장 또렷하게 보여준다. 독자는 이 지복 목록이 늘어나면서 점차 이 결론 부분에 이른다. 그리고 아홉째 지복에 이르러 예수라는 분에게 충성함을 드러내놓고 이야기한다. 독자가 예수를 여기서 묘사되는 의(義)의 패턴을 온전히 이루신 모범으로 삼는다면, 그는 예수께 충성할 수밖에 없다.

어쩌면 예수는 제자들에게 다른 지복들에 대해서도 설명하셨을 수 있지만, 마태에게는 그런 설명을 기록할 공간이 없었다. 이 마지막 지복은, 확대된 지복 내부 내용("또 너희를 핍박할 때"부터 "이는 하늘에서 네 보상이 크기 때문이요"까지-역주)과 더불어, 마태가 독자들이 겪고 있는 핍박을 생각하여 기록한 것일지도 모른다.

콘스탄티누스 황제가 회심하고 기독교 신앙을 갖게 되면서, "순교자 시대"는 공식적으로는 막을 내렸다. 그러나 신앙을 지키려다 목숨을 잃는 그리스도인은 이전 세기들보다 20세기에 훨씬 더 많다. 현대에 들어와 아르메니아, 러시아, 중국, 남(南)수단에서는 수백만에 이르는 사람이 예수 그리스도께 충성하다 목숨을 잃었다. 이 마지막 지복은, 확대된 지복의 내부 내용과 더불어, 지금도 전 세계 교회를 상대로 강력한 말씀을 들려준다.

요약: 지복 2

풍성한 신학이 담긴 이 본문의 요지는 다음과 같다.

1. 굶주림과 목마름은 의를 갈구함으로써 복을 받은 자들의 마음에 자리한 강한 갈망을 묘사하려고 쓴 강력한 이미지다. 그들은 아주 귀중한 진주를 찾는 상인처럼 계속해서 의를 찾기 때문에 복이 있다.
2. 의는 막연한 윤리 개념이 아니라 어떤 관계에서 유래한 청구(請求)들을 가리킨다.
3. 하나님의 의는 그분의 역사적 구원 행위를 가리킨다.
4. 이스라엘의 의는 하나님이 이스라엘에게 내리신 평결로서 값없이 주신 선물이다. 이스라엘이 의롭다고 선언하신 분은 하나님이다.
5. 이 선물에 대해 이스라엘이 보일 반응은 정의롭게 행동하는 것이다. 이런 행동에는, 욥과 이사야서의 고난 받는 종처럼, 곤고한 처지에 있는 이들을 긍휼히 여김이 포함된다.
6. 이스라엘이 보일 반응의 모범은 하나님이 출애굽 때 이스라엘 백성을 다루신 모습에서 볼 수 있다. 하나님이 이스라엘을 긍휼히 여기셨던 것과 똑같이 이스라엘도 다른 이들을 긍휼히 여겨야 한다.
7. 의는 평화를 만들어낸다.

8. 의를 향한 갈구는 공동체가 아니라 하나님이 채워주신다.
9. 자비롭다는 것은 다른 이들의 곤고함에 대해 긍휼히 여김과 행동으로 반응하는 것이다.
10. 긍휼히 여김(자비를 보임)은 용서와 관련이 있다. 신약성경은 하나님이 우리를 용서하심과 우리가 다른 이들을 용서함이 세 가지 방식으로 관련성을 가진다고 말한다. 하나님은 복이 있는 자들에게 자비를 베푸시지만, 공동체는 그렇게 하지 못할 수도 있다.
11. **마음**은 한 인간의 내면 전체를 가리키며 그의 감정과 생각과 의지를 다 아우른다. 예수는 손이 아니라 마음에 초점을 맞추신다.
12. 마음이 청결함은 투명함 그리고 한 가지 것만을 하고자 하는 동기의 단일성과 관련이 있다.
13. 화평케 하는 자는 평화수호자 및 평화주의자와 다르다. 화평케 하는 자는 모든 차원에서 관계를 회복시키려고 일하는 자이기 때문에 "하나님의 자녀"라 불린다.
14. 예수는 모든 지복의 모범이시며, 마지막 지복에 이르러 처음으로—나로 말미암아 핍박을 당할 때—"무대에 등장하신다." 이런 핍박을 받는 자들은 고난을 겪었던 옛 예언자의 무리에 합류하는 기쁨을 누릴 수 있다.

제3부

주기도

Jesus Through
Middle Eastern Eyes

7장
주기도: 하나님 우리 아버지
마태복음 6:5-9

소련이 무너진 뒤, 나는 과분하게도 리가(Riga)에서 라트비아 루터교회를 대상으로 강연을 했다. 이 세미나에 참석한 이들은 대부분 연령이 25세에서 35세 사이였다. 이는 그들이 받은 교육이 모두 무신론을 교리처럼 주입하려 했던 공산 국가 체제 교육이었음을 의미했다. 나는 한 젊은 여성에게 어떻게 신앙을 갖게 되었는지 물었다.

내가 물었다. "사시는 마을에 교회가 있었나요?"

그러자 그는 "없었습니다. 공산주의자들이 모든 교회를 폐쇄했어요"라고 대답했다.

"그럼 믿음이 좋은 어떤 할머니가 하나님의 길로 인도해주셨나요?"

"아니오, 우리 가족은 다 무신론자였습니다."

"집에서 비밀 성경 공부를 했나요, 아니면 사시는 지역에 지하교회가 있었습니까?"

이 말에 이런 대답이 나왔다. "그런 건 전혀 없었습니다."

"그럼 대체 무슨 일이 있었기에?"

그 여성은 다음과 같은 이야기를 내게 들려주었다.

장례식 때 우리는 주기도를 암송할 수 있었습니다. 제가 어렸을 때는 이 이상한 말을 듣고 누구에게 이런 말을 하는 건지, 이 말이 무슨 의미인지, 이 말이 어디서 왔고 왜 이런 말을 암송하는지 몰랐어요. 그러다 마침내 자유가 찾아든 뒤, 이 말의 의미를 알아볼 기회가 있었습니다. 사방이 다 캄캄하면, 지극히 세미한 빛도 아주 밝습니다. 제겐 주기도가 그런 빛이었어요. 저는 그 의미를 알고 그리스도인이 되었지요.

7장부터 10장에서는 이런 아주 밝은 빛이 지닌 몇 가지 의미를 밝혀보도록 하겠다.
마태복음의 주기도가 우리의 초점이며, 주기도의 중요한 도입부는 곱씹어볼 가치가 있다.

의미 없는 말

예수는 주기도를 가르치시기에 앞서 제자들에게 어떻게 기도할지 일러주신다.

> 너희는 기도할 때
> 이방인들처럼 의미 없는 말을 늘어놓지 말라.
> 이는 그들이 많은 말을 해야
> 들리리라고 생각하기 때문이라(마 6:7).

이 말씀은 수수께끼다. 한편으로, 복음서에 기록된 예수의 기도들은 아주 짧다. 다른 한편으로, 바로 이 복음서들은 예수가 가끔씩 밤새 기도하셨다고 말한다. 이는 기도의 본질이 무엇인가라는 문제를 낳는다. 예수는 오랜 시간 성령으로 충만하여 어떤 말도 필요 없이 하나님과 고요히 소통하는 것도 기도에 포함시키셨는가?

동방 교회 교부들은 분명히 그렇게 생각했다. 7세기에 시리아인 이삭(Isaac the Syrian)은 "침묵"을 다룬 글을 썼다. 거기서 그는 "사람이 내면을 고요케 하여 임재하신 하나님의 음성을 들을 수 있게 말이라는 선물을 일부러 포기하는 것"을 침묵이라고 요약하면서, "침묵은 하나님 앞에 계속해서 고요하게 기도하며 서 있는 것"이라고 말한다.[1]

기도가 길면 좋은 기도요 짧으면 미숙한 기도라고 짐작하기 쉽다. 복음서 내용은 이와 반대다. 예수는 마태복음 6:7-8에서 이방인들이 길게 기도한다고 비판한다. 이방인들은 그들의 신들을 부를 때(여기에는 보통 통치자인 황제도 들어 있었다) 긴 인사말을 사용했다. 그들은 신(황제?)이 진노하지 않게 칭호도 모두 정확하게 사용하려고 노력했다. 이런 칭호 사용이 얼마나 지루해질 수 있는가는 갈레리우스 황제(재위 305-311)를 부를 때 쓴 칭호가 보여준다. 4세기 초, 기독교 역사가 유세비우스(Eusebius)는 콘스탄티누스가 등장하기 직전에 갈레리우스가 그리스도인 박해를 누그러뜨리려고 공포했던 한 칙령을 인용했는데, 이 글은 이렇게 시작한다.

> 20대 호민관의 권위를 가지신 분이요, 19대 황제이며, 8대 정무관이며, 아버지 중의 아버지 총독이신 황제 갈레리우스, 발레리우스, 막시마누스, 인빅투스, 아우구스투스, 폰티펙스 막시무스, 게르마니쿠스 막시무스, 에깁티쿠스 막시무스, 포이비쿠스 막시무스, 사르멘티쿠스 막시무스(5회), 페르세쿠스 막시무스(2회), 카르피쿠스 막시무스(6회), 아르메니쿠스 막시무스, 메디쿠스 막시무스, 아벤디쿠스 막시무스…[2]

---

1) Helarion Alfeyev, *The Spiritual World of Isaac the Syrian* (Kalamazoo, Mich.: Cisercian Publications, 2000), p. 77.
2) Eusebius, *The History of Church* 17.5, trans. G. A. Williamson (Baltimore: Penguin Books, 1965), pp. 353-54.

바로 이것이 황제 자신이 이해했던 자기 정체성이었으며, 당연히 사람들이 자신을 이렇게 부르리라고 기대했다. 중동에서도 이런 방식을 합당하다 여겼고 19세기까지 계속 이 방식을 사용했다.

1891년, 한 페르시아 학자가 미국 출신 기독교 선교사요 학자인 코넬리어스 반다이크(Cornelius VanDyke) 박사에게 글을 써 보냈다. 당시 박사는 레바논 베이루트에서 의학 석좌교수로 있었다. 그 페르시아 신사는 반다이크에게 선물을 보내 자신이 이 훌륭한 박사를 만난 일을 기념했다. 페르시아 학자는 선물에 이런 설명서를 첨부했다.

> 각하, 만인이 존경하는 영혼의 의사요 종교 철학자이며 당대에 유일무이한 지식인이요 지극히 박식한 분으로서 누구도 감히 따라갈 자가 없는 미국인 코넬리어스 반다이크 박사님께 이 기념품을 보냅니다. 이 기념품은 각하의 고매함과 선하심을 기림이요, 어떤 칭호로도 표현할 수 없는 각하께 드리는 것이니, 각하는 지식을 선양하신 분이요, 완전함을 세우신 분이요, 숭고한 자질을 소유하고 우러를 인품을 지닌 분이요, 온갖 미덕에 뒤덮인 창공의 극점이요 과학계의 중추요, 여러 걸작을 짓고 견고한 기초들을 만드신 분이요, 영혼과 여러 영역의 내밀한 실체를 이해함에 통달하신 분이요, 1891년 라비아(Rabia) 달(아랍 역법에서 봄의 첫 달-역주)에 베이루트에서 지극히 비천한 자들이 각하의 존함을 종이 위에 금으로 쓰기보다 오히려 그들의 눈에 빛으로 기록해야 마땅한 분이십니다.[3]

나는 반다이크 박사가 크게 감동했으리라고 믿어 의심치 않는다! 하지만 예수는 하나님께는 이런 것이 전혀 필요하지도 않으며, 그분은 이를 전

---

3) Kenneth E. Bailey, private papers. 이 기록은 1978년에 레바논 베이루트 아메리칸 대학교 중동 어문학 교수 자브릴 자부르(Jabril Jabbur) 박사가 페르시아어에서 영어로 번역한 뒤 내게 건네준 것이다.

혀 원하시지도 않는다고 선언하신다. 예수는 제자들에게 기도하는 자는 하나님께 단순한 말로 직접 말하듯이 해야 한다고 가르치셨다. "이방인들처럼 의미 없는 말을 쌓지 말라"가 그 기준이었다.

전도서에서 설교자는 같은 주제를 다루면서 하나님의 집에 들어갔을 때 어떻게 기도해야 하는지 일러준다. "하나님 앞에서 네 입을 함부로 놀려 말하지 말고 네 마음을 조급히 하여 입을 열지 말지니 하나님은 하늘에 계시고 너는 땅에 있기 때문이라. 그러므로 네 말을 적게 하라"(전 5:2).

현대 세계에서 우리는 말의 홍수 속에서 살아간다. 매일 수천 가지 게시물, 광고, 잡지, 신문, 텔레비전 광고방송, 라디오 방송, 스팸, 카탈로그, 전화 벨소리, 메시지, 팩스, 끝없이 날아오는 이메일이 폭격하듯 우리를 덮친다. 듣고 싶지 않아도 귀에 쏟아져 들어오는 수천 가지 말을 감내하지 못하는 의사는 더 이상 병원 진료실에 앉아 있을 수가 없다. 근래 나는 말이 급류를 이루고 있는 국제공항 탑승 대기실에 앉아 있었다. 그 한 자리에서 나는 휴대폰 통화 소리 일곱 번, 텔레비전 프로그램 둘, 공익 광고 하나, 출발 안내 셋을 들을 수 있었다. 그곳은 지옥의 첫 고리(first circle of hell, 단테가 『신곡』에서 쓴 표현-역주)였다.

우리는 말의 홍수 속에 산다. 이 과정에서 말은 가치 없는 것이 되고 말았다. 이제 말이 진주처럼 들리고 단어 하나하나를 조심스럽게 골라 문장이라는 황금 실에 공교히 꿰어 쓰는 경우는 거의 없다. 예수는 말이 거의 없지만 그 말이 강한 힘을 가지는 세계로 들어오라고 독자들을 초대하신다. 이런 세계에서는 말 하나하나를 그에 걸맞은 주의를 기울여 꼼꼼히 살펴야 한다. 이 점을 마음에 새기고 제자들이 알아야 했던 기도의 스타일과 언어를 간략히 곱씹어보는 것이 적절하겠다.

기도의 스타일과 언어

유대인들은 어떻게 기도하는지 알았다. 또한 다니엘(단 6:10) 같은 경건한 사람은 하루 세 번—해 뜰 때, 오후 3시, 마지막으로 해질 때—기도했다. 이런 관습은 예수 시대가 열리기 오래전부터 널리 퍼져 있었을 가능성이 아주 높다. 그러나 예수는 복음서 어디에서도 매일 특별한 시각을 정해놓고 기도해야 한다는 말씀을 하지 않는다. 특별한 기도 시각을 정한 말씀이 없다는 것은 예수가 권장하신 기도 패턴에 등장하는 첫 번째 변화다. 유대인이 매일 올리는 기도는 "들으라! 이스라엘아, 야웨 우리 하나님은 한 분이신 야웨이시다"로 시작되는 신명기 6:4-5을 읊음으로 개시되었다. 이어 *Amidah*(서 있음)라 불리는 열여덟 개 기도가 죽 이어진다. 이 기도를 그렇게 부른 이유는 열여덟 개 기도를 서 있는 동안에 올렸기 때문이다. 이 기도들은 간단히 *Tefillot*(기도들)라 불리며, 예수가 이 땅에서 사시던 동안에도 기도 형식으로 사용되었다. 이 기도들은 오늘날 회당 예배에서도 여전히 사용된다.[4]

이 열여덟 개 기도와 주기도 사이에는 중요한 유사점과 차이점이 있다. 예를 들어 일용할 양식을 구하는 간구가 *Tefillah*와 주기도에서 거의 똑같이 중간쯤에 등장한다. 기도를 시작하는 문언도 비슷하다. 두 기도 모두 현재에 필요한 것들을 이야기하고, 하나님 나라가 임함을 이야기한다. 각 기도에는 운율과 리듬이 같은 곳이 몇 군데 나타난다. 두 기도의 송영은 겹친다. 마지막으로 두 기도 모두 공동체는 물론이요 개인도 사용하도록 마련한 기도다. 두 기도의 차이점은 논의를 진행해가면서 언급하겠다.

---

4) Joseph Hertz, *The Authorized Daily Prayer Book* (1948; reprint, New York: Bloch, 1979), pp. 130-51.

주기도를 시작하는 문언

주기도의 첫 간구는 여름 폭풍의 시작을 알리며 하늘을 가로지르는 번갯불처럼 번쩍거린다.

> 하늘에 계신 우리 아버지,
> 당신 이름이 거룩하여지소서
> (Our Father who is in heaven,
> let it be hallowed your name; 베일리 번역).

위에 제시된 영역문에서 단어들의 순서는, 그리스어 원문에 나타나고 복음서가 포함된 시리아어 역본 세 가지가 성실하게 번역해놓은 셈어 문장의 흐름을 그대로 살려놓고 있다.

*Tefillah*는 히브리어 기도다. 현대 학자들은 주기도가 아람어인 *abba*로 시작한다는 데 의견을 같이한다. 따라서 우리는 예수가 제자들에게 문어체인 고전 히브리어 대신 일상의 대화에 사용되는 아람어로 기도하기를 가르치셨으리라고 짐작해볼 수 있다.[5] 아람어로 말하던 1세기 유대인은 자신이 올리는 기도를 아람어가 아니라 히브리어로 읊는 데 익숙했다. 마찬가지로 이슬람교 예배자들 역시 그들의 전통적 기도를 7세기에 아라비아에서 사용하던 고전 아랍어로 늘 읊조린다. 유대교와 이슬람교는 모두 신성한 언어를 갖고 있다. 하지만 기독교는 그렇지 않다. 이 사실은 엄청난 중요성을 가진다.

예배 때 아람어를 사용한다는 것은 예수 시대 사람들이 당연시하던 것을 크게 뒤집어엎는 일이었다. 그것은 예수가 어떤 신성한 언어도 "하나

---

[5] W. D. Davies and Dale C. Allison Jr., *The Gospel According to Saint Matthew* (New York: T & T Clark, 1988), 1:600.

님의 언어"로 여기시지 않았다는 뜻이었다. 기독교 세계에는 특정 언어만이 **유일한** 하나님의 언어(the divine language)라고 생각하는 사람들을 소재로 한 농담이 떠돌아다닌다. 내 아르메니아 친구들은 하나님이 아주 박식한 아르메니아인 수도사를 개인 비서로 두셨다고 말한다. 이 똑똑한 수도사는 세상의 모든 언어를 안다. 그는 온 세상 사람들의 기도가 은혜의 보좌로 올라오면 하나님이 이 기도를 알아들으실 수 있게 즉시 고전 아르메니아어로 번역한다. 한 세대 전만 해도 영어를 쓰는 사람 중에는 하나님이 킹 제임스 성경의 영어로 말씀하신다고 굳게 믿는 사람들이 많았다. 영국 출신으로 신앙이 독실하신 우리 어머니는 언젠가 내게, 당신이 10대 때 사도 바울이 영어로 말하지 않았다는 것을 알고 충격을 받았다는 고백을 하시기도 했다.

예수는 공중(公衆) 앞에서 성경을 낭독할 때 오직 히브리어로 읽고 기도 역시 히브리어로 드려야 하는 세계에 사셨다. 예수는 아람어를 기도와 예배 때 사용할 수 있는 언어로 인정하는 큰 발자국을 남기시면서, 신약성경을 (히브리어가 아니라) 그리스어로 기록하고 이어 다른 언어로도 번역할 수 있는 문을 열어놓으셨다.

결국 신성한 언어가 없다면 신성한 문화도 없는 셈이다. 이 모든 것은 성육신이 가져온 자연스러운 결과다. **말씀**(the Word)이 신으로부터 인간으로 번역되어 육이 되셨다면, 이제는 그 **말씀**을 다시 다른 문화와 언어로 번역할 문이 열린 셈이다. 라민 사네(Lamin Sanneh)는 영향력 있는 저술인 『메시지 번역』(*Translating the Message*)에서 이 명제를 훌륭하게 탐구했다.[6] 결국 오랜 세월이 흐르는 사이에 20억이 넘는 사람들로 이루어진 세계 교회(global church)가 이루어졌으며, 이 사람들은 거의 모두 성경을 자기 말로 읽을 수 있게 되었다. 그리하여 이제 신자들은 자기 마음에 있는 언어를 사용하여 하나님의 임재 안으로 들어갈 수 있다. 우리는 이런 유산

---

6) Lamin Sanneh, *Translating the Message* (Maryknoll, N. Y.: Orbis, 1989).

에 익숙해져서, 그 시초에 예수가 아람어를 주기도의 언어로 택하신 일이 있다는 점에는 주목하지 않는다. 예수는 *abba*라는 위대한 말로 주기도를 시작하심으로써 이 기도의 메시지를 다른 말로 번역할 수 있음을 인정하셨다. 이제 이 주기도의 의미를 살펴보겠다.

*abba*의 의미와 중요성

예로부터 회당에서 올리는 *Tefillah* 기도들은 시작하는 방식이 여러 가지다. 이 열여덟 개 기도 중 몇 가지는 "아브라함의 하나님, 이삭의 하나님, 야곱의 하나님"으로 시작한다. "우리 조상의 하나님"도 등장한다. *Tefillah*의 다른 곳에서는 하나님을 "복되신 이", "거룩하신 이", "예루살렘을 세우신 이", "능력 있으신 이", "이스라엘을 구속하신 이", "우리 아버지", "은혜로우신 이"라 부른다. 예수는 그중 "우리 아버지"를 골라 쓰셨는데, *Tefillah*에서는 이 말이 *Abinu*("우리 아버지"를 뜻하는 히브리어)라는 말로 두 번 등장한다.[7] 하나님을 "아브라함과 이삭과 야곱의 하나님"이라 부르는 것은 특별한 역사를 가진 특별한 백성으로서 기도하는 것이다. 그리스도인은 이 위대한 집안에 입양되었기에 이 이름들은 모든 그리스도인에게 풍성한 의미가 있다. 아울러 예수는 제자들에게 *abba*라 기도하라고 가르치시면서, 아브라함과 한 민족임을 내세우는 이들의 공동체를 뛰어넘어 믿음에 기초한 더 큰 가족을 내다보는 비전을 강조하셨다. 모든 인간은, 어느 종족이나 민족에 속해 있든, 한 아버지를 갖고 있다. 따라서 하나님이 "우리 아버지"시라면, 모든 사람이 똑같이 그분을 아버지라 부를 수 있다. *abba*라는 말은 민족이나 역사를 기준으로 "내부자"와 "외부인"을 가르지 않는다.

---

7) *Abinu*는 *Teshuba*라는 제목이 붙은 다섯 째 기도와 *Selhab*라는 제목이 붙은 여섯 째 기도에서 등장한다.

*abba*라는 말의 이런 포용력에도 주목해야 하지만, 더불어 이 말 자체를 탐구해보는 것이 중요하다. 예수는 하나님을 무슨 생각으로 *abba*라 부르셨을까? 또 예수 시대에는 이 말을 어떻게 사용했을까?

　　아람어 사용자들은 육신의 아버지에게 말할 때 이 *abba*(아버지)를 사용했다. 또한 이 말은 존경받는 지위에 있는 사람을 부를 때도 사용되었다. 이 말은 학생이 스승을 부를 때나 자녀가 아버지를 부를 때 쓸 수 있었다.

　　*abba*는 신약성경에서 세 번 등장한다. 마가복음 14:36에서는 예수가 말씀하시며, 로마서 8:15과 갈라디아서 4:6에서도 등장한다. 각 경우마다 그리스어 표현인 *ho patēr*(the Father)가 곧장 뒤따른다. 성경 기자는 먼저 아람어인 *abba*를 쓰고 나서, 아람어를 모를 수 있는 독자들을 생각하여 이를 그리스어로 번역해놓았다. 따라서 각 경우에 그리스어 본문을 보면 *Abba, ho patēr*(한 문언 안에 아람어와 그리스어가 나란히 붙어 있다)라 기록해놓았다. 굳이 이렇게 두 언어를 사용한 이유는 무엇일까?

　　그냥 *ho patēr*(아버지)로 만족했으면 문구가 훨씬 더 간단했을 것이다. 분명 사도들이 이끈 공동체는 *abba*라는 단어를 중요시했다. 이런 이유로 사도들은 그리스어로 성경을 쓰면서 아람어를 이해하지 못하는 독자가 일부 있으리라는 것을 알면서도 그 단어를 보존했다. 신약성경에서 이 단어가 등장하는 세 가지 사례는 모두 뜨거운 기도다. 마가복음 14:36을 보면, 예수가 겟세마네 동산에서 기도하신다. 이 아람어 단어를 그리스어로 보존한 이유는, 예수가 몸소 *abba*를 하늘에 계신 당신 아버지를 가리키는 이름으로 사용하시고 제자들에게 당신이 하신 대로 따를 것을 가르치셨기 때문이라고 이해하는 것이 가장 좋겠다. 유대 전통을 살펴보면, 이 말(아버지)을 쓴 이는 예수가 처음이 아니셨다.

　　구약성경은 **아버지**라는 말을 하나님과 관련지어 12회 사용한다. 이 말은 직유일 때도 있고("이것은 저것과 같다"의 표현: 시 103:13을 보라) 은유일 때도 있지만("이것은 저것이다"의 표현: 사 63:16; 64:8을 보라), 하나님을 직접 부르는 말로 사용되지는 않는다. 신구약 중간기에 나온 유대교 문헌(외경으로 알려진 문헌)에서는 비록 희귀하긴 해도 **아버지**라는 말이 (그리스어로) 하나님을 직접 부르는 말로 등장한다(솔로몬의 지혜 14:3). 어떤 언어에서나 아버지를 직유나 은유로 쓴 경우와 직접 부르는 말로 쓴 경우가 다름을 볼 수 있다. 가령 "당신은 우리를 아버지**처럼** 보살펴주십니다"(직유)나 "당신은 우리 아버지**십니다**"(은유)라고 말하는 것과 "아버지, 평안히 주무셨습니까?"라고 말하는 것은 엄연히 다르다. 첫 번째와 두 번째는 서술이고, 세 번째는 칭호다. 구약성경은 **아버지**를 하나님이 어떤 분이심을 묘사하는 말로 사용한다. 예수는 아버지라는 아람어를 칭호로 사용하셨다. 예수가 이 아버지라는 말을 사용하신 것은 유일한 경우는 아니지만, 사람들은 이를 "독특하다"고 말해왔다. 데이비스(W. D. Davies)와 앨리슨(D. C. Allison)은 이렇게 설명한다.

> 따라서 예수가 하나님을 아버지라 부르신 것이 유일한 사례인지 의심해보는 것이 타당하지만, 그래도 예수는 당신 기도를 'abba께 올리시면서 보통의 관습과 어느 정도 달리 행하고 계신 것으로 보인다. 대다수는 아니어도 많은 유대인은 예수가 이렇게 하나님을 그저 'abba라 부르시는 것을 어색하게 여기거나 더 나아가 신성모독으로 여겼을 것이다.[8]

그날 마지막에 예수는 하나님을 부르는 말로 수많은 말 중 하나를 고르실 수 있었겠지만, 그분은 아람어인 *abba*를 고르셨다.

오늘날 중동에서는 적어도 네 나라에서 *abba*가 지금도 어린아이가 처음 배우는 말이다. 몇 년 전, 나는 과분하게도 레바논 산맥에 있는 한 촌락 여성들에게 주기도를 아람어로 가르치게 되었다. 나는 *abba*를 1세기 아람어 단어라고 말했는데, 순간 강의를 듣던 이들이 당황해하고 불편해하는 분위기를 느꼈다. 결국 나는 강의를 중단하고 그 여성들에게 뭔가 할

---

8) Davies, *Gospel According to Matthew*, 2:602.

말이 있으면 해보라고 요청했다. 뒤쪽에 있던 한 여성이 수줍게 손을 들더니, 상냥한 어조로 이 불쌍한 외국인에게 이런 말을 해주었다. "베일리 박사님, *abba*는 우리가 아이들에게 맨 처음 가르치는 말입니다." 조사해보니 레바논, 시리아, 팔레스타인, 요르단에서는 정말 그렇다는 것을 알았다. 이 나라들은 모두 한때 아람어를 사용했는데, 이 나라 사람들이 아랍어를 사용하는 지금도 이 귀중한 말은 살아남았다.[9]

*abba*의 끝에 있는 긴 a는 아람어 정관사다. *abba*는 문자대로 해석하면 "그(유일하신) 아버지"(The Father)를 뜻한다. 그러나 이 말은 문맥상 "내 아버지"나 "우리 아버지"를 뜻할 수도 있다.[10] 누가복음의 주기도는 "아버지"로 시작하지만, 마태복음의 주기도는 "우리 아버지"로 시작한다. 둘 다 *abba*를 바로 번역한 것이다.

이 위대한 아람어 단어는 어른을 부르며 표현하는 존경, 그리고 이 말을 사용하는 사람과 이 말로 불리는 사람 사이에 존재하는 깊고 친밀한 관계를 강조한다. 초기 기독교회가 그리스어로 기도할 때도 이 말을 계속해서 사용한 이유를 쉬이 이해할 수 있다. 이 말은 신자가 그리스도를 통해 하나님과 가졌던 관계의 특질을 일깨워주었다. 초기 그리스도인이 주기도를 사용한 사실은 이런 의미를 실증해준다.

지금까지 남아 있는 기독교 초창기의 몇몇 교회 건물을 보면 두 부분으로 이루어져 있는데, 한 부분은 신자들이 쓰는 공간이고 다른 한 부분은 예비 신자라 불리는 사람들이 쓰는 공간이다. 예비 신자는 아직 예수를 믿는다고 고백하지 않아서 세례를 받지 않은 사람이었다. 이들은 뒤쪽의 특별한 자리에 앉았다. 예비 신자들은 아직 기독교 신앙에 온전히 헌신하지

---

9) 일상 회화에서 쓰는 아랍어는 *Baba*이며, 고전 아랍어는 *Abi*다. 아이가 *Baba*라는 말을 배우기 전에 배우는 말이 *Abba*다.
10) Gerhard Kittel, "αββα," *Theological Dictionary of the New Testament*, ed. Gerhard Kittel and Gerhard Friedrich, trans. Geoffrey W. Bromiley (Grand Rapids: Eerdmans, 1964-76), 1:5-6.

않았지만 그래도 기꺼이 예배에 초대받았다. 예비 신자들은 예배에 참석하여 찬송을 부르고 설교를 들은 뒤 정중한 배웅을 받았다. 이미 그리스도를 믿고 세례를 받은 이들은 계속 남아 성찬에 참여하곤 했다. 아직 세례를 받지 않은 이들이 성찬에 참여하는 것은 적절치 않다고 여겨졌다. 이 그리스도인들은 예배 때면 늘 성찬을 하기 직전에 주기도로 기도했다.[11] 분명 교회는 믿고 세례를 받은 사람만이 하나님을 부를 때 이 칭호를 사용해야 한다고 느꼈다.

독일 성경신학자인 요아힘 예레미아스(Joachim Jeremias)는 예수가 이 아람어로 하나님을 부르신 것이 독특하다(unique)고 주장했는데,[12] 이는 잘못이다. 하지만 예수가 하나님을 아람어 *abba*로 부르신 것은 그렇게 불린 분과 특별한 관계에 있음을 인정하는 것이었다. 기독교 신앙이 낯선 이들은 하나님을 차마 *abba*로 부를 엄두를 못 냈던 것으로 보이기 때문이다. 그러나 하나님을 *abba*로 부른 것에는 더 많은 의미가 있다.

서구 교회는 지난 50년 동안 하나님께 붙인 "아버지"라는 칭호를 놓고 폭넓은 토론을 벌여왔다. 이 주제와 관련하여 주목할 만한 요소가 두 가지 있다. 첫째는 이슬람교의 경고다. 하나님을 "아버지", "내 아버지" 또는 "우리 아버지"로 부르면 예배자는 어떤 인간 모델을 하나님께 적용하는 셈이다. 이슬람교는 이런 행동을 하다 보면 예배자가 틀림없이 우상숭배로 미끄러진다고 주장한다. 하나님은 하나님이시지 사람에게 적용되는 말로 묘사되어서는 안 되는 분이다. 하나님은 형용사를 사용해서 부를 수는 있으나, 은유를 사용해서 부를 수는 없다. 하나님은 *rahman*(자비로우시고), *raheem*(긍휼히 여기시고), *akbar*(전능하시고), *'alim*(전지하신) 분이지, "아버지"가 아니다. 이슬람교에는 하나님께 붙인 유명한 99개 이름이 있는데, 그중 셋은 은유로 볼 수 있는 여지가 조금은 있다. 하지만 나머지 96개는

---

11) 현대 성공회와 로마 가톨릭교회 전례도 이 관습을 계속 따른다.
12) Joachim Jeremias, *The Lord's Prayer* (Philadelphia: Fortress, 1969), pp. 17-20.

분명 형용사다. 이런 이슬람교의 주장에 뭐라 답할 수 있을까?

이슬람교가 기독교 신앙에 제시하는 경고는 중요하므로 그리스도인들도 새겨들어야 한다. 하나님을 부르는 칭호로 은유를 사용할 때는 이슬람교가 이야기하는 위험이 늘 있다. 그리스도인은 **아버지**라는 말을 사용하면서 이 말에 인간 아버지에 대한 체험을 근거로 한 의미를 종종 부여한다. 이것은 우상숭배의 한 형태다. 하지만 하나님은 인격체이시고, 사람에는 남자와 여자가 있다. 하나님을 남자와 여자에게 붙이는 칭호로 부르는 것은 남신과 여신을 가졌던 고대 중동으로 되돌아가는 길을 여는 것이다.[13)] 앞으로 할 일은 이것이다. 예수는 아버지라는 말을 당신 가르침 속에서 정의하셨는가?

예수는 유명한 탕자 비유에서 당신이 이 **아버지**라는 말을 어떤 의미로 사용하려 하시는지 정의하셨다고 이해하는 것이 가장 좋겠다. 앞으로 보겠지만, 이 이야기에서 예수는 인간 가부장제의 모든 굴레를 부수시고 당신이 속해 있던 문화에서 기대되던 아버지 모습을 넘어선 아버지상을 제시하신다. 예수는 당신이 알고 계신 아버지를 묘사하지 않으시고 도리어 새 이미지를 만들어내어 이를 하나님을 가리키는 모델로 사용하려 하신다. 예수가 출발점으로 삼으신 곳은 호세아 11:1-9일 것이다. 이 본문에서 예언자 호세아는 하나님을 고통 가운데 부르짖는 이스라엘에게 긍휼을 베푸시는 아버지로 묘사한다.

> 나는 하나님이요 사람이 아니며
> 네 가운데 있는 거룩한 이니
> 내가 네게 와서 파괴하지 않으리라(호 11:9).

---

13) 여성에 비유한 말들은 문제가 아니다. 이사야서도 하나님이 "강한 남자(용사) 같은"(사 42:13) 동시에 "해산하는 여인 같다"(사 42:14)라고 말한다. 그러나 성경은 하나님을 남성과 여성에게 붙이는 칭호를 사용하여 부르지는 않는다.

호세아는 이 본문 앞의 구절들에서 하나님을, 사랑을 많이 받고도 자신을 저버린 자식을 부드러이 대하며 사랑을 베푸시는 아버지로 제시한다. 그 아버지(하나님)는 분노와 벌로 대응할 권리를 갖고 계시나, 그렇게 하시지 않고 오히려 사랑으로 대응하는 쪽을 택하신다. 예수는 하나님이신 당신 아버지의 본질을 이렇게 이해하는 것을 호세아서로부터 물려받으셨다. 예수가 호세아 11장을 기초로 호세아서에 묘사된 아버지로서의 하나님 이미지를 확장해서 저 유명한 비유를 만들어냈다고 추정하는 것이 수월하다. 예수는 하나님을, 자기 소유를 좌지우지하며 절대권을 행사하는 황제로 묘사하시지 않았다(일부 아버지와 어머니는 이런 황제처럼 행동한다). 도리어 예수는 하나님을 "아버지"라 부르시면서, 이 말을 탕자 비유에서 정의하신다. 이것이 "우리 아버지"를 바르게 이해한 유일한 견해다. 이외에 다른 정의는 예수의 가르침을 거부하고 예수의 인격을 저버린 것이다. 이슬람교가 던지는 경고는 유효하다. 예수가 당신 자신의 말로 정의하신 아버지 개념을 따르는 것이, 신앙 공동체가 갖가지 은유를 하나님께 붙이는 칭호로 사용함으로써 생겨날 수 있는 우상숭배를 피하는 길이다.

또 다른 시각에서는 *abba*(아버지)라는 말이 여자를 남자에게 종속시키는 "동양의 가부장제"를 반영한다고 비판한다. 내 논의는 중동의 다양한 사회 구조 및 가족 구조 패턴을 서술하고 그 찬부(贊否)를 따지는 자리가 아니다. 이런 패턴이 과거와 현재에 어떤 모습이든지, 예수는 탕자 비유에 그런 패턴을 반영하시지 않는다. 서구 교회는 종종 이런 가설들을 주장한다.

1. 동양의 가부장제는 여자를 괄시한다.
2. 예수는 하나님을 "아버지"라 부르심으로써 여자를 함부로 대하는 동양의 가부장제가 유효하다고 인정하셨다.
3. 그러므로 우리는 더 이상 하나님을 "아버지"라 부르는 것을 받아들일 수 없다.

20세기 이집트 개신교 학자인 이브라힘 사이드는 깊은 통찰이 담긴 누가복음 주석을 썼다. 사이드는 탕자 비유를 곱씹어보고 이렇게 쓰고 있다.

> 양을 찾는 목자, 은전을 찾는 여자는 이런 상황에 빠진 사람이 으레 할 법한 일이나 하지 그것을 넘어선 일을 하지 않는다. 그러나 셋째 이야기에 나오는 아버지의 행동은 독특하고 경이로운 하나님의 행동이며, 이런 행동은 과거 어느 아버지도 한 적이 없다.[14]

헨리 나우웬(Henri Nouwen)은 탕자 비유에 나오는 아버지를 두고 이렇게 썼다.

> 가부장적 행동의 모든 경계가 완전히 부서졌다. 이것은 어떤 훌륭한 아버지를 묘사한 그림이 아니다. 이것은 하나님을 묘사한 초상이다. 하나님의 선하심과 사랑과 용서와 보살피심과 긍휼하심에는 한계가 전혀 없다. 예수는 당신이 속한 문화가 제공하는 모든 이미지를 활용하면서도 그 이미지를 끊임없이 바꾸는 방법으로 하나님의 너그러움을 표현하신다.[15]

예수는 이 비유와 제자들에게 일러주신 기도에서 아버지 은유를 사용하신다. 그것은 가부장 이미지가 아니다. 이 비유는 인간의 언어로 사랑을 베푸시는 하나님의 본질이 가진 신비들을 꿰뚫을 수 있었다는 점에서 내가 아는 다른 모든 노력들보다 뛰어나다. 이 비유는 주기도 서두에 나오는 *abba*의 의미를 올바로 정의하는 유일한 그림을 제시하기 때문이다.

요컨대 주기도에 있는 문언은 "내 아버지"가 아니라 "우리 아버지"다.

---

14) Ibrahim Saʻid, *Sharh Bisharat Luqa* (Commentary on the Gospel of Luke) (Beirut: Middle East Council of Churches, 1970), p. 395.
15) Henri J. M. Nouwen, *The Return of the Prodigal* (New York: Doubleday, 1992), p.131.

시편은 자주 "내 하나님"을 언급하며, 따라서 우리는 성경의 하나님과 신자 개인 사이의 친밀한 관계를 무시해서는 안 된다. 그러나 앞으로 보겠지만, 주기도는 한 아버지를 가진 하나님의 가족을 강조하며, 예수를 따르는 모든 이를 그 가족에 포함시킨다. 그렇다면 아버지가 소위 남성 편향 호칭이라는 점은 어떻게 설명할 수 있을까?

하나님: 남성 은유와 여성 은유

성경은 남성 이미지와 여성 이미지를 활용해서 하나님을 묘사한다. 우선 성경은 하나님께 남성 이미지인 아버지라는 칭호를 붙인다. 아울러 신자들에게 우리가 "하나님으로부터 났다"고 말한다(요일 3:9). 하나님이 우리를 낳으셨다면, 그분은 여성처럼 행동하신 셈이다. 신명기 32:18은 이 둘을 결합해서 이렇게 말한다. "네가 너를 낳은 반석을 마음에 두지 않고 또 네가 너를 낳으신 하나님을 잊었도다."

만일 하나님을 아버지로 묘사한 성경 이미지들을 (오로지 남성 이미지라는 이유로) 거부한다면, "새로 낳음" 같은 여성 이미지도 (오로지 여성 이미지라는 이유로) 거부해야 한다. 나는 "어머니 대지" 위에 서서 "어머니 자연"이 낳은 과일을 먹고 "그리스도의 신부"요 "우리 모든 이의 어머니인 교회"를 섬긴다. 나는 남자이지만 이 모든 말 중 어느 것도 바꾸길 원하지 않는다. 예수는 자신을 "암탉"과 잃어버린 주화를 찾는 여자로 묘사하신다. 바울은 "너희 안에서 그리스도의 형상이 이루어지길" 원한다는 말로 인간의 태어남을 나타내는 언어를 사용한다. 더욱이 신약성경은 마귀를 늘 남성으로 묘사한다. 만일 마귀를 나타내는 말로 "남성과 여성을 포괄하는 언어"를 개발하려고 한다면 그 역시 숱한 문제를 만들어낼 것이다. 또 성경은 남성 은유와 여성 은유를 사용하여 독자가 영이시기에 남성도 여성도 아니신 하나님을 더 풍성히 이해할 수 있게 도와주는데, 우리 모두는 이 점을 기꺼이 받아들일 수 있다. 그러나 하나님의 이미지는 남성과 여성을 모두 담고 있다. 이는 남성과 여성이 모두 그분의 이미지를 따라 창조되었기 때문이다(창 1:27). 남성 혹은 여성 용어 대신 중성 용어를 사용하면, 성경의 비유와 은유가 가진 풍성함을 잃어버려 빈곤해지거나, 우리가 이런 비유와 은유를 저버리게 하는 결과를 가져올 것이다.

주기도는 이 아버지 칭호를 사용하는 공동체의 긴요한 역할을 강조한다. 예배자는 "우리 아버지"라는 문언을 사용할 때 장의자를 내려다보고 세상을 두루 살펴보면서 온 땅에 사는 형제자매들을 살펴봐야 한다. "우리 아버지"라는 칭호는 하나님의 집이 하나가 될 때라야 비로소 합당하게 부를 수 있다. 이제 이 호칭은 우리를 이 간구 문언의 두 번째 부분으로 인도한다.

하늘에 계신 abba

놀랍게도 abba라는 풍성한 단어와 짝이 된 말은 이 abba와 예리한 대조를 이룬다. 이 "사랑을 베푸시는 아버지"는 하늘에 계신다. 현대의 삶은 가족 구성원들 사이에 큰 거리를 만들어낸다. 그러나 중동의 전통 공동체에서는 그런 일이 자주 일어나지 않는다. 이런 공동체에서는 어머니와 아버지가 평생 동안 자녀들과 친밀한 관계를 유지하며 살아간다. 요컨대 아버지는 가까운 사람이고 늘 같은 집에 산다. 이와 달리 그리스도인의 기도에 나오는 abba는 진정 가까운 분이면서도 멀리 떨어져 계신다. 그분은 하늘에 계신다. 예배 공동체는 피조 세계의 일부다. abba는 창조주이시다. 신자들은 종이요 abba는 주인이시다. 필멸의 존재는 태어나 죽지만, abba는 영원하신 분이다. abba 곧 사랑을 베푸시는 아버지는 우리가 다가갈 수 있는 분이지만, 두려운 엄위 가운데 하늘에 거하시면서 자기의 모든 영광을 드러내신다.

Amidah(Tefillot[기도들]에 나오는 말)라는 히브리어는 "서 있다"(standing)라는 뜻인데, 예배자들은 하나님을 공경하는 마음에서 열여덟 개 기도를 서서 했다. 가장 이른 시기에 나온 랍비 어록은 이렇게 보고한다. "예전에 경건한 사람들은 *Tefillah*를 말하기 전에 그들의 마음이 하나님께 똑바로 향할 수 있도록 한 시간을 기다리곤 했다"(Mishnah *Berakot* 5.1). 두려움을 안겨주는 하나님의 임재 안으로 들어가는 것은 아무 생각 없이 편하게 하거나 가벼이 할 일이 아니었다.

근래 나는 두 번에 걸쳐 엘리자베스 2세 여왕을 직접 알현하는 남다른 특권을 누렸다. 한 번은 키프로스에 있는 성공회 성당에서였고, 또 한 번은 런던 윈저 성에 있는 여왕 사저에서였다. 예상할 법한 일이지만, 여왕을 알현했던 우리는 모두 깨끗한 옷을 입고 무례를 범하지 않게 주의를 기울였으며 무엇을 어떻게 말해야 하는가에 초점을 맞춰 지도를 받았다. 하물며 우리가 "하늘에 계신 우리 아버지"께 다가갈 때는 그것이 얼마나 두려운 일인가를 더더욱 절절히 깨닫고 그분께 어찌 말씀드려야 할지 올바로 준비해야 하지 않겠는가?

요약: 주기도—하나님 우리 아버지

1. 예수는 아람어로 기도하심으로써 새 시대를 여셨다. 이를 통해 그분은 신성한 언어와 문화라는 전통을 옆으로 밀쳐놓으시고 모든 언어를 하나님의 말씀을 담기에 합당한 구유로 만드셨다.
2. 예수가 하나님께 붙이신 칭호는 *abba*였는데, 그 뜻은 "아버지"이자 "우리 아버지"였다. 이 특이한 칭호는 친밀한 관계와 더불어 윗분에게 바쳐야 할 경외를 강조하고 있다.
3. 첩첩이 쌓인 칭호와 말들은 맥이 빠지게 한다. 하나님께 올리는 말씀은 귀중하기에 진실해야 하며 많은 말을 하지 않아도 된다.
4. 예수는 당신 제자들에게 가까우면서도 멀리 계신 하나님께 기도하라고 가르치셨다. 하나님은 "우리 아버지"임과 동시에 "하늘에" 계신다.
5. 성경은 시간을 정해놓고 기도하는 것을 가타부타 말하지 않는다. 예

수는 분명 제자들이 당대의 관습이었던 1일 3회 기도 패턴을 넘어서 길 원하셨다.

6. **우리 아버지**(abba)라는 간단한 문구가 "아브라함과 이삭과 야곱의 하나님"이라는 칭호를 대신했다. 이 새 문구 덕분에 모든 신자는 민족의 혈통이나 공동체의 역사와 상관없이 같은 평면에 자리하게 되었다.

7. 그리스어를 사용하던 교회도 abba라는 호칭을 보존했다. 이 호칭은 예배자와 하나님이 특별한 관계 속에 있음을 강조하는 귀중한 말이었다. 이 호칭은 예수만이 사용하신 것은 아니었지만 드물고 대담한 것이었다.

8. 예수는 탕자 비유에서 "우리 아버지"를 정의하신다. 다른 어떤 정의도 합당하지 않다. (동서양을 막론하고) 인간 아버지와 어머니는 "우리 아버지"에 적절한 의미를 부여하기에는 충분하지 않다. 하나님을 가리키는 은유에는 우상숭배를 저지를 위험이 따른다. 예수가 당신의 용어를 정의하신 그대로 따라가면, 우상숭배를 피할 수 있다.

9. 하나님은 "우리 아버지"시다. 개인은 이 "우리 아버지"라는 말이 가지는 가장 심오한 의미를 공동체에서 발견한다. 하나님은 "우리 아버지"이시기에 "내 아버지"시다.

8장

주기도: 하나님의 거룩하심

마태복음 6:9

우리는 7장에서 주기도 서두에 나오는 "우리 아버지"가 사랑을 베푸시는 하나님, 곧 가까우면서도 "하늘에 계시는" 하나님을 부르는 말이라고 했다. 그분은 성육신을 통해 우리에게 가까이 오신 창조주 하나님이시다. 바로 이 문언을 통해 예수는 하나님이 우리가 그분을 인식하느냐와 상관없이 존재하시는 분이라고 강조하신다. 성경은 하나님이 존재하심을 당연한 것으로 전제하지 결코 논증하지 않는다. 기도는 우리가 창조주 하나님께 아뢸 때 그분이 우리 말을 들으실 수 있다는 것을 전제한다.

주기도는 우리가 기도하는 그분이 "하늘에 계신 우리 아버지"임을 분명히 한 뒤, 그 하나님께 다음과 같은 여섯 가지 간구를 올린다.

1. 당신 이름이 거룩하여지며
2. 당신의 나라가 임하시며
3. 당신의 뜻이 하늘에서 이루어지듯이
   땅에서도 이루어지이다.
4. 오늘 우리에게 일용할 양식(빵)을 주시고
5. 또 우리가 또 우리에게 빚진 자를 사하듯이

우리 빚을 사하여 주시고
6. 또 우리를 유혹으로 인도하시지 마시고
　다만 우리를 악에서 구하옵소서.

　처음에 나오는 세 가지 간구는 종종 "당신 간구"(Thou petitions)라 부른다. 이는 이 세 가지 간구가 광활한 시야, 거대 담론에 초점을 맞추면서, 예배자에게 자신이 거대한 역사 흐름의 일부임을 되새겨주기 때문이다. 이 간구들은 크고 높은 주제로서 다음과 같은 것을 이야기한다.

- 하나님의 이름을 거룩하게 함
- 하나님 나라가 임함
- 하나님의 뜻을 이룸

　이어서 주기도는 각기 나름대로 필요를 가진 예배자들이 현재 살아가는 세상에 초점을 맞춘다. 이 간구들은 "우리 간구"(we petitions)라 불려왔으며, 다음 것들에 초점을 맞춘다.

- 일용할 양식
- 공동체 안에서 행하는 용서
- 악으로부터 자유로움

　이 여섯 가지 간구 하나하나는 하나님의 행위와 관련이 있으며, 각 간구는 신자가 맡은 부분에 참여함을 자세히 밝히거나 암시한다. 즉 각 간구는 다음과 같이 하나님의 주권과 인간의 자유 및 책임과 관련된다.

1. 하나님은 당신 자신의 이름을 거룩하게 하신다.
　그러므로 나도 거룩한 삶을 살아가야 한다.

2. 하나님은 하나님 나라를 임하게 하신다.

　　그러므로 나도 그 나라의 임함이라는 목표가 이루어지게 일해야 한다.

3. 하나님은 당신 뜻을 이루신다.

　　그러므로 나도 그 뜻을 발견하고 매일의 삶 속에서 그 뜻에 순종해야 한다.

4. 하나님은 일용할 양식이라는 선물을 주신다.

　　그러므로 나도 일하여 그 양식을 얻어야 한다.

5. 하나님은 용서하신다.

　　그러므로 나도 용서해야 한다.

6. 하나님은 나를 인도하여 악에서 떠나게 하신다.

　　그러므로 나도 의로운 삶을 살아가야 한다.

예레미아스는 이 기도문의 요청과 함께 이 여섯 간구가 지닌 포괄성을 언급하며 이렇게 쓰고 있다. "주기도는 예수가 우리에게 선포하신 것을 가장 분명하게, 간결하지만 가장 풍성하게 요약해놓은 것이다."[1]

분명 이것은 개인의 정체성을 형성하는 기도이자 공동체를 형성하는 기도였다.

세 유일신 종교에는 각각 이런 기도가 있다. 이슬람교의 중심 기도는 *Fatiha*(시작)라 부르는데, 이 기도에는 "우리를 바른 길로 인도하소서"라는 한 간구만이 들어 있다. 이 기도는 그 길을 이렇게 정의한다.

당신이 복 주신 자들의 길,

그 길은 당신이 진노하신 자들의 길도 아니요

타락한 자들의 길도 아닙니다.[2]

---

1) Joachim Jeremias, *The Lord's Prayer* (Philadelphia: Fortress, 1969), p. 16.
2) Arthur J. Arberry, *The Koran Interpreted* (New York: Macmillan, 1955), 1:29.

이슬람교의 바른 길은 이슬람 율법이 제시하는 길이다. *Fatiha*에 있는 이 단일 간구는 이슬람 율법이 이슬람교 전반에서 가지는 중요성과 조화를 이룬다.

유대교의 중심 기도에는 모두 열여덟 가지(결국은 열아홉 가지) 축도가 있다. 이 기도들은 기원전 4세기부터 하나로 묶이기 시작했으며, 기원후 100년경 가말리엘 2세 때에 이르러 "최종 편집"이 이루어졌다.[3] 이 기도는 모든 회당 예배에서 사용되었고 유대교의 정체성 형성에 대단히 중요한 부분이 되었다. 열여덟 가지 축도 중 열넷은 간구들을 담고 있다. 이 간구들을 요약하면 다음과 같다.

4. 우리에게 지식과 이해와 지혜를 주소서.
5. 우리를 당신의 토라로 다시 인도하시고, 우리를 당신을 섬기는 자리로 가까이 이끄시며, 우리가 돌아가게 하소서.
6. 우리를 용서하소서.
7. 우리의 고통을 살펴보시고, 우리 싸움을 싸우시며, 우리를 속히 구속하소서.
8. 우리의 모든 상처를 고쳐주소서.
9. 올해와 올해의 모든 수확에 복을 주소서.
10. 나팔을 불어 우리를 해방시키시고, 포로된 우리를 모으소서.
11. 우리의 재판관을 회복시키시고, 우리가 무죄함을 확증하소서.
12. 헐뜯는 자들에게 소망을 남겨두지 마시고, 당신의 모든 원수를 잘라 버리소서.
13. 장로와 서기관과 이스라엘 집과 의로운 개종자(이방신을 섬기다가 야웨 하나님을 섬기게 된 자)에게 자비를 베푸소서.

---

3) J. H. Hertz, *Daily Prayer Book* (1948; reprint, New York: Bloch, 1979), p. 131.

14. 예루살렘으로 돌아오시고 그곳을 속히 세우소서.
15. 다윗의 뿌리가 자라서 승리하고 구원을 가져오게 하소서.
16. 우리 기도를 들어주소서.
17. 당신 집 제단에서 당신께 다시 희생제사를 드리게 하소서.
18. 우리와 이스라엘의 모든 백성에게 평강과 행복과 복과 은혜와 사랑이 넘치는 호의와 자비를 베푸소서. 우리 아버지여, 우리에게, 정녕 우리 모든 이에게 복을 베푸소서.

이 기도 중 대다수가 예수 시대에 사용되었으며, 이런 이유로 이 기도들이 예수가 몸담고 계셨던 신학 세계를 이해하는 데 유용하다고 보는 것이 통설이다. 주기도와 이 기도 모음을 샅샅이 비교해보는 것은 이번 장의 범위를 넘어서지만, 몇 가지 관찰 결과는 도움이 될지도 모르겠다. 이 간구들에는 다음과 같은 것이 들어 있다.

- 예루살렘과 성전을 힘써 강조함(10, 11, 14, 17).
- 신성한 책이 무엇인지 밝히고, 이 책에 충성할 것을 강조함과 더불어 지식 및 이해를 달라고 간구함(4, 5).
- 공동체의 고난과 공동체가 이 고난에서 풀려나 회복될 필요가 있음을 강조함(7, 8, 11, 13, 15, 17).
- 용서를 간구하나, 이 용서를 다른 이들을 용서함과 연계하지 않음(5, 6).
- 농사력에 복을 베풀어주시길 기도함(9).
- 원수들을(ha-Minim) 공격해주시길 간청함(12).
- 자비를 베푸시고, 기도에 응답하시며, 평강과 행복을 주실 것을 간구함(16, 19).

훌륭하고 칭송할 만한 측면이 가득한 이 기도 모음은 예루살렘을 중심으로 한 특별한 민족 공동체를 위한 기도임이 분명하다. 그러나 예수는 이

기도 전통에서 시온주의 색깔을 없애신다.[4] 주기도는 예루살렘이나 성전을 언급하지 않는다. 제자들은 하나님 나라가 "땅에" 임하기를 기도하라는 가르침을 받았는데, 이는 온 땅에 사는 모든 사람의 관심사를 반영하고 있다. 주기도는 용서를 다른 사람을 용서함과 연계한다. 다른 사람을 공격해달라는 말도 없으며, 하나님께 그분의 백성이 겪는 고난을 살펴달라거나 이 백성을 대신하여 싸워달라고 간구하지도 않는다.

어느 시대나 혁신자는 과거 전통을 다루어야 한다. 과거 전통 중 어떤 것들은 없애지만, 다른 것들은 변함없이 인정한다. 그러나 이렇게 받아들일 때도 새 요소를 도입하여 고쳐놓는다. 예수도 예외가 아니다. 이제 예수가 없애신 것과 인정하신 것, 그리고 예수가 새 요소를 도입하여 고쳐놓으신 것에 주목하는 것이 그분이 꼼꼼하게 다듬어 펼쳐놓은 의도를 이해하는 데 도움이 된다. 이를 통해 우리는 "당신 간구" 중 첫 번째 간구에 이른다.

당신 이름이 거룩히 여김을 받으시며

예수는 "하늘에 계신 우리 아버지"라 기도하신 다음, "당신 이름이 거룩해지소서"라고 계속 기도하신다. 이 말은 역설을 보여준다. 하나님께 당신 이름이 거룩해지길 기도하는 것은 마치 "나무가 단단해졌으면"이라거나 "불이 뜨거워졌으면"이라고 말하는 것과 조금 비슷하다. 이미 나무는 단단하며 불도 뜨겁다. 하나님의 이름도 이미 지극히 거룩한 실체로서 존재한다. 다른 것들이야 부정할지 몰라도, 하나님의 이름은 거룩하다. 하지만 이런 하나님의 이름도 더러워질 수 있다.

---

4) 이 기도 시리즈 전체는 "보통 사람이 구하는 것(영혼과 물질의 요구)과 이스라엘 민족이 열망하는 것"이라는 이름으로 요약된다(R. J. Zwi Werblowsky and G. Wigoder, eds., *The Encyclopedia of the Jewish Religion* [New York: Adama Books, 1987], p. 27).

에스겔 36:16-23은 이스라엘이 피를 흘리고 우상을 숭배하여 그 땅을 더럽혔다고 말한다. 그리하여 하나님은 백성을 몰아내시는데, 그 과정에서 이방인/이방 민족이 보기에 하나님 자신의 거룩한 이름이 더럽혀지고 말았다. 이방인/이방 민족에게는 하나님이 너무 약하여 이스라엘 백성을 구할 힘이 없는 분으로 보였기 때문이다. 그림 8.1.이 보여주듯이, 이어서 하나님은 이렇게 선언하신다.

그러나 나는 내 거룩한 이름에 관심이 있었으니	**내 거룩한 이름**
이스라엘 집은 그들이 들어간 나라들 가운데서 그 이름을 더럽혔느니라.	이방인들 가운데서 더럽힘
"그러므로 이스라엘 집에 말하라. 주 하나님이 이같이 말씀하시나니 오 이스라엘 집아, 내가 이리 행함은 너희를 위함이 아니요 내 거룩한 이름을 위함이니	**너희를 위함이 아니요 내 거룩한 이름을 위함이라**
곧 너희가 들어간 나라들 가운데서 더럽힌 이름이라.	이방인들 가운데서 더럽힘
또 나는 내 큰 이름을 거룩하게 하리라."	**내 이름을 거룩히 하리라**

그림 8.1. 에스겔 36:21-23

위에서는 하나님이 자기 이름을 거룩하게 하신다는 개념이 나타난다. 에스겔 20:41-42도 이런 개념을 선명하게 요약하면서, "내가 여러 나라가 보는 가운데 너희 가운데서 내 거룩함을 나타내리라. 또 너희는 내가 너희를 이스라엘 땅으로 인도하여 들일 때에 내가 야훼임을 알리라"라고 말한다. 칼 쿤(Karl Kuhn)은 "하나님 바로 그분이 당신 이름이 거룩함을 실증해

보이신다"라고 썼다.[5] 그러므로 무엇보다 "당신 이름을 거룩하게 하다"라는 문구는 역사적 구원의 행위를 하심으로써 당신 자신의 이름을 거룩하게 하시는 하나님의 작품이다.

여기서 더 주목할 것이 있다. 이 **거룩하게 하다**라는 말이 수동태로 나타날 때는 당신 이름을 거룩케 하시는 분이 늘 하나님이라는 점이다. 구약성경을 보면, **거룩하게 하다**라는 동사를 수동태로 쓸 경우, 늘 하나님이 거룩하게 만드시는 행위자다. 그렇다면 주기도의 "당신 이름이 거룩해지소서"라는 문구도 "오 하나님, 우리는 당신이 당신 이름을 거룩하게 하시기를 간절히 원하나이다"라는 뜻이 된다. 결국 하나님이 하시는 이런 엄청난 일을 행할 수 있는 사람은 아무도 없다는 말이다! 그러나 이런 개념을 마음에 담고 살펴봐도 이 문구는 여전히 미스터리다. 여러 이유가 있으나, 이 문구에 하나님의 이름이 들어 있는 것도 한 이유다.

도대체 거룩해져야 할 하나님의 **이름**이란 무슨 의미일까? 가장 간단히 표현하면, 하나님의 이름은 그분께 다가가는 지점으로서 인간이 그분과 소통할 수 있는 곳이다. 이 개념은 고대 중동에서 나왔으며, 모세가 불타는 덤불 앞에서 한 말에도 이 개념이 나타난다(출 3:1-22). 하나님은 이 대목에서 그분 이름을 들어야겠다고 고집하는 모세에게 말씀하신다. 이 이야기를 볼 때, 모세가 하나님 이름을 몰랐다면 그분과 대화할 수 없었으리라고 추측할 수 있다. 아울러 하나님 이름은 하나님의 본질을 집약한 것이기도 하다. 하나님 이름을 아는 것은 그분이 인격체이시고 알 수 있는 분임(마 28:19)과, 계시가 늘 하나님의 행위임을 인정하는 것이다.

여기서 잠깐 다른 이야기를 해보자. 수동태 동사를 하나님과 연결해놓은 것을 "신적 수동태"라 부른다. 1세기 유대인들은 절대 필요한 때가 아

---

[5] Karl G. Kuhn, "ἅγιος," in *Theological Dictionary of the New Testament*, 10 vols., ed. Gerhard Kittel and Gerhard Friedrich, trans. Geoffrey W. Bromiley (Grand Rapids: Eerdmans, 1964-76), 1:90.

니면 하나님의 이름을 사용하지 않으려고 조심했다. 그들은 하나님의 거룩한 이름을 가벼이 사용하다간 그 이름을 "헛되이" 일컬어(출 20:7) 자기도 모르는 사이에 십계명을 깨뜨릴 수 있음을 깨달았다. 그들은 이런 일을 저지르지 않게 하나님의 이름을 발음하지 않고도 그분을 부를 수 있는 방법들을 만들어냈다. 유대인들은 성경을 읽을 때 하나님의 신성한 이름(*Yahweh*) 대신 *Adonay*(내 주)나 *Elohim*을 사용했으며, 이런 사용을 구속력 있는 규칙으로 여겼다. 때로는 완곡어인 "천사들"이나 심지어 "그 이름"을 같은 목적에 쓰기도 했다. 게다가 유대인들은 종종 이 문구를 그냥 수동태 문장에 넣어 쓸 때도 있었다.

　복음서에 있는 예수의 말씀에서는 신적 수동태의 사례가 200번 넘게 등장한다. 이것이 1세기 유대인인 예수의 말씀이 두드러지게 보여주는 특징들 중 하나다. 우리가 지금 살펴보는 주기도의 문장도 이런 신적 수동태 중 하나다. 하나님은 당신 이름을 거룩하게 만드시는 과정에 등장하는 유일한 행위 주체시다.[6]

　이는 하나님의 거룩하심과 하나님 백성의 거룩함 사이에 무슨 관계가 있는가라는 물음으로 이어진다. 하나님은 역사적 구원을 베푸시는 위대한 행위를 통해 당신 자신, 곧 당신의 거룩하심을 계시하는 행위를 하시며, 이런 행위는 당신 이름과 관련된다. 그리고 하나님 백성의 공동체는 이런 계시 행위를 본다. 이 계시 행위는 하나님의 백성에게 어떤 영향을 미치는가? 아니 과연 무슨 영향을 미쳤을까?

　하나님은 거룩하시므로 그분의 백성도 거룩해야 한다(신 7:6; 26:18). 하나님의 백성은 그분의 거룩하심을 보여주는 일들을 목격할 때면 그 거룩함을 이루고 지키라는 요구를 받는다. 하나님이 당신의 거룩하심을 내보이시며 당신 백성에게도 거룩함을 요구하는 위대한 행위가 가장 또렷이 펼쳐지는 곳 중 하나가 이사야가 성전에서 위대한 환상을 보는 장면이다

---

[6] Ibid., 1:91.

(사 6:1-10).

하나님은 당신의 거룩하심을 보여주심으로 당신 이름을 거룩하게 하신다. 예언자 이사야는 이사야 6:1-5에서 하나님이 성전에서 그 거룩하심을 위대한 환상으로 보여주신 일을 묘사한다. 그는 이 거룩한 곳에서 "높이 들린 보좌에 앉아 계신 주"를 본다. 그분 위에는 각기 여섯 날개를 가진 스랍들이 있다. 하늘에 있는 이 존재들은 그 얼굴과 발을 가리고 이렇게 외친다.

거룩하다! 거룩하다! 거룩하다! 만군의 야웨여,
온 땅이 그의 영광으로 가득하도다.

이사야는 자신이 부정한 입술을 가진 자로서 부정한 입술을 가진 사람들 사이에 거하는 존재임을 즉시 깨닫는다. 그는 하나님의 거룩하심에 가까이 다가가면서 이를 깨닫는다. 이사야가 자기 삶과 그 동포의 삶에 관해 알게 된 것과 하나님의 거룩하심을 보여주는 환상이 그에게 자신이 부정하다는 것을 일깨워주었다. 그러자 예언자는 이런 말로 대답한다.

내게 화로다! 이는 내가 망하게 되었기 때문이요,
이는 내가 입술이 부정한 사람이요,
또 내가 입술이 부정한 사람들 가운데 거하기 때문이요,
또 내 눈이 만군의 야웨이신
왕을 뵈었기 때문이다!(사 6:5)

이 말을 한 이사야는 자신을 정결케 하고 거룩하신 하나님께 나아갈 길을 열어줄 제사를 드리지 않는다. 도리어 이사야가 자신이 부정하다고 외치자, 하나님은 천사를 보내 제단에서 가져온 불타는 숯으로 이사야의 입술을 깨끗하게 하신다. 그런 다음 하나님은 이렇게 말씀하신다. "내가

누구를 보낼꼬? 또 누가 우리를 위해 갈꼬?" 그러자 이사야가 대답한다. "제가 여기 있습니다. 저를 보내소서." 이 본문은 다음과 같이 중요한 순서를 제시한다.

1. 이사야는 하나님이 당신의 거룩하심을 나타내심을 본다.
2. 이사야는 갑자기 자신에게 거룩함이 없음을 깨닫고 자신이 부정함을 고백하며 부르짖는다.
3. 하나님은 천사를 보내 제단에서 취한 불로 이사야를 정결케 하신다.
4. 이사야가 정결해진 뒤, 하나님은 "내가 누구를 보낼꼬?"라는 말씀으로 이사야에게 도전을 던지신다.
5. 정결해진 이사야 예언자는 "제가 여기 있습니다. 저를 보내소서"라고 대답한다.

주기도에서 신자는 "당신 이름이 거룩해지소서"라는 말로 하나님의 거룩하심이 나타나길 간구한다. 즉 예배자는 "하나님이 다시 그분의 거룩함을 나타내시길 기도합니다"라고 말한다. 이는 다시 이사야의 극적 체험에 참여하겠다는 의지를 표현한 것이다.

하지만 우리는, 에스겔서에서 보았듯이, 하나님이 역사 속에서 펼쳐 보이신 광대하고 능력 있는 구원 행위가 그분의 거룩하심을 드러낸 일들이라는 것 역시 안다. 아울러 이사야는 홀로 성전에서 하나님이 드러내신 거룩하심을 환상으로 보았다. 주기도 뒤편에는 이사야의 개별 체험과 에스겔서의 광대한 내러티브가 모두 자리해 있다.

이를 보면서 우리는 주기도 서두의 두 문언에서 분명하게 나타나는 예리한 대조를 곱씹어보게 된다. 예수는 첫 문언에서 하나님이 **우리를 사랑하시는** 아버지와 같다고 가르치신다. 그런가 하면 하나님은 **거룩하시며**, 이 거룩함은 **의로움**으로 번역되는 **정결함을 요구한다**. 그 거룩함이 나타날 때, 우리는 자신이 깨끗하지 않음을 깨닫는다. 실제로 이스라엘이 저지른 죄는 하나님의 거룩하심 자체를 더럽혔다.

그렇다면 사랑과 거룩함은 어떻게 하나가 될 수 있을까? 사랑은 우리를 하나님께 인도하지만, 거룩함은 이사야의 경우처럼 우리가 하나님으로부터 물러서게 한다.

사랑과 거룩함이 함께할 수 있는가?

사랑은 죄인을 용서하려 하지만, 거룩함은 의로움의 기준을 요구한다. 거룩함이 없는 자에게는 심판이 있을 수밖에 없다. 그런데 하나님은 어떻게 죄인을 다루실 때 사랑이시면서 동시에 거룩함이실 수 있을까? 예언자 호세아 이야기는 하나님의 본질이 지닌 이 두 측면 사이의 긴장을 설명하는 데 도움을 준다.

하나님은 호세아에게 고멜이라는 여자와 혼인하라고 말씀하신다. 고멜은 부도덕한 성향을 가진 이로 등장한다(호 1:2). 호세아는 고멜과 혼인하고 둘 사이에 세 자녀가 태어난다. 그러나 호세아는 둘째와 셋째 아이의 아비가 자신이 아님을 알아차린다. 곧이어 고멜은 호세아를 떠나 창녀가 된다. 아마도 바알 신전의 창녀가 되었던 것 같다. 시간이 흘러 고멜은 제사에 쓸모없는 창녀가 되고, 호세아는 팔려고 내놓은 고멜을 발견한다. 희한하게도 호세아는 고멜을 되산 뒤, 집으로 데려온다.

고멜과 다시 새 언약을 맺으려던 호세아는 **의**와 **정의**라는 위대한 원리가 그들의 관계를 지배해야 함을 깨닫는다. 고멜이 과거에 저지른 행위는 되풀이될 수도 없고 되풀이되어서도 안 된다. 그러나 정의는 부정한 성행위를 한 고멜을 돌로 쳐 죽일 것을 요구한다. 하지만 호세아는 고멜과 **사랑**과 **자비**로 충만한 관계, 과거를 잊고 새 삶을 시작하는 관계 속에서 살아가길 원한다. 호세아는 자신들에게 당장 필요한 것을 고멜에게 이렇게 말한다.

네가 나와 영원히 혼약을 맺게 하리니

네가 나와 의와 정의로, **견고한 사랑**으로, **자비**로

나와 혼약을 맺게 하리라(호 2:19; 베일리 강조).

고멜이 한 일을 생각할 때, 이 방정식의 두 변을 어떻게 모두 만족시킬 수 있을까? 호세아는 의와 정의를 강조하는 것인가, 사랑과 자비를 강조하는 것인가? 호세아는 자신의 사사로운 사연을 이야기한다. 이 사연에서 하나님과 그분의 백성 사이의 신성한 관계를 설명해줄 은유를 발견했기 때문이다. 호세아는 배신당한 사랑 때문에 큰 고통을 겪는다. 그는 그 과정에서 하나님이 제멋대로 행하는 당신 백성을 다루시며 겪으시는 극심한 고통을 발견한다. 쿤은 이렇게 쓰고 있다.

따라서 호세아서에서는 거룩함이라는 개념이 신성의 충만함을 뜻하는 그 자체 속에 사랑이라는 사상을 흡수한다. 이는 구약에서 다시 얻을 수 없는 통찰이다. 호세아는 자신의 행복이 산산이 부서지면서 사랑이 잃어버렸던 아내조차 구해낼 수 있을 정도로 결코 파괴할 수 없는 위력을 지녔음을 알게 되었다. 마찬가지로 야웨의 거룩하심 역시 야웨의 존재를 집약한 것이기에 죽인 것을 다시 살려내는 창조적 사랑을 함유할 수밖에 없다(참고. 호 6:1).[7]

하나님은 **거룩하신 사랑**이신데, **거룩하지 않은 본질**을 마주하신다. 하지만 하나님은 당신의 거룩하심 속에서 거룩하지 않은 본질에 사랑을 베푸신다. 쿤은 다시 이렇게 쓴다. "따라서 하나님과 사람의 다름은 거룩하지 않은 본질을 극복하는 바로 그 사랑에 있다."[8]

---

7) Ibid., 1:93.
8) Ibid.

예수 이야기에서 십자가는 이 극심한 고통에 더 완전한 해결책을 제시한다. 이 이야기에서는 정의가 섬김을 받고 궁극의 목표이면서도, 아무 조건 없는 사랑을 실증해 보인다.

요약: 주기도-하나님의 거룩하심

그렇다면 주기도의 이 첫째 간구로부터 추출해낼 수 있는 것은 무엇인가?

1. 많은 간구가 빠져 있다. 아브라함과 이삭과 야곱을 부르는 말, 땅이나 성전을 위한 기도, 원수를 향한 저주도 전혀 없다. 고난을 당하신 구주는 당신 제자들이 그들이 겪는 고난 때문에 머뭇거리길 원하지 않으신다. 하지만 이 첫째 간구는 악이라는 실재를 간과하지 않는다.
2. 하나님의 거룩하심은 그분이 누구이심을 나타내는 본질이요, 하나님의 이름은 그분이 인격체시요 우리가 그분을 알기를 몹시 원하신다는 것을 일러준다.
3. 하나님 백성의 불순종은 그분의 거룩한 이름을 더럽힐 수 있다.
4. 오직 하나님만이 당신 이름을 거룩하게 하는 행동을 하실 수 있다. 하나님은 역사 속에서 구원을 베푸신 권능 있는 행위를 통해 당신 이름을 거룩케 하신다(겔 36장).
5. 하나님이 거룩하시기에 하나님의 백성도 거룩해야 한다.
6. "그의 이름을 거룩하게 한다"는 말은 하나님이 "당신의 거룩하심을 실증해 보이신다"는 뜻이다. 에스겔은 이 드라마가 세계적 차원에서 펼쳐지리라고 예상했다. 이사야는 하나님의 거룩하심이 나타난 것을 본 증인이었으며, 이 거룩하심을 본 일은 이사야 개인의 삶에 영향을 미쳤다(사 6장). 주기도로 기도하는 예배자는 두 경우를 모두 갈망한다.
7. 이사야는 하나님의 거룩하심이 나타났음을 증언한다. 이렇게 나타

난 거룩하심은 고백과 정결케 함, 사명을 던지는 도전과 이에 대한 이사야의 반응을 포함한 과정을 낳는 원인이 되었다. "당신 이름이 거룩해지소서"라고 기도하는 사람은 모두 에스겔의 소망을 인정하면서 이사야의 체험을 하게 해달라고 간구하는 것이다.

8. 하나님의 거룩하심은 정결과 의를 요구한다. 정결하고 의로운 삶의 방식이 나타나지 않으면 하나님은 이를 묵과하시지 못한다. 동시에 하나님은 사랑이시며, *abba*(아버지)라는 그분의 칭호도 하나님의 사랑을 강조한다. 우리가 아는 하나님의 본질이 지닌 이 두 측면은 그분 백성의 삶이 보여주는 현실 때문에 하나님의 마음속에서 갈등을 빚는다. 호세아는 이런 문제를 이해했다. 예수의 십자가는 이 문제에 대한 근본 해답이다.

앞서 말했듯이, 고대 랍비들은 기도(*Tefillah*)를 올리기 전에 한 시간 내내 고요히 서 있었다고 한다. 그들처럼 우리도 하나님 앞에서 잠시 침묵하는 것이 이 심오한 말로 올려 드리는 기도를 잘 준비하는 방편일 수 있다.

9장

주기도: 하나님 나라와 우리 양식
마태복음 6:10-11

8장에서는 기도 서두에서 하나님을 부르는 말과 하나님께 그분의 이름이 거룩함을 보여달라고 간구하는 것을 간단히 살펴보았다. 9장에서는 둘째 간구와 셋째 간구에 초점을 맞춰보겠다. 그 둘은 다음과 같다.

임하시며-당신 나라가
이루어지이다-당신의 뜻이.

위의 거친 번역은 그리스어 본문에 담긴 셈어 어순을 그대로 보존하고 있다.[1] 이 간구에는 역사 철학이 담겨 있다. 의식하든 의식하지 못하든, 모든 역사가는 특정한 역사 철학을 마음에 품고 역사를 연구한다. 주목할 만한 역사 철학이 셋 있는데, 그중 둘이 예수 시대에 널리 퍼져 있었다.

---

1) 시리아어 역본과 아랍어 역본은 이 본문에서 같은 어순을 쓴다.

역사를 바라보는 세 가지 견해

1. 한 견해는 역사가 무의미하다고 선언한다. 이 견해는 하나님이라는 분이 계신다 해도 그 하나님은 시계를 만들고 태엽을 감은 뒤에는 그 태엽이 점점 풀어져 멈추도록 그냥 시계를 테이블 위에 내버려두는 시계 제조자와 같다고 말한다. 세계를 창조한 하나님이 존재할 수 있지만, 그 하나님은 자연이나 역사와 무관하다는 것이다. 태양은 점점 식고, 땅 위의 생명체는 마침내 끝을 맞는다. 인류 역사를 관통하는 온갖 투쟁은 무의미하다. 그 투쟁에 방향과 목적을 부여하는 메타내러티브가 전혀 존재하지 않기 때문이다. 셰익스피어의 『맥베스』는 이런 견해를 다음과 같이 표현한다.

> 우리가 지나온 어제들은 바보에게 흙에 묻힐 죽음으로 가는 길을 깨우쳐주었지. 꺼져라, 꺼져라, 잠깐 타는 촛불이여! 인생은 그저 지나가는 그림자일 뿐, 불쌍한 배우는 무대 위에 선 시간에는 뻐기고 안달복달하지만, 그 시간이 지나면 더 이상 아무도 그 말을 들어주지 않지. 그것은 바보가 떠드는 이야기야. 소음과 격정으로 가득한 이야기이지만 아무런 의미도 없지(『맥베스』, 5막 5장).

2. 두 번째 견해는 예수 시대에 그리스 철학이 주창한 견해다. 이 견해는 역사를 원을 그리며 움직이는 일련의 사건들로 이해한다. 전에 일어난 일은 앞으로 다시 일어난다. 수천 년이 걸릴 수도 있지만, 어쨌든 역사는 되풀이된다. 우리는 자기 삶을 살아내지만, 그건 다만 이미 세상이라는 무대에서 펼쳐졌었고 언젠가 다시 펼쳐질 옛 드라마를 재연하는 것에 불과하다. 우리의 삶은 "소음과 격정"이 가득할지 모르나, 따지고 보면 아무런 의미가 없다.

3. 신구약성경에서 묵시 문헌으로 알려져 있는 부분은 역사를 바라보는 세 번째 견해를 제시한다. 이 시각은 역사를 "주의 날"(암 5:18) 또는 "하나님 나라"(막 1:15)라는 과녁을 향해 날아가는 화살과 같다고 본다. 이 견

해는 역사에 방향과 의미가 있다고 본다. 신자들이 현세의 온갖 다툼에 휘말린 나머지 "큰 그림을 못 볼" 수 있지만, 그래도 큰 그림은 존재한다. 더욱이 개인이 특정한 사건에서 그런 목적을 발견하려고 무진 애를 쓰는 것은 적절치 않다. 일개 보병은 자기가 참여한 전투여도 그 큰 전투의 더 광대한 지평을 이해하지 못한다. 이 세 번째 역사관을 따르면, 사람들은 역사의 키를 쥐신 그분이 잠들지 않으셨음을 묵묵히 확신하면서 자기 삶을 살아낼 수 있다. 예수는 이 역사관을 토대로 제자들에게 "당신 나라가 임하시며"라고 기도할 것을 가르치신다. 이 소망에서는 일련의 역설을 발견할 수 있다.

하나님 나라가 지닌 세 가지 역설

사람들은 수 세기 동안 하나님 나라를 주제로 한 예수의 가르침을 폭넓게 토론해왔다.[2] 이 주제는 복잡하다. 예수의 가르침 속에 존재하는 세 가지 역설이 이 논의를 지배하기 때문이다. 이 세 가지 역설은 서로 다른 세 선로를 따라 나란히 움직이는 세 열차에 비유할 수 있다. 각 선로에는 두 레일이 있다. 만일 어떤 이가 두 레일 중 한 레일을 제거하거나 두 레일을 분리하려고 하거나 두 레일을 아예 합쳐놓으려고 한다면, 열차는 부서질 것이다. 각 열차는 두 레일의 균형을 조심스럽게 잘 맞춰놓았을 때 비로소 선로 위를 달릴 수 있다.

    1. 하나님 나라에 관한 첫 번째 역설은 **그 나라가 그리스도라는 인격체를 통해 이미 왔지만** 바로 그 나라가 **여전히 미래 속에 존재한다**는 것이다. 예수는 당신을 대적하는 자들에게 이렇게 말씀하신다. "내가 하나님

---

2) Werner G. Kümmel, *Promise and Fulfillment*, Studies in Biblical Theology 23 (Naperville: Alec R. Allenson, 1957); George E. Ladd, *Jesus and the Kingdom* (Waco, Tex.: Word, 1970).

의 손가락으로 말미암아 마귀들을 몰아내는 것이면, 하나님 나라가 너희에게 임하였느니라"(눅 11:20). 이 본문은 하나님 나라가 이미 여기에 있다고 강조한다. 동시에 우리는 주기도에서 "당신 나라가 임하시며"라고 기도하라는 말씀을 듣는다. 이는 아직 일어나지 않은 미래 일을 내다보는 간구다. 따라서 하나님 나라는 "지금"(이미)이자 "아직 아니"다.

2. 두 번째 역설은 하나님 나라가 **가까이** 있으나 아직도 **멀리 떨어져** 있다고 강조한다. 신약성경 저자들은 만물의 마지막이 **가깝다**는 확신을 종종 표현한다(벧전 4:7; 고전 7:29; 10:11; 롬 13:12). 아울러 예수는 마지막 예루살렘 여행 때 삭개오의 집에 들어가 잔치 자리에 함께하신 동안에 삭개오에게 "오늘 구원이 이 집에 임하였으니 그도 역시 아브라함의 자손이다"(눅 19:9)라고 말씀하셨다. **오늘 구원이 이르렀다**는 말은 제자들이 역사의 마지막이 임박했다는 생각을 하게 만들었다. 이어지는 본문이 이렇게 말하기 때문이다.

"그들이 이 일을 들었을 때 그가 계속하여 비유를 말씀하셨으니, 이는 그가 예루살렘에 가까이 오셨고, 또 그들이 하나님 나라가 금세 나타나리라고 생각했기 때문이라"(눅 19:11).

이어 예수는 자기 종들을 불러 모은 다음 각 종에게 일정한 금액을 주고 일할 것을 명한 한 사람을 비유로 말씀하신다. 예수가 이 이야기를 말씀하심은 하나님 나라가 여전히 언제인지 모르는 미래에 임하리라는 것과 그때까지 그들이 맡은 책임을 완수해야 한다는 것을 확실히 해두시려는 것임이 분명하다. 하나님 나라는 **가까이** 있으면서도 **멀리 떨어져** 있다.

3. 세 번째 역설은 예수가 누가복음 21:5-36에서 하나님 나라가 임할 때 나타날 징조들을 묘사하신 다음, 정작 당신 제자들에게는 "오직 아버지만이" 그 신비를 아신다(마 24:36)는 이유로 그들이 그 나라가 임할 때를 단정하기는 불가능하다고 말씀하신다는 것이다. 예수와 천사들에게는 이 비밀들이 주어지지 않았다(막 13:32). 그 징조들이 제자들에게 주어졌지만, 이들은 그것들을 이해하지 못한다는 말을 듣는다. 하나님 나라가 임할 때는

알려져 있지도 않고 알 수도 없지만, 그 나라가 임할 때 나타날 징조들은 여기에 있다!

모든 세기마다 일부 신자들은 자신들이 마지막 날에 살고 있다고 굳게 확신했다. 이런 태도는 일찍이 베드로후서 3:3-10에서 나타난다. 그리스도인들은 시대를 불문하고 언제나 소망을 품고 살라는 격려를 받음과 동시에 만물의 마지막 때와 관련해서 아버지 하나님의 마음을 지레 짐작으로 읽어내지 말라는 당부를 받는다.

자명한 말이지만, 역설은 논리상 양립할 수 없는 두 반대 개념을 담은 진리를 강조한다. 이런 진리는 역설의 양면 중 어느 한쪽보다도 더 크다. 요컨대 하나님 나라는 역사에 목적과 방향을 제공한다. 신약성경은 하나님 나라가 **이미 왔으나** 아직 **미래에** 있다고 강조한다. 그 나라는 **금세 임하겠지만** 여전히 **멀리 떨어져** 있다. **징조들이** 있지만, 그 나라가 완성될 때는 우리에게 **알려져 있지 않으며** 우리가 알 수도 없다.

우리는 역사라는 배가 심지어 우리가 파괴와 공포와 비극의 와중에서 살아갈 때도 하나님이 뜻하시는 방향으로 움직인다는 것을 조용히 확신하며 강조할 수 있다. 우리는 그 나라가 임하도록 힘써 준비하면서 믿음과 확신을 품고 "당신의 나라가 임하시며"라고 기도할 수 있다. 그렇다면 이 나라의 본질은 무엇인가?

하나님 나라에 관한 네 가지 고전적 이해

예로부터 하나님 나라의 본질을 이해하는 방식에는 적어도 네 가지가 있다. 첫 번째 견해는 **종말론적** 이해다. 이 견해는 역사의 마지막에 하나님 나라가 선물로 주어진다는 점에 초점을 맞춘다. 두 번째 견해는 **신비주의적** 이해다. 여기서는 하나님 나라가 신자들의 마음속에 있다고 본다. 하나님 나라에 들어간다는 것은 예수의 제자가 되어 그의 뜻을 분별하고 그 뜻을 따르려고 노력하는 것과 같다. 이 견해는 보통 하나님 나라를 하늘에 있는 것으로 보며, 그리스도인의 삶을 주로(혹은 오로지) 그 하늘나라에 들어가려는 준비로 본다. 세 번째 견해는 **정치적** 이해다. 이 견해는 하나님 나라를 특정한 제국 속에서 발견한다(동방의 비잔티움이나 서방의 신성 로마 제국). 네 번째이자 마지막 견해는 하나님 나라와 **교회 제도**를 동일시한다. 베네딕트 비비아노(Benedict Viviano)는 이 견해가 4세기 아우구스티누스로부터 20세기 중엽에 이르기까지 서방 가톨릭교회에서 하나님 나라에 관한 주된 견해였다고 강조한다.[3] 이 네 견해는 각각 진리의 일부만을 담고 있을 뿐이다.

하나님 나라가 역사의 마지막에 이르러 그분의 선물로 주어지며 완성되리라고 강조하는 이들은 이 주제를 다룬 신약성경의 가르침을 성실히 반영한다. 하나님 나라는 하늘로 가는 신자들의 마음속에 자리해 있다고 보는 이들은 성경이 또 다른 각도에서 이 주제를 증언한 내용을 충실히 따른다. 하나님 나라는 제도권 교회보다 더 크지만, 건강한 교회는 사람들의 마음을 준비시켜 하나님 나라라는 선물을 받아들이게 하는 데 중요한 역할을 한다. 콘스탄티누스는 하나님 나라와 그의 제국을 동일시했지만, 그의 생각은 옳지 않았다. 그러나 하나님 나라는 이 세상과 관련이 있기 때문에, 평화와 정의와 환경과 다른 많은 일들이 하나님 나라 강령의 중심을 이룬다.

요컨대 하나님 나라는 예수가 말씀하시고 행하셨던 모든 것을 포함한다. 그가 말씀하신 각 비유는 하나님 나라의 이런 저런 측면을 제시한다. 하나님 나라는 여러 윤리 패턴을 수립했다. 하나님 나라는 어린이처럼 다가가야 할 나라요, 부자는 들어가기 힘든 나라다. 그 나라의 큰 명령은 하나님을 사랑하고 이웃을 사랑하라는 것이다. 성찬도 하나님 나라와 관련이 있으며, 예수가 설교에서 중점을 두신 것도 하나님 나라다. 우리는 소

---

3) Benedict Viviano, *The Kingdom of God in History* (Wilmington, Del.: Michael Glazier, 1988), pp. 30-31.

망을 품고 미래를 내다보면서 우리 마음속에 그리고 우리 사회 속에 하나님 나라의 복을 받아들이려고 노력해야 한다.

비비아노는 이렇게 썼다.

> 하나님 나라는 그분이 표적과 소망과 순간의 황홀경을 통해, 그리고 특히 예수 바로 그분의 사역을 통해 이미 존재하는 역사 속으로 새롭게 뚫고 들어오심이지만, 그 완성은 아직 이르지 않았다. 이런 하나님의 행위는 개별적 성격을 띠기보다 사회적 성격을 띨 것이며, 정치면에서는 정의와 평화로 즉시 나타날 것이다. 아울러 하나님 나라는 하나님의 성령이 이 나라에 들어오는 자들에게 새롭고 더 크게 부어지는 일을 포함할 것이다.[4]

하나님께 그분의 거룩하심을 실증해 보이시라는 간구처럼, 하나님 나라가 임하기를 바라는 이 간구도 온 세계를 아우르는 메타내러티브와 관련이 있다. 이 기도를 하는 신실한 자들은 단순히 그들 자신에게 필요한 것만을 기도하며 자기 내부만 바라보는 집단이 아니다. 주기도의 이 대목은 예배자의 시야를 넓혀 개인과 공동체의 필요를 뛰어넘는 것을 보게 하고 인류 역사를 관통하여 세계를 꿰뚫어보는 시각을 얻게 해준다.

하나님의 뜻이 이루어지길 바라는 간구

예수는 이제 셋째 간구를 말씀하시며 제자들에게 "당신의 뜻이 이루어지이다"라고 기도하라고 이르신다. 그렇다면 하나님의 뜻은 무엇인가? 단순하게 이야기하면 하나님의 뜻은 당신의 모든 백성이 안녕하기를 원하는 바람이다. 하나님은 거룩한 사랑이기에 그런 안녕을 원하신다. 여기가 이 간구에 담긴 심오한 미스터리가 드러나는 곳이다.

---

4) Ibid., p. 149.

하나님이 하나님이시고 그분의 본질이 거룩한 사랑이라면, 그분이 원하시는 것은 분명 일어날 것이다. 중동에는 여전히 전통대로 군림하는 왕이 셋 있다. 이 세 왕은 각각 요르단과 사우디아라비아와 모로코를 다스린다. 사우디아라비아인들은 안타까운 심정으로 "오늘 왕의 종들이 왕께 순종하기를 바랍니다"라는 말을 할 필요가 없다. 그가 왕이라는 이유 때문에 종들은 왕이 바라는 것을 행한다.

이 땅의 왕도 이러할진대, 하물며 하늘에 계신 왕이야 어떠하겠는가? 이루어지지 않은 하나님의 뜻이 있는가? 하나님의 통치는 하나님의 뜻을 행하는 것이다. 만일 하나님이 역사를 주관하시는 분이 아니라면, 인간의 운명이라는 배를 조종할 키를 쥔 이는 아무도 없다. 그렇다면 맥베스가 옳은 셈이다.

그러기에 우리는 아직도 "당신의 뜻이 이루어지이다"라고 기도한다. 우리는 이렇게 기도함으로써 하나님의 뜻이 이루어지길 갈망하는 것으로 보인다. 우리는 이렇게 하나님의 뜻을 갈구하면서도, 우리 인간이 자유롭게 인생의 방향을 결정하고 우리가 행한 일에 따른 책임을 받아들여야 한다는 가설에 무심코 귀를 기울인다. 하지만 동시에 우리는 하나님의 거룩한 뜻을 좇아 살아가려고 애쓴다. 우리는 이런 간구를 하면서 주기도에서 또 다른 역설을 발견한다. 한편으로, 우리는 하나님이 역사를 이끄심을 인정한다. 다른 한편으로, 우리는 인간에게 자유가 있고 책임이 있다고 생각한다. 우리는 이 역설과 평화롭게 지낼 수는 있으나 이 역설을 풀지는 못한다. 우리는 하나님의 주권을 강조하는 동시에 인간의 자유와 책임을 강조해야 한다. 이 역설의 양면 중 어느 한쪽을 무시하거나 거부하는 것은 주기도는 물론이요 성경 전체의 기본 신학과 충돌한다. 다시 열차의 이미지로 돌아가 보자. 어느 한쪽 레일을 움직이거나 제거하면 열차는 부서지고 말 것이다. 우리는 이 기도에서 하나님의 주권(하나님께 어떤 뜻이 있다)과 우리의 자유(우리가 그 뜻을 거스를 수 있기에 그 뜻이 이루어지길 갈망하며 기도한다)를 인정한다. 우리는 삶을 긍정하는 이 두 실재 사이에 존재하는 창조적 긴장 속에서 매일매일 삶을 살아간다.

　이 창조적 긴장을 분명하게 설명해주는 것이 **"하늘에서 이루어진 것처럼 땅에서도"**라는 문구다. 하늘에서는 하나님의 뜻이 큰 강처럼 흐르며, 이 강에는 전진을 가로막을 장벽이 전혀 없다. 하지만 땅에서는 죄가 당신의 모든 백성이 복을 누리길 바라시는 하나님의 소망이 흐르는 것을 방해한다. 이런 소망은 하나님의 완전한 뜻이다. 우리는 하늘에서 하나님의 완전한 뜻을 누림과 같이 여기 땅에서도 그 뜻을 누릴 수 있기를 간구하며 기도한다.

　"하늘에서 이루어진 것처럼 땅에서도"라는 한정 문구는 대단히 중요한데도 사람들은 종종 이를 잊어버린다. 이 문구는 예수의 제자들에게 땅 및 땅에서 일어나는 일과 이 땅에서 살아가는 사람들에게 일어나는 일에 관심을 기울여야 할 의무를 지운다. 기독교 신앙은 단순히 육신을 벗은 영혼이 내세에서 살아갈 일을 준비하는 방법론이 아니다. 유명한 성탄 캐롤 "그 어린 주 예수"(Away in a Manger)에는 이런 가사가 들어 있다.

　　주 예수여, 가까이 오사 머무시길 청하옵나니
　　영원히 내 곁에 계시며 나를 사랑해주옵소서.
　　사랑하는 모든 자녀를 복주시고 살펴주시며
　　하늘에 적합한 자로 만드사 당신과 거기 살게 하소서
　　(Be near me, Lord Jesus; I ask Thee to stay
　　Close by me forever, and love me, I pray;
　　Bless all the dear children in Thy tender care,
　　And fit us for heaven to live with Thee there).[5]

　드러내놓고 말하진 않지만 이 가사는 기독교 신앙의 (유일한?) 목적이

---

5) "Away in a Manger." Verses 1-2, anonymous. Verse three, John McFarland (1851-1913).

"우리를 하늘에 적합한 자로 만드는 것"이라고 가정한다. 생태 환경, 사람들과 국가들 사이의 평화, 경제 정의, 인종 평등, 난민들과 땅에 대한 권리는 모두 정치 문제이며 **이 세상**과 관련이 있기 때문에 기독교 신앙의 관심사에서 벗어난 일로 여긴다. 그러나 우리가 "당신의 나라가 임하시며, 당신의 뜻 **땅에서도** 이루어지이다"라고 기도한다면, 그런 태도는 옳지 않다. 사람들은 예수가 하신 말씀인 "내 나라는 이 세상에 속하지 않았다"를 자주 인용하곤 하는데, 이 말씀은 "내 나라는 이 세상**으로부터** 나오지 않았다. 내 나라가 이 세상**으로부터** 나왔다면, 내 제자들이 싸우리라"(요 18:36, 베일리 강조)로 번역하는 것이 더 낫다. 하나님 나라의 기원과 그 내부의 역동성은 이 세상 문화와 정치로부터 나오지 않는다. 그러나 하나님 나라는 이 땅에 있기 때문에, 이 땅과 여기서 살아가는 사람들에게 일어나는 모든 일에 깊은 관심이 있다. 물론 우리는 여기에 거처가 없으므로(히 13:14) 이 땅의 장소와 나라를 결코 절대시하지 않는다.

이로써 세 가지 "당신 간구"를 간략히 살펴보았다. 이제 우리는 세 가지 "우리 간구" 가운데 첫 번째 간구인 네 번째 간구를 살펴보겠다.

네 번째 간구

우리는 네 번째 간구에서 이렇게 기도한다.

> 오늘 우리에게 일용할 양식(빵)을 주옵소서.

이 기도는 주기도 중심부에서 등장한다. 유대인들이 매일 올리는 열여덟 개 기도의 중간 부분에는 하나님이 농사력에 복을 베풀어주시길 비는 간구가 있다.[6] 빵은 중동인들의 기본 음식이다. 성경에서는 이 빵이 우리

---

6) 아홉 번째 기도, *Birkat ha-Shanim*(그 해 수확이 풍성하기를 비는 간구).

가 먹는 모든 음식을 상징한다.

그러나 "**일용할**"이라는 말에는 한 가지 문제가 있다. 예로부터 영어에서는 이를 "**오늘** 우리에게 **일용할**(매일 먹는) 양식을 주옵소서"(Give us this day our daily bread)로 번역한다. 오늘이라는 문구는 분명하다. 우리는 내년이나 우리가 퇴직한 뒤에 먹을 양식을 구하지 않고 "오늘" 먹을 양식을 구한다. 문제는 *epiousios*라는 그리스어다. 영역 성경들은 여러 세기 동안 이 말을 "일용할"로 번역해왔다. 문제는 이 특별한 단어가 그리스어로 쓴 다른 글에서는 전혀 등장하지 않는다는 것이다.[7] 3세기 초 그리스의 유명한 학자 오리게네스(Origen)는 그리스인들이 이 말을 사용하는 것도, 개인이 사사로이 이 말을 쓰는 것도 보지 못했다고 기록했다. 그는 틀림없이 복음서 저자들이 이 말을 만들어냈을 것이라고 결론지었다.[8]

어떤 언어에서 한 단어의 의미를 발견할 수 있는 유일한 방법은 사람들이 그 말을 어떻게 쓰는지 살펴보는 것이다. 그러나 어떤 특별한 단어가 그 언어의 역사를 통틀어 단 한 번만 등장한다면 번역자는 문제에 부닥친다. 어린아이는 종종 자신만이 의미를 아는 말을 만들어내곤 한다. 우리 집 아이도 아주 어렸을 때 tonkleach라는 말을 만들어냈다. 내가 만일 어느 문장에서 이 tonkleach를 쓴다면, 그 의미를 이해하는 독자가 과연 있을까? 주기도의 *epiousios*라는 말에도 이런 문제가 있다.

3세기에 오리게네스가 이 말이 무슨 의미인지 몰랐다면, 21세기를 사는 우리가 이를 알 가망이 있겠는가? 오리게네스가 이집트 알렉산드리아에 살았다는 것을 기억해두기 바란다. 당시 알렉산드리아는 고대 그리스 세계의 학문의 위대한 두 중심지 중 하나였다. 그렇다면 이 문제는 해결할 길이 없는가?

---

7) W. D. Davies and D. C. Allison Jr., *The Gospel According to Saint Matthew* (New York: T & T Clark, 1988), 1:607.
8) Origen, *De Oratione* 27.7.

유일한 출구는 초기의 여러 그리스도인 공동체에 몸담고 있던 주석가와 설교자와 번역가들이 이 말을 어떻게 이해했는지 살펴보는 것이다. 어쩌면 그들 중에는 *epiousios*의 의미가 그리스어로부터 증발하기 전에 이미 그것을 포착한 이들이 있었을지도 모른다. 초기 교부들은 수수께끼인 이 말의 의미를 다음과 같이 크게 두 방향의 대안으로 해결했다.

해결책 1: 우선 기독교 초기의 몇몇 저술가들은 이 말이 **시간을 가리킨다**고 생각했다. 그렇다면 그 시간은 무슨 종류인가?

견해 1a: 종종 *epiousios*는 **오늘**을 가리킨다고 해석되었다. 영역 성경은 이런 이해를 따라 "오늘 우리에게 일용할 양식을 주옵소서"라는 유명한 본문을 만들어냈다. 4세기 예루살렘의 키릴로스(Cyril of Jerusalem)와 다른 많은 이들이 이 견해를 지지했다.

견해 1b: 초기의 다른 교부들은 이렇게 말했다. "맞다. *epiousios*는 시간과 관련이 있다. 그러나 이 말은 **오늘**이 아니라 **내일**을 가리킨다." 그들은 이 본문을 "오늘 우리에게 **내일** 먹을 양식을 주옵소서"로 번역한다. 5세기 초 서방 교회 신학자인 히에로니무스는 자신에게 히브리어로 쓴 "히브리복음"이 있는데, 여기에는 "우리에게 내일 우리가 먹을 양식을 주옵소서"로 되어 있다고 주장했다.

내일 먹을 양식은 광야에서 먹은 만나를 떠올려주며, 우리가 역사의 마지막에 모든 신자와 더불어 참여하리라고 약속받은 큰 잔치에서 메시아와 함께 먹을 양식을 의미하게 되었다.[9] 이 잔치는 보통 "마지막 때 있을 메시아의 잔치"라 불린다. 이런 해석을 따르면서, 내일 먹을 양식은 성찬 때 먹는 빵이 되었다.

해결책 2: 다른 초기 교부들은 *epiousios*가 **시간과 무관**하다고 주장했다. 이 기도의 한 문구에서 시간을 굳이 두 번이나 언급해야 할 이유가 있을까? 그들은 이 말이 **양식의 양**을 가리킨다고 이해했다. 그리하여 이

---

9) Davies, *The Gospel According to Saint Matthew*, 1:608.

논의는 우리가 **얼마나 많은** 양식을 간구해야 하는가라는 문제에 초점을 맞추게 되었다. 여기서도 두 가지 관점이 표명되었다. 어떤 이들은 신자들이 **살아남는 데 필요한 만큼만**, 즉 **생존할** 양식만 간구해야 한다고 주장했다. 아랍어를 사용하는 중동의 그리스도인들은 오늘날 주기도로 기도할 때 대부분 이렇게 기도한다. 자신이 *epiousios*의 의미를 모른다고 인정했던 오리게네스도 이 이해를 따랐다. 4세기 안디옥의 위대한 설교자였던 그리스인 크리소스토모스(Chrysostom)도 오리게네스와 의견을 같이 했다.

중동의 시리아 교회는 *epiousios*가 양식의 양과 관련된다는 데는 동의했지만, "우리가 생존하는 데 필요한 만큼만"은 너무 거친 해석이라고 보았다. 그들은 이 번역을 더 부드럽게 다듬어 "우리에게 필요한 양식"으로 옮겼다. 잘 산다고 느끼려면 찬장에 큰 빵 덩어리 하나는 있어야지, 식탁에 달랑 한 조각 있는 것으로는 부족할 것이다. 이런 견해는 4세기의 시리아어 복음서 역본인 페쉬타에서 볼 수 있다.

이제 우리는 아무 해결책이 없는 상태로부터 네 가지 해결책으로 옮겨갔다. 이 네 가지는 다음과 같이 요약할 수 있다.

*epiousios*는 이런 의미다.

1. 오늘 먹을 양식(시간)
2. 내일 먹을 양식(시간)
3. 더도 말고 우리가 생존하는 데 딱 필요한 만큼의 양식(양)
4. 우리에게 필요한 양식(양)

교회사 초기 몇 세기를 살펴보면 이 네 견해를 각각 다 발견할 수 있다. 이들 가운데 하나를 고른다면 무엇을 근거로 해야 할까?

이 딜레마를 해결할 수 있는 한 가지 방법은 이런 질문을 해보는 것이다. 이 네 가능성을 모두 낳을 수 있는 개념이나 해석이 있을까? 교회사 초기 몇 세기 동안의 교회가 이 네 견해가 흘러나올 수 있는 신학적 출발점을 제공했을까? 만일 그렇다면, 그것은 무엇이며 어디에서 찾을 수 있을까?

나는 이런 출발점이 있으며 그 지점은 2세기의 구약성경 시리아어 역본에 등장한다고 확신한다.[10] 이 역본은 더 이상 사용되지 않는다. 후대 시리아 공동체가 널리 알려진 새 역본인 페쉬타를 펴냈기 때문이다. 소위 고(古)시리아어는 시들어가다가 19세기에 자취를 감췄는데, 이 19세기에 고시리아어로 쓴 두 사본이 발견되었다. 하나는 시내 산 성 캐서린 수도원에 남아 있고, 다른 하나는 영국 박물관(British Museum)에 있다. 고시리아어 복음서 역본은 그리스어 신약성경을 다른 언어로 옮긴 역본 가운데 가장 오래된 역본일 것이다.

물론 예수는 아람어로 말씀하셨지만, 시리아어는 아람어와 아주 가까운 언어다. 시리아어를 사용하는 그리스도인들은 복음서를 시리아어로 번역함으로써, 예수의 말씀을 그리스어로부터 받아들였음에도 다시 이 말씀을 예수가 본디 사용했던 아람어와 아주 가까운 언어로 되돌려놓았다. 아람어와 시리아어는 대다수 단어가 똑같은데, 주기도의 고시리아어 번역문은 이러하다. *Lahmo ameno diyomo hab lan*(직역하면 "오늘 우리에게 영원한 빵을 주소서").

*lahmo*는 "빵"을 뜻한다. *ameno*는 *amen*과 어원이 같지만, 시리아어의 *ameno*는 "계속되는, 끊이지 않는, 끝나지 않는 혹은 영원한"을 뜻하는 형용사다.[11] 따라서 이 2세기 고시리아어 번역문은 "오늘 우리에게 떨어지

---

10) F. C. Burkitt, *Evangelion Da-Mepharreshe (The Curetonian Version of the Four Gospels, with the readings of the Sinai Palimpsest and the Early Syriac Patristic Evidence Edited, Collected and Arranged by F. Crawford Burkitt)*, 2 vols. (Cambridge: Cambridge University Press, 1904), 1:30-31.

11) J. Payne Smith, ed., *A Compendious Syriac Dictionary* (Oxford: Clarendon, 1990), p. 19.

지 않는 빵을 주소서"를 뜻한다. 이것이 수수께끼인 그리스어 *epiousios*를 풀 실마리를 제공해줄까? 나는 그렇다고 생각한다.

인간이 가장 두려워하는 것 가운데 하나가 경제적 궁핍이다. 우리가 넉넉해질까? 지금은 근근이라도 살아가는데 미래에는 어떨까? 실직하면 어떻게 될까? 아이들이 아프면 어떻게 될까? 일을 할 수 없을 때는 어떻게 될까? 앞으로 어떻게 살아남아야 하나? 인간의 영혼이 겪는 가장 크고 깊은 충격을 주는 두려움 가운데 하나가 먹을 것이 충분하지 않을까봐 두려워하는 것이다.

어쩌면 예수는 주기도에서 제자들에게 이런 두려움으로부터 풀려나기를 기도하라고 가르치시는지도 모른다. 양식이 끊이지 않기를 기도하는 것은 빈곤해질까봐 두려워하는 실존의 고뇌로부터 구원받기를 기도하는 것이다. 예수가 지금 제자들에게 "오늘 우리에게 떨어지지 않는 양식을 주소서"라고 가르치시는 것이라면, 이 양식에는 오늘 일용할 양식도 들어 있는가? 들어 있다. 그 양식에는 내일 먹을 양식도 들어 있는가? 당연히 들어 있다. 그 양식은 우리가 생존하는 데 충분할까? 그럴 것이다. 양식이 우리가 생존하는 데 딱 필요한 것보다 조금 더 많으면 어떤가? "떨어지지 않는 양식"에는 "우리에게 필요한 양식"도 들어가는가? 그런 의미도 담겨 있다. 우리가 하나님께 떨어지지 않는 양식을 주시라고 간구한다는 생각에는 초기 교회에서 발견할 수 있는 네 가지 견해가 모두 담겨 있다.

먹을 것이 충분하지 않으리라는 두려움은 현재 잘 살고 있다는 느낌을 파괴할 수 있으며 미래를 향한 소망을 좀먹을 수 있다. 나는 고시리아어 역본이 옳다고 확신한다. 또 예수가 제자들에게 가르치신 주기도의 핵심에는 "오 주여, 우리를 먹을 것이 부족할까 두려워함으로부터 구해주소서. 우리에게 오늘 먹을 양식을 주시고 내일도 충분한 양식을 먹으리라는 확신을 주옵소서"라는 의미를 가진 기도가 자리해 있다고 확신한다.

이외에도 이 간구에는 다음과 같이 더 많은 보화가 들어 있다.

1. 우리는 이 간구에서 케이크가 아니라 빵을 구한다. 이런 기도를 올리는 사람들 속에는 소비만능주의와 **맘몬**의 나라가 들어설 자리가 없다. 우리는 생명을 유지할 것을 구할 뿐이지, 그보다 더 많은 것은 일체 구하지 않는다.

2. 우리는 **내가 먹을 양식이 아니라 우리가 먹을 양식을** 구한다. 테레사 수녀는 캘커타에서 일하는 동안 일어났던 한 사건을 이렇게 기록하고 있다.

> 나는 한 노신사가 우리 집에 찾아와 여덟 아이가 딸린 집이 있는데 그 집에 먹을 것이 없으니 뭔가 도와줄 수 없겠냐고 말했던 그날 밤을 결코 잊지 않을 것이다. 이야기를 듣고 나는 쌀을 좀 챙겨 그 집으로 갔다. 그 집 엄마는 내 손에서 쌀을 받아 그것을 둘로 나눈 다음, 밖으로 나갔다. 나는 배고픈 기색이 역력한 어린 자녀들의 얼굴을 볼 수 있었다. 아이들 엄마가 돌아오자, 나는 어디 갔다 왔는지 물어보았다. 아이들 엄마는 아주 짧게 대답했다. "그들도 배가 고파요." "그들"은 이웃집 식구였으며, 엄마는 이웃집 식구도 배가 고픔을 알았다. 나는 그녀가 이웃에게 쌀을 주었다는 사실 때문이 아니라 그녀가 그 이웃도 배가 고픔을 알았다는 것에 놀랐다.…나는 차마 이 가족이 얼마나 오랫동안 굶주렸는지 물을 엄두가 나지 않았다. 그러나 필시 오래 굶주렸을 것이다. 하지만 이 엄마는 자신이 고통을 겪는 중에도, 그 몸이 심히 고통을 겪는 중에도 이웃집 역시 굶주린다는 것을 알았다.[12]

여덟 자식이 있는 이 여인은 주기도를 몰랐을 수도 있다. 그러나 심지어 자기 자식이 주릴 때조차도 "내 쌀"이 아니라 "우리 쌀"만이 있었다. "우리 양식"을 바라는 기도에는 이웃도 들어 있다. 주기도는 "우리 아버지"에

---

[12] Mother Teresa, *The Joy of Living*, comp. J. Chaliha and E. Le Joly (New York: Viking/Penguin, 1997), pp. 337-38.

게 "우리 양식"을 구하는 기도다.

　3. 양식은 **선물**이다. 이 기도로 기도하는 사람은 **모든 양식이 우리에게 선물로 주어진다는** 것을 인정한다. 양식은 권리가 아니며 우리가 그 양식을 만들어내지도 않았다. 이런 선물은 그 선물을 주시는 분을 위해 쓰도록 맡겨진 것이다. 소유한 모든 물질은 그 소유주, 곧 물질 자체를 지으신 하나님으로부터 빌려온 것이다. 이렇게 물질세계를 바라보는 시각은 복음서가 권면하는 복된 삶에 필수 불가결하다.

요약: 주기도-하나님 나라와 우리 양식

주기도에는 많은 비밀이 담겨 있다. 우리가 세 번째 간구와 네 번째 간구로부터 배운 것은 무엇인가?

1. 하나님 나라는 역사의 목적과 방향을 인정함으로써 거기에 의미를 부여한다. 통제할 수 없는 급격한 변화와 인간이 겪는 고난과 비극에도 불구하고, 신자들은 당신 나라를 임하게 하시는 하나님을 변함없이 신뢰한다.
2. 하나님 나라는 "이미 임했으나 아직 아니"다. 그 나라는 "가까이 있으나 멀리 떨어져 있다." 하나님 나라가 임함에는 징조들이 있으나, 이 징조들과 우리 주변의 사건들을 연계할 수는 없다. 예수가 모르시는 일은 우리도 모른다.
3. 하나님 나라에는 적어도 네 가지 요소가 있다. 하나님 나라는 역사의 마지막에 주어지는 하나님의 선물이요, 신자들의 일상생활을 이루는 한 부분이다. 교회는 하나님 나라에 중요하며, 평화와 정의와 생태와 인종 평등 같은 인간의 굵직한 문제들은 그 나라가 추구하는 목적의 중심을 이룬다.
4. 하나님의 완전한 뜻은 모든 사람이 복을 누리는 것이다. 하나님은

만유 위에 계신 주권자이시다. 동시에 모든 사람은 자유롭게 행하면서 그 행위에 책임을 진다. "당신의 뜻이 이루어지소서"는 이 두 큰 실재가 적절한 긴장을 유지하게 한다.

5. 기독교 신앙의 중심 목표는 사람들이 죽을 때 하늘에 갈 수 있게 준비시키는 것이 아니다. 물론 기독교 신앙은 이런 고귀한 목적을 이루긴 한다. 하지만 예배자는 "당신의 나라가 **이 땅에** 임하소서"라고 기도한다.

6. 서구 교회는 예로부터 네 번째 간구를 "오늘 우리에게 일용할 양식을 주옵소서"라고 번역해왔다. 그러나 이 간구는 "오늘 우리에게 떨어지지 않는 양식을 주옵소서"라고 번역하는 것이 합당한 것 같다. 이는 양과 시간과 우리가 충분히 가지지 못하리라는 두려움에 초점을 맞춘다. 이것은 그런 두려움으로부터 구해주시길 간구한다.

7. 간구하는 양식은 케이크가 아니라 빵이요, "**내** 양식(빵)"이 아니라 "**우리** 양식"이다. 이 양식은 만물을 소유하신 분이 주시는 선물로서 온다.

10장
주기도: 우리 죄와 악
마태복음 6:12-13

9장에서는 주기도의 세 번째 간구를 하나님의 뜻과 관련지어 살펴보았으며, 하나님이 양식을 선물로 주실 것을 보증한 네 번째 간구를 살펴보았다. 나머지 두 간구는 용서와 유혹/악을 다룬다.

빚과 죄를 탕감함

> 우리가 우리에게 빚진 자들을 탕감해준 것처럼
> 우리 빚을 탕감해주옵소서.

여기서도 다시 한 번 우리와 하나님의 관계 및 우리와 이웃의 관계가 긴밀히 연계된다. 이런 연관관계는 예수가 자라나셨던 전통과 거리가 멀다. *Tefillah*(열여덟 가지 기도)는 하나님께 용서를 비는 기도는 담고 있지만, 그 용서와 이웃에게 베푸는 용서를 연계하지는 않는다. 그러나 예수는 이 기도와 다른 곳에서 그 둘을 연결하신다.

이 기도에서 신자는 하나님 앞에 나와 용서를 간구하면서 자신이 먼저 다른 사람들을 용서했음을 강조한다. 예수의 비유들 가운데 하나는 이 주제를 확장한다. 마태복음 18:23-24은 주인에게 엄청난 빚을 탕감받은 한 종 이야기를 상세히 들려준다. 그 종은 큰 빚을 탕감받은 뒤, 정작 자기 동료인 종에게는 아주 적은 빚을 탕감해주길 거부한다. 주인은 진노하여 동료의 빚을 탕감해주지 않은 종을 옥에 가둔다. 이처럼 주기도 끝부분도 (14-15절) 우리가 다른 이들을 용서함과 하나님이 우리를 용서하심이 서로 연관됨을 재차 강조한다. 예수는 이를 이렇게 말씀하신다.

> 이는 너희가 다른 이들의 잘못을 용서하면
> 하늘에 계신 너희 아버지도 너희를 용서하실 것이나,
> 너희가 다른 이들의 잘못을 용서하지 않으면
> 너희 아버지도 너희 잘못을 용서하시지 않을 것이기 때문이다.

예수의 이 명령에는 특별한 경향이 있다. 빚을 탕감해주지 않는 종 비유는 주기도에 정확히 들어맞지는 않는다. 이 비유에서 종은 주인에게 잘못을 저지르지 않았다. 다만 주인에게 갚아야 할 빚을 갚지 못했을 뿐이다. 종은 그 돈을 **빌렸지, 훔친** 게 아니다. 그러나 주기도의 방정식에서는 죄가 더 중요한 의미를 갖는다. 주기도는 단순히 빚을 탕감하는 차원을 넘어 더 많은 것을 암시한다. 주기도는 불의라는 중대한 문제를 제기하면서 이 문제를 어떻게 다루어야 할지 이야기한다.

타인의 권리를 침해한 자는 피해자에게 용서를 빌고 난 뒤에야 그가 자신의 사죄를 받아들이고 용서를 베풀길 기대할 수 있으며, 그것이 보통 사람의 통념이다. 그러나 잘못이 크면, 피해자가 사죄를 받아들이고 용서하기는 불가능하겠다고 생각될 때가 자주 있다. 이런 경우, "결코 잊지 말고 결코 용서하지 말라"는 외침이 역사의 흐름을 따라 내려가며 수없이 울려 퍼진다. 그러나 예수는 주기도에서 **설령 잘못을 저지른 자가 죄를 고백하지 않을지라도** 그의 죄를 용서하라고 **잘못을 당한 자에게** 요구하신다. 이런 일이 실제로 가능한가? 남수단의 그리스도인들은 지난 40년

동안 그들을 죽이고 상해한 수단 이슬람 정부를, 심지어 북수단 사람들은 이런 일이 일어났다는 것조차 인정하지 않는데도, 용서할 수 있는가?(북수단의 이슬람교 신자들과 남부의 기독교인들은 20세기 중반부터 오랫동안 치열한 내전을 치렀다-역주) 수단 다르푸르 지방의 흑인 이슬람교 신자들과 그리스도인들은 어떨까? 이들은 대학살이라 불리는 잔혹 행위를 견뎌내고 있다. 아르메니아인들은 오늘날까지도 자신들을 학살한 일을 부인하는 터키인들을 용서할 수 있을까?(오스만 튀르크 제국의 이슬람 민족주의자들은 19세기 말과 1차 세계대전 동안 기독교계 아르메니아인들을 100만 명이나 학살했다-역주) 매우 어려운 질문이다. 이런 고난을 겪어보지 못한 우리 같은 사람은 이 질문에 대답하기가 힘들 것 같다. 하지만 십자가에서 나오는 음성은 역사를 가로질러 모든 이에게 울려 퍼진다. "아버지, 저들은 자신이 무엇을 하는지 모르니 저들을 용서해주소서." 빌라도도, 대제사장도, 백부장도 예수께 사죄하지 않았다. 그러나 예수는 **그들이 당신에게 잔혹한 일을 저지르는 와중에도** 그들을 용서해주시길 하나님께 기도하신다. 잘못한 일 하나 없이 결백하셨던 예수는 십자가에서 이 간구의 후반부를 행동으로 보여주셨다. 이 간구는 약자의 절규가 아니라 강자의 두려운 음성이다.

그렇다면 이런 질문이 남는다. 용서가 필요한 죄의 본질은 무엇인가? 이 질문은 빚과 죄에 대한 물음을 낳는다.

마태는 빚이라는 단어만을 사용한다. 누가복음 본문은 죄와 빚을 모두 이야기한다. 그는 "우리 자신이 우리에게 빚진 모든 이를 용서하니, 우리 죄를 용서해주소서"(눅 11:4)라고 기록했다. 장로교 신자들은 "우리 빚을 탕감해주소서"라고 기도하지만, 미국 성공회 신자들은 "우리 죄를 용서하소서"라는 문언을 사용한다. 이런 다양성이 존재하는 이유를 설명해주는 재담이 있다. 항간에 떠도는 이야기에 따르면, 칼뱅주의자들은 자신이 **죄** 가운데 있다는 것보다 자신이 진 **빚**에 더 관심이 많은 반면, 미국 성공회 신자들은 지주(地主)인지라 당연히 **죄**를 중시한다는 것이다. 그건 그렇다 치고, 빚과 죄라는 말에는 중요한 신학적 의미가 들어 있다. 마태가 사용한 말인 **빚**은 하나님과 우리 같은 사람들에게 다 이행하지 못한 의무, 곧 우리가 다 하지 못하고 남겨둔 일을 가리킨다. 우리는 긍휼을 품고 이웃에게 다가가야 했지만 그리하지 못했으며, 하나님을 향한 우리의 사랑도 완전하지 않다. 반면 제자들은, 성공회 기도서에서 볼 수 있듯이, "우리가 하지 말았어야 할 일들"을 마주한다.[1] 신자들은 다 하지 못한 책임과 하나님의 뜻에 맞지 않게 행한 행위 사이에 붙잡혀 있다.

예수는 아람어로 **빚과 죄**를 모두 의미하는 단어인 ḥoba를 사용하실 수 있었다.[2] 그리스어는 영어처럼 이 두 개념을 각각 다른 말로 표현한다. 주기도를 그리스어로 번역할 때, 한 가지 문제가 있었다. 마태는 빚이라는 말을 골랐고, 누가는 애써 두 말을 사용했다. 영어로 하는 예배에서는 어느 말을 골라 쓰든, 신자들은 이 말들이 하나님이 요구하시는 것들(빚)을 다 이행하지 못하고 그들이 올바른 행동을 하지 못했다(죄)는 이유로 용서를 비는 것임을 기억해야 한다.

더욱이 이 두 유형의 용서가 필요한 경우는 되풀이된다. 용서해달라는 요청과 양식을 달라는 간구는 나란히 함께한다. 날마다의 삶은 양식과 용서를 모두 요구한다. 게다가 그리스도인은 용서를 단순히 신앙의 순례를 시작할 때 일어나는 위대한 극적 행위가 아니라 매일 필요한 것으로 생각해야 한다. 매일 신자는 하나님께 자신의 삶에서 조각난 부분을 들어내고 구원의 기쁨을 회복시켜달라고 간구해야 한다. 이 기도를 하는 사람은 의무를 다하지 못한 데 따르는 책임을 덜어주시고 잘못한 일에 따르는 짐을 내려주시기를 간구한다.

이 간구에도 공동체를 생각하는 자세가 밑바닥에 깔려 있다. 서로 용서하고 하나님이 용서해주시길 구할 수 없는 사람들은 함께 어울려 살아가지 못한다. 용서로부터 나오는 치유는 신자들이 한 공동체로서 순례 여

---

1) The Book of Common Prayer, pp. 41-42.
2) ḥoba는 세 시리아어 역본—즉 고시리아어 역본, 페쉬타, 하르켈 역본—에 모두 나온다.

정을 계속 이어갈 수 있게 해준다. 남아프리카공화국의 투투 대주교가 아파르트헤이트 시대가 끝난 뒤 진실과 화해 위원회를 이끌 이로 뽑힌 것은 결코 우연이 아니다. 형사 재판 대신, 진실을 고백하고 용서를 베풀어 화해를 이룬 것이다.

더욱이 성경이 말하는 용서는 "괜찮아, 신경 쓰지 마"라는 뜻이 아니다. 용서는 불의를 너그럽게 덮어야 한다는 말이 아니다. 모든 문화 속에서는 갖가지 불의가 벌어진다. 어느 곳에서나 이를 인식하는 사람들은 정의를 이루고자 투쟁하며, 그들이 목숨보다 더 신성하게 여기는 대의를 이루려고 싸운다. 오늘날 이란으로부터 수단까지 중동 전역을 살펴보면, 불의가 횡행하는 힘들고 위급한 상황에서 정의를 추구하는 다양한 공동체가 있다. 이런 공동체는 당연히 **정의**를 크게 생각한다. 그리스도인은 어디 살든 어떤 상황에 있든 "만인이 정의를 누리게끔" 싸워야 한다. 이렇게 기도하는 사람은 "불의는 계속될 수 있지, 불의는 사실 중요하지 않아. 우리는 우리 자신과 다른 이들에게 불의가 닥쳐도 무시해버릴 거야"라는 말을 인정하지 않는다. 이 기도는 불의를 저지르는 자에게 "당신이 하고 싶은 대로 우리에게 하시오. 그리스도인이라는 것은 불의가 있어도 조용히 있는 사람이라는 뜻이니까"라는 신호를 보내지 않는다.

그렇다면 불의와 관련되어 있는 용서는 어떻게 이해해야 할까? 정의를 위해 투쟁하는 사람이 자아의 아집에 묶여 있지 않으며 그가 겪는 불의가 실재라고 가정해보자. 이런 경우, 이 기도는 정의를 위해 투쟁하는 이에게 그가 맞서 싸우는 사람을 용서하라고 요구한다. 용서로 말미암아 쓰라린 마음과 분노와 미움과 복수의 욕구가 사라질 수 있다. 그러면 싸우는 사람은 상대방에게 진정 긍휼을 느낄 수 있을지도 모른다. 이는 **투쟁 방식**에 엄청난 영향을 미칠 것이다. 용서를 베풀고 나면, 정의를 이루려는 투쟁은 계속되더라도 이제 투쟁하는 이는 어떤 종류의 일은 하지 않으려고 한다. 그러면 승리나 패배의 날이 복수의 날이 되지 않을 것이다. 에이브러햄 링컨은 미국 남북 전쟁의 막바지에 행한 두 번째 취임사에서 이렇게 말했다. "누구에게도 악의를 품지 맙시다. 모든 이를 사랑합시다. 그런 심정으로, 우리 함께 정의롭고 계속 이어질 평화를 이루고 지킬 수 있는 모든 일을 해봅시다."[3] 원수를 용서한 뒤에야 비로소 이런 행동을 하자고 권면할 수 있다.

세상은 이런 신학을 무시한다. 정의를 위해 투쟁하려면 분노가 필요한데, 용서는 그런 분노를 사라지게 한다고 생각하기 때문이다. 그러나 그리스도인은 이에 동의하지 않는다. "아니다. 나는 용서하는 **동시에** 정의를 이루려고 싸우겠다. 어쩌면 나는 지금도 분노하는지 모르지만, 용서가 정의를 이루려는 내 투쟁을 순수하게 만들어줄 것이요 그럼으로써 더 효과 있게 해줄 것이다." 그렇다면 "역사의 불의한 일들"은 어찌할 것인가?

남아프리카의 작가인 로랑 반 데어 포스트(Laurens van der Post)는 2차 세계대전 동안 일본인들에 의해 강제수용소에 갇혔으며 거기서 거의 목숨을 잃을 뻔했다. 『내면으로 떠나는 모험』(Venture to the Interior)에서 포스트는, 전쟁이 끝난 뒤 정작 전쟁 중에 고난을 겪지 않은 전범 재판소 장교들이 "우리가 수용소에서 받은 대우와 겪은 고난을 알고 우리 자신보다 더 복수심에 불타고 분노하는 것"을 발견했다고 말한다. 반 데어 포스트는 계속해서 이렇게 말한다.

> 나는 용서가 불가능하진 않지만, 그래도 용서하기가 지극히 어려운 고난이라는 것이 실상은 현실이 아니라 상상에서 나온 것이라는 사실을 자주 깨닫는다. 이 땅에서 상상만큼 힘센 것은 없다. 가장 나쁘고 가장 완고한 불만도 상상에서 온다. 깊은 속내를 감춘 채 고난을 당한다는 느낌, 불만스럽다는 느낌을 만들어내는 사람과 나라들이 있음을 인식하자. 이들은 자신이 만들어내는 느낌 덕분에 자기 중요성이나 인격적 자존감, 자기 편리에 도움이 되지 않는

---

[3] Ronald C. White, *Lincoln's Greatest Speech: The Second Inaugural* (New York: Simon & Schuster, 2002), p. 19에서 인용한 링컨의 연설.

현실의 측면들을 교묘히 회피해버린다. 그들은 상상적인 병을 내세워 삶이 우리 모두에게 지워준 당연한 짐도 피하려고 한다.

실제로 타인으로 인해 고난을 겪은 사람은 용서하기를, 심지어 그에게 고난을 안겨준 사람을 이해하기를 어려워하지 않는다. 그들이 용서를 어려워하지 않는 이유는 진정으로 견뎌낸 고난과 슬픔에서는 본능적 특권 의식이 나오기 때문이다. 창조적 진리를 깨닫는 일은 순식간에 이루어진다. 우리 역시 우리가 무슨 짓을 하는지 모르기 때문에, 우리 자신을 용서하듯 다른 사람들도 용서하는 것이다.[4)]

주기도에서 나온 빛은 수많은 방향으로 흘러간다.

유혹과 악

여섯 번째 간구는 이렇게 말한다.

또 우리를 시험의 시간으로 인도하지 마시고
다만 우리를 악한 자로부터 구하옵소서.

이 간구에는 난관이 가득하다. 예로부터 "유혹"(temptation)으로 번역해온 말은, NRSV처럼, "시험"(trial)으로도 읽을 수 있다. 과학 실험을 가리키는 아랍어가 *tajriba*인데, 이는 "유혹"을 뜻하기도 한다. 이 말을 가리키는 본문의 그리스어 단어(즉 *peirasmos*)와 그 말 뒤에 자리한 셈어는 "시험"과 "유혹"을 결합한다. 이 둘의 차이는 미묘하고 모호하지만 중요하다. 하나님은 아브라함을 **시험**하셨으나, 그를 **유혹**하시지는 않았다(창 22:1-19). 이

---

4) Laurens van der Post, *Venture to the Interior* (Middlesex: Penguin Books, 1957), p. 26.

는 하나님이 당신을 따르는 이들을 이끌어 유혹에 빠지게 하는 일을 하시지 않기 때문이다(약 1:13). 이를 분명히 해두는 것이 도움이 되긴 하지만, 이 간구 자체는 여전히 미스터리다. 이 간구를 어떻게 이해할 수 있을까?

이 질문에는 적어도 세 가지 해결책이 있다. 하나는 예레미아스의 대답이다. 그의 연구는 아람어와 유대교라는 신약성경의 배경을 회복하는 데 초점을 맞추었다. 두 번째 답은 나 자신이 내놓은 것이다. 세 번째 답은 이집트의 마타 알 미스킨 신부가 한 말이다. 각 해결책은 이 간구를 이해하는 데 어느 정도 도움을 줄 수 있을 것이다.

첫째, 이 문제에 관한 내 생각을 제시해본다. 중동의 사막으로 긴 낙타 여행을 하는 여행자들은 안내자가 있어야 한다. 안내자는 목적지에 이를 방법을 안다. 그런 정보가 없으면 여행자들은 죽고 말 것이다. 나는 제 역할을 할 안내자를 뽑을 때는 신중을 기해야 함을 경험으로 안다. 여행자들은 안내자를 믿어야 하고, 그 안내자가 목적지를 정확히 알며 여행자들의 목숨을 걸고 러시안 룰렛을 하지는 않으리라고 완전히 확신해야 한다. 여행자들은 안내자가 여행 중에 일어날지도 모를 위급 상황에 대처할 수 있다고 느껴야 한다.

몇 년 전, 친구들과 나는 이집트에서 나일 강 동쪽에 있는 유명한 우물인 비르 샤이툰(Bir Shaytoun)을 방문하고자 사하라 사막으로 여러 차례 긴 여행을 떠났다. 우리는 그 특별한 여행을 안내할 사람으로 늘 "자키 아저씨"(Uncle Zaki)를 뽑았다. 그는 겸손했지만 자신만만하고 긍지가 높은 사람이었다. 그는 사막에서 결코 **걷지** 않았으며, 고요한 바다 위를 움직이는 배처럼 모래와 바위 위를 **부드럽게 지나갔다**. 그의 걸음새는 천천히 달리기에 가까웠으며, 우리가 지켜봐도 아름다웠다. 나일 강가에 있는 마을을 떠나 거의 길이 없는 사하라 사막으로 들어설 무렵, 우리 각 사람은 "자키 아저씨, 우리를 잃어버리지 말아요!"라고 말하고픈 심정이 절박해지는 것을 느꼈다. 우리가 말하려 했던 것은 "우리는 지금 우리가 가는 길을 몰라요. 아저씨가 우리를 잃어버리면 우리는 모두 죽습니다. 우리는 아저씨가 이끄는 대로 철저히 믿고 따라가는 겁니다"라는 뜻이었다.

우리는 자키 아저씨에게 "우리는 아저씨가 미덥다는 생각이 안 들어요. 아저씨가 우리로 길 잃게 만들까봐 신경이 쓰인다고요. 그러니 제발 우리로 길을 잃어버리게 만들지 마세요"라고 말하는 것이 아니었다. 우리가 그리 생각했다면 그를 따라 마을 밖으로 나가지 않았을 것이다. 주기도에 포함된 앞의 문언은 이 땅의 순례자가 하나님의 인도하심을 확신하는 마음을 표현한다. 순례자가 이 여행을 하려면 날마다 "주여, 우리는 당신이 우리를 인도해주실 줄 믿사오니, 이는 오직 당신만이 우리가 가야 할 길을 아시기 때문입니다"라고 인정해야 한다. 믿는 여행자가 이렇게 인정한다는 것은 이 기도를 하는 공동체의 확신을 반영한다.

예레미아스가 제시한 해결책은 문화보다 언어와 관련이 있다. 때로는 신약성경의 그리스어 배후에 자리한 아람어의 섬세한 의미를 포착하려는 작업이 도움이 되기도 한다. 예레미아스는 이 간구도 그런 경우들 가운데 하나라고 생각한다. 그는 "우리를 인도하소서"를 의미하는 그리스어가 *eispherō*라고 주장한다. 아람어에서 이 그리스어와 같은 말은 *nisyon*인데, 이 말에는 두 가지 의미가 있다. 하나는 원인을 나타내는 의미요, 다른 하나는 허용을 나타내는 의미다. **원인**을 나타낼 때는 "우리가 유혹에 빠질 **원인을 주지** 마소서"(즉 우리를 유혹에 빠지는 쪽으로 인도하지 마소서)라는 의미다. 이 본문을 허용을 나타내는 의미로 보면, "우리가 유혹/시험에 빠지게 **허용하지** 마소서"라는 말이 된다.[5] 우리는 신앙의 여정 가운데 엇나가 시험/유혹으로 빠지는 경향이 있다. 그러기에 우리는 "오 주여, 우리를 붙들어 그 길로 가지 않게 하소서"라고 기도하라는 가르침을 받는다. 우리는 마가복음의 겟세마네 동산 기사에 이런 견해가 담겨 있음을 깨닫는다. 이 기사에서 예수는 잠든 베드로에게 "유혹에 빠지지 않게 깨어 기도하라"(막 14:38)고 말씀하신다. 어쩌면 주기도의 이 간구는 자기를 파괴하는 이런 경

---

5) Joachim Jeremias, *The Lord's Prayer* (Philadelphia: Fortress, 1969), p. 29.

향을 피하게 해달라고 하나님께 도움을 요청하는 것일지도 모른다. 장 칼뱅은 이 본문을 두고 이렇게 썼다. "요컨대 우리는 자신의 약점을 인식하고 사탄의 모든 계략에도 흔들리지 않는 자리에 있을 수 있게 하나님의 보호하심이 우리를 지켜주시도록 간구해야 한다."[6]

마타 알 미스킨 신부는 이 기도를 더 넓게 논의하면서 세 번째 견해를 제시한다.[7] 그는 먼저 **하나님이 허락하심으로써** 사탄에게 혹독한 시험을 받았던 의인 욥의 이야기를 곱씹어본다. 사탄의 이름은 "고소하는 자"라는 뜻이다. 욥기의 독자들은 이 "고소하는 자"가 활동하는 모습을 본다. 이어 마타 신부는 예수가 십자가에 달리시기 전에 예루살렘에서 보내신 마지막 한 주를 다루면서, 예수가 베드로에게 "사탄이 너를 밀을 체질하듯 하길 원하나, 내가 네 믿음이 떨어지지 않게 너를 위하여 기도했느니라"(눅 22:31-32)라고 경고하신 일을 언급한다. 예수는 베드로에게 시험을 받는 때가 없으리라고 약속하지 않으신다. 베드로는 심지어 죽기까지 충성하겠다고 맹세하지만, 동산에서 잠들고 만다. 그때 예수는 베드로를 깨우시며, 유혹에 빠지지 않게 깨어 기도하라고 말씀하신다. 그러나 베드로는 기도하지 않았고, 그 뒤 곧바로 그에게 시험이 다가왔을 때 예수를 세 번 부인함으로써 넘어지고 만다. 마타 신부는 우리가 기도할 때 예수와 그분의 십자가가 우리를 사탄과 사탄의 공격으로부터 지켜주신다고 주장한다. 사탄은 그가 "고소하는 자"로서 하는 일을 방해받지 않지만, 제자들은 널리 기도하라는 가르침뿐 아니라 악이 가져오는 시험의 때로부터 구해주시길 기도하라는 가르침도 받았다. 아마도 이 세 가지 가능성을 결합하면 그 속에 더 큰 진리가 들어 있을지도 모른다.

마지막 문언은 동전의 반대쪽이며, 이는 "우리를 사탄의 법정으로부터

---

6) John Calvin, *A Harmony of the Gospels, Matthew, Mark and Luke*, trans. A. W. Morrison (Grand Rapids: Eerdmans, 1972), 1:212.
7) Matta al-Miskin, *al-Injil beHesab al-Qiddis Matta* (Cairo al-Qiddis Anba Maqar, 1998), pp. 273-74.

구해주소서"와 "우리는 아브라함이 맞서야 했던 것을 마주할 준비가 되어 있지 않습니다"를 결합해놓은 것이다.

우리를 악한 자/악으로부터 구해주소서

위의 기도문은 "우리를 악한 자로부터 구해주소서"나 "우리를 악으로부터 구해주소서"로 번역할 수 있다. 그리스어 본문은 이렇게도 저렇게도 이해할 수 있다.[8] 시리아어 역본과 아랍어 역본은 똑같이 "악한 자"로 번역했다. KJV와 RSV는 "악"을 택했지만, NRSV는 "악한 자"를 택했다.

사탄의 본질을 인격체로 보든 비인격체로 보든, 악이 사회에서 기능하는 방식은 인격체를 가리키는 언어로 묘사하는 것이 가장 적절한 것 같다. 사람과 사회와 국가 속으로 뚫고 들어오는 마귀의 에너지가 있으며, 이 에너지는 이런 사람과 사회와 국가를 이끄는 악한 생각의 힘으로 활동한다. 이 간구는 몇몇 초기 본문에 나타나는 마지막 강조문으로 우리를 인도한다.

나라는 당신 것입니다

몇몇 고대 본문은 주기도에 마지막으로 찬양을 담은 강조문을 덧붙이고 있다. "이는 나라와 능력과 영광이 영원히 당신 것이기 때문입니다. 아멘." 이 신앙 선언은 역대상 29:11-13을 줄여놓은 것이다. 예수 시대에 많은 유대인은 그들의 전통대로 옛 기도들을 맺은 뒤에 개인 간구나 찬양을 담은 환호를 덧붙이곤 했다. 초기에 나온 많은 복음서 필사본은 이 맺음 문구를 갖고 있지 않지만, 일부는 갖고 있다. 어쩌면 초기 교회가 유대인의 관습을 따라 이 마지막 문구를 덧붙였는지도 모른다.

---

8) *tou ponērou*는 중성인 "악"을 뜻하는 말로도, 남성인 "악한 자"로도 이해할 수 있다.

요약: 주기도-우리 죄와 악

주기도는 아주 적은 말로 예수의 신학에서 가장 무거운 몇몇 주제를 함께 엮어놓았다. 우리는 다섯째 간구와 여섯째 간구에서 다음과 같은 것을 보았다.

1. 예수는 하나님이 당신 백성을 용서하심과 이 백성이 다른 이들을 용서하려 함을 연계하신다.
2. 용서해달라는 요청을 받지 않았을 때도 용서를 베풀어야 한다. 그 모델이 십자가에서 예수가 보여주신 모습이다.
3. 예수는 주기도를 가르치시면서 ḥoba라는 아람어를 사용하셨음이 분명하다. 이 말은 빚과 죄를 모두 의미한다. 우리는 둘 다 탕감받고 용서받아야 한다.
4. 용서는 매일 먹는 양식처럼 거듭 베풀어야 한다.
5. 용서는 정의를 위한 끝없는 투쟁과 조화를 이룬다. 용서와 투쟁은 상극이 아니다. 용서는 정의를 추구하는 투쟁을 순수하게 만들어준다.
6. 역사에 존재하는 불의는 특별한 문제다. 진정으로 고난을 겪은 사람들은 용서를 베풀 수 있다. 그들은 그들 자신의 약함을 알기 때문이다.
7. "우리가 유혹에 빠지지 않게 하소서"는 "우리를 시험받는 때로 인도하지 마소서"로 번역하는 것이 더 낫다. 아울러 "우리를 인도하지 마소서"는 "우리가 그쪽으로 가게 하지 마소서"라는 의미로 이해할 수 있다. 이 언어는 예로부터 순례자가 존경받는 안내자에게 믿고 맡기며 하는 요청을 반영하는 것 같다.
8. 악이나 악한 자로부터 보호해달라는 간구는 시대를 막론하고 마음으로부터 우러나온 부르짖음이다.
9. 마지막에 찬양을 집어넣은 것은 초기 교회의 기도일 가능성이 아주 높기 때문에 그대로 활용할 가치가 있다.

제4부

예수의 극적 행위

*Jesus Through
Middle Eastern Eyes*

11장

베드로를 제자로 부르심

누가복음 5:1-11

그리스도인과 돈이라는 주제의 1차 관심사는 기금 조성(fundraising)이 아니다. 이 주제는 그리스도인의 삶 전체와 관련된다. 위대한 신학자요 캔터베리 대주교였던 윌리엄 템플(William Temple)은 이렇게 썼다. "영을 따라 생각하는 사람과 물질을 따라 생각하는 사람이 다른 것은 이들이 서로 다른 것을 생각하기 때문이 아니라, 똑같은 것을 서로 다르게 생각하기 때문이다. 물질에 비춰 하나님을 생각하는 것도 가능하며, 영에 비춰 음식을 생각하는 것도 가능하다."[1]

그리스 세계는 물질과 영혼을 절대적으로 분리해서, 물질은 악하고 오직 영혼만이 선하다고 여겼다. 구약의 예언자들과 신약 저자들은 영혼이 선할 수도 있고 악할 수도 있음을 강조했지만, 물질은 복이거나 저주일 수 있다고 강조했다. 이런 진리가 가장 분명하게 드러나는 곳이 나사렛 예수의 가르침이다.

예수는 기도보다 돈에 대해 더 많이 말씀하셨다. 이런 이야기는 교회 관련 대학에서 대학 발전 업무를 담당하는 사람이나 할 법하다. 그런데 왜

---

[1] William Temple, *Nature, Man and God* (London: Macmillan, 1953), p. 468.

예수가 이런 이야기를 하셨을까? 어찌하여 예수의 가르침은 이런 문제에 초점을 맞춰 사람들을 놀라게 하는가?

성경의 물질 이해는 창조 이야기에서 시작한다. 하나님은 물질을 창조하셨고 그 물질은 **선**했지 **악**하지 않았다. 그러나 물질은 아담과 하와가 불순종하는 계기를 제공했고 이들이 에덴동산으로부터 쫓겨나는 원인이 되었다. 하지만 물질(이 경우에는 금지된 과일)에 잘못이 있지는 않았다. 잘못은 하나님이 그 물질과 관련하여 내리신 명령에 순종하지 않으려 한 아담과 하와의 의지에 있었다. 그 불순종 이후, 모든 인생이 산산이 부서지기 시작했다. 그러나 물질이 악하다기보다 선함을 인정한 가장 중요한 사건은 그리스도의 오심이었다.

"말씀이 육신이 되어 우리 가운데 거하셨다"(요 1:14)는 것은 물질 자체가 하나님의 궁극의 계시를 전하기에 적합한 매개체임을 확인해주는 사건이었다. 그렇다. 하나님의 마음은 피조물을 통해, "지으심 받은 것들"을 통해 일부나마 이해할 수 있다. 이런 피조물을 넘어 하나님이 예언자들에게 하신 말씀은 더 높은 차원의 계시를 전해주었다. 하지만 하나님의 말씀이 한 아기의 탄생을 통해 우리가 사는 세상으로 들어오자, 물질도 하나님의 충만하심을 받아들여 전할 수 있음이 증명되었다. 신학은 이를 "성육신"이라 부른다. 그때부터 물질과 영혼은 결합하여 통일체가 되었다. 물질과 영혼의 결합은 예수가 의미를 만들어내어 이를 주위 사람들에게 전달하는 방법에서도 볼 수 있다. 예수는 "궁극의 실재는 대화라는 본질을 갖고 있으므로, 모든 인간의 생각은 추상적 영역과 구체적 영역이라는 두 영역으로 나눠봐야 한다"고 말씀하시지 않았다. 오히려 예수는 이렇게 말씀하셨다. "하나님 나라는 무엇과 같은가?…그 나라는 사람이 가져다가 자기 뜰에 심은 겨자씨 한 알 같도다.…그 나라는 한 여인이 가져다가 가루 서 말 속에 숨겨놓은 누룩과 같도다"(눅 13:18-19, 21). 물질세계는 예수가 영혼-물질을 아우르는 그분의 메시지를 놓아두는 요람이 되었다. 성육신은 예수의 삶과 가르침을 통해 거듭 일어났다. 이 일은 인간 실존이 갖고 있는 가장 심오한 신비들을 건드렸다.

우리는 육이 없는 영혼이 아니다. 또한 잠시 몸의 감옥에 갇혔다가 언젠가는 이 몸을 벗고 순수한 영혼으로 돌아갈 존재가 아니다. 바울이 강조했듯이(고전 15:42-50), 죽음 바로 그것을 정복한 방법은 **몸**의 부활이지 영혼의 환생이 아니다. 더욱이 바울은 이 새 몸을 "영의 몸"(spiritual body)이라고 불렀다. 결국 예수가 기도보다 돈/물질/맘몬을 더 자주 말씀하신 것은 인간이 몸과 영혼의 신비한 결합체임을 아셨기 때문이다. 예수는 전인(全人)을 상대로 말씀하셨지, 그들의 정신세계만 분리하여 거기에만 영향을 미치는 말씀을 하시지 않았다. 몸과 영혼의 이런 깊은 연결성을 보여주는 사례가 누가복음 5:1-11, 곧 베드로를 제자로 부르신 장면이다. 먼저 이 본문의 수사 구조부터 분석해보자(그림 11.1.).

수사 구조

누가복음의 묘사에 따르면, 베드로를 제자로 부르심에는 일곱 장면이 있고 도입부가 하나 있다. 먼저 네 장면을 한 시리즈로 제시하고 이어 이 시리즈를 역순으로 되풀이한다. 아울러 더 오래된 본문에 덧붙여놓은 것으로 보이는 "설명 주"(explanatory note)가 있다. 요컨대 원래 일곱 장면은 다음과 같다.

1. 배가 육지에서 나아간다(예수가 가르치신다).
2. 예수가 베드로에게 말씀하신다(고기를 잡으라!).
3. 베드로가 예수께 말한다(거만하게).
4. 드라마처럼 물고기를 잡음(자연의 기적).
5. 베드로가 예수께 말한다(회개하며).
6. 예수가 베드로에게 말씀하신다(사람들을 잡으라!).
7. 배가 돌아온다(그들이 예수를 따른다).

0. 사람들이 그(예수)에게 몰려와 **하나님 말씀**을 들을 때
    그는 게네사렛 호숫가에 서 계셨다.   [배경]
    그가 호숫가에서 배 두 척을 보셨는데
    어부들은 배에서 나와 그물을 씻고 있었다.

1. 한 배, 곧 **시몬**의 배에 타시고   [말씀-가르치셨다]
    뭍으로부터 조금 떨어질 것을 요구하셨다.   (뭍에서 떨어진 배)
    그리고 앉으신 다음에
    배에서 사람들에게 **가르치셨다**.

2. 말씀을 그치시고 시몬에게 말씀하셨다.   [예수가 명령하신다]
    "깊은 곳으로 가서   물고기를 잡으라
    너희 그물을 내려 잡으라."

3. 그러자 시몬이 대답했다.
    "선생님,   [베드로]
    우리가 밤새 수고했으나   선생이신 예수의 말씀에
    아무것도 얻지 못했습니다!   순종하다(?)
    그러나 **당신 말씀대로** 그물을 내리겠습니다."

4. 그들이 이리하자
    아주 많은 물고기를 잡았다.
    그들은 그물이 찢어질 지경이 되자
    와서 도와달라고   [말씀의 능력]
    다른 배에 탄 **동료들**에게 손짓했다.   증명해 보이시다
    그들이 오니, 고기가 두 배에 가득 차
    배가 가라앉기 시작했다.

5. 시몬 베드로가 그것을 보고
    예수의 무릎 앞에 엎드려 말했다.
    "나를 떠나소서   [베드로]
    이는 내가 죄인이기 때문입니다.   **주님**이신 예수께 굴복함
    오, 주여."

5b. (이는 놀람/두려움이 그와
    그와 함께한 모든 이를 사로잡았기 때문이니   (설명 주)
    그들이 잡은 물고기 때문이었다.
    세베대의 아들들인 시몬의 **동료**
    야고보와 요한도 그러했다.)

6. 그러자 예수가 시몬에게 말씀하셨다.   **[예수가 명령하시다]**
    "두려워 말라.   사람들을 낚으라
    이후로 네가 **사람들을 낚으리라**."

7. 그들이 그들의 **배를 뭍에 올려두고**   [말씀-순종했다]
    모든 것을 버리고 그를 따랐다.   (배를 뭍에 둠)

그림 11.1. 베드로를 부르심(눅 5:1-11)

1과 7을 보면, 배가 나갔다가 들어온다. 2와 6에서는 예수가 베드로에게 말씀하시며, 3과 5에서는 베드로가 예수께 말한다. 이 본문의 정점은 물고기를 극적으로 잡은 일을 다룬 중심부에서 발견된다. 이 본문 전체는 일곱 반전 연(inverted stanzas, 일정한 순서로 진행하던 연들이 정점을 기점으로 역순으로 진행해가는 형태-역주) 형태를 띠며, 앞서 "예언적 수사 틀"이라고 이름 붙였던 것에 해당하는 또 한 가지 사례다.[2] 이 수사 틀을 깨뜨리는 추가 주(5b)는 누가복음 독자에게 도움을 주는 정보를 더 제시한다. 이는 누가가 직접 덧붙였을 수도 있다. 비슷한 유형의 주가 누가복음 4:25하반절-26에서도 나타난다. 이런 주는 일곱 연으로 이루어진 틀을 누가가 (지어낸 것이 아니라) 기록했다는 견해에 힘을 실어준다.

　　이 본문의 수사에는 또 한 가지 특징이 있다. 고대 유대교 기록에도 선례가 있는 이 특징은 반전 연의 정점인 중심부에서 자연계의 기적이 등장한다는 것이다. 중심부는 거룩한 옛 전승에서 인용한 글일 때도 있으며, 비유나 자연계의 기적일 때도 있다. 이 기사의 중심부에는 자연계의 기적이 자리하고 있으며, 이를 앞뒤 연들이 감싸는 구조다. 즉 자연계의 기적이 중심부에서 등장하며 다른 극적 내용으로 이루어진 일련의 외피(envelope)가 이 기적을 감싸고 있다.

　　구약성경에서 이런 수사 구조는 이사야 41:16-20에 나온다(그림 11.2를 보라).

　　이 본문은 "야웨"와 "이스라엘의 거룩한 분"으로 1에서 시작하여 6에서 끝맺는다. 사람들을 언급하는 말은 2와 5에 나온다. 자연의 기적 같은 사건들은 정점인 중심부에 모여 있다(3-4). 메마른 고원에 강이 나타나고, 광야에 못과 샘이 나타나며, 많은 비가 필요한 활엽수가 자란다.

　　이런 수사 스타일은 누가복음 5:1-11에도 사용된다. 예수가 베드로를 부르신 이야기를 구성한 저자(composer)는 학식 있는 유대인으로서 유대

---

[2] 이렇게 일곱 연으로 이루어진 수사 형식은 예언과 신약성경에서 흔하게 나타난다.

1.	또 너는 **야웨**를 즐거워하겠고 이스라엘의 거룩한 분을 자랑하리라.	야웨 이스라엘의 거룩한 분
2.	**불쌍하고 궁핍한 자들**이 물을 찾으나 아무것도 없고 그들의 혀가 갈증으로 타오를 때 나 야웨가 그들에게 응답하며 나 이스라엘의 하나님이 그들을 버리지 않으리라.	궁핍한 사람들 (구원하시는 하나님의 행동)
3.	내가 **헐벗은 고원**에 강을 내고 골짜기 가운데에 샘을 내리라. 내가 **광야**를 못으로 만들며 마른 땅을 샘이 되게 하리라.	메마른 땅의 물
4.	내가 **광야**에 백향목과 아카시아와 화석류와 올리브를 두고 내가 **사막**에 잣나무와 소나무와 황양목을 함께 두리라.	메마른 땅의 나무들
5.	사람들이 보고 알며 함께 살피고 이해하리라.	사람들이 보다 (알고 이해하다)
6.	**야웨**의 손이 이를 행하셨고 이스라엘의 거룩한 이가 그것을 지으셨음을	야웨 이스라엘의 거룩한 분[a]

[a] 주위 본문으로 에워싸인 자연계 기적들의 다른 사례는 이사야 42:13-17; 45:1-3이다.

그림 11.2. 이사야 41:16-20

인을 대상으로 이 글을 썼으며, 이사야서에 사용된 오래된 문학 패턴을 사용한다. 누가는 이 이야기를 글로 기록된 형태로 받았음이 틀림없다. 누가의 글을 읽은 유대계 그리스도인 독자들은 이 이야기와 이사야서 사이에 긴밀한 문학적 연관관계가 있음을 이해했을 것이다. 반면에 이방인 그리스도인 독자들은 이 연관관계를 간파하지 못했을 가능성이 있다.

주석

이 본문에서는 예수라는 인격체, 베드로의 물질세계, 영혼의 거듭남이 한데 어우러져 계시적인 극적 행위를 펼쳐 보인다. 도입부(0)는 중요 요소들을 제시함으로써 이야기가 펼쳐질 무대를 마련한다. 이 요소에는 예수, 군중, 하나님의 말씀, 배, 어부, 빈 그물이 있다. 섬세하게 구성된 이 기사는 고대 유대의 수사법을 보여주며, 설명 주가 붙어 있다. 이 드라마의 세부 내용은 꼼꼼하게 살펴볼 만한 가치가 있다. 도입부는 독자들에게 이런 정보를 알려준다.

   0. 사람들이 그(예수)에게 몰려와 **하나님 말씀**을 들을 때
      그는 게네사렛 호숫가에 서 계셨다.   말씀-찾으심
      그가 호숫가에서 배 두 척을 보셨는데
      어부들은 배에서 나와 그물을 씻고 있었다.

이 기사는 인기 있는 시편을 유려하게 강설하는 말을 조용히 경청하는 사람들로 가득한 회당에서 벌어진 일이 아니다. 오히려 군중은 비린내 나는 어항(漁港)에 계신 예수 주위로 몰려들었고, 피곤한 어부들은 아무 소득도 없이 긴 밤을 보낸 뒤에 근처에서 빈 그물을 씻고 있었다. 예수는 사람들이 그들이 살아가는 세상을 벗어나 당신께 나아오기를 기다리기보다, 사람들이 사는 세상 속으로 들어가신다.

더욱이 사람들은 "**하나님의 말씀**"을 찾아왔으며, 이제 그 말씀을 **예수께** 들으리라고 잔뜩 기대한다. 이 말씀은 예수를 예언자들의 세계에 위치시킨다.

장면 1은 예수의 대담한 움직임으로 시작한다.

1. 한 배, 곧 **시몬의 배에 타시고** **뭍으로부터** 조금 **떨어질 것을 요구하셨다.** 그리고 **앉으신** 다음에 배에서 사람들에게 **가르치셨다.**	[말씀-가르치셨다] (뭍에서 떨어진 배)

예수는 "양해도 구하지 않으시고" 베드로의 배에 올라타신 뒤에 당신 말대로 따를 것을 요구하신다. 분명 누가복음 독자는 베드로가 예수께 "한 가지 신세를 졌음"을 안다. 예수는 방금 전에 병을 앓던 베드로의 장모를 고쳐주셨다(눅 4:38-39). 신세를 갚는 것은 많은 사회에서 필수 불가결한 부분이며, 중동 문화에서는 특히 더 그러하다. 베드로는 거절할 수가 **없다.** 그러나 예수는 단지 사회 관습에 따른 의무 이행을 요구하시는 것이 아니다. 예수께는 더 중요한 목적이 있다.

예수는 베드로에게 당신이 얼마나 많은 것을 줄지 이야기하시지 않는다. 베드로가 예수께 충성하겠다고 맹세하기만 하면 베드로의 삶이 상상할 수 없이 더 낫게 바뀌리라고 설명하시지도 않는다. 대신, 예수는 베드로에게 다가가 이렇게 말씀하신다. "베드로, 나는 그대 도움이 필요하오. 나를 도와주겠소?" 이 요청은 베드로의 일상적 노동이라는 평범한 현실 속에 자리한 그의 배와 그의 능숙한 노 젓기 솜씨를 염두에 두고 있다. 예수는 베드로의 배를 연단으로 쓰려 하셨으므로, 그가 군중에게 말씀하실 동안 베드로가 그 배를 움직이고 조종해주어야 했다. 큰 호수에서 노를 젓는 배는 한 곳에 머물지 못하고 이리저리 떠다닌다. 예수가 그 배를 훌륭한 설교단으로 사용하시려면 진정 그 배가 이리저리 떠다니지 않게 베드로가 조종해주어야 한다. 여기에는 상당히 능숙한 노 젓기 기술이 필요하다. 예수의 요구는 굳이 하지 않아도 될 것을 억지로 지어내신 것이 아니다. 예수는 우물에 온 여인과 "물 좀 주시오"라는 요구로 대화를 시작하셨다. 이 이야기에서도 유사한 창조적 역동성이 작동하고 있다.

동시에 예수는 어부의 배에서 "고기를 낚으신다." 즉 예수는 열심히 사람들을 낚으시면서 그들에게 새 생명을 베풀어주신다. 베드로는 배를 사용하여 물고기를 낚지만, 그 과정에서 물고기들은 죽어간다. 이 두 종류의 낚음은 함께 결합하여 이 이야기가 끝나기 전에 베드로에게 도전으로 다가올 것이다.

자신이 전문가인 세계에 자신감과 확신을 갖고 있었던 베드로는 호숫가에 모인 사람들에게 하나님의 말씀을 전하시는 예수께 귀를 기울일 수 있었다. 사실 그가 할 수 있는 일은 예수의 말씀에 귀를 기울이는 것뿐이었다. 그는 아직도 예수와 그 말씀을 듣는 이들이 주고받는 상호작용의 언저리에 머물러 있었기 때문이다. 이 과정에서 예수는 베드로에게 익숙한 환경을 당신과 베드로 사이의 만남, 삶을 변화시키는 만남으로 바꿔놓으셨다.

예수는 앉아서 가르치시며 권위 있는 모습을 보이신다.[3] 독자/청자는 말씀을 끝내신 예수가 베드로에게 감사를 표하고 배를 다시 뭍에 대라 하신 뒤 당신이 가실 길을 가실 것이라고 예상할 것이다. 그런데 놀랍게도 (뭍에서 목수를 했던) 예수는 고기잡이가 전문인 어부에게 어디로 가서 어떻게 물고기를 잡으라고 명령하신다!

이런 명령에 의해 어떤 긴장이 생겨났는지는 장면 2에 나온다.

2. 말씀을 그치시고 시몬에게 말씀하셨다.　　　　[**예수가 명령하신다**]
　　"**깊은 곳으로** 가서　　　　　　　　　　　물고기를 잡으라
　　　너희 그물을 내려 **잡으라**."

---

[3] 랍비는 앉아서 가르쳤다. 회당에는 가르칠 때 쓰는, 모세의 의자라 불리는 의자가 있었다.

참 어처구니없는 제안이다. 베드로는 지쳐 있었다. 그와 동료들은 밤새 고기를 잡으려 했으나 아무것도 잡지 못했다. 그들이 밤에 일한 이유는 간단하다. 갈릴리 바다(와 다른 곳)의 물고기들은 밤에 먹이를 먹기 때문이다. 낮에는 물고기들이 바위 아래에 숨어 있다. 더욱이 이 물고기들은 갈릴리 바다 언저리에 있는 지류와 샘으로 모여든다. 그곳에서 산소가 풍부한 물이 호수로 흘러들기 때문이다. 윌리엄 크리스티(William M. Christie)는 이렇게 썼다.

> 우리는 아인 바리데('Ain barideh)와 아인 에트-타비가('Ain et-Tabigah)에서 물고기 떼를 보았다. 떼가 어찌나 크던지 수면을 1에이커나 덮을 정도였고, 어찌나 빼곡하게 모여 있던지 돌 하나라도 던졌다간 여러 마리가 맞을 지경이었다. 이런 경우에는 손 그물을 한 번 빙 돌려 던진다. 그물은 원을 그리며 가라앉고 그 안에 많은 물고기를 가둔다. 그러면 그 안에 있는 물고기들을 손으로 거두며, 그물은 바닥에 그대로 있다.[4]

갈릴리 바다는 뭍에 가까운 쪽도 수심이 깊어, 수영하기에는 위험한 곳이 대부분이다.[5] 그물을 던지는 것은 뭍에 서서도 할 수 있고 배에서도 할 수 있다. 배 두 척이 길게 늘어뜨린 그물을 끌어 물고기를 잡기도 했는데, 후릿그물(dragnet) 비유가 그 증거다(마 13:47-50). 이 두 가지 유형의 고기잡이는 낮에도 할 수 있다. 그러나 게네사렛의 어부는 밤에 물고기가 더 잘 잡히고 신선한 물이 호수로 흘러드는 물가에서 주로 고기가 잡힌다는 것을 다 안다. (나도 그런 것을 보았다.) 고기잡이의 "고"자도 모를 나사렛 고원 출신 뭍사람이, 몸에 물 한 번 적셔본 적도 없는 사람이 비린내가 몸에 밴

---

4) William M. Christie, "Sea of Galilee," in *A Dictionary of Christ and the Gospels*, 2 vols., ed. James Hastings (Edinburgh: T & T Clark, 1908), 2:592.
5) E. F. F. Bishop, "Jesus and the Lake," *Catholic Biblical Quarterly* 13 (1951): 398-414을 보라.

고기잡이 배 선장에게 훈수를 둘 생각을 하다니, 정말 어이가 없는 일이다. 낮에는 물고기가 그물을 보고 피할 수도 있으나, 밤에는 먹이를 먹는다.[6] 그런데 대낮에 깊은 곳에 가서 그물을 던지라고 하다니 삼척동자가 웃을 일이다! 조엘 그린(Joel Green)은 이렇게 쓰고 있다. "예수가 베드로에게 주신 가르침은 어이없어 보인다. 고기잡이가 생업인 사람들도 밤새 일했으나 아무것도 얻지 못했을 뿐더러, 그들이 쓰는 그물 역시 오직 밤에만 물고기를 잡는 데 쓰는 것이다."[7]

베드로는 랍비가 하는 토론을 할 수 없다. 그는 율법도 모를뿐더러, 안식일에 지켜야 할 세세한 항목들도 그에겐 수수께끼일 뿐이다. 그러나 그는 고기잡이라면 박사다! 그는 장면 3에서 자신에 찬 목소리로 빈정대며 대답한다.

3. 그러자 시몬이 대답했다.

"선생님,   [베드로]
우리가 밤새 수고했으나   선생이신 예수의 말씀에
아무것도 얻지 못했습니다!   순종하다(?)
그러나 당신 말씀대로 그물을 내리겠습니다."

위 대답은 이렇게 바꿔볼 수도 있겠다.

이것 봐요, 선생! 내 친구들과 나는 평생 고기만 잡고 살아온 놈들이올시다. 물고기가 어디서 먹이를 먹는가도 빠삭해요. 물가가 개네 밥 먹는 곳이요. 그리고 고기 잡기에 제일 좋은 때는 한밤이고요. 우리가 밤새 호수에 나간 것도 그 때문이요. 우리는 멍청이가 아니에요! 여태까지 물고기가 잘 잡힐 데서 일

---

6) Joel B. Green, *The Gospel of Luke* (Grand Rapids: Eerdmans, 1997), p. 232.
7) Ibid., p. 232.

하고 왔는데 고기 새끼 한 마리도 못 건졌소이다. 우린 지금 쓰러지기 직전이요. 게다가 나는 **선생** 시중드느라 이 친구들보다 몇 시간이나 더 깨어 있었어요. 당신 같은 랍비는 뭐든지 다 안다고 생각해서 나보고 이 대낮에 깊은 물에 가서 고기를 잡으라고 명령하시는데, 좋수다! 갑시다. 가서 누가 고기잡이 박사인지 확인해봅시다.

베드로는 예수를 *epistatēs*라 부르는데, 이는 "선생"을 뜻할 수도 있지만 "두목"이나 "대장"으로도 번역할 수 있다. 피곤한 데다 기분까지 상한 베드로는 자기와 같이 일하는 이들에게 다시 한 번 호수로 나가라고 명령한다. 놀라운 결과가 장면 4에서 나타난다.

4. 그들이 이리하자
   아주 많은 물고기를 잡았다.
   그들은 그물이 찢어질 지경이 되자   [말씀의 능력]
   와서 도와달라고   증명해 보이시다
   다른 배에 탄 **동료**들에게 손짓했다.
   그들이 오니, 고기가 두 배에 가득 차
   배가 가라앉기 시작했다.

엄청나게 많은 물고기를 잡은 이 사건이 이야기의 정점이다. 이 이야기의 세세한 점들은 이것이 중동에서 일어난 사건을 보고한 기사로서 진실함을 증명해준다. 베드로는 다른 배에 탄 그의 동료들을 소리쳐 부르지 않는다. 그는 손짓을 한다. 목소리는 뭍 위보다 물 위에서 일곱 배나 더 멀리 나아간다. 만일 베드로가 자기 동료들을 소리쳐 부른다면, 그의 목소리는 십중팔구 물가 땅에서도 들렸을 것이다. 호수 밑바닥에서 갑자기 새로운 샘이 터졌는가? 물 아래에 지금도 물고기들이 먹이를 먹는 새 어장이 만들어졌는가? 만일 그렇다면, 전 공동체가 이런 정보를 알아서는 안 된

다. 새 어장이 생겼다고 그곳으로 어부들이 앞 다투어 밀려오는 것은 베드로에겐 그리 달가운 일이 아니다. 두둑이 돈을 벌 비밀은 감춰둔 채 아무에게도 알리지 말아야 한다. 큰소리를 질러대어 다른 배까지 다 알아듣게 하는 일은 하지 않는 것이 가장 현명하다.

다시 이야기로 돌아가 보자. 예수는 베드로가 가장 큰 힘을 발휘하는 시점, 즉 그가 어부로서 가진 능력을 가장 크게 발휘하는 시점에 베드로에게 다가가신다. 베드로가 가장 깊은 충격을 받은 것은 (소위) "고기잡이 기적"이 아니라, 베드로 자신이 실제로 하나님과 맘몬 사이에서 하나를 선택했던(예수가 광야에서 시험을 받으신 일을 말함-역주) 사람을 갑자기 만났다는 사실이다. 베드로와 동료들은 만선을 이뤄보겠다는 포부를 품고 매일같이 밤을 새워 부지런히 일했다. 실낱같은 가능성을 이뤄보겠다는 꿈이 생생하다 보니, 그들은 잠자는 것도 잊었다. 그런 꿈을 꾸는 것은 흡사 복권 당첨을 꿈꾸거나, 단타 매매자가 자기가 산 주식의 주가가 그날 해가 떨어지기 전에 엄청나게 올라 어마어마한 돈을 벌기를 바라며 매일 아침 주식을 사들이는 것과 비슷하다. 베드로는 어부다! 이렇게 그물이 찢어지고 배가 뒤집힐 정도로 고기를 잡는다면 그와 동료들은 큰 부자가 될 수 있다. 그가 마침내 대박을 터뜨린 셈이다!

베드로는 처음에 예수가 호수 밑바닥을 열어 물고기가 모여드는 새 샘을 발견하신 거라고 생각했을지도 모른다. 베드로는 이런 지식을 가진 사람이면 몇 주 안에 엄청난 부자가 될 수 있음을 잘 알았다. 그런데 왜 "먹고살 직업"도 없고 땡전 한 푼 없는 랍비 예수는 여기저기 돌아다니며 돈도 안 받고 사람들을 가르치는 걸까? 어떻게 하나님이 배 두 척을 싱싱한 물고기로 가득 채우는 것보다 더 중요할 수 있을까? 분명 예수는 부자가 되기보다 하나님과 사람들에게 더 관심이 많으셨다. 이런 놀라운 결단을 내린 이 사람은 대체 어떤 사람일까? 베드로는 자신이 마음속 깊은 곳에서 가장 우선시하는 것들에 대해 이의를 제기한 한 사람을 마주하고 있었다. 장면 5는 베드로의 반응을 보여준다.

5. 시몬 베드로가 그것을 보고

   예수의 무릎 앞에 엎드려 말했다.

   "나를 떠나소서　　　　　　　　　[베드로]

   이는 내가 죄인이기 때문입니다.　　주님이신 예수께 굴복함

   오, 주여."

배에 있는 베드로 주위에는 군중이 없다. 예수는 일부러 베드로를 짓누르는 압력이 될 수 있는 마을 사람들을 물가에 남겨놓으셨다. 베드로와 친한 어부들만이 베드로의 마음 깊이 자리한 생각들이 자리바꿈하는 것을 목격했다. 성전의 이사야처럼, 베드로도 자신이 거룩하신 분이 임재하신 자리에 있다는 것 그리고 자신은 부정하기에 그 거룩하심을 훼손하지 않으려면 그 자리를 피해야 한다는 것을 알아차렸다(사 6:1-6). 베드로는 공포에 질려 무서워했다. 앞서 말했듯이, 베드로는 처음에 예수를 *epistatēs*(두목/대장/선생님)라고 불렀다. 그러나 이제 예수는 그의 *kyrios*(주)이시다. 이 두 칭호는 베드로가 했던 두 말의 틀을 기막히게 형성한다. 첫 번째 말은 "선생"으로 시작했으나, 두 번째 말은 "주님"으로 끝맺는다.

여담이지만, 이 본문은 누가복음에서 **죄인**이라는 말이 처음으로 사용된 곳이다. 예수가 "죄인들을 찾아 구원하는" 구주이시라는 말도 여기서 처음 나온다. 이 장면과 예수가 삭개오에게 다가가시는 장면인 누가복음 19:1-10, 그리고 누가복음 15장의 비유들을 비교해볼 수도 있다. 이 본문들은 모두 잃어버린 자를 찾음에 초점을 맞춘다.

이야기의 이 지점에는 각주가 두 개 있는 것 같다. 함께 기록한 이 두 각주는 이 연의 섬세한 구성에 방해물이 된다. 이 두 각주는 이렇다.

5b. (이는 놀람/두려움이 그와
그와 함께한 모든 이를 사로잡았기 때문이니 (설명 주)
그들이 잡은 물고기 때문이었다.
세베대의 아들들인 시몬의 **동료**
야고보와 요한도 그러했다.)

덧붙인 첫 번째 설명은 첫 세 줄인데, 이 세 줄은 배에 있는 베드로와 그의 동료들이 가진 느낌을 보여준다. 본문이 사용한 그리스어 단어 (thambos)에는 놀람과 두려움이 함께 엉겨 있다. 두 번째 설명 주는 둘째 줄의 "모든 이"에 세베대의 아들들인 야고보와 요한도 포함된다는 사실을 밝힌다. 어쩌면 사도 공동체(혹은 누가의 공동체)는 베드로와 야고보와 요한이라는 내부 집단(inner circle)을 강조하고 싶어 마지막 두 줄을 덧붙였는지도 모른다. 누가는 이 복음서를 기원후 50년대에 기록했다. 그때 그가 마지막 선교 여행 중인 바울과 예루살렘에 있었다면, 일곱 장면을 가진 이 이야기의 원형은 40년대, 혹은 그보다 더 일찍 기록되었을 수도 있다.[8]

예수는 이렇게 대답하신다.

6. 그러자 예수가 시몬에게 말씀하셨다. [**예수가 명령하시다**]
"두려워 말라. 사람들을 낚으라
이후로 네가 **사람들을 낚으리라**."

예수는 베드로의 두려움을 몰아내신 뒤, 그의 능숙한 고기잡이 솜씨가 다른 종류를 낚는 데도 여전히 필요하리라는 확신을 심어주신다. 이제 베드로는 사람을 낚을 것이다. 이 장면에서 **낚음**이라는 말은 "산 채로 낚는다"는 뜻이다. 물고기는 잡히면 죽는다. 그러나 이제 베드로는 사람들

---

8) 누가는 바울의 마지막 예루살렘 여행에 동행했다. 행 21:17-18의 "우리"라는 말에 주목하라.

을 산 채로 낚을 것이다. 예수는 바로 그 배에서 사람들을 "산 채로 낚으셨다." 이제 베드로도 같은 일을 할 수 있다.

한 가지 패턴이 점차 발전해간다. 예수는 베드로와 그의 물질세계(고기잡이)에서 시작하시더니, 이제는 사람들을 잡을 또 다른 "고기잡이 세계"로 그를 옮겨놓으신다. 예수는 바리새인들이 자신이 죄인들을 반갑게 맞으시고 그들과 함께 식사하신다고 불평하자, 양을 잃어버린 목자 이야기와 은전을 잃어버린 여자 이야기로 대답하셨다(눅 15:1-10). 그런 뒤에 예수는 탕자 이야기를 다루셨다(눅 15:11-32). 또 예수는 수종(水腫)을 앓는 사람을 고쳐주셨다는 이유로 공격을 받자, 이런 대답으로 말끔하게 물리치신다. "만일 나귀가 우물에 빠졌고 그 나귀가 너희 것이면 어찌하겠느냐? 하물며 이 사람은 더욱 구해내야 하지 않겠느냐?"(눅 14:1-6) 이 모든 경우에 예수는 이 땅에 있는 동물과 주화와 물고기 세계에서 시작하여 사람들을 다루는 이야기로 넘어가신다.

이제 이야기를 맺을 때가 되자, 독자는 이런 말을 듣는다.

7. 그들이 그들의 **배를 뭍에 올려두고**　　　[말씀-순종했다]
　　모든 것을 버리고 그를 따랐다.　　　　(배를 뭍에 둠)

이 이야기는 아주 응축되어 있다. 당연한 말이지만, 그들은 잡은 물고기가 썩게 버려두지도 않았을 것이고 그 가족이 굶어 죽게 버려두지도 않았을 것이다. 본문이 구사하는 과장은 극적 효과를 거두면서 이야기의 진지함도 실증해 보이는 중동 지역 이야기의 진면목을 그대로 보여준다.

예수는 순식간에 "엄청난 돈을 벌어들이는" 당신의 능력을 보여주셨다. 동시에 여기서는 예수가 더 높은 것에 헌신한 분이심을 보여준다. 베드로는 분명 이런 이를 두려워했다. 그렇다 해도 그가 과연 이 새로운 목표를 자기 목표로 삼을 수 있을까? 그는 할 수 있었고 또 해냈다. 그리하여 "큰 어부"가 태어났다.

요약: 베드로를 부르심

이 독특한 장면이 만들어내는 신학과 윤리는 무엇인가? 나는 다음과 같은 것을 제시해본다.

1. "하나님 말씀"과 예수의 가르침의 융합은 예수를 예언자 무리 안에 위치시킨다.
2. 자연과 인간과 하나님은 씨줄과 날줄처럼 함께 결합해 있다. 이들의 결합 방식은 이 셋이 본질상 연관성을 갖고 있음을 확인해준다.
3. 예수는 베드로에게 도움을 베푸시지 않고 도리어 도움을 요청하시며 다가가신다. 예수는 일부러 당신이 진정 제자로 삼고 싶어하는 이의 도움을 받아야 할 위치에 서신다.
4. 예수가 요청하신 도움은 억지로 지어낸 것이 아니라 진실로 필요한 도움이다. 예수께는 베드로의 배와 그의 능숙한 노 젓는 솜씨가 필요하다. 이런 것들은 베드로의 진가를 있는 그대로 확인해준다. 예수의 사역은 베드로와 함께하는 동역이 되었다.
5. 예수는 베드로에게 다가가시기 전에 먼저 베드로를 동네 사람들의 압력으로부터 떼어놓으셨다. 이 덕분에 베드로는 마을 사람들이 그에게 기대하는 생각을 따라 예수께 대답하지 않고 밑바닥 깊은 곳으로부터 자신을 드러낼 수 있었다.
6. 베드로는 자신이 가진 것과 완전히 다른 가치 체계, 그리고 자신이 헌신하는 것과 완전히 다른 헌신을 요구하는 것에 부닥쳤다. 그는 끌리면서도 두려움에 질린 채 선택하라는 도전을 받는다.
7. 진정한 거룩하심과 만난 베드로는 자신이 "부정함/죄인임"을 느낀다.
8. 베드로는 예수께 "나를 떠나소서"라고 말한다. 베드로의 태도는 분명하다. 그는 더러움이 깨끗함을 만나면 깨끗함이 더러워진다고 여겼다. 예수는 생각이 다르셨다. 예수는 깨끗함(예수)이 더러움(베드로)

을 정결케 할 수 있다고 보셨다. 필요한 것은 오로지 양자가 만나는 것이었다.

9. "선생"(*epistatēs*)이셨던 예수가 "주님"(*kyrios*)이신 예수로 바뀐다.
10. 베드로는 그의 과거와 미래 사이의 연속성을 인정받았다. 그가 습득한 기술은 더 큰 목적에 활용될 것이다. 물고기를 잡고 죽이는 것은 사람을 잡아 그들을 새 생명으로 인도하는 것으로 바뀔 것이다.
11. 예수는 베드로가 "사람을 낚는 어부"가 될 뿐 아니라 예수 자신이 맡기시는 바로 그 사역을 하게 하려고 베드로를 부르셨다. 배에서 베드로는 호수의 물고기를 낚고 있었다. 동시에 예수는 "사람들을 낚는 어부"셨다. 그분이 베드로와 동료 어부들을 "끌어올리셨기" 때문이다. 이 일은 기적이요 큰 어획이었다. 죄인의 친구요 애초부터 죄인을 찾아 구원하려고 오셨던 예수가 처음으로 무대에 등장하신다.

이 이야기에서는 물질/맘몬/돈이 영의 일들과 얽혀 있다. 베드로는 "만선(滿船) 복권"에 당첨되었으나 그 당첨금을 원하지 않는 사람을 만난다. 충격을 받은 베드로는 자신이 소중히 여기는 가치들과 우선시하는 것들이 옳지 않음을 깨닫는다. 맘몬의 절대성을 깨뜨려버린 이 온유한 사람은 베드로에게 엄청난 영향을 미친다. 베드로는 이제 자신이 이전부터 가진 기술을 가지고 새로운 신앙의 길로 모험을 떠난다.

12장

예수가 사역을 시작하심

누가복음 4:16-31

예수가 공생애 사역을 시작하심을 가장 상세히 설명한 기사는 누가복음 4:16-31이다. 이 풍부하고 촘촘한 본문은 예수의 공생애 사역이 지닌 비밀 중 적어도 몇 가지를 풀어보려는 시도에 도움을 준다. 하지만 우선 짚고 넘어가야 할 것은 누가가 제시하는 배경이다.

누가는 예수가 소년이셨을 때 성전에서 있었던 유쾌한 일을 이야기한 뒤, 예수가 열두 살부터 서른 살이 될 때까지 무슨 일을 하셨는지 더 이상 정보를 제공하지 않는다. 예수는 나사렛에 있는 집에 머물면서, 낮에는 목수/건축자로 고용되어 일하시고 밤에는 그 지역의 *ḥăbērîm*과 어울려 율법 토론을 벌였을 가능성이 아주 높다. *ḥăbērîm*이라는 히브리어는 "친구들"을 뜻하며, 예수 시대에 성지의 여러 마을에서 일어난 평신도 운동을 가리켰다. 어떤 마을에서나 진지한 생각을 지닌 유대인들은 함께 모여 율법(토라)을 공부하고 그 율법을 일상에 적용하려고 애썼다. 모든 이가 "자기 일에 열심"이었으나, 그 외 남는 시간은 율법을 놓고 토론하며 보냈다. 우리는 예수도 이런 무리 중 한 사람이었으리라고 확신할 수 있다. 복음서들이 예수가 이런 사귐을 통해 익혔을 랍비식 토론에서 뛰어난 면모를 보여주셨음을 알려주기 때문이다. 18년 동안 "신학 교육"을 받으신 예수는 이제 공생애 사역을 시작할 준비를 마치셨다.

　예수는 세례를 받으시고 잠시 동안 광야에서 시험을 받으신다. 그런 다음 그는 갈릴리로 돌아가 대중 앞에서 공생애 사역을 시작하신다(눅 4:14-15). 복음서는 기록하지 않았지만 가버나움에서 펼친 수많은 치유 사역도 이런 공생애 사역의 한 부분이었다. 그런 뒤, 예수는 별안간 고향 나사렛으로 돌아와 그 지역 회당에서 열린 안식일 예배에 참석하신다. 당시에는 예배 인도자가 회중 가운데 훌륭한 사람을 지목하여 성경을 읽고 그 부분을 설명해달라고 요청하는 것이 관례였다. 바울과 바나바도 비시디아 안디옥에서 이런 상황을 만나 "사람들에게 권면하는 말"을 해달라는 요청을 받았다(행 13:15). 누가는 간단하게 예수가 "일어나서 읽으셨다"고 말하지만, 그전에 어떤 일이 이미 벌어졌던 것 같다. 예수는 이사야서를 받으셨다. 예수는 이사야서 두루마리를 준비해달라고 특별히 요청하셨을 수도 있지만, 어쩌면 그 회당이 이사야서 본문을 읽어야 하는 성구집(lectionary)을 따르고 있었을 수도 있다. 어쨌든 예수는 이사야서 두루마리를 집어 드시고, 준비된 한 본문을 고르신 다음, 회중에게 읽어주셨다. 이어 예수는 회중에게 말씀하시고 그들의 반응을 끌어내신 뒤, 구약 전승이 전하는 두 신앙의 영웅을 들어 자기 견해를 뒷받침하신다. 이 장면은 예수를 죽이려다 실패하는 것으로 끝을 맺는다. 이 이야기는 각 부분을 꼼꼼히 살펴봐야 한다. 가장 먼저 살펴볼 것은 성경 본문과 편집이다. 본문을 그림 12.1.에 제시해보았다.

수사

예수가 성경을 읽으시는 모습을 중심으로 한 이 극적 틀 속에는 세심하게 선택된 단어들이 들어 있다. 1연에 나온 "회당으로", "일어서시고", "두루마리가 주어지니", "두루마리를 펴시고"는 3연에 가서 역순으로 되풀이된다. 중심부의 정점은 이사야서 본문이다. 이 본문도 수사법을 고려한 구조를

> 또 그가 나사렛에 오셨으니 그곳은 그가 자라신 곳이었다.
>
> 1. a. 또 그가 (늘 하시던 대로) 안식일에 **회당으로** 들어가시고
>   b. 또 그가 읽으려고 **일어서시고**
>   c. 또 예언자 이사야의 **책이** 그에게 주어지니
>   d. 또 그가 두루마리를 펴시고 이렇게 기록된 곳을 찾으셨다.
>
> 2. "주의 **영이** 내게 임하셨으니
>   이는 그가 **내게 기름을** 부으셨기 때문이다.
>   a. **가난한** 자들에게 **좋은 소식을** 전하게 하려고.   전파
>   b. 그가 **나를 보내*** 포로 된 자들에게 선포하게 하셨다.—자유를,   보냄
>   c. 또 **눈먼** 자들에게—다시 **보게** 함을,   봄
>   b. '**억눌린** 자들을 **내보내게** 하셨다.—자유롭게,'*   보냄
>   a. 주가 받으실 만한 해를 **선포하게*** 하려고."*   선포
>
> 3. d. 또 그가 두루마리를 마시고
>   c. 또 그것을 사환(*hyperetes*)에게 **되돌려주시고**
>   b. 또 **앉으시니**
>   a. **회당에** 있는 모든 이의 **눈이** 그에게 고정되었다.

그림 12.1. 예수가 두루마리를 읽으시다(눅 4:16-20)

보여준다.

   구약성경에서는 종종 먼저 제시한 개념들을 뒤이어 역순으로 제시하며, 그 중심부에는 비유나 은유를 둔다. 이런 수사 구조는 신구약성경에 모두 나타나며, "앞뒤 본문이 감싼 비유"(encased parables)라 부를 수 있다.[1] 예수가 베드로를 제자로 부르신 기사에서는 "자연계에서 일어난 기적"이

---

[1] 참고. 사 53:7-8; 55:8-9; 눅 7:36-50; 고전 2:10-11; 3:1-2; 12:1-30. Kenneth E. Bailey, *Finding the Lost* (St. Louis: Concordia Press, 1992), p. 17f도 참고하라.

그 중심부에 있다. 신약성경의 다른 곳과 마찬가지로 여기서도 중심부에는 구약에서 인용한 분문이 가득하다.[2] 바울도 이런 수사 도구를 채용한다(예를 들어 고전 6:13-20).

이처럼 잇달아 등장하는 개념이나 행위 속에 구약의 한 본문을 집어넣는 것은 유대의 독특한 수사 도구다. 따라서 이런 도구가 등장한다는 것은 기록자가 예수를 메시아로 받아들인 유대인임을 알려주는 증거다. 이 기록자는 여기에 포함된 예술적 기교를 간파할 수 있는 유대인 독자들을 생각하며 이 본문을 썼다. 누가는 데오빌로와 다른 이방인 독자들을 생각하며 이 본문을 짓지 않았다(눅 1:1-4).

주석

예수는 이사야 61장 두루마리를 여시고 그 본문을 읽기 시작하셨다. 누가복음은 꼼꼼한 편집을 보여준다. 우리는 위 본문의 수사를 그림으로 제시하면서 별표 넷으로 꼼꼼한 편집이 일어난 지점들을 표시해보았다. 각 별표는 이사야서 본문이 바뀌거나 중단된 지점을 표시한다. 첫 번째 별표에서는 "마음이 다친 자를 싸매주신다"가 빠졌다. 두 번째 별표는 이사야 58:6에서 가져온 문구가 다 끝난 뒤에(즉 "억눌린 자들을 내보내게 하셨다—자유롭게" 뒤에-역주) 등장한다. 세 번째 별표는 "부르다"를 "메시지를 선포하다"로 업그레이드한 곳을 표시한다. 마지막 별표는 한 구절이 후반부 생략으로 절반으로 줄어든 곳을 표시한다(레 25:10과 비교해보라-역주). 본문 선택과 본문 편집, 둘 다 중요하다. 왜 이 특별한 본문을 골랐으며, 왜 이런 편집으로 본문을 바꿨을까?

---

2) 구약성경에는 이런 수사 형태가 암시되는 곳이 여러 군데 있다. 이런 곳에서는 앞부분의 수사문과 이를 뒤집은 뒷부분 수사문의 가운데 자리한 중심부가 종종 이전에 펼쳐진 신성한 역사를 언급하곤 한다. 참고. 사 51:1-3. 이 본문에서는 아브라함과 사라를 에덴동산과 함께 중심부에 배치했으며, 이와 관련한 내용이 중심부의 앞과 뒤에 등장한다.

사람들은 종종 누가(혹은 그가 사용한 자료)가 이런 편집을 했다고 추정한다. 예수가 이런 편집을 하셨을 수도 있다. 이 편집 배후에 있는 지도 원리를 이해하는 한 가지 열쇠는 사해 사본의 한 중요한 조각 문서에 주목하는 것이다. 기독교 이전 시기 파피루스에서 떨어져 나온 이 조각(4Q521)은 오실 메시아를 "가난한 자들에게 좋은 소식을 전하시고" "포로들에게 해방을" 베푸실 분으로 묘사한다. 아울러 그분은 "눈먼 자들의 눈을 뜨게 해주시고" "짓밟힌 자들을 일으켜 세우신다."[3] 같은 동굴에서 나온 두 번째 조각은 "성령이 그의 메시아 위에 임하신다"라고 말한다.[4] 예수가 골라 읽으신 본문은 예수 시대에 이상을 품고 그 시대 문화에 맞서던 유대인들이 메시아에게 기대하던 바와 일치한다. 이 두 조각과 누가복음 4:18-19을 비교한 결과는 그림 12.2.에서 볼 수 있다.

예수는 자신이 기름 부음을 받은 분(메시아)이라 주장하신 다음, 적어도 당대의 몇몇 유대 공동체가 기대하던 바와 일치하는 강령을 내놓으신다.[5] 우리 예상에는 이 말씀을 들은 이들이 기뻐했을 것 같다. 처음에는 그랬을지도 모른다. 하지만 예수가 말씀을 이어가시자, 분위기가 바뀐다. 뭐가 문제였을까?

오랫동안 영역 성경들은 누가복음 4:22-30을, 예수의 말씀을 듣고 기뻐하던 청중이 순식간에 악을 쓰며 예수를 죽이려고 달려드는 불량배로

---

3) Robert H. Eisenmann and Michael Wise, *The Dead Sea Scrolls Uncovered* (Rockport, Mass.: Element, 1992), p. 23.
4) Michael O. Wise and James D. Tabor, "The Messiah at Qumran," *Biblical Archaeology Review* 18, no. 6 (1992): 60-65.
5) 이 비교를 보면 모든 장면이 유대라는 무대에서 벌어진 일임을 분명하게 알 수 있다. 이는 누가가 초기 사도들의 자료를 사용했으며 상상으로 이 이야기를 지어내지 않았다는 추정에 힘을 실어준다. 와이즈는 이렇게 썼다. "이 새 사해 사본 본문은 세례 요한과 예수 그리고 (역시 그렇게 보인다) 사해 사본의 추종자들 사이에 메시아 대망이 공통으로 존재했음을 직접 보여주는 중요한 사례다." Michael O. Wise, *Teacher of Righteousness* (ibid., p. 65).

쿰란 사본 조각 4Q278, 521	누가복음 4:16-30
1. (4Q278)성령이 임한다.	1. 주의 영이 그의 메시아인 내게 임한다.
2. (4Q521)메시아가 높이 올림을 받는다.	2. 이는 그가 내게 기름을 부으셨기 때문이다. (즉 나를 메시아로 만드셨다.)
3. (4Q521)가난한 자들에게 좋은 소식을 전함	3. 가난한 자들에게 좋은 소식을 전함
4. (4Q521)포로들을 풀어줌	4. 포로들을 풀어줌
5. (4Q521)눈먼 자들의 눈을 뜨게 함	5. 눈먼 자들의 눈을 뜨게 함
6. (4Q521)짓밟힌 자들을 일으켜 세움	6. 억눌린 자들을 해방시킴
7. (4Q521)그의 능력 있는 행위: 병자를 고침	7. 당신은 우리가 당신이 가버나움에서 행했다고 들은 일을 여기에서도 행한다. (즉 병자를 고침, 참고. 눅 4:38-40)
8. (3)그의 행위: 죽은 자를 일으키심	8. 눅 7:22은 죽은 자를 일으키심을 예수가 메시아로서 하신 행위 가운데 하나로 시인한다.

그림 12.2. 쿰란 사본 4Q278, 521과 누가복음 4:16-30 비교

돌변하는 이야기로 번역해왔다. 그러나 그리스어 본문은 이 회중이 **처음부터** 심사가 뒤틀려 있었음을 묘사한다고 이해될 수도 있다.

누가복음 4:22은 보통 이렇게 번역한다.

또 그들이 다 그를 좋게 이야기하고
그 입에서 나오는 은혜로운 말에 놀라
말하되 "이는 요셉의 아들이 아닌가?"

간단히 말해 이 번역문은 "그들이 그 말을 좋아했다"는 의미다. 이 경우 "이는 요셉의 아들이 아닌가?"는 "우리는 이 젊은이가 어렸을 때부터 알지. 요셉 아들이잖아. 그런데 요셉 아들이 이렇게 똑똑하고 훌륭한지는 몰랐네. 회당에서 히브리어를 이렇게 줄줄 읽다니. 이 친구가 아주 대견하구만"이라는 의미다.

그러나 요아힘 예레미아스는 그리스어 본문의 핵심 단어인 *emartyroun autō*를 두 가지로 번역할 수 있다고 지적했다. 이 두 단어를 문자 그대로 번역하면 "그들이 그를 증언했다"이다. 그렇다면 그들은 "그를 좋게 말하는" 증언을 한 것인가, "그를 나쁘게 말하는" 증언을 한 것인가? 이 그리스어는 이렇게도 저렇게도 읽을 수 있다. 그리스어 원문에는 "좋게 말하는"이나 "나쁘게 말하는"을 뜻하는 말이 없다. 이 문제를 푸는 열쇠는 **그를**(*autō*)이라는 말이 여격이라는 사실이다. 이 여격은 "이롭게 하는 여격"일 수도 있고 "해롭게 하는 여격"일 수도 있다. 번역자가 청중이 예수가 읽으신 것을 **좋아했다**고 번역하기로 결심한다면, *autō*를 "이롭게 하는 여격"으로 읽고 "그들이 다 그를 좋게 이야기했다"고 번역할 것이다. 그러나 번역자가 청중이 **좋아하지 않았다**고 느끼면, *autō*를 "해롭게 하는 여격"으로 읽고 이 본문을 이렇게 번역할 것이다.

또 모든 이가 그를 나쁘게 증언하였으나

그 입에서 나오는 은혜로운 말에 놀라
말하되 "이는 요셉의 아들이 아닌가?"

이 경우에 "이는 요셉의 아들이 아닌가?"라는 질문은 "이 젊은이가 여기서 자라지 않았나? 그런데도 우리가 이 본문을 어떻게 느끼며 이해하는지 모른단 말인가?"라는 의미다. 예레미아스는 "주가 받으실 만한 해를 선포하게 하려고"라는 말을 인용하면서 이 구절의 후반부, 곧 "우리 하나님이 복수하시는 날"을 빠뜨렸기 때문에 회중이 분노했다고 주장한다.[6] 이븐 알 타이이브는 무리가 분노한 것은 시기─목수의 아들 주제에─때문이며, 이런 이유로 예수를 진지하게 받아들이지 못한다고 주장한다. "'이는 요셉의 아들이 아니냐?' 이 말은 그들이 예수를 시기하여 그를 믿지 않은 채 진심으로 그를 깎아내리려 한다는 것을 보여주는 증거다."[7]

누가복음 4:22을 "모든 이가 그를 나쁘게 증언했다"로 번역하면, 본문 중간부에서 "태도 돌변"은 없다. 사람들이 처음에는 좋아하다가 나중에 돌변하여 화를 낸 일이 벌어지지 않은 셈이다. 예레미아스는 다음과 같이 썼다.

누가복음 4:22은 청중이 예수께 보이는 태도에 단절이 없음을 보여준다. 반대로 이 본문은 처음부터 너나 할 것 없는 분노가 그들이 예수의 메시지에 보인 반응이었음을 기록하고 있다. 좋은 소식은 그들을 걸려 넘어지게 하는 돌이었다. 그 이유는 무엇보다도 예수가 이방인들을 향한 복수를 미래상에서 제거해 버리셨기 때문이었다.[8]

---

6) Joachim Jeremias, *Jesus' Promise to the Nations*, Studies in Biblical Theology 24 (Naperville, Ill.: Alec R. Allenson, 1958), pp. 44-45.
7) Ibn al-Tayyib, *Tafsir al-Mashriqi*, ed. Yusif Manqariyos (Egypt: AL-Tawfiq Press, 1907), 2:85.
8) Jeremias, *Jesus' Promise to the Nations*, p. 45.

예레미아스의 논지를 받아들인다면, 고향 사람들이 예수를 적대시한 데에는 또 다른 이유가 있었을 것이다. 이를 이해하려면, 역사를 거슬러 올라가 나사렛이 생긴 내력을 살펴봐야 한다.

구약성경에는 나사렛이라는 마을이 전혀 나오지 않는다. 청동기 시대 중기에 가나안인이 살던 집 몇 채가 흩어져 있었던 것을 제외하면, 이 마을에 사람들이 정착한 것은 기원전 2세기경으로 알려져 있다.[9] 그 기간에 마카비 가문의 아리스토불루스가 "갈릴리를 정복하여 유대 세계로 만들었다."[10] 나사렛은 4세기까지도 여전히 유대인만 거주하는 마을로 알려져 있었다.[11] 더욱이 가이사랴에서 나온 돌조각은 예루살렘이 함락된 뒤에 성전에서 온 24반열의 제사장 가운데 한 반열이 이제는 피난민이 되어 나사렛에 정착했다고 기록하고 있다.[12] 온통 유대인만 살고 보수성이 강한 동네였으니 이런 일이 일어나는 것도 당연했다. 이런 사실들은 통틀어 나사렛을 "정착민이 살던 동네"로 묘사한다. 갈릴리는 "이방인들의 갈릴리"(사 9:1; 마 4:15)가 되었다. 기원전 2세기에 마카비 왕조의 민족주의는 "그 땅을 애초부터 자기네 것이었던 땅으로 만들려" 했다. 그들의 행동 계획은 그 지역을 정복한 뒤 유대인 정착민들을 유대로부터 갈릴리 땅으로 이주시키는 것이었다. 식민지에 사는 소수 지배자들은—그리스인이든 로마인이든 영국인이든 미국인이든 혹은 유대인이든—시대를 막론하여 정치와 문화와 종교 면에서 자부심을 드러내고 강렬한 민족주의 성향을 드러내는 경향이 강하다. 나사렛도 그런 동네였던 것으로 보인다. 이런 문화 세계에서는 이사야 61장을 어떻게 이해했을까?

---

9) Eric M. Meyers and J. F. Strange, *Archaeology, the Rabbis & Early Christianity* (London: SCM Press, 1981), p. 57.
10) Clemens Kopp, *The Holy Places of the Gospels* (New York: Herder & Herder, 1963), p. 52.
11) Ibid., p. 55.
12) Meyers, *Archaeology, the Rabbis & Early Christianity*, p. 57.

부분 1

1. 주 야웨의 영이 내게 임하셨으니   주의 영
   이는 야웨(주)가 내게 기름을 부으사   주가 기름을 부으심

2.   가난한 자들에게 좋은 소식을 전하게 하고   가난한
   (그가 나를 보내 마음이 다친 자들을 싸매게 하시며)   마음이 다친

3.   포로 된 자들에게 자유를 선포하게 하고   포로들
   또 매인 자들에게 감옥 문을 열어주시고   매인 자들

4. 야웨의 은혜의 해와   야웨의 은혜

   우리 하나님의 복수의 날을 선포하게 하고   야웨의 복수

부분 2

5. 슬퍼하는 모든 자를 위로하고
   시온에서 슬퍼하는 자들에게   슬퍼하는 자를 위로함
   재 대신 화관을   그들에게 주다: 꽃을
   슬픔 대신 기쁨의 기름을   기쁨/찬송
   약한 영혼 대신 찬송의 옷을 주어

6. 그들이 의의 나무,
   곧 야웨가 심으신 것이라 불리게 하고   그들-야웨의 나무
   그가 영광을 받게 하려 하심이라.   하나님-영광을 받으심

부분 3

7. 그들은 오랜 폐허를 다시 지을 것이요,
   그들은 이전에 무너진 것들을 다시 세울 것이요,   폐허 재건
   그들은 황폐한 성읍들을 다시 고칠 것이요,   성읍을 다시 고침
   여러 세대 동안 무너져 있던 것들을   (과거로부터)

8.   외인들이 서서 너희 양떼를 칠 것이요,   외인들이 너희 목자가 됨
   이방인들이 너희 밭 가는 자와 포도원지기가 될 것이요,   농부들

9.   그러나 너희는 야웨의 제사장이라 불릴 것이요,   너희-제사장
   사람들이 너희를 우리 하나님의 일꾼이라 하리라.   너희-일꾼(봉사자)

10. 너희는 열방/이방인들의 재물을 먹을 것이요,   이방인
    또 그들의 부를 얻어 자랑하리라.   부가 너희 것이다

11. 너희는 수치 대신 갑절의 몫을 얻으며
    불명예 대신 너희 몫을 즐거워하리라.   좋은 몫
    따라서 너희는 너희 땅에서 갑절의 몫을 소유하고   너희 땅에서-기쁨
    영원한 기쁨을 누리리라.   (미래에)

그림 12.3. 이사야 61:1-7

이사야 61:1-7은 서로 연관성을 지닌 짧은 연들이 세 부분을 이루고 있으며, 그 수사 구조도 명쾌하게 짜여 있다(그림 12.3.).

우리는 이 세 부분이 각각 갖고 있는 여러 요소를 짚어봐야 한다.

첫 부분(1-4연)의 구절들을 꼼꼼히 살펴보면, 예수가 무엇을 읽으셨고 무엇을 빼셨는지가 분명하게 드러난다. 앞서 언급했듯이, 예수는 "그가 마음이 다친 자를 싸매게 하려고 나를 보내셨다"라는 말을 빼셨다. 예수는 이사야 58:6에서 한 문장을 빌려와서 두 줄 뒤에 덧붙이셨다. 마지막으로 예수는 마지막 구절을 절반으로 잘라 "우리 하나님이 복수하시는 날"이라는 말을 빼셨다. 나는 본문에 가로줄을 집어넣어 예수가 읽기를 멈추신 부분을 강조했다. 예수가 4연에서 구절의 후반부를 빼신 일은 회당의 군중을 심히 화나게 만들었다. 그러나 그가 이사야서의 2연과 특히 3연을 통째로 빼버린 일은 틀림없이 훨씬 더 큰 분노를 자아냈을 것이다.

두 번째 부분(5-6연)은 슬퍼하는 자들에게 위로와 기쁨을 보장해주었다. 그 내용을 빼버린 것 때문에 일부 사람은 실망했을 수도 있지만, 이것이 사람들을 화나게 하지는 않았을 것이다. 그러나 이사야는 세 번째 부분(7-11연)에서 "반전 평행법"을 사용한다. 이는 7연과 11연이 한 쌍을 이루고, 8연과 10연이 두 번째 쌍을 이루며, 중간에 있는 9연이 정점임을 뜻한다.

첫 번째 쌍은 7연에서 시작하는데, 이 연은 폐허가 된 성읍들을 다시 고칠 것을 이야기한다. 이와 쌍을 이루는 연이 11연인데, 11연은 사람들이 갑절로 땅을 받으리라고 약속한다. "세우다와 심다"는 하나님이 예레미야를 부르실 때 하신 말씀에도 들어 있었다(렘 1:10). 이 두 연은 나사렛이 왜 세워졌는지 요약해서 보여준다. 정착민 공동체였던 이 동네는 "세우고 심을 목적으로" 세워졌다. 이 정착민들의 목표는 "이전에 무너진 것들을 다시 세우고" 그들이 살 땅에서 **갑절의 몫**을 소유하는 것이었다. 그러나 중간에 있는 세 연은 차라리 비판에 더 가깝다.

8연과 10연은 주위에 있는 이방인들이 그들의 종이 될 것이며, 외인과 이방인들의 부가 그들에게 흘러들 것이라고 약속한다. 그들은 외인들의 값싼 노동력을 활용할 수 있게 되면서 "야웨의 제사장"으로 헌신할 수 있는 여유를 갖게 될 것이다(9연). 이 본문이 정착민 공동체의 마음을 휘어잡았으리라는 것은 쉬이 이해할 수 있다. 이 공동체가 본문을 간과하여 이 구절들의 내용을 몰랐으리라고는 상상할 수 없다.

이 본문은 분명 정착민의 역사와 자기이해의 중심에 자리해 있었다. 이사야서의 이 부분에 예기된 메시아의 황금시대는 위대한 일들을 약속했다. 하나님이 기름 부으신 이가 오시면 온갖 고된 일은 이방인들이 하게 되고, 정착민들은 이방인들의 노동 덕분에 부자가 될 것이다. 나사렛인들이 메시아 시대에 대한 이런 환상을 그들 시대에 적용했다면 당연히 여기서 아주 큰 매력을 느꼈을 것이다.

히브리어 성경을 아람어로 번역한 여러 역본에서 우리는 예수 시대에 사람들이 이 본문을 어떻게 이해했는지 알려주는 열쇠를 발견할 수 있다. 이 역본을 통틀어 타르굼이라 불렀는데, 이 타르굼의 기초가 되는 전통은 1세기에 시작된다.[13] 이 역본의 가장 중요한 특징은 본문에 많은 단어와 문구를 덧붙여, 아람어를 사용하던 유대인 공동체가 그 내용을 어떻게 이해했는가를 밝혔다는 점이다. 칠턴(Bruce D. Chilton)은 이사야서 타르굼을 영역한 책에서 이렇게 추가한 단어와 문구들을 아래와 같이 굵은 글씨로 표시하여 늘어난 부분을 강조하고 있다. 아람어 역본의 이사야 61:6-7은 다음과 같다.

너희는 **이방인들의 소유**를 먹을 것이요, 그들의 영광을 **마음껏 누리리라.**
너희는 **부끄러움과** 혼란을 당하지 않고, 대신 **내가 너희에게 약속하노니 너희에게 갑절의 혜택을 베풀어줄 것이요,** 그들의 몫을 자랑하는 이방인들은 **부끄러움을 당하리라.**[14]

---

13) The Isaiah Targum, *The Aramaic Bible II*, trans. Bruce D. Chilton (Edinburgh: T. & T. Clark, 1987), p. xxiii.
14) Ibid., pp. 118-19.

이 아람어 역본에서 이방인 이웃들의 희생으로 독자들이 누릴 영광은 부풀려져 있다. 이런 언어는 회당에 앉아 있던 예수의 청중이 틀림없이 품고 있었을 생각을 보여준다. 칠턴은 이 타르굼을 다음과 같이 주석하고 있다. "타르굼은 회당에 오던 보통 사람들이 공유했을 이사야서 이해에 관해 다른 어떤 랍비 문헌보다 훨씬 더 많은 정보를 제공한다."[15]

이런 점을 생각하면, 이 누가복음 본문을 다음과 같이 재구성해볼 수 있다. 나사렛에서 자란 소년 예수가 이제는 편력 랍비가 되어 마을로 돌아와 말할 기회를 얻었다. 정착민인 예수의 청중은 이사야 61장을 본문이 말하는 그대로 이해했다. 모든 이가 그가 하는 말에 유심히 귀를 기울일 때, 예수는 사람들이 익히 알고 깊이 사랑하는 이 본문을 골랐다. 그러나 예수는 이방인들이 심판을 받고 종이 되리라고 선언한 바로 그 지점에서 읽기를 멈추셨으며, 이는 청중에게 충격과 놀라움을 안겨주었다. 이방인들은 정착민 공동체를 이룬 그 마을 사람들이 쫓아내야 했던 이들이기 때문이다. 이 정착민들의 목표는 "이방인의 갈릴리"를 "유대인의 갈릴리"로 만드는 것이었다. 그렇다면 왜 랍비 예수는 청중이 이 이사야서 본문에 꼭 있어야 한다고 생각했던 구절들을 빼버리셨을까? 충격을 받은 청중은 예수가 이 본문을 설명하시는 말씀을 기다렸다.

하지만 이는 단순히 본문을 생략하는 데 그친 사례가 아니었다. 예수는 당신이 읽으신 본문을 편집하셨다. 한 문구를 빼버리고, 또 다른 말을 이사야 58:6로부터 빌려왔으며, 마지막 문장은 이미 보았듯이 반으로 잘라버리셨다. 이렇게 본문을 생략하고, 없던 문구를 새로 집어넣고, 본문에서 끄트머리를 싹둑 잘라버린 것은 누구 책임인가?

종종 사람들은 누가가 이 장면을 구성했으며 그의 관심사대로 이 본문을 만들어냈다고 추정한다. 그렇지만 이런 변화는 누가가 자신이 쓴 자료로 열거한 기록과 목격자의 설명 때문에 일어났을 수도 있다(눅 1:1-4). 예

---

15) Ibid., p. xxvi.

수는 유대교 역사에서 랍비 시대가 시작될 무렵에 사셨다. 미쉬나가 유대교 랍비들의 말을 가장 먼저 모아놓은 기록인데, 이는 200년경에 랍비 지도자인 유다가 모아 편찬했다. 여기에는 기원전 100년경(그리고 그전)부터 이 책을 편찬할 때까지 랍비들이 제시한 생각과 규칙들이 들어 있으며, 회당에서 성경을 어떻게 읽을지 규율한 규칙도 포함되어 있다. 토라를 읽을 때는 기록된 그대로 읽어야 했다. 그러나 읽는 본문이 예언서이면 "구절들을 빼버릴 수" 있었다.[16] 그럼 얼마나 많이 건너뛸 수 있었을까? 미쉬나는 예언서를 읽는 이가 "해석자에게 잠시 쉴 시간조차 주지 못할 정도로 읽어야 할 분량이 많을 때만" 구절들을 생략할 수 있다고 규정한다.[17] 본문은 히브리어로 되어 있었다. 그러나 말씀을 듣는 이들은 대부분 아람어만 이해했다. 이런 이유로 성경을 읽을 때는 히브리어를 말하지 못하는 청중을 생각하여 통역하는 이가 옆에 서 있다가 한 구절씩 아람어로 통역했다. 읽는 이가 뒤나 앞으로 건너뛸 때도 읽는 이가 한 구절을 읽고 통역자가 통역하게 했을 것이다. 통역자가 통역에 몰두하는 동안, 읽는 이는 같은 책 내의 다른 구절로 돌아갈 수도 있었다. 물론 이때는 그 구절이 방금 읽은 구절로부터 너무 멀리 떨어져 있지 않아야 했다. 읽는 이는 자신이 처음 읽기 시작했던 곳으로 곧장 돌아가기 전에 새 구절을 읽을 수도 있었다. 이렇게 성경을 읽고 통역할 때는 읽고 통역하는 흐름이 끊어지지 않고 계속 이어지게 하는 것이 목표였다.

더욱이 읽을 수는 있어도 통역할 수 없는 것들이 있었다.[18] 읽는 이와 통역자는 무슨 구절을 뺄지 그리고 고른 말이나 문구 중 히브리어로 읽었으나 회중에게 아람어로 통역하지 않을 것이 무엇인지를 두고 의견을 같이했을 것이다. 예수 시대에도 이런 지침이 효력이 있었는가는 분명하게

---

16) Mishnah, *Mo'ed* 4.4 (Danby, p. 206).
17) Ibid.
18) Ibid., 4.10. (Danby, p. 207).

판단할 수가 없다. 하지만 이런 지침은 이미 랍비 운동 초창기부터 토라를 읽을 때는 허용하지 않았던 일종의 자유를 예언서를 읽을 때는 허용했음을 확실하게 일러준다. 누가복음 4:17-19에서 발견되는 편집도 이런 규칙의 틀 안에서 이루어졌음이 분명하다. 따라서 예수를 편집자로 보면서 누가의 기록을 곧 예수가 천명한 강령으로 인정하는 것도 가능하다.

어쨌든 이 누가복음 본문은 랍비 규칙을 따르는 것으로 보아 어떤 유대인이 다른 유대인들을 염두에 두고 편집한 것이다. 이 본문은 이사야서 본문을 읽어보고 왜 이 본문을 택했으며 왜 이런 특별한 변화를 가져왔는지 밝혀냄으로써 꼼꼼하게 검토해볼 만한 가치가 있다.

예수는 "주의 영이 내게 임하셨다!"는 대담한 말로 시작하셨다. 이것은 분명 당신이 받으신 세례를 가리킨다.[19] 예수는 본문을 읽으신 뒤에 처음 내놓으신 설명에서 당신이 이 본문이 약속한 기름 부음 받은 자라고 선언하셨다. 쿰란 공동체의 조각 사본 4Q521은 이 기름 부음을 미래에 이루어질 약속이라고 주장했다. 예수는 이 일이 현재의 실재로서 자신 안에서 이루어졌다고 단언하셨다. 이는 청중에게 서로 다른 두 생각을 안겨주었다. 예수를 진정 하나님이 기름 부으신 자며 따라야 할 분으로 생각하는 이도 있었겠지만, 예수를 오만하고 건방진 자요 어쩌면 위험할 수도 있는 젊은 이로서 그 입을 다물게 해야 한다고 생각하는 이도 있었을 것이다. 그러나 이 두 견해는 근거가 거의 없다. 예수는 확실하게 기록된 성경을 읽으셨다. 그러나 그 과정에서 성경에 새로운 의미를 집어넣으셨다. 윌리엄 템플은 일찍이 이렇게 썼다. "두 가지 의무, '영을 소멸하지 말라. 선한 것을 단단히 붙잡으라'가 있다. 이 둘을 각각 따로 완수하기는 매우 쉽지만, 한데 묶기는 쉽지 않다."[20]

예수는 이 본문에서 과거로부터 내려온 확고한 보화인 이사야서를 "단단

---

19) Ibn al-Tayyib, *Tafsir al-Mashriqi*, 2:83.
20) William Temple, *The Church Looks Forward* (London: Macmillan, 1944), p. 23.

히 붙잡으시면서", "성령이 내게 임하셨다"고 선언하신다. 바울은 고린도인들에게 성경을 넘어가지 말라고 말한다(고전 4:6). 동시에 바울은 하나님이 그리스도 안에서 행하신 위대한 새 일을 서술한다. 이와 똑같이, 예수도 과거(성경 말씀)를 긍정하시고 하나님이 성령을 통해 행하시는 새 일을 선언하신다.

예수는 이렇게 먼저 사람들을 놀라게 하신 뒤 계속 성경을 읽으신다. 본문은 편집을 통해 기름 부음을 받은 이가 할 일로 세 가지를 제시한다. 이 셋은 여기서 제시한 뒤 그림 12.4.에서 다시 제시해보겠다(뒤 그림 12.4.를 보라).

주의 **영**이 내게 임하셨으니
이는 그가 **내게 기름**을 부으셨기 때문이다.

A **가난한** 자들에게 **좋은 소식**을 전하게 하려고. 전파
  B 그가 **나를 보내*** 포로 된 자들에게 선포하게 하셨다.—자유를, 보냄
    C 또 **눈먼** 자들에게—다시 **보게** 함을, 봄
  B´ '**억눌린** 자들을 **내보내게** 하셨다.—자유롭게,'* 보냄
A´ 주가 받으실 만한 해를 **선포하게*** 하려고.* 선포

"가난한 자들에게 전할 좋은 소식"은 무엇인가? 본문에서 뒤따르는 행(行)들이 그 소식을 정의해주는가? 그렇다면 "가난한 자들에게 전할 좋은 소식"은 "포로 된 자들에겐 풀려남"이요 억눌린 자들에겐 "해방"이다. 이런 경우, 예수의 사역은 사람들을 묶어놓는 경제·사회·정치적 사슬의 힘을 끊어버리는 것이었다. 그게 아니라면, *euangelizō*(좋은 소식을 전하다)와 *kēryssō*(선포하다)라는 그리스어를 강조하면서 이 본문을 하나님이 예수 그리스도 안에서 우리를 우리 죄로부터 구하려고 역사 속으로 뚫고 들어오신다는 새로운 사실을 가리키는 것으로 해석해야 하는가?

이런 문제를 풀려면, 먼저 본문이 기름 부음 받은 자의 세 과업을 A-B-C-B´-A´ 형태로 제시한다는 것을 유념해야 한다. 외피(A-A´)는 **선포**와 관련이 있다. 두 번째 개념(B-B´)은 **정의를 옹호함**을 이야기한다. 중앙

의 정점(C)은 **긍휼**(눈먼 자를 보게 함)을 이야기한다. 나는 예수가 섬세하게 구성된 이 목록을 만들어내고자 편집을 통해 네 가지 큰 변화를 일으키셨음에 주목했다. 본문은 이 편집을 통해 다음과 같은 것들에 초점을 맞춘다.

    선포
        정의를 옹호함
            긍휼
        정의를 옹호함
    선포

본문에서 볼 수 있는 편집상의 변화는 필요하고 중요한 것으로 주목할 만한 가치가 있다.
선포를 강조하는 두 줄(첫 줄과 마지막 줄)은 이렇다.

    A 가난한 자들에게 **좋은 소식을 전하게** 하려고
    A´ 주가 받으실 만한 해를 **선포하게** 하려고

신약성경이 예수 그리스도 안에서 이루어진 구원의 메시지를 선포함을 가리키는 위대한 두 단어가 *euangelizō*와 *kēryssō*다. 첫 번째 단어는 영어의 evangel이라는 단어를 만들어냈으며, 두 번째 단어는 kerygma라는 신학 용어를 만들어냈다. 신약성경에서는 시종일관 이 두 그리스어 단어가 복음의 메시지를 선포함을 가리킨다. 그렇다면 이 본문에서는 그 메시지가 무엇인가?

이 물음을 풀 열쇠는 "가난한 자"의 정의에서 발견할 수 있다. 이사야는 **가난한 자들에게** 전할 좋은 소식을 이야기하는데, 이 "가난한 자"는 무슨 뜻인가? 예언자 이사야는 먹을 것이 충분하지 않은 자를 말하는 것인가, 아니면 자기 영혼이 굶주려 있음을 느끼고 하나님을 찾는 사람을 말하는 것인가?

다행히도 이사야는 명쾌한 답을 제시한다. 히브리어 본문은 두 단어를 사용한다. 두 단어 가운데 하나는 'ānî(종종 "가난한"으로 번역)이며 다른 하나는 'ānāw(보통 "온유한"으로 번역)다. 둘은 사실상 같은 뜻이며 종종 서로 바꿔 쓰기도 한다. 이사야 61:1에는 'ānāwîm('anāw의 복수형-역주)이 있는데, 이는 "온유한"이라는 의미를 가리키곤 한다. 이 두 단어는 이사야서에서 15회 등장한다. 그중 3회는 "먹을 것이 충분하지 않은 사람들"을 가리키며, 11회는 "겸비하고 경건하여 하나님을 찾는 사람들"을 가리킨다. 예언자는 이사야 66:2에서 이렇게 말한다.

> 그러나 이 사람이 내가 돌보는 사람이니,
> 곧 가난하고('ānî) 심령이 통회하며
> 내 말에 떠는 자라.

이사야 29:19은 이렇게 말한다.

> 온유한 자('ānāwîm)가 야웨 안에서 새 기쁨을 얻을 것이요
> 사람들 가운데 가난한 자(ebyônê 'ādām)가 이스라엘의 거룩하신 이를 즐거워하리라.

"가난한 자"를 똑같이 정의한 것이 쿰란 공동체에서도 다시 등장한다. 이 공동체는 "가난한 자"로 자기 정체성을 규정했다. 즉 그들은 자신을 하나님이 "가난한 자"에게 하신 약속들을 자기 것으로 주장할 권리를 가진 참된 신자들의 공동체로 이해했다. 새로 출간된 몇몇 사해 사본 조각들은 "가난한 자의 찬송"이라 불려왔다(4Q434, 436). 아이젠만(Robert H. Eisenman)과 와이즈(Michael Wise)는 이 찬송을 이렇게 요약했다. "가난한 자의 찬송에서는 가난한 자가 그들의 '경건'과 하나님의 '자비' 때문에, 그리고 이들

이 '하나님의 마음에 합당한 길을 걸었다'는 이유로 '구원을 받는다.'"21)

초기 유대계 그리스도인들은 자신을 **에비온파**(Ebionites, 가난한 자들)라 불렀다.22) 예수는 마태복음에서 "심령이 가난한 자는 복이 있나니"라고 말씀하신다(마 5:3). 이 본문은 더 짧은 누가복음 6:20, 곧 "가난한 자는 복이 있나니"를 바로잡은 것이라기보다 분명하게 설명한 것으로 읽을 수 있다. 게다가 바울은 가끔 예루살렘 교회를 "가난한 자들"이라고 부른다(롬 15:26; 갈 2:10).

마지막으로 기독교의 등장 이후에 나온 유대교 본문들도 가난한 자/온유한 자를 같은 식으로 묘사한다. 「랍비 이스마엘의 메킬타(주석)」(Mekhilta of Rabbi Ishmael)는 이렇게 기록하고 있다. "성경은 온유한 자('ānāw)라면 누구나 셰키나(Shekinah, 하나님의 영광스러운 나타나심)가 땅의 사람 속에 머물게 할 것이라고 말한다."23) 여기서도 "가난한 자"는 겸비하고 경건하여 하나님을 찾는 사람을 뜻한다. (예수 앞뒤로) 600년 동안 "가난한"이라는 표현을 이렇게 사용했다는 것은 그 말이 주로 "하나님 말씀 앞에서 떠는 자"를 뜻함을 확인해준다(사 66:5).

누가복음 4:18에 있는 이 말을 정치학과 경제학 용어로 바꾸는 것은 역사를 무시하는 일이다. 누가복음은 하나님이 예수 안에서 "당신 백성을 찾아와 구속하셨다"(눅 1:68)고 강조한다. 어느 시대나 교회는 하나님과 자기 이웃을 진심으로 사랑하려 하는 자들에게는 예수 안에 소망과 빛과 나아갈 방향이 있다고 선포해왔다.

다섯 가지를 담은 이 목록과 어울리는 구절이 "주가 받으실 만한 해를

---

21) Robert H. Eisenman and Michael Wise, *The Dead Sea Scrolls Uncovered* (Rockport, Mass.: Element, 1992), p. 237.
22) Jean Daniélou, "The Ebionites," in *The Theology of Jewish Christianity* (Philadelphia: Westminster Press, 1964), pp. 55-64.
23) *Mekhilta de-Rabbi Ishmael*, trans. J. Z. Lauterbach (Philadelphia: Jewish Publication Society, 1976), 2:273.

선포하는 것"이다. 이 구절은 희년이 왔음을 뜻한다고 볼 수 있다. 희년에는 모든 노예가 풀려나 자유민이 되고, 빚도 면제받으며, 죄수도 풀려난다. 이는 희년 언어로 "메시아의 해, 곧 당신 백성에게 큰 복을 베푸시는 야웨의 해"라고 선포하는 것으로도 볼 수 있다.[24]

요컨대 하나님의 기름 부으신 이가 확증하는 이 목표 목록의 처음과 마지막 문언은 겸비하고 경건하여 하나님을 성실히 찾는 이에게 좋은 소식이 선포되었다고 강조한다.

본문은 두 번째 주제를 다음 두 문언과 함께 제시한다.

B 그가 나를 **보내** 포로 된 자들에게 선포하게 하셨다.—자유를
B′ "억눌린 자들을 **보내게** 하셨다.—자유롭게"

각 줄은 "**보내다**"라는 말로 시작하여 "**자유**"로 끝맺는다(그리스어 본문에서 그렇다는 의미-역주). 이런 평행 관계는 우연이 아니다. 이 두 줄이 같은 주제의 조금 다른 측면을 제시하는 것도 결코 우연이 아니다. 두 줄의 놀라운 차이점을 보면, 첫째 줄에서는 기름 부음을 받은 이가 **보내심을 받아** 자유롭게 하신다. 그런데 둘째 줄에서는 기름 부음을 받은 이가 다른 누군가를 **보내** 자유롭게 하신다. 이 두 줄은 엘리야와 엘리사가 온몸으로 보여준 경탄할 만한 두 선교 신학을 강조한다. 하나님은 이스라엘 가운데서 엘리야를 시돈의 사르밧 과부에게 **보내셨다**(왕상 17:8-16). 엘리사는 수리아인 나아만을 요단 강으로 보내 나병으로부터 자유를 얻게 해주었다(왕하 5:1-14). 이 쌍의 둘째 줄은 세 장이나 떨어져 있는 본문에서 가져온 것이다. 그렇다면 이 본문의 원래 무대는 무엇인가?

---

24) Alfred Plummer, *Gospel According to S. Luke*, 5th ed., International Critical Commentary (1922; reprint, Edinburgh: T & T Clark, 1960), p. 122. 이 점을 상세히 다룬 논의로는 John Nolland, *Luke*, 3 vols., Word Biblical Commentary (Dallas: Word, 1989), 1:197-98을 참고하라.

"억눌린 자들을 내보내 자유를 얻게 했다"는 말은 이사야 58:6로부터 가져왔다. 이 이사야서 본문은 금식을 다루면서, 하나님은 경건하나 속이 텅 빈 몸짓에는 아무런 감동도 받지 않으신다고 선언한다. 하나님은 이렇게 물으신다.

이것이 내가 택한 금식이 아니냐?
    사악함의 결박을 풀어주고
    멍에의 줄을 끌러주며
억압받는 자를 자유하게 하는 것이 아니겠느냐?…
네 양식을 주린 자와 함께 나누며
    집 없는 가난한 자들을 네 집에 들이는 것이 아니겠느냐?

여기서 굵은 글씨로 강조된 구절의 의미는 확실하다. 이는 **정의를 옹호함**을 의미한다. 이 이사야 58:6과 짝을 이루는 이사야 61:2도 같은 점을 강조한다. 이사야는 "그가 나를 **보내사** 포로 된 자들에게 자유를 선포하게 하셨다"고 했는데, 이를 통해 **포로로 잡혀간 자들을 고향으로 돌려보냄**을 이야기했다. 이사야가 속한 공동체는 포로로 잡혀가 지금으로 치면 이라크 남부에서 타향살이를 하고 있었다. 페르시아 왕 고레스는 그 지역의 바빌론 통치자들을 정복한 뒤, 바빌론에 포로로 잡혀와 있던 여러 민족 사람들이 고향으로 돌아가게 해주었다. 짝을 이룬 두 문언(B와 B´)이 제시하는 주제는 "**정의를 옹호함**"이다. 이렇게 짝을 이룬 개념은 이사야 58:6으로부터 가져온 문언으로부터 신중하게 만들어낸 것이다. 이처럼 본문은 편집을 통해 **정의를 옹호함**이라는 강조점을 힘차게 역설한다.

나는 중동에서 아르메니아 및 팔레스타인인들과 수십 년을 함께 일했다. 따라서 폭력으로 고향에서 쫓겨난 이들의 특별한 염원과 고통을 어느 정도는 안다. 이런 사람들은 "포로 된 자들에게 해방(을 선포함)"이라는 말을 들으면 이 말이 "고향으로 돌아갈 자유"를 뜻함을 본능적으로 이해한다. 이사야가 말하려던 바는 분명히 이런 의미다. **포로 된 자**를 어떤 형태든 죄에 묶인 자로 협소하게 이해하는 것은, 앞서 "가난한 자"를 다루면서 피하려 했던 것과 같은 잘못, 즉 역사를 망각하는 잘못이다. 마지막으로 이 복합 인용문에서, **선포와 정의를 옹호함**에 나서도록 움직이는 원동력은 무엇인가? 누가복음 4:18-19에 인용된 이사야서 본문의 중앙에 자리한 정점이 그 답을 제공한다.

본문의 중앙부(C)는 "눈먼 자들의 눈을 열어준다"라고 되어 있다. 이 구절의 히브리어 원문은 모호하다. 원문을 문자 그대로 읽으면 "열어줌-매인 자들에게"다. 본문만 보면 이것이 "눈먼 자들의 눈을 열어준다"인지, "감옥 문을 열어 매인 자들을 풀어준다"인지 분명하지 않다. 독자는 상상에 따라 이렇게도 저렇게도 받아들일 수 있다. 동시에 쿰란 공동체는 **눈먼 자들의 눈을 열어줌**도 메시아가 할 일에 분명히 포함시켰다. 다음과 같은 초기 텍스트들은 이 문언을 이해하게 해줄 배경으로 중요하다.

- 히브리어 원문: "매인 자들에게 열어줌."
- 이사야서 아람어 타르굼: "매인 자들에게, 빛에 드러내다."
- 구약성경 그리스어 역본(70인역): "눈먼 자들에게 시력을 되찾아줌."
- 메시아에 대한 쿰란 사본(4Q521)의 견해: "눈먼 자들의 눈을 열어줌."
- 시편 146:7-8: "야웨가 포로들을 해방시켜주시고 / 야웨가 눈먼 자들의 눈을 열어주시도다."
- 이사야 42:7의 고난 받는 종: "눈먼 자들의 눈을 열어주시고 갇힌 자들을 감옥에서 끄집어내주실 것이다."

이 문언을 볼 때 누가복음 4:18의 자료가 무엇인지를 정확하게 가려내기는 불가능하다. 당시 회당에서 성경을 읽는 이는 본문의 단어를 바꿀 수 있었는데, 예수도 이를 직접 바꾸셨을 수 있다. 아니면 당신 앞에 있는 히브리어 본문을 바꾸지 않으신 채, "열어줌-매인 자들에게"라고 그대로 읽으셨을 수도 있다. 누가가 이를 (70인역을 따라) "눈먼 자들에게 시력을 되찾아줌"으로 바꾸었을까? 이것은 어느 본문에 맞추었을까? 쿰란 사본일까, 시편 본문일까, 이사야서의 고난 받는 종일까, 아니면 아람어 타르굼일까? 보통 타르굼은 해석적 번역을 허용했기 때문에 사도들도 이런 자유를 행사했을 수 있다. 아니면 예수는 히브리어 본문을 읽으시고 번역자가 (예수의 동의를 받아) 눈먼 자에 대한 언급을 집어넣었을까? 이 질문 중 어느 것도 명쾌한 답이 없다. 하지만 분명한 것은 많은 유대 사상이 눈먼 자의 눈을 열어줌을 메시아의 목표 가운데 포함시켰다는 것이다. 누가복음에서는 이렇게 긍휼을 베푸는 행위(눈먼 자의 눈을 열어줌)가 섬세하게 편집된 구약 본문이 묘사하는 메시아 강령의 중심부에 자리해 있다.

"이제 믿음, 소망, 사랑, 이 셋은 항상 있되 그중 제일은 사랑이라"(고전 13:13). 긍휼/사랑의 행위가 선포와 정의 옹호와 긍휼로 이루어진 목록 중심부에 자리해 있다. 이 본문이 시대를 불문하고 교회에 던지는 도전은, 이 빛나는 묶음 전체를 함께 묶어 유지하는 일이다. 믿음, 소망, 사랑이 각각 의미가 있지만, 이것들은 기독론적 배경 위에서 함께 있을 때 비로소 완전한 치유 능력을 얻는다.

예수 그리스도의 제자는 모두 특별한 부르심이 있다. 설교자는 정의를 향해 나아가는 사람들이 팀의 중요한 부분임을 안다. 깊은 생각을 품고 정의를 옹호하는 사람들은 하나님의 정의가 그들이 추구하는 정의를 판단해야 함을 안다.[25] 긍휼의 사람들은—그 긍휼이 어떤 형태이든—마음을 변화시키는 메시지와 정의로운 사회가 없으면 그들이 하는 일이 불완전함을 깨닫는다. 이 모든 것 가운데 가장 위대한 것이 사랑이다.

이야기를 계속해보자. 예수는 읽기를 마치자 두루마리를 말아 회당 사환에게 주신 다음, 앉아서 그 본문을 설명하셨다. 그의 첫 말씀은 번갯불이었다. 그는 그들의 눈앞에 계신 자신에게 일어나고 있는 사건이 메시

---

25) Lesslie Newbigin, *The Open Secret* (Grand Rapids: Eerdmans, 1979), pp. 124-27.

아 시대를 열고 있다고 선언하셨다. 앞서 언급했듯이 그들은 "예수를 옹호하지" 않고 "그분을 거역하는 증언을 했으며", 예수가 심판의 본문을 가져다 자비의 본문으로 바꿔놓으신 것에 분노했다. 그들의 적대감은 즉각 드러났다. 그들은 틀림없이 이런 생각을 했을 것이다.

이 친구 어디가 잘못된 거 아니야? 우리가 좋아하는 본문을 하나 인용하더니, 거기서 가장 중요한 구절들을 몇 개 빼버렸네. 그러면서 심판의 본문을 자비의 본문으로 바꿔버리고, 정말 열 받게 하는구먼! 메시아 시대는 **우리에겐** 황금시대이고 하나님이 **저 원수들에게 보복**하시는 시대잖아. 이 동네에서 자란 친구가 어떻게 이걸 모르지? 이 동네가 왜 세워졌는지 기억조차 못하는 건가?

예수는 그 앞에서 일어나는 적대감에 이렇게 대답하셨다. "너희는 필시 '의사야, 네 자신을 고치라'라는 속담을 인용하여 내게 '우리가 가버나움에서 일어났다고 들은 일을 네 고향에서도 행하라' 하고 싶을 것이다." 그리고 그가 말했다. "진실로 내가 너희에게 말하노니 어떤 예언자도 자기 고향에서는 환영을 받지 못하느니라"(눅 4:23-24).

요컨대 그들은 이사야 61장이 신앙 공동체에게 물질의 복을 약속한다는 것을 안다. 예수는 이 본문을 "너희가 받고자 하는 것이 여기 있다"에서 "너희가 주어야 할 것이 여기 있다"로 바꾸신다. 예수는 이렇게 말씀하신다. "나는 하나님이 기름 부으신 자다. 너희가 나를 따르려면 (나와 함께) 선포와 정의 옹호와 긍휼을 베풂에 참여해야 한다." 예수가 이렇게 말씀을 바꾸시자, 진정 예수가 메시아라면 여전히 자신이 받을 것에만 정신이 팔려 있던 회중은 당황한다.

예수는 구약성경의 두 이야기를 제시하면서 이 문제로 관심을 돌리신다. 한 이야기는 엘리야 이야기이고, 다른 이야기는 엘리사 이야기였다. 이 누가복음 본문은 촘촘히 짜인 네 개의 히브리어 평행법으로 이루어져 있으며, 이 네 문언이 결합하여 "단계 평행법"을 이룬다. 그리고 각주가 하나 있다. 그림 12.4.에서는 이 본문의 구성 형태를 다음과 같이 제시했다.

---

a. **이스라엘에 많은 과부**가 있었다.

   b. **엘리야** 시대에

      (3년 6개월 동안 하늘이 닫히고 온 땅에 큰 흉년이 들었을 때)

         c. 또 엘리야가 그중 **누구에게도** 보내심을 받지 않고

            d. **오로지** 시돈 사르밧으로, 한 **여자**, 한 과부에게

a. 또 **이스라엘에 많은 나병 환자**가 있었다.

   b. 예언자 **엘리사** 시대에

         c. 또 그중 **누구도** 깨끗함을 받지 않고

            d. **오로지** 수리아 사람 **나아만**만이

그림 12.4. 이스라엘의 과부와 나병 환자(눅 4:25-27)

첫 네 줄은 네 가지 주제를 제시하며, 마지막 네 줄은 이 주제를 같은 순서로 되풀이한다. 네 주제는 다음과 같다.

a. 이스라엘에 많은 과부/이스라엘에 많은 나병 환자

b. 엘리야 시대에/엘리사 시대에

c. 누구도 도움을 받지 않았다

d. 오로지 한 과부/나아만(만이 도움을 받았다)

네 평행 문언을 섬세하게 균형을 맞춰 조합한 이 본문에 "각주"가 하나 나타난다. 이 본문의 독자가 구약(히브리) 성경에 익숙하지 않은 그리스인이라면, 설령 그가 구약 원문 기사를 모른다 하더라도 두 번째 이야기는 이해할 수 있을 것이다. 나병 환자가 깨끗함을 받았다는 이야기이기 때문이다. 그렇다면 첫 번째 이야기는 어떤가? 독자가 원래 이야기를 모른다면, 두 번

째 이야기의 네 줄에 상응하는 과부 이야기 네 줄은 아무 의미가 없게 된다. 나아만은 나병을 앓았다. 그렇다면 과부 여인의 문제는 무엇이었는가?

누군가가, 어쩌면 누가가 "각주" 형태로 배경 정보를 덧붙여놓았다. 3년 6개월 동안 비가 오지 않아 흉년이 들었다. 이 각주는 섬세하게 구성된 본문 여덟 줄에 불쑥 끼어들었다. 고대인들은 페이지 밑에 각주를 붙이는 체계를 갖고 있지 않았다. 편집자가 본문의 의미를 명확히 밝힐 수 있는 방법은 본문 자체에 정보를 추가하는 것이었다. 이 본문에 앞과 같은 각주가 등장한다는 것은 의미심장하다. 유대인 청중/독자는 두 이야기를 잘 알았으리라고 예상할 수 있다. 예수시라면, 회당 사람들에게 이 가뭄과 뒤따른 기근을 굳이 말씀하실 필요가 없었을 것이다. 그러나 누가는 데오빌로와 다른 이방인들을 염두에 두고 그리스어로 복음서를 쓰고 있다. 누가가 유대인이 아닌 독자들의 이해를 도우려고 이런 각주를 붙였을 가능성이 아주 높다. 누가가 전달받았을 당시, 이미 이 이야기는 고정된 전승의 일부였다.

요컨대 모든 이야기는 다음과 같이 세 층으로 이루어져 있다.

1. 예수는 이사야 61장에서 가져온 본문을 편집하여 읽으신다. 그는 이 본문을 주석하시면서 히브리 수사법을 살린 여덟 줄 본문을 만드시고 사르밧 과부 이야기와 나아만 이야기를 인용하신다.
2. 이 사건을 기억하는 사도 공동체는 이 긴박한 대결을 열심을 다해 기록한다. 이 공동체는 히브리어 문체를 사용해 본문을 구성하면서, 이사야서에서 가져온 글을 쌍을 이룬 여덟 개 줄로 이루어진 내러티브 틀의 중심부에 배치하고 있다.
3. 누가는 이 이야기를 기록된 형태로 받았으며, 이방인 독자들이 그 내용을 이해할 수 있게 역사적 사실을 담은 각주를 하나 덧붙였다.[26]

---

[26] 마가도 똑같은 사실을 기록하지만 마을 사람들의 격렬한 반응은 언급하지 않는다. 이런 반응을 기록하지 않은 것은 마가가 로마계 유대계 그리스도인 독자들과 이방인 그

그럼 이 기사 자체는 무슨 이야기인가? 열왕기상 17:1-16은 엘리야와 사르밧 여자 이야기를 기록하고 있다. 기원전 8세기, 예언자 엘리야는 바알에게 예배한 아합 왕을 비판하고 기근이 닥칠 것을 선언한 뒤, 목숨을 부지하고자 도망쳤다. 엘리야는 자신이 예언한 기근이 닥치자 시돈 근처 사르밧이라는 조그만 동네로 피신한다. 거기서 그는 자기 외아들에게 먹일 마지막 빵을 구우려고 나뭇가지를 모으던 한 과부를 발견했다. 그들은 자신을 돌보아줄 가족도 없었고 기근 때문에 양식도 바닥나 있었다. 이렇게 나뭇가지를 모아 마지막 빵을 구워 먹는 것이 그 과부가 죽음의 신에게 항복하기 전에 마지막으로 할 일이었다.

엘리야는 이런 과부에게 "그 빵을 내가 먹게 해주시오!"라고 말했다. 이런 몰염치한 말이 어디 있단 말인가! 이 절박한 여자에게 조막만 한 마지막 양식을 내놓으라니, 게다가 굶주려 죽어가는 과부의 아들이 지켜보는 가운데 그것을 먹겠다니, 예언자라는 사람이 어찌 이런 요구를 할 수 있단 말인가? 그러나 겉으로 드러난 것 외에 더 많은 것이 있었다.

이 과부의 세계관에 따르면, 각 신의 능력은 그 신의 영역에만 미칠 뿐이었다. 야웨는 이스라엘 땅의 신이므로 이스라엘에 사는 사람들만 도울 수 있었다. 바알의 땅인 시돈에서는 바알만이 힘을 갖고 있었다. 이 과부가 자신이 사는 땅에서는 이스라엘의 하나님이 아무 힘이 없다고 생각한 것은 당연했다. 요나는 자신이 배를 타고 이스라엘 땅을 벗어나면 야웨를 피할 수 있다고 생각했다(욘 1:3). 다메섹에 찾아온 장군 나아만은 고향으로 돌아가면서 이스라엘 땅의 흙을 가져간다. 그래야 자신이 다메섹에서도 이스라엘의 하나님께 기도할 수 있다고 생각했기 때문이다. 분명 나아만도 각 신이 특정 영토 안에서만 지배권을 행사한다고 가정하여, 적어도 자신이 이스라엘의 흙 위에 서 있지 않는 한 이스라엘의 하나님이 자기 기도를 들어줄 리가 만무하다고 예상했다. 그는 자신에게 필요한 흙을 이

리스도인 독자들이 평화롭게 지내도록 하는 데 관심을 가졌기 때문일 것이다.

스라엘에서 다메섹으로 가져감으로써 자기 문제를 풀었다(왕하 5:17). 이런 견해를 가진 세계에서, 아무리 엘리야라도 굶주려 죽어가는 이 과부가 시돈 땅에서는 아무 힘이 없어 누구도 도울 수 없는 신을 섬긴다는 이스라엘 예언자인 자신을 믿으리라고 기대할 수 있었을까?

그러나 이 여자는 놀라운 믿음의 도약을 펼치며 미지의 세계로 뛰어든다. 과부는 예언자의 말에 순종하면서 그에게 빵 덩어리를 준다. 그러자 과부는 결코 마르지 않는 기름병을 보상으로 받는다. 하나님이 선물로 주신 기름과 양식은 이스라엘의 하나님을 철저히 믿은 이 과부의 믿음을 지지해주었다. 이스라엘 전체가 이 과부 이야기를 기억했고, 그녀는 이스라엘 전체에게 믿음의 모델이 되었다.

예수가 말씀하신 두 번째 이야기도 구약성경에서 나왔다. 열왕기하 5:1-15의 기록처럼, 나아만은 수리아군 사령관이었으며 다메섹 왕의 막역한 벗이었다. 그런 그가 갑자기 나병에 걸렸다. 그는 자기 아내의 여종이 귀띔해준 말을 따라 치료를 받으러 이스라엘로 갔다. 나아만의 이스라엘 왕 예방은 이스라엘에겐 재앙이었다. 왕을 예방한 그는 예언자 엘리사를 찾아갔다. 수리아군 사령관인 나아만은 유력 인사요 위험한 인물이었기에 자신이 찾아가는 곳이면 그곳이 어디든 각별한 대접을 받으리라고 기대했을 것이다. 그러나 놀라 자빠질 일이 벌어졌다. 엘리사의 집에 도착한 그는 집안으로 들어가지도 못했다. 대신 엘리사는 집 밖으로 종을 보내 자신의 말을 나아만에게 전하게 했다! 이런 어처구니없는 일이! 치욕이요, 분통 터지는 일이었다.

나아만은 무엇을 원했는가? 그렇다. 나병이 낫는 것이었다. 그런데 엘리사는 자기 종을 통해 나아만에게 요단 강에 가서 씻으라고 명령한다. 관습대로 하자면 엘리사가 이 귀한 손님에게 큰 잔치를 베풀고 잔치가 끝날 무렵에 "이 비천한 종이 장군을 위해 할 수 있는 일이 무엇입니까?"라고 정중히 여쭈어야 했다.

나아만은 헐몬 산에서 녹아내린 눈이 자기 고향을 관통하여 흐르는 것에 익숙해 있던 사람이었다. 다메섹 거주자들은 중동에서 사시사철 흐르는 가장 맑은 물 근원을 늘 누리며 살았다. 이런 그가 어찌 흙탕물이 흐르는 이스라엘의 강에 몸을 담그고 더럽힐 수 있겠는가? 나아만은 화가 나서 집으로 돌아가려 했다. 그러자 그의 종들이 만일 그가 크고 고귀한 행동을 하라는 요구를 받았으면 순종하지 않았겠냐고 능숙하게 간언한다. 그렇다면 이런 모욕을 받아들이고 목욕 한번 해보는 것이 무슨 큰일이겠느냐는 이야기였다. 나아만은 이 간언을 받아들여 요단 강에 몸을 씻었다. 그리고 고침을 받았다. 예수는 이 이야기를 인용하심으로써 그의 훌륭한 믿음 때문에 보상을 받은 또 다른 이방인을 제시하셨다.

예수가 회당 회중에게 하신 말씀은 이러했다.

너희가 메시아가 열 새 황금시대의 혜택을 누리길 원한다면, 이 이방인들의 믿음을 본받아야 한다. 나는 너희에게 단순히 이방인들에게 관용을 베풀거나 그들을 받아들이라는 요구를 하는 게 아니다. 너희는 이런 이방인들을 너희보다 뛰어난 영혼을 가진 이들로 여기고 그들이 진정한 믿음의 본질을 가르쳐줄 수 있음을 인정해야 한다. 이런 사람들이 내가 막을 연 "주가 받으실 만한 해"의 혜택들을 누릴 수 있다.

예수는 진정한 믿음의 모델을 원하셨다. 이런 모델을 찾고자 그는 자신의 민족 공동체를 넘어 이 두 이방인 믿음의 영웅 이야기를 인용하셨다.

복음은 어떤 문화에서나 그 문화에 속해 있되 그 문화 자체를 넘어선 증인이 있어야 비로소 안전하다. 유명한 스리랑카 신학자 나일스는 제임스 매튜스(James Matthews)를 인용하여 이렇게 썼다. "우리는 우리가 속한 문화를 따르며 살아왔기 때문에 하나님의 모든 말씀은 다른 이가 우리에게 선포해야 한다."[27] 어느 문화에서나 복음의 메시지는 그 문화와 그 문

---

27) D. T. Niles, *Upon the Earth* (London: Lutterworth, 1962), p. 166.

화의 목표를 지지하는 가치 체계와 타협할 위험성이 있다. 그 문화가 생소한 이방인은 복음이 굴복해버린 점들을 직관적으로 분별하여, 공동체에게 더 순수하고 진정한 믿음으로 돌아갈 것을 요구할 수 있다. 그러나 이렇게 새 생명을 불어넣는 일은 늘 분노를 자아내고 저항을 받는다. 바로 이런 적대 행위의 패턴이 이 이야기에서도 나타난다. 그러나 이 이야기에는 더 많은 것이 담겨 있다.

예수는 나사렛 회당에서 양면적인 선교 신학을 제시하신다. 예수가 편집하여 읽으신 이사야서 본문에는 "나감"과 "끌어당김" 사이에 절묘한 균형이 존재한다. 기름 부음을 받은 이는 "사로잡힌 자들에게 자유를 선포하게 하려고 **보냄을 받았다.**" 이를 보여주는 예가 이스라엘을 떠나 시돈의 사르밧 여자에게 간 엘리야다. 엘리사가 나아만을 이스라엘로 끌어당겼듯이, 메시아도 **사람들을 끌어당기실 것이다.** 이 두 힘은 선교의 원심력과 구심력이라 부를 수 있다. 이 본문을 충실히 따르려면 엘리야와 엘리사의 사역을 전심전력으로 따라야 한다.

아울러 이 두 이야기는 독자에게 진정한 믿음의 본질을 가르쳐준다. 신약성경에서 믿음은 크게 세 가지 요소, 즉 **지식 차원의 동의**, **매일 신뢰함으로 행함**, 순종의 요소를 가진다.

누군가 "나는 그 주교가 진실을 말한다고 믿습니다"라고 말한다 하자. 이 경우 "**믿는다**"는 지식 차원의 동의와 관련된다. 믿음도 그렇다. 신자는 일련의 강조점들을 지식 차원에서 받아들인다. 우리는 하나님이 한 분이신 삼위 하나님이시라고 믿는다.

매일 신뢰함으로 행함은 믿음에서 대단히 중요한 부분이다. 우리는 모두 "위대한 믿음"을 가진 사람들을 알고 있다. 이들은 처참한 비극을 거치면서 혹독하고 대답조차 없는 여러 의문이 생기는 상황에서도 믿음을 지켜냈다.

마지막으로 믿음은 우리가 행하는 어떤 것이다. 나는 더 많이 행해야 한다고 **믿지만**, 그러지 못할 때가 잦다. 바울 역시 이런 생각을 다음과 같이 밝히고 있다. "무엇이든 믿음에서 나오지 않은 것은 죄다"(롬 14:23). 우리는 그가 "무엇이든 믿음에서 나오지 않은 것은 **믿지 않음**이다"라고 말하리라 예상한다. 그러나 바울은 믿음의 반대말을 죄라고 본다. 그가 이해하는 믿음은 순종을 포함하기 때문이다. 순종의 반대말은 분명 죄다. 바울이 "믿음의 순종"을 말하는 이유는 그가 믿음과 순종을 거의 바꿔 쓸 수 있는 말로 여기기 때문이다. 나는 내가 이번 장을 써야 하고 또 지금 쓰고 있다고 **믿는**다. 내 믿음이 진정한 이유는 내가 그 믿음을 기초로 지금 행동하기 때문이다.

이 본문의 두 이야기는 이런 요소들을 하나로 묶어준다. 사르밧 과부는 "이 예언자가 지금 말도 안 되는 소릴 하고 있네. 여기는 바알 땅인데 당신의 신인 야훼가 나를 어떻게 도와준단 말이오?"라고 하지 않았다. 이런 말을 했다면, 그것은 믿음의 한 요소인 **지식 차원의 동의**를 거부하게 될 것이다. 또한 그녀는 "당신의 신이 나를 도와줄 수도 있다고 믿습니다. 하지만 이 마지막 빵을 당신에게 주는 것은 생각조차 할 수 없어요"라고 말하지도 않았다. 그렇게 말했다면 **지식 차원에서는 동의**했을지라도 **신뢰함으로 행하고 순종함**은 거부하게 될 것이다. 대신 과부는 야훼가 바알 땅에서도 능력을 갖고 계심을 인정한다. 아울러 예언자의 명령에 순종하면서 이스라엘의 하나님께 기꺼이 내일을 **믿고 맡긴다**. 이 과부는 **지식 차원의 동의**, **순종**, 그리고 **신뢰**를 모두 결합하여 행한다.

마찬가지로 수리아인 나아만은 이스라엘로 감으로써 이스라엘의 하나님이 자신을 도울 수 있다는 **생각이 옳다고 인정한다**. 이어 그는 엘리사의 명령에 순종하여 요단 강에 몸을 씻는다. 그가 자기 미래를 이스라엘의 하나님께 **믿고 맡기**지 않았다면 그런 일을 하지 않았을 것이다. 다메섹인들이 이 일을 들었다면 뭐라고 말했을까?

이 두 이야기에서 또 한 가지 중요한 요소는 성(性)과 관련이 있다. 첫째 이야기는 여자와 관련된다. 둘째 이야기는 한 남자의 사연을 자세히 들려준다. 이 두 이야기는 평행을 이루는데, 여자를 먼저 언급한다. 이는 결코 우연이 아니다. 예수는 믿음의 영웅을 다룬 이야기를 찾으셨고, 아브라함이나 모세나 다윗을 고르실 수도 있었다. 그러나 예수는 한 여자와 한 남자를 고르셨다. 그것은 예수가 남자와 여자가 동등한 존재로서 함께 살아가는 새로운 사귐을 시작하고 계셨기 때문이다. 그렇다면 회중은 예수가 제시하신 예들에 어떤 반응을 보였는가?

예수는 그 동네의 목표가 사르밧과 다메섹 같은 곳으로부터 갈릴리로 이주해온 이방인에게서 땅을 되찾는 것임을 아셨다. 틀림없이 예수는 당신의 이야기가 이 회중을 뒤집어놓으리라는 것을 아셨을 것이다. 그럼에도 그는 이 이야기를 하셨고 그 자리에서 사람들의 분노가 폭발했다!

정착민은 대개 종교와 정치를 한 묶음으로 본다. 예수는 그들이 추구하는 정치적 목표와 경제적 목표에 동의하지 않으셨다. 그러자 그들은 예수를 죽이기로 결심한다.

> 그러자 그들이 일어나 그를 성읍 밖으로 밀어내어 그를 그 성읍이 세워진 언덕 끄트머리로 데려가 그를 밑으로 떨어뜨려 죽이려 했다. 그러나 그는 그들 가운데로 지나 떠나가셨다(눅 4:29-30).

이 이야기는 십자가와 부활을 강하게 암시하며 끝맺는다. 하나님을 모독하는 죄를 지은 사람은 누구든지 돌을 맞았다. 이 이야기에서 일어나는 일도 그런 것으로 보인다. 종교와 정치가 단일 이데올로기라면, 공동체의 정치적 목표를 진지하게 거부하는 것도 신성 모독죄로 여겼을 것이다. 예수는 이렇게 하나님을 모독했다는 고발을 당한 것 같다.

예수는 당대의 편협한 민족주의를 거부하셨다. 심판의 본문은 은혜의 메시지로 바뀌었고, 그의 메시지를 들은 이들은 격노했다.

랍비 전승은 하나님을 모독한 자를 돌로 쳐 죽이라고 규정했다. 예수를 동네 밖 언덕으로 데려가 죽이려 한 것도 그 때문이었다.[28] 이것 역시

---

28) Mishnah, *Sanhedrin* 6:1-6 (Danby, pp. 389-91).

규칙에 따른 것이었다. 이 죄인은 절벽에서 떨어뜨려야 했다. 이렇게 떨어뜨렸는데도 고발당한 자가 죽지 않으면, 언덕 위에 있던 마을 사람들은 아래로 떨어진 모독자에게 무거운 돌을 비처럼 쏟아 부어 그들의 과제를 마무리해야 했다.

역사에는 한 민족 공동체가 다른 민족 공동체를 쫓아낸 사례가 아주 많다. 대개 공격자들은 자신이 혹독하게 대하는 이들을 깎아내려야 이런 목표를 이룰 수 있다고 느낀다. 그렇게 깎아내리기 위해 여러 세기 동안 사용된 말이 **야만인**, **벌레** 같은 것이었고, 지금은 **테러리스트**라는 말이 떠돈다. 땅을 빼앗는 일이 진행 중일 때, 특히 공격자들이 하나님은 자기편이라고 확신할 때는, 이들에게 희생당한 이들 가운데 믿음의 본보기를 골라내는 모험을 감행하는 용감한 자에겐 화가 미친다. 그날부터 예수는 당신이 전하는 메시지, 당신이라는 사람이 계속해서 깊고 맹렬한 적대감을 불러일으킬 것임을 아셨다. 예수는 무슨 목적으로 그리하셨을까?

예수는 절벽 끝에 이르시자 그 자리를 떠나가신다! 존 웨슬리(John Wesley)는 다만 그의 온유한 처신으로 살의를 품고 그의 설교에 반대하는 이들을 녹여버릴 수 있었다. 찰스 고든(Charles "Chinese" Gordon)[29]도 마찬가지였다. 예수는 오셔서 당신 메시지를 선포하셨다. 이 메시지는 처음에는 관심을 끌다가 이어 적대감을 일으켰다. 이 적대감은 폭력으로 바뀌었고, 청중은 그를 죽이려고 했지만 **죽이지는 못했다**! 사려 깊은 누가복음 독자라면 이제 앞으로 무슨 일이 일어날지 짐작할 것이다.

젊은 사람이 자기 고향 마을에서 진지하게 경청할 이야기를 하기는 쉽지 않다. 독자는 예수가 청중을 즐겁게 해주려 했으리라고 예상한다.

---

29) 찰스 고든은 19세기 스코틀랜드의 유명한 장군이었다. 그는 반란을 일으킨 폭도들을 위풍당당한 모습으로 감복시켜 자기에게 순종하도록 만들었다. 그는 중국에서 무공을 세워 "중국의 고든"(Chinese Gordon)이라는 칭호를 얻었다. 그는 1885년에 수단 하르툼에서 죽었는데, 이 때문에 "하르툼의 고든"(Gordon of Khartoum)이 되었다. Lord Elton, *Gordon of Khartoum* (New York: Knopf, 1955), pp. 26-75을 보라.

분명 예수는 마을의 전통적 가치를 존중하려 하신다. 예수도 하려고만 하면 이방인들로부터 고향을 되찾으려는 그들의 노력을 격려할 수도, 안식일 법의 중요성을 강조하실 수도 있었다. 로마의 점령과, 메시아가 불의로부터 어떻게 구원하실 것인가를 놓고 신중하게 몇 마디 덧붙이실 수도 있었다.

그러나 예수는 마을 사람들의 목표를 따라 자신의 메시지를 만들어내려 하시지 않는다. 예수는 대담하고 비타협적인 말로 당신이 하나님으로부터 기름 부음을 받은 자로서 선포와 정의 옹호와 긍휼의 사역을 몸소 시작했음을 선언하신다. 이제 그들은 페니키아 과부와 수리아 장군이 보여준 뛰어난 믿음을 본받아 예수께 동참할 수 있다. 예수는 당신이 편집하신 이사야 61장이 사람들을 격노케 하리라는 것을 아시지만, 이 위험을 감내하려 하신다. 폭력이 팽배했지만, 그 폭력 위에는 신비한 승리가 떠 있었다.

요약: 예수가 사역을 시작하심

두드러지게 풍성한 본문인 누가복음 4:16-30에는 일련의 신학 주제들이 담겨 있다.

1. **예수**는 유일하게 늘 그 위에 성령이 **머무는** 예언자이시다. 아울러 그분은 하나님이 기름 부으신 이(메시아)다.
2. "메시아에게 기름 부음", "성령의 선물", "주가 받으실 만한 해"는 모두 이사야서에서 인용한 본문의 북엔드(bookends)를 이룬다. 왕이 없으면 왕국도 있을 수 없다.
3. **구원은 공동체 밖에서 온다.** 구원은 공동체가 만들어내는 것이 아니다. 기름 부음을 받은 이/메시아가 구원을 가져오신다. 이사야서 본문은 이 메시아 안에서 다 이루어진다.
4. **예수의 사역**(따라서 하나님 나라의 본질)은 전인(全人)을 위한 것이다. 이

사역에는 **선포/복음 전파, 정의 옹호, 긍휼**이 들어 있다. 이 반전 목록의 정점은 **긍휼**이다. 이 긍휼은 **증언**과 **정의 옹호**를 알리는 데 그 목적이 있다.

5. 예수는 자신이 속한 공동체의 **편협한 민족주의를 지지하길 거부하신다**. 대신 예수는 이 민족주의를 예언자의 목소리로 비판하신다.
6. 예수는 **선교 신학**을 수립하신다. 선교의 원심력과 구심력을 예를 들어 설명하신다. 사자는 메시지를 갖고 (사르밧 과부에게) **나아갔고**, 나아만은 믿음 공동체와 그 공동체의 예언자 **속으로 끌어당김을 받았다**.
7. 이번 장 본문은 **메시지의 보편성**을 강조한다. 유대인(가버나움인)과 이방인(25-27절을 보라)이 모두 은혜를 입는다.
8. 예수는 믿음이 무엇인가를 두 영웅, 곧 한 여자와 한 남자를 예로 들어 보여주신다. 이 둘은 동등하나, 예수는 여자를 먼저 말씀하신다. 이를 통해 하나님 나라에서는 **여성과 남성이 평등함**을 강조하신다.
9. 좋은 소식의 메시지는 **철저한 믿음의 응답**을 요구한다. 여기서 믿음은 지식 차원의 동의, 신뢰, 순종을 포함한다.
10. **보상**의 주제는 누구에게나 열려 있다. 사르밧 과부와 나아만처럼 철저히 믿음의 결단을 내린 이들은 중대하고 **광범위한 복**을 누릴 수 있다.
11. 독자는 이 본문에서 예수의 오심, 사역, 배척당함, 죽음, 죽음을 이기신 승리(부활)를 미리 느낀다.

예수의 사역은 진정 이 놀라운 장면으로 말미암아 시작되었다.

13장

맹인과 삭개오

누가복음 18:35-19:11

전도서 4:1은 맹인과 삭개오 이야기를 곱씹어볼 배경을 제공한다. 이 주목할 만한 구절은 이렇게 말한다.

> 또 내가 해 아래서 이루어지는 모든 억압을 보았도다.
> 또 보라, 억압받는 자들의 눈물을
> 그리고 그들에게는 그들을 위로할 사람이 아무도 없었도다!
> 그들을 억압하는 이들에게는 힘이 있었으나
> 그들을 위로할 사람이 아무도 없었도다.

예수가 여리고 마을에 이르셨을 때, 두 가지 사건이 일어났다. 이 두 사건은 함께 살펴봐야 한다. 첫 번째 사건에서 예수는 **억압받는** 사람을 고쳐주신다. 예수는 두 번째 사건에서 **억압하는 자**에게도 사랑을 베푸신다. 신약성경의 장(章) 구분은 4세기 그리스의 문단 구분 방법을 따라 여리고에서 벌어진 두 이야기를 따로 떼어 각각 다른 장에 배치해놓았다. 그러나 이 두 사건을 함께 살펴보면, 이것들은 한 쌍을 이룬다.

지난 수십 년 동안 온 세계 그리스도인들이 성경의 하나님이 억압받는 자들 편을 드신다는 것을 점점 더 많이 발견해왔음은 상식이다. 성경을 보면 가난한 자, 과부, 쫓겨난 자, 난민, 소외당한 자가 모두 하나님으로부터 특별한 관심과 긍휼을 받는다. 그렇다면 **억압하는 자**는 어떤가? 이런 사람은 당연히 하나님이 받아주시지 않으리라고 생각하기 쉽다. "마리아 송가"(*Maginificat*, 눅 1:46-55)는 이렇게 말한다. "그가 권세 있는 자를 그 위(位)에서 내치시고…부자를 빈손으로 보내셨도다"(눅 1:52-53). 억압받는 자를 돕고자 하는 이는 누구나 분명 억압하는 이를 반대하기 마련이다! 억압하는 자들에게 맞서면서 이들에게까지도 "위로"를 베풀 수 있을까? 여리고 변두리에서 일어난 이 두 사건은 예수가 억압받는 자를 다루시고 이어 억압하는 자를 다루신 일을 곱씹어볼 기회를 제공한다.

길가 맹인

첫 번째 이야기에서(눅 18:35-43), 예수는 "여리고에 가까이 가셨다가" 군중이 모인 상황에서 눈먼 걸인과 대화를 주고받으신다(그림 13.1.).

수사

이 짧은 이야기는 매우 섬세하게 구성되었다. 도입부(1)와 결론(10)에는 걸인이 군중과 나누는 대화(2-5)와 걸인이 예수와 나누는 대화(6-9)가 들어 있다. 각 경우에 주고받음이 두 차례 일어난다. 군중의 무관심과 적대감은 찬송으로 바뀐다. 이 이야기는 다음과 같이 기독론적 진행을 보여준다.

군중: (2) 나사렛 예수
걸인: (3) 다윗의 자손 예수
걸인: (5) 다윗의 자손
걸인: (7) 주

1.	그가 여리고에 가까이 가셨을 때 한 맹인이 길가에 앉아 구걸하다가	도입부
2.	무리가 지나감을 듣고 이것이 무슨 일인지 물었다. 그들이 그에게 말하기를 "나사렛 예수가 지나가신다"라고 했다.	군중: 나사렛 예수
3.	그가 외치기를 "다윗의 자손 예수여 나를 불쌍히 여기소서"라고 했다.	걸인 다윗의 자손 예수 자비
4.	그러자 앞에 있던 이들이 그를 꾸짖으며 그에게 조용히 하라고 말하니	군중: 조용히 하라
5.	그러나 그가 더욱더 소리 질러 외치되 "다윗의 자손이여 나를 불쌍히 여기소서"라고 했다.	걸인 다윗의 자손 자비
6.	그러자 예수가 멈추시고 그를 당신께 데려오라고 명하셨다. 그가 가까이 오자, 그에게 물으시길 "내가 네게 무엇을 해주길 원하느냐?"라고 하셨다.	예수 걸인을 부르시고 물으보심
7.	그가 말하기를 "주여 제가 보게 해주소서."	걸인 주 봄!
8.	그러자 예수가 그에게 말씀하시되 "보거라. 네 믿음이 너를 구원했다."	예수 보게 해주심 믿음과 구원
9.	그러자 그가 즉시 보게 되어 그(예수)를 따르며 하나님께 영광을 돌렸다.	걸인 보게 됨 따름/하나님께 영광을 돌림
10.	그러자 모든 사람이 그것을 보고 하나님을 찬송했다.	결론

그림 13.1. 예수가 맹인을 고쳐주심(눅 18:35-43)

군중: (10) (예수가 고쳐주심을 보고) 하나님을 찬송함

이 걸인의 절규는 그 내용이 무엇인지 자세히 밝혀진 뒤에야 비로소 응답을 받았다. 이 이야기는 처음부터 끝까지 일직선으로 진행해간다.

주석

이 이야기는 한 눈먼 걸인이 길가에 앉아 있다가 "무리가 지나감"을 들었다는 말로 시작한다. 중동에서는 중요한 손님이 오면 동네 사람들이 마을로부터 상당히 멀리 떨어진 곳까지 가서 그 손님을 맞이한 뒤 그를 에워싸고 마을로 모시고 오는 것으로 존경을 표시한다. 때로는 손님의 인기를 얼마나 많은 군중이 동네 밖으로 나가 그를 환영하느냐로 판단할 수 있다. 1960년대 초에 우리 가족은 이집트 남부 아시우트(Assiut)에 살았다. 그때는 고(故) 나세르 대통령(Gamal Abdel Nasser)의 권력과 인기가 하늘을 찌를 때였다. 우리가 거기 살 때, 나세르가 아시우트를 방문했다. 나세르 일행이 그 도시에 도착하자, 수천 명이 동네로부터 16킬로미터가 넘는 거리를 걸어가 그를 환영했다. 이어 열렬한 애국주의자들이 대통령 일행이 탄 모든 차의 시동을 끄게 하자, 군중은 그 위대한 인물에게 경의를 표시하기 위해 차들 범퍼에 밧줄을 묶은 뒤 아시우트까지 16킬로미터를 인력으로 끌고 갔다. 이런 사례를 현대 서구에서 찾아본다면, 유명한 스포츠 팀이 승리를 거두고 고향으로 돌아왔을 때 공항을 꽉 메운 환영 인파를 들 수 있겠다.

예수와 함께한 군중에는 갈릴리부터 그를 따라온 사람들도 있었겠지만, 대부분은 여리고인들이었을 가능성이 높다. 이런 대중의 관심은 여리고인들이 유명한 랍비에게나 밤새 베풀 만한 큰 잔치를 준비해놓았음을 독자에게 암시한다.

눈먼 걸인은 군중의 소리를 듣고 무슨 일이 벌어졌는지 물었다. 군중

은 그 손님이 "나사렛 예수"라고 알려주었다. 그러자 걸인은 드문 칭호인 "다윗의 자손"을 사용하여 자신을 봐달라고 외치기 시작했다. 공관복음에 기록된 예수의 공생애 동안, 이 칭호를 쓴 사람은 수로보니게 여자(마 15:21-28)와 이 걸인뿐이다. 예수는 예루살렘으로 올라가는 여정을 시작하신 바로 이곳에서 "다윗의 자손"이라 불리고(마태복음과 누가복음), 이 땅의 생애를 마치실 때는 로마 백부장에 의해 "하나님의 아들"이라는 칭호로 불린다(마태복음과 마가복음).[1] 따라서 이 이야기를 수난 내러티브의 프롤로그로 보는 것은 옳다. "다윗의 자손"과 "하나님의 아들"은 이 내러티브의 북엔드를 이룬다.

이제 걸인은 다윗 집안의 자손으로 인정받는 이에게 자기 소원을 호소한다. 그러자 군중은 그 걸인에게 조용히 하라고 이른다. 누가는 이 걸인 이름이 "쓰레기의 아들"로 번역할 수 있는 바디매오(막 10:46)였음을 독자들에게 일부러 말하지 않았던 것 같다. 또 마가는 *siōpaō*라는 더 강한 단어를 사용했는데, 이 동사를 동작개시 부정과거(ingressive aorist)로 쓰면 "입 닥치라"로 번역할 수 있다.[2] 그러나 걸인은 군중이 "입 닥치라"고 말하는데도 오히려 더 큰소리로 부르짖으면서, 예수 이름을 아예 "다윗의 자손"이라 줄여 말한다. 군중은 걸인을 어떻게든 바깥쪽으로 몰아내려고 시도하는데, 정반대로 예수는 멈춰 서서 "그를 **데려오라**"고 명하신다. 예수는 그 걸인을 모욕하는 장본인들에게, 그를 당신께 데려와 당신 말씀을 듣는 "청중"이 되게 하라고 명령하신다(예수가 사람들을 부리시는 솜씨가 보통이 아니다!). 이제 군중은 손님을 왕이 계신 곳으로 데려오는 "왕의 종들"이 되었다.

걸인은 예수께 가까이 왔지만, 시험 문제를 풀어야 했다. "내가 네게 무엇을 해주길 원하느냐?"가 문제였다. 이는 무미건조하고 무심한 질문처럼

---

1) 롬 1:3에서는 이 두 칭호가 결합한다.
2) Max Zerwick and Mary Grosvenor, *A Grammatical Analysis of the Greek New Testament*, rev. ed. (Rome: Biblical Institute Press, 1981), p. 143.

보인다. 이 사람은 맹인이요 걸인이다! 그에게 필요한 것이 고침을 받아 이 지옥 같은 암흑을 벗어나는 것임은 삼척동자도 알지 않는가?

중동의 전통 사회에서는 걸인을 공동체의 한 부분이라 인식하며, 공동체에 뭔가 "기여"한다고 이해한다. 경건한 사람이라면 걸인에게 베푸는 게 마땅하다고 생각한다. 그러나 걸인이 이런 자선을 받아들일 수 없는 형편이라면, 이 특별한 의무를 어떻게 다할 수 있을까? 중동 전통 속의 걸인은 "저기요, 염치가 없습니다만, 빵 좀 사 먹게 몇 푼만 적선해주실 수 있나요?"라고 말하지 않는다. 대신 공공장소에 앉아 지나가는 사람들에게 "하나님께 연보하쇼!"라고 배포 좋게 말한다. 실제로 그가 하는 말은 이런 말이다. "내 먹고 사는 것이 뭐 대수요? 그건 아무것도 아니요. 도리어 내가 여러분에게 하나님께 의무를 다할 금쪽같은 기회를 베풀고 있소. 더욱이 이곳은 공공장소요. 여기서 내게 적선하는 사람은 고귀하고 긍휼이 많고 경건한 사람이라 칭송을 들을 것이오."

보통 돈을 받은 걸인은(금액이 얼마든 상관없다) 자리에서 일어나 큰소리로 돈을 준 사람이 자신이 여태까지 만난 사람 가운데 가장 고귀하다고 외치면서, 하나님이 그와 그의 가족과 친구와 동료와 그가 들어오고 나감과 그가 행하는 다른 많은 일들에 은혜와 복을 베푸시길 기원한다. 사람들 앞에서 이렇게 적선한 이를 칭송하니, 분명 적은 돈이라도 걸인에게 베풀 만한 가치가 있다.

그러나 이런 걸인 노릇도 아무나 할 수가 없다. 걸인은 뭔가 눈에 띄는 장애가 있어야 하기 때문이다. 다리나 팔이 하나뿐인 사람 다시 말해 경미한 장애를 가진 사람은 길모퉁이에서 구걸하여 겨우 연명해갈지 모르지만, 맹인은 걸인 노릇하기에 최적의 조건을 갖추고 있었다. 그뿐 아니라 이 이야기의 걸인은 배우지도 못하고 직업 훈련을 받은 적도 없고 고용 기록도 없으며 시장에서 써먹을 수 있는 기술도 갖고 있지 않았다. 이런 상황에서 그가 고침을 받는다면 오히려 혼자 힘으로 밥 먹고 살아가기가 아주 힘들 것이다. 그렇다면 이 맹인은 그냥 맹인인 채로 살아가는 것이 더 이익이지 않을까? 디트리히 본회퍼(Dietrich Bonhoeffer)가 역설했듯이, 하나님이 예수를 통해 베푸신 은혜는 거저 주신 은혜이지만 값싼 은혜는 아니다.[3] 이 맹인은 고침을 받으면 자신에게 다가올 새로운 책임과 도전을 기꺼이 받아들일까? 예수가 내신 시험 문제는 이런 엄중한 질문을 그에게 던진다.

걸인은 이 시험을 통과한다. 그는 더 널리 사용되던 "다윗의 자손"을 쓰지 않고 예수를 직접적으로 "주"라고 부른다. 동시에 그는 모호하게 "자비"(돈?)를 베풀어달라고 하지 않고 자기 눈이 밝아져 보기를 갈망한다고 분명히 요청한다. 아랍어판 디아테사론(Diatessaron, 사복음서 대조본)은 이 구절에 화려한 기독론적 수사를 붙여놓고 있다. 이 디아테사론 본문은 "제가 시력을 되찾아 **당신을 보게 해주십시오**"[4]라고 기록해놓았다. 물론 이것은 상상으로 덧붙인 말이지만, 깊이 묵상한 결과다. 분명 이 걸인은 예수를 보길 간절히 원한다.

예수는 걸인의 요청을 받아들여 이렇게 말씀하신다. "보거라, 네 믿음이 너를 구원했다." 예수가 인정하신 믿음은 어떤 믿음이었는가? 곱씹어보면 이 맹인의 믿음에서는 세 가지 측면을 찾을 수 있다.

- 그는 예수가 하나님의 치유 능력을 가지셨다고 믿었다.
- 그는 예수가 그를 포함하여 가난한 자들을 긍휼히 여기신다고 믿는다.
- 그는 예수가 다윗의 자손(메시아께 붙이는 칭호)이라 확신하면서, 예수를 그의 "주"로 받아들인다.

*Kyrios*는 "선생님, 나리"를 뜻하지만, 이 이야기에서처럼 더 깊은 의미

---

3) Dietrich Bonhoeffer, *The Cost of Discipleship* (New York: Touchstone, 1995).
4) *Diatessaron de Tataien*, ed. A. S. Marmardji (Beyrouth: Imprimerie Catholique, 1935), p. 298.

를 담고 있을 수도 있다. 물론 이 말의 정확한 내용은 딱 잘라 말하기가 불가능하다.

걸인은 "구원을 받았다." *sōzō*("구원하다")라는 그리스어는 많은 것을 의미한다. 좋은 건강도 이 말이 지닌 풍성한 뉘앙스 가운데 하나다. 고침을 받은 사람은 그의 주를 따르면서, 자신이 예수에게 치유 능력을 주신 근원으로 인식하는 "하나님께 영광을 돌린다."

군중의 반응이 의미심장하다. 이 이야기에서 예수는 억압받는 자(맹인) 편을 드시며, 무리는 억압하는 자다. 앞서 말했듯이, 무리는 걸인을 따돌리지만, 예수는 무리에게 걸인을 당신께 데려오라고 분부하신다. 예수는 군중이 방금 거부한 바로 그 사람에게 특별한 은혜를 베푸심으로써 군중을 꾸짖으신다! 그렇다면 이 군중은 예수가 공개적으로 자신을 꾸짖으신 것을 받아들일 수 있을까? 물론이다. 그들은 받아들였다. 방금 전까지 맹인이었던 사람과 더불어 하나님을 찬미하는 데 동참한 것이 그 증거다. 예수가 **억압받는** 자에게 특별한 은혜를 베푸시는데, 소란을 피우는 것은 무례한 일이다. 그러나 독자들이 곧 발견하겠지만, 예수가 **억압하는** 자에게 특별한 은혜를 베푸실 때는 이야기가 달라질 수도 있다. 이제 두 번째 이야기로 가보자.

예수와 억압하는 자(여리고와 삭개오)

이 기사(눅 19:1-9)는 섬세하게 구성되어 거의 완벽한 "고리 구조"(교차 대구법/반전 평행법)를 이루고 있다. 본문 전체는 다음과 같다.

요약하면 이 본문이 되풀이하는 주제들은 다음과 같이 제시할 수 있다.

1. 그가 여리고로 들어가   예수가 들어가시다
   거기를 지나가시고 계셨다.

2. 거기에 **삭개오**라는 사람이 있었으니   **삭개오**
   그는 세리장이었고   (그 소유자를 위해 쌓아둔 부)
   부자였다.

3. 그는 **예수가 누구신지 보려** 했으나
   군중 때문에 볼 수 없었으니   **군중**
   이는 그가 키가 작았기 때문이다.   (삭개오를 적대시함)

4. 때문에 그는 앞으로 **달려가**
   그를 보려고
   뽕나무 위로 올라갔으니   **나무 위로 올라감**
   그가 그 길을 지나가실 예정이었기 때문이다.

5. 예수가 그곳에 들어가셨을 때
   위를 보시고 그에게 말씀하시되   **뜻밖의 일**
   "삭개오, 빨리 내려오라.   **사랑**
   내가 오늘 그대 집에 머물러야겠다."

6. 그러자 그가 서둘러
   내려와   **나무에서 내려옴**
   기뻐하며 그를 영접했다.

7. 그들이 그것을 보고 모두 수군댔으니
   "그가 **죄인**인 사람 집에 들어가   **군중**
   그와 **밤**을 **보내려** 한다."   (화를 냄)

8. 삭개오가 서서 주께 말하되
   "보소서! 주여,
   내 재산의 절반을 가난한 자들에게 주고   **삭개오**
   내가 누군가를 속여 어떤 것을 뺏었으면   (많은 이들을 위해 사용하는 부)
   네 곱절로 갚겠습니다."

9. 예수가 그에게 말씀하시되
   "오늘 구원이 이 집에 이르렀으니   **사랑이 담긴**
   그도 아브라함의 자손이기 때문이다."   **예수의 마지막 말씀**

그림 13.2. 예수와 삭개오(눅 19:1-10)

1. 예수가 들어가시다
  2. 삭개오-부자
    3. 군중(삭개오를 적대시함)
      4. 나무 위로 올라감
        5. 값진 사랑이 담긴 **예수의 행동**
      6. 나무 아래로 내려옴
    7. 군중(화를 냄)
  8. 삭개오-다른 이들을 위하여 돈을 내놓음
9. 사랑이 담긴 **예수의** 마지막 말씀

수사

이 이야기는 카메오(cameo)가 등장하는 아홉 장면으로 이루어져 있다. 먼저 다섯 장면을 잇달아 제시하고 이어 앞서 등장한 장면을 역순으로 되풀이한다(앞의 다섯 장면과 뒤의 네 장면 사이에는 중요한 차이점이 있다). 예수는 처음과 중간과 마지막에 등장한다. 첫머리를 끝 및 중간과 묶는 것이 "고리 구조"의 공통 특징 가운데 하나이다. 늘 그렇듯이 정점은 중앙부에 자리해 있다. 정점에서 예수는 삭개오를 값진 사랑을 받을 사람으로 택하신다. **삭개오를 거부하던 군중의 태도**(3)는 **예수를 향한 분노**로 바뀐다(7). 이 이야기 전체는 섬세하게 균형을 이룬 장면들로 구성되어 있으며 군더더기가 전혀 없다.

주석

첫 번째 이야기에 이어 두 번째 이야기가 이음매 없이 이어진다. 예수는 (군중과 함께) 여리고로 들어가셨다. 본문은 곧장 예수가 "지나가셨다"고 강조한다. 예수는 마을 사람들이 베풀었을 환대를 받지 않으시고 단호하게 그 마을을 지나 예루살렘으로 가던 길을 가신다. 이를 통해 그는 당신이 그날 밤 여리고에서 묵지 않겠다는 뜻을 표시하신다. 그가 앞으로 예루살렘에서 하실 일들을 놓고 그 마을 사람들과 긴 이야기를 나누는 일은 없을 것이다. 당연히 마을 사람들은 크게 실망했다. 예수가 곧장 가던 길을 가시니, 예정했던 환영 잔치도 없던 일이 되어버렸다. 그런데 이때 느닷없이 삭개오가 등장한다.

장면 2는 삭개오가 그 동네 세리임을 밝히면서 그가 부자라고 일러준다. 당시에 시행하던 과세 체계는 "징세 도급제"(tax farming)였다. 로마로부터 세금을 거둘 권리를 얻은 지역 주민은 할당받은 과세액을 그 해가 끝날 때에 당국에 넘겨야 했다. 로마에 바쳐야 할 과세액이 미리 정해져 있을 때도 있었지만, 오토 미헬(Otto Michel)이 말하듯이 "실상 관련 규정을 정확히 아는 이는 세리뿐일 때가 다반사였다."[5] 랍비 문헌과 신약성경은 세리를 경멸했으며, 세리와 그의 가족은 부정하다고 여겨졌다. 세리에게는 거짓말을 해도 눈감아주었다.[6] 이런 체계는 자연히 뇌물과 경제 부조리를 낳았다. 딱한 일이지만 삭개오는 세리였다. 게다가 그는 세리 노릇을 하면서 **부자가 되었다**. 당시에는 "세리"와 "죄인"을 짝지어 사용할 때가 잦았다. 마을 사람들이 로마에게 빌붙은 우두머리 부역자를 증오하는 것은 당연했다.

장면 3은 삭개오가 예수를 뵙고자 했으나 "군중 때문에" 그리하지 못했다고 말한다. 삭개오의 문제는 키가 작다는 것과 사람들에게 미움을 받는다는 것이었다. 그가 존경받는 사람이었다면, 군중은 당연히 이 부유하고 힘 있는 사람에게 "길을 내주었을" 것이다. 중동 문화는 이렇게 대접할 것을 요구한다. 그러나 삭개오는 로마에게 부역하는 자였기 때문에 경멸

---

5) Otto Michel, "τελώνης," *Theological Dictionary of the New Testament*, 10 vols., ed. Gerhard Kittel and Gerhard Friedrich, trans. Geoffrey W. Bromiley (Grand Rapids: Eerdmans, 1964-76), 8:100.

6) Ibid., 9:99-100.

의 대상이었다. 이런 부역자는 간이 배 밖으로 나오지 않은 이상 군중에게 길을 내달라고 요구할 수 없었다. 당연히 사람들과 어울리는 것조차도 두려운 일이었다.

나는 이스라엘/팔레스타인의 요단 강 서안에서 십 년을 살았다. 그때 이스라엘군이 점령한 지역을 살아가는 팔레스타인 주민들과, 점령자를 돕는 팔레스타인 부역자들 사이에 이런저런 갈등이 있음을 발견했다. 부역자들은 군중 속에 섞이지 **않았다**. 그들은 늘 "자기 등 뒤를" 조심했다. 키가 작은 부역자에게는 이런 문제가 훨씬 더 심각했을 것이다. 만일 그가 용감하게 군중을 헤치고 나아갔다면 그에게 무슨 일이 일어났을까? 아마 쥐도 새도 모르게 칼이 다가오고, 숨 막히는 비명이 이어졌을 것이며, 그것으로 모든 상황은 끝났을 것이다. 군중이 움직인 뒤에야 비로소 그 시신이 발견되고, 그때쯤이면 칼로 찌른 자는 종적을 감추었을 것이다. 그러나 본문에 이유는 나와 있지 않지만, 삭개오는 예수를 뵙고 싶어했다. 삭개오는 자신의 강렬한 소원을 이루고자 아주 특이한 두 가지 행동을 한다. 그는 달려가 나무 위로 올라갔다.

장면 4(눅 19:4)는 삭개오의 첫 행동을 "때문에 그는 앞으로 달려갔다"는 말로 기록해놓았다. 중동의 어른들은 공개적인 자리에서는 달리지 않는다. 그랬다간 망신을 살 수 있기 때문이다.[7] 더욱이 힘 있고 부유한 사람이 사람들이 떼를 지어 행진하는 장소에서 나무 위에 올라가는 일은 세계 어디에서도 찾아볼 수가 없다. 삭개오도 이것만은 잘 알고 있었다. 그래서 그는 군중 앞으로 달려가 숨어 있다가 아무도 알아차리지 못하게 잎이 무성한 나무로 올라갔다. 왜 뽕나무(돌무화과나무, sycamore fig tree)였을까?

뽕나무는 잎이 크고 가지가 낮다. 누구라도 쉽게 올라가 넓고 무성한

---

7) 눅 15:20을 보면, 탕자의 비유에 나오는 아버지는 망신을 사면서까지 길을 달려 내려간다. Kenneth E. Bailey, *Jacob and the Prodigal* (Downers Grove, Ill.: InterVarsity Press, 2003), pp. 109-10; idem, *Poet and Peasant and Through Peasant Eyes* (Grand Rapids: Eerdmans, 1980), pp. 181-82도 보라.

잎 속에 자신을 숨기기가 쉽다. 삭개오에게는 이 두 가지 특징이 중요했다. 게다가 이런 나무는 동네 밖 상당히 떨어진 곳에만 있었다. 삭개오는 여리고 밖에서 자라는 한 나무에 올라갔다. 예수가 그 나무에 도착하실 즈음이면 군중이 흩어지리라고 생각한 것이다. 미쉬나와 바빌로니아 탈무드도 요단 계곡에서 자라는 품종인 뽕나무를 언급한다. 이 나무를 기른 이유는 지붕 들보로서 쓸모가 있었기 때문이다. 이 나무가 나오는 예를 하나 들어보자. "압바 사울이 말하기를, 여리고에는 뽕나무 줄기들이 있었는데, 포악한 자들이 힘으로 그것을 빼앗은 고로, 그 소유자들이 길러 하늘에 구별하여 바쳤다."[8)]

"하늘에 바쳤다"는 "이것은 하나님 소유인 고로 너희가 이것을 뺏을 수 없다"는 것을 달리 표현한다. 이 주제에 중요한 것은 미쉬나가 뽕나무를 언급한 본문이다. "나무는 동네로부터 25규빗이 떨어지지 않은 곳에서는 기르지 못하며, 쥐엄나무나 뽕나무는 50규빗이 떨어지지 않은 곳에서는 기르지 못한다."[9)]

댄비(Herbert Danby)의 설명에 따르면, 당시 사람들은 나무를 장막의 일종으로 보아 나무 아래에서 의식법상 어떤 부정한 일이 벌어졌을 경우, 그 부정함이 나무가 아우르는 일정 범위에 속한 사람에게 저절로 옮겨진다고 보았다. 자기 소유지 안에 나무를 가진 사람들은 소유지 경계를 넘어 드리운 가지는 모두 잘라내야 했다. 쥐엄나무나 뽕나무는 특별히 문제였다. 이 나무들은 가지가 넓게 퍼졌기 때문이다.[10)] 이 문제와 관련하여 바빌로니아 탈무드는 조금 다른 경향을 보여준다. 뽕나무와 같이 큰 나무를 마을로부터 일정한 거리만큼 떨어져 기르게 한 것은 "그 마을의 쾌적함을 보존하려 했기 때문"이라고 말하기 때문이다. 여기서 "쾌적함"으로 번역한

---

8) Babylonian Talmud, *Pesaḥim*, 57a.
9) Mishnah, *Baba Batra*, 2:7 (Danby, p. 368).
10) Herbert Danby, *The Mishnah*, p. 368, 주 6; p. 649, 주 3.

핵심 아람어가 *ywn*인데, 이 말은 "아름다움" 및 "장식"과 관련된다. 마커스 재스트로(Marcus Jastrow)는 이 *Baba Batra* 본문이 "나무 때문에 고통을 겪는 마을의 건강"을 이야기한다고 이해한다. 이어 재스트로는 또 다른 견해를 제시하면서, 중세의 저명한 유대교 주석가인 라쉬(Rashi)를 인용한다. 라쉬는 탈무드 본문이 이렇게 말한 이유는 "마을이 아름다움을 지키려면 사방이 탁 트인 공간이 있어야 하기 때문"이라고 말했다.[11]

문제가 "마을의 아름다움"이었는지 혹은 "마을 사람들의 건강"이었는지는 확실히 판단할 수가 없다. 분명한 것은 가지가 넓게 뻗은 이 큰 나무가 여리고 바깥 예루살렘으로 올라가는 길에 있었다는 것이다. 1규빗이 약 45.7센티미터이므로, 뽕나무는 어느 마을에서나 적어도 22.7미터는 떨어져 있어야 했으며, 당연히 상당히 멀리 떨어져 있었을 것이다. 이 이야기는 간결하게나마 삭개오가 **뽕나무**로 올라간 이야기를 들려주며, 이 뽕나무라는 말은 신약성경에서 오직 이곳에서만 언급한다. 삭개오는 군중의 눈에 띄고 싶지 않았다!

케네디 대통령 시절, 이집트 카이로 주재 미국 대사였던 존 바도(John Badeau)는 가든파티를 위한 조명을 조정하려고 대사관저 뒷뜰에 있는 나무에 올라갔던 일을 자신의 비망록에 기록하고 있다. 그가 몰래 한 이 행동이 알려지자 소동이 벌어졌다. 이 이야기를 듣고 매우 당황한 나세르 대통령은 곧장 바도에게 이것이 사실이냐고 물었다. 나세르는 도저히 믿을 수 없는 이야기를 듣고 깜짝 놀라 대사 본인에게 직접 확인해봐야겠다고 생각했던 것이다. 중동에서는 권력이 있고 유명한 사람이 나무를 탄다는 것은 **있을 수 없는 일이다**. 그곳이 설령 사방이 담으로 막혀 아무도 모르는 자기 집 정원이라 해도 마찬가지다. 삭개오는 달려가고 나무에도 올라감으로써 그가 속한 문화와 충돌한다. 그는 결코 아무에게도 자기 행동을

---

[11] Marcus Jastrow, *A Dictionary of the Targumim, the Talmud Babli and Yerushalmi, and the Midrashic Literature* (New York: Padres, 1950), 2:887.

들키고 싶지 않았기에 일부러 마을에서 제법 떨어진 곳에 있는, 잎이 무성한 나무를 골랐다.

앞서 말했듯이, 예수는 여리고에 들르지 않고 가던 길을 마저 가신다. 그리하시느라 여리고에서 환대를 받는 것도 거절하셨는데, 이는 자연히 그를 압박했을 것이다.[12] 군중이 예수와 함께 마을을 지나 경계 밖으로 나가자, 지역 주민들은 예수가 그냥 떠나심에 분명 실망했을 것이다. 뽕나무가 있는 곳에서 벌어진 장면은 주민들의 이런 불만을 염두에 두고 살펴봐야 한다.

삭개오는 눈에 띄고 싶지 않았지만 사람들에게 들키고 만다. 독자는 이 사실을 간접적으로 안다. 예수가 나무 반대편에 멈춰 서서 삭개오를 보고 그를 부르시기 때문이다. 예수가 삭개오를 보실 수 있다면, 군중도 볼 수 있다. 그런데 예수는 어떻게 삭개오의 이름을 아셨을까?

예수가 삭개오의 이름과 내력을 아신 것은 나무 위에 올라가 숨은 이 부끄러운 부역자를 욕하는 군중으로부터 모든 정보를 들으셨기 때문이라고 설명하는 것이 자연스럽겠다. 드디어 이 "야비한 인간"이 독에 갇혔다! 이 상황을 본 군중은 삭개오가 세리 자리에 있던 동안 하고 싶었던 온갖 욕설을 퍼부을 용기를 얻었다. 삭개오가 세리 자리에 있을 때만 해도 그들은 이름과 얼굴을 숨길 수 없었고, 삭개오는 힘을 가진 자였다. 그러나 동네 밖 나무 아래 모인 군중은 누가 누군지 알 수가 없었으며, 누구라도 마음에 떠오르는 육두문자를 마음껏 내지를 수 있었다. 한 사람의 욕설이 다른 사람들을 자극하고, 분위기가 순식간에 어두워지면서 한바탕 폭동이라도 일어날 기세였다. 때는 유월절이 아니었던가? 그들은 이집트로부터 얻은 정치적 해방을 축하할 준비를 하고 있지 않았던가? 히브리인들이 이집

---

12) 마가는 삭개오 이야기를 생략하면서도 여리고로 가는 길에 있었던 맹인 이야기는 자기 복음서에 포함시켰다. 이는 마가가 예수 수난 이야기를 들려주면서 "북엔드"로 삼은 것들 때문일 수 있다. 이 맹인은 예수가 "다윗의 아들"이심을 인정하며, 백부장은 예수를 "하나님의 아들"로 본다.

트를 떠날 때 파라오의 군대에게는 무슨 일이 일어났던가?

예수는 현장의 긴장감을 기민하게 판단하시고 이 일에 개입하기로 결정하신다.

당연히 사람들은 예수가 (맹인에게처럼) 억압받는 자들을 도와주시고 삭개오에게 이런 말을 해주시리라고 기대했다.

삭개오, 네 이 놈 부역자야! 네가 이 착한 사람들을 억압하는 놈이구나. 너는 네 동포의 피를 빨아들여 제국주의자들에게 갖다 바쳤다. 네 조국을 배신하고 하나님을 저버렸어. 이 마을 사람들이 너를 죽어라고 미워하는 것도 당연하고 당연하다. 네가 하는 일을 당장 집어치우고 회개해라. 예루살렘에 가서 정결 의식을 치르고 여리고로 돌아와 철저히 율법을 지켜라. 내 말대로 다 하겠다면, 다음에 내가 여리고에 왔을 때 새로워지고 정결해진 네 집에 들어가 너를 치하하마.

예수가 이리 말씀하셨다면 사람들은 그칠 줄 모르는 열렬한 갈채를 보냈을 것이다. 그러나 예수는 이렇게 하시기는커녕, 애초에 그 마을에서 밤을 보낼 마음이 없음을 내비치셨던 태도를 바꿔 로마의 앞잡이 노릇을 하던 이의 집에 들어가 묵기로 하신다! 이는 생각할 수도 없고 아무도 예상치 못한 일이었다. 나는 40년이 넘는 세월 동안 중동의 수많은 동네와 가정에서 대접을 받아보았다. 어디에서나 그렇듯이, 마을 사람들은 손님을 여관 숙박객쯤으로 여기지 않고 극진히 환대하며 잔치를 베푼다. 이럴 경우에는 당연히 손님에게 그럴듯한 잔치를 베풀어 그 마을을 영예롭게 해줄 잔치 주최자를 뽑는다. 탈무드는 왕과 시종들이 어떤 동네로 들어올 때는 같은 문으로 들어왔을지라도, 그들에게 각각 "지위에 맞는" 환영연을 베푼다고 말한다.[13] 손님이 자기를 환영할 잔치 주최자를 고르는 법은 없

---

13) Babylonian Talmud, *Šabbat*, 152a.

으며, (특별히 억압적인 상황에서) 사람들이 지켜보는 가운데 멸시받는 부역자의 집에 스스로 걸어 들어가는 손님도 있을 리 없다!

눈먼 걸인 이야기에서, 처음에 군중은 예수가 치유의 은혜를 베푸심에 거부감을 보였다가 나중에는 이를 인정하는 태도를 보인다. 이 두 번째 기사에서도 군중은 두 가지 반응을 보인다. 처음에는 거부와 적대감을 드러내 보인다. 삭개오는 예수를 뵙고자 하나, 마을 사람들은 그를 차단한다. 그러나 이야기가 극적 절정에 이르면, 예수는 삭개오를 향한 군중의 적대감을 당신을 향한 적대감으로 바꿔놓으신다. 삭개오는 예수가 베푸신 뜻밖의 값진 사랑을 받은 사람이 되었다. 예수는 **억압받는 자**(맹인)와 함께하시는 동시에 **억압하는 자**(삭개오)에게도 값진 사랑을 베푸신다. 예수는 억압을 인정하시지 않지만, 그렇다고 억압하는 자를 배척하지도 않으신다. 도리어 예수는 이 억압하는 자를 사랑하신다. 삭개오는 자신을 있는 그대로 시인하고 이를 통해 예수가 선한 목자 비유에서 다시 정의하신 회개의 본을 보인다.[14]

다음 장면은 예수가 묵기로 하신 삭개오 집에서 펼쳐진다. 군중은 이렇게 수군댄다. "저 사람이 죄인의 집에서 묵으려고(*katalysai*) 그 집에 들어갔다네." 동사 *katalyō*는 말 그대로 "숙소를 찾다"[15]라는 뜻인데, 이 말은 군중이 성을 낸 이유를 설명해줄 중요한 실마리를 제공한다. 삭개오의 집은 정결하지 않았다. 예수가 삭개오의 집에 들어가 삭개오가 내놓은 의자에 앉고 손님 침상에서 주무신다면, 이 예수도 다음날 아침에는 부정한 사람이 되어 정결 의식을 치러야 한다. 유월절 전날 밤인데 메시아라는 사

---

14) 예수는 회개를 단순히 죄의 고백으로 여기지 않는다. 도리어 회개는 "자신을 있는 그대로 시인함"이다. 눅 15:4-7의 잃어버린 양 이야기도 탕자 비유처럼 회개가 무엇인가를 보여주는 상징이다. Bailey, *Jacob and the Prodigal*, pp. 79-83을 보라.

15) Walter Bauer, *A Greek-English Lexicon of the New Testament*, trans. W. F. Arndt, F. W. Gingrich and F. W. Danker (Chicago: University of Chicago Press, 1979), p. 414.

람이 이런 식으로 행동하다니, 이게 말이 되는가?

삭개오는 그날 밤 큰 잔치를 연다. 당시 관습대로 모든 이가 비스듬히 몸을 기대고 앉았으며, 어느 누구도 삭개오에게 무엇을 하라고 말하지 않았다. 그러나 분명 삭개오는 "금지선을 넘어" 손님으로 자기 집에 들어오는 바람에 온 동네 사람들이 적대시하는 인물이 되어버린 용감한 사람에게 뭔가 보답을 해야 한다는 압박을 느꼈다. 그 순간이 왔다(8절). 예수와 다른 손님들과 더불어 비스듬히 몸을 기대고 앉아 있던 삭개오는 일어서서 그의 공식적인 반응을 내놓는다. 그는 중동의 전통 방식대로 자신의 진실함을 보여주고자 과장을 섞어 자기 재산의 절반을 내놓겠다고 서약한다. 이어 그는 속여 빼앗은 것이 있으면 뺏긴 사람에게 네 배로 갚겠다고 말한다. 만일 그가 마을 사람들로부터 여러 해 동안 부정하게 거둬들인 돈이 재산의 (절반의 1/4인)12.5퍼센트 이상이면, 그는 이런 서약을 이행할 수가 없다. 삭개오가 이렇게 하리라고 예상하는 사람은 아무도 없다. 현대 서구인이라면 이렇게 말했을 것이다.

> 랍비 예수여, 저는 여러 해 동안 사람들을 속여 돈을 빼앗아왔습니다. 이 점은 심히 유감입니다. 돈은 다 써버려서 돌려줄 수가 없지만, 제가 할 수 있는 모든 일을 다 하겠습니다. 우선 마을의 가난한 이들에게 베푸는 일부터 하겠다고 맹세합니다. 더 나아가 제 계좌를 살펴보고, 제가 가장 큰 해를 입힌 사람들을 골라 재산 한도 내에서 최대한 돌려주도록 하겠습니다. 마을 사람들이 이런 일을 할 제 능력에 한계가 있다는 것만 알아주었으면 좋겠습니다.

이렇게 현실과 실리를 계산하여 약속했다면, 사람들은 "이 사람이 우리에게 아무것도 내놓을 생각이 없구나"라고 이해했을 것이다.[16] 하지만

---

16) 헤롯 안티파스는 자기 생일잔치에서 춤을 춘 소녀에게 크게 부풀린 약속을 했다. 그는 사람들이 자기의 약속을 진담으로 받아들이리라고 생각하지 않았다. 하지만 불행히

삭개오는 선량한 시골 관습대로 자기 맹세가 진실함을 과장해서 강조한다. 만일 그가 과장하지 않았다면, 군중은 그의 말을 정반대로 생각했을 것이다. 이야기는 여기서 그치지 않았다.

삭개오는 과장법을 써서 자기 진심을 보였지만, 그 자신도 값진 사랑을 받았다. 이런 사랑은 삶을 바꿔놓는 강한 힘이 있다. 이런 사랑을 받은 삭개오는 이전과 다른 사람이 될 것이다. 이 이야기의 여러 중요한 측면 중 가장 중요한 지점은, 예수의 값진 사랑을 받은 사람에 대한 드문 견해를 제시하면서 그의 반응도 기록했다는 점이다. 탕자는 아버지가 잔치를 베풀어주신 다음날 무슨 일을 했을까? 우리는 모른다. 탕자의 형도 잔치에 기꺼이 동참했을까? 성경은 우리에게 알려주지 않는다. 강도를 만나 다쳤다가 선한 사마리아인에게 도움을 받은 사람의 삶이 얼마나 철저히 바뀌었을까? 본문은 말하지 않는다. 그러나 삭개오 이야기에서는 값진 사랑을 받은 사람의 세계를 살짝이나마 독자에게 보여주고, 그가 보인 반응까지 깊이 있게 알려준다. 삭개오는 존재의 깊은 곳에서 우러나온 반응을 보여주면서, 그와 마을 사람들 사이에 얽힌 돈 문제를 해결하겠다고 맹세한다. 어느 누구도 그에게 "이제 예수의 값진 사랑이 당신에게 와 닿았소. 여기 십계명을 옮겨 적은 게 있소. 잘 살펴보고 계명이 일러주는 대로 당신 삶을 뜯어고치시오"라고 말하지 않았다. 예수께 순종하는 이는 예수의 삶을 본보기로 삼아 새 삶을 시작할 수밖에 없다. 삭개오가 받은 값진 사랑이 그 삶의 표준이 될 것이다. 삭개오는 그 표준을 따라 **다른 사람들의 삶**이 아니라 **그가 현재 살아가는 삶**에서 시작하여, 그가 해를 입힌 마을 사람들에게 값진 사랑을 보여주겠노라고 공개적으로 맹세한다. 이제 예수가 마지막 말씀을 하신다.

고리 구조는 예수의 마지막 말씀으로 끝을 맺는다. 예수는 맺음말에서

도 사람들은 그의 말을 진담으로 여겼고, 결국 그 때문에 세례 요한이 죽고 말았다(막 6:21-29을 보라).

다음과 같이 중요한 세 가지를 말씀하신다.

1. "오늘 **구원**이 이 집에 **이르렀다**"(9절). 이것은 "신적 수동태"다. 구원이 "이르렀다면", 누군가가 구원을 보낸 것이다. 구원을 보내신 이는 예수이시다. 그가 바로 그날 값진 구원을 삭개오의 집에 가져다주셨다. 본회퍼의 언급처럼, 값싼 은혜는 없다. 오직 값진 은혜만이 있을 뿐이다. 은혜는 그것을 베푸신 이(예수)에게는 물론이요 받는 이(삭개오)에게도 귀중한 가치가 있다. 삶을 바꿔놓는 힘이 삭개오의 집에 들어왔지만, 그 힘은 삭개오 집에서 밤을 보내시겠다는 예수의 결정이 아니었다. 오히려 온 마을 사람들이 삭개오에게 품고 있던 적개심을 당신 자신에게 옮겨놓으신 예수의 속 깊은 행동이 결정적 힘이었다. "그가 채찍에 맞으심으로 우리가 고침을 받았다"(사 53:5).

이 장면에서는 십자가의 능력을 가장 깊은 차원에서 펼쳐 보이시는 예수를 관찰할 수 있다. 제자들은 보고 참여한다. 제자들이 예수가 삭개오에게 행하시는 일을 관찰하고 이해할 수 있다면, 그들은 이보다 더 큰 사건이 곧 예루살렘에서 일어나리라는 것을 깨달을 수 있었을 것이다. 여기서 네 가지 움직임을 관찰할 수 있다.

1. 예수는 삭개오에게 값진 사랑을 베푸신다.
2. 삭개오는 그 사랑을 받아들이고, 이를 통해 자신이 어떤 사람인가를 인정한다. 이렇게 인정함이 그의 **회개**다. 이 회개는 그가 나무에서 내려와 예수를 그의 집으로 모셔 들일 때 일어났다.
3. 삭개오는 예수께 인정받는다는 큰 선물을 받았다. 예수는 기꺼이 삭개오의 집에 들어가서서, 그 집의 "오염된 음식"을 드시고 "더럽혀진" 손님 침상에서 주무신다.
4. 삭개오는 예수가 주신 선물에 대해 존재의 가장 깊은 차원에서 우러나온 진심을 담아 보답한다. 그가 보인 반응의 본보기는 예수가 그에게 행하신 일이었다. 삭개오는 값진 사랑을 받고 이로부터 힘을

얻어 다른 이들에게 값진 사랑을 베풀 마음을 품는다. 그는 이미 선교에 헌신하기 시작했다.

방금 살펴본 순서는 또 다른 이유 때문에 주목할 만한 가치가 있다. 이미 말했듯이, 예수는 "구원이 이르렀다"고 선언하신다. 예수가 강조하시는 것은 무엇인가? 랍비들은 이렇게 말했다. "와서 들으라. '목자와 세리 그리고 소작농을 부리는 지주는 회개하기가 어려우나, 이들은 자신이 아는(자신이 강탈한) 모든 이에게 (문제가 된 것들을) 배상해야 한다.'"[17] 이 본문에서 "회개"는 죄인이 행하는 일이며 "배상"을 요구한다. 미헬은 이렇게 썼다. "랍비가 요구한 원칙은 도둑이나 강도가 '회개'하길 원한다면 불법으로 빼앗은 것을 되돌려주고 손해가 있으면 다 메워주어야 한다는 것이었다. 그리하지 않으면 그의 회개는 완전하다고 인정받을 수 없었다."[18]

하지만 삭개오 이야기를 보면, 삭개오가 아직 배상을 마치지 않고 약속만 했는데도 예수는 "구원이 이르렀다"고 선언하신다. 이 이야기가 말하는 구원은 받아들임과 관계가 있으며, 예수라는 분과 거의 같은 말이다. 예수는 삭개오를 **받아주시고** 그의 집으로 들어가서 그에게 새 지위를 허락하신다. 이것이 구원 과정의 시작이었다. 이제 삭개오는 이 구원 과정을 살아내며 남은 삶을 보낼 것이다. 구원은 결단하는 순간을 넘어 더 긴 여정이다. 사실 삭개오는 그의 집에서 묵으시겠다는 예수의 대담한 제안을 받아들이기로 결단한다. 삭개오는 자신이 강탈한 것보다 더 많은 것을 돌려주겠다고 맹세한다! 그러나 그게 다가 아니었다. 독자는 삭개오의 삶 전체가 바뀌리라는 것을 안다. 구원은 지금 매일의 삶의 철저한 변화와 개혁을 포함한다. 이 이야기는 이런 역동성을 분명하게 보여준다. 예수는 그의

---

17) Babylonian Talmud, *Baba Qamma* 94b.
18) Otto Michel, "τελώνης," *Theological Dictionary of the New Testament*, 10 vols., ed. Gerhard Kittel and Gerhard Friedrich, trans. Geoffrey W. Bromiley (Grand Rapids: Eerdmans, 1964-76), 8:103.

두 번째 맺음말을 계속 이어가신다.

2. 예수는 삭개오에게 "그도 아브라함의 자손이기 때문이다"(9절)라고 말씀하신다. 아브라함은 자신이 어디로 가는지도 모른 채 앞으로 나아갔다. 삭개오도 마침내 아브라함이 걸어간 자취를 따르기 시작했다. 삭개오가 걸어갈 새로운 믿음의 여정은 그가 알지 못하는 많은 곳으로 그를 데려갈 것이다. 더욱이 마을 사람들은 누구나 수긍할 이유를 내세워 삭개오를 죄인으로 낙인찍었다. 그런데 예수는 마을 사람들의 반응과 상관없이 **하나님이** 삭개오를 받아주셨다고 강조하신다. 예수는 삭개오도 "아브라함의 자손"이라고 선언하신다.

3. 마지막으로 예수는 이렇게 말씀하신다. "인자는 잃어버린 자들을 찾아 구원하러 왔다"(10절). 예수는 자신이 인자임을 밝히시면서, 당신 사역이 잃어버린 자들을 찾아 그들을 집으로 데려오는 선한 목자의 사역임을 재차 강조하신다. 자신이 "회개할 필요가 없다"고 생각하는 의인들은 예수를 필요로 하지 않는다(눅 15:4-7). 그는 잃어버린 자들을 찾아 집으로 데려올 것이다.

그러나 이 이야기는 또 다른 점 때문에 주목할 만한 가치가 있다. 예수는 사역을 시작하실 때 그가 하실 일이 선포와 정의 옹호와 긍휼을 베풂이라고 약속하셨다(눅 4:16-30). 이 이야기는 예수의 사역을 구성하는 이 세 측면이 모두 드러나는 몇 곳 가운데 하나다. 여기서 예수는 바라지도 못할 사랑을 베푸시는 값진 사례를 보여주신다. 이것이 **선포**의 핵심이다. 아울러 예수는 여리고 마을의 과세 체계에 억압적 요소가 있음을 간접적으로 드러내심으로 **정의를 옹호하신다.** 또 예수는 걸인과 마을과 부역자에게까지 **긍휼**을 베푸신다.

요약: 맹인과 삭개오

누가복음 18:35-19:10에는 다음과 같은 측면들이 제시된다.

맹인 이야기

1. 예수는 억압받는 자(맹인)와 억압하는 자(삭개오) 모두에게 긍휼을 베푸신다.
2. 맹인을 소외시킨 억압자들은 그 맹인을 예수께 데려오라는 분부를 받은 "종"들이 되면서 가르침을 얻는다.
3. 맹인은 하나님이 거저 베푸시는 은혜에 따르는 책임을 받아들일 의사가 있는지 자신을 점검해보라는 시험 문제를 받았다. 그는 이 시험을 통과한다.
4. 맹인은 예수를 메시아이신 다윗의 자손으로, 곧 하나님의 능력을 가진 분이요 그처럼 소외당한 사람들에게 진심으로 긍휼을 베푸시는 분으로 온전히 신뢰한다. 이 믿음이 옳음은 그가 고침을 받은 사실에서 확인된다. 예수에 대한 그의 믿음은 이야기의 진행 동안 계속 자라는데, 이는 그가 예수께 붙이는 칭호가 바뀌어가는 모습에서 볼 수 있다. 그의 믿음이 그를 구원했다.
5. 군중은 예수가 보여주신 치유 능력을 보고 하나님을 찬양한다. 아울러 군중은 자신이 따돌리려 한 걸인을 특별한 은혜를 받을 자로 택하심으로써 자신을 에둘러 꾸짖으신 예수의 비판을 받아들인다.

삭개오 이야기

1. 예수는 사람들이 삭개오에게 강한 적개심을 품은 것을 보시고 이를 당신을 향한 적개심으로 바꿔놓으신다.
2. 삭개오는 **자신이 어떤 사람인가를 인정함으로써** 예수가 선한 목자 비유(눅 15:4-7)에서 제시하신 참된 회개를 실증해 보인다.
3. 예수는 삭개오에게 값진 사랑을 베푸셨으며, 그 사랑은 삭개오의 삶을 바꿔놓는 힘이 되었다. 이 과정에서 예수는 당신의 십자가 신학의 중요 부분을 실제로 행해 보이신다.
4. 예수는 그 밤에 묵으러 삭개오의 집에 들어가심으로써 삭개오에게

새로운 지위, 즉 예수가 받아주신 자라는 지위를 선물하신다.
5. 삭개오는 마을 사람들에게 값진 사랑을 베풀겠다고 맹세함으로써 자신이 받은 값진 사랑에 보답한다. 그가 받은 은혜로운 선물은 다른 사람들에게 은혜를 베풀 에너지와 의지를 만들어냈다.
6. 예수는 삭개오를, 어디로 가는지도 모르면서 하나님의 부르심에 순종하여 고향을 떠났던 아브라함 집안에 다시 받아주신다.
7. 예수는 삭개오가 약속한 배상을 행하기도 전에 삭개오의 집에 "구원이 이르렀다"고 선언하신다. 구원은 한 차례 결단을 넘어 더 많은 것을 의미한다. 구원은 삶 전체에 영향을 미치는 과정이기도 하다. 예수는 이 구원을 이루시는 분이요, 삭개오의 집에 구원을 가져다주신 분이다.
8. 예수는 사역을 시작하실 때 당신 사역이 선포와 정의 옹호와 긍휼의 사역임을 선언하셨다(눅 4:16-30). 이 이야기에는 세 요소가 모두 들어 있다. 이 이야기는 삶을 바꿔놓는 값진 사랑의 메시지를 보여준다. 예수는 억압하는 자의 마음을 바꿔놓으심으로써 공동체에 대한 재정적 억압을 의미심장하게 드러내신다. 삭개오는 여러 차원에서 예수가 베푸신 긍휼을 받은 사람이다.
9. 예수는 억압받는 자(맹인)와 억압하는 자(삭개오) 모두에게 긍휼을 베푸신다.

이 두 이야기는 곧 닥칠 어둡고 영광스러운 날들을 미리 보여준다.

제5부

예수와 여자들

Jesus Through
Middle Eastern Eyes

14장

예수와 여자들: 들어가는 글

근자에 전 세계 기독교는 여성이 교회에서 차지하는 위치에 큰 관심을 기울여왔다. 이런 논의에서 중요한 것은 예수가 여자들을 어떻게 대하셨는가다. 우리는 이 대목에서 신약성경에 나오는 여섯 "카메오"를 살펴보겠다. 각 카메오는 예수가 여성 한 사람 한 사람과 어떻게 교류하셨는지를 보여준다. 이 카메오들을 살펴보려는 것은 예수가 남녀평등과 관련하여 첫 발을 떼신, 완전히 새로운 어떤 출발점을 제시해보려고 하기 때문이다.[1] 이 간략한 도입부에서는 구약성경과 벤 시라의 글(집회서)이 보여주는 중동 사회 속 여성의 위치를 짚어보겠다. 먼저 나는 마리아 찬가의 의미를 강조하고 이어 예수의 여자 제자들에게 초점을 맞춰보겠다. 그런 다음 복음서 저자들이 예수의 여성관에 어떤 반응을 보였는가를 잠시 살펴보는 것으로 마무리하겠다.

구약성경은 여성의 위치가 정점에 있던 몇몇 사례들을 제시한다. 룻기

---

[1] 더 폭넓게 신약성경과 여성이라는 주제를 논의한 글로는 Kenneth E. Bailey, "Women in the New Testament: A Middle Eastern Cultural View," *Theology Matters* 6, no. 1 (2000): 1-11을 보라.

와 에스더서, 그리고 여예언자 드보라와 헤벨의 아내 야엘 이야기(삿 4-5장)가 주요 사례다.[2] 이 목록에는 아랍의 현자요 맛사 왕인 르무엘이 현숙한 여인을 훌륭하게 묘사하고 있는 잠언 31장의 내용을 덧붙여야 한다.[3] 하지만 신구약 중간기에는 여성의 위치가 추락한 것 같다. 이런 사실은 기원전 2세기 초에 저술 활동을 했던 예루살렘의 지체 높은 학자 벤 시라의 글에서 엿보인다. 벤 시라는 여자들이 좋은 아내이자 어머니가 될 수 있고 존경받아야 한다고 보았다. 그러나 그는 "네가 네 아내를 좋아하지 않으면 그 아내를 믿지 말라"(집회서 7:26)고 말한다. 또 아내에게 공급한 것들을 꼼꼼히 기록하라고 당부한다(집회서 42:6-7). 또 살아 있는 동안에는 아내에게 재산을 넘기지 말고 아내가 남편을 부양하게 하는 일을 하지 말라고 말한다(집회서 33:20; 25:22-26). 죄가 세상에 들어온 것은 여자 책임이며 여자의 악의는 참을 수 없다고 말한다(집회서 25:13-26). 딸은 재앙이다.[4]

정녕 벤 시라가 보기에 딸은 손해만 끼치는 존재였고 수치를 안겨줄 수도 있는 화근이었다(집회서 7:24-29; 22:3-5; 26:9-12; 42:9-11). 여자와 남자의 관계를 제외하고 여자를 논하는 내용은 전혀 없으며, 벤 시라가 열거하는 믿음의 영웅들도 오로지 남자뿐이다(집회서 44-50장). 벤 시라의 다음과 같은 언급에 이르면 여자의 지위는 밑바닥에 이른다.

여자들과 함께 앉지 마라.
이는 옷에서 좀이 나오듯이
여자로부터 여자의 심술이 나오기 때문이다.

---

2) Leonard Swidler, *Biblical Affirmations of Women* (Philadelphia: Westminster, 1979), pp. 158-59.
3) Tony Maalouf, *Arabs in the Shadow of Israel* (Grand Rapids: Kregel, 2003), pp. 138-43.
4) Kenneth E. Bailey, "Women in Ben Sirach and in the New Testament," *For Me to Live: Essays in Honor of James Leon Kelso*, ed. R. A. Coughenour (Cleveland: Dinnor/Leiderback, 1972), pp. 56-60.

> 여자의 친절보다 남자의 심술이 낫나니
>
> 여자는 치욕과 비난을 낳을 뿐이다(집회서 42:12-14).

긍정적 측면만 보자면, 신구약 중간기 문헌에는 담대하고 배짱이 있어서 자신이 사는 성읍과 성읍 사람들을 구한 유딧 이야기도 들어 있다. 그러나 시간이 흐르고 랍비 운동이 일어나면서, 신약 시대에는 여성의 지위가 모든 영역에서 남자보다 낮아졌다.[5] 문제는 이것이다. 예수는 당대에 널리 퍼져 있던 여성을 대하는 태도를 지지하셨는가, 아니면 이런 태도를 개혁하려 하셨는가?

예수의 어머니 마리아를 언급하지 않고 예수와 여자들을 다루기는 불가능하다. 이 주제를 자세히 살펴볼 지면이 부족하지만, 일단 유명한 "마리아 송가"의 몇 부분을 짚고 넘어갈 필요가 있겠다. 송가 본문은 그림 14.1.에 정리되어 있다.

이 송가는 두 부분으로 선명하게 나뉜다. 전반부(1-6)는 마리아라는 인물에 초점을 맞추는데 찬송, 구원, 수치를 당함/높이 올림이라는 세 주제가 등장한다. 본문은 각 주제를 제시한 뒤, 역순으로 되풀이한다. 정점은 중심 부분인데, 여기서 마리아가 높이 올림을 받는다. 송가 후반부(7-12)는 신앙 공동체의 이상을 제시하면서, 자비와 구원 그리고 수치를 당함/높이 올림에 초점을 맞춘다. 마리아에게 일어나는 일은 앞으로 신앙 공동체에 일어날 일을 미리 보여주며 그 모델이 된다. 공동체 구성원들도 마리아처럼 낮은 처지로부터 높이 올림을 받을 것이다. 더욱이 이 "공동체 부분"은 "그를 두려워하는 자들"에게 널리 적용되는 약속으로 시작하여(7) "아브라함과 그의 씨에게 영원히" 주는 확약으로 끝맺는다(12). 7("믿는 자들에게 주는 확약": 믿는 자들에 대한 일반적 언급)과 12("이스라엘에게 주는 확약": 특정한 대상에 대

---

5) L. Swidler, *Biblical Affirmations of Women* (Philadelphia: Westminster, 1979), pp. 150-59.

A. 개인 부분(눅 1:46-49)

또 마리아가 말하기를

1. "내 영혼이 주를 찬양하며   **찬양**

2.   내 마음이 하나님 내 구주를 기뻐하니,   **구원**

3.   이는 그가 당신 여종의 비천한 상태를 살피셨음이라.   **비천함**
4.   보라, 이제 후로는 모든 세대가 나를 복되다 하리니,   높이 올림을 받음

5.   이는 전능자이신 그가 내게 큰일을 행하셨기 때문이요 **구원**

6. 또 그의 이름이 거룩하도다.   **찬양-그의 이름**

B. 공동체 부분(눅 1:50-55)

7.   또 그의 자비가 대대로   **자비**
      그를 두려워하는 이들에게 미치도다.   그를 두려워하는 모든 이에게

8.   그가 그의 팔로 능한 행위들을 행하사   **구원**
      그가 그 마음의 생각이 교만한 자들을 흩으셨으며,   (심판)

9.   그가 권세 있는 자를 보좌에서 끌어내리시고   **부끄럽게 함**
      비천한 상태에 있는 자를 높이셨으며,   높이 올림

10.   그가 주린 자들을 좋은 것들로 채워주셨고   **높이 올림**
      부자는 빈손으로 보내셨도다.   부끄럽게 함

11.   그가 그의 종 이스라엘을 도우셨으며   **구원**(심판?)
      ------------------------------ ?

12. 그가 우리 조상에게 말씀하셨던 것처럼   **자비**
      자비를 기억하사
      아브라함과 그 자손에게 영원히 하시리라."   이스라엘에게

그림 14.1. 마리아 송가(눅 1:46-55)

한 언급)라는 "외피"(envelope)가 쌍을 이룬다.

더욱이 후반부는 각각 두 줄씩으로 이루어져 있는데, 분명 한 줄이 빠져 있다. 8, 9, 10은 높이 올림을 말하는 한 줄과, 이와 짝을 이뤄 부끄럽게 함을 말하는 한 줄로 이루어져 있는데, 11은 예외다. 두 줄로 이루어진 나머지 연들과 균형을 맞추고 8과 쌍을 이루려면, 11에는 아마도 이런 말이 포함되어 있었을 것이다.

그가 그의 종 이스라엘을 도우셨으며
또 이방인들의 소망을 잘라버리셨도다.

"이스라엘을 도움"과 균형을 이루는 말은 "이방인들에 맞섬"일 것이다. 그러나 이런 심판의 말은 등장하지 않는다. 이 노래에는 민족주의를 등에 업고 이방인을 공격하는 말이 없다. 마찬가지로 예수도 누가복음 4:16-30이 보여주듯이 이방인을 적대시하시지 않는다. 예수는 이런 태도를 그의 어머니로부터 받아들이셨을까?

요컨대 마리아 찬가는 억압받는 자들에게 무한한 긍휼을 보이면서 이런 억압이 사라지리라는 소망을 피력하는 한 여자를 제시한다. 이 노래는 이방인을 대적하지 않으나, 권세 있는 자와 교만한 자는 대적한다. 아울러 마리아는 하나님이 마리아 자신이 속한 민족 공동체는 물론이요 믿는 모든 이에게 은혜를 베푸심을 아는, 지식이 있는 여자로 등장한다. 마리아는 모든 신자에게 일어날 일의 모델이 되고, 비천한 상태로부터 높이 올림을 받는다.

이 위대한 본문에 사용된 동사들은 과거 시제이기 때문에, 이 동사들은 이미 일어난 일을 묘사한 것으로 볼 수 있다. 이런 말은 "역사적 과거 시제", 즉 미래를 향한 소망을 나타낸다고 읽을 수 있다.[6] 해방을 찬미하는

---

6) Kenneth E. Bailey, "The Song of Mary: Vision of a New Exodus (Luke 1:46-55),"

이 노래의 기원을 어떻게 보든, 이는 마리아와 예수를 연결한다. 누가복음 본문은 이 속의 정서가 마리아의 시각임을 강조한다. 이를 보면서 독자들은 비범한 어머니가 예수를 길렀으며, 이 어머니가 여자를 대하는 예수의 태도에 엄청난 영향을 미쳤으리라는 것을 깨닫는다. 그렇다면 이런 영향은 예수의 공생애 사역에서 어떻게 펼쳐졌을까?

우선 우리는 예수에게 **여자 제자들이 있었음**을 본다.

이와 관련해서는 중요한 본문이 넷 있다. 첫째, 단 한 번뿐이지만 신약성경에는 제자라는 말이 여성 명사로 등장하는 곳이 있다. 사도행전 9:36은 다비다(도르가)를 *mathētria*(제자)라 부른다.

둘째, 마태복음에는 예수의 가족이 등장하여 예수와 이야기를 나누게 해달라고 요청하는 대목이 있다.

"누가 내 어머니이며 내 형제인가?" 그리고 그는 **자기 제자들을 향해** 손을 뻗으며 말하되 "여기에 내 어머니와 내 형제들이 있다! 하늘에 계신 내 아버지 뜻대로 행하는 자는 누구든지 내 형제요 내 자매요 내 어머니이기 때문이다"(마 12:48-50; 베일리 강조).

중동 문화의 맥락에서, **남자들**로 이루어진 무리를 향해 어떤 제스처를 하며 말하는 사람은 "여기에 내 형제와 아저씨와 사촌 형제가 있다"고 말하지, "여기에 내 형제와 자매와 어머니가 있다"고 말**할 수는 없다**. 본문은 특별히 예수가 "그의 제자들을 향해" 제스처를 하신다고 강조하는데, 이때 예수는 제자들을 남자와 여자를 가리키는 말로 지칭한다. 이는 예수 앞에 있는 제자들이 남자**와** 여자로 이루어져 있었음을 독자들에게 알려준다.

셋째, 주목할 만한 보고를 담고 있는 누가복음 8:1-3은 이렇게 말한다.

Theological Review 2, no. 1 (1979): 29-35.

그 뒤 곧 예수가 성읍들과 마을들을 두루 다니시며 하나님 나라의 좋은 소식을 선포하시고 전하셨다. 또 열두 제자가 그와 함께했고 몇몇 여자가…그들이 가진 것으로 그들에게 제공했다.

우리는 예수가 그의 제자로 알려진, 곧 남자**와** **여자**로 이루어진 무리를 데리고 성읍과 마을들을 두루 돌아다니시는 것을 본다. 이것은 그들이 매일 밤을 낯선 동네에서 보냈음을 뜻한다. 오늘날 사회 관습은 (미쉬나와 탈무드가 증언하는) 1세기보다는 더 자유분방하다. 그러나 내가 아는 한, 현대 중동에서 이런 장면이 공개적으로 벌어질 수 있는 전통 사회는 전혀 없다. 여자가 남자 무리와 함께 여행할 수는 있지만, 밤을 보낼 경우에는 반드시 자기 친척들과 함께 있어야 한다. 이 이야기에는 놀라운 점이 세 가지 등장한다.

- 이 이야기 자체가 대단히 놀라운 것은 이미 언급한 이유들 때문이다.
- 여자들은 자기가 운용하는 자원을 내놓아 이 운동을 돕는다.
- 누가(남자)는 본문을 쓰면서 이 모든 내용을 받아들인다. 그는 독자들이 규모도 작고 취약한 "예수 운동"을 위해 자기 것을 내놓은 이들이 누구인지 알기를 원한다. 누가는 벤 시라 및 그와 같은 사람들이 보여주던 태도를 철저히 거부한다.

넷째, 누가복음 10:38에서 예수는 마르다의 집에 들어가신다. 누가는 이렇게 말한다. "또 그(마르다)에게 마리아라 하는 누이가 있었는데 이 누이는 주의 발아래 앉아 그의 가르침을 들었다"(39절). 바울은 사도행전에서 자신이 "가말리엘 발아래에서 자랐다"(행 22:3)고 묘사한다. 랍비의 "발아래 앉는다"는 것은 그 랍비의 제자라는 뜻이었다. 이렇게 마리아는 랍비 예수의 제자가 되었다. 본문은 마르다가 사람들을 분주히 섬기느라 "정신이 없었다"고 말한다(힘겨워했다고 말하지 않는다). 정신이 없었다는 것은 필시 어떤 일 때문에 다른 일을 할 정신이 없었다는 의미인 것 같다.

분명 마르다는 자기 일인 요리를 하느라 예수의 가르침에 마음을 쓰지 못한다. 이 기사를 보면, 이어 마르다는 예수께 마리아를 부엌으로 보내 자신을 돕게 해달라고 요청한다. 문제는 마르다에게 감자 껍질을 벗길 사람이 필요하다는 것이 아니다. 중동 문화의 맥락에서 볼 때 마르다의 심사가 뒤틀린 이유는 그의 "여동생"이 남자들과 함께 앉아 랍비 예수의 제자가 되었다는 사실 때문이라고 이해하는 것이 더 자연스럽다. 마르다의 마음에 떠오른 생각을 상상하기는 어렵지 않다. 틀림없이 이렇게 생각했을 것이다. "이런 창피한 일이! 하필 이런 일이 우리에게 일어나다니! 다른 사람도 아니고 내 여동생이 남자들과 함께 있네. 이웃 사람들이 뭐라 할까? 집안에서는 뭐라고 생각할까? 이런 일이 벌어졌으니 누가 쟤를 신부로 맞겠어? 꿈도 못 꾸게 생겼네!"

예수는 마르다의 말 자체가 아니라 그 속뜻에 대답하신다. 문맥상 예수가 하신 대답은 이런 뜻이다.

> 마르다야, 마르다야, 네가 일이 **많아** 걱정도 하고 힘들어하는구나. 나도 **다** 이해한다. 그러나 한 가지가 아쉽구나. 나는 네가 음식 한 접시 더 놓는 일보다 내가 양식을 베푸는 이라는 것을 깨닫고 네 동생은 이미 좋은 쪽(portion)을 택했다는 것을 깨달았으면 한다. 네가 네 여동생으로부터 이 좋은 것을 빼앗는 일은 허락하지 않겠다. 내겐 맛난 음식보다 좋은 학생이 더 중요하단다.

쪽(portion)은 식사 때 먹는 음식의 일부를 뜻할 수 있다.[7] 예수는 마리아에게 당신 제자가 되어 계속 "신학을 연구할" 권리가 있음을 변호하신다. 전통 문화를 따라 남녀를 구분하는 일을 더 이상 하지 않으신다.

이 네 본문을 보면 분명 복음서의 예수의 제자들에는 여자가 포함되어

---

[7] J. A. Fitzmeyer, *The Gospel According to Luke X-XXIV* (New York: Doubleday, 1985), p. 894; 참고. LXX 창 43:34; 신 18:8.

있다.

이렇게 예수가 무리는 물론 함께 여행하는 이들 가운데에도 여자 제자를 거느리고 계셨다면, 그의 가르침과 스타일에도 뭔가 두드러진 차이가 있었는가? 정말 있었다. 예수는 남자 제자에게 전하는 것과 같은 심오한 수준의 메시지를, 당신을 따르는 여자 청중에게도 전하시는 데 깊은 관심을 갖고 이미지를 고르며 비유를 만들어내셨다. 다음은 이런 관심사를 가장 잘 보여주는 사례들이다.

1. 예수는 고향 나사렛에서 하신 첫 설교 때 전승에서 가져온 두 이야기를 들려주신다. 하나는 사르밧 여자 이야기인데, 여기에 예수는 수리아인 나아만 이야기를 덧붙이신다(눅 4:25-27). 두 사람은 모두 이방인이요 신앙 영웅이다. 여기서는 "그의 자비가 그를 두려워하는 이들에게 미치며"(눅 1:50), "아브라함과 그의 씨"(눅 1:55)에게만 미치는 것이 아님을 알았던 어머니의 영향이 보이지 않는가?
2. 예수는 옷을 고치고(여자가 하는 일) 포도주를 만드는 일(남자가 하는 일)을 소재로 삼아 두 비유를 제시하신다(눅 5:36-39).
3. 예수는 회개하는 죄인, 특히 "의로운 자들"에게 배척받던 죄인들에게 깊은 관심을 가지셨다. 이런 관심은 시몬의 집에서 배척받은 여자에게 주목하시는 모습에서도 드러난다(눅 7:36-50). 또 이런 관심은 바리새인과 (남자) 세리 비유에서도 드러난다(눅 18:9-14).
4. 두 비유는 기도가 응답받으리라고 보장한다. 첫 번째 비유는 "한밤중에 찾아온 친구"(눅 11:5-8) 비유요, 둘째 비유는 무관심한 재판관과 싸우는 여자 비유다(눅 18:1-8). 첫 번째는 남자 이야기며, 두 번째 이야기는 여자에게 초점을 맞춘다.
5. 예수와 그가 전하신 메시지를 놓고 한 집안에서 일어난 다툼은 남자와 남자, 여자와 여자 사이의 깨어진 관계가 그 다툼 속에 들어 있음을 보여준다(눅 12:51-53).

6. 겨자씨 비유(남자가 농사를 지음)는 누룩을 빵 반죽에 집어넣어 부풀게 한 여자 이야기와 연결되어 있다(눅 13:18-21).
7. 예수는 남녀 불문하고 제자들에게 자기 가족에게 보이는 성실함을 넘어 당신께 충성하라고 요구하신다(눅 14:26-27).
8. 예수는 잃어버린 양과 잃어버린 은전(드라크마) 비유(눅 15:3-11)를 함께 묶어 가르치신다. 남자는 양떼를 치나, 여자는 가사에 더 몰두한다. 은전을 잃어버린 뒤 그것을 찾으려고 온 집안을 이 잡듯 뒤지는 이는 여자다. 일찍이 랍비가 쓴 아가서 주석을 보면, 랍비 비느하스가 벤 야일을 시켜(기원후 2세기) 작은 주화 하나를 잃어버렸다가 "불이란 불은 다 켜고 심지란 심지는 다 켜서 그 주화를 발견하기까지 찾는" 한 남자 이야기를 하게 만든다.[8] 랍비 비느하스는 예수의 비유를 알고 그 중심인물을 남자로 바꾼 것일까? 아니면 예수와 랍비 비느하스는 서로 상관없이 전승의 한 주제를 사용한 것일까? 어느 쪽인지 밝혀내기는 불가능하다. 분명한 것은 예수가 잃어버린 은전 비유에서 (랍비 비느하스처럼) 남자 주인공을 제시하는 것이 이 문화권 사람들의 마음을 상하게 하지 않는 일인데도, 일부러 여자 주인공을 고르셨다는 사실이다. 게다가 예수의 비유에 나오는 여자는 자기 친구와 이웃들을 잔치에 초대하고 자기 흠을 드러내놓고 시인했다는 이유로 은연중에 칭찬을 듣는다. 이 여자는 친구들에게 **자신이 은전을 잃어버렸다**고 말한다. 잃어버린 양 비유에 나오는 목자는 친구들에게 자신이 "잃어버렸던" 양을 찾았다고 말한다. 여자와 달리 그는 어떤 흠도 시인하지 않는다.
9. 예수는 바리새인과 논쟁하시면서 부활 때 남자와 여자 사이에 아무 차이가 없으리라는 것을 강조하신다(눅 20:27-36).

---

8) *Midrash Rabbah, Song of Songs*, trans. M. Simon (New York: Soncino Press, 1983), 11.

10. 가난한 여자(눅 21:1-4)는 두 렙돈을 바쳤다는 이유로 부유한 연보자들(대다수가 남자였을 것임)보다 더 칭찬을 받는다.

예수의 가르침은 남자는 물론 여자에게도 깊은 차원의 말씀을 전하고자 그분이 세심하게 구성하신 것들임이 분명하다. 나아가 이런 전승을 기록하고 편집한 이들도 주님이 갖고 계신 이런 깊은 관심을 놓치지 않았다.

나는 누가복음에서 남자와 여자가 짝을 이뤄 등장하는 27개 사례를 찾아냈다. 이 사례들 가운데 맨 먼저 나오는 것이 천사가 남자인 사가랴에게 나타나고(눅 1:5-20) 여자인 마리아에게 나타난 경우(눅 1:26-36)다.[9] 마지막 사례는 수난 내러티브들이 남자와 여자를 제시한 경우들이다.

마가복음에서는 예수의 장사(葬事) 기사(막 15:40-47)와 예수의 부활 기사(막 16:1-8)를 비교해보는 것이 도움이 된다. 마가복음은 두 본문을 "고리 구조"를 사용하여 결합해놓았다(그림 14.2.를 보라).

이 두 기사를 비교해보면 많은 점이 두드러진다. 이 연구에서 중요한 의미를 갖는 것은 첫 번째 이야기에서 두 번째 이야기로 넘어갈 때 여자들의 자리에 변동이 있다는 사실이다. 먼저 두 본문에 구사된 수사를 간략히 설명하는 것이 좋겠다.

수사

두 기사는 앞에서 언급했던 예언적 수사 틀을 보여주는 사례다. 각 기사는 일곱 부분으로 이루어져 있다. 처음 세 연과 이를 역순으로 반복한 마지막 세 연이 쌍을 이룬다. 각 기사의 정점은 중심부에 등장한다. 첫 기사

---

9) 이 27개 사례는 Kenneth E. Bailey, *Finding the Lost* (St. Louis: Concordia, 1992), pp. 97-99에서 확인할 수 있다.

예수 장사(막 15:40-47)

1. 또 멀리서 지켜보는 여자들이 있었는데
    그중에는 막달라 마리아와   **여자들**
    작은 야고보와 요세의 어머니 마리아와 살로메가 있었으니
    이들은 예수가 갈릴리에 계실 때 그를 따르고 섬기던 이들이었으며
    또 그와 함께 예루살렘에 올라온 다른 많은 여자들도 함께 있었다.

2. 또 저녁이 오자
    그날이 준비하는 날
    곧 안식일 전날이므로   **요셉**
    존경받는 공회원이요
    역시 하나님 나라를 앙망하는 **아리마대 요셉**이

3. 용감하게 빌라도에게 가서   **몸을**
    예수의 몸(*sōma*)을 요구하니   **요구함**

4. 빌라도가 예수가 **벌써 죽었는지** 궁금하여
    백부장을 불러   **백부장**
    그가 **벌써 죽었는지** 묻고   **죽음**을 확인
    백부장으로부터 그가 **죽었음**을 들어 알자

5. 그가 시체(*ptōma*)를   **시체를**
    요셉에게 내주었다.   **내줌**

6. 그러자 그가 세마포를 사고
    예수를 내린 다음
    세마포로 그를 싸서   **요셉**
    바위 속을 판 무덤에 그를 눕히고
    돌을 굴려 무덤 문에 놓았다.

7. 막달라 마리아와 요세의 어머니 마리아가
    예수를 어디에 눕혔는지 보았다.   **여자들**

그림 14.2. 마가의 예수 장사 및 부활 기사에 나오는 여자들

부활(막 16:1-8)

0. 안식일이 지나자, **막달라 마리아**와　　　　　　**배경**
   야고보의 어머니 마리아와 살로메가　　　　　(토요일 밤)
   향품을 샀으니 가서 예수에게 바르려 함이었다.

1. 그 주 첫날 아주 일찍이　　　　　　　　　　　**여자들이 가다**
   해가 뜰 때 그들은 그 무덤으로 갔다.　　　　　(주일 아침)
   그들이 서로 말했다.　　　　　　　　　　　　 말함/확신이 없음
   "누가 우리를 위하여 무덤 문에서 돌을 굴려줄까?"
   그들이 올려다보니 돌이 굴려져 있었는데
   그 돌이 심히 컸다.

2. 그리고 그들이 무덤에 들어갔다가 흰옷을 입고
   오른편에 앉아 있는 한 **젊은이**를 보았으니　　**무덤에 들어감**
   그들이 **두려워했다**.　　　　　　　　　　　　두려워함

3. 그 젊은이가 그들에게 말했다.
   "두려워마라　　　　　　　　　　　　　　　　**예수를 찾음**
   너희가 십자가에 못 박히신 나사렛 예수를 찾는구나.

4. 　　그는 **부활하셔서**　　　　　　　　　　　**부활하심**
   　　여기에 계시지 않으니　　　　　　　　　여기에 계시지 않음
   　　그들이 그를 두었던 곳을 보라.

5. 그러나 가서 그의 제자들과 베드로에게 말하기를
   그가 너희보다 앞서 갈릴리로 가서서　　　　　**예수를 발견함**
   너희에게 말씀하셨던 대로, **거기서 너희가 그를 뵐 것이라고** 하라."

6. 그들이 그 무덤을 떠나 **도망쳤으니**　　　　　**무덤을 떠남**
   이는 **떨림과 놀람**이 그들을 엄습했기 때문이다.　떨림

7. 또 그들이 아무에게도 아무 말을 못했으니　　　**여자들이 돌아옴**
   이는 그들이 두려워했기 때문이다.　　　　　　 침묵, 두려워함

그림 14.2. 계속

의 중심부는 죽음이라는 예수의 최후, 그리고 그가 죽은 사실을 알려주는 백부장의 증언과 관련된다. 여기에는 **죽었다**라는 말이 세 번이나 나온다. 두 번째 본문에서는 정점인 중심부가 부활을 증언한다. 더불어 두 번째 이야기의 일곱 연이 완벽한 수사 형태를 이룬다는 점도 유의하기 바란다. 이 이야기에는 "빠뜨린 마지막 페이지"(lost final page)도 없고 이런 종류의 이론이 달리 필요하지도 않다. 마가복음 1:1은 독자에게 이 책이 "하나님의 아들 예수 그리스도를 전하는 좋은 소식의 시작"을 다루었다고 말한다. 예언적 수사 틀이 완성됨과 함께, 독자는 좋은 소식의 **시작**(마가복음서)**의 끝자리**에 선다. 이 이야기를 읽거나 듣는 사람은 여자들이 두려움을 이기고 부활을 증언했음을 안다. 이 이야기는 모든 이에게 이 여자들이 보인 본을 따르라는 도전을 던진다.

이처럼 서로 짝을 이루는 두 이야기의 정교한 수사적 표현을 살펴본 결과, **예수의 장사 기사**에서 다음과 같은 특징을 발견할 수 있다.

1. 여자들은 이 이야기에서 주변부에 자리해 있다. 그들은 조용히 멀리서 따라가며, 내러티브의 첫 부분과 마지막 부분에서만 등장한다.
2. 아리마대 요셉은 예수의 시신을 요구한다는 점에서 이 이야기의 중심인물이다.
3. 이 기사는 외부인(백부장)을 예수의 죽음을 목격한 증인으로 내세운다.
4. 빌라도는 대적이기에 요셉은 예수 시신을 그로부터 구해내야 한다.
5. 요셉은 두려워한다. 맡은 일을 완수하려면 그는 "용기를 가져야" 한다.

부활 기사(막 16:1-8)에서는 다섯 가지 점이 예수의 장사 기사의 다섯 가지 점과 짝을 이룬다.

1. 여자들이 이 기사 첫 부분(수군거림)과 결론 부분(떪, 침묵, 두려워함)에서 다시 등장한다.

2. 여자들은 이야기 전체에서 중심인물로 등장하며, (요셉이 아니라) 그들이 예수의 시신을 찾는다.
3. 예수의 부활을 처음으로 전한 증인은 흰옷을 입은 젊은이다.
4. 대적은 더 이상 빌라도가 아니라 죽음 자체다. 예수를 죽음으로부터 구해낸 것은 요셉이나 여자들의 뜻이 이루어진 것이 아니라 하나님이 행하신 일이다.
5. 요셉처럼 여자들도 두려워한다. 여자들은 두려워하지 말라는 격려를 받고 남자들에게 예수가 부활하셨다는 메시지를 선포한다.

이 두 기사를 비교해보면, 예수의 장사 기사(와 그 앞에 나오는 십자가 기사)에서는 **남자**가 주연을 맡고 여자는 나오긴 하나 늘 뒤에 자리해 있다. 그러나 부활 기사에서 남자는 오직 천사뿐이며, 마가복음의 이야기 내내 **여자**가 중심인물이다. 여자들은 무대 뒤편에서 걸어 나와 중앙으로 나아간다. 이제는 모든 일이 이 여자들이 두려움을 이겨내느냐에 달려 있다. 독자들은 여기서 울려 퍼지는 대답이 "그렇다!"임을 안다. 남자들은 십자가에서 실패하고 도망쳤다. 부활 때는 여자들도 실패했다. 그러나 그들은 요셉처럼 "용기를 내어" 남녀 불문하고 모든 이에게 증언했다.

이처럼 여자들은 십자가와 장사 기사 뒤편으로부터 예수가 부활하신 아침의 밝은 빛으로 걸어 나간다. 이런 여자들의 움직임은 예수가 만들어 내신 사귐 속에서는 남녀가 철저히 평등함을 극적으로 강조하는 데 적합한 절정 부분이다. 실제로 복음서 전체에서 예수는 모든 여자를 존경하고 궁휼히 여기는 마음으로 대하신다. 한 가지 분명한 예외가 16장에서 다룰 예수와 수로보니게 여자 이야기다.

요약: 예수와 여자들 – 들어가는 글

1. 고전 시대라 할 과거에는 룻과 에스더와 드보라와 유딧 같은 여자가 영웅이었다. 그러나 예수 시대에는 여자가 남자보다 분명히 아래였다(예를 들어 집회서).
2. 마리아가 여자를 대하는 예수의 태도에 끼친 영향을 정확히 밝혀내기는 불가능하지만, 분명 무한히 좋은 영향을 끼쳤을 것이다.
3. 예수의 제자 무리에는 여자도 있었다. 이 여자 제자들은 예수와 함께 다녔으며, 예수 운동에 재정을 지원한 이들도 있었다.
4. 예수는 당신 메시지를 남자는 물론 여자에게도 강력히 전달하시고자 자신의 가르침을 신중하게 만들어내셨다.
5. 복음서 저자/편집자는 예수로부터 나온 이야기, 예수가 공동체에서 여자를 남자와 동등한 위치까지 끌어올리신 이야기를 골라 제시했다.

이런 점을 마음에 새기고 앞서 언급한 카메오들을 살펴보자. 이 카메오 이야기들은 여자들을 대하는 예수의 태도를 펼쳐 보인다.

15장

우물가에서 만난 여자
요한복음 4:1-42

요한복음 주석에는 진지한 학생들이 활용할 수 있는 것들이 많다.[1] 20세기에는 이브라힘 사이드와 마타 알 미스킨이 아랍어로 쓴 중요한 두 요한복음 주석이 출간되었다.[2] 또한 주석 형태의 책뿐 아니라 윌리엄 템플과

---

1) C. K. Barrett, *The Gospel According to St John* (London: SPCK, 1960); George R. Beasley-Murray, *John*, Word Biblical Commentary 26 (Waco, Tex.: Word, 1987); Raymond E. Brown, *The Gospel According to John*, Anchor Bible, 2 vols. (Garden City, N. Y.: Doubleday, 1966); F. F. Bruce, *The Gospel of John* (Grand Rapids: Eerdmans, 1983); Rudolf Bultmann, *The Gospel of John* (Philadelphia: Westminster, 1971); Gary Burge, *John*, NIV Application Commentary (Grand Rapids: Zondervan, 2000); C. H. Dodd, *The Interpretation of the Fourth Gospel* (Cambridge: Cambridge University Press, 1965); Barnabas Lindars, *The Gospel of John*, New Century Bible (London: Oliphants, 1972); Alfred Plummer, *The Gospel According to St. John*, Cambridge Greek Testament for Schools and Colleges (Cambridge: Cambridge University Press, 1982); B. F. Westcott, *The Gospel According to St. John* (1908; reprint, Ann Arbor, Mich.: Baker, 1980); Rodney A. Whitacre, *John*, IVP New Testament Commentary (Downers Grove, Ill.: InterVarsity Press, 1999).

2) Ibrahim Sa'id, *Sharh Bisharat Yuhanna* (Cairo: Dar al-Thaqafa, n.d.); Matta al-Miskin, *al-Injil, bi-Hasab al-Qiddis Yuhanna*, 2 vols. (Cairo: Dayr al-Qiddis Anba Maqar, 1990).

레슬리 뉴비긴이 요한복음에 대해 묵상한 책들도 있다.[3] 이 짧은 장에서는 예수와 우물가의 알려지지 않은 여인이 나눈 대화의 본질과 놀라움에 초점을 맞추면서, 템플과 뉴비긴이 제시하는 해석 스타일을 (조심스럽게 거리를 두고) 따라가 보겠다. 열 가지 놀라운 일이 사마리아에서 우리를 기다린다.

들어가는 말

바리새인들이 예수가 제자를 삼고 세례를 베푼 이가 요한보다 더 많다는 말을 들었음을 아시고(그러나 예수는 몸소 세례를 베푸시지 않았고 다만 그의 제자들이 베풀었다), 주는 유대를 떠나 다시 갈릴리로 가셨다. 그는 사마리아를 지나가셔야 했다. 그리하여 수가라 불리는 한 사마리아 성읍에 이르셨는데, 야곱이 그 아들 요셉에게 준 밭이 가까이 있었다. 야곱의 우물이 거기 있었다. 예수가 길을 가시다가 지쳐 우물 위에(*epi tē pēgē*) 앉으셨으니 그때가 대략 여섯 시쯤이었다(요 4:1-6).

셰익스피어의 희곡 『로미오와 줄리엣』을 보면 밤이 아름답다. 로미오가 그 연인을 처음 만난 때도 밤이었다. 밤에 로미오는 발코니에 서 있는 줄리엣을 바라보다가 용기를 내어 그녀에게 말을 건넨다. 이들은 수도사가 주례한 비밀 혼례를 올린 뒤, 사랑이 타오르는 하룻밤을 보낸다.

이와 달리, 낮은 악하다. 캐풀렛 가문과 몬터규 가문은 대낮에 전쟁을 벌인다. 낮에 로미오는 사고로 티발트를 죽이며, 낮에 추방당한다.

요한복음에서는 정반대 일이 일어난다. 마음이 흔들리던 니고데모는

---

3) William Temple, *Readings in St. John's Gospel*, 1st and 2nd ser. (London: Macmillan, 1955); Lesslie Newbigin, *The Light Has Come* (Grand Rapids: Eerdmans, 1982).

밤에 예수를 찾아왔지만, 그 밤에는 자기 앞에 있는 예수의 새 실재를 깨닫지 못한다. 유다는 예수가 그 발을 씻어주신 뒤에 다락을 떠났는데 "그때가 밤이었다." 유다가 예수를 배신한 때도, 안나스가 예수를 재판한 때도, 베드로가 예수를 부인한 때도 모두 밤이었다.

그러나 사마리아 여자는 정오의 밝은 태양 아래 와서 듣고 믿어 기독교 역사상 첫 여성 설교자가 되었다. 낮에 사람들은 병 고침을 받았고 오천 명이 먹을 것을 공급받았다. "나는 세상의 빛이다"라고 역설하시는 예수는 또 "나를 따르는 자는 어둠 가운데 행하지 않으며 생명의 빛을 가질 것이다"(요 8:12)라고 말씀하신다.

망설이는 예루살렘의 학자 니고데모 이야기는 밤 시간이고, 주저 없이 예수를 믿은 사마리아 여자 이야기는 낮 시간이다. 본문은 이 두 이야기를 나란히 배치해놓았는데, 이는 우연이 아니다. 이제 이 사마리아 여자 이야기가 우리 앞에 있다.

예수는 당신 제자들과 요한의 제자들 사이에 다툼이 생기는 것을 피하시고자, 갈릴리로 돌아가기로 결정하신다. 경건한 유대인은 더러워지는 것을 피하려고 사마리아를 돌아가는 것이 보통이었다. 그러나 예수는 더러움이란 사람 안에서 나오지, 밖에서 오는 것이 아니라고 여기셨기 때문에, 개의치 않으시고 가장 빠른 길을 택하신다. 능선 꼭대기를 따라가는 이 길은 수가와 야곱의 우물을 지나가는 길이기도 했다.

가난하신 예수는 제자들과 걸어가셨는데, 그러다가 지치셨다. 요한복음은 예수의 인격을 높이 평가하여, 그를 육신이 되어 우리 가운데 거하신 하나님의 **말씀**으로 제시한다. 동시에 같은 복음서는 예수를 아주 인간다운 분으로도 묘사한다. 그는 피곤해하며 목말라하신다. 그는 우시고 주무신다. 그의 인간성은 그의 신성만큼이나 확실한 사실이다.

더욱이 이 본문은 예수가 "우물 위에" 앉으셨다고 말한다. 고대 시리아어 역본부터 현대어 역본에 이르기까지 시리아어 성경과 아랍어 성경은 늘 이 부분을 직역해왔다. 로마가 다스리던 팔레스타인 지방의 큰 우물에는 그 위에 큰 도넛 모양의 커다란 갓돌(capstones)이 있었다. 나도 이스라엘과 팔레스타인에서 이런 갓돌을 세 개나 보았다. 사마리아에 있는 야곱의 우물을 덮은 갓돌은 지금도 그대로 남아 있다. 두께는 약 45-50센티미터이고 직경은 약 1.5미터이며, 가운데에는 두레박을 내릴 수 있게 조그만 구멍이 뚫려 있다. 갓돌은 흙먼지가 우물 속으로 들어가지 않게 막아주고, 어린이들이 이 위험한 깊은 우물에 빠지는 것을 막아준다. 아울러 갓돌은 여행자가 퍼 올린 물을 단지나 가죽 주머니에 옮겨 담을 수 있게 도와주는 작업대를 제공한다. 실제로 예수도 우물 **위에** 앉으셨다. 이 단순한 행동이 예수와 사마리아 여자가 펼치는 상호작용에 무대를 제공한다. 이 이야기가 들려주는 놀라운 일들 가운데 첫 번째 일이 그것을 증언한다.

의도적 자기 비움이라는 놀라운 일

> 한 사마리아 여자가 물을 길러왔다.
> 예수가 그 여자에게 말씀하시되 "물 좀 주시오"라 하시니
> 이는 당신 제자들이 먹을 것을 사러 그 성에 들어갔기 때문이었다.
> 사마리아 여자가 예수께 말했다.
> "당신은 유대인인데 어찌하여 사마리아 여자인
> 내게 물을 달라 하십니까?"
> 이는 유대인이 사마리아인과 그릇을 함께 쓰지 않기 때문이었다
> (요 4:7-9, 베일리 번역).

중동 촌락에서는 여자들이 한낮의 열기를 피해 이른 아침과 해지기 직전에 마을 우물에 물을 길어온다. 여자들은 사람들 눈을 생각하여 늘 무리를 지어 우물로 오고간다. 더구나 물동이를 가득 채우면 무겁기 때문에 여자 혼자서는 들어 올리기가 몹시 힘들다. 그런데 이 이야기 속 여자는 대낮에 **혼자** 우물에 나타났다. 부끄러움을 모르는 이런 행동은 "조신하지 않

은 여자"나 할 일이었다. 이 여자는 사회에서 따돌림 받는 사람이거나, 대낮에 우물에서 여행자를 발견할 수 있음을 알고 그와 사귀어보려 하는 사람이다.

중동의 우물에는 두레박이 함께 딸려 있지 않다. 여행하는 무리는 자기 두레박을 갖고 다녀야 한다. 지금도 시리아 알레포 실내 시장에 가면 이런 두레박을 살 수 있다. 두레박 윗부분에 십자 모양 막대를 붙이면 두레박 입구가 넓게 벌어져 우물물을 가득 퍼 올릴 수 있다. 여행자가 이 두레박을 사용하지 않을 때는 둘둘 말아 가지고 다닐 수 있다. 본문은 예수와 제자들이 이런 두레박을 갖고 있었다고 가정한다. 그러나 제자들은 두레박을 갖고 성안에 들어갔다. 예수는 얼마든지 당신이 사용하게 두레박을 놔두고 가라고 요구하실 수 있었다. 그러나 예수께는 계획이 있었다.

예수는 일부러 두레박도 없이 우물 위에 앉아 계셨다. 이를 통해 그는 필수적인 도구를 갖춘 이의 도움을 받아야 할 위치에 자신을 놓는 전략을 구사하신다. 여자가 다가왔다. 이런 상황에서는 예수가 여자를 보자마자 적어도 6미터 정도 거리를 두고 물러나서, 여자가 우물에 다가와도 안전하며 당대 문화에 비추어보아도 흠이 되지 않음을 보여주시는 것이 정중한 일이었다. 예수가 그렇게 해주셔야, 여자가 우물에 다가와 자기가 가져온 작은 두레박을 풀어 물을 긷고서는 물동이에 담아 돌아갈 수 있었다. 그런데 예수는 여자가 다가와도 꼼짝하지 않으셨다. 여자도 어쨌든 우물에 다가가기로 결정한다. 그리고 놀라운 일이 일어난다.

예수는 물을 좀 달라고 요구하신다. 예수는 이 요구를 하심으로 네 가지 일을 행하신다.

1. 그는 특별히 사람도 살지 않고 아무 증인도 없는 곳에서 여자에게 말을 건네심으로써 사회의 금기를 깨뜨리신다. 나는 중동에서 40년을 사는 동안 사회가 정해놓은 이 경계선을 한 번도 넘지 않았다. 촌락 사회에서는 이방인이 공공장소에서 여자와 눈도 마주치지 못한다. 미쉬나에서

가장 오래된 글 가운데 하나인 'Abot는 이렇게 말한다.

> [예루살렘의 요세 벤 요하난이 말했다.…]
> 여자들과 말을 많이 하지 말라. 그가 말한 여자는 자기 아내였다. 그러니 하물며 지인의 아내는 더 말할 나위도 없다! 그리하여 현자들은 이렇게 말했다. "여자와 말을 많이 하는 자는 자신에게 악을 행하는 자요, 율법 공부를 무시하는 자이며 종국에는 게헨나를 유업으로 받으리라."[4]

예수는 여자에게 말을 거셨을 뿐 아니라, 아예 여자를 자기 제자 무리에 받아들이시고, 여자로부터 재정 지원을 받으셨으며, 몇몇 여자는 예수와 함께 다니기도 했다(눅 8:1-3). 예수는 여자를 대하는 태도에 엄청난 변화를 일으키셨는데, 이런 변화의 본질은 형용하기가 불가능하다.

2. 예수는 유대인과 사마리아인 사이의 500년 묵은 적대감을 무시하셨다. 300년 전, 그리스인들은 유대 땅을 다스릴 기지로 사마리아를 활용했다.[5] 유대인들은 이에 복수하고자 그리심 산 꼭대기에 있던 사마리아 성전을 파괴했다(기원전 128년). 이에 사마리아인들은 예수가 나시기 몇 년 전 유월절 전야에 예루살렘 성전 경내에 침입한 뒤 죽은 자들의 뼈를 뿌려 성전 시설을 오염시키고 유대인들이 유월절 절기를 쇠지 못하게 만들어 복수했다. 예수는 이 사마리아 여자에게 물을 달라고 요구하심으로 과거사의 모든 쓰라린 자취를 제쳐놓으신다.

3. 이 극적 행위에는 심오한 선교 신학이 들어 있다. 예수는 여자의 도움을 필요로 하는 처지까지 철저히 자기를 낮추신다. 예수는 이 여자와 안면을 트실 때, 그녀에게 당신과 당신의 메시지가 필요하다고 설명하여 당신의 주도권을 내세우는 방법을 쓰시지 않았다. 여자가 예수와 예수의 메

---

4) Mishnah, 'Abot 1:5 (Danby, p. 446).
5) Burge, John, p. 141.

시지를 필요로 하는 일은 뒤에 벌어질 것이다. 오히려 예수의 첫 마디는 이런 의미다. "나는 지쳤고 도움이 필요하오! 날 좀 도와줄 수 있겠소?"

스리랑카의 위대한 신학자인 대니얼 나일스는 예수를 두고 이런 글을 썼다.

그는 참된 종이셨다. 그는 당신이 섬기러 오신 사람들의 처분에 당신을 맡기셨다. 그의 제자인 우리도 예수의 이런 약함을 나누어 가져야 한다. 힘 있는 자리에 앉아 섬기는 것은 참된 섬김이 아니라 자선이다.

이어 나일스는 이렇게 말한다.

아시아 땅에 있는 그리스도인 공동체의 삶이 지닌 특징 중 하나는 많은 봉사 기관이다. 우리는 학교와 병원과 고아원과 농장 등을 운영한다. 그러나 우리가 바로 깨닫지 못하는 것은 이런 기관이 그리스도인으로서 봉사하는 통로인 동시에, 세상에서 권력을 누리게 해주는 원천이라는 것이다. 우리는 이런 기관 덕분에 후견인이 되고, 고용을 통제하며, 때로는 돈을 벌기도 한다. 그 결과 지역 사회의 다른 이들은 교회를 질시하는 눈으로, 때로는 두려움을 품고, 때로는 의심마저 품고 보게 된다.…두 사람 혹은 두 집단이 서로 사랑하게 만드는 유일한 길은 서로 긴밀한 관계를 맺게 하여 둘 다 상대방을 필요로 하는 사람으로 만드는 것이다. 그리스도인 공동체는 섬겨야 한다. 아울러 이 공동체는 섬김을 받아야 하는 위치에 있어야 한다.…곁다리로 말하자면, 내가 보기에 앞으로 수년 내에 풀어야 할 가장 큰 문제 중 하나는 교회의 약함, 그러나 진정한 힘의 근원이 되는 이 약함을 파괴하지 않고 교회끼리 서로 도움을 주고받을 수 있는 방법을 찾는 것이다.

나일스는 "사자의 영광은 어린 양의 영광이다"라는 말로 끝맺는다.[6]

기독교 역사에서 첫 번째 "선교 여행"은 마가복음 6:7-13의 열두 제자 파송이다. 제자들은 "여행할 때 오로지 지팡이만 가져가고, 허리띠에는 빵과 주머니와 돈도 챙기지 말며, 오로지 신만 신고 두 벌 옷도 입지 말라"(막 6:8-9)는 명령을 받았다.

제자들은 그들이 다가갔던 사람들로부터 도움을 받아야 했을 것이다.

구유 안의 아기도 결국은 자신이 다가간 이들의 도움을 받아야만 하는 사람을 보여주는 예다. 성육신은 이 심오한 신학을 확인해준다. 여기 이 사마리아 여자도 그러하다. 예수는 섬김을 다하는 어른으로서 바로 이런 신학을 삶으로 살아내신다. 그의 요청은 진실하다. 그는 목마르지만 가죽 두레박이 없다.

우리 시대의 선교 흐름을 보면 계속해서 선진국으로부터 개발도상국으로 흘러가는 것으로 보인다. 이는 주는 자가 강자요 받는 자가 약자임을 확인해준다. 서구의 우리는 기술을 힘입어 살아가는데, 이런 기술은 우리의 가장 큰 강점이지만 개발도상국에게는 가장 큰 약점일 때가 있다. 이는 주는 자의 자부심을 부추기고 받는 자의 굴욕감을 자극하는 경향이 있다. 여기서 나일스의 말은 다시 도움을 준다. 나일스는 개발도상국이 필요로 하는 "기술 원조"와 관련하여 이렇게 쓰고 있다. "본디 선교사는 복음을 전하는 자로서 와야 한다. 그리할 때 선교사는 주는 자이자 받는 자가 될 것이요…그가 가져오는 다른 모든 선물도 제자리를 찾을 것이다."[7]

복음을 전하는 자로 보냄 받은 자는 보냄을 받은 곳에 있는 교회의 삶에 참여하면서, 그 교회 지도자들이 집전하는 성례를 받고, 그리스도 안에서 그곳 교회와 사귐을 가짐으로 풍성함을 얻는 법이다. 바로 이것이 주는

---

6) Daniel T. Niles, *This Jesus ... Whereof We Are Witnesses* (Philadelphia: Westminster, 1965), pp. 23-27.
7) Daniel T. Niles, *Upon the Earth* (London: Lutterworth, 1962), p. 39.

자는 자부심을 느끼고 받는 자는 굴욕감을 느끼는 악순환을 깨는 길이다.

예수는 받는 자가 되어야 할 필요성을 깊이 통찰하신다. 예수가 베드로와 처음 말문을 트신 계기는(눅 5:1-3) 베드로에게 도움을 요청하신 일이었다. 바닷가에 무리가 있었고 예수께서는 설교단으로 쓸 배가 필요했다. 예수는 베드로의 배와 배를 잘 다루는 그의 솜씨를 빌리자고 요청하셨다. 예수는 베드로가 필요했고 그에게 도움을 요청하셨다. 나머지 내용은 역사가 전하는 바와 같다. 예수는 섬길 준비가 되어 있으셨다. 예수는 자기 비움이 철저하여 다른 이들의 섬김(도움)을 받으셔야 했다.

4. 예수는 여성의 자아 가치를 높여주신다. 강자만이 다른 이들에게 베풀 수 있다. 예수는 여자가 제공할 수 있는 자원으로 자신을 도와달라고 요청하심으로써 여성의 존엄성을 확인해주신다.

이야기를 보면, 우선 이 사마리아 여자는 한 유대인 남자가 여자인 자신에게 말을 걸어오는 것에 놀랄 수밖에 없었다. 그리고 이 남자가 정말로 자신의 (부정한) 가죽 두레박으로 물을 마시고 싶어한다는 사실에 또 한 번 충격을 받는다. 그러나 여자가 직접 보았듯이, 이 두 사실은 모두 진실이었다. 여자가 보인 반응은 당연했으나 조금은 예수의 마음을 긁어놓는 것이었다.

곁가지이지만, 요한은 유대인과 사마리아인이 그릇을 함께 쓰지 않았다고 설명한다. 이제는 고인이 된, 나불루스(현재 요단 강 서안) 출신 나기브 쿠리(Nagib Khouri)는 사마리아 대제사장이 쿠리의 집안 어른 집을 방문했을 때인 1950년대에 쿠리와 그의 가족이 사용했던 의례를 자세히 설명해준 적이 있었다. 이런 경우에는 그 가족이 대제사장에게 먹을 것이나 마실 것을 대접해야 했다. 쿠리의 가족도 이런 규칙을 알고 있었기에 바나나나 오렌지를 쟁반에 담아 내가곤 했다. 그러면 대제사장은 자기 주머니에서 그만이 사용하는 (정결한) 칼을 꺼내 과일 껍질을 벗기고, (부정한) 껍질을 (부정한) 쟁반 위에 떨어뜨린 다음, 이방인의 (부정한) 손이 닿지 않은 (정결한) 과육을 먹곤 했다. 대제사장에게 대접할 수 있는 음료는 아무것도 없었다. 대제사장이 보기에 거기 있는 그릇은 모두 부정했기 때문이다.

그리스어처럼 셈어권 언어들도 어형 변화가 심하다. *Shamari*는 사마리아인 남자이며, *Shamariyah*는 사마리아인 여자다. 이 사마리아인 여자는 예수께 말 그대로 이렇게 물었다. "유대인 **남자**인 당신이 어찌하여 **여자**, 곧 사마리아인 **여자**인 내게 말을 겁니까?" 여자라는 말을 한 번만 써도 되는데 두 번이나 쓴 것은 이 여자의 성에 초점을 맞춘 것이다. 웨스트코트(Westcott)는 그녀의 질문이 "물 좀 달라고 했지만 그것 말고 또 다른 꿍꿍이가 더 있지요?"인 것 같다고 주석하고 있다.[8] 예수는 이런 뜻을 드러내는 여자의 질문에는 대답하지 않으시고 이제 그녀의 마음을 완전히 사로잡는 그의 강령을 계속 제시하신다.

하나님의 선물이 책이 아니라 사람이라는 것을 발견하는 기쁨

예수가 여자에게 대답하시기를
"네가 하나님의 선물을 알고
네게 '마실 것을 달라'고 말하는 이가 누구인지 알았다면
너는 그에게 구했을 것이요
그는 네게 생수를 주었을 것이다."
여자가 그에게 말하기를
"선생님, 당신은 물을 길을 것도 없고 우물은 깊은데
당신이 어디서 그런 생수를 가져온다는 말입니까?
당신이 이 우물을 우리에게 주었고, 그 자신과 그의 아들들과 그의 가축들도
이 우물을 마셨던 우리 조상 야곱보다 큽니까?"(요 4:10-13)

이 여자에게는 "하나님의 선물"이 무엇보다 모세의 토라였다. 유대인

---

8) Westcott, *Gospel According to St. John*, p. 68.

에게 그것은 율법이요 예언자였지만, 무슬림에게는 쿠란이다. 즉 하나님이 주신 궁극의 선물은 그때나 지금이나 책이다. 그러나 하나님은 이사야서에서 고난 받는 종을 이렇게 말씀하셨다.

> 내가 너를 백성에게 주는 언약,
> 열방의 빛으로 주리라(사 42:6).

여기서는 언약이 책의 말씀이 아니라 사람이다. 모든 그리스도인에게처럼 이 여자에게도 하나님이 당신의 백성에게 주시는 가장 좋은 선물은 신약성경이 아니라 예수라는 인격체다.

예레미야는 하나님을 "생수"라고 묘사하면서 사람들이 이 생수를 버리고 "물을 가두지 못할" 그들 자신의 "웅덩이를 팠다"고 말한다(렘 2:13). 논의 중인 이야기도 하나님에게 적용되는 언어를 예수를 묘사하는 데 사용한다.

여자는 예수가 "생수"(곧 샘물)를 얻으실 수 있는지 의심 섞인 반응을 보인다. 두레박이 없으니 예수가 샘물을 긷기란 불가능하다. 그런 이가 어떻게 샘물을 만들어내신다는 말인가?

이어 여자는 "**우리** 조상 야곱이 **우리**에게 이 우물을 주었습니다"(12절)라고 말하면서 민족을 강조한다. 지금 여자는 "당신네 유대인이 우리 사마리아인을 배척하지 않으면 당신과 나도 넓게 보아 같은 집안입니다"라고 말하는 것 같다. 아니, 그녀의 말은 "이것은 **당신네** 우물이 아니라 **우리** 우물입니다. 야곱이 이 우물을 **우리**에게 주었지 **당신들**에게 주지 않았어요"라는 말일 가능성이 더 높다. 여자의 말이 어느 쪽이든, 당대의 보통 유대인이라면 이렇게 대답했을 것이다. "당신네 사마리아인은 무슨 권리로 야곱이 당신 조상이라고 주장하는 거지? 우리도 다 알아. 당신들은 우리가 포로로 끌려갔을 때 들어와 우리 땅을 차지한 이방인 자손이잖아! 그러니 당신네는 야곱이 당신 조상이라고 주장할 권리가 없어!"

이제 여자는 예수와 "생수" 사이에 무슨 연관이 있는지 알아야 한다.

시간을 정복하는 음료가 안겨주는 놀라움

> 예수가 여자에게 말씀하시되
> "이 물을 마시는 자마다
> 다시 목마르겠지만
> 누구든지 내가 그에게 주는 물을
> 마시는 사람은
> 목마르지 않으리니
> 내가 그에게 주는 물은
> 그 안에서 솟아나 영생에 이르게 하는
> 샘물이 될 것이다."
> 여자가 예수께 말하되
> "선생님, 내게 이런 물을 주셔서
> 내가 목마르지도 않고
> 여기에 물 길러 오지도 않게 해주소서"(요 4:13-15).

예수는 성(gender)과 관련된 도전을 물리치셨듯이, 여자가 제기한 정치적 도전도 물리치신다. 예수는 누가 야곱을 자기 조상이라 주장할 수 있는지 혹은 누가 그 우물을 물려받은 자인가를 놓고 다투려 하시지 않는다. 윌리엄 템플은 이렇게 썼다.

> 예수는 여느 때처럼 영과 거리가 멀고 피상적인 생각에서 나온 질문을 받으시자, 이와 관련된 삶의 영역을 다스리는 원리로 뚫고 들어가심으로써 그 질문을 다루신다.[9]

---

9) Temple, *Readings in St. John's Gospel*, p. 59.

즉시 예수는 이야기 주제를 영원히 갈증을 없애주고 다른 이들에게 넘쳐흘러 "영생"이 되는 음료로 바꾸신다. 이 지점에서 여자가 할 수 있는 것은 우선 "듣는 것"이다.

여자는 자신의 갈증을 영원히 없애주고 매일의 고역을 덜어줄 마법 음료를 갖는다면 기쁠 것이다. 그런 음료는 아마도 다음과 같은 종교일 것이다.

- 내 육신의 고통을 덜어주고 내가 쾌적함을 느끼게 해줄 종교
- 나를 죽음의 공포로부터 구해주는 종교
- 나를 우울함에서 건져주는 종교
- 사회의 범죄를 줄여주는(내게 더 안전한 거리를 만들어주는) 종교
- 부패를 억제하여 내가 많은 세금을 낼 필요가 없게 해주는 종교
- 나와 내 자녀에게 사회 공동체를 제공하여 내가 관심을 갖게 해줄 종교

종교는 제품을 만들어낸다. 나는 "쇼핑"을 하면서 내가 원하는 것을 값을 치르고 사겠다.

이 여자는 다른 사람에게 샘물이 되는 일에는 아직 관심이 없다. 대화가 이어진다.

다른 사람들을 위한 샘물이 안겨주는 놀라움

예수가 여자에게 말씀하시되
"가서 네 남편을 불러 여기로 오라."
여자가 예수께 대답하되
"내겐 남편이 없습니다"(요 4:16-17).

이 여자는 세 가지 명령을 받았다. **가서, 불러, 오라**는 것이었다. 이 명

령을 따르려면, 이 사마리아 여인은 한 남자를 증언하는 증인이 되어야 한다. 이 여자가 사는 세계에서 그런 일이 가능할까?

예수는 그런 일이 가능하다고 생각하시면서, 사람들이 당신은 물론이요 여자의 증언도 신뢰할 수 있는 것으로 여기리라는 믿음을 여자에게 불어넣으신다. 요한복음을 보면, 예수는 무덤 밖 동산에서도 이런 유형의 요구를 하신다. 이 장면에서 예수는 막달라 마리아에게 다음과 같이 말씀하신다. "내 형제들에게 가서 그들에게…을 말하라"(요 20:17). 이는 **여자**인 네가 가서 **남자들**에게 말하라는 말씀이었다.

이 여자가 다른 사람들에게 샘물이 되려면, 먼저 그녀의 가족부터 예수가 그녀에게 주시는 생수의 혜택을 누려야 한다. 예수는 여자 안에서 샘물을 만드시면서, 이 물이 여자 주위의 사람들에게도 흘러가게 하라고 도전하신다.

달리 말해 예수는 이 여자에게 그녀 자신과 그녀 주변을 새롭게 바라볼 이해력을 주신다. 마찬가지로 이사야도 성전에서 하나님을 보는 환상을 체험하면서 자신을 새롭게 이해했다. 그는 이렇게 고백했다. "내가 높이 들린 보좌에 앉아 계신 주를 뵈었다.…또 나는 말하기를 '나는 입술이 더러운 사람이요, 입술이 더러운 사람들 가운데 거하는도다'라고 했다"(사 6:1, 5). 하나님을 새롭게 통찰하는 시각은 자기를 새롭게 이해하게 해준다. 이 여자도 같은 반응을 보일 수 있을까?

여자가 처음에 보인 반응은 자신을 속이고 감추는 것이었다. 여자는 "내겐 남편이 없습니다"라고 대답한다(17절). 죄에 사로잡혀 있을 때는 들키지 않으려고 노력한다! 이 여자라고 그런 선택을 하지 말란 법이 없었다.

종교로 도피하는 놀라움

예수가 여자에게 말씀하시되

"'내겐 남편이 없습니다'라는 네 말이 옳으니

네게 다섯 남편이 있었기 때문이요
지금 네게 있는 이는 네 남편이 아니다.
네가 말한 이것이 진실이로다."

여자가 예수께 말하되
"선생님, 나는 선생님이 예언자이심을 압니다.
우리 조상은 이 산에서 예배했습니다.
그런데 선생님은 사람들이 예배할 곳이
예루살렘에 있다고 말씀하십니다"(요 4:17-20).

생수가 여자에게 흘러넘쳤다. 강물에 강기슭에서 자라는 나무뿌리가 드러나듯이, 여자의 뿌리도 드러났다. 여자는 진실을 말하는 것처럼 꾸몄지만, 사실은 거짓말을 하고 있었다. 여자는 갑자기 자기 실체가 들통나자 당황하여 "신학자" 행세를 하면서 유대인과 사마리아인을 갈라놓은 거대 이데올로기를 논의하기 시작한다. 이렇게 이야기를 딴 데로 돌린 것은 자기 사생활이 화제가 되는 것을 피하고자 함이었을 것이다.

여자는 이야기 주제를 바꾸려 했음이 분명하다. 그러나 레슬리 뉴비긴의 지적처럼, 이 과정에서 매우 심오한 무엇인가가 사려 깊은 독자들 눈앞에 드러나게 된다. 뉴비긴은 예수에 대해 이렇게 쓰고 있다.

그는 참된 예언자들이 늘 했던 일, 즉 죄 자체가 감추려 하는 죄를 드러내는 일을 하셨다.…죄가 드러나면 그 죄를 속함 받을 수 있을지, 혹은 용서받을 수 있을지 물어야 한다. 제사장의 직무가 없으면, 희생제물을 받아들여 죄를 제거할 수 있는 "시은좌"가 없으면, 예언자는 고침을 주지 못한다. 그럼 시은좌는 어디에 있는가? 죄에서 정결함을 얻은 양심이 참된 예배를 올릴 수 있는 참된 성전은 어디에 있는가? 유대인들이 믿는 것처럼 시온 산에 있는가, 아니면 사마리아인들이 예배하는 그리심 산에 있는가? 죄가 들통나고 드러난 이

상 당장 이 질문부터 던지는 것은 당연하다.[10]

여자는 당연히 자기 죄를 계속 감추려 한다. 그러나 도망갈 길을 찾던 여자는 죄와 관련된 심오한 문제를 묻는다.

예수는 이번에도 말문을 돌린 여자를 꾸짖지 않으시고, 도리어 여자가 논쟁조로 던진 질문을 사용하여 500년 묵은 논쟁을 벗어나 새롭고 심오한 차원으로 옮겨가신다.

전통에서 시온주의의 색채를 없애버리시는 놀라움

예수가 여자에게 말씀하시되
"여자여, 내 말을 믿으라.
이 산도 아니요 예루살렘도 아니요
너희가 아버지께 예배할 때가 이를 것이다.
너희는 너희가 알지 못하는 것을 예배하나
우리는 우리가 아는 것을 예배하니
이는 구원이 유대인에게서 나오기 때문이다.
그러나 참 예배자가 영과 진리로
아버지께 예배할 때가 이를 것이니 이때다.
이는 아버지가 당신을 이렇게 예배할 자를 찾으시기 때문이다.
하나님은 영이시니 그를 예배하는 자는
영과 진리로 예배해야 한다."

여자가 예수께 말하되
"나는 메시아 곧 그리스도라 불리는 분이

---

10) Newbigin, *Light Has Come*, p. 52.

오시리라는 것을 압니다.

그가 오시면

우리에게 모든 것을 보여주실 것입니다"(요 4:21-25).

예수는 여자를 진지한 신학자로 대하시면서 예배와 관련해서 신약성경 전체에서 가장 중요한 가르침을 일러주신다. 예수는 다시 한 번 여자를 한 인격체로 높이시며, 그런 과정에서 이 여자와 함께 모든 여자를 인격체로 높여주신다.

하나님의 거룩한 임재인 셰키나는 어디서 찾아야 했을까? 하나님은 오로지 예루살렘에만 계셨는가, 아니면 그리심 산에 계셨는가? 예수는 둘 다 이미 쓸모가 없다고 말씀하신다. 예수는 전통에서 시온주의 색채를 지우시고, 이 무지한 여자를 놀라운 소식을 받기에 합당한 자로 고르신다.

뉴비긴은 장차 임할 새 시간에 대해 이렇게 말했다.

(그 시간은) 십자가와 부활의 시간이요 성령을 부으시는 시간이다. 그때는 유대인과 사마리아인은 물론이요 진정 온 세상이 모여 참된 예배를 올릴 것이다.…하나님은 본질이 아니라 행위이시다. 그의 존재는 행위이며, 이 행위는 유대와 사마리아와 모든 민족에서 참된 예배자를 찾으심이다.[11]

구원의 원천은 많지 않다. 구원은 유대인에게서 나온다. 하나님은 역사 속에서 족장들과 족장들이 거느린 사람들에게 은혜를 베푸심으로 구원을 이루시고자 단호한 행동을 취하셨다. 이 사건들은 예수의 삶과 죽음과 부활에서 절정에 이른다.

이 본문은 우리 시대에 요한복음이 반유대주의 문헌으로 공격받는 것이 옳지 않음을 분명히 알려준다. 요한복음을 더 읽어보면, 예수가 이렇

---

11) Ibid., p. 53.

게 말씀하신다. "어느 누가 내 목숨을 내게서 빼앗는 것이 아니라 내 스스로 그것을 버린다. 내게는 그것을 버릴 권세도 있고 다시 얻을 권세도 있다"(요 10:18). 유대인들을 비판할 필요가 없다. 예수는 스스로 당신의 목숨을 버리시며 또한 그렇게 하실 권세도 갖고 계신다.

제임스 던(James Dunn)은 회당과 교회의 분열을 가져온 주요 문제들을 서술한 바 있다.[12] 이런 문제에는 기독론, 이방인을 하나님의 백성 속에 받아들이는 문제, 성전과 이스라엘 땅을 향한 충성, 율법 준수 같은 것들이 있다. 이 본문은 방금 말한 네 가지를 다음과 같이 모두 담고 있다.

1. 기독론: 예수는 하나님이 주신 선물이요, 메시아이시며, 온 세상의 구주이시다.
2. 이방인: 유대인 혈통이 반만 섞인 사마리아 여자와 이 여자가 사는 동네도 신자로서 환영받는다.
3. 성전: 예루살렘과 그리심 모두 쓸모가 없다.
4. 율법: 예수는 이 여자를 정죄하시지 않으며, 부도덕한 일을 했다는 이유로 그녀를 돌로 치라고 요구하시지도 않는다.

여기서 간결하고 심오하게 정의된 참된 예배의 의미는 끝없이 깊다. 이런 의미는 윌리엄 템플에게 영감을 불어넣어 이런 글을 쓰게 만들었다.

예배는 우리 모든 본성을 하나님께 복종시키는 것이다.
예배는 그분의 거룩하심으로 양심을 다시 깨움이요,
그분의 진리로 지성을 살찌게 함이요,
그분의 아름다움으로 상상을 정결케 함이요,
그분의 사랑을 향해 마음을 여는 것이요,

---

12) James D. G. Dunn, *The Parting of the Ways* (London: SCM, 1991), pp. 230-59.

그분의 목적에 의지를 복종시킴이요,
이 모든 것을 한데 모아 경배하면서
우리 본성으로 할 수 있는 최대치까지
우리 자아를 버린 마음으로 경배하는 것이다.[13]

여자의 반응은 큰 한숨처럼 보인다. 더불어 언젠가는 메시아가 오셔서 이런 모든 복잡한 문제를 밝히 알려주시리라는 소망도 들어 있는 것 같다.

처음으로 등장한 "나는 나니라"가 안겨주는 놀라움

예수가 여자에게 말씀하시되
"네게 말하는 내가 나니라(I AM)"(요 4:26; 베일리 번역).

여기 요한복음 그리스어 본문에 등장하는 "나는 나니라"는, 하나님이 불타는 덤불에서 모세에게 했던 히브리어 본문 말씀을 번역한 그리스어 구약성경(70인역)의 바로 그 말이다. 모세가 자신에게 말씀하시는 이가 누구신지 묻자, 덤불에서 이런 음성이 들려왔다. "나는 나니라."

요한복음은 "나는…이다"라고 일컫는 말들을 열거하고 있다. 그 목록에는 이런 말들이 들어간다.

- 나는 생명의 빵이다.
- 나는 세상의 빛이다.
- 나는 문이다.
- 나는 선한 목자다.
- 나는 부활이요 생명이다.

---

13) Temple, *Readings in St. John's Gospel*, p. 68.

- 나는 참되고 살리는 길이다.
- 나는 포도나무다.

놀랍게도 이 유명한 목록은 예수가 사마리아 여자에게 자신이 누구신지를 알려주심에서 시작한다. 시편 기자는 이렇게 썼다. "내 영혼에게 '나는 네 구원이다'라고 말씀하소서"(시 35:3). 윌리엄 템플은 이렇게 말한다. "우리가 알기에 우리와 사귐을 가지는 그분이 바로 영원하신 하나님이시라는 것, 그것이 우리에게 필요한 보증이다. 내 영혼이 그 말씀을 들을 수 있다면, 쉼을 누릴 수 있다.…내게는 하나님의 사랑이라는 그분의 보증이 필요하다."[14]

첫 여성 그리스도인 설교자의 등장이 안겨주는 놀라움

그때 예수의 제자들이 왔다. 그들은 예수가 한 여자와 말씀하심에 놀랐으나 "선생님, 무엇을 원하십니까?"나 "왜 그 여자와 이야기하십니까?"라고 말하는 이가 아무도 없었다.
그러자 여자는 물동이를 버려두고 성읍으로 들어가서 사람들에게 말했다.
"와서, 내가 이전에 한 모든 일을 내게 이야기한 사람을 보시오.
이 사람이 그리스도이지 않겠습니까?"
그들이 성읍에서 나가 예수에게 갔다(요 4:27-30).

이 장면에서 등장하는 제자들은 놀라고 있다. 자존심이 있는 랍비는 공공장소에서 자기 아내에게도 말을 하지 않았다. 그런데 왜 제자들이 존경하는 선생님이 이런 사마리아 여자와 은밀한 대화를 나누실까? 그러나 "선생님, 뭐 원하시는 게 있으신가요?"라고 감히 묻는 이가 아무도 없었

---

14) Ibid.

다. 이 말은 내가 수십 년 동안 중동 전역에서 늘 주목했던 관용어다. 하인은 주인이 있는 곳에 오면 같은 질문을 한다. 이런 상황에서 이 질문은 "선생님, 이 여자를 쫓아버릴까요?"라는 의미다. 제자들은 사람들이 예로부터 던진 이런 질문을 감히 하지 못한다. 어쩌면 예수가 이 여자에게 말씀하시고 **싶어**하는지도 모르기 때문이다!(만일 그렇다면 딱히 더 할 말이 없다) 제자들은 감히 "선생님은 왜 이런 여자와 이야기하십니까?"라고 물으면서 선생을 비판하지도 않는다. 그들은 감히 종들이 하는 역할이나 마음이 불편한 동료 역할을 하려고 하지 않는다. 결국 그들은 침묵을 지킨다.

하지만 여자를 쫓아내려는 분위기가 역력하다. 여자는 침묵 속에 포함된 제자들의 적대감을 느끼고 물러간다. 결국 그들은 유대인이었고 여자는 위험한 처지에 빠졌다. 그녀는 **사마리아 여자**다. 그러나 여자가 그 자리를 떠난 것은 "가서 네 남편을 불러 오라"는 예수의 명령을 수행하려는 목적 때문만은 아니었다. 더 나아가 여자는 자신이 받은 명령대로 온 마을에 증언한다.

여자는 물동이를 놔두고 황급히 자리를 떴다. 이것은 순전히 목격자의 회상이다. 알레고리로 해석할 필요가 전혀 없다. 여자가 놓고 간 것은 율법이나 그가 이전에 살았던 삶이 아니다. 그러나 신학 차원에서 생각하면 요한이 하찮아 보이는 이 일을 여기에 집어넣은 데에는 어떤 이유가 있었을 것이다. 여자는 한두 시간쯤 갈증을 잠재워줄 물을 길러 왔다. 그러나 마을로 돌아갈 때는 그런 물을 갖고 있지 않았다. 대신 여자는 영혼의 갈증을 영원히 없애줄 물을 목격한 이야기를 갖고 갔다.[15] 여자는 예수가 일러주신 그대로 다른 이들에게 샘물이 되기 시작했다.

여자의 대담한 직감은 자신이 목격한 것이 진리임을 느낀다. 여자는 이렇게 전한다. "와서, 내가 이전에 한 모든 일을 내게 이야기한 사람을 보시오. 이 사람이 그리스도이지 않겠습니까?"

---

15) Newbigin, *Light Has Come*, p. 54.

첫 말("와서"라고 번역한 말은 그리스어 *deute*인데, 이 말은 "자, 이리 와서 내 말을 한 번 들어봐요"의 뉘앙스다-역주)은 여자가 마을에서 떠도는 자신의 평판을 고려하여 사람들의 관심을 끌려고 한 말이다(센세이션을 일으키지만 효과가 좋은 광고다!). 여자의 증언 중 두 번째 부분에 나오는 질문은 마을 사람들이 그녀와 함께 우물로 돌아가면 무엇을 발견할지를 암시한다. 그녀는 자신이 여자이기에 마을 사람들이 자기의 증언을 믿지 않을 수 있음을 안다. 그러면서도 여자는 마을 사람들이 직접 가서 발견하라고 권면한다.

눈에 보이지 않는 음식이 주는 놀라움

그 사이에 제자들이 예수에게 간청하여 말하되 "랍비여, 잡수십시오." 그러나 그가 말씀하시되 "나는 너희가 알지 못하는 음식이 있다." 그러자 제자들이 서로 말하되 "어떤 사람이 음식을 갖다 드렸나?" 예수가 그들에게 이르시되 "내 음식은 나를 보내신 이의 뜻을 행하는 것이요 그의 일을 이루는 것이다. 너희는 '넉 달이 더 지나야 추수할 때가 이르겠다' 하지 않느냐? 내가 너희에게 말하노니, 너희 눈을 들어 밭이 이미 희어 추수할 때가 되었음을 보라. 거두는 자는 삯을 받고 영생을 위하여 열매를 거두니, 이는 씨를 뿌리는 자와 거두는 자가 함께 즐거워하려 하기 때문이다. 여기서 '한 사람은 심고 다른 사람이 거둔다'는 말이 옳다. 나는 너희가 힘써 수고하지 않았던 것을 거두라고 너희를 보냈다. 다른 이들이 수고했고 너희도 그들의 수고에 함께했다"(요 4:31-38).

여자는 우물물을 찾아 왔다가 하나님이 주시는 생수를 갖고 자기가 사는 마을로 되돌아갔다. 여자가 우물을 떠나기 전에 제자들이 마을에서 사람이 만든 음식을 가져왔지만, 이들이 발견한 것은 예수가 하나님이 주신 음식으로 새로워지셨다는 것뿐이었다. 제자들은 아직 이 음식을 올바로 이해하지 못한다. 그 음식은 사람이 하나님의 뜻을 온전히 이루고 그분이 맡겨주신 일을 이루는 데 온 힘을 다할 때 얻는 것으로 그침이 없는 양식이다. 이 이야기에는 독자가 주목하며 깊이 생각해야 할 음료와 음식이 각각 두 종류 들어 있다.

예수는 씨를 뿌리고 계셨다. 그리고 마을에서 오는 길을 보니 이미 추수할 곡식들이 보였다. 예언자 아모스는 독자들에게 소망이 담긴 환상을 제시하며 이런 글을 남겼다.

> 야웨가 말씀하시나니 "보라 날이 이르리니
> 그때는 밭가는 자들이 추수하는 자들을 따라잡을 것이요
> 포도를 밟는 자가 포도 씨를 뿌리는 자를 따라잡으리니
> 내가 내 백성 이스라엘의 소유를 회복시키리라"(암 9:13-14).

밭을 가는 일은 9월에 이루어지고 수확은 다음 해 4월이나 5월에 있다. 이 회복 환상을 보면 밭을 갈고 씨를 뿌리는 두 가지 일이 수확과 같은 때에 이루어진다. 논의 중인 본문에서 펼쳐지는 시대를 아모스의 말과 겹쳐보면, 예수가 아모스의 환상을 자신이 전개하고 있는 사역으로 주장하심을 알 수 있다.

세상의 참된 구주를 발견함이 안겨준 놀라움

그 여자가 "그(예수)가 내가 이전에 한 모든 일을 내게 이야기했다"고 증언하므로 그 성읍의 많은 사마리아인이 그를 믿었다. 그리하여 사마리아인들이 그에게 와서 그들과 함께 머무시길 청하니, 그가 거기서 이틀을 머무셨다. 또 그의 말씀으로 말미암아 믿는 자가 더 많아졌다. 그들이 그 여자에게 말하되 "우리가 믿는 것은 이제 더 이상 네가 한 말 때문이 아니라 우리가 직접 듣고 이 사람이 진정 세상의 구주이신 줄을 알기 때문이다"(요 4:39-42).

사마리아인들은 유대인처럼 메시아인 통치자를 고대하기보다 오히려

신명기 18:18에서 보이는 모델과 같은 *Taheb*를 고대했다. 신명기 18:18은 다음과 같다. "내가 그들의 형제 중에서 너와 같은 예언자를 그들을 위하여 세우고 내가 내 말을 그 입에 두리니, 그가 그들에게 내가 명령하는 모든 것을 말할 것이다." *Taheb*는 모세와 같은 선생이 될 사람이었다. 사마리아인들은 예수와 더불어 잠시 시간을 보낸 뒤, 시야가 넓어져 이제는 선생을 넘어 구주를 보게 되었다. 이를 이해하려면 사마리아 성읍 및, 이 성읍과 아우구스투스 카이사르의 관계를 간략히 살펴봐야 한다.

아우구스투스는 로마를 뒤엎은 내전을 끝내고 제국 전역에 유례없는 평화 시대를 열었다. 헤롯 대왕은 사마리아 성읍을 재건했는데, 맑은 날에는 지중해 해안에 자리한 가이사랴에서도 사마리아의 고원 서쪽 지점을 볼 수 있었다. 헤롯은 늘 자기 윗사람인 로마 지배자들에게 아부할 거리를 찾았다. 그가 가이사랴 서쪽 끝, 바다를 마주한 곳에 아우구스투스를 기념한 신전을 세운 것도 이런 아부였다. 전면에는 웅장한 계단이 있고 높이 4.2미터인 제단과 큰 카이사르 상이 서 있는 이 신전은 틀림없이 두드러진 광경이었을 것이다. 아우구스투스 카이사르는 기원후 14년에 죽었고, 로마 원로원은 그에게 "*Divus Augustus*"(신성을 가진 존엄자)라는 칭호를 붙여 신으로 떠받들었다. 가이사랴 항에서 뭍에 오른 로마 관리들이 언덕을 따라 올려다보면 그들의 신에게 바쳐진 이 빛나는 신전을 볼 수 있었다. 정말 헤롯은 정치적 감각을 가진 자였다.

여러 세기 동안, 그리스와 로마의 통치자들은 *sōtēr*(구원자)라는 칭호를 받았다. 많은 신과 반신(半神)이 "세계의 구원자"라는 칭호를 가졌으며, 네로에서 하드리아누스에 이르는 로마 황제들도 그러했다.[16] 예수가 사역하실 때, 아우구스투스는 이미 "신"으로 선포되어 있었다. 야곱의 우물에서 16킬로미터도 떨어지지 않은 곳에 그를 섬기는 신전이 있었다. 아우구스

---

16) E. C. Hoskyns, *The Fourth Gospel*, ed. F. N. Davey (London: Faber & Faber, 1947), p. 247.

투스가 "세상의 구원자"라는 정식 칭호를 받은 것은 그가 죽은 지 15년 된 때였던가? 우리로서는 알 수 없다.[17] 예수가 사역하실 때만 해도 이는 아우구스투스를 부르는 공식 호칭이 아니고 일부 지역에서만 사용되던 호칭이었을까? 아마도 그랬을 것이다.[18] 틀림없이 사마리아인들은 아우구스투스에게 바쳐진 신전과, 로마가 그를 떠받든다는 사실을 알았을 것이다. 물론 사마리아인들은 로마인들의 견해를 공유하지는 않았다. 우리는 예수와 이틀 동안 깊은 이야기를 나눈 사마리아인들이 로마인들과 다른 견해를 인정한 것을 볼 수 있다. 즉 **아우구스투스가 아니라** 예수가 이 세상의 참된 구주이시라는 것이다.

위대한 동방 교부인 시리아인 에프렘은 이 본문 전체를 놓고 다음과 같이 썼다.

처음 대화를 시작할 때만 해도 예수는 자신을 여자에게 알리지 않았다. 그러나 여자는 먼저 목마른 사람을 보고, 이어 한 유대인을, 이어 랍비를, 이어 예언자를, 그리고 마지막으로 메시아를 보았다. 여자는 이 목마른 사람을 이기려 했고, 이 유대인에게 싫어하는 마음을 드러냈고, 이 랍비에게 질문을 퍼부었고, 이 예언자에게 압도당하고, 결국 이 그리스도를 경배했다.[19]

중동인으로서 에프렘은 우리가 밝히려 시도한 많은 뉘앙스를 이해하고 있었다.

---

17) 이 문제가 복잡한 이유는 아우구스투스가 살아 있는 동안에는 자신을 높이는 칭호를 좋아하지 않았다는 사실 때문이다. Suetonius, *The Twelve Caesars*, trans. Robert Graves (London: Penguin Books, 1979), p. 84를 보라.
18) 성경신학자이자 글래스고 대학교 아랍어 교수인 비숍은 1957년에 예루살렘에서 한 공개 강연에서 이를 확인해주었다.
19) Ephrem the Syrian, Beasley-Murray, *John*, p. 66에서 인용.

요약: 우물가의 여자

풍성한 의미를 담고 있는 이 장면을 적절히 요약하기는 불가능하나, 적어도 다음과 같은 개념을 독자들에게 제시해볼 수 있겠다.

1. **기독론**. 예수는 목마른 자, 랍비, 예언자, 메시아, "나는 나다"이시자 온 세상의 구주로 등장하신다.
2. **여자들**. 예수를 중심으로 한 새 운동은 모든 여성의 지위를 높여주었다. 예수는 사마리아 여자에게 직접 말씀을 건네시고 그녀를 하나님과 참된 예배의 본질을 깊이 설명하는 말씀을 듣기에 적합한 사람으로 고르신다. 여자는 자신이 사는 마을에 복음을 전하는 자가 되었고, 여자들이 예수의 부활을 남자들에게 증언할 것을 미리 보여주는 인물이 되었다.
3. **성육신과 선교**. 예수는 부정한 이방 여자의 도움을 필요로 하시기까지 "당신 자신을 비우신다." 예수는 여자의 도움을 요구하시면서 당신을 따르는 모든 이들에게 성육신하는 선교의 본을 보이신다.
4. **계시**. 이사야서에 나오는 고난 받는 종의 경우처럼, 계시의 초점은 사람이지 책이 아니다.
5. **성(性)을 가르는 장벽**. 예수는 사회에서 남성과 여성을 "가르는 장벽"을 무너뜨리신다.
6. **예배와 성전**. "영과 진리의" 참된 예배는 특정한 지역에서 드려야 하는 것이 아니다. 예루살렘도 그리심 산도 이 예배와 무관하다. 예수는 전통에서 시온주의 색깔을 제거하시고 예루살렘 성전이 이제는 쓸모가 없다고 선언하신다.
7. **신학**. 영이신 하나님의 본질이 이 여자를 통해 공동체에게 계시된다.
8. **선교의 초점**. 예수는 삶을 변화시키고 당신 자신을 중심으로 한 메시지를 사용하여 이 단순한 사마리아 여자를 인정하고, 보살피고, 진

지하게 받아주고, 도전을 주고, 신자로 삼고, 영감을 불어넣으신다. 이 독특한 "씨 뿌림"이 풍성한 수확을 낳는다.

9. **예수를 중심으로 한 공동체.** 예수는 사마리아 여자와 이 여자가 사는 마을을 찾으셨고 기꺼이 그들을 맞아주셨다. 그 과정에서 오래 묵은 민족과 신학과 역사의 장벽이 무너졌다. 예수의 메시지와 공동체는 모든 이에게 열려 있다.

10. **생수.** 이 물을 받는 자들은 이를 다른 이들과 함께 나누라는 부르심을 받는다.

11. **종교 그리고 하나님을 피함.** 여자는 "종교"를 도피 수단으로 삼아 자신을 파괴하는 삶의 방식에 대해 예수가 보여주시는 절절한 걱정을 회피하려고 한다.

12. **예언자와 제사장.** 예언자의 음성은 참된 예배를 올리는 제사장의 섬김이 함께하지 않으면 완전하지 않다.

13. **구원.** 하나님이 구원을 베푸시고자 역사 속에서 "유대인들을 통해" 하신 행위들은 특별한 스캔들이다. 하지만 결국 이 스캔들이 사마리아 여자에게도 복이라는 것이 증명된다.

14. **그리스도인의 자기이해.** 이 이야기에는 그리스도인의 자기이해가 가지는 네 가지 중요한 측면이 등장한다. 이 네 측면은 (1) 예수를 온 세상의 구주로 고백함, (2) 성전이 쓸모없어짐, (3) 유대인이 아닌 이들이 하나님 백성에 편입됨, (4) 율법의 절대성을 부정함이다.

15. **음식과 음료.** 이 이야기에서는 두 가지 음료(시간이 지나면 사라지는 것과 영원히 이어지는 것)와 두 가지 음식(육신을 지탱해주는 것과 영혼을 채워주는 것)이 두드러지게 나타난다.

16장

수로보니게 여자
마태복음 15:21-28

이 이야기는 종종 골칫거리 취급을 받는다. 마음이 간절한 외국 여자가 예수께 도움을 구한다. 처음에 예수는 여자를 무시하신다. 이어 예수는 사람들 앞에서 여자를 모욕하시며 민족차별주의와 여자의 고통에 냉담한 마음을 드러내 보이신다. 결국 예수는 이 여자의 딸을 고쳐주시지만, 그것도 여자가 공개적인 모욕조차 기꺼이 감내하겠다는 마음을 드러내 보인 뒤에야 그리하신다. 독자는 이런 질문을 할 수밖에 없다. 왜 이 불쌍한 여자는 예수가 그의 청을 받아들여 딸로부터 귀신을 몰아내기 전에 이런 "고초를 겪어야" 했을까? 이런 진지한 관심이 사실은 이 이야기의 진실성을 보증해준다. 그렇다면 이 이야기는 어떻게 이해하는 것이 가장 좋을까?

그림 16.1.은 이 기사의 수사 흐름을 보여준다.

수사

이 이야기를 감싸는 북엔드는 여자의 요청 1과 마지막에 예수가 치유를 베푸시는 말씀 5로 이루어져 있다. 예수는 시작 장면에서 별다른 특징 또 예수가 거기서 나가셔서 두로와 시돈 지방으로 들어가셨다.

1. 또 보라, 한 **가나안 여자**가 그 지역에서 나와서 소리 질러 외치되
 "오 주 다윗의 자손이여, 내게 자비를 베푸소서!" **여자의 요청**
 제 **딸**이 귀신에게 **지독히** 사로잡혔습니다." 치료하는 말씀이 없음
 그러나 예수는 여자에게 한 **말씀**도 대답하시지 않았다.

2. 그의 **제자들**이 와서 그에게 청하여 말하되
 "여자를 보내소서! 여자가 우리 뒤에서 소리칩니다." 이스라엘의 어린 양을
 그가 대답하시되 돌보시는 예수
 "나는 오로지 이스라엘 집의 잃어버린 양에게만
 보내심을 받았다."

3. 그러나 여자가 와서 그 앞에 무릎 꿇고 말하되
 "주여, 저를 도와주소서!"
 그러자 그가 대답하시되 자녀, 빵,
 "**자녀의 빵**을 취하여 그리고 개 비유
 작은 개들에게 던짐은 옳지 않다."

4. 여자가 말하되
 "예, 주여, 그러나 그 **작은 개들**도
 주인들의 식탁에서 떨어지는 부스러기를 먹습니다." 큰 믿음을 가진
 그러자 예수가 여자에게 대답하시되 여자를 돌보시는 예수
 "오 여자여, 네 믿음이 크도다!"

5. "네가 원하는 대로 **네게 이루어지리라**." **여자의 요청**
 그러자 여자의 **딸**이 즉시 **나았다**. 치료하는 말씀

그림 16.1. 수로보니게 여자 (마 15:21-28)

을 드러내지 않고 침묵하신다. 뭔가 말씀하시길 요청받지만 거절하신다. 이야기 결론부에서는 치유의 말씀을 주신다. 이야기 중간 부분에는 예수와 제자들 그리고 여자가 나누는 대화들이 있다. 예수는 이 삼부극의 첫 부분 2에서 당신의 임무가 이스라엘 집에서 잃어버린 양을 찾는 선한 목자임을 강조하신다. 예수는 이야기 핵심인 3에서 갑자기 자녀와 빵부스러기와 작은 개가 나오는 조그만 비유를 사용한 은유 언어를 구사하신다. 이런 수사적 특징은 누가복음 7:36-50에서도 나타나는데, 이 본문에서는 채권자와 두 채무자 비유가 이야기 중심부에 자리해 있다. 예수는 장면 4에서 가나안 여인의 큰 믿음을 보시고 인정하신다. 이 세 장면을 보면 각 장면마다 예수께 말하는 이가 있고 예수는 이 말에 대답하신다. 첫 번째 대화에서 제자들이 등장한 것은 독특하다. 제자들이 훈련받는 모습은 사복음서 전체에서 두드러진 특징이다. 그러나 독특하게도 예수에 관한 어떤 이야기가 나오고, 그 이야기 결론부에서는 제자들이 분명한 설명을 요청하는 질문을 하며, 예수는 명확한 설명을 제시하신다. 여기서는 대화가 예수와 제자들이 주고받는 말로 **시작한다**. 앞으로 보겠지만, 이 첫 대화가 다음에 이어지는 부분의 분위기를 결정한다.

주석

공동체는 예수의 비유들과 예수를 둘러싼 극적 이야기들을 구성하는 아주 중요한 요소다. 이런 본문들을 성찰한 최근의 글은 많지만, 공동체는 다루지 않는다. 현대 서구 사회는 개인주의 성향이 아주 강하다. 반면에 세계 대부분 지역의 다수 사회는 여전히 촘촘히 짜인 공동체 역할을 한다. 17세기 프랑스 철학자인 데카르트는 "나는 생각한다. 그러므로 나는 존재한다"라는 결론을 내렸다. 아프리카 신학자들은 이렇게 대답한다. "내가 있음은 우리가 있기 때문이다." 개인은 공동체의 일부로서 살아가고 움직이고 그 존재를 갖는다. 공동체는 정체성을 부여하고 태도와 삶의 방식에 깊은 영향을 미친다. 예수가 하신 이야기 그리고 예수에 관한 이야기를 보면, 주위 공동체는 (눈에 보이든 보이지 않든) 일어나는 모든 일에서 아주 중요한 구성 요소이며, 어떤 해석을 하든 그 공동체의 존재를 중요한 요소로 고려해야 한다.

나사로는 매일 부자가 사는 집 문밖에 "눕혀져 있었다"(눅 16:20; "눕혀져 있었다"로 번역한 이유는 그리스어 본문이 수동태이기 때문이다). 이것은 나사로가 매우 아파 걸을 수 없었지만, 그가 사는 공동체가 그를 존중했음을 의미한다. 그 결과 이웃들은 매일 그를 부자가 사는 집 문에 데려다가 거기에 놔두었다. RSV는 이렇게 번역하고 있다. "And at his (the rich man's) gate lay a poor man"(또 그[그 부자가 사는 집]의 문에 한 거지가 누워 있었다). 여기서 수동태는 사라지고 이 거지를 보살피는 공동체는 뒤로 숨어버렸다. 과거 1,850년 동안에 나온 시리아어 역본과 아랍어 역본은 이런 실수를 하지 않았다. 복음서를 시리아어와 아랍어로 번역한 이들은 나사로를 에워싼 공동체의 존재와 중요성을 본능으로 이해했다. 거지 나사로 비유에서 공동체는 무대밖에 있지만, 그래도 중요한 역할을 한다. 마찬가지로 탕자의 비유를 보면, 탕자를 고용한 먼 나라의 이방인 주민 역시 무대에 등장하지 않으나 이 이야기 속에서 중요한 인물이다(눅 15:11-32). 이 사람은 돼지들을 소유하고 자기 돼지를 치는 자를 먹여주지만, 이 돼지치기에게 급료는 주지 않는다.

그러나 논의 중인 이야기를 보면, 늘 존속하는 공동체가 이 기사가 시작될 무렵부터 무대에 등장하여 예수와 대화를 나누는 제자들로 이루어져 있다. 예수는 단순히 이 이야기 속 여자만 상대하신 게 아니라 제자들과도 심오한 수준의 대화를 나누신다. 이런 이중 상호작용은 이야기 전체에서 살펴볼 필요가 있다.

이 이야기는 이렇게 시작한다.

또 예수가 거기서 나가셔서 두로와 시돈 지방으로 들어가셨다.
또 보라, 한 **가나안 여자**가 그 지역에서 나와서 소리 질러 외치되
"오 주 다윗의 자손이여, 내게 자비를 베푸소서   **여자의 요청**
제 **딸**이 귀신에게 **지독히** 사로잡혔습니다."   치료하는 말씀이 없음
그러나 예수는 여자에게 한 **말씀**도 대답하시지 않았다.

마가 및 누가와 달리, 마태는 제자 중 한 사람이었다. 그는 세리였기에 틀림없이 그리스어에 능통했을 것이다. 어쩌면 그는 다른 사람들이 놓친 세부 사항도 이해하고 다시 떠올렸을지(혹은 기록했을지) 모른다.[1]

이 장면은 이방인들이 살던 지역에서 일어났다. 예수는 빌라도에게도 그러하셨지만, 이 이방인들에게도 통역하는 사람을 둘 필요 없이 말씀하실 수 있었다. 1세기 성지로부터 나온 더 많은 증거들은 당시 갈릴리에서 그리스어를 많이 사용했음을 보여준다. 갈릴리의 새 도성인 세포루스(Sepphorus)는 나사렛에서 6.4킬로미터 떨어져 있었으며, 1세기에는 이 도성에 큰 그리스 극장이 건설되었다.[2] 예수 생애 초기만 해도 이 도시는 건설 중이었으며, 요셉도(예수와 함께) 이 도시 건축 현장에서 일감을 찾았을지도 모른다. 따라서 예수가 그리스어로 대화를 나누실 수 있었다고 가정하는 것은 자연스럽다. 예수는 유대인이 아닌 이 여자에게 그리스어나 아람어로 말씀하실 수 있었다.

여자는 예로부터 거지들이 으레 부르짖던 "내게 자비를 베푸소서"[3]라는 외침으로 말문을 연다. 여자는 두 가지 장벽을 넘어 예수께 이르렀다. 그는 여자이고 예수는 남자다. 오늘날도 중동의 보수적인 지역에서는 남자와 여자가 성(性)의 장벽을 넘어 낯선 사람에게 말을 걸지 않는다. 더욱

---

1) Richard Bauckham, *Jesus and the Eyewitnesses* (Grand Rapids: Eerdmans, 2006)를 보라.
2) Richard A. Batey, *Jesus & the Forgotten* (Grand Rapids: Baker, 1991), p. 90.
3) 눅 18:38.

이 이 이야기의 여자는 유대인에게 도움을 구하는 이방인이다. 마가는 예수가 사역 초기부터 두로와 시돈 지방에서도 알려진 분이었다고 알려준다(막 3:7-8). 분명 이 여자는 예수가 누구이며 그가 유대인과 이방인, 남자와 여자를 불문하고 모든 이를 긍휼히 여기신다는 것을 이미 어느 정도 알고 있었다.

여자의 첫 요구는 자연스럽지가 않다. 여자는 *Kyrie*("주여, 선생님이여")로 말문을 뗀 뒤, 여기에 유대인들이 메시아에게 붙인 칭호로서 상당히 드문 "다윗의 자손"을 덧붙이는데, 이는 여자가 유대교와 접촉이 있었음을 암시한다. 두 번째 칭호만 없다면 *Kyrie*를 "선생님"으로 번역해도 될 것이다. 그러나 여자가 "다윗의 자손"을 덧붙였다는 것은 이 칭호가 "선생님"을 넘어 더 많은 의미를 지녔음을 뜻한다. 이방인 여자가 편력하는 유대인 교사에게 이런 복합 칭호를 쓴 것은 뜻밖이다.

이븐 알 타이이브는 11세기 중동에서 가장 뛰어난 의사 중 하나였다. 그는 깊은 통찰이 담긴 그의 천 년 전 주석에서 여자가 "'오 주여, 내 딸에게 자비를 베푸소서'가 아니라 '내게 자비를 베푸소서'"라고 외쳤음을 지적하면서, "그 이유는 정작 여자의 딸은 자기 어머니가 무슨 고통을 겪는지 느끼지 못했기 때문이다. 고통을 겪는 이는 그 어머니였다!"라고 말한다.[4] 이어 이븐 알 타이이브는 이야기 끝에서 "예수가 '오 여자여, 네 딸이 나았다'가 아니라 '네가 원하는 대로 네게 이루어지리라'고 말씀하신다"고 지적한다.[5] 이 신학자/의사는 병자를 돌보는 이 여자도 완전히 지쳐 그 역시 치료가 필요함을 알아차렸다. 예수는 여자의 절절한 요청에 공감하시며 이 요청에 두 가지 차원에서 반응하신다. 그러나 이는 우리가 돌아갈 수밖에 없는 이 이야기 서두로 우리를 데려간다.

---

4) Ibn al-Tayyib, *Tafsir al-Mashriqi*, ed. Yusif Manqariyos (Egypt: Al-Tawfiq Press, 1907), 2:281-82.
5) Ibid.

예수는 여자의 요청에 침묵으로 반응하신다. 이 침묵은 무관심이요 거부인가? 어느 쪽으로든 결론을 끌어내기 전에, 예수가 여자를 대하시는 동시에 제자들을 가르치고 계심을 알아차리는 것이 중요하다. 예수는 여자에게 중요한 시험 문제를 내시는 쪽을 택하셨다. 까다로운 시험이 사람의 기를 꺾어버리기만 하는 것은 아니다. 이런 시련을 맞서 싸우며 통과하는 학생은 힘든 시험을 합격한 자에게 주어지는 영예를 얻는다. 예수는 다른 경우에도 비슷한 시험을 치르게 하신다. 예수는 38년 동안 베데스다 연못 옆에 누워 있던 사람을 보시고 "네가 낫길 원하느냐?"(요 5:6)라고 물으셨다. 이런 시험 문제를 내신 이유는 이렇게 말씀하시려 함이었다. "너는 오랜 세월을 거지로 살아왔다. 네가 나으면 아무도 건강한 사람에게 적선하지 않을 테니 네가 먹고 살 길이 없어질 것이다. 병이 나으면 다가올 새로운 책임들을 감당할 준비가 되었느냐?"

같은 문제와 시험이 누가복음 18:41에서도 나타난다. 이 본문에서 예수는 여리고 밖에 있던 거지를 대하신다. 그러나 이 본문과 더 분명한 유사성을 보이는 것은 엘리야가 시돈 지방을 방문한 이야기인데, 이 이야기는 앞 장에서 누가복음 4:17-30을 다루면서 살펴보았다.

이 본문에서 예수도 엘리야처럼 시돈 지방에 가셨다가 도움이 필요한 딸을 둔 이방인 과부를 만나신다. 엘리야처럼 예수도 먼저 시험 문제를 내신다. 다만 예수의 경우에는 제자들이 이런 시험 과정을 주의 깊게 지켜보았다. 즉 이 랍비 학자(예수)는 여자에게 유익을 주고 그의 문하생들(제자들)을 가르치시고자 그가 권위 있게 여기는 자료(엘리야 이야기)를 재연해 보이신다. 예수는 그 과정에서 여자의 딸을 치료하실 뿐 아니라 영생을 주는 힘든 시험을 통과하여 결코 시들지 않을 영예를 누릴 특권을 여자에게 안겨주신다. 시험은 모두 세 부분으로 이루어져 있는데, 이 부분이 첫 번째 부분이다. 여기서 예수는 제자들 및 여자와 대화를 나눌 무대를 준비하시면서도 여자에게 관심이 없는 체하신다.

앞서 말했듯이, 자부심이 센 랍비는 결코 여자들에게 말을 걸지 **않았**

다. 예수 시대보다 약 200년 전, 예루살렘의 벤 시라라는 학자는 잠언과 지혜의 말들을 담은 책을 지었다. 그는 자기 이름을 딴 책(벤 시라의 책 혹은 시락서라고 부르기도 하지만, 공동번역 성경은 집회서라는 이름을 붙임-역주)에 이렇게 썼다.

> 남자의 심술이 여자의 친절보다 나으니
> 여자들은 수치와 비난을 만들어낼 뿐이다(집회서 42:14).[6]

벤 시라를 공정하게 평가하면, 그는 훌륭한 아내를 칭송하는 좋은 면도 갖고 있었다(집회서 26:1-4). 하지만 위 인용문은 예수가 그로부터 물려받으신 전승에 여자를 부정적으로 보는 생각도 일부 있었음을 실증해준다.

따라서 예수가 여자의 간청에 아무 반응을 보이시지 않았을 때, 제자들은 예수가 적절한 행동을 하신다고 보았을 것이 틀림없다. 즉 예수는 여자의 절박한 외침을 무시함으로써 제자들이 편안히 여기던 여성관을 인정하신 것처럼 보였다. 이는 제자들의 반응에서 분명히 드러난다.

그의 **제자들**이 와서 그에게 청하여 말하되	제자들
"여자를 보내소서! 여자가 우리 뒤에서 소리칩니다."	
그가 대답하시되	예수
"나는 오로지 이스라엘 집의 잃어버린 양에게만 보내심을 받았다."	

제자들은 예수가 처음에는 이 이방인 여자와 이야기하길 거부하신 점

---

6) 참고. Kenneth E. Bailey, "Women in Ben Sirach and in the New Testament," in *For Me to Live: Essays in Honor of James Leon Kelso*, ed. R. A. Coughenour (Cleveland: Dinnon/Liederbach, 1972), pp. 56-73.

에 주목한다. 제자들은 예수의 침묵에서 실마리를 얻어 예수께 "여자를 보내소서!"라고 간청한다. 누가복음 18:39을 보면 군중이 맹인을 꾸짖으며 조용히 하라고 말한다. 앞 본문의 제자들처럼, 군중도 예수에겐 소리치는 걸인을 상대할 시간이 없으시다고 짐작했다. 그들은 잘못 생각했다.

마찬가지로 요한복음 4:27에서 제자들은 야곱의 우물로 돌아왔다가 한 사마리아 여자와 이야기를 나누시는 예수를 발견한다. 이 요한복음 본문은 이렇다. "그들은 예수가 한 여자와 말씀하심에 놀랐으나, '선생님, 무엇을 원하십니까?'라고 말하는 이가 아무도 없었다." 마태복음의 이야기와 위의 요한복음 본문은 똑같은 긴장을 반영한다. 다만 요한복음 본문에서는 제자들이 "선생님, 무엇을 원하십니까?"라고 물어보고픈 마음을 간절히 느끼는데, 이런 말 스타일은 아주 뿌리가 깊다. 서구인들은 이 말을 바꿔 "우리가 선생님을 위해 해드릴 일이 있습니까?"(즉 "우리가 저 여자를 쫓아주길 원하십니까?")로 표현하면 그 의미를 알아차릴지도 모르겠다. 제자들은 그렇게 묻지 않았지만 어쨌거나 그런 질문을 해야 한다고 생각한다. 이런 말이 수로보니게 여자와 만나는 이 장면에서도 나오지만, 여기서는 제자들이 그 말을 여자를 쫓아 보내라는 요청 형태로 공공연히 표현된다.

제자들은 "여자를 보내소서! 여자가 우리 뒤에서 소리칩니다"라고 요청한다. 그러나 이런 감정 폭발은 세 장면으로 이루어진 대화의 시작에 불과하다. 이 본문은 다음과 같이 이해할 수 있다. 예수는 제자들이 여자와 이방인을 대하는 태도를 마뜩치 않아 하신다. 이 여자가 자기 딸에게 보이는 사랑과 예수를 신뢰하는 태도는 예수를 감동시킨다. 예수는 이 기회를 활용하여 여자를 돕기로 작정하시면서 제자들의 마음속에 뿌리박힌 편견에 이의를 제기하신다. 예수는 이 과정에서 여자에게 그녀의 용기와 신앙의 깊이를 드러낼 기회를 주신다.

예수가 제자들을 가르치시는 방법은 교묘하고도 힘이 있다. 예수는 제자들이 나쁜 고정관념을 가졌다고 잔소리하시지 않는다. 오히려 예수는 그들과 생각이 같으신 것으로 보인다. 그가 하시는 말씀이 이렇게 들리기 때문이다.

나도 일단 이 여자를 쫓아내겠지만, 여자가 스스로 떠나주었으면 좋겠다. 나도 명색이 랍비이니 여자에게, 그것도 이방인 여자에게 말을 걸지는 않는다. 내가 여자에게 말을 건다면, 성난 무리가 우리를 모조리 이 지역에서 쫓아낼지도 모른다. 그래도 여자가 끈덕지게 들러붙으면, 그때는 내가 오직 이스라엘인에게만 치유 사역을 행한다는 것을 분명히 밝히도록 하겠다. 그러면 이 여자도 별 수 없이 떠나겠지.

갈릴리에서는 예수를 "이스라엘 집"의 독점 소유라고 생각하기가 쉬웠다. 그러나 이렇게 처지가 절박한 과부를 만난 두로와 시돈 지방에서는 그렇게 자기 민족만 생각하는 견해가 불편했을 것이 틀림없다. 예수는 제자들 생각 속에 깊이 박힌 편견을 말씀하심으로써 이를 폭로하신다. 예수는 그 과정에서 두 청중에게 말씀하신다. 제자들에게는 "물론 나도 이 여자를 쫓아버리고 싶다. 우리에겐 이런 쓰레기 같은 이방인 여자까지 챙길 시간이 없잖아"라고 말씀하셨다. 그러나 여자에게는 먼저 이렇게 말씀하셨다. "너는 가나안 사람이고 여자다. 나는 다윗의 자손이고. 너는 하나님이 내게 맡기신 사람이 아니야. 그런데 왜 내가 너 같은 이방인을 섬겨야 하지?"

3부로 이루어진 이 대화의 1라운드 뒤에는 필시 팽팽한 긴장이 감도는 정적이 이어졌을 것이다. 여자는 "뭔 말인지 알아듣고" 그 자리를 떠날까? 그러나 여자는 떠나지 않았다. 예수가 말씀하시는 속뜻은 그게 아니라고 **믿었기** 때문이다. 여자는 은연중에 예수께 인정을 받고 이 시험의 첫 관문을 통과했다.

여자가 치른 시험의 두 번째 단계는 금세 이어졌다. 딸을 걱정하는 여자의 마음은 **애절하고** 예수가 민족을 차별함 없이 만인에게 긍휼을 베풀고 치료하는 능력을 행하시리라고 믿는 여자의 확신은 **아주 깊다**. 그렇다면 여자는 이렇게 문전박대를 당하는데도 계속 예수께 간청할까? 여자는 분명히 거부를 당했는데도 이런 반응을 보였다.

> 그러나 여자가 와서 그 앞에 무릎 꿇고 말하되
> "주여, **저를 도와주소서**."　　　　　　　　　여자
> 그러자 그가 대답하시되　　　　　　　　　그리고 예수
> "**자녀의 빵**을 취하여
> 작은 **개**들에게 던짐은 옳지 않다."

여자의 반응은 감동적이고 훌륭하다. 여자는 메시아 칭호를 빼고 거지가 으레 하는 간청도 하지 않는다. 여자는 딸의 흐느끼는 절규가 그 귀를 울리자 이것저것 따지지 않고 예수 앞에 무릎을 꿇는다. 그러면서 자신의 요청을 고통에 빠진 인간 영혼이 가장 먼저 내뱉을 말로 압축하여 토해낸다. "주여, 저를 도와주소서!" 여자는 엘리야와 사르밧 여자 이야기를 몰랐을 수도 있지만, 제자들은 이를 잘 알았다. 제자들은 예로부터 예언자들이 과부와 고아에게 관심을 보인 것도 잘 알았다. 예수는 그때까지 사역을 펼치시는 동안 늘 모든 이에게 긍휼을 베푸셨기에 제자들도 그 사실을 몰랐을 리가 없다. 마음이 돌처럼 굳어버린 사람이나 여자의 이런 절박한 행동과 심정을 그대로 담아낸 처절한 말에도 눈썹 하나 까딱하지 않을 것이다. 예수는 이스라엘을 섬겨야 할 당신의 사명을 넘어 이 이방인을 도와주실까?

아직은 아니다. 예수는 제자들의 신학적 입장을 수용하시면서도 **귀류법**(*reductio ad absurdum*)을 사용하여 제자들이 결국 내려야 할 결론을 압박하신다. 예수가 제자들에게 하시는 말씀은 사실 이렇다. "내가 이 여자를 쫓아내고 이스라엘에서만 사역하면 너희들은 행복하겠지. 좋다. 너희 신학대로 하면 우리가 결국 어디에 이르는지 내가 이야기해주마. 이것은 내가 너희에게 이 '부정한' 이방인 여자의 반응을 살필 기회를 주려는 것이야." 여기서 예수는 가나안 여자를 쫓아버리길 원하는 속 좁은 제자들의 신학을 드러내신다. 이런 말씀은 제자들의 태도와 느낌을 솔직하게 폭로

한 것이지만, 절박한 마음으로 무릎까지 꿇어가며 자기 딸을 살려달라고 비는 여자 앞에서 이런 말씀을 하셨다는 것은 충격이다. 어떤 이의 뿌리 깊은 편견을 밝히고 증명하는 말을 들으며 지켜보는 것은 심히 당혹스럽다. 이런 일이 벌어지면 편견을 마주할 수밖에 없는데, 이것이 편견을 처음 마주하는 경우일 때가 자주 있다. 현대사에는 간디부터 마틴 루터 킹에 이르기까지 이런 일을 생생히 보여주는 사례들이 많이 있다.

예수가 사용하시는 언어는 아주 세다. 중동 전통 문화에서는 유대인과 비유대인을 불문하고 개를 돼지와 거의 같이 여기며 멸시한다. 돼지를 더 낮게 여기지만, 개나 돼지나 오십보백보다. 개는 결코 애완동물이 아니다. 개는 야생이나 다름없는 경비견으로 키우거나 음식 쓰레기를 먹고 사는 위험한 거리 청소부로 떠돌게 내버려둔다. 거지를 무시하는 것도 비슷한 일이다. 그러나 이 여자를 이런 말로 모욕하는 것은 이야기가 다르다.

하지만 예수의 거친 말에는 부드럽게 만져주는 손길이 숨어 있다. 예수는 *kynarion*("개"를 가리키는 명사 *kyōn*의 지소어[diminutive])을 이야기하신다. 이는 무게가 30킬로그램이나 되어 조련사가 아니면 감히 다가갈 엄두도 못 낼 경비견이 아니라 "조그만 개"다. 예수가 **개**를 언급하심은 무엇보다 제자들을 가르치시려는 목적 때문이었다. 예수는 지금 제자들에게 이렇게 말씀하신다. "너희가 이방인을 개라 생각하는 것도, 내가 이 여자를 개로 여기길 원하는 것도 알아! 하지만 들어봐라. 이런 일이 벌어진 것은 너희 편견 때문이라고. 너희는 이런 광경이 마음 편하니?"

여자는 어떤 반응을 보일까? 여자는 그가 치를 시험 중 가장 벅찬 부분에 이르렀다. 여자는 심지어 고통 가운데 있는 이방인조차도 멸시하며 말로 공격하는 오만한 유대인들에게 똑같이 모욕하는 반응을 보일 것인가? 아니면 딸을 향한 여자의 사랑이, 예수가 병을 고치시는 하나님의 능력을 가지셨다고 믿는 여자의 믿음이, 예수가 이방인들에게도 긍휼을 베푸신다고 믿는 여자의 확신이, 예수를 주인이며 주님으로 섬기고 헌신하는 여자의 마음이 아주 강하여 이런 유대인들의 모욕까지 기꺼이 감내하고 다시 그녀의 요청을 절박하게 호소할 것인가?

> 여자가 말하되
> "예, 주여, 그러나 그 작은 개들도
> 주인들의 식탁에서 떨어지는 부스러기를 먹습니다."
> 그러자 예수가 여자에게 대답하시되
> "오 여자여, 네 믿음이 크도다!"

훌륭하다! 여자는 모든 시험을 당당히 통과했다! 그녀는 모욕을 감내하는 차원에서 더 나아가 오히려 가벼운 유머를 써서 모욕을 새로운 요청으로 능숙하게 바꿔버렸다. 여자는 이렇게 말한다.

예, 나도 우리가 당신들 눈에는 조그만 개처럼 보이고 그만큼이나 하찮다는 것을 압니다. 그러나 그런 작은 개들도 식사가 끝날 무렵에 사람들이 던져주는 조그만 빵부스러기를 얻어먹지요. 당신은 변함없이 제 주님이시고 주인이십니다. 당신이 병을 고치실 수 있음도 알고요. 당신이 모든 이에게 긍휼을 베풀어 주심도 압니다. 그러니 제 딸에게도 빵부스러기를 주실 수 있지 않나요?

제자들은 이 장면을 지켜보고 듣는다. 실제로 그들은 온 이스라엘을 다녀봤지만 예수께 이처럼 험한 말을 듣고도 그분을 온전히 신뢰하면서 아픈 딸에게 이토록 애절한 사랑을 쏟는 경우를 본 적이 없었다. 여자의 반응은 그들이 여자와 이방인을 보며 키워온 편견에 치명타를 날렸다. 이 극적인 장면 때문에 그들은, 하나님이 누구시며 하나님이 그분의 사랑을 (예수를 통해) 베푸시는 대상을 새롭게 보여주는 새 패러다임을 붙들고 씨름할 수밖에 없게 되었다. 이 과정에서 여자의 믿음은 결코 잊을 수 없는 것이 되었고, 나병 환자 시몬의 집에서 예수께 기름을 부은 여자처럼(막 14:3-9), 복음이 설교되는 곳이면 어디서나 선포되는 믿음이 되었다.

예수는 여자의 믿음이 크다고 선언하신다. 그렇다면 이 문맥에서 **믿음**은 무슨 뜻인가? 여자의 믿음은 유대인과 이방인을 가리지 않고 모든 이에게 하나님의 구원을 전하시는 예수를 굳건히 신뢰함으로 나타났다. 여자는 예수를 주님(Lord)이요 주인(Master)으로 고백한다. 이 믿음에 들어 있는 최종 요소이자 정의하기가 거의 불가능한 것이 바로, 예수의 은혜를 받을 수만 있다면 공개적으로 수치를 당하는 일이 있어도 어떤 대가든 치르겠다는 여자의 의지다. 예수는 이를 보시며 이런 말씀으로 마무리하신다.

"네가 원하는 대로 **네게 이루어지리라**."	여자의 요청
그러자 여자의 **딸**이 즉시 **나았다**.	치료하는 말씀

처음에 예수는 침묵하셨으나 이 침묵은 치유의 능력의 말씀으로 깨졌다. "나았다"(iathē)는 수동태다. 하나님은 예수를 통해 그 딸을 회복시키셨다. 예수의 능력의 말씀은 하나님의 행위였다. 여자는 엄청난 시험을 거쳐 믿음을 인정받고 올림픽 금메달리스트처럼 높임을 받는다. 이븐 알 타이이브는 여자의 세 가지 미덕을 언급하면서 그녀의 훌륭한 자질을 이렇게 요약한다.

첫째는 여자가 자신을 개와 같은 자리까지 낮춘 겸손이다. 둘째로 자신에게는 식탁에서 떨어지는 빵부스러기처럼 조그만 양의 양식도 족하다고 믿는 깊은 믿음이다. 그리스도는 이런 믿음을 칭송하신다. 이 믿음이 으뜸가는 미덕이요 다른 모든 미덕의 근간이기 때문이다. 셋째는 자신의 목표를 이루기까지 개 역할을 하는 것도 마다하지 않는 여자의 지혜다.

이븐 알 타이이브는 난외주에서 이런 말을 덧붙이며 계속 여자를 칭송한다. "a. 여자는 어머니의 사랑을 가장 훌륭하게 펼쳐 보이는데, 이는 그리스도가 딸에게 도움을 베푸시길 청하는 것이다. b. 여자는 끈덕지게 요

청(기도)하면서, 이런 자세를 끝까지 이어간다."⁷⁾

이와 동시에 엄청나게 정교한 영성이 제자들 마음속에서 형성된다. 실제로 이런 영성이 마태복음을 읽는 모든 이의 마음속에서도 형성될 가능성이 높다.

요약: 수로보니게 여자

수로보니게 여자 이야기에 담긴 신학과 윤리는 다음과 같다.

1. 한 이방인이 예수를 주님이시자 다윗의 자손으로 선언한다. 예수는 나사렛에서 하신 취임 설교에서 두 이방인의 믿음을 이스라엘이 따를 모범으로 제시하셨다. 예수는 여기서도 실상 그리하신다.
2. 예수는 (1) 한 여자에게 말을 건네심으로써 성(性)의 장벽을 허무시고, (2) 이방인을 고쳐주심으로써 민족의 장벽을 허무신다.
3. 예수는 여자에게 어려운 시험을 내셔서 그녀를 힘들게 하신다. 좋은 코치는 훌륭한 달리기 선수를 가장 힘든 시합에 참여시켜 영광을 얻게 한다.
4. 악은 샅샅이 드러나야 구속받을 수 있다. 예수는 여자와 나눈 대화에서 제자들의 마음속에 자리한 깊은 편견을 폭로하신다. 그들은 이 이야기를 기억했다. 이 이야기는 세상에게 소망을 제시할 그들의 여정에서 아주 중요한 사건이 아니었을까?
5. 예수는 여자와 여자의 딸과 제자들을 모두 배려하신다. 이 이야기는 그런 배려를 잘 보여주는 사례다.
6. 예수는 여자의 믿음을 이유로 그녀를 칭송하신다. 여자는 예수가 병을 고쳐주시는 하나님의 능력을 갖고 계시며 모든 사람, 특히 고통

---

7) Ibn al Tayyib al-Mashriqi, *Tafsir al-Mashriqi*, 1:282-83.

을 겪는 이들을 돌보신다고 믿는다. 그리고 그 믿음을 끝까지 견지한다.

17장

너희 중에 죄 없는 자가 먼저 돌로 치라

요한복음 7:53-8:11

예수의 죽음이 소크라테스나 세례 요한의 죽음과 다른 이유는 무엇인가? 단순히 "그리스도가 우리 죄 때문에 죽으셨다"(고전 15:3)고 고백하는 것으로는 충분치 않다. 예수의 죽음과 우리 죄 사이의 관계를 어느 정도 이해해야 한다. 이 주제를 대속 교리라고 부른다.

영국의 유명한 신학자요 오랫동안 인도에서 주교로 섬겼던 레슬리 뉴비긴은 인도 교회를 생각하며 『죄와 구원』(*Sin and Salvation*)을 썼다. 그는 이 책에서 그가 다루는 문제를 분명히 밝히고자 비유를 하나 만들어낸다.

내가 우물에 빠졌는데 다른 사람이 나를 구하려고 그 우물로 뛰어든다 치자. 그런데 그가 나를 구하려고 애쓰다가 정작 자신은 익사한다면, 그의 사랑은 의심할 수가 없다. 그는 자기 목숨을 나를 위해 내주었다. 그러나 내가 호랑이에게 공격을 받으면 내겐 다른 종류의 도움이 필요하다. 정작 나를 위협하는 것은 호랑이인데 그 상황에 내 친구가 나를 위한답시고 물에 뛰어들어 빠져 죽는다 해도 그것이 나를 호랑이로부터 구해주지는 않는다. 그런 경우에는 설령 내 친구가 자기 목숨을 내놓았더라도 그가 나를 사랑한다거나 나를 구해주었다고 말할 수는 없다. 그리스도는 십자가에서 당신 목숨을 내어주셨다.

그렇다면 그 일이 어떻게 나를 구해주는가? 그 일이 어떻게 나를 내 죄로부터 구해주는가? 우리가 그리스도의 죽음과 내 죄 사이에 연관성이 있음을 보여주지 못한다면, 나는 그리스도의 죽음이 나를 위한 사랑의 증거이거나 그의 죽음이 나를 죄에서 구해주었다고 믿을 수가 없다. 우리가 이 문제에 대답하지 못한다면, 단지 십자가가 하나님의 사랑을 계시한다고 말하는 것만으로는 부족하다.[1]

대속

이미 신약성경은 이 문제를 진지하게 성찰한다. 바울이 고린도전서를 썼을 무렵, 교회는 이미 예수의 죽음이 세례 요한의 죽음과 다르다고 결정했다. 사촌지간인 두 사람의 죽음이 같은 의미를 가졌다고 보기가 쉬웠을 것이다. 요한의 죽음(막 6:14-29)은 다음과 같이 중요한 특징을 갖고 있었다.

1. 이 복음서에 나온 선포자는 그의 선포 때문에 권력자를 적으로 만들었다.
2. 선포자는 부당하게 옥에 갇혔다.
3. 통치자는 이 죄수를 추앙하나 줏대가 약하여 양심에 따라 행동하지 못했다.
4. 통치자는 자기 이익을 지키려고 행동하면서 정의에 따른 요구들을 묵살했다.
5. 음모와 힘의 정치가 얽혀 있다.
6. 통치자의 아내도 얽혀 있다.
7. 유대교의 율법 준수가 문제였다.
8. 죄 없는 사람이 처참한 죽음을 당했다(정의가 훼손당했다).

---

1) Lesslie Newbigin, *Sin and Salvation* (Philadelphia: Westminster, 1956), p. 72.

9. 통치자는 다른 사람들을 즐겁게 하고자 사람을 죽이라고 명령했다.
10. 군인들은 소름 돋는 임무를 받았다.
11. 희생당한 이의 제자들은 시신을 가져다가 장사 지냈다.
12. 어떤 이들은 부활이 있으리라고 생각했지만, 아무 일도 일어나지 않았다.

예수와 요한이라는 두 젊은이는 모두 이스라엘을 새롭게 하고자 힘써 일했고 그렇게 수고하는 바람에 죽임을 당했다. 죽음이라는 사실은 분명 이 두 사람을 하나로 묶어준다. 그러나 예수를 따르는 이들은 부활의 사실을 겪으면서 일찍부터 "그리스도가 우리 죄 때문에 죽으셨다"(고전 15:3)는 결론을 내리게 되었다. 하지만 뉴비긴의 질문, 곧 "그들은 무엇을 근거로 이런 결론에 이르렀는가?"는 그대로 남는다.

질문의 대답은 이 큰 신비를 묘사하는 신약성경의 여러 은유에서 일부 찾을 수 있다.

첫 번째 은유는 죄수가 죄로 말미암아 유죄 선고를 받는 **법정**을 묘사하는 그림이다. 재판관은 "내가 죄수의 자리를 대신하겠습니다"라고 말한다. 이에 따라 재판관은 자기 자리에서 내려와 죄수 옆에 가서 "내가 이 죄수를 위해 죽겠습니다"라고 한다. 이 그림은 하나님이 **의로우시며 의롭게 하시는 이**로 등장하는 로마서 3:26의 배후에서 발견할 수 있다. 하나님은 그 자신이 의로우시며(십자가에서 형벌로 죗값을 치르셨다), 죄인은 그 덕분에 칭의에 필요한 값을 치러주신 재판관 앞에서 "의롭다"고, 곧 "의롭게 되었다"고 선언된다.

두 번째 은유는 **제단**이다. 예수는 흠 없는 어린 양이시다. 이 어린 양은 구약의 제사 제도에서 중요한 부분이었다. 바울은 고린도전서 5:7에서 이 그림을 사용하여 "우리의 유월절 어린 양인 그리스도가 희생제물이 되셨다"라고 강조한다.

세 번째 은유는 **전쟁터** 그림이다. 성경은 예수를 죄와 죽음을 이기신

분으로 묘사한다. 선과 악 사이에는 큰 싸움이 있었으며 예수는 이 싸움에서 이기셨고 또 이기신다. 여기에 대해 바울은 "우리 주 예수 그리스도로 말미암아 우리에게 승리를 주시는 하나님께 감사하노라"(고전 15:57)라고 썼다.

네 번째 은유는 **포로 교환**을 가리키는 말이다. 로마인들은 유명한 장군이 적에게 잡히면 협상을 통해 그를 되찾아오곤 했다. 이때 이 일을 가리키는 말이 구속(redemption)이었다. 그들은 장군을 구속하곤 했다. 성경은 이 말을 우리가 "그의 피로 말미암아 구속받았음"을 묘사하는 데 사용한다(엡 1:7).

다섯 번째 은유는 **노예 해방**이다. 바울은 고린도인들에게 "너희는 너희 것이 아니라 값을 치르고 산 이들이다"(고전 6:19-20)라고 쓴다. 여기서 쓴 언어는 노예를 속박에서 풀어주려고 값을 치름에서 나왔다.

여섯 번째 은유는 **지혜 문학**에서 나왔다. 고린도전서를 다시 한 번 살펴보면, 바울은 십자가가 하나님의 지혜요 능력임을 설득력 있게 설명했다(고전 1:17-2:2).

일곱 번째 은유는 **계약 취소**다. 예수는 당신의 죽음을 통해 우리 죄라는 빚이 "갚아졌다"고 변제 도장을 찍으셨다(골 2:14).

마지막 은유는 **개선 행진**이다. 예수는 악의 권세를 물리치고 개선 행진을 이끄신다(골 2:15).

거의 무의식적으로, 그리스도인들은 이런 은유 가운데 하나 혹은 더 많은 은유를 사용해서 죄와 예수의 죽음을 연계한다. 그렇다면 예수는 어떠신가? 예수도 자신이 겪은 고난의 의미를 설명하시는가? 나는 예수도 그리하신다고 확신한다. 그의 생각을 실증해주는 사례 가운데 하나가 간음하다가 잡혀온 여자를 이야기한 극적 기사다(요 7:53-8:11). 이제 우리는 이 본문을 살펴보면서 본문이 안겨주는 문제만을 찾아보겠다.

본문의 딜레마

요한복음 7:53-8:11은 오랫동안 성경학자들에게 골칫거리였다. 신약성경 초기 사본 중에는 이 본문을 기록하지 않은 것이 많다. 기록한 사본들도 있으나, 몇몇 사본은 누가복음에만 기록해놓았다. 몇몇 현대 역본들은 이 본문을 난외주에 기록해놓았다. 이런 혼란은 어떻게 설명할 수 있을까?

이 문제를 해결할 수 있는 한 가지 방법은 이 이야기를 *agrapha*, 즉 글로 기록되지는 않았으나 교회에는 알려져 구전 형태로 전해지다가 결국 몇몇 요한복음 사본에 기록된 이야기로 보는 것이다. 브루스 메츠거(Bruce Metzger)는 이렇게 썼다. "이 기사는 역사적 진실성을 보여주는 모든 특징을 갖고 있다. 분명히 이 이야기는 서방 교회의 몇몇 지역에서 떠돌던 구전의 일부다."[2] 메츠거는 요한이 이 기사를 자기 복음서에 넣지 않았지만 교회는 이 이야기를 기억하고 사랑했다고 강조한다. 교회사 초기 몇 세기 동안 어느 시점에서 필사자들은 이 기사를 본문에 덧붙이기 시작했다. 그런가 하면 다른 이들은 이 기사를 허구로 본다.

이 문제를 풀 수 있는 세 번째 방법이 있다. 오랫동안 중동의 전통 문화는 집안의 명예와, 성과 관련된 집안 여자들의 행실을 하나로 묶어 이해했다. 이 때문에 보수성이 강한 전통 촌락에서는 성과 관련한 법을 어긴 여자들이 가족에게 죽임을 당하는 일도 종종 있었다.

그뿐 아니라 필사본 시대에는 무언가를 베끼길 원하는 사람은 늘 필사자를 고용했다. 이런 필사는 개인과 개인 사이의 사업 계약이었다. 출판이 시작되자, 교회의 공공 회의체들이 어떤 성경 본문을 출간할지 결정했다. 그러나 교회사 초기 몇 세기 동안은 집안의 가장이 요한복음 사본을 전문 필사자에게 가져가 이런 말을 했을 가능성이 아주 높다.

---

2) Bruce M. Metzger, *A Textual Commentary on the Greek New Testament* (London: United Bible Societies, 1971), p. 220.

이 문서 사본을 하나 원하오. 다만 간음한 여자 이야기는 빼주시오. 나는 내 딸들이 간음을 저질러놓고도 내게 "예수님도 이런 여자를 용서하셨으니 아버지도 저를 용서해주셔야죠!"라고 말하는 것을 듣고 싶지 않소.

당연히 필사자는 손님의 요구를 따라야 했다. 하지만 사회 문화 속에 깊이 뿌리내린 태도를 거스르는 이야기를 그대로 보존할 만큼 용감한 그리스도인들도 있었다.[3] 결국 이 이야기는 몇몇 고대 사본에는 들어 있으나 다른 몇몇 사본에는 빠져 있다. 이런 견해를 받아들인다면, 혹은 이 본문을 *agrapha*로 받아들인다면, 이 이야기는 진정 예수의 것이다. 레이먼드 브라운은 이렇게 썼다. "이 이야기 자체나 여기에 구사된 언어에는 이를 예수에 관한 초기 이야기로 여기지 말아야 할 근거가 전혀 없다."[4] 브라운은 이렇게도 설명한다. "예수의 자비에 대한 이 요한복음의 암시적 표현은 누가복음의 표현만큼이나 섬세하다. 요한복음은 예수를 차분한 재판관으로 묘사하지만, 그래도 이 묘사는 요한의 글에서 기대할 법한 위엄을 갖추고 있다."[5] 메츠거와 브라운처럼 나도 이 기사가 역사적 사실을 기록한 것이라고 확신한다. 더욱이 앞으로 보겠지만, 이 본문이 현재 요한복음에서 자리한 위치도 문맥과 들어맞는다고 볼 수 있다.[6]

정확하게 이해해서 이 이야기는 요한복음 7:37-38에서 시작한다.

---

3) 나는 이 특별한 이야기 속에 요한복음에 잘 사용되지 않는 희귀한 그리스어 단어들이 들어 있음을 안다. 그렇다면 이 이야기가 전해진 역사는 내가 제시한 것보다 더 복잡했을 것이다. 하지만 나는 위의 설명을 이 본문이 지닌 특별한 문제를 이해하는 진지한 출발점으로 삼겠다.

4) Raymond E. Brown, *The Gospel According to John*, Anchor Bible (Garden City, N. Y.: Doubleday, 1966), 1:335.

5) Ibid., 1:336.

6) 많은 주석이 이 본문의 문제를 폭넓게 논의한다. Gary Burge, *John*, NIV Application Commentary (Grand Rapids: Zondervan, 2000), pp. 238-41; Frédéric Louis Godet, *Commentary on the Gospel of John* (1893; reprint, Grand Rapids: Zondervan, 1969), pp. 83-86을 보라.

명절 끝날, 곧 큰 날에 예수가 서서 외치시되 "누구든지 목마른 자는 내게 와서 마셔라. 나를 믿는 자는, 성경이 말한 것처럼, '그의 마음에서 생수의 강이 흘러나오리라.'"

본문에 언급된 명절은 이레 동안 쇠는 숙콧(Succoth)이며 보통 "초막절"로 알려져 있다. 예수는 예루살렘에서 이 명절을 보내시고 명절이 절정에 이른 마지막 날에 일어나서 하나님이 이사야 55:1-3에서 자신을 두고 하신 것 같은 말씀을 주장하신다(요 7:37-38). 이 주장은 당연히 큰 소동을 일으켰다.

하지만 예수 시대에 하나님에 관한 언어를 자기에게 적용한 유대인은 예수가 처음이 아니었다. 예수보다 한 세대 전, 유명한 랍비 힐렐도 똑같은 주장을 했다.[7] 이스라엘인 학자 다비드 플루서(David Flusser)는 이런 주장들을 언급하면서 유대교 전통은 힐렐이 그런 말을 하려 한 것은 아니라고 판단했음을 지적했다. 복음서와 교회의 탄생은 예수가 이런 주장을 하셨을 때 제자들이 비록 즉시는 아니지만 예수를 믿었다는 사실을 분명하게 증언한다.

요한은 예수의 예루살렘 발언에 대해 사람들이 즉시 보인 두 가지 반응을 기록하고 있다. 군중은 혼란스러워하고 의견이 갈렸다. 대제사장과 바리새인들은 예수를 잡으라고 명령할 정도로 화를 냈다. 그러나 예수를 잡으러 간 관원들은 그들이 받은 명령을 이행할 수 없었다. 예수가 대중에게 큰 인기가 있었기 때문이다. 그들이 보고한 대로, "일찍이 이 사람과 같이 말한 이가 아무도 없었다"(요 7:46). 그러자 바리새인들은 율법의 주제를 꺼내며 이렇게 말했다. "율법을 모르는 이 무리는 저주를 받은 자들이로다"(요 7:49). 예수는 나이가 겨우 서른이었다. 그런 그가 어떻게 자신을 두

---

[7] David Flusser, "Hillel's Self-Awareness and Jesus," *Judaism and the Origins of Christianity* (Jerusalem: Magnes Press, 1988), pp. 509-14.

고 그런 믿을 수 없는 주장을 한단 말인가? 니고데모는 예수를 옹호하려다가 이내 묵살당하고 말았다. 그리고 모든 사람이 집으로 돌아갔다(50-53절). 이렇게 1회전이 끝났다.

함정

예수를 반대하는 자들은 간밤에 "2회전"을 준비할 수 있었다. 이슈는 분명했다. 예수는 자신이 하나님이 그분의 백성에게 약속하신 생수라고 주장하셨다. 보통 "법"(율법)은 권위 있다고 여겨지는 모든 책을 가리키는데, 예수 시대에는 예언자들(예언서)과 시편까지 아우르는 말로 사용되었다(눅 24:44). 따라서 바리새인들이 뒤집어진 이유는 이사야 55장 때문일 가능성이 아주 높다. 그들의 안마당에서 그들과 그들의 권위에 도전하는 이런 일이 벌어졌다. 그들은 대응할 수밖에 없었다. 이들이 처음 보인 반응은 교활한 "작전 계획"을 짜는 것이었다.

바리새인들이 만일 예수가 제 무덤을 파도록 유도하는 율법 해석 문제를 내어 그에게 공개 망신을 줄 수 있다면, 예수의 인기는 금세 시들고 그들의 골칫덩이도 해결될 것이다. 그래서 이들은 밤중에 "간음하다 붙잡혔다"고 하는 여자를 잡아다가 예수와 사람들 앞에 내보이려고 가둬두었던 것 같다.

다음날 아침 예수는 성전을 피해서 가려면 그러실 수도 있었다. 전날 그는 공개적으로 놀라운 선언을 하셨다. 그는 자신의 주장을 듣는 이들 사이에서 상당한 혼란이 있었음을 아셨다. 성전 경비병들이 자신을 붙잡으려고 나타났던 일도 당연히 아셨을 것이다. 어쩌면 그 다음날 아침에 경비병들은 사람들이 모이기 전에 예수를 붙잡으려고 성전 문에서 그를 기다리고 있었을지도 모른다.

미국 남북 전쟁 당시 남군의 유명한 장군이었던 로버트 리(Robert E. Lee)가 적장들의 마음을 읽을 수 있는 무시무시한 능력을 가졌다는 소문이 있었다. 예수도 같은 말을 들었을지 모른다. 어쩌면 그는 성전 관원들이 자신을 체포하면 자기 인기만 더 높여주는 꼴이 되리라고 생각했을지도 모른다. 예수의 대적자들도 이를 알았기에 어떤 식으로든 사람들 앞에서 그에게 망신을 주려 했을 것이다. 어쨌거나 예수는 다음날 아침에도 용감하고 꿋꿋하게 성전에 다시 모습을 드러냈다.

유대 율법에 따르면 큰 명절 다음날은 안식일로 지켜야 했다. 그런 날은 어떤 일도 할 수 없었다. 예수는 이 "명절 여덟 째 날에" 성전 경내로 돌아오셨다. 금세 군중이 모였다. 예수는 훌륭한 랍비가 그러하듯이 앉아서 (선생으로서 그의 권위를 강조함) 그들을 가르치기 시작하셨다. 그제야 바리새인들은 움직이기 시작했다. 그들은 증인을 원했다. 그것도 많은 증인을!

서기관들과 바리새인들이 불쑥 나타나 청중이 지켜보는 가운데 예수의 말씀을 가로막았다. 그들은 자신들이 전날 밤에 붙잡은 여자를 데려와, 그녀가 간음하다가 현장에서 잡혔다고 말했다.

당연히 생길 수밖에 없는 의문이 즉시 생겼다. 아니, 어떻게 이런 종교인들이 간음하는 여자를 현장에서 붙잡는다는 말인가? 더욱이 간음은 혼자 하는 행위라고 보기 힘들다. 이 여자가 "현장에서" 잡혔다면, 여자를 붙잡은 자들은 여자와 간음한 자도 보았을 것이요 그가 누구인지도 알았을 것이다. 율법은 간음한 자들을 돌로 쳐 죽이라고 명령한다(레 20:10). 그럼 이 여자와 간음한 남자는 어디 있는가? 율법에 이토록 목을 매는 자들이 어찌하여 여자만 붙잡고 남자는 붙잡지 않았는가? 전날 바로 이 종교 지도자들은 군중에게 율법도 모르는 것들이라고 저주를 퍼부었다. 이제 그들은 율법을 실현한다는 이름으로 율법을 어기고 있었다. 그렇다면 이들의 진짜 속내는 무엇인가?

그들이 간음한 여자만 데려오고 그녀와 간음한 남자는 데려오지 않았다는 사실은 그들의 관심사가 율법 준수가 아니라 예수에게 공개적으로 망신 주는 것이었음을 분명하게 보여준다. 여자는 그들 계획의 소품에 불과했다. 그러나 이 이야기에는 또 하나 중요한 구성 요소가 있다. 성전 경내는 넓이가 35에이커쯤 된다. 당시에는 이 큰 경내의 세 면에 지붕이 덮인 긴 보도가 있었다. 이 길을 가장 잘 표현해주는 영어 단어가 cloister(회랑)다. 헤롯 대왕은 성전 북쪽 끝에 있던 이 보도와 이어진 큰 군사 요새를 건설했다. 그는 민중 봉기가 종종 성전 경내에서 일어났음을 알았다. 이런 이유로 그는 이 요새로부터 성전 경내와 보도 지붕으로 다가갈 수 있는 길을 확보했다. 1세기 유대 역사가인 요세푸스(Josephus)는 절기 기간이면 로마군이 이 보도를 따라 군중 사이에서 순찰을 돌았으며 소요가 일어날 기미가 있는지 예리하게 감시했다고 기록하고 있다. "유대 절기가 되면 로마 군단이 무장한 채 회랑 가운데로 걸어 다니면서 사람들이 어떤 계획도 꾸미지 못하게 감시했다."[8] 로마는 예수를 둘러싸고 벌어지는 모든 장면을 지켜보았으며, 모든 사람이 무장한 이 군대의 존재를 의식했다.

예수가 대답하시다

바리새인들은 가정법, 즉 "우리가 이런 여자를 붙잡았다면 당신은 어찌하겠소?"라고 묻지 않았다. 대신 그들은 간음 혐의로 잡힌 여자를 예수 앞에 데려다 보여주면서 이렇게 묻는다.

> 선생님, 이 여자가 간음하다가 현장에서 잡혔습니다.
> 자, 모세 율법은 이런 여자를 돌로 쳐 죽이라고 명령합니다.
> 선생님은 이 여자를 두고 뭐라 말씀하시렵니까?(요 8:4-5)

이보다 더 기막힌 장면은 없을 것이다. 그들은 모세를 인용한 뒤, 공개적으로 예수에게 저 위대한 율법 수여자를 따를지 혹은 따르지 않을지를

---

8) Josephus, *The War of the Jews* 5.5.244, *The Works of Josephus*, trans. William Whiston, rev. ed. (Peabody, Mass.: Hendrickson, 1987), p. 709.

따져 묻는다. 군중은 귀를 기울이고 있었고, 로마 군인들 역시 이 장면을 지켜보았다.

바리새인들은 예수가 선택할 수 있는 길이 두 가지라고 생각했다. 우선 그는 "옳다. 여자를 돌로 쳐 죽이자"라고 말할 수도 있다. 그런 판단은 야유를 불러일으키고 소란을 불러와 결국에는 그 여자에게 폭력을 쓰기도 전에 예수부터 체포당하는 일이 분명 벌어질 것이다. 요한은 로마가 유대인들에게 누군가를 사형에 처할 권리를 인정하지 않았다고 기록한다(요 18:31).[9]

예수의 또 다른 선택은 이렇게 말하는 것이었다.

> 여러분, 우리는 모세의 율법이 뭘 요구하는지 압니다. 그러나 우리가 살아가는 정치적 현실을 피할 수는 없습니다. 여러분 주위를 둘러보십시오. 그렇습니다. 우리는 로마의 지배를 벗어나 해방을 얻을 날을 고대합니다. 그렇게 해방을 얻은 뒤에는 모세의 율법을 엄격히 지킬 수 있을 겁니다. 그러나 그때까진 참고 기다리며 관용을 베풀어야 합니다.

만일 예수가 이런 말을 했다면, 그의 대적자들은 예수를 겁쟁이라고 비판했을 것이다. 예수는 모세 율법을 반대했는가? 아니면 민족의 대의를 추구하고자 희생할 마음이 아예 없었던 것인가? 요컨대 그가 모세 율법을 따르려 한다면, 붙잡힐 것이다. 그가 모세 율법을 무시하려 한다면, 사람들은 그를 믿지 않을 것이다. 어느 쪽을 택할까? 모세를 택할까 아니면 로마를 택할까? 어느 쪽을 택하든 그가 지고 대적자들이 이길 판이었다.

바리새인들은 어느 쪽이든 자신들이 이기게 되어 있다고 확신한 탓인지 자기네 안마당에서 공개적으로 한판 승부를 벌일 계획을 짰다. 이에 예

---

9) 때때로 유대인들이 어떤 식으로든 사람을 죽이는 일이 있었지만, 공개적으로 로마인들이 지켜보는 앞에서 하지는 않았다. 행 7:57-60에서는 스데반이 돌에 맞아 죽는다.

수는 어떤 반응을 보이셨는가?

이 이야기의 나머지 부분을 살펴보면, 예수는 정의의 본질을 다루시면서 놀라운 기지를 발휘하신다. 정의는 엄격한 법 적용을 의미할 수 있다. 하지만 정의의 주된 의미가 엄격한 법 적용일까? 아니면 정의는 이사야서의 종의 노래에서 예언자가 말하는 정의로 봐야 하는가? 이사야는 고난받는 종에 대해 이렇게 썼다.

> 그는 상한 갈대를 꺾지 않으시며
> 희미하게 꺼져가는 심지를 완전히 끄지 않으시리니
> 그가 정의를 신실히 행하시리라(사 42:3).

바리새인들은 율법을 엄격히 적용하길 원한다. 하지만 예수는 당신 앞에 있는 여자 속에서 상한 갈대와 희미하게 꺼져가는 심지를 보시고, 그녀에게 긍휼을 베푸시려 싸우신다. 각자가 나름대로 "정의"를 추구한다. 이 경우에는 어느 쪽이 이겨야 하는가? 예수는 선택하시고 그에 따라 행동하신다.

"명절의 여덟째 날"은 유효한 모든 법이 안식일로 다루는 날이었다. 안식일 법을 지킬 때 가장 먼저 지켜야 할 것은 일을 하지 않는 것이었다. 랍비들은 글을 쓰는 것도 일로 여겼다. 하지만 그들은 잉크로 종이 위에 글을 적는 것처럼 영구적인 표시를 남기는 일만을 "글쓰기"로 규정했다. 사람이 손가락으로 흙에 적는 것은 허용되었다. 그 경우는 "지속적인 표시를 남기지 않기" 때문이다.[10] 곧 바람이 표시를 날려버릴 것이기에 이를 쓴 행위는 안식일에 허용될 것이다. 미쉬나가 기록된 때가 기원후 200년경이었다. 따라서 예수 당시에는 미쉬나 법이 효력이 없었을 수도 있지만, 그래도 미쉬나는 1세기 유대인의 삶에서 가장 잘 활용되는 자료였다. 이 이

---

10) Mishnah, Šabbat 12:5 (Danby, pp. 111-12); Babylonian Talmud, Šabbat 104b.

야기에서 예수의 행동은 이런 안식일 법을 알고 하신 것으로 보인다.

예수의 첫 반응은 몸을 굽혀 당신 손가락으로 흙에 글을 쓰신 것이었다. 예수는 이 행동을 통해 당신이 기록된 율법을 잘 아실뿐더러 당시 사람들이 전개하던 율법의 구전 해석도 꿰뚫고 계심을 비판자들에게 보여 주셨다. 예수는 이렇게 말씀하고 있다. "나는 무지렁이 촌놈이 아니다. 율법도 잘 알고, 요새 율법을 어떻게 해석하는지도 훤히 알아. 오늘은 안식일로 지켜야 할 날이지. 너희는 내가 율법을 제대로 지키는지 감시하려는 거겠지. 나는 흙에다 썼다. 이렇게 글을 쓰는 것은 안식일에도 할 수 있는 일이지?"

그는 무어라고 쓰셨을까? 오랫동안 학자들은 이 문제를 놓고 여러 주장을 제시했다. 나는 예수가 "죽음"이나 "여자를 죽여라"나 "여자를 돌로 쳐라" 같은 말을 쓰셨으리라고 확신한다. 예수가 이어 하시는 말씀은 그가 사형을 선고하셨음을 전제한다. 그는 모세 율법을 엄격히 지키는 쪽을 택하셨다.

예수는 이런 판결을 내리신 뒤, 판결 집행 방법을 선언하셨다. "너희 가운데 죄가 없는 자가 먼저 여자를 돌로 쳐라"(요 8:7). 폭도에겐 법이 없다! 전쟁의 후유증이 영향을 미치거나, 시민이 세운 정부의 권위가 무너지거나, 군중이 경찰력을 압도하면, 폭도는 약탈하고 파괴하고 살인하며 방화를 저지른다. 그야말로 무법천지다![11] 수많은 사람들이 가담하지만 체포당하는 이는 아무도 없다. 폭도 속에 숨은 개인은 자신이 저지른 행위에 따른 책임을 모면할 수 있다. 따라서 설령 군중 속에 있는 모든 사람이 이 여자에게 돌을 던지더라도, 그녀의 죽음에 책임을 질 개인은 아무도 없다.

그러나 예수는 "너희 가운데 죄가 없는 자가 먼저 여자를 돌로 치라"고 말씀하심으로써 군중 속의 한 사람 한 사람에게 각각 이름과 얼굴을 부여

---

11) 나는 레바논 내전이 벌어진 첫 9년 동안(1975-1984), 레바논 베이루트에서 이런 처참한 행위를 직접 목격할 수 있었다.

하신다. 그는 각 사람에게 이 행위에 가담한 책임을 인정하라고 요구한다. 로마 경비병들이 와서 "군중을 해산"시킨다면, 이 군중이 처음 제기할 물음은 "대체 누가 이 일을 시작한 거야?"이고 다음 질문은 "누가 이런 일을 꾸몄어?"였을 가능성이 높다.

예수는 대적자들에게 반격하시며 이렇게 말씀하신다. "이 친구들아, 너희는 분명 **내가** 모세 율법을 지키려다 감옥에 가길 원하지. 나야 기꺼이 그럴 마음이 있다. 나는 여자를 죽이라고 명령했다. 그렇지만 나는 너희 가운데 누가 나와 함께 기꺼이 감옥에 갈지 알고 싶구나. 누가 나랑 같이 갈래?" 더욱이 중동 문화는 "수치와 명예의 문화"다. 어린이가 늘상 듣는 말은 "그건 잘못이야!"가 아니라 "네게 부끄러운 일이다!"이다. 이런 행위는 집안을 부끄럽게 하고 저런 행위는 집안의 영예를 드높인다. 남자나 여자나 부끄러운 일을 피하고 명예를 지키려 한다. 이 이야기에서 만일 누군가가 군중 속에서 걸어 나오면서 자신은 **죄가 없다**고 주장한다면, 이사야가 "우리는 다 양 같아서 제 길로 갔다"(사 53:6)라고 기록한 것을 볼 때, 사람들은 그의 행동을 두고두고 그의 수치로 기억할 것이다. 전도서 7:20은 "분명 이 땅에는 선을 행하고 죄를 짓지 않는 의인이 없다"라고 말한다. 이런 본문들이 대대로 전해 내려왔을 텐데, 어느 종교 지도자가 감히 자신은 죄가 없다고 주장하겠는가?

모든 장면이 순식간에 극적으로 바뀐다. 예수를 대적하는 자들은 이제 압박을 느낀다. 그들은 각기 뭔가 결정을 내려야 한다. 중동에서는 이런 상황이 되면 사람들이 자연스럽게 그 자리에서 가장 나이가 많은 사람 눈치를 본다. 군중은 연장자가 예수의 도전에 반응할 용기를 가지고 있는지 살펴본다. 예수의 대적자들은 가장 나이가 많은 이로부터 가장 어린 이까지 부끄러움을 당하고 그 자리를 떠나간다. 그러자 예수는 몸을 숙여 다시 흙 위에 글을 쓰신다. 이 이야기는 예수가 무슨 말씀을 쓰셨는지 아무런 실마리도 제공하지 않는다. 하지만 예수는 땅을 바라보시고 대적자들이 공개적으로 망신을 당하는 모습을 지켜보지 않으셨다. 예수는 당신이 이겼다고 우쭐대지도, 대적들의 "상처를 건드리시지도" 않는다. 이는 복음서가 묘사하는 더 큰 예수의 초상과 완벽하게 일치하는 깔끔한 행동이다. 예수는 그들에게 망신 주신 걸로 기뻐하시지 않고 다만 여자를 구하고자 하실 뿐이다.

무대는 텅 비고 예수와 고발당한 여자만이 남았다. 어느 문화에서든 어려운 처지에 빠질 수 있는 지름길 중 하나는 특정 분야의 권력자를 바로 그의 전문 분야에서 공개적으로 망신 주는 것이다. 그런데 바로 이것이 예수가 하신 일이었다. 바리새인들은 예수를 망신 주려 했으나 도리어 그들 자신이 군중 앞에서 망신을 당했다. 몇 분 전만 해도 무서움에 떨던 여자는 잔인한 폭력과 고통스러운 죽음을 당하리라고 예상했다. 그런데 갑자기 바리새인들은 그녀가 아니라 **예수**에게 화를 냈다. 예수는 엄청난 대가를 치르고 바리새인들의 적대감을 그 여자로부터 자신에게 옮겨놓으셨지만, 심지어 예수는 그 여자의 이름도 모르셨다! 이사야서의 유명한 종의 노래는 "그가 채찍에 맞음으로 우리가 나았다"(사 53:5)라고 강조한다. 여자는 예수가 그녀를 위해 하신 일 때문에 대적자들이 더 큰 몽둥이를 들고 다시 돌아올 것이며 예수가 다치시리라는 것을 알았다. 여자는 자기 목숨을 구해준 뜻밖의 **값진** 사랑을 받았다. 예수는 이런 값진 사랑이 삶을 바꾸는 능력이 있음을 생생히 보여주신다. 이 장면은 예수가 당신이 당하실 고난의 의미를 어떻게 이해하셨는지 꿰뚫어볼 통찰을 제공한다. 여기서 예수의 "대속 교리"의 핵심 측면이 드러난다.

예수는 마지막 말씀에서 여자를 꾸짖지 않으시는 동시에, 자기 삶을 파괴하는 여자의 생활방식을 못 본 체하시지도 않는다. 예수는 이런 말씀으로 이 둘 사이를 아슬아슬하게 걸어가신다. "나도 너를 꾸짖지 않으니, 가서 다시는 죄를 짓지 말라."

더 큰 그림을 보면, 예수는 구약 전통이 정해놓은 성(性) 관련 법을 인정하시면서도 **그 벌을 면제해주신다**. 여자는 돌에 맞아 죽지 않았다!

이 이야기에서는 위대한 신학과 윤리의 종소리가 울려 퍼진다. 그 종소리 가운데 가장 위대한 소리는 예수가 당신 자신이 질 십자가를 해석하신 내용이다.

요약: 여자는 돌에 맞아 죽지 않았다

이 이야기의 의미를 무대에 등장하는 등장인물 별로 정리해볼 수 있다.

서기관과 바리새인

1. 이들은 기성 종교에서 늘 생겨날 수 있는 부패한 영향력을 생생히 보여준다. 이들에겐 율법이 중요하지 사람이 중요하지 않다. 이들은 여자를 볼모로 사용하여 예수를 망신 주고 자기의 권위를 재차 강조하려는 권력 게임을 펼친다. 이 이야기에서 여자를 고발한 자들에겐 진리나 정의나 사람보다 제 밥그릇이 더 중요하다.
2. 이들은 성, 여자, 죄, 공개적인 망신 주기, 이중 기준의 결합이라는 뻔한 수법을 동원했다. 그들은 살인자나 도둑이 아니라 간음하다 붙잡힌 여자를 데려왔다. 그러나 그녀와 간음한 남자는 그대로 돌려보냈다. 이들은 여자를 전혀 도우려 하지 않고 다만 그녀를 이용하고 죽이려는 생각뿐이었다. 그들은 여자가 공개적으로 망신을 당하든 말든 상관하지 않았다. 반면 예수는 어떤 희생을 치르시더라도 모든 일에 맞서려 하신다.

여자

1. 과거 오랫동안 이 이야기를 어떤 형태로든 연기해 보인 여자들이 수없이 많았다. 예수를 제외하고 이 여자 둘레에 있던 모든 사람은 여자의 고통에 관심이 없었다.
2. 여자는 자기 사연을 이야기하거나 일어난 일을 설명할 기회도 갖지 못했다. 그녀의 이름은 확실치 않다.

3. 예수로부터 나오거나 예수를 다룬 많은 이야기가 그러하듯이, 이 이야기의 끝도 사라진 채 보이지 않는다. 이 여자는 예수의 말씀에 어떤 반응을 보였을까? 여자는 예수가 자신을 위해 하신 일 때문에 고초를 겪으시리라는 것을 안다. 예수가 자신을 구해주시려다 어떤 대가를 치르실지 안다면, 이 앎이 그녀의 삶을 바꾸는 원동력이 될까? 그럴 가능성도 있다. 독자의 그런 상상이 "이 연극을 끝맺는" 힘찬 동기가 된다. 아울러 독자는 이 이야기를 내면에 깊이 새기라는 도전을 받는다.

군중

이 일이 있기 전날, 군중은 예수를 보호했다. 예수를 붙잡으러 온 경비병들은 군중 때문에 명령을 수행할 수 없었다. 굳건한 지지자들이 예수를 에워싸는 바람에 명령을 수행하기가 불가능했다. 그러나 이 사건이 터진 명절 "여덟째 날", 고발자들과 군중은 사라졌다. 성전 관원들이 직접 모습을 드러내고 그들과 예수 사이에 막판 대결이 고조될 즈음, 군중은 여름 아침의 이슬처럼 사라져버렸다. 이렇게 심상치 않은 분위기가 감돌 때는 누가 다칠까 같은 문제는 신경 쓰지 말고 그냥 집으로 돌아가는 것이 최선책이다. 이런 일에는 말려들지 않는 것이 더 낫다.

예수

1. 이 이야기는 예수가 베푸시는 긍휼을 인상적으로 보여준다. 여자의 죄는 자신이 다쳐도 여자를 구하겠다는 예수의 의지에 아무런 영향을 주지 않았다. 예수는 성 관련 법을 어긴 여자라도 무턱대고 배척하시지 않는다. 개리 버지(Gary Burge)가 적절히 말했듯이 "예수는 다른 반사 작용을 보이셨다."[12]

---

12) Burge, *John*, p. 250.

2. 예수는 명민하고 슬기롭게 다툼을 해결하는 모습을 보여주신다. 정치적·제도적인 측면에서 예수는 철저히 약자이시다. 그런 그가 여자를 고발하는 자들을 옴짝달싹 못하게 만드시고 그녀를 구해내신다.
3. 이 이야기는 예수의 용기를 보여준다. 전날 체포당할 뻔했던 예수는 다음날 용감하게 성전 경내로 들어가신다. 그는 거기서 당신을 기다리는 힘 있는 대적들 앞에서도 기가 죽지 않으신다.
4. 예수는 율법에 반대하지 않으셨다. 예수는 당신이 기록된 율법을 아시며 그 해석의 세세한 사항도 잘 아심을 보여주셨다. 아울러 그는 여자가 남편(혹은 정혼자)에게 정절 의무를 다하지 않음으로써 자신을 파괴하고 있음도 인정하신다. 예수는 성경 전통이 요구하는 성윤리를 지지하시면서도 그에 따른 형벌을 면제해주신다.
5. 예수는 여자의 죄를 소소한 죄로 치부하려는 입장과 한 인간으로서 여자를 정죄하는 입장 사이에서 아슬아슬한 행보를 보여주신다. 윌리엄 템플이 예수가 여자에게 하신 마지막 말씀에 대해 썼듯이 "그것은 형식상 석방이 아니라, 아예 재판을 거부한 것이었다. 이렇게 거부하신 이는 이전에도 유일하게 **죄를 지은 적이 없는** 분이다. 오직 예수만이 정죄할 자격이 있으시다. 그러나 그는 정죄하지 않으셨다. 그렇다고 여자의 간음을 무조건 덮어주지도 않으셨다."[13]
6. 예수는 고발자와 여자 모두에게 삶의 개혁을 요구하신다. 예수는 고발자들의 양심에 도전을 던지는 동시에, 여자를 부드럽게 감싸주시지도 않는다. 오히려 여자에게도 삶의 방식을 바꾸라며 엄중한 책임을 지우신다. 요컨대 예수는 그 여자와 남자들에게 이렇게 말씀하신다. "너희 둘 다 잘못이다. 둘 다 죄를 지었고 둘 다 너희가 살아가는 방식을 바꿔야 한다." 이처럼 "의인"과 "죄인"에게 똑같이 철저한 정

---

[13] William Temple, *Readings in St. John's Gospel*, 1st and 2nd ser. (London: Macmillan, 1955), p. 152.

직을 요구하시는 내용이 시몬의 집에서 만난 여자 이야기(눅 7:46-50)와 복음서의 다른 많은 본문에서 등장한다.

7. 이사야서에 나오는 종의 노래는 정의를 이루려는 예수의 투쟁을 정의한다. 그 노래는 우리에게 이렇게 말한다. "그가 상한 갈대를 꺾지 않으시고 꺼져가는 심지를 끄지 않으시리로다"(사 42:3).

8. 예수는 십자가의 핵심 의미를 삶으로 살아내신다. 그는 여자에게 뜻밖의 값진 사랑을 베풀어주신다. 독자는 이 이야기의 여자가 어떤 반응을 보였을지 성찰하며, 그 과정에서 하나님이 십자가에서 이 세상에 베푸신 값진 사랑(요 3:16)에 어떻게 보답할지를 깊이 생각해봐야 한다.

18장

바리새인 시몬의 집에서 만난 여자
누가복음 7:36-50

누가복음에는 놀라운 이야기들이 많은데, 그중 하나가 누가복음 7:36-50에 나오는 바리새인 시몬의 집에서 예수가 어떤 여자를 만나신 이야기다. 이야기에서 이루어지는 극적 전환들은 이 장면이 펼쳐 보이는 진지한 신학에 담긴 심오한 요소들을 반영한다.[1]

이 드라마는 일곱 장면을 "고리 구조" 스타일로 기록했는데, 이런 스타일은 예언자들의 글에서도 찾아볼 수 있다. 이 일곱 장면을 요약하면 다음과 같다.

---

1) 이 논문의 더 짧은 과거 버전으로는 Kenneth E. Bailey, "The Parable of the Two Debtors," in *Through Peasant Eyes*, in *Poet and Peasant and Through Peasant Eyes* (Grand Rapids: Eerdmans, 1980), pp. 1-21을 보라.

도입부(바리새인, 예수, 여자)
　　　여자가 사랑을 가득 부음(행동)
　　　　대화(시몬이 잘못 판단함)
　　　　　비유
　　　　대화(시몬이 잘못 판단함)
　　　여자가 사랑을 가득 부음(회상)
　　결론(바리새인, 예수, 여자)

그림 18.1.은 누가복음 7:36-50이 이런 줄거리를 제시할 목적으로 구성되었음을 보여준다.

수사

이 이야기의 절정은 일곱 장면의 중심에 자리한 비유다. 우리는 누가복음 4:16-20에서 구약성경 본문이 에워싸여 있는 것을 보았다. 이어 누가복음 5:1-11에서도 에워싸여 있는 기적 이야기가 등장했다. 여기 누가복음 7장에서는 반전 평행법에서 보통 볼 수 있는 절정의 세 번째 유형이 나타난다. 그것은 에워싸인 비유다. 예수와 가나안 여자 기사에서도 그 중심에는 짤막한 비유가 있었다. 여기서도 비유가 상당히 짧다. 그러나 히브리 독자에게는 *māšāl*(비유)이 많은 것을 의미할 수 있으며, 그 의미 중에는 은유나 직유나 잠언이나 극적 행위도 들어 있다.

기자는 누가복음 7장에서 기교를 많이 활용하는데, 다음과 같이 네 가지 특징이 두드러지게 나타난다.

1. 이 본문은 예언적 수사 틀을 사용한다. 모두 일곱 연으로 이루어져 있는데, 가운데에 절정을 두고 전반부에서는 이야기를 전개하는 순서를 후반부에서는 역순으로 전개시킨다. 여러 부분이 서로 평행을

1. 한 **바리새인**이 자기와 함께 식사하시길 청하니
   그(예수)가 그 바리새인의 집에 들어가 **기대고 누우셨다**.　　　도입부
   그런데 보라, 그 성읍에 죄인인 **한 여자**가 있었다.

2. 또 "그(예수)가 바리새인의 집에서 식사하신다"는 것을 알고
   설화석고로 만든 **향유**병을 **가져와**
   예수 뒤쪽 그의 **발** 있는 데 서서　　　　　　　　　　　　여자의 행동
   울면서, 그의 발을 자기 **눈물**로 적시기 시작했다.
   또 그 여자가 그의 발을 자기 **머리카락**으로 **닦고**
   그의 발에 입을 맞추고
   그의 발에 **향유**를 부었다.

3. 그러자 예수를 청한 바리새인이 그것을 보고 혼잣말로 말하되
   "이 사람이 예언자라면 그를 만지는 이 여자가 누구이며
   어떤 여자인지 알았으리니 이 여자는 **죄인**이기 때문이다."
   그러자 예수가 대답하며 말씀하시되　　　　　　　　　　　대화 1
   "시몬, 내가 네게 할 말이 있다."
   그러자 그가 대답하기를 "선생님, 말씀하소서!"

4. 그러자 예수가 말씀하시되
   "돈을 빌려준 사람에게 빚진 자가 둘이 있었다.　　　　　　비유
   하나는 오십 데나리온을 빚졌고 다른 하나는 오백 데나리온을 졌다.
   그들이 갚을 능력이 없는데, 빌려준 자가 모두 면제해주었다.

5. 그들 가운데 누가 더 그를 사랑하겠느냐?"　　　　　　　　대화 2
   시몬이 대답하되
   "제 생각에는 더 많이 면제해준 자입니다."
   그러자 그(예수)가 그에게 말씀하시되 "네가 바로 판단했다."

6a. 그런 다음 그 여자를 돌아보시며 시몬에게 말씀하시되　　여자의 행동
    "너는 이 여자를 보느냐?
    나는 네 집에 들어왔다!

 b. 너는 내게 **발** 씻을 물도 주지 **않았지만**
    그러나 그녀는 내 발을 그의 눈물로 적시고 내 발을 그 머리카락으로 닦았다.

 c. 너는 내게 **입** 맞추지도 **않았으나**
    이 여자는 내가 들어올 때부터 내 발에 입 맞추기를 그치지 않았다.

 d. 너는 내 **머리**에 기름을 붓지 않았으나
    이 여자는 내 발에 향유를 부었다.

 e. 결국 내가 네게 말하노니
    분명 그녀의 많은 죄가 이미 용서받았으니
    이는 그녀가 많이 사랑했기 때문이다.

 f. 그러나 적게 용서받은 자는
    적게 사랑한다."

 g. 그리고 그가 여자에게 말씀하시되 "네 죄가 용서받았다."

7. 그러자 그와 **함께 기대 누워 있던** 사람들이 속으로 말하기 시작하되
   "**이 사람이 누구인데** 죄도 용서하는가?"　　　　　　　　결론
   그러자 그가 여자에게 말씀하시되 "네 **믿음**이 너를 **구원**했으니 평안히 가라."

그림 18.1. 바리새인 시몬의 집에 찾아온 여자

이루는 모습이 선명하게 나타난다.

2. 중심에는 에워싸인 비유가 있다.
3. 2의 여섯 행("설화석고로 만든"에서 "향유를 부었다"까지)은 고리 구조의 또 다른 예를 보여준다. 외피(外皮)는 향유에 초점을 맞춘다. 이어 (위쪽과 아래쪽에서) 발을 두 번 언급한다. 이 연은 여자의 눈물과 여자의 머리카락을 말한 중심 부분에서 절정을 이룬다. 2의 줄거리를 간단하게 요약하면 이렇다.

향유를 가져오다
    (예수의) **발 있는 곳에 서다**
        머리카락을 늘어뜨리다
        머리카락을 사용하다
    (예수의) **발에 입을 맞추다**
향유를 붓다

이 본문은 고리 구조 안에 다시 고리 구조를 둔 사례를 보여준다.

4. 6에서는 히브리 평행법을 구사한 여섯 개 모음이 직선으로 진행해 간다. 6의 행들은 대부분 쌍을 이루고 있다. 이 쌍들 중 셋은 "너는 이렇게 했으나 이 여자는 이렇게 했다"라고 말한다. 그중 둘은 "많이 용서받은 자는 많이 사랑한다"와 "적게 용서받은 자는 적게 사랑한다"에 초점을 맞춘다.

주석

이 본문 전체는 보석 같은 문학 작품이다. 이 설교는 메시아 사상을 가진 유대인이 유대인 독자를 염두에 두고 지었다. 저자는 "랍비"를 "선생님"으로 바꾼 것이 분명하지만, 이를 제외하고 이 본문에는 누가복음 4:25과 누가복음 5:9-10에서 본 것 같은 설명 각주가 붙어 있지 않다. 이 설교는 복음서들이 구성되기 전에 기록되었다고 이해하는 것이 가장 타당하다. 누가는 56-58년에 예루살렘의 사도 공동체를 방문하던 동안에 글로 기록된 이 설교를 전달받았으며,[2] 누가복음이 이를 목격자 증언으로 기록한 것(눅 1:2)도 그 덕분일 가능성이 아주 높다.

이 이야기는 주인공 여자가 드라마 시작 전에 이미 죄인에게 은혜를 선포하신 예수의 메시지를 들었다고 가정하고 있다. 이런 가정이 없으면 이 기사는 말이 되지 않는다. 11세기에 바그다드에서 저술했던 이븐 알 타이이브는 여자가 그전에 이미 듣고 믿었다고 강조한다.

> 분명히 여자는 그전에 그리스도의 설교를 듣고 깊은 감동을 받아 믿고 회개했으며, 그리스도께 감사를 전하고 자기 죄가 용서를 받았다는 것과 자신이 구원받으리라는 것을 확인할 기회가 오기를 기다리고 있었다.[3]

이븐 알 타이이브는 이 여자가 용서를 받은 것에 감사를 표현하려고 왔음을 강조한다.

분명 예수는 하나님이 죄인을 사랑하신다는 메시지를 선포해오고 계셨다. 그러나 바리새인은 이에 동의하지 않았다. 그들이 보기에 하나님은 율법을 지키는 의인을 돌보시는 분이었기 때문이다. 예수는 이제 막 걸음

---

[2] 누가는 행 21:1-18에서 "우리"라는 대명사로 자신과 바울을 가리킨다. 그 지점 이후로는 "우리"라는 말이 사라진다. 그러나 누가는 여전히 성지에 있다. 행 27:1에서 "우리"가 이탈리아로 배를 타고 갔다고 말하기 때문이다. 이를 통해 누가는 이 년 동안 바울과 함께 있지는 않았어도 바울 가까이 있었음을 간접적으로 강조한다. 누가는 이 기간 동안 자신의 복음서를 기록할 자료를 모으고 있었다고 보는 것이 타당하다. 그가 모은 자료 중 일부는 글로 기록된 것이었다(참고. 눅 1:1-2).

[3] Ibn al-Tayyib, *Tafsir al-Mashriqi*, ed. Yusif Manqariyos (Egypt: Al-Tawfiq Press, 1907), 2:129.

마를 시작한 애송이 랍비였다. 그들이 예수를 바로잡고 자기들 뜻대로 빚어내는 것도 가능해 보였다. 그들은 분명 그렇게 생각했다. 장로라 하는 이들이 떼로 몰려와 쓸모없는 충고를 늘어놓았을 수도 있다. 예수는 이미 자신을 예언자로 선포했다(눅 4:24). 이런 이유로 예수가 과연 예언자인지 조사해볼 필요가 있었고, 식사 자리를 마련하여 예수를 초대한 것도 그 때문이었다. 이 드라마의 첫 번째 장면은 다음과 같다.

> 1. 한 **바리새인**이 자기와 함께 식사하시길 청하니
>   그(예수)가 그 바리새인의 집에 들어가 **기대고 누우셨다.** 도입부
>   그런데 보라, 그 성읍에 죄인인 **한 여자**가 있었다.

이 장면에는 **일어나지 않은** 일들이 빚어낸 긴장이 가득하다. 예수가 그 집에 들어가셨을 때, 통상적인 환영 의례가 모두 생략되었다. 관습에 따르면 집주인은 예수의 얼굴에 환영하는 입맞춤을 했어야 했다. 손님들이 횡와(橫臥, 가로로 눕는) 식탁(*triclinium*)이라 불리는 U자의 넓은 식탁 둘레 걸상에 앉으면, 이들에게는 손과 발을 씻을 물과 올리브유가 제공되곤 했다.[4] 그런 다음에 비로소 음식을 내올 수 있었다. 그러면 마침내 손님들은 자리에 비스듬히 기댄 채 식사를 시작하곤 했다. 바빌로니아 탈무드는 이렇게 말한다. "우리 랍비들이 이렇게 가르쳤다. '기름이 없음은 식전 기도를 하지 못하게 막는 장애물이다.'…랍비 주하마이(R. Zuhamai)가 말했다. '더러운 사람이 성전 예배에 적합하지 않듯이, 더러운 손은 식전 기도에 적합하지 않다.'"[5]

그렇다면 시몬의 집에서는 무슨 일이 벌어지고 있는가? 모든 문화에

---

4) 1세기에는 올리브유를 비누로 사용했다. 오늘날도 중동에서는 올리브유 비누를 널리 사용한다.
5) Babylonian Talmud, *Berakot* 42-43; 53b.

는 손님을 맞는 의식이 있다. 이런 의식은 무의식적으로 행해지지만 그럼에도 중요한 의미를 가진다. 따라서 이 의식을 생략한다는 것은 많은 메시지를 전달한다. 어느 정도 변화는 있지만, 현대의 많은 나라에서 손님을 맞는 전통 예법은 다음과 같은 요소들로 이루어진다.

1. 안녕하셨어요? 뵙게 되니 반갑습니다.
2. 들어오시겠어요?
3. 코트를 받아드릴까요?
4. 앉으시지요.
5. 커피 한 잔 하시겠어요?
6. (그런 다음 주인은 TV를 끈다. 이는 손님을 환영하며 손님과 긴 시간을 보낼 수 있음을 확실히 알리는 일이다!)

이 모든 예법을 생략하는 것은 손님에게 의도적으로 모욕을 가하는 일이었을 것이다. 아브라함은 유명한 세 방문자를 맞이했는데, 전통 예법대로 합당하게 행동하며 발 씻을 물을 내오고 음식을 후히 대접했다(창 18:1-8). 랍비 문헌은 랍비를 접대하는 것이 큰 영광이었음을 확인해준다. 한 랍비 문헌의 본문은 이렇게 말한다. "학자가 있는 식사 자리에 동석하는 것은 마치 찬란한 하나님의 임재를 마음껏 누리는 것과 같다."[6] 시몬은 예수를 "선생님"이라 불렀는데, 그는 이 말로 자신이 모신 손님이 학자임을 인정했다.[7] 그렇다면 씁쓸한 모욕이 아니라 특별한 환대가 있어야 했다.

아브라함은 그를 찾아온 손님들에게 "몸을 땅에 굽혀 절했으며", 그들이 식사하는 동안에 (종처럼) 그들 옆에 서 있었다(창 18:2, 8). 예수는 최소한 환영하는 입맞춤, 발 씻을 물, 씻고 바를 올리브유가 나오리라고 기대하셨

---

6) Ibid., 64a.
7) 누가는 랍비를 표현할 때 선생이라는 말을 쓴다.

다. 올리브유는 어느 집에나 있었고 사용할 수 있었다.[8] 이 이야기에서 예수는 집주인인 바리새인이 특별히 이 세 가지 영접 행위를 빠뜨렸음을 언급하신다. 그 방에 있는 이들은 자신들이 이런 영접 행위를 하지 않았음을 다 알았을 것이다. 통상적 영접 행위가 없었으니, 예수가 "이제 보니 내가 여기서 불청객이로다!"라는 말씀을 하고 얼굴이 붉어지도록 화를 내며 그곳을 떠나시더라도 그분을 탓할 일이 아니었다. 그러나 예수는 이렇게 반응하시지 않았다.

본문은 "예수가 들어가 **기대고 누우셨다**"라고 말한다. 예수는 자리에 기대고 누우심으로써 가장 웃어른의 역할을 하신다. 가장 웃어른이 가장 먼저 기대고 눕는 법이었기 때문이다. 영국의 전통 상류 사회에서는 공식 만찬 때 연회장에 손님을 입장시키는 순서를 중시한다. 가장 지위가 높은 손님을 가장 먼저 식사 자리로 안내한다. 이와 비슷하게 랍비들도 손과 발을 씻고 기름을 바른 뒤에는 나이 순서를 따라 널찍한 식사 좌석에 기대고 누웠다. 바빌로니아 탈무드는 이렇게 기록하고 있다. "그런 다음 랍비 세스헤트는 자기가 알던 바라이타(미쉬나에 포함되지 않은 구전 율법)가 이렇게 가르쳤다고 말했다. '기대어 눕는 순서가 무엇인가? 두 좌석이 있을 때는 나이가 많은 사람이 먼저 기대고 눕고, 이어 어린 사람이 그 아래에 자리를 잡는다.'"[9]

나이 삼십인 예수가 그 방에서 가장 나이가 많은 사람이었으리라고 상상하기는 불가능하다. 주위에 있던 사람들은 전부는 아니어도 대다수가 예수보다 연장자였을 것이다. 그러나 예수가 전통적 손님 환대 의식이 생략된 일에 대해 보인 반응은, 마치 자신이 가장 연장자인 것처럼 방에 들어가자마자 곧장 좌석에 기대고 누운 것이었다. 이것이야말로 놀랍고 아

---

8) 이런 기름은 요리와 조명에, 바를 때와 씻을 때에 사용했다(지금도 사용한다). 모든 집에 이런 기름이 있다.
9) Babylonian Talmud, *Berakot* 46b. Babylonian Talmud, *Derek Ereṣ Zuṭa* 58b(3)도 보라.

주 기막힌 반응이었다. 그럼 이어 무슨 일이 벌어질까?

이 이야기는 한 여자가 거기에 있었으며 "그녀는 그 성읍의 죄인이었다"라고 말한다.[10] 예수는 이야기 뒷부분에 가서 시몬에게 이렇게 말씀하신다. "이 여자는 내가 들어올 때부터 내 발에 입 맞추기를 그치지 않았다." 이런 세부 내용은 의미심장하다. 예수는 분명 당신이 그 방에 들어오실 때 여자가 거기 있었으며, 그 때문에 그녀는 예수가 사람들 앞에서 망신당한 일을 목격했다고 강조하신다. 나중에 예수는 그 자리에 모인 손님들에게, 여자가 그들이 예수에게 저지른 무례를 보았음을 상기시키신다. 그럼 이 여자는 왜 그리고 어떻게 그 자리에 있었을까?

예수는 사람들 사이에서 "죄인을 영접"하고 죄인과 더불어 먹는 사람으로 알려져 있었다(눅 15:2). 누가복음을 보면 예수가 세리 레위가 베푼 잔치에 참석하시자, 바리새인들이 이런 질문으로 예수를 비판한다. "당신은 왜 세리 및 죄인들과 어울려 먹고 마십니까?"(눅 5:30) 그들이 보기에 예수의 행동은 율법을 지키지 않는 유대인이나 할 법한 행동이었다. 그들도 알았지만, 죄인은 먼저 자기 죄를 고백하고, 그 죄에 따른 손해를 배상한 뒤, 법을 지킴으로 자기 고백의 진실성을 증명해야 했다. 랍비들도 이 모든 것을 이야기했다.

조지 푸트 무어(George Foot Moore)는 이렇게 썼다.

> 랍비의 정의에 따르면, 회개에는 그리스도인이 **마음으로 통회함**(*contrititio cordis*)과 **입으로 하는 고백**(*confessio oris*)이라고 분석한 것들이 들어간다. **행위로 배상함**(*satisfactio operis*)이라는 요소도 빠지지 않는다. 다른 사람에게 잘못을 저질렀을 때 하나님께 용서를 받으려면 반드시 배상도 해야 한다.[11]

---

10) 시키지 않았는데도 거의 모든 사람이 그녀가 창녀였다고 추정한다. "그녀는 그 성읍의 죄인이었다"는 내 번역이다. 본문은 이 여자가 사는 곳이 아니라 살아가는 방식에 초점을 맞춘다.

11) George Foot Moore, *Judaism in the First Centuries of the Christian Era* (New

무어가 강조하듯이, 하나님께 용서를 받으려면 마음으로 통회하고 입으로 고백하며 배상하는 일이 모두 필요하다. 여기에 다시 죄를 짓지 않겠다는 결단도 덧붙여야 한다. 무어는 다시 이렇게 말한다. "죄에서 하나님께로 돌아섬을 뜻하는 회개는 죄로 가득한 행위를 그만두는 것뿐 아니라 죄를 다시 짓지 않겠다는 결단도 포함한다."[12]

이런 기준을 생각하면, 상상력을 많이 동원하지 않아도 이런 세계가 창녀를 잡으려고 쳐놓은 덫을 이해할 수 있다. 만일 이 여자가 "자기 죄를 씻을 죗값"을 묻는다면, "너 같은 경우는 죄를 씻을 길이 없어!"라는 말을 들었을 것이다. 대다수 마을 사람들처럼 여자도 예수가 기꺼이 "죄인을 영접하고 그들과 더불어 잡수시는" 모습을 보았음이 틀림없다. 여자는 하나님이 (자신과 같은) 죄인을 사랑하신다는 좋은 소식을 담은 예수의 메시지를 들었을 것이다. 이는 곧 그녀가 자기 죗값을 다 치르지 못해도 하나님의 은혜를 받아 누릴 수 있다는 뜻이었다.[13] 여자는 기쁨에 들떠 자신에게 자유를 준 이 선한 사람에게 감사를 표현하고픈 마음이 간절했다(이븐 알 타이이브도 이 점을 강조한다). 예수가 망신을 당하셨을 때, 여자는 여기에 대해 이런 반응을 보인다.

2. 또 "그(예수)가 바리새인의 집에서 식사하신다"는 것을 알고
　　설화석고로 만든 **향유**병을 가져와
　　　예수 뒤쪽 그의 **발** 있는 데 **서서**　　　　　　　　　**여자의 행동**
　　　　울면서, 그의 발을 자기 **눈물**로 적시기 시작했다.
　　　또 그 여자가 그의 발을 자기 **머리카락**으로 **닦고**
　　그의 발에 **입**을 **맞추고**
그의 발에 **향유**를 부었다.

York: Shocken, 1971), 1:514.
12) Ibid., 1:510.
13) 틀림없이 여자의 "고객들"은 훨씬 더 큰 죄인이었다. 그러나 그녀는 이런 말을 들은 적이 없었을 것이다.

그리스어 본문을 보면, 위 본문(눅 7:37) 첫 줄에는 영어의 "to be"에 해당하는 동사가 없다. 나는 이 본문에 현재 시제 동사인 "to be"를 첨가하여 "또 '그(예수)가 바리새인의 집에서 식사**하신다**'(He is dining in the Pharisee's house)는 것을 알고"로 번역했다. 히브리어와 아람어에는 "to be" 동사의 **현재 시제**가 없다. 그리스어 본문(배후에는 히브리 배경이 깔려 있다)에는 이런 동사가 빠져 있지만, 이 본문을 현재 시제로 보는 것이 지극히 자연스럽다. 아울러 "그(예수)가 바리새인의 집에서 식사하신다"라는 문장은 인용문으로 번역하는 것이 가장 좋을 것이다.[14] 이를 보면 다음과 같은 사실을 추정할 수 있다. (1) 예수는 그 동네에서 하나님이 죄인들에게 베푸시는 사랑을 가르치셨다. (2) 여자가 예수의 말씀을 들었으며 그가 전하시는 메시지를 믿었다. (3) 예수에게 감사를 표현하고픈 마음이 간절했던 여자는 "누가 이 손님을 대접하고 있습니까?"라고 물었다. (4) 여자는 "그가 바리새인의 집에서 식사하신다"는 대답을 들었다. 이 말은 식사가 제공되어 사람들이 식사를 시작했다는 뜻이 아니다. 오히려 이 말은 음식을 차려내는 모습을 묘사하고 있다. 영어에서는 다음과 같은 관용어를 쓴다. "누가 그 설교자를 대접하고 있습니까?"(Who is entertaining the preacher?)라고 물으면 "그는 지금 아무개 집에서 식사합니다"라는 대답이 나온다. 이 말도 식사가 시작되었다는 뜻이 아니다. 이 이야기를 이런 식으로 이해하면 본문이 서로 조화를 이룬다. 앞서 말했듯이, 예수는 이야기 뒷부분에서 당신이 방에 들어오셨을 때 여자가 거기에 있었으며(45절), 따라서 당신이 맞닥뜨렸던 적대감을 그녀도 목격했다고 강조하신다.[15]

---

14) 이 문장 첫머리의 그리스어 *hoti*는 간접 화법을 나타낸다고 보아 영어의 that으로 번역하거나, 또는 직접 화법을 의미한다고 보아 인용 부호로 번역할 수도 있다. 문법상 후자가 가능할 뿐 아니라, 이 직접 화법이 이야기의 나머지 부분과 조화를 이룬다.
15) 중동의 전통 촌락에서는 식사할 때 그 마을에서 쫓겨난 자라도 함께 식사하는 것을 막지 않는다. 쫓겨난 자는 조용히 벽에 기댄 채 바닥에 앉아 있다가 식사가 끝날 때 음식을 제공받는다. 이런 사람이 그 자리에 있음은 그 자리를 연 주인이 칭송을 들을 일이다. 동네에서 쫓겨난 자들까지 거두어 먹일 정도로 고귀한 성품을 가졌음을 보여주기

여자가 한 행동은 무작정이 아니라 철저히 미리 생각한 행동이었다. 본문은 여자가 향유를 "가져왔다"고 말하는데, 이를 보면 그녀는 예수의 손과 머리에 기름을 부으려고 계획했던 것 같다. 예수의 손이나 발을 씻는 것은 여자의 계획에 들어 있지 않았다(여자는 물과 수건은 가져오지 않았다). 여자는 필시 집주인이 전통 예법을 모든 손님에게 행하리라고 생각했을 것이다. 그러나 집주인은 그리하지 않았고, 결국 여자의 계획도 틀어지고 말았다. 이 상황에서 여자가 할 수 있는 일은 무엇이었을까?

예수가 일단 기대고 누우시자, 여자가 예수의 손과 머리에 다가가기는 더 이상 불가능했다. 갑자기 여자는 한 가지 결심을 한다. 주인이 예법을 따르지 않은 것을 본 여자는 잘 되었다고 생각하며, 자신이 집주인의 무례함을 보상하고 그 예법을 행하기로 마음먹는다. 그러나 그녀가 거기 있는 자들에게 물을 달라고 청하여도 그들이 줄 리는 만무했다. 그들은 예수가 망신당하는 꼴을 보고 싶어했기 때문이다. 여자는 예수가 감내하신 무례함에 화가 났고 이를 보면서 아무것도 할 수 없는 자신의 무력함에 좌절했다. 여자가 울기 시작한 것은 그 때문이었다. 별안간 묘책이 떠올랐다. 그래, 바로 그거였다. 그 여자의 눈물! 여자는 예수의 발을 자기 눈물로 씻으려 한다.

본문은 매우 치밀하다. 여자는 먼저 울기 시작하더니 예수의 발에 다가가 그 발을 씻었다. 의자 위로 올라가 예수의 손을 씻고 그 머리에 기름을 붓는 것은 적절치 않았을 것이요, "부정(不貞)한 성행위"를 하려 한다는 비판을 불러일으켰을 것이다. 하지만 예수의 더러운 발은 다른 문제였다.[16] 더욱이 여자의 행동은 돈이 많이 들어가고 사회적으로도 치러야 할

때문이다. 랍비는 식사 때는 여러분이 "음식을 베풀지 못하는" 일이 없게(여러분이 하나님의 복을 막지 못하게) 문을 열어놓아야 한다고 강조한다. 참고. Babylonian Talmud, The Minor Tractates, *Derek Ereṣ Zuta* 59a(1) (chap. 9.4).

16) 중동 문화에서 발은 늘 더럽다고 여겨졌다. 구약에서는 원수에게 망신을 줄 때 그를 발판으로 삼아 망신을 준다(시 110:1). 에돔을 비웃으며 모욕할 때도 "에돔에 내 신발을

대가가 비싸다. 여자는 비싼 향유를 예수의 발에 붓는다. 올리브유로도 충분했을 것이다. 분명 여자는 예수의 손에 기름을 부으려 했다. 그리고 어쩌면 예수나 다른 누군가가 예수의 손을 씻긴 뒤에는 예수의 머리에도 기름을 부으려 했을 것이다. 예수가 좌석에 기대어 누우신 뒤 여자는 오로지 예수의 발만 씻을 수 있었다. 여자가 예수의 발을 씻는다면, 아무도 여자를(혹은 예수를) 비난하지 못할 것이다. 실제로 여자는 예수의 발을 씻긴다. 그렇다면 우선 이런 물음이 생긴다. 여자는 왜 먼저 그 방에 들어와 있었을까?

여자가 시몬의 집에 들어간 것은 "예수를 번거롭게 하여" 용서를 받아 내려 했기 때문이 아니었다. 몇몇 초기 그리스와 라틴 교부들은 여자가 자기 죄 때문에 울었으며, 자신이 한 행위로 구원을 얻기를 소망했다고 가르쳤다.[17] 이런 가르침은 옳지 않으며, 초기 교부 가운데 다른 이들도 그것을 알았다. 암브로시우스(Ambrose)는 이렇게 말했다. "많이 용서함 받아 많이 사랑하는 자만이 이 죄 많은 여자처럼 예수의 발에 기름을 부을 수 있을 것이다."[18]

오리게네스는 "큰 빚을 졌고 죄 사함을 받았던 여자가 큰 사랑을 보였다"라고 썼다. 카시아누스(John Cassian, 360-435)는 이렇게 썼다. "여자는 더 많이 죄 사함을 받았기에 더 많이 사랑했다."[19] 이 세 교부는 (이븐 알 타이이

던지겠다"(시 60:8)고 말한다. 모세는 거룩한 땅에서 그의 신발을 벗어야 했다(출 3:5). 참고. Bailey, *Through Peasant Eyes*, p. 5.

17) 아우구스티누스는 "여자는 겸손함으로 자기가 저지른 죄를 용서받는다"라고 썼다. Augustine, *Luke*, ed. Arthur Just, Ancient Christian Commentary on Scripture (Downers Grove, Ill.: InterVarsity Press, 2003), p. 125; Clement of Alexandria and Peter Chrysologus, *Luke*, ed. Arthur Just, Ancient Christian Commentary on Scripture (Downers Grove, Ill.: InterVarsity Press, 2003), p. 126-27도 참고하라.

18) Ambrose, *Luke*, ed. Arthur Just, Ancient Christian Commentary on Scripture (Downers Grove, Ill.: InterVarsity Press, 2003), p. 125에서 인용.

19) John Cassian, *Luke*, ed. Arthur Just, Ancient Christian Commentary on Scripture (Downers Grove, Ill.: InterVarsity Press, 2003), p. 125에서 인용.

브와 더불어) 여자가 그 방에 죄 사함을 받은 자로서 들어갔다고 분명하게 강조했다. 예수가 사람들 앞에서 망신을 당하시지 않았다면, 여자는 예수께 찬송을 돌려야 한다고 강조하거나 그저 예수 앞에 무릎을 꿇고 죄 사함을 받은 여자로서 자신이 새로 발견한 자유에 감사하고 기뻐하는 것으로 끝났을지 모른다. 그러나 여자는 울기 시작했다. 오리게네스와 암브로시우스의 말처럼, 여자가 운 것은 분명 자신의 죄 때문이 아니라 예수가 망신을 당하셨기 때문이다. 여자는 고통스러워했다. 자신이 보는 앞에서 하나님이 죄인에게 사랑을 베푸신다는 메시지로 자신을 해방시킨 아름다운 분이 오히려 사람들에게 망신을 당하고 있었기 때문이다.

디트리히 본회퍼는 이 장면을 정확히 포착하여 이렇게 썼다. "신약성경에서 하나님이 그리스도 안에서 메시아의 고난 속으로 들어가는 일이 가장 다채롭게 일어난 경우가 바로 죄인이었던 이 여자가 한 행동이었다."[20]

여자는 예수가 모욕을 당하시는 모습에 낙심하여 이렇게 중얼거렸다. "**이들은 환대를 베풀려 하지 않는구나! 좋아, 그럼 내가 그들 대신 환대 예법을 행해야겠다!**" 여자는 예수의 발을 자기 눈물로 씻고 자기 머리카락으로 그 발을 닦았다.[21] 예수의 발을 씻은 여자는 그 발에 입 맞추고 향유를 부었다. 여자는 이 극적인 행위를 통해 공개적으로 거부당하고 망신당한 예수의 고통 속으로 들어갔다. 시몬의 "계획"은 이제 틀어지고 말았다. 시몬과 그의 친구들이 일부러 망신을 주던 그 사람은 이제 특별한 영접을 받고 있었다.

앞서 말했지만, 이 여자는 "그 성읍의 죄인"이었다. 분명 그 방에는 율법을 지키는 자들과 율법을 어긴 자들이라는 두 종류의 죄인이 있었다. 이 이야기 전체는 이 두 부류 사람들 사이의 긴장 속에서 전개된다. 율법을

---

20) Dietrich Bonhoeffer, *Meditations on the Cross*, ed. Manfred Weber (Louisville: Westminster John Knox, 1998), p. 61.
21) 여자가 예수 얼굴에 입맞춤으로 환영 인사를 하는 것은 그 문화에서는 생각할 수 없었을 것이다.

지키는 자들은 종종 율법을 어기는 자들을 "죄인"이라고 비판했다. 율법을 어기는 자들은 율법을 지키는 자들을 보면 대개 "위선자"라고 외쳤다. 그러나 이 이야기에서는 그런 일이 벌어지지 않는다. 여기서 여자는 예수께 온전히 초점을 맞춘다. 여자가 한 행동은 거기에 있던 "의인들"을 당황케 했을 뿐 아니라 충격을 주었다. 어떤 점이 그랬을까?

여자는 자기 머리카락을 드러내고 예수를 "만졌다." 중동의 전통 사회에서는 유대 랍비 시대부터 오늘날까지 여자는 사람들 앞에서 자기 머리를 가려야 한다. 미쉬나는 남자가 그 아내와 이혼할 때 여자에게 *ketubah*(생활 안정 지원 보증서)를 주지 않아도 되는 경우들을 열거한다.[22] 거기서 언급된 경우 중에는 "여자가 그 머리를 묶지 않고 밖에 나가거나, 거리를 돌아다니거나, 외간 남자와 말을 나누는 경우"가 들어 있다.[23]

어느 문화에서나 *ketubah* 없이 이혼당하는 것은 여자에겐 대단히 심각한 문제다. "여자가 그 머리를 묶지 않고" 밖에 나간 것이 여자 개인과 그의 재정 상황에 이토록 심각한 재앙을 불러온다면, 이런 행위는 비참한 결과를 당해도 마땅한, 참을 수 없는 죄로 여겨졌던 것이 분명하다. 바빌로니아 탈무드는 랍비 메이르(기원후 2세기)가 이혼에 대해 가르친 내용을 기록하고 있다. 그는 "자기 아내가 머리를 묶지 않은 채 외출하고, 겨드랑이를 가리지 않은 채 길에서 천을 짜며, 다른 남자들과 함께 목욕해도 이를 그냥 지켜보는 나쁜 남자"에 관해 이야기한다. 이 본문은 계속해서 "이런 경우는 이혼하는 것이 종교적 의무다"[24]라고 말한다.

"머리를 묶지 않은 채 외출하는 것"은 "다른 남자들과 함께 목욕하는

---

22) *ketubah*는 남편이 자기가 죽거나 아내와 이혼할 때 아내에게 주기로 맹세한 액수를 기입한 증서였다. 아울러 이 말은 일정 금액의 돈 자체를 의미할 수도 있다. 참고. Herbert Danby, ed. and trans., *The Mishnah* (1933; reprint, Oxford: Oxford University Press, 1980), p. 794.
23) Mishnah, *Ketubbot* 6.6 (Danby, p. 255).
24) Babylonian Talmud, *Gittin* 90a-b.

것"과 같은 취급을 받았던 것 같다. 각 경우에 이런 여자와 이혼하고 그녀를 내쫓는 것이 종교적 의무다. 이 랍비가 보기에 여자가 사람들 앞에서 머리를 가리지 않음은 하나님을 모독하는 행위였던 것 같다. 여자의 머리카락은 성욕을 도발한다고 여겼기 때문이다.

바빌로니아 탈무드의 *Berakot* 편은 여자의 몸에서 성욕을 불러일으키는 부분을 다룬 토론을 기록하고 있다.[25] 세 랍비가 각각 하나씩 설명을 내놓는다.

> 랍비 히스다(Hisda)는 이렇게 말했다. "여자의 다리는 성욕을 자극하니, 그래서 **강을 건널 때 다리를 가리라**(사 47:2)고 말하는 것이라."
>
> 사무엘은 이렇게 말했다. "여자의 목소리는 성욕을 자극하니, 그래서 **이는 그대의 목소리가 달콤하고 그대의 얼굴이 아리땁기 때문이라**(아 2:14)고 말하는 것이라."
>
> 랍비 셰셰트(Shesheth)는 이렇게 말했다. "여자의 머리카락은 성욕을 자극하니, 그래서 **그대 머리카락이 염소 떼 같다**(아 4:1)고 말하는 것이라."

현대에 들어와서, 이란 대통령 라프산자니는 언론으로부터 이 나라가 여자의 머리를 가릴 것을 고집하는 이유를 질문받았다. 그는 이렇게 대답했다. "여자가 자기 머리를 가리는 것은 의무입니다. 여자의 머리카락은 남자를 자극하고 그릇된 길로 이끌고 타락시키는 분위기를 발산하기 때문입니다."[26] 이처럼 여자의 머리카락을 대하는 중동의 태도는 보수 사회 속에서 수천 년 동안 그대로 유지되었다.

다시 1세기로 돌아가서, 여자가 자기 머리카락을 가리는 것은 좋은 측면에서 볼 때 경건을 드러내는 표지였다. 바빌로니아 탈무드는 랍비 이스

---

25) Babylonian Talmud, *Berakot* 14a.
26) Jan Goodwin, *The Price of Honor* (Boston: Little, Brown, 1994), p. 107.

마엘 벤 킴히트(Ishmael B. Kimhith)가 대제사장으로 있을 때 그 민족의 종교적 삶에서 일어난 중요한 사건 하나를 기록하고 있다. 벤 킴히트는 그라투스(Valerius Gratus, 기원후 15-26 동안 유대 총독을 지낸 로마 정무관-역주)에 의해 대제사장으로 임명되었고 그리하여 예수와 동시대인이 되었다.[27] *Yoma* 편은 대제사장이 대속죄일 의식을 거행하는 동안에 몸을 더럽힌, 유대 역사상 전무후무한 사건을 이렇게 서술하고 있다.

> 더욱이 랍비 이스마엘 벤 킴히트(대제사장)를 두고 이런 이야기가 있다. 그가 외출했다가 거리에서 어떤 귀인과 이야기를 나누는데, 귀인의 입에서 나온 침이 대제사장의 옷에 튀었다. 그 때문에 형제인 요셉이 그 대신 대제사장이 되어 섬겼으며, 결국 이 형제의 모친은 하루에 두 대제사장을 보았다. 현자들이 모친에게 말했다. "대체 무슨 일을 하셨길래 이런 (영광)을 누리셨습니까?" 모친이 대답했다. "내 평생 우리 집 기둥도 내 머리카락을 못 봤습니다."[28]

매우 경건한 이 여인은 심지어 자기 집에서도 머리카락을 드러내지 않았다! 그녀는 자신의 이런 행동 때문에 같은 날 대속죄일 의식을 집전하는 직임을 맡은 두 아들을 둔 어머니가 되는 영광을 누렸다고 본다. 이런 세계에서는 시몬의 집에 있던 "죄인" 여자는 중요한 선택을 해야 했다. 당시 남자와 여자는 모두 긴 옷을 입었다. 예수는 *triclinium*이라 부르는 널찍한 좌석에 비스듬히 누워 계셨을 것이다. 여자는 예수 뒤에 무릎을 꿇고 있었다. 여자는 자기 눈물로 예수의 발을 씻긴 뒤, 그 발을 닦고 싶었지만 수건이 없었다. 여자가 무릎을 꿇자 여자 앞에는 그녀가 입은 옷이 풍성한 주름이 진 채 모아졌다. 여자는 이 옷을 수건 대신 사용할 수 있었다.

---

27) 그라투스는 기원후 18년까지 거의 해마다 대제사장을 갈아치웠으며, 18년에 가야바를 대제사장으로 임명했다.
28) Babylonian Talmud, *Yoma* 47a. 똑같은 이야기가 '*Abot de Rabbi Nathan* 31a(2)와 Tosefta, Yoma 3에도 나온다.

그렇다면 여자는 왜 자기 머리카락을 늘어뜨려 이것을 예수의 발을 닦는 데 사용했을까? 이렇게 하면 "예수에게 머리카락이 닿을 수밖에" 없는데도 여자가 그리한 이유는 대체 뭘까?[29]

중동의 전통 사회에서는 신부가 첫날밤에 그의 머리를 풀어 남편이 처음으로 그의 머리를 보게 한다. 시몬의 방에 있던 사람들이 이 여자가 하는 동작의 의미를 몰랐을 리가 없다. 여자는 자기 머리를 늘어뜨려 예수께 그가 할 수 있는 최고의 충성 맹세를 하고 있었다.[30] 여기서 중요한 질문은 이것이다. 예수는 이 특이한 행동을 받아들이실까 아니면 거부하실까?

예수를 다룬 이야기나 예수가 하신 이야기에는 언제나 중요한 질문이 있다. "예수 시대의 문화적 관점에서 볼 때, 예수가 하실 법한 말씀이나 행동은 무엇이었을까?"가 바로 그것이다. 이 질문에 답하기가 어려운 때도 있다. 그러나 이번 경우는 쉽다. 이런 경우라면 여자가 그의 몸에 "닿음"에 당황하고 여자가 그 머리를 드러내 보임에 충격을 받았어야 했다. 그 방에 있던 이들은 예수가 본능적으로 이를 "용인할 수 있는 행위" 범위를 넘어섰다고 판단하여 여자를 물리치리라고 예상했을 것이다. 시몬에게 한마디만 했으면 즉시 그 집의 종이 여자를 쫓아냈을 것이다. 그런데 거기 모인 모든 이가 깜짝 놀랄 일이 벌어졌다. 예수가 이런 일이 계속되도록 놔두면서 여자의 행동을 받아들인 것이다. 예수는 부끄러움을 느끼지 않았을까? 본문은 시몬의 반응을 이렇게 기록하고 있다.

---

29) 성경 언어에서 "닿다, 접촉하다"라는 동사는 물체와 물체의 관계를 나타낸다(고전 7:1을 보라).
30) 창 41:45을 보면 요셉은 이집트 온의 제사장 딸인 아스낫과 혼인한다. 위경인 「요셉과 아스낫」은 이 이야기와 몇 가지 흥미로운 유사점을 제시한다. 그리스어로 된(원래 히브리어 문헌일 수도 있다) 「요셉과 아스낫」은 보통 기원전 1세기-기원후 2세기에 집필된 것으로 본다. 이 책에서 요셉은 "하나님의 아들"이라 불리며(6:3; 13:13), 아스낫은 혼인잔치 중에 자신이 요셉의 발을 씻어주겠다고 고집한다(20:3-5).

3. 그러자 예수를 청한 바리새인이 그것을 보고 혼잣말로 말하되
"**이 사람이 예언자라면 그를 만지는 이 여자가 누구이며
어떤 여자인지 알았으리니 이 여자는 죄인이기 때문이다.**"
그러자 예수가 대답하며 말씀하시되 　　　　　　　　　대화 1
"시몬, 내가 네게 할 말이 있다."
그러자 그가 대답하기를 "선생님, 말씀하소서!"

시몬은 예수가 이목을 끄는 이런 행동을 받아들이신 것에 분명 놀라고 충격을 받았다. 이때까지만 해도 예수는 여자에게 한마디도 하시지 않았다. 시몬과 다른 이들은 예수가 금도를 넘지 않으시는 모습에 흡족해했을 것이다. 그러나 이런 여자가 그에게 "닿게" 하시고 심지어 발까지 만지게 한 일은 지나치게 친밀한 모습이었다. 우리는 시몬의 반응에서 바리새인들이 추구하던 강령을 일부 발견한다. 바리새인들은 예수를 시험하려고 초대했다! 그가 정말 예언자며 존경할 만한 사람인지 시험해보려 함이었다. 예수가 여자의 행동을 용납하심을 본 시몬은 자기 생각이 옳았다고 판단한다. 하나님의 사람이라면 이렇게 사람들의 분노를 자아낼 행동을 결코 용납하지 않을 것이다. 그러나 이야기는 여기서 끝나지 않는다.

바리새인들이 예수가 죄인들을 받아주심에 우려를 표명하는 모습은 이미 누가복음 5:30에서 나타난다. 여자는 예수가 죄인들을 받아주심에 당황하지 않고 도리어 크게 기뻐했다. 여자는 예수께 와서 감사를 드렸다. 바리새인의 관점에서 예수는 여자에게 이렇게 말씀하셔야 했다.

그만두어라! 네가 죄 용서를 받았다고 하나님께 감사할 생각이면 성전에 가서 감사 제사를 드려라. 여인의 뜰에서는 너도 하나님이 계신 지성소에 최대한 다가갈 수 있다. 네 감사는 거기서 드림이 옳다. 그러니 이런 일을 내게 하지 마라. 나는 그저 하나님의 말씀을 전하는 예언자일 뿐이다.

예수가 이 여자의 행동을 받아주심은 많은 점에서 중요한 의미가 있다. 그중 몇 가지만 정리하면 다음과 같다.

1. 예수는 여자의 행동에 따른 비용과 본질에 공감하시면서 그것을 받아들이신다. 예수는 당신이 거부하면 여자가 망연자실하리라는 것을 아셨다.
2. 예수는 그 방에서 오직 여자만이 당신이 시몬과 다른 손님들에게 배척당한 일에 고통을 느꼈음을 보셨다. 그들은 예수를 냉대했다. 여자는 상당한 위험을 무릅쓰고 예수를 냉대하는 이들에 맞서 최선을 다해 공개적으로 대항하면서, 예수에게 연대감을 표시하고 그들이 저지른 무례를 대신 메우려고 애썼다. 여자는 예수의 고난에 참여했고, 예수는 여자의 긍휼을 느꼈다.
3. 여자는 결심했다. 여자가 볼 때, 자기가 받은 용서에 감사를 드려야 할 대상은 예수였다. 여자는 바로 이 예수 속에 하나님의 셰키나가 자리해 있음을 알아차렸다. 이런 이유로 여자가 감사드릴 분은 바로 예수였다. 예수는 여자의 감사를 받아주시고, 여자가 당신이 누구신지 바로 이해했음을 확인해주셨다.

중동에서 수십 년을 사는 동안 다음과 같은 일이 딱 한 번 일어났다. 처지가 절박한 누군가가 내 앞에서 무릎을 꿇고 내 발에 입을 맞추기 시작했다. 당황한 나는 그를 땅에서 일으켜 세워 의자에 앉히고 이렇게 말했다. "무함마드, 어려운 일이 있으면 이야기해요. 내 있는 힘을 다해 도와주리다. 그렇다 해도 이런 행동은 받아들일 수 없어요. 너무 지나친 행동입니다."

1865년 4월 4일, 미국 남북 전쟁이 끝나던 날, 남부 수도인 버지니아 주 리치몬드 시가 함락되었다. 이날 에이브러햄 링컨은 리치몬드가 아직 불타고 있는데도 그곳을 방문하겠다는 뜻을 굽히지 않았다. 링컨이 도착하자마자 이전에 노예였던 한 사람이 대통령에게 뛰어와 무릎을 꿇고 그 발에 입을 맞췄다. 당황한 링컨은 이렇게 대답했다. "이런 행동은 당치 않습니다. 오직 하나님께만 무릎을 꿇어야죠. 자유를 주신 그분께 감사하십시오."[31]

예수는 여자의 도를 넘은 표현을 받아들이고 이를 통해 당신이 누구신가에 관한 여자의 판단이 옳다고 확인해주셨다. 즉 예수는 당신 백성 가운데 오신 하나님의 임재였다. 이제는 그의 몸이 성전이고 하나님의 영이 그 위에 있었다(눅 3:21-22). 그러나 시몬은 그중 어느 것도 깨닫거나 받아들이질 못했다. 이런 이유로 예수는 시몬에게 몸을 돌려(이를 통해 거기 있는 모든 이에게) 자신의 행동을 설명하신다. "내가 네게 할 말이 있다"는 예로부터 중동의 관용어로서 상대가 듣기 싫어할 수도 있는 퉁명스러운 말을 시작할 때 사용한다.[32] 이어 예수는 두 채무자와 관련된 짧은 비유를 말씀하신다.

4. 그러자 예수가 말씀하시되
"돈을 빌려준 사람에게 빚진 자가 둘이 있었다.
하나는 오십 데나리온을 빚졌고 다른 하나는 오백 데나리온을 졌다.
그들이 갚을 능력이 없는데 빌려준 자가 모두 면제해주었다.

이 비유는 예수의 비유 가운데 "하찮은 비유" 취급을 받으며 무시당하곤 한다. 하지만 이 비유를 꼼꼼히 들여다보면, 분명 진지하게 주목할 만한 가치가 있다.

구약성경과 신약성경에서는 "빚을 탕감해주다"와 "빚/죄를 용서해주다"라는 문구가 겹치며, 실제로 같은 말로 표현되기도 한다. 불트만은 그리스어 구약성경(70인역)에서 이 동사의 사용법을 논의하면서 "용서하시는 이는 하나님이다"라고 썼다. 불트만은 신약성경에서 이 "용서하다" 동사가

---

31) Burke Davis, *To Appomattox: Nine April Days, 1865* (New York: Popular Library, 1960), p. 165.
32) 참고. Bailey, *Through Peasant Eyes*, p. 12.

"마태복음 18:27, 32에서는 세속적 의미를 가리키지만 종교적으로 '면제하다'나 '용서하다'의 의미일 때가 더 잦다"라고 말한다.[33] 이 본문에서는 이 두 의미가 함께 나타난다. 이 비유에 나오는 채권자는 각 채무자가 진 빚을 면제해주었다.[34] 몇 구절 뒤에 예수는 여자에게 "네 죄가 용서받았다"라고 말씀하신다. 여기 사용된 동사 *aphiēmi*는 죄 용서를 가리키며 흔히 사용된다. 앞선 본문에서는 다른 그리스어를 사용하지만 그 의미가 상당히 겹친다. 이렇게 신약성경에는 **용서하다** 동사를 재정적이거나 신학적인 차원에서 사용한 용례가 많이 등장한다. 채권자와 채무자 은유를 하나님과 죄인을 가리키기 위해 사용할 때 특히 그러하다. 이것은 악한 행위가 본디 두 종류라는 사실과 결합해 있다. 간단히 말해, "죄"는 경건한 사람이라면 저지르지 않을 행위다. 반면 "빚"은 사람이 이행하지 못한 책임이다. 따라서 죄는 악한 행위와 선을 행하지 못함으로 이루어진다. 성경은 이를 "잘못/죄"와 "빚"으로 표현한다. 요컨대 신약성경에서 하나님과 관련된 빚/죄 용서를 다양하게 증언한 사례들은 다음과 같다.

1. 아람어 *ḥôbâ*는 빚과 죄를 모두 의미한다. 예수는 "죄"에 관해 말씀하실 때 분명히 *ḥôbâ*를 사용하심으로써, 당신이 보기에 "빚진 자"와 "죄 지은 자"가 결국은 결합하여 한 단어를 이룸을 보여주신다.
2. 마태복음의 주기도는 **빚**이라는 말을 사용한다. 누가복음은 **빚과 죄**를 사용한다. 다시 말하지만, 예수는 이 두 가지 의미를 모두 가진 *ḥôbâ*를 사용하셨다.
3. 누가복음의 두 평행 본문을 보면 똑같은 단어 묶음이 나타난다. 누가복음 13:2은 죄인을, 13:4은 채무자라는 말을 사용한다. 다시 말하

---

33) Rudolf Bultmann, "ἀφίημι, ἄφηεις, παρίημι, πάρεσις," *Theological Dictionary of the New Testament*, ed. Gerhard Kittel (Grand Rapids: Eerdmans, 1965), 1:510-11.
34) 여기서 사용된 동사 *charizomai*의 뿌리는 *charis*(은혜)다. 본문은 이 단어를 통해 빚 면제가 노력에 의해서도 자격에 의해서도 이루어지지 않았음을 강조한다.

지만, 각 단어의 배후에는 아람어 *ḥôbâ*가 있다.
4. 마태복음 18:23-35에서, 주인에게 큰 빚을 면제받은 종은 자기와 같은 종이 자신에게 갚아야 할 적은 빚을 면제해주지 않는다. 이렇게 면제해주지 않은 종은 벌을 받는다. 여기에 대해 예수는 "너희가 너희 형제를 너희 마음으로 용서하지 않으면 하늘에 계신 내 아버지께서도 너희 모든 이에게 그리 행하시리라"(35절)라고 말씀하신다. 이 비유에서 빚 면제는 채권자이신 하나님이 죄를 용서해주심에 초점을 맞춰 사용된다.
5. 쌍둥이 비유인 달란트 비유(마 25:14-30)와 므나 비유(눅 19:12-28)는 돈을 나눠주고 떠났다가 돌아와 돈을 회계하는 주인 이야기다. 여기서도 채권자와 채무자라는 말은 구제할 길이 없는 인간을 다루시는 하나님을 가리키기 위해 사용된다.
6. 바울은 골로새서 2:13-14에서 증서 파기라는 상징을 사용해서 십자가의 의미를 설명한다. 즉 빚 문서라는 증서는 죄의 상징으로 사용된다.

조지 푸트 무어는 랍비의 견해를 다음과 같이 훌륭하게 요약하고 있다. "사람은 하나님께 순종할 의무를 지고 있다. 모든 죄는, 하지 말아야 할 일을 행한 죄이든 해야 할 일을 행하지 않은 죄이든, 의무를 이행하지 않은 것이요 빚이다. 죄 지은 사람은 처벌을 받아야 하기에, 이런 사람은 '죗값을 갚아야 할' 사람으로 불린다."[35]

"빚"을 죄의 중요 부분으로, 채권자를 하나님의 상징으로 사용한 신약성경의 이해를 염두에 두면, 우리는 그림 18.2에서 다음을 관찰할 수 있다.

---

[35] George Foot Moore, *Judaism in the First Centuries of the Christian Era* (New York: Schocken, 1971), 2:95.

비유	비유에서 주의할 점
1. 한 **채권자**에게 두 **채무자**가 있다.	채권자를 하나님으로 추정한다.
a. 한 채무자는 500데나리온을 빚졌다.	[여자와 같다]
b. 또 다른 채무자는 50데나리온을 빚졌다.	[시몬과 같다]
2. 두 **채무자**는 빚을 갚을 수 없다.	죄인들은 하나님께 죗값을 치를 수 없다.
3. 채권자는 두 채무자를 모두 용서한다.	채권자가 예수처럼 보이기 시작한다.
a. 500데나리온을 빚진 자	[예수는 **여자**를 용서하신다]
b. 50데나리온을 빚진 자	[예수는 **시몬**도 용서하시는가?]
4. 채무자는 채권자를 향한 사랑으로 보답한다.	채권자는 분명 예수이시다.
a. 500데나리온을 면제받은 채무자는 많이 사랑한다.	[여자와 같다]
b. 50데나리온을 면제받은 채무자는 적게 사랑한다.	[시몬과 같다]

그림 18.2. 채권자와 두 채무자 비유(눅 7:41-42)

이 비유에서는 조용하면서도 미묘한 움직임을 관찰할 수 있다. 처음 비유의 시작에서는 채권자를 하나님으로, 채무자를 타락한 인류의 상태로 추정하는 것이 당연했다. 비유가 전개되면 채무자들은 빚을 갚을 수 없음이 드러나고, 채권자는 하나님이심이 다시 한 번 분명해진다. 그러나 뒤이어 채권자는 "값없이 두 채무자를 용서해주었고", 하나님의 상징임이 분명해 보였던 것이 이제는 예수의 상징으로 보이기 시작한다. 예수는 실제로 시몬의 무례함을 용서하시는가? 물론이다. 예수가 구성하신 비유에는 온유함과 담대함이 함께 들어 있다. 예수는 시몬에게 그가 무례하고 합당치 않게 행동했다는 것과 예수가 그런 모욕을 묵과하시지 않으리라는 것을 일깨워주신다. 시몬도 죄인이다. 아울러 예수는 시몬이 저지른 잘못이 어떤 의미에서는 여자의 잘못보다 작다는 것도 확인해주신다. 실제로 여자는 500데나리온을 빚졌지만, 시몬은 단지 50데나리온을 빚졌을 뿐이다. 그러나 이 둘은 모두 자기 빚을 갚을 수 없다는 점에서 그 처지가 같으며, 채권자(예수? 하나님?)는 이 두 채무자를 거저 용서해주려 하신다. (랍비들은 빚진 것을 갚으라 했는데, 이런 요구 사항에는 무슨 일이 일어났을까?) 비유 끝에 이르면, 하나님이라는 채권자와 예수라는 채권자의 미묘한 융합이 완벽하게 이루어진다. 이를 "해석학적 기독론"이라고 부를 수 있겠다. 예수는 하나님의 상징으로 인식되어온 것을 취해 그것을 당신을 가리키는 상징으로 절묘하게 바꾸신다. 이것이 특히 중요한 이유는, 바로 이 상징이 예수 자신이 규정한 당신의 정체성이기 때문이다. 예수는 요한복음에서 "나와 아버지는 하나다"라고 말씀하신다(요 10:30). 여기서도 바로 그와 같은 신학을 행동으로 확인하고 비유로 제시하신다.[36]

이 비유는 초점이 빚에서 채무자가 자신이 받은 은혜(빚의 면제)에 보이는 반응으로 옮겨감으로 끝맺는다. 시몬이 계속 초점을 맞추려 하는 것은 이것이다. "'죄인인' 이 여자의 큰 죄들을 보소서." 이와 달리 예수는 "거저 용서를 받은 이 여자가 보인 반응을 보라"는 쪽으로 시선을 옮기신다.

이런 강조점의 이동은 **큰 의미가 있으며**, 장면 전체를 변화시킨다. 이 조용하고 간명하면서도 놀라운 비유에 이어 예수와 시몬이 나누는 두 번째 대화가 등장한다.

5. 그들 가운데 누가 더 그를 사랑하겠느냐?"　　　　　　　　대화 2
　　시몬이 대답하되
　　"제 생각에는 더 많이 면제해준 자입니다."
　　그러자 그(예수)가 그에게 말씀하시되 "네가 바로 판단했다."

---

[36] 이 해석학적 기독론은 과거에도 주목을 받았지만, 지금은 훨씬 더 주목할 만한 가치가 있다.

예수는 변형된 소크라테스식 방법을 사용하여 시몬 자신이 한 대답을 통해 시몬을 궁지로 몰기 시작하신다. 더 많이 용서받은 사람이 더 많이 사랑하는 것은 분명한 이치다. 예수는 "네가 바로 판단했다"라고 시몬을 칭찬하신다.[37] (시몬은 예수와 나눈 첫 대화에서 여자가 잘못을 범했다고 판단했다!) 이어 예수는 여자가 자신이 받은 은혜에 보인 반응을 곱씹어보신다.

어려운 점은 우리가 이미 "이 극(劇)의 마지막"을 안다는 것이다. 성경이 제시하는 이야기의 중요한 지점에서 일어나는 일을 더 충실히 이해하려면, 드라마의 그 지점에서 등장하는 주인공들의 다양한 선택지를 곱씹어보는 것이 중요하다. 여기서 예수는 "제 분수도 모르는" 이 여자의 행동에 대해 사과하심이 마땅하다. 여자의 행동은 주인이 저지른 여러 잘못을 대신 사과하려는 시도임이 분명하기 때문이다. 시몬은 자기 손님에게 망신을 주고 싶어하는데, 난데없이 여자가 끼어들어 시몬의 목적을 좌절시키려 하니 이 무슨 경우란 말인가? 불청객이 끼어들어 주인이 일부러 하지 않은 바로 그 일을 한다는 것은 주인을 모욕하는 행위다. 이는 모든 사람이 다 안다. 예수는 (1) 여자를 내치시거나 (2) 여자의 행동에 대해 사과하시거나 (3) 여자를 변호하실 수 있다. 예수는 여자를 내치시지 않았다. 예수는 이런 말로 여자가 한 행동에 대해 사과하실 수도 있었다.

여러분, 나도 이 모든 일이 당황스럽소. 그렇소. 나는 가끔 죄인들과 식사를 하오. 하지만 이런 식사가 사사로운 모임이긴 해도, 우리는 늘 참석할 사람 숫자를 한정하고 식사를 하기 전에 조금이라도 그들을 정결케 하려고 애쓴다오. 나는 방금 같은 상황이 결코 편안하지 않소. 그러니 당황하지 마시오. 이런 행동을 선뜻 받아들일 수 없다는 것은 나도 인정하오. 기준이란 지키라고 있는 것

---

[37] 랍비도 먹고 살려고 일했지만, 자신의 자유 시간은 모두 율법을 논하고 여러 가지 미묘한 문제들에 대한 규율을 제시하며 보냈다. "네가 바로 판단했다"는 모든 랍비가 행복하게 받아들일 칭찬이다.

이니 지켜야지요! 이 "땅의 사람들"은 어떻게 행동해야 하는지 배워야겠소!

그러나 예수는 이렇게 하는 대신, 주인에게 마지막 일격을 가해 여자를 변호하는 쪽을 택하신다.

한 남자가 칠흑 같은 밤에 캄캄한 숲속을 지나고 있었다고 상상해보자. 이때 별안간 숲속에서 도적 떼가 튀어나와 이 남자를 붙잡아 더 깊은 숲속으로 끌고 들어갔다. 이들은 불 주위에 모여 있던 한 무리의 사람들과 합류한다. 이들은 자신들이 잡아온 사람을 데리고 "조그만 장난을 치기로" 결정한다. 도적 떼는 잡아온 사람을 발가벗긴 뒤 거칠고 상스러운 말로 그를 희롱하기 시작한다. 잠시 뒤, 그때까지 눈에 띄지 않던 한 여자가 불에서 멀찌감치 떨어진 가장자리에서 그 팔에 담요를 올린 채 조용히 걸어온다. 여자는 아무 말 없이 담요를 펼치더니, 자기 주머니에서 칼을 꺼내 담요 가운데를 자른다. 그런 다음 붙잡혀와 벌거벗은 채 있던 사람의 머리에 그 담요를 씌워준다. 여자는 눈물이 자기 무릎에 뚝뚝 떨어지도록 울면서, 잡혀온 이의 손에 입을 맞춘 뒤, 어둠 속에 있는 자기 자리로 돌아갔다.

당연히 도적 떼는 화를 냈다. 여자는 그들이 붙잡아 와 망신을 주려한 사람을 존중하고 그들이 저지른 무례를 대신 배상했다. 이제는 도적들이 망신을 당했다. 그것도 공공연히.

이와 같은 역학 변화가 우리 앞에 펼쳐진 성경 이야기 속에 담겨 있다. 시몬과 손님들은 예수를 망신 주려 했다. 오직 여자만이 사람들 앞에서 망신을 당한 예수의 고통을 느끼고 그에게 다가가 동참하면서, 자기가 할 수 있는 한도 내에서 그 고통을 덜어주려 했다. 이 과정에서 여자는 손님들의 맹렬한 분노를 샀다. 이 여자가 그들이 일부러 망신 준 사람을 존중하는 바람에 그들이 꼼꼼히 짠 계획이 틀어져버렸기 때문이다.

예수는 여자의 행동을 평하면서, 모인 손님들의 적대감을 여자에게서 자신에게로 옮겨놓으신다. "그가 채찍에 맞음으로 우리가 나음을 입었다"(사 53:5). 애초에 그들이 화를 낸 이유는 여자가 자기 의를 드러내려는 그들의 꼼수를 망쳐놨기 때문이다. 예수는 다음과 같이 시몬을 공박하면서 그들이 자신에게 화를 내게 하신다. 예수가 여자의 행동을 평한 말씀은 이러하다.

   6a. 그런 다음 그 여자를 돌아보시며 시몬에게 말씀하시되   **여자의 행동**
      "너는 이 여자를 보느냐?
      나는 네 집에 들어왔다!

    b. 너는 내게 **발 씻을 물도 주지 않았지만**
      그러나 그녀는 내 발을 그의 눈물로 적시고 내 발을 그 머리카락으로 닦았다.

    c. 너는 내게 **입 맞추지도 않았으나**
      이 여자는 내가 들어올 때부터 내 발에 입 맞추기를 그치지 않았다.

    d. 너는 내 **머리에 기름을 붓지 않았으나**
      이 여자는 내 발에 향유를 부었다.

    e. 결국 내가 네게 말하노니
      분명 그녀의 많은 죄가 이미 용서받았으니
      이는 그녀가 많이 사랑했기 때문이다.

    f. 그러나 적게 용서받은 자는
      적게 사랑한다."

    g. 그리고 그가 여자에게 말씀하시되 "네 죄가 용서받았다."

시몬은 여자를 무시한다. 그러나 예수는 시몬에게 여자를 보라고 요구하신다. 이어 예수는 강경한 말씀을 하신다. 첫 마디부터 준엄하다. 예수는 "나는 네 집에 들어왔다!"라고 말씀하신다. 예수가 이 말을 어떤 투로 말씀하셨는지, 부드럽게 하셨는지 아니면 죄인 다그치듯 하셨는지 밝혀내기는 불가능하다. 그러나 이 말의 의미는 분명하다. 예수는 지금 이런 말씀을 하고 계신다.

시몬, 나는 중동인이고 너도 중동인이다. 그러니 네가 네 손님에게 해야 할 일을 굳이 설명할 필요도 없겠지. 너는 나를 "선생님"(랍비)이라고 불렀다. 나는 네가 초대하여 네 집에 들어왔고 네 손님이 되었다. 너는 네가 "죄인"이라 여기는 이 여자에게 눈길 한 번 주질 않고 나도 너와 똑같이 하길 기대한다. 그렇지만, 시몬, 너도 지금 이 여자가 손님을 초대한 주인으로서 해서는 안 될 일을 한 네 잘못을 대신 메워주고 있음을 볼 수 있지 않니? 내가 죄인을 멀리해야 한다면 내가 너도 멀리해야 한다는 말이냐?

나는 이제껏 살아오면서 어느 문화, 어느 장소에서나 손님이 접대가 왜 이러하냐고 공박하는 잔치에 가본 적이 없다. 나는 손님이 주인에게 "나는 최소한의 정성이라도 들어 있는 음식을 대접받을 줄 알았더니 음식이 참 엉망입니다!"라고 말하는 경우를 들어본 적이 없다. 그런 말은 생각도 할 수 없다. 하지만 위와 같은 말은 그런 모욕을 담고 있는 것 같다.

예수는 시몬 자신의 집에서 공개적으로 시몬을 공박한다. 예수는 바보가 아니다. 예수의 공개적 공박에는 타당하고 충분한 이유가 있음이 틀림없다. 본문은 독자에게 그 이유를 알리지 않으며, 우리는 그럴듯한 이유를 곱씹어볼 수 있을 뿐이다.

예수는 공박을 통해 여자를 변호하심으로써 그녀가 예수를 위해 기꺼이 상처를 입으려 했음을 확인해주신다. 여자는 예수의 고통에 공감한다. 본회퍼의 표현에 따르면 그녀는 "하나님이 그리스도 안에서 나타내신 메시아의 고난에 빨려 들어갔다." 예수는 우리가 기대할 수 없는 사랑을 **값지게** 보여주심으로 응답하신다. 여자는 목격한다! 여자는 예수가 자신을 변호하고 두둔해주시며, 그 과정에서 여자 자신이 예수의 제자 공동체에서 활동할 여지를 만들어주시는 모습을 본다. 이 장면은 잊을 수 없는 장면이요, 실제로 여자는 이를 잊지 않았다.[38] 여자는 이것이 "1회전"임을 안

---

38) 실제로 이 장면은 상당한 수사적 기교를 통해 섬세히 기억되고 기록되었다.

다. 시몬과 그의 친구들은 심한 공박을 받았기 때문에 더 큰 몽둥이(공격 수단)를 들고 돌아올 것이다. 여자의 의지까지 움직이는 예수의 값진 사랑은 분명 여자의 삶을 바꾸는 힘이 되었을 것이다. 요한복음 8장의 여인처럼 이 여자도 자신에게 이렇게 말한다. "이 사람은 내 이름조차 모르거늘, 나를 위해 기꺼이 상처를 입는구나!" 예수는 당신 자신이 당하는 고난의 의미와 힘을 여기서 일부 보여주신다.

베드로는 자신을 "그리스도의 고난을 증언하는 자"(벧전 5:1)로 묘사한다. 그러나 베드로는 십자가 옆에 있지도 않았다. 베드로가 한 말의 의미를 이해할 수 있는 유일한 길은, 그가 그리스도의 고난을 읽는 이들에게 자신이 예수의 공생애 사역 내내 목격했던 메시아의 강령을 되새겨주는 말을 들어보는 것이다. 이 이야기의 독자/청자들도 "그리스도의 고난을 전하는 증인"이 되지 않겠는가? 여자는 자신이 받은 용서에 감사하여 예루살렘에 가서 감사 제사를 드리기보다 예수께 감사를 표시하는 쪽을 택했다. 이를 통해 여자는 자신이 예수의 인격을 통해 임재하신 하나님을 느꼈음을 이미 인정했다. 예수는 삶까지 바꿔놓는 값진 사랑을 보여주심으로 여자의 이 깊은 지각을 확인해주신다.

지난 수 세기 동안 이 본문 번역에는 오류가 있었다.[39] 근래 나온 많은 역본(JB, NRSV, NIV)은 이제 이런 오류를 바로잡은 것 같다. 여자는 용서를 받으려는 소망을 품고 자신의 사랑을 표현하지 않는다. 오히려 여자는, 암브로시우스가 주장하듯이, 자신이 **이미** 많은 용서를 받았다는 사실에 반응하여 예수께 많은 사랑을 표현하고 있는 것이다.[40] 마찬가지로 시몬은 적게 용서받았기에 적게 사랑한다. 용서가 먼저 있고, 사랑의 표현은 용서

---

39) 참고. KJV와 RSV에서는 여자가 예수의 발을 씻기고 그 보상으로 용서를 받은 것으로 나온다.
40) 47절은 "용서하다" 동사의 완료 시제를 사용했는데, 근래의 많은 역본은 "여자의 많은 죄가 분명 이미 용서를 받았기에 여자가 많이 사랑했다"라고 올바로 번역하고 있다. 참고. Bailey, *Through Peasant Eyes*, p. 17.

에 보인 반응이다.

예수는 이렇게 공개적으로 시몬을 공박하신 다음, 마지막으로 여자에게 "네 죄가 용서받았다"고 말씀하시면서 이를 다시 확인해주신다. 당시 랍비는 그곳이 어디든 공공장소에서는 여자에게, 심지어 자기 아내에게도 말을 걸지 말라는 엄중한 경고를 받고 있었다.[41] 예수는 죄의 용서를 확증하는 말씀으로 여자에게 말을 거심으로써 그런 금령을 어겼다. 그러나 예수의 이 행동은 여자가 예수의 고난을 자기 것으로 여기고 예수는 그런 여자를 값지게 변호해주신 일의 정점이었다. 이야기의 마지막 장면은 이러하다.

> 7. 그러자 그와 **함께 기대 누워 있던 사람들**이 속으로 말하기 시작하되
> "이 사람이 누구인데 죄도 용서하는가?"
> 그러자 그가 여자에게 말씀하시되 "네 **믿음**이 너를 **구원했**으니 평안히 가라."

예수는 다른 터무니없는 행위도 모자라 죄까지 용서하신다! 여자를 죄인이라 부르는 것은 정확하지 않다.[42] 이 이야기에서 예수는 여자가 용서받았음을 확증하신다. 그러나 누가복음의 독자들은 실제로 예수가 죄를 용서해주심을 안다(눅 5:24). 여기서는 시몬과 그의 친구들이 예수의 인도에 따라 그들의 초점을 여자의 죄에서 이 여자가 죄 사함의 은혜에 보인 반응으로 옮기기를 거부했다는 점이 더 중요하다. 오히려 이제 초대받은 손님들은 예수의 "잘못"에 초점을 맞춘다. 이들에겐 예수를 비판하는 것이 예수가 베푸신 용서를 인정하고 그것에 사랑으로 반응하지 못한 그들의 잘못을 다루기보다 훨씬 더 쉽다. "메시지를 부인하고 그 메시지를 전한

---

41) Babylonian Talmud, *Berakot* 34b.
42) 다시 말하지만, 본문의 동사는 완료 시제다. 예수는 "네 죄가 용서받았다"라고 말씀하신다. 즉 그는 이미 일어난 일을 확증하실 뿐이다.

자를 공격하라"는 것이 그날 그들의 좌우명이다. 그러나 예수의 마지막 말씀은 다시 사람들을 놀라게 한다!

여자는 단 한마디도 하지 않지만, 예수는 여자의 믿음이 지닌 힘을 칭찬하신다! 예수가 인정하고 칭찬하시는 이 말 없는 믿음의 내용은 무엇인가? 바울은 예수를 믿는 믿음이 (1) 지식 차원의 동의, (2) 매일 믿음으로 행함, (3) 순종으로 응답함으로 이루어진다고 본다. 성경에서 믿음은 생각이기도 하지만, 동시에 행함이기도 하다. 여자는 아무것도 말하지 않지만, 예수야말로 자신이 받은 용서에 대한 감사를 받으시기에 합당한 분이라는 확신을 따라 행동한다. 여자는 하나님의 셰키나(임재)가 예수의 인격 속에 유일무이하게 존재한다고 본다. 여자는 메시아의 고난과 동일한 행위를 힘 있게 행함으로 거기에 동참한다. 여자는 매일매일 믿음으로 행하는 삶을 이미 시작했다. 당장 거부당하고 모욕당할 위험을 무릅쓰고 시몬의 집에 들어간 것 자체가 믿음으로 행함이었기 때문이다. (여자는 자신이 그 집에 도착했을 때 어떤 대우를 받을지 몰랐다.) 여자의 순종은 예수의 고난에 동참함으로 나타났는데, 이런 순종은 대담하고 희생이 따르는 것이었다. 이런 점에서 여자의 믿음은 위에서 말한 세 가지 요소를 모두 갖추고 있었다.

그날이 다 지나갈 때 예수는 율법을 지키는 자와 율법을 어기는 자가 모두 죄인이며 그들 모두에게 용서가 필요함을 분명하게 밝히셨다. 이 용서를 예수는 모든 이에게 값없이 베풀어주셨다. 여자는 이런 용서를 받았다. 시몬이 보인 마지막 반응은 알려져 있지 않다.[43]

시몬과 그의 벗들은 예수를 번갈아 심문하여 그가 정녕 예언자인지 알

---

[43] 이렇게 끝을 맺지 않은 이야기는 위대한 탕자 비유에서도 등장한다. 예수는 이 드라마 끝부분에서 아버지라는 인물로 무대에 등장하시며, 관객(여기서도 바리새인들)은 큰아들로 등장한다. 작은아들은 자신을 아들로 받아주심을 인정하면서 잔치에 참여하려 한다. 큰아들은 어찌했을까? 탕자의 비유는 이를 우리에게 알려주지 않는다. 참고. Kenneth E. Bailey, *Jacob and the Prodigal* (Downers Grove, Ill.: InterVarsity Press, 2003), pp. 111-15.

아보고 그가 죄인들을 받아주신 일을 따지려고 식사에 초대했다. 시몬은 죄인—특히 여자 죄인—을 피하는 사람이 참 예언자라고 생각했다. 예수는 죄인 때문에 상처를 받는 한이 있어도 죄인을 공격하는 자들에 맞서는 것이 참 예언자라고 생각하셨다. 이 이야기/비유가 막을 내릴 때, 시몬은 모든 것이 드러난 채, 예수가 베푸신 용서를 받아들이고 사랑으로 반응하면서 세계를 보는 자신의 그릇된 시각을 바로잡으라는 도전을 받는다.

예수가 여자에게 하신 마지막 말씀은, 여자가 예수를 믿고 순종함이 그녀의 삶을 구원으로 이끈 힘이었으며 이 힘이 여자를 평안한 길로 이끌리라는 것을 상기시키고 있다.

요약: 바리새인 시몬의 집에서 만난 여자

이 풍성한 이야기/비유의 신학적 의미는 다음과 같다.

1. **용서와 사랑**. 예수께 받은 용서가 많으면 많을수록 신자가 그분께 드리는 사랑도 더 값지다.
2. **죄**. 이 이야기는 죄인의 유형이 크게 두 가지임을 보여준다. 율법을 지키는 자와 율법을 어기는 자 모두 용서가 필요한 죄인이다.
3. **십자가**. 예수는 여자에게 뜻밖의 사랑을 값지게 베푸신다. 그 과정에서 예수는 십자가에서 정점에 이른 그의 구원 사역이 지닌 지극히 심오한 차원들 가운데 하나를 드러내신다.
4. **믿음, 순종, 용서, 구원과 평강**. 이 하나의 이야기는 다섯 가지 큰 주제를 한데 연결하고 있다. 여자는 예수를 믿는 믿음, 곧 순종을 통해 용서받고 구원받는다. 이 과정을 통해 얻은 결과가 평강이다.
5. **여성**. 예수는 여성의 위치를 높여주신다. 그는 당신이 상처를 입으면서까지 이 알지도 못하는 부정한 여인에게 값진 사랑을 공개적으로 베푸신다.

6. **예언자직**. 이 이야기는 예언자직의 본질을 밝히고 있다. 시몬은 예언자라면 죄인과의 접촉을 피해야 한다고 생각한다. 예수는 죄인에게 값진 사랑을 베푸는 이가 예언자라고 생각하신다.

7. **기독론**. 예수는 비유에 나오는 채권자의 행동을 그대로 따라 하신다. 예수는 여자에게 용서를 확증하시고 여자의 감사하는 반응을 진심으로 받아들이신다. 이런 감사는 성전에서 제사를 올리며 바쳐야 했지만, 예수는 이렇게 말씀하신다. "나는 하나님의 유일무이한 대표자이므로 이런 감사는 내게 표현하는 것이 합당하다." 하나님은 지금 예수의 인격을 통해 백성 가운데 거하신다.

8. **메시아 강령**. 여자는 예수의 고통 속에 들어감으로써 예수와 함께 고난을 받는다. 바울은 "그의 고난에 동참하여 그의 죽음까지 닮기를" 갈망한다(빌 3:10). 지금 여자는 바울이 말하는 바가 무엇인가를 어렴풋이 제시하는 것인가?

9. **불가피한 결정**. 이런 장면 후에 참여자/독자는 믿거나 혹은 화가 치밀기 마련이다. 예수는 괘씸한 이기주의자이든지, 아니면 하나님의 유일무이한 대리인으로 그분의 용서를 전달하고 용서받은 죄인이 드리는 감사를 받기에 합당하신 분이다.

누가가 이 이야기를 기억하고 조심스럽게 기록했으며 흠 없이 보존하여 자신의 복음서 안에 통합했다는 것은 전혀 놀랄 일이 아니다. 이 이야기의 풍성함과 능력이 그 의미를 성찰하는 모든 이들에게 복을 베풀기를 바란다.

19장

과부와 재판관 비유

누가복음 18:1-8

이 비유는 여성에 대한 중동의 전통 법도에 깊이 뿌리박고 있다. 또한 이 비유보다 200년 이상 앞서 집필된 집회서(벤 시라의 지혜) 속의 비슷한 이야기와도 비교해보아야 한다.[1]

집회서는 소위 제2정경(deutero-canonical)에 속하는데, 동방 정교회와 로마 가톨릭의 그리스도인들은 이 책을 성경으로 받아들인다. 그림 19.1.에는 집회서 35:14-18이 나타난다(공동번역 개정판에는 집회서 35:14-20-역주).

집회서의 말씀과 예수의 말씀 사이에는 유사점과 차이점이 있다. 누가복음의 기록대로 예수의 비유를 나타내보면 그림 19.2.와 같다.

---

[1] 이 비유에 대한 더 상세하고 전문적인 논의로는 Kenneth E. Bailey, *Through Peasant Eyes*, in *Poet and Peasant and Through Peasant Eyes* (Grand Rapids: Eerdmans, 1980), pp. 127-56을 보라.

그는 고아들의 간청을 무시하지 않으시고	
자기 사연을 쏟아놓는 **과부**도 무시하지 않으신다.	과부의 말을 들어주심
과부가 자신에게 눈물을 흘리게 하는 자를 상대로	대적들을 상대함
울부짖을 때 과부의 눈물이 그 뺨에서 흘러내리지 않느냐?	
그 섬김이 주를 **기쁘게 하는** 자는 **받아들여질** 것이요	
그의 기도가 구름에 이를 것이라.	순종하는/겸손한 자들을 들어주심
겸손한 자들의 기도는 구름을 꿰뚫고	끈질김
그는 그 기도가 **주께 이르러야** 위로를 받으리라.	의인들을 위한 정의
그는 지극히 높으신 이가 그를 찾아오셔서	(대적을) 심판하심
의인들을 합당히 대하시고 **심판을 행하실** 때까지 멈추지 않으리라.	
주는 지체하시지도 않고	
그들을 보며 참으시지도 않으리니,	주가 참지 않으심
그가 포악한 자들의 음부를 짓이기시고	이방인들에게 보응하심
이방인들에게 되갚으실 때까지 그리하시리라.	

그림 19.1. 집회서 35:14-18의 과부와 대적들

1. 또 그가 그들에게 비유로 말씀하시되
   늘 기도하고 낙심하지 말아야 할 것을 말씀하셨다.
   그가 말씀하시되

2. "어느 성읍에 한 **재판관**이 있었다.   재판관
   그는 **하나님**을 두려워하지 **않았고**   하나님
   사람들 앞에서 검손하지도 않았다.   사람들

3.   또 한 **과부**가 그 성읍에 있었는데   과부
     그 과부가 그 재판관에게 **와서**   오다
     말하되 '내 원수를 상대로 내 **원한을 풀어주소서.**'   원한을 풀어줌

4. 그는 잠시 들어주고 **싶어하지 않았다.**
   그러다 속으로 말하되   재판관
   '내가 비록 하나님을 두려워하지 않고   하나님
   사람들도 존중하지 않으나   사람들

5.   그러나 이 **과부**가 나를 귀찮게 하므로   과부
     내가 과부의 **원한을 풀어주리라.**   원한을 풀어줌
     그렇지 않으면 **계속 와서 나를 괴롭게 하리라.**'"   오다
     ----

6. 주가 말씀하시되 "불의한 재판관이 말하는 것을 들으라.
   하나님이 당신이 택하신 자의 원한을 풀어주시지 않겠느냐? 미래
     그가 당신에게 밤낮으로 부르짖는다면   현재
     또 그가 그들에게 노하기를 더디 하시리라.   현재
     내가 너희에게 말하노니, **그가 그들의 원한을 속히 풀어주시리라.** 미래

7. 그럼에도 **인자**가 올 때   인자
   이 땅에서 **믿음을 발견하겠느냐?**"   미래-믿음?

그림 19.2. 과부와 재판관 비유(눅 18:1-8)

이 두 기사에는 서로 다른 점이 많다. 첫째, 집회서는 여자에게서 시작해서 곧장 남자로 옮겨가는 반면, 예수의 비유에서는 이런 이행이 없으며 여자가 이야기 내내 등장한다. 둘째, 집회서에서는 하나님이 "그 섬김이 주를 기쁘게 하는 자에게" 응답하신다. 이런 사람은 보상을 받는다. 예수의 비유에는 여자가 자기 처지를 하소연하면 당연히 들어줘야 할 만큼 선행을 했다는 말이 없다. 셋째, 독자들은 집회서 기사 끝부분에서 하나님이 이방인들의 음부를 짓이기시리라는 말을 듣는다. 예수의 비유는 사람의 아들이 만물의 마지막에 이를 때 믿음을 발견할 수 있기를 간절히 바라는 소망으로 끝맺는다. 심판에 대한 이야기는 나오지 않지만, 대신 역사가 끝을 맺을 때 모든 것이 좋지 않을 수도 있다는 현실 인식이 들어 있다.

두 이야기 모두 재판관이 나오지만, 집회서는 그 재판관이 당연히 하나님이시라고 생각한다. 반면에 예수는 하나님을 두려워하지도 않고 사람을 존중하지도 않는, 그야말로 인간 재판관을 소개하신다. 이브라힘 사이드는 이 재판관의 성격이 지닌 두 측면을 다음과 같이 간결하게 설명한다. "'하나님을 두려워하지 않는다'라는 말은 그가 하나님의 권위를 인정하지 않는다는 뜻이요, '사람들을 존중하지 않는다'는 말은 그들의 의견에 귀를 기울이지 않는다는 뜻이다."[2]

누가복음 본문을 문자 그대로 옮기면 "그는 사람들 앞에서 부끄러움을 느끼지 않았다"가 된다. 종종 중동 문화는 수치와 명예 문화라고 불린다. 이런 문화에서는 옳고 그름이라는 추상적 원리를 얼마나 성실하게 의식하느냐보다 공동체가 느끼는 명예 감정과 수치감이 개인의 사회적 행동을 이끈다. 이는 많은 문화에서 볼 수 있는 공통점이다. 미국인들이 보통 하는 말 가운데 "쓰러진 사람을 걷어차면 안 된다"는 말이 있다. 이런 행동을 하는 것은 수치스럽다. 공동체의 명예 감정은 결코 어겨서는 안 될

---

[2] Ibrahim Sa'id, *Sharh Bisharat Luqa* (Beirut: Middle East Council of Churches, 1970), p. 435.

법을 명령한다. 이 비유에서 재판관이 하는 행동도 그런 관점에서 봐야 한다.[3] 누가는 이 비유를 이런 말로 시작한다.

1. 또 그가 그들에게 비유로 말씀하시되
   늘 기도하고 낙심하지 말아야 할 것을 말씀하셨다.

이 도입부는 누가나 누가가 사용한 자료가 제공한 것이다. 어떤 해석은 이 비유의 원래 취지를 알려면 누가복음의 배경을 제쳐놓아야 한다고 제안한다. 하지만 이렇게 배경을 제거하고 나면, 해석자는 언제나 자신의 해석 틀을 덧붙일 수밖에 없다. 갈색 틀에 초록과 갈색 그림을 끼워 넣는 일이 벌어지는 셈이다. 이런 일이 벌어지면, 갈색 틀은 그림의 갈색 부분만을 돋보이게 한다. 반면에 같은 그림을 초록색 벽에 걸어놓으면, 그림의 초록 부분이 다시 살아날 것이다. 이 비유에서 1세기의 "틀"을 제거하면, 주석자는 의식적이거나 무의식적으로 현대의 틀을 덧붙이게 된다. 이 비유의 초점에 대한 누가의 이해는 (나를 포함해서) 현대의 어떤 주석가의 견해보다 분명히 더 뛰어나다.

더욱이 유대교 전통에서 *māšāl*(비유)에 *nimšal*(비유를 듣거나 읽는 사람이 이를 이해하는 데 필요한 부가 정보)이 따르는 것은 당연하다. 이사야서의 포도원 비유(*māšāl*; 사 5:1-6)에도 *nimšal*이 뒤따른다. 이 *nimšal*은 7절에 등장하며 비유 속의 상징들을 설명해준다. 이 비유는 해석자의 경험이나 인식이라는 바람에 의해 움직이는 풍선이 아니다. 도리어 본문 자체가 저자/편집자가 이 비유를 어떻게 이해했는지 알려준다. 이런 패턴은 이미 이사

---

3) 헐트그렌은 이 비유와 한밤중에 찾아온 친구 비유(눅 11:5-8) 사이에 존재하는 여섯 가지 접촉점을 신중하게 관찰한다(Arland J. Hultgren, *The Parables of Jesus* [Grand Rapids: Eerdmans, 2000], 9. 253). 이 두 비유는 누가복음 중심부 구성에서 균형을 잡아준다. Kenneth E. Bailey, *Poet and Peasant*, in *Poet and Peasant and Through Peasant Eyes* (Grand Rapids: Eerdmans, 1980), pp. 80-82을 보라.

야서 본문에 분명하게 나타난다. 누가복음 본문은 끈질긴 기도와 두려움이 모두 이 비유의 주된 취지임을 분명히 밝히고 있다. 예수의 사역이 이 지점에 이르렀을 무렵 그의 메시지에 맞서는 상당한 저항이 있었으며, 이 비유 바로 앞에 등장하는 본문도 확신을 심어주지 못한다. 현재 우리가 논의 중인 비유는 재판관과 과부라는 두 힘이 서로 대립하는 모습을 제시한다.

본문이 묘사하는 둘의 모습은 다음과 같다.

2. "어느 성읍에 한 **재판관**이 있었다. **재판관**
   그는 **하나님을 두려워하지 않았고** 하나님
   사람들 앞에서 겸손하지도 않았다. 사람들

3. 또 한 **과부**가 그 성읍에 있었는데 **과부**
   그 과부가 그 재판관에게 **와서** 오다
   말하되 '내 원수를 상대로 **내 원한을 풀어주소서.**' 원한을 풀어줌

이 비유 속 재판관의 경우, 사람들은 "하나님을 생각하여"라는 말로 그에게 호소할 수 없었다. 그가 하나님을 두려워하지 않았기 때문이다. 그렇다고 "저(제 처지)를 봐서"라는 말로 호소할 수도 없었다. 재판관은 사람들이 자신을 어떻게 생각하든 신경 쓰지 않았기 때문이다. 그는 내면에 재판 청구인들이 호소할 수 있는 명예 감정을 전혀 갖고 있지 않았다. 중동에서는 이 두 가지 접근법이 도움을 청할 때 쓰는 표준 방법이다. 그러나 비유의 재판관의 경우는 이런 호소가 먹혀들지 않았다. 그 때문에 과부의 상황도 희망이 없어 보였다.

구약성경에서 과부는 그 문화에서 가장 약한 어른을 대표하는 고전적 상징이었다. 중동 사회에서는 여자가 법정에 가지 않으며 남자가 대신 간다.[4] 이 여자가 등장할 때 독자들은 여자가 혼자 왔으며, 그녀를 지지해줄

---

4) Hultgren, *Parables of Jesus*, p. 255.

아버지나 아저씨, 오빠/남동생이나 조카가 함께 오지 않았음을 알게 된다. 여자는 홀로 자기 소송을 감당해야 한다. 비유는 계속 이어진다.

4. 그는 잠시 들어주고 **싶어하지 않았다.**
    그러다 속으로 말하되   재판관
    '내가 비록 하나님을 두려워하지 않고   하나님
    사람들도 존중하지 않으나   사람들

5. 그러나 이 **과부가 나를 귀찮게 하므로**   과부
    내가 이 과부의 **원한을 풀어주리라.**   원한을 풀어줌
    그렇지 않으면 **계속 와서 나를 괴롭게 하리라.**'   오다

과부는 혼자이고 승산도 없지만, 자신이 가진 유일한 카드를 내놓는다. 그것은 큰소리로 끈덕지게 자기 원한을 풀어달라고 호소하는 것이었다. 여자는 재판관이 항복하고 "이 여자 때문에 머리가 깨지겠네. 시끄러운 소리 때문에 미치겠다"라고 말할 때까지 입을 다물거나 자리를 떠나길 거부한다. 이윽고 재판관은 이 과부를 떼어놓고자 그녀가 원하는 대로 소송을 해결해주기로 동의한다.

   중동 문화가 여자에게 보여주는 기사도는 놀랍기만 하다. 이런 기사도 덕분에 극한 위험의 상황에서 여자는 남자도 감히 못하는 일을 해내곤 한다. 레바논 내전(1975-1991)이 정점에 이르렀을 때, 과격파 민병대원들은 서구인 남자들을 납치했다. 그래서 그 무렵에 나는 베이루트 중심에 있는, 집에서 네 블록 떨어진 신학교까지 걸어서 출근할 수가 없었다. 살아남기 위해 나는 스스로를 "가택 연금"했다. 우리가 사는 지역을 통제하던 민병대는 내가 가르치던 학생들이 우리 집으로 와 거실에서 수업을 들을 수 있게 허락해주었다. 넉 달 동안 나는 집에서 한 발짝도 나가지 않았으며 그렇게 해서 납치를 면했다. 용감한 내 아내와 딸이 나가서 먹을 것을 사오고 은행 일을 보았기 때문이다. 덕분에 우리는 살아남을 수 있었다. 아

내와 딸은 납치당할 염려가 없었다. 예로부터 내려온 중동의 기사도가 그들을 보호해주었기 때문이다.

또 다른 사건은 내가 지하로 피신해야 하는 상황이 벌어지기 전에 일어났다. 내가 지금도 생생히 기억하고 있는 한 민병대가 있다. 유달리 거칠었던 이 민병대는 몇 블록 떨어진 곳에 사령부를 갖고 있었다. 나는 그 옆을 지나더라도 입구를 지키던 중무장한 이 사람들에게 눈길 한 번 주지 않았으며 그들과 어떤 대화도 나누지 않았다. 동네 사람들은 그들을 "보이지 않는 사람" 취급했다. 그런데 길고 검은 전통 옷을 입고 검은 머리쓰개를 쓴 채 건물에 드나들던 한 노파가 입구에 서더니, 손가락으로 민병대 병사들을 가리키며 큰소리로 욕설을 퍼부은 뒤 그 구역을 떠나라고 외쳤다. 병사들은 살짝 웃더니, 화내지 말라고 공손히 그녀에게 말했다. 만일 그 구역에 사는 어떤 남자가 이런 행동을 했으면, 그는 **그 자리에서** 총을 맞았을 것이다. 여자 제자들이 십자가까지 예수를 따라간 것은 결코 우연이 아니다. 남자 제자들이 거기에 나타났으면 붙잡혔겠지만, 여자들은 안전했다. 요한은 어렸기에 이런 규칙에서 열외되었다. 더욱이 요한은 마리아와 함께 있었던 덕분에 보호를 받았다. 마찬가지로 이 비유에서도 남자가 소리를 질러대며 재판관을 괴롭히려 했다면, 그는 당장 쫓겨났을 것이다.[5] 그러나 과부는 용기와 끈기만 있으면 이런 일을 해낼 수 있었다.

이 비유는 여자가 옳으며 재판관은 일부러 시간을 질질 끄는 인물이라고 전제한다. 어쩌면 이 재판관은 여자의 반대편 당사자에게 뇌물을 받았을지도 모른다. 여자의 반응은 재판관이 자기에게 유리하게 사건을 해결해줄 때까지 계속 끈질기게 소리치는 것이었다.

예수는 "가벼운 것에서 무거운 것으로"라는 랍비의 해석 원리를 사용

---

[5] 이런 문화적 현실 때문에 재판관을 성실한 사람으로 보고 과부를 복수심에 불타는 사나운 여자로 만드는 헤드릭의 시도는 지지할 수가 없다. C. W. Hedrick, *Parables as Poetic Fictions* (Peabody, Mass.: Hendrickson, 1994), pp. 193-203.

하신다. 조금은 웃음이 나오는 이 장면에서도 이런 끈기가 바라던 성과를 이뤄내는데, 하물며 우리를 긍휼히 여기시는 하나님 앞에서 무릎을 꿇고 기도할 때는 더더욱 끈덕지게 기도하는 것이 옳지 않겠는가? 예수는 우리가 다른 이에게 뇌물을 받고 우리에게 아무 일도 해주지 않으려 하는 냉혹한 재판관 앞에 서 있는 것이 아니라고 분명히 알려주신다. 반대로 신자들은 당신 자녀를 사랑으로 돌보시는 아버지 앞에서 기도한다.

이 비유는 이렇게 끝맺는다.

6. 주가 말씀하시되 "불의한 재판관이 말하는 것을 들으라.
   하나님이 당신이 택하신 자의 원한을 풀어주지 않겠느냐? 미래
      그가 당신에게 밤낮으로 부르짖는다면   현재
      또 그가 그들에게 노하기를 더디 하시리라.   현재
   내가 너희에게 말하노니, 그가 그들의 원한을 속히 풀어주시리라. 미래

7. 그럼에도 인자가 올 때   인자
   이 땅에서 믿음을 발견하겠느냐?"   미래-믿음?

중요한 문장은 "또 그가 그들에게 노하기를 더디 하시리라"다. 나는 이 문장을 질문보다는 선언으로 읽는다. 여기서 사용된 그리스어 동사(μακροθυμεῖ)를 문자 그대로 옮기면 "그가 진노를 밀어 멀찌감치 떼어놓으시리라"다. 이 동사는 신약성경에서 "**인내**"의 의미로 사용된 세 개의 그리스어 중 하나다. 보통은 이 문장을 의문문으로 보고 "그가 그들에게 노하기를 늦추시지 않겠느냐?"로 번역한다. 택함 받은 이라고 죄가 없는 것도 아니고, 그의 믿음이 늘 견고한 것도 아니다. 택함 받았다고 실패로부터 저절로 보호받는 것도 아니다. 불의 때문에 고난을 겪는 사람들은 그들이 겪는 고난이 자신을 저절로 의인으로 만들어주리라고 생각하기가 쉽다. 그들의 대적들은 악하다. 하나님은 그들이 견디는 억압 때문에 **억압자들에게 틀림없이 진노를 나타내시겠지만**, **억압받는 이들에겐** 결코 그러시

지 않을 것이다! 그러나 비유 속 상황은 이와는 다르다. 하나님이 "당신의 진노를 멀찌감치 떼어놓으실" 수 있는 분이라면, 직접 오셔서 그들의 말을 들어주실 수도 있다. 갈망을 가득 담은 마지막 질문인 "그가 이 땅에서 믿음을 발견하겠느냐?"는 예수가 당신이 택하신 이들의 연약함을 뼈저리게 알고 계심을 분명하게 보여준다.

요약: 과부와 재판관 비유

이 비유가 말하려는 바는 무엇인가? 나는 다음과 같은 것을 제시하고 싶다.

1. 이 이야기의 주인공은 한 여자다. 집회서는 여자에서 시작하여 금세 남자 이미지로 옮겨갔다. 그러나 예수는 그리하지 않으신다. 예수는 기도할 때 가져야 할 확신 및 끈기와 관련해서 본받을 모델로 여자를 제시하신다.
2. 성도와 순교자들이 오랫동안 알아온 대로, 기도는 두려움을 정복할 수 있다. 긴 세월에 걸쳐 고난을 겪어온 교회는, 이븐 알 타이이브가 천 년 전 바그다드에서 쓴 것처럼 이 비유에서 용기를 얻었다. "이 비유의 목적은 현세 교회 속에서 삶을 살아가는 신자들이 진심과 열심을 다해 기도할 때 가져야 할 인내 및 끈기와 관련해서 짊어진 의무가 무엇인가를 분명히 밝히는 것이다. (신자들은) 만일 그들이 이 의무를 다하면 틀림없이 하나님이 기쁨으로 다가오셔서 그들의 고난과 괴로움을 헤아리시고, 적절한 때 승리를 안겨주실 것을 온전히 확신하며 (기도한다)."[6]
3. 응답이 있을 때까지 끈질기게 기도함은 신자에게 마땅한 일이다. 설

---

6) Ibn al-Tayyib, *Tafsir al-Mashriqi*, ed. Yusif Manqariyos (Egypt: Al-Tawfiq Press, 1907), 2:311.

령 하나님이 간구를 받아주시지 않거나 기도한 사람이 간구한 것과 다른 해결책을 주실지라도, 신실한 사람은 "당신 뜻이 이루어질 것입니다"라고 대답해야 한다. 그러나 하나님의 응답이 분명히 드러나기 전에는 끈질기게 기도함이 진정한 경건의 한 부분이다.

4. 이 비유 속 여자와 달리, 신자는 변덕스러운 재판관이 아니라 사랑을 베푸시는 아버지를 마주하고 있다. 신자는 사랑과 확신의 관계 속에서 하나님께 기도를 올린다.

5. 역사는 제멋대로 굴러가지 않는다. 오히려 역사는 어떤 목표를 향해 나아가며, 신앙 공동체가 맞이할 미래는 확실하다. 하나님은 당신이 택하신 자들을 의롭다고 인정해주실 것이다.

6. 우리는 우리 잘못에도 불구하고 의롭다 함을 받을 것이다. 하나님은 사랑으로 우리에게 이르시고자 당신의 진노를 멀찌감치 밀쳐놓으실 수 있고 또 그렇게 하신다.

7. 이런 약속이 있더라도 인자가 나타나실 때 이 땅에서 믿음이 사라진 모습을 발견하지 않게 하려면 신자는 늘 자기를 점검하고 거듭나야 한다.

십자가로 가까이 다가갈수록, 제자들 무리에서 여자들의 역할이 더 두드러지게 나타났다. 메시아가 승리에 다가가실 때 한 여자가 메시아에게 기름을 부었다. 여자들은 끝까지 신실함을 다하면서 십자가까지 따라갔다. 아리마대 사람 요셉은 빌라도에게 나아가 예수의 시신을 내어달라고 요구하여 무덤에 장사했는데, 여자들도 용감하게 이 요셉을 따라갔다. 덕분에 여자들은 예수가 묻히신 곳을 알았다. 토요일 저녁, 대담하게 밖에 나가 예수의 시신에 바를 향유를 산 이들도 여자들이었다. 주일 아침, 그들은 무덤으로 갔고, 천사들에게 놀랍고 영광스러운 소식을 들었다. 그들은 두려움에 사로잡혔으나, 이 좋은 소식을 그 자리에 없었던 제자들에게 가서 알렸다. 마찬가지로 이 비유의 주인공도 여자다. 이 여자는 끈기와 용기를 갖고 있다. 이런 끈기와 용기는 예수의 여자 제자들이 고난 주간 내내 훌륭히 보여주었던 미덕이었다. 교회는 여자 제자들과 비유 속의 이 여인에게 영원히 빚을 졌다.

헐트그렌은 이 비유 전체에 대해 다음과 같은 적절한 결론을 내린다.

> 얼마 안 가서 예수와 제자들은 예루살렘에 도착한다. 이는 그들에게 재앙, 나아가 죽음을 의미했을 것이다. 그러나 이런 위기 때도 낙심하지 말아야 했다. 하나님은 예수를 돌보실 뿐 아니라 그 제자들도 의롭다고 인정해주실 것이다. 따라서 제자들은 끈기 있게 기도하고 믿음을 지켜야 한다.[7]

---

7) Hultgren, *Parables of Jesus*, p. 259.

20장

지혜로운 처녀와 어리석은 처녀 비유

마태복음 25:1-13

이 비유는 다양한 윤리 문제와 신학 문제를 다룬다. 본문은 변형된 예언적 수사 틀에 담긴 일곱 연으로 제시되며 중간 부분에서 절정을 이룬다. 이 본문의 수사 구조는 그림 20.1.에서 볼 수 있다.

수사

이 비유는 7연으로 이루어져 있으며, 절정은 중심 부분에 있다. 보통의 경우처럼, 여기서도 중심이 시작(1연) 및 끝(7연)과 연결되어 있다. 예언적 수사 틀의 경우에는 더욱 그러하다. 이 이야기의 절정을 이루는 중심부에는 "보라, 신랑이다! 나가서 그를 맞으라!"라는 외침이 자리해 있다. 이렇게 특별한 수사 형식에서는 보통 있는 일이지만, 중심부에 나타난 주제(신랑을 맞음)는 본문의 처음과 끝에도 두드러지게 나타난다. **신랑**이라는 말은 오로지 1과 4, 7에서만 나타난다.

2와 6은 "지혜로운" 처녀들과 "어리석은" 처녀들을 대조한다. 3과 5는 잠이 듦과 일어남에 초점을 맞춘다. 내가 이 본문을 변형된 예언 틀이라 부른 이유는 함께 살펴봐야 할 연이 끝에 하나 더 붙어 있기 때문이

1. 하늘나라는 열 처녀에   신랑을 만남
   비유할 수 있으니   (기대)
   이 열 처녀는 그들의 등을 들고 나가서   열 처녀가 나감
   신랑(과 신부)ᵃ을 만나려는 이들이었다.
   다섯은 **미련했고** 다섯은 **생각이 깊었다.**

2.   **미련한** 자들은 등은 가졌으나
      기름을 갖고 있지 않았다.   미련한 자들-기름이 없음
      그러나 생각이 깊은 자들은 기름 그릇과 함께   생각이 깊은 자들-기름이 있음
      등도 갖고 있었다.

3.   신랑이 더디 오자   모두 잠이 듦
      그들은 모두 졸다가 잠이 들었다.

4.   그러다 밤중에 소리가 나되   신랑을 만남
        "보라, 신랑이다!   (임박한 도착)
        나가서 그를 맞으라!"

5.   그러자 모든 처녀들이 일어나
         그들의 등을 준비했다.   모두 일어남

6.   **어리석은** 자들이 **생각이 깊은** 자들에게 말하길
     "우리 등불이 꺼져가니
     너희 기름을 좀 우리에게 달라."   미련한 자들-기름이 없음
     그러나 생각이 깊은 자들이 대답하되   생각이 깊은 자들-기름이 있음
     "아마도 우리와 너희가 다 쓰기에 부족할 것 같다.
     차라리 기름 장사에게 가서 너희 것을 사라."

7a. 그들이 사러 나갔을 때
     신랑이 왔으니   신랑을 만남
     준비한 자들은 신랑과 함께   (현실로 이루어짐)
     혼인 잔치에 들어갔고   다섯은 들어감-
     문이 닫혔다.   다섯은 못 들어가고 문이 닫힘

b. 그 뒤 다른 처녀들이 와서 말하되
     "주여, 주여, 우리에게 열어주소서."
     그러나 그가 대답하되   너무 늦었다!
     "진실로 내가 너희에게 말하노니, 나는 너희를 모른다."
     그러므로 너희도 그날과 그때를 모르니 깨어 있으라.

ᵃ "과(그리고) 신부"는 몇몇 고대 그리스어 사본에 나오며, 아주 이른 시기에 나온 라틴어, 아르메니아어, 조지아어 역본 대부분은 이를 번역했다. 버킷은 이를 원문이라고 지지하는데(F. C. Burkitt, *Journal of Theological Studies* 30 [1929]: 267-70), 이는 맨슨이 *The Sayings of Jesus* (1937; reprint, London: SCM, 1964), p. 244에서 언급했다.

그림 20.1. 지혜로운 처녀와 어리석은 처녀 비유(마 25:1-13)

다. 이런 수사 스타일은 이 비유가 히브리 전통에 깊이 뿌리내리고 있음을 확인해준다.

주석

이 비유를 살펴보기 전에, 이 비유와 내가 "섬기는 주인 비유"라고 부르길 좋아하는 누가복음 12:35-38의 비유 사이에 비교할 만한 점들을 짚어보는 것이 중요하다. 그 목록을 제시하면 다음과 같다.

1. 두 이야기 모두 밤에 일어난 사건이다.
2. 두 이야기 모두 혼인 잔치를 다룬다.
3. 각 이야기를 보면 어떤 중요한 일이 일어나길 기다리는 사람들이 있다.
4. 두 이야기에서 중요한 것은 준비했느냐 준비하지 않았느냐.
5. 두 이야기에서는 주인이 도착하는 순간에 등(燈)을 갖고 있느냐 아니냐가 중요하다. 그 등에 불이 켜져 있느냐 아니냐는 상관없다.
6. 각 비유가 중요하게 대조하는 것은 "깨어 있음"과 "잠들어 있음"이다.
7. 두 이야기에서는 집의 문이 드라마 소품처럼 등장한다(문이 열려 있느냐 닫혀 있느냐? 그리고 누가 문을 여느냐?).
8. 각 이야기에서 문제는 "큰 사람"이 더디 옴이다.
9. 두 이야기 모두 큰 사람이 오는 때는 알지 못한다고 말한다.
10. 마태복음은 이야기의 중심인물을 주인/신랑이라 부른다. 누가복음은 주인/주라 부른다.

분명히 두 비유 사이에는 여러 모로 긴밀한 관계가 있다. 이 데이터를 이해할 수 있는 한 가지 방법은 같은 생각을 가진 사람이 이 두 비유를 형태화했다고 인정하는 것이다. 데이비스와 앨리슨은 이 비유가 만들어진 역사와 관련해서 다양한 선택지를 상세히 논의한다.[1] 내가 위에서 두 비유를 비교한 목록을 제시한 것은 이 두 비유의 배후에 비슷한 중동 전통 문화가 자리해 있음을 강조하기 위해서였다. 이제 그 문화를 살펴보도록 하자.[2]

이 비유 속 장면은 신랑 집에서 벌어질 혼인 잔치 준비에 초점을 맞춘다. 가족과 친구들이 큰 무리를 지어 신랑 집을 가득 채우고 있고, 집 앞 거리에도 사람들이 넘쳐난다. 사람들이 모여들자, 신랑과 신랑의 친한 친구 몇 사람은 신부 집으로 간다. 신부 집은 아마도 같은 동네거나 가까운 동네일 것이다. 거기서 신랑은 신부를 부른 뒤, 그녀를 데리고 자기 가족에게로 되돌아간다. 신랑 집에는 사람들이 기다리고 있으며, 여기서 혼인 잔치가 열릴 것이다. 이 비유가 들어 있는 몇몇 고대 그리스어, 라틴어, 시리아어 본문은 더 자세하게 신랑과 신부라고 언급한다.[3] 이 이야기를 이렇게 읽는 것은 중동의 전통 촌락의 삶과 일치하며, 틀림없이 이것이 원문일 것이다. 어쨌든 이 비유는 신부의 존재를 언급하지는 않았지만 암시한다. 신부가 준비를 마치면, 신랑은 타고 갈 짐승의 등에 신부를 태운다. 그리고 신랑은 친구들과 함께 딱히 형태는 없지만 즐거움에 들뜬 행렬을 이뤄 나아간다. 이 행복한 그룹은 신랑 집으로 되돌아갈 때 일부러 가장 먼 길을 택하여, 동네의 여러 거리를 돌아다니곤 했다. 가능한 한 많은 사람이 이 행렬을 보고 축하할 수 있게 하려는 목적이었다.

중동 전통 촌락에서는 결혼식을 보통 무척 덥고 구름도 없는 칠 개월

---

1) W. D. Davies and Dale C. Allison Jr., *The Gospel According to Saint Matthew* (New York: T & T Clark, 1988), 3:391-401.
2) 헐트그렌은 당대의 혼인 관습을 기록한 유대 문서 자료를 모두 제시한다. Arland J. Hultgren, *The Parables of Jesus* (Grand Rapids: Eerdmans, 2000), pp. 170-73을 보라.
3) 이 문구를 생략한 이유는 필사자가 "교회는 그리스도의 신부"이므로 신랑이신 예수가 신부에게 오신다는 사상에 영향을 받았기 때문인 것 같다. 예수는 **당신 신부를 데리고 가시지 않는다**. 그러나 실제로 동네에서 일어나는 모습은 내가 말하는 내용이 정확하다. 이 문제에 대한 더 자세한 논의로는 Bruce M. Metzger, *A Textual Commentary on the Greek New Testament* (London: United Bible Societies, 1971), pp. 62-63을 보라.

동안에 올린다. 이런 이유로 신랑 집에서 행렬의 도착을 기다리는 사람들 중 일부는 거리에 나와 있었을 것이다. 이 비유 속 사건은 밤에 일어났으며, 손님 중에는 처녀가 열 명 있었다. 이들은 각자 등을 가졌고, 당연히 이 등은 모두 켜져 있었다. 젊은 남자라면 밤에 등 없이 돌아다녀도 문제가 없다. 중동은 공기가 건조하고 맑기 때문에 별빛이나 달빛으로도 보통은 길이 충분히 보인다. 그러나 여자들은 노소를 불문하고 늘 등을 갖고 다닌다. 여자들의 평판은 물론이요, 어떤 경우에는 여자 개인의 안전도 등이 있느냐 없느냐에 달려 있다. 혼인도 안 한 젊은 처녀가 밤에 등도 없이 돌아다닌다는 것은 생각할 수도 없는 일이다! 그런 일이 있으면 당장 여자가 그 컴컴한 데서 무엇을 하고 누구와 함께 있었느냐는 질문이 나올 것이다. 아울러 등이 있으면, 어느 누구도 정체를 숨기고서 여인들을 괴롭힐 수 없다. 나는 동네 여자들이 가고자 하는 길을 잘 볼 수 있게 등을 (플래시라이트처럼) 땅에 가까이 붙여 드는 대신 얼굴 바로 앞에 듦으로써, 모든 사람이 등을 든 사람이 누구이며 그가 어디로 가는지 알 수 있게 하는 것을 보았다.

    열 처녀가 하는 행동은 매우 꼼꼼했다. 모든 이가 등을 갖고 있었고, 각 등에는 모두 불이 켜져 있었다. 그러나 처녀들 사이에는 다른 점이 있었다. 이들 중 절반은 작은 병에 올리브유를 담아 갖고 갔지만, 나머지 절반은 이런 대비를 하지 않았다.

    신랑신부는 온 동네를 천천히 돌았다. 그 바람에 젊은 열정으로 가득한 열 처녀가 예상한 것보다 시간이 좀 더 걸렸다. 이런 일은 늘 있었다. 지혜로운 처녀들은 이러다가는 한밤이 되어도 행렬이 본가에 도착하지 못할 수도 있음을 깨닫는다. 처녀들은 졸음이 밀려오자, 자기 등불을 창틀이나 다른 안전한 곳에 놓아두고 집안이나 집 밖에서 풋잠을 잔다.

    마침내 신랑신부 행렬의 앞부분이 골목 어귀에 들어서고 "보라, 신랑이 왔다. 나와서 신랑을 맞이해라"라는 외침이 울려 퍼진다.

    그때까지 집안에 남아 있던 가족과 손님들은 길로 뛰어나간다. 열 처녀도 허겁지겁 일어난다. 이들은 시간이 꽤 흘렀음을 깨닫고 "등불을 다시 챙기기" 시작한다. 등잔에 간신히 매달려 있는 심지도 고정해야 하고, 등잔 안에 기름도 채워 넣어야 한다. 이때 다섯 처녀가 놀라 어쩔 줄 몰라 한다. 자신들이 저지른 잘못을 갑자기 깨달았기 때문이다. 그들의 등은 올리브유도 거의 다 떨어지고 더 가진 기름도 없었다. 그러나 다른 다섯 처녀는 미리 챙겨둔 작은 질그릇을 갖고 나가 조용히 등에 기름을 채워 넣었다. 어리석은 다섯 처녀는 지혜로운 다섯 처녀를 에워싸고 기름을 달라고 요청했다. 그러자 이 어리석은 처녀들에게 이런 대답이 공손하게(그러나 딱 부러지게) 돌아왔다. "모두가 나눠 쓰기에는 부족해. 너희의 문제는 너희가 알아서 하렴!" 분명 어리석은 다섯 처녀는 당황하여 침을 튀기고 발을 동동 구르며 기름을 조금만 빌려달라고, 아니 조금만 팔라고 애원했을 것이다. 이런 동네에서는 옆집 밥그릇 숫자도 다 아는 사이니, 아무리 밤이 깊었어도 기름 조금 얻는 것은 문제도 아니다.

그러는 동안, 신랑신부가 도착하고 모든 무리가 집으로 밀려들어 왔다. 그리고 문이 잠겼다. 결국은 한밤이 되고 말았다.

이 이야기의 마지막 장면을 보면(7b), 생각이 짧았던 다섯 처녀가 마침내 기름을 조금 얻어 등불을 다시 살리고 집에 되돌아오는 모습이 나온다. 이들은 문을 두드리며 이렇게 외친다. "주여, 문 좀 열어주세요!" 그러자 신랑이 이렇게 대답한다. "미안해. 나는 너희를 모른다."[4]

자주 있는 일이지만, 이 비유를 읽는 이들은 확실한 결말을 듣지 못한다. 신랑은 다섯 처녀를 불쌍히 여기고 집안으로 들였을까 아니면 끝까지 들이지 않았을까? 비유는 청자/독자에게 아무 말도 하지 않는다. 문이 닫혔어도 다섯 처녀는 할 말이 없다. 이런 대화가 다 끝났을 때 다섯 처녀가

---

[4] 이 마지막 장면은 후대 교회가 첨가했거나 첨가하지 않았을 수 있지만, 어쨌든 역사 속 예수까지 거슬러 올라가기가 불가능한 장면이다. 정경 속의 정경을 추구하지 않는다면, 이런 상상이 흥미롭긴 해도 이 본문이 독자들에게 이야기하는 그대로 이를 이해하는 데에는 도움이 되지 않는다.

받은 것이 무엇인지 우리는 모른다. 중동에서 "아니오"라는 말은 대답이 아니라 협상할 때 잠시 쉬는 말일 뿐이다. 결국 독자가 이 연극을 마쳐야 한다. 그렇다면 이 이야기는 무슨 말을 하는 걸까?

요약: 지혜로운 처녀와 어리석은 처녀 비유

훌륭한 윤리와 훌륭한 신학은 한 몸일 수밖에 없음을 생각할 때, 예수는 **윤리적** 차원에서 다음 네 가지를 말씀하시는 것 같다.

첫째, **여자의 지위**. 예수는 남녀평등을 중요하게 여기셨다. 이 비유는 열 처녀 비유가 아니라 젊은 남자 열 사람 비유가 될 수도 있었다. 마태복음에서 열 처녀 비유 앞에 나오는 이야기(24:45-51)는 한 주인과 두 남종의 사연을 다루는데, 한 사람은 지체가 높고 다른 이들은 그렇지 않다. 이와 달리 이 이야기는 남자가 아니라 여자를 다루며, 둘이 아니라 열 여자를 다룬다. 왜 그랬을까?

이 두 질문에 통찰력 있는 답을 제시한 사람이 11세기 시리아 정교회의 위대한 수도사요 학자이며 의사요 시인인 이븐 알 타이브다. 그는 이 본문을 다룬 주석에서 복음서에서는 교회가 늘 여성으로 나타난다고 지적한다. 그리스도의 신부인 교회는 우리 모든 이의 어머니다. 따라서 예수가 여기서 교회를 구성하는 지체 역할을 하는 여자들을 고르신 것은 적절하다. 이런 지체에는 지혜로운 이도 있고 어리석은 이도 있다.

이어 이븐 알 타이브는 독자들에게 유대인 남자 열 명이 있어야 유월절을 기념하는 모임을 만들 수 있었음을 상기시킨다. 아울러 그는 혼인식이 효력을 가지려면 역시 남자 열 명이 있어야 했다고 주장한다. 이 비유에 여자 열 명이 등장하는 이유도 그 때문이다.[5] 이븐 알 타이브는 예

---

5) Ibn al-Tayyib, *Tafsir al-Mashriqi*, ed. Yusif Manqariyos (Egypt: Al-Tawfiq Press, 1907), 1:390-91.

수가 당대의 종교 문화 속에 존재하던 남녀 간의 틈을 메우고자 여자 열 명을 고르셨다고 암시한다. 이 이야기의 구성은 여성의 가치를 분명하게 인정한다.

둘째, **자원을 빌려 씀**. 신실한 자들은 많은 것을 서로 빌려 쓴다. 그러나 아무리 신실한 자라도 다가오는 하나님 나라를 대비하여 그들 자신이 준비해야 할 것들은 빌려 쓰지 못한다. 헌신과 그에 따르는 제자도는 빌려주지도 빌려오지도 못한다. 각 신자는 자신이 가진 자원으로 하나님 나라에 참여해야 한다.

셋째, **긴 여정**. 하나님 나라에서의 삶은 긴 여정에 헌신하는 것이다. 미리 계획을 세워야 하고 준비해두어야 할 것도 챙겨야 한다. 무르익은 하나님 나라에는 즉석에서 금세 완성되는 제자도나 성숙이라는 것이 없다. 지혜롭고 생각이 깊은 여자들은 그 나라에서의 삶이 긴 밤이 되리라는 것을 알았기에 그에 맞춰 대비했다.

넷째, **실패에 대해 보이는 반응**. 잘못된 판단이나 다른 부적절한 행동으로 일이 잘못될 경우, 그에 따라 생기는 문제들은 이 비유의 어리석은 여자들처럼 이웃과 하나님께 도와달라고 부르짖으면 해결될 수 있는 것이 아니다. 기름이 떨어지자, 이 어리석은 여자들은 친구들에게 "**기름 좀 다오!**"라고 외쳤다. 늦게 도착하여 집 문이 잠겨 있음을 발견한 그들은 신랑에게 이렇게 외쳤다. "**주여! 주여! 문을 열어주소서!**"

이렇게 한다고 해서 해결될 일이 아니다. 이 다섯 여자들은 거지 나사로 이야기의 부자와 같다. 이 부자는 나사로를 매일 학대했다. 그 둘은 모두 죽었고, 부자는 지옥에 갔으나 나사로는 천사들에게 붙들려 아브라함 옆으로 갔다. 그 뒤 부자는 요청을 늘어놓기 시작했다. 그는 아브라함에게 자신이 목이 심히 마르므로 나사로를 통해 물 한 방울만 보내달라고 명령했다. 이 명령이 먹히지 않자, 그는 두 번째 요구를 했다. "나사로를 내 형제들에게 보내 경고하게 해주시오." 부자는 아브라함이 이를 들어주리라고 기대했다. 말하자면 나사로가 오랜 세월 그를 무시해온 바로 그 사람을 위해 기꺼이 테이블 웨이터나 심부름꾼 노릇을 해주리라고 기대한 것이다! 하나님 나라에서는 다른 사람들에게 요구하는 것이 우리의 부적절한 행동 때문에 생긴 문제를 해결할 수 있는 타당한 방법이 아니다.

이 이야기에는 더 독특한 **신학적 차원**도 들어 있다. 예수는 신학적 차원에서 다음 네 가지를 말씀하시는 것 같다.

1. 예수는 하나님 나라가 이르렀을 때 **그 나라를 맞을 준비가 없음에 실망**하신다. 예수는 당신 사역을 통해 하나님 나라를 시작하셨다. 그러나 그는 하나님 나라가 나타나길 오랫동안 기다렸던 당신 주위의 많은 이들이, 정작 그 나라가 이르렀을 때 이를 맞을 준비가 되어 있지 않았다는 데 실망하셨다. 안나와 시므온, 니고데모와 제자들은 대부분 준비가 되어 있었다. 대제사장 집단과 예수의 고향 사람들 그리고 많은 바리새인은 준비가 되어 있지 않았다. 목자들은 준비가 되어 있었으나 헤롯은 그렇지 않았다. 예수를 찾아온 현자들은 준비가 되어 있었다. 예수가 태어나셨을 때 아기들을 죽인 군인들은 그렇지 않았다. 이 비유는 예수의 실망을 실감나게 보여준다.
2. 이 이야기에는 예수의 재림과 관련된 **도전과 경고**가 들어 있다. 이 이야기는 하나님이 보내시는 메시아가 어린 양의 혼인 잔치 때 당신이 소유하신 이들에게 오시고 이들이 메시아를 영접할 때 이루어질 만물의 완성을 분명하게 내다본다. 메시아이신 그분은 혼인 잔치에 와서 메시아를 간절히 기다리는 사람들 중에 아직 준비가 되지 않은 이들도 일부 있으리라는 것을 잘 아신다. 개인의 차원에서 보면, 신자가 주와 만나는 일은 그 신자가 죽을 때 이루어질 것이다. 따라서 이 비유는 모든 이에게 실존이 걸린 도전을 던진다.
3. 하나님 나라는 **닫을 수 있고 또 닫히는 문**을 갖고 있다. 잔치에 들어가는 문은 잔치 주인에게 헌신하는 모든 이에게 열려 있다. 그러나 이 비유가 끝날 즈음, 그 문이 닫힌다. 예수의 비유는 로마 거리

를 이리저리 돌아다녔고 이제는 현대 서구 문화의 숨은 길들을 배회하고 있는 포용성이라는 로마의 신성한 황소(팔레스타인과 그리스의 황소 숭배는 로마로 건너가 미트라를 섬기는 황소 숭배로 이어졌다-역주)에 한계를 설정한다. 앨리슨과 데이비스의 언급처럼, "어리석은 처녀들은 신실치 않은 제자를 상징하며, 이들은 신앙의 실패가 종말의 형벌로 이어지리라는 것을 보여준다."[6]

4. 이 비유는 **신랑이 도착**할 때가 알려져 있지 않으며 그 시간을 놓고 이런저런 헛생각을 하는 것이 무의미함을 경고한다. 여기서는 그리스도인 집단들이 이런 헛생각에 거대한 에너지를 쏟아 붓는 것을 잘못이라고 선언한다. "그날이나 그때는 아무도 모르기" 때문이다(막 13:32).

5. 마지막으로 이 비유에는 **기독론**이 들어 있다. 이 비유 역시 예수의 인격에 관한 정보를 제공한다.

예수는 다시 오실 신랑이시다. 그는 시대의 종말에 기쁨으로 오실 분이요, 그가 오시길 인내하고 기다리면서 합당한 준비를 하고 있던 모든 손님들을 따뜻이 맞아주실 것이다.

그가 나타나심을 앙망하고 기다리며 등불을 성실히 계속 밝히고 있는 이들에게는 복이 있도다.

---

6) Davies, *Gospel According to Saint Matthew*, 3:392.

제6부

예수의 비유들

Jesus Through
Middle Eastern Eyes

21장

예수의 비유들: 들어가는 글

교회사 초기에 교회 밖 사람들은 그리스도인들이 그들의 신앙을 여러 비유에서 끌어내는 모습을 보았다. 이런 목격자들 가운데 하나가 2세기에 가장 유명한 의사였던 갈레누스(Galen)였다. 갈레누스는 그리스도인을 긍정적으로 이야기한 첫 이교도이기도 했다. 140년경, 갈레누스는 이런 글을 썼다.

> 증명을 통한 논증을 끝까지 따라갈 수 있는 사람은 드물다. 이런 이유로 사람들은 비유를 요구하며 이런 비유에서 유익을 얻는다.…지금 같은 경우도 우리는 그리스도인이라 불리는 사람들이 그들의 믿음을 비유(와 기적)에서 끌어오면서도 때로는 (철학 하는 사람과) 같은 방식으로 행동하는 모습을 본다.…그들은 정의를 열심히 추구한다는 점에서 순수한 철학자에 못지않은 경지에 이르렀다.[1]

---

[1] 갈레누스가 플라톤의 「공화국」을 요약한 글에 포함된 내용이다. 현재 이 요약문이 사라지고 없으며 아랍어 인용문 안에만 남아 있다. James Stevenson, ed., *A New Eusebius* (London: SPCK, 1957), p. 133에서 인용했다.

이후 몇 세기가 지나면서 비유는 그리스도인의 **삶**(윤리)을 밑받침하는 원천이 되었지만 그리스도인의 **신앙**(신학)을 떠받치는 원천은 되지 못했다. 2세기에 갈레누스가 그리스도인이 비유를 토대로 그들의 신앙을 세워가는 모습을 보았다고 말한 것은 시사하는 바가 많다. 그렇다면 비유는 어떻게 기독교 신앙의 원천이라는 지위를 잃어버렸을까?

오늘날 그리스도인은 예수를 하나님의 아들이며 세상을 구하신 구주로 본다. 신약성경도 예수를 사랑의 완벽한 본보기요, 소박한 민중도 알아들을 수 있는 이야기를 들려주셨던 훌륭한 이야기꾼으로 제시한다. 하지만 우리는 예수를 진지한 **신학자**로 생각해오지 않았는가?

예수는 **은유를 구사하는** 신학자셨다. 즉 그가 의미를 만들어낼 때 주로 쓰신 방법은 논리와 추론보다는 은유와 직유, 비유와 극적 행동이었다. 예수는 철학자가 아니라 드라마 작가와 시인처럼 의미를 만들어내셨다.

신학: 개념의 신학과 은유의 신학

서구 전통에서는 거의 항상 논리를 통해 결합된 개념들이 진지한 신학을 구성한다. 이런 세계에서 신학자는 더욱 지성적으로 되고, 그가 구사하는 언어도 더욱 추상적으로 된다. 그러다 보니 평범한 사람들이 이런 신학자의 말을 이해하기가 더 어려워졌다. 바울은 개념**과** 은유를 사용하여 일한다. 서구인인 우리는 바울이 구사한 개념은 강조하면서 정작 그의 은유는 배제하는 경향이 있다. 이를 통해 우리는 바울을, 개념을 즐겨 쓰는 우리 신학자들 세계에 짜 맞추었다.

이와 달리, 대중이 생각하는 예수의 모습은 어부와 농부에게 통할 민담을 만들어내는 시골뜨기다. 그러나 꼼꼼히 살펴보면, 예수의 비유들은 진지한 신학이며, 예수도 빈틈없는 신학자로 등장한다. 앞서 말한 대로, 예수는 **개념의** 신학자라기보다 **은유의** 신학자다.

은유의 신학자란 정확히 무슨 의미인가? 다음 내용을 생각해보라. 우리는 하나님이 남자나 여자가 아니라 **영**이심을 안다. 그러나 성경은 신자가 "하나님에게서 났다"고 말한다(요일 3:9). 여기서 요한은 여성에 해당하는 언어를 사용하여 하나님과 신자의 관계를 묘사한다. 마찬가지로, 예수는 하나님을 "아버지"라 부르실 때 남성과 관련된 은유/칭호를 사용하여 우리가 하나님의 본질을 이해할 수 있도록 도우셨다. 성경은 남성 및 여성과 연관된 이미지들을 사용하여, 여성과 남성을 초월하는 하나님을 풍성히 이해하도록 해준다.

은유는 합리적 논증이 할 수 없는 방법으로 의미를 전달한다. 그림은 추상적 추론보다 강력해 보이지만 추상적 추론을 대신하지는 않는다. 텔레비전이 보여주는 강력한 이미지는 일천 단어로도 표현하지 못하는 의미를 전달한다. 신학에서 비유로 의미를 만들어낼 경우, 비유는 추상 언어로 진리를 설명하는 말들이 범접하지 못할 방법으로 청중에게 도전을 던진다. 그러나 비유와 추상 언어는 서로 연결되어 있는 경우가 잦으며, 둘 다 신학 작업에 반드시 있어야 한다.

신학자들은 종종 "그림"을 사용하여 자신의 추상적 성찰에 힘과 명료함을 불어넣는다. 맨슨(Thomas Walter Manson)이 적절히 말한 대로, 그림은 "신학이라는 알약에 입힌 당의(糖衣)" 역할을 할 때가 자주 있다.[2] 하지만 은유는 어떤 개념을 설명하는 그림이 **아니다**. 오히려 은유는 신학 담론을 담아내는 한 가지 방법이다. 은유는 의미를 설명하는 차원을 넘어 의미를 만들어낸다. **비유는 확장된 은유다**. 그런 점에서 비유는 **어떤 개념을 전달하는 시스템이 아니라** 독자/청자에게 그 안에 들어와서 살라고 초대하는 집이다.

비유의 청자/독자는 비유가 만들어낸 세계관을 통해 인간의 곤경을 깊이 생각해보라는 재촉을 받는다. 포탄을 쏘고 나면 남는 것은 탄피뿐이다. 탄피의 유일한 목적은 포탄을 목표물 방향으로 보내는 것이다. 비유도

---

2) T. W. Manson, *The Teaching of Jesus* (1937; reprint, London: SCM, 1964), p. 73.

이런 식으로 생각하여 어떤 개념을 "발사하는 데" 좋은 방법으로 이해하기 쉽다. 말하자면 일단 개념이 "제 궤도에 들어서면" 비유는 쓸모가 다했으니 버릴 수 있다고 생각하는 것이다. 그러나 이는 옳지 않다. 비유가 청자/독자가 초대받아 들어가서 살 집이라면, 비유는 그 집의 창을 통해 세계를 바라보라고 재촉한다. 바로 이것이 나사렛 예수의 비유들의 실체다. 이 실체는 특별한 문제를 일으킨다.

신학이 논리와 추론에 근거하여 세워졌다면, 그것이 열심히 궁구해야 할 명료한 지성이요 의지임을 모든 이가 이해해야 한다. 그러나 예수가 이야기와 극적 행위를 신학 언어로 삼으셨다면, 이야기를 들려주는 자의 문화는 결정적으로 중요하다. 우리가 할 일에는, 예수가 당신의 일부였던 문화의 빛 안에서 자신에 대해, 또 자신과 관련하여 들려주신 은유 및 이야기를 이해하려고 애쓰는 책임도 들어 있다.

은유 풀기

이런 은유들에 담긴 비밀을 풀려 할 경우, 단순하면서도 방대한 도전 과제가 몇 가지 있다.

첫째는 이 작업의 중요성을 깨닫는 것이다. 이런 일을 할 때는 역사적 질문들을 무시하기가 쉽다. 물론 누구라도 바흐의 칸타타를 듣고 감동을 받을 수 있듯이, 누구라도 성경을 읽고 이를 통해 복을 누릴 수 있다. 그렇지만 훈련된 귀는 같은 음악을 듣더라도 더 많은 것을 듣고 더 깊은 차원의 감동을 누릴 것이다.

예수가 청중에게 하신 말씀을 밝혀내려는 일은 고되다. 이런 고된 일을 피하려고 종종 활용하는 한 가지 계책이 그의 비유가 "보편적 호소력"을 갖고 있음을 강조하는 것이다. 어느 문화에든 사랑을 베푸는 아버지가 있고, 거역하는 아들이 있으며, 자기만 옳은 형이 있다. 이런 이유로, 직접적으로 혹은 간접적으로 탕자의 비유를 살펴볼 때도 특정 문화의 독특한 안경을 쓸 필요가 없다고 생각하는 이들이 많다. 탕자의 비유가 가진 호소력은 보편성이 있다. 여기까지는 맞는 말이다. 그러나 중동에서는 어린 자식이 아버지가 아직 살아 있는데 자기 상속분을 달라고 요구하는 것은 "아버지, 왜 얼른 안 돌아가세요?"라고 말하는 것과 같다. 아버지가 이런 말을 듣는다면, 당연히 펄펄 뛰며 아들 따귀를 후려갈기고 집 밖으로 내쫓을 것이다. 그런데 탕자의 비유에서는 이런 일이 전혀 일어나지 않는다. 이 비유는 우리가 문화의 창을 통해 방금 말한 세 가지 사실이 지닌 의미를 통찰할 때라야 비로소 다른 경우에는 파악하지 못할 새로운 의미를 드러낸다.

두 번째 과제는 하나님의 말씀이 가지는 역사성을 깨닫는 것이다. 그리스도인에게 성경은 그저 하나님의 말씀만이 아니다. 오히려 성경은 역사 속에서 사람들을 통해 들려주신 하나님의 말씀이다. 성경 속 화자(話者)나 성경 저자의 의도를 놓쳐버리고 그 의도를 대신할 우리 자신의 의도를 만들어내지 않는 이상, 역사와 역사 속 사람들을 무시하기는 불가능하다. 역사적 해석이 신학적 의미라는 황금을 담고 있는 금고를 여는 열쇠다. 이 열쇠가 없으면 황금은 놋으로 변하고 만다. 이것이 모든 중요한 문헌에 해당하는 원리임을 유념하는 것이 유익하다.

오늘 우리는 링컨 대통령의 게티스버그 연설을 어떻게 이해해야 하는가? 이 연설은 미국 역사의 전환점이었다. 남북 전쟁의 성격이 아직 명확하게 형성되지 않은 와중에, 이 연설이 만들어낸 의미 때문이었다(연설 당시만 해도 이 전쟁이 "여러 주들 사이의 전쟁"인지 "큰 반란"인지 "북군의 침공에 따른 전쟁"인지 확실하지 않았다). 미국인들은 이 전쟁을 연구하면서 각자 자기가 살아온 역사와 경험을 가져다 쓴다. 그럴지라도 남북 전쟁과 게티스버그 전투의 맥락을 무시하는 사람은 링컨의 연설을 이해할 수가 없다. 마찬가지로 예수의 비유를 해석할 때는 반드시 예수가 사셨던 세계 안에서 해석해야 한다. 그럴 때에야 우리는 그 비유들이 만들어내는 의미를 파악할 수 있다. 그렇게 되면 이제는 그 비유들에 얼마나 많은 의미가 들어 있는가가 문제가 된다.

세 번째 과제는 예수가 사용하신 비유들의 올바른 의미 내지 의미들로 볼 수 있는 것이 무엇인지 밝혀내는 일이다. 알레고리는 오랫동안 해석 방법의 왕 노릇을 했으며, 탕자의 비유에 나오는 살진 송아지는 죽임을 당했다는 이유로 그리스도를 가리키는 상징이 되었다. 해석자들은 알레고리를 통해 자기가 좋아하는 생각을 거의 모든 곳에 심어놓을 수 있었지만, 이에 따른 혼란이 벌어지고 결국은 무의미가 득세했다. 비유가 기독교 신앙을 살찌울 자원이 되지 못하고 그저 윤리를 이야기하는 것에 그친 것도 이런 이유 때문일 것이다. "비유 신학은 논증 신학이 아니다"(*Theologia parabolica non est theologia argumentativa*)라는 라틴어 격언이 이를 잘 말해준다.[3]

20세기의 학자들 사이에서는 과거 수 세기 동안 알레고리 방법이 만들어냈던 해괴한 과장에 맞선 반동으로 "비유 하나마다 한 가지 요점"이 있다고 주장하는 흐름이 등장했다.[4] 또 다른 이들은 한 비유 안에 몇 가지 주제가 들어 있다고 주장했다. 이런 주장의 목적은 본문 해석에서 예수나 그의 청중이 염두에 두었을 리 없는 의미를 본문에 덧붙이는 것을 막으려는 것이었다. 그러나 비유가 더 큰 세계관의 일부이고 "우리가 들어가 살도록 초대받은 집"이라면, 그 집에 사는 사람은 다른 창들을 통해 세계를 내다볼 수 있다. 그 집에는 여러 방이 있다. 만일 탕자의 비유라는 위대한 비유가 "오로지 한 가지 요점"만 갖고 있다면, 우리는 어떤 것을 골라야 할까? 비유 해석자가 골라야 할 것은 "하나님의 아버지 됨이 가진 본질"인가, "죄에 관한 이해"인가, "다른 이들을 거부하는 자기 의"인가, "참된 회개의 본질"인가, "공동체에서 누리는 기쁨"인가, 아니면 "잃어버린 자를 찾

---

3) Martin Scharlemann, *Proclaiming the Parables* (Saint Louis: Concordia Publishing, 1963), p. 30.
4) 서구의 비유 해석 역사를 상세히 살펴보려면 Craig L. Blomberg, *Interpreting the Parables* (Downers Grove, Ill.: InterVarsity Press, 1990), pp. 29-167을 보라.

음"인가? 분명 이 비유 안에는 이 모든 신학 주제들이 들어 있으며, 이 주제들이 한데 모여 "신학 덩어리"(theological cluster)라 불리는 통일체를 형성한다. 이 덩어리를 구성하는 각 부분은 다른 부분들과 창조적 관계에 있다. 각 부분의 의미는 이 비유 전체가 형성하는 덩어리 안에서만 비로소 완전하게 이해될 수 있다. 이 덩어리의 내용은 예수께 이 비유를 처음 들었던 청중이 이해했던 의미에 의해 제한되고 통제받아야 한다.

바리새인들이 함께 앉아 예수가 특정 비유에서 말씀하신 것을 곱씹어 볼 때, 그들이 활용할 수 있는 개념에는 어떤 것이 있었을까? 그런 개념은 하나였을 수도 있고 그보다 많을 수도 있다. 한 비유의 신학 덩어리를 구성하는 주제들은 분명 그 비유를 이야기하고 처음 들었던 세계에서 자라났을 것이다. 하지만 그런 원리를 오늘날도 엄격히 적용해야 할까?

위대한 예술 작품은 그것만의 생명을 갖고 있다. 예술품을 보는 사람은 그 작품과 만나는 순간에 자신의 삶과 경험을 끌어들인다. 미켈란젤로의 모세상(像)은 16세기 이탈리아라는 세계를 뛰어넘어 "분노하는 하나님의 사람"을 표현하는 전형이 되었다. 그러나 어떤 이야기 속에서 당연히 발견할 수 있는 것들이라도 무조건 다 받아들여서는 안 되며 일정한 제한을 두어야 한다. 태평양 섬들의 문화 가운데 한 문화는 사기꾼의 교활함을 떠받든다. 그 문화에 속한 사람들이 예수 수난 이야기를 읽으면, 주인공은 유다로 바뀌며 예수는 얼간이 바보가 되어버린다. 서구에서는 일부 사람들이 예수의 비유 안에서 마르크스주의나 프로이트주의나 실존주의를 발견했다. 또 다른 이들은 비유를 들여다보고 연구하는 데 적합한 렌즈로서 포스트모더니즘을 고른다. 그러나 예수나 예수의 청중은 이런 해석들을 상상도 못했을 것이다. 더구나 해석자가 비유에서 발견한 것은 모두 예수의 삶과 증언에 비추어 평가되어야 한다. 모름지기 공정한 평론가는 어떤 현대 저자에게도 그런 공손한 태도를 보이기 마련이며 또 그리하는 것이 적절하다. 그렇다면 예수에게도 똑같이 공손한 태도를 보일 수 없을까? 이런 태도의 훈련을 하게 되면, 톰 라이트(N. T. Wright)가 신약 해석의 출발점으로서 훌륭하게 제시하는 "비판적 실재론"[5] 안에 늘 머물 수 있게 된다.

요약: 비유 고찰을 시작하면서

마지막 문제는 "여러분은 지금 사다리의 어느 부분에 있는가? 여러분은 사다리를 올라가다 그 지점에 이르렀는가 아니면 사다리를 내려가다 그 지점에 이르렀는가?"다. 우리는 모두 비유에서 드러나는 "그리스도의 생각"에 다가갈 때 활용할 지식의 자원과 영의 자원에 제한을 두었다. 우리 각자는 우리보다 훨씬 앞서 있었으므로 이제는 거의 보이지도 않는 위대한 해석자들을 알고 있다. 우리에게 알려진 이 해석자들은 우리가 배운 것을 알 기회를 갖지 못했을 수도 있다. 이런 시각은 가장 위대한 학자와 가장 소박한 신자가 함께 가지고 있는 시각이다. 예수의 비유의 독자들은 예외 없이 자신이 가진 것으로 할 수 있는 최선을 다해야 하며, 다른 이들이 나를 무시하거나 다른 이들이 업적을 이루었다 해도 그 앞에서 낙심하지 말아야 한다.

간단히 말해, 우리가 할 일은 예수를 에워싼 청중 뒤쪽에 서서 예수가 청중에게 하시는 말씀에 귀를 기울이는 것이다. 이런 훈련을 해야 비로소 우리는 예수가 우리 시대를 포함하여 모든 시대를 대상으로 하시는 말씀을 발견할 수 있다. 진정한 단순함은 복잡함의 반대편에서 발견할 수 있다. 신학과 윤리가 가득 들어 있는, 예수의 비유라는 집이 우리를 기다린다. 다 함께 큰 기대를 품고 그 집에 들어가 보길 바란다!

---

5) N. T. Wright, *The New Testament and the People of God* (Minneapolis: Augsburg/Fortress, 1996), pp. 32-37, 61-64.

22장

선한 사마리아인 비유

누가복음 10:25-37

선한 사마리아인 비유는 그것의 윤리로 정말 유명하다. 이번 장에서는 이 비유에 담긴 신학과 기독론을 살펴보겠다. 우선 살펴볼 것은 이 비유가 등장하는 대화의 배경이다.[1]

대화

이 비유는 금반지에 박힌 다이아몬드처럼 예수와 율법 전문가("율법교사")가 2라운드에 걸쳐 주고받은 대화 속에 박혀 있다. 이 이야기를 대화에서 제거하면, 비유의 중요한 측면들이 사라져버린다. 레슬리 뉴비긴이 말했듯이, 해석자는 지구에서 10만 마일 떨어진 우주 공간에서 이 세계를 내려다보는 "육체와 분리된 눈"이 아니다. 오히려 모든 해석자는 그가 속한 나라의 언어, 문화, 역사, 경제, 정치, 군사의 영향을 받는다. 복음서 저자들은 1세기 정황을 배경으로 예수의 비유를 제시했다. 이런 정황을 벗겨낸

---

[1] 앞서 이 비유를 논의한 글로는 Kenneth E. Bailey, *Poet and Peasant*, in *Poet and Peasant and Through Peasant Eyes* (Grand Rapids: Eerdmans, 1980), pp. 33-54.

그리고 보라, 어떤 율법교사가 일어나 예수를 시험하며 말하되

1. "선생님, 내가 무엇을 **하여야**
   영생을 유업으로 얻겠습니까?"   **율법교사**: 질문 1

2. 예수가 그에게 말씀하시되 "율법에는 무엇이라 기록되었느냐?   **예수**: 질문 2
   네가 어떻게 읽느냐?"

3. 그러자 그가 대답하되 "네 마음을 다하고 네 영혼을 다하고
   네 힘을 다하고 네 뜻을 다하여 주 네 하나님을 사랑하고   **율법교사**: 질문 2에
   네 이웃을 네 자신과 같이 사랑하라 했습니다."   대한 대답

4. 그러자 예수가 그에게 이르시되 "네가 바로 대답했다.   **예수**: 질문 1에 대한
   이를 **행하라**. 그러면 네가 **살리라**."   대답

그림 22.1. 첫 번째 대화(눅 10:25-28)

그가 **자기가 옳음**을 보이고 싶어 예수께 말하되

5. "그러면 누가 내 이웃입니까?"   **율법교사**: 질문 3

6. 예수가 대답하시되 "어떤 사람이 예루살렘에서
   여리고로 내려가다가…"[비유가 이어진다]
   "이 셋 가운데 누가 이웃이 되겠느냐?"   **예수**: 질문 4

7. 율법교사: **율법교사**: 질문 4에
   "그에게 자비를 베푼 자입니다."   대한 대답

8. 예수:
   "가서 이와 같이 계속 **행하라**."   **예수**: 질문 3에 대한 대답

그림 22.2. 두 번째 대화(눅 10:29-30, 36-37)

다는 것은 이 정황을 우리 자신의 정황으로 대치한다는 말이다. 누가는 독자들에게 2라운드에 걸친 대화를 제시한다. 1라운드는 그림 22.1.로 제시해보았다.

우선 율법교사가 질문한다(질문 1). 예수는 이 질문에 대답하지 않으시고 도리어 당신 자신의 질문을 율법교사에게 던지신다(질문 2). 이어 율법교사가 예수의 질문에 대답한 뒤, 마지막으로 예수가 율법교사의 물음에 대답하신다. 요컨대 율법교사는 "내가 무엇을 **해야** 영생(영원한 삶)을 유업으로 얻겠습니까?"라고 묻는다. 이에 예수는 대답을 하시지 않고 "율법이 무엇이라 하느냐?"라고 되물으신다. 율법교사는 "하나님을 사랑하고 네 이웃을 사랑하라"라고 대답한다. 예수는 대화 서두에 오고간 이 문답을 "네가 **이를 행하면 살리라**"라는 말씀으로 끝맺으신다. 예수와 율법교사가 나누는 대화 중 이 대목은 "행하다"와 "살다"라는 말로 시작하고 또 그 말로 끝맺는다.

이어 예수와 율법교사는 2라운드 대화에 돌입한다. 이번에도 율법교사는 사실상 자신이 처음에 던졌던 질문을 그대로 따르는 질문으로 시작한다. 이 두 번째 대화는 첫 번째 대화와 같이 질문 3, 질문 4, 질문 4에 대한 대답, 마지막으로 질문 3에 대한 대답으로 이루어진다. 2라운드 대화의 골격은 그림 22.2.로 제시해보았다.

율법교사는 질문 3으로 말문을 연다. 예수는 이 질문에 곧장 대답하시지 않고 이야기 하나를 들려주신다. 이 이야기를 끝낼 즈음, 예수는 "이 셋 가운데 누가 **이웃이 되겠느냐?**"라는 질문을 던지신다. 이 이야기는 네 번째 질문을 끌어내는 기능을 한다. 율법교사는 예수의 질문 4에 대답하며, 예수가 마지막으로 하신 말씀은 율법교사의 질문 3에 대한 대답이다. 2라운드에 걸친 이 대화는 "내가 무엇을 **하여야** 영생을 유업으로 얻겠습니까?"에 초점을 맞춘다. 이 비유는 네 가지 질문과 네 가지 대답으로 이루어진 이 토론 속에서 작동한다.

중동의 전통 문화를 보면, 선생은 앉고 학생은 선생에게 존경을 표시하고자 서서 이야기한다. 그러나 이 이야기에서는 율법교사가 선생을 **시험하려고 일어선다.** ("선생"은 누가가 랍비를 가리키는 말이다.) 이집트인인 이브라힘 사이드가 아랍어로 쓴 비유 주석에서 말하듯이, 이 율법교사의 태도에는 뭔가 꿍꿍이가 있다. 율법교사는 겸손한 학생처럼 서서 질문하지만, 그의 목적은 선생을 시험/검증하는 것이다.[2]

이븐 알 타이이브는 예수와 율법교사가 이야기 서두에서 주고받는 대화를 더 확대하여 논의한다. 그는 유대교 율법교사라면 "제가 어떻게 하나님께 순종할 수 있겠습니까?"라고 묻는 것이 자연스러운데도 도리어 "제가 어떻게 영생을 유업으로 받을 수 있겠습니까?"라고 했다는 데 주목한다. 이븐 알 타이이브는 율법교사의 독특한 관심사를 두 가지로 설명한다. 우선 그는 이렇게 제시한다. "첫째는 예수께 온 사람들, 곧 실제로 이끌림을 받아 예수께 온 사람들에게 영생의 주제를 가르치시는 것이 만인의 구주이신 그분의 습관이었다." 알 타이이브가 제시하는 두 번째 설명은 율법교사가 예수의 대답을 이용하여 그분을 함정에 빠뜨린 다음, 사소한 말을 트집 잡아 그 말을 대적들이 예수가 모세 율법의 정당성을 부인한다고 공박하는 데 활용할 수 있다고 생각했다는 것이다.[3]

이븐 알 타이이브는 예수가 율법교사의 질문에 곧장 답하길 거부하심은 그가 하려는 일이 무엇인지를 꿰뚫고 계시기 때문이라고 주장한다. 예수는 모세 율법을 바라보는 율법교사 자신의 견해를 밝히라고 요구하신다. 예수의 방법은 율법교사가 관련 질문에 반응을 보이게 자극한 뒤, 그 반응을 원래 질문에 대한 답변으로 활용하는 것이었다.

사실 율법교사의 첫 질문은 흠이 있었다. 사람이 무언가를 **하면 어떤 것을** 유업으로 받을 수 있다니? 유업이란 본디 가족 중의 한 구성원(이나

---

2) Ibrahim Sa'id, *Sharh Bisharat Luqa* (Beirut: Middle East Council of Churches, 1970), p. 276.
3) Ibn al-Tayyib, *Tafsir al-Mashriqi*, ed. Yusif Manqariyos (Egypt: Al-Tawfiq Press, 1907), 2:177-78.

친구)이 다른 구성원(이나 다른 친구)에게 주는 선물이다. 만일 한 집안에서 태어나거나 어느 집안에 양자로 들어가면, 여러분은 유업을 물려받을 수 있다. 유업은 서비스를 제공하고 받는 대가가 아니다. 이 이야기 속 질문자는 이런 사실을 잘 아는 유대교 율법교사다.

그렇지만 1세기 랍비들 사이에서는 영생과 관련하여 이런 종류의 토론이 벌어졌다.[4] 예수는 여기에 발 맞춰 율법교사에게 영생에 관한 그의 생각이 어떤지를 물어보신다. 율법교사는 예수의 견해를 집약한 말, 곧 "하나님을 사랑하고 네 이웃을 사랑하라"는 말로 대답한다. 율법교사는 이런 대화가 있기 전에 예수가 율법을 이렇게 요약하신 것을 들었던 것일까? 어쩌면 그랬을지도 모른다. 어쨌든 1세기의 몇몇 랍비들은 나름대로 율법을 요약한 견해를 갖고 있었다.

한 "이방인"이 예수 시대 직전에 유명한 랍비인 샴마이(Shammai)에게 다가간 뒤, 한 발로 서서 이렇게 말했다. "내가 한 발로 서 있는 동안에 온 율법을 내게 가르쳐주십시오." 샴마이는 화를 내며 그를 쫓아버렸다. 그러자 그 이방인은 1세기의 또 다른 유명한 랍비 학파의 창시자인 힐렐을 찾아가 같은 물음을 던졌다. 힐렐은 이렇게 대답했다. "네가 싫어하는 일을 네 이웃에게 하지 말라. 그것이 온 율법(토라)이요, 나머지는 그 율법의 주석이니라. 가서 그것을 배우라."[5] 우리는 이것이 황금률을 부정문으로 표현한 형태임을 쉽게 알 수 있다. 예수는 분명 힐렐의 답변을 받아들여 그 답변을 긍정문으로 바꾸신 듯하다.[6]

율법교사는 예수가 무엇이라 말씀하시는지 들어보려고 예수의 율법

---

4) Babylonian Talmud, *Berakot* 28b, *'Abot de Rabbi Nathan*, 25b2, *Pesaḥim*, 113a.
5) Babylonian Talmud, *Šabbat* 31a.
6) 황금률을 긍정문으로 표현한 말은 「열두 족장의 유언」 중 잇사갈의 유언 7:6, 스불론의 유언 5:1, 단의 유언 5:3에서 나타난다. 하지만 기독교가 등장하기 전에 나온 이 문헌에는 나중에 그리스도인들이 첨가한 말이 있으며, 이런 말도 그중 하나일 가능성이 있다. 어쨌든 데이비스와 앨리슨이 말하듯이, 이 가르침에 담긴 진리가 "꼭 새로운 진리에서 나온 것은 아니었다"(Davies and Allison, *Gospel According to Saint Matthew*, 1:688).

요약을 인용했을 수도 있다. 하지만 이 요약에는 두 부분, 곧 "하나님을 사랑하라"와 "네 이웃을 사랑하라"가 들어 있음을 주의하라. 이 두 부분은 구약성경에서 나왔다. "네 이웃을 사랑하라"는 레위기 19:18에, "하나님을 사랑하라"는 신명기 6:5에 나온다. 사람들은 이런 성경 인용이 정경의 순서를 따랐으리라고 예상할 것이다. 그러나 예수는 "하나님을 사랑하라"를 먼저 말씀하신 뒤에 "네 이웃을 사랑하라"를 제시하셨다. 이 순서는 중요하다. 경험적으로, 미운 이웃을 사랑하기는 제자의 마음이 하나님을 사랑함으로 가득 차기 전에는 아주 어렵다. 하나님을 사랑함이 이웃 사랑이라는 힘든 일에 필요한 에너지와 동기를 제공해주기 때문이다. 이런 이웃 사랑을 받는 이들은 종종 그들을 섬기는 사람들의 동기를 오해하여, 감사가 아니라 적대적인 반응을 보일 때가 있다. 다른 이를 섬기는 사람이 그 섬김에 따른 반응에서 힘을 얻기를 원했는데 그가 기대하던 반응이 나오지 않는다면, 그는 좌절하고 실망하여 섬김을 그만둘지도 모른다. 그러나 신자가 하나님의 사랑에 감사하여 사랑의 값진 행위를 다른 이들에게도 펼친다면, 이런 이는 그를 향한 하나님의 흔들림 없는 사랑이 지지해준다.

요컨대 율법교사는 예수의 율법 요약(마 7:12; 눅 6:31)을 인용한다. 예수는 율법교사에게 "그래, 네 자신이 권면한 그것을 그대로 따르라. 이런 기준대로 살면 네가 진정 영생을 유업으로 받으리라"라고 말씀하신다. 율법교사가 영생을 유업으로 받으려면 해야 할 일은 단 하나, 하나님과 그의 이웃에게 아무 조건 없는 사랑을 계속 행하는 것뿐이다.

그렇다면 예수의 이 말씀은 행함으로 구원을 얻을 수 있다는 뜻인가? 사실 이런 기준을 만족시킬 수 있는 사람이라면 은혜가 필요하지 않을 것이다. 그러나 예수가 말씀하시는 기준은 하나님을 마음과 뜻과 영혼과 힘을 다하여 흔들림 없이 사랑하고, 이웃을 자신과 똑같이 일관되게 사랑하라는 것이다. 바울이 선언하듯이, 문제는 율법이 아니라 우리가 율법을 지킬 수 없다는 것이다(롬 7:13-20). 여기서 예수가 제시하신 기준은 우리가 아무리 탁월하게 노력해도 이루지 못한다. 율법교사의 질문을 달리 표현하면 이렇다. "내가 영생을 유업으로 받으려면 무엇을 **행해야** 합니까?" 이에 예수는 이렇게 대답하신다. "이 3미터짜리 장벽을 뛰어넘어야 한다!" 율법교사는 자신이 그렇게 높은 장벽을 뛰어넘지 못함을 틀림없이 알고 있다. 그렇다면 그는 자신이 그릇된 질문을 던졌다는 것도 알 수 있을 것이다. 하지만 그는 이런 기대에 부응하지 못한다.

도리어 그는 자기의 질문을 형태만 바꿔 되풀이한다. 그는 분명 자신에게 이렇게 말한다. "그럼, 내가 구원을 얻으려면 하나님과 내 이웃을 사랑해야겠군. 좋아, 이제 필요한 일은 몇 가지 정의를 내리는 것이군. 하나님을 사랑한다는 말은 율법을 지킨다는 말인데, 그건 나도 이미 알고 있지. 그럼 이제는 **정확히** 누가 내 이웃이고 누가 내 이웃이 아닌지 정의해 볼 필요가 있겠군. 일단 이 점을 분명히 해두어야 다음 이야기를 할 수 있겠구나."

누가(또는 그가 받은 전승)는 "그가 **자기가 옳음**을 보이고 싶어 예수께 말하되, '그러면 누가 내 이웃입니까?'"라는 말을 포함시킴으로써 율법교사의 마음을 관통하는 생각을 우리가 이해할 수 있게 도와준다. **의롭다**(옳다) **하심을 받는다**는 것은 구원을 받는다는 것이요, 구원을 받는다는 것은 "영생을 유업으로 받는다"는 것이다. 성경 언어로 표현하면, 의롭다 하심을 받음은 하나님이 그분 앞에 서 있는 그대로 받아주시는 사람의 지위를 얻었다는 뜻이다. **자기의 의로움을 보이고 싶어하는** 이 사람은 분명 "자신의 힘으로 하나님께 받아들여지는 사람이 되고" 싶어한다.

이런 이유로 그는 "누가 내 이웃입니까?"라고 묻는다. 1세기의 모범적인 유대인인 이 율법교사는 예수가 자신이 감당할 수 있음직한 목록을 제시하시길 기대한다. 이웃에는 율법을 정확히 지키는 동포 유대인이 당연히 들어갈 것이다. 이방인들은 이웃이 아니며, 하나님이 사마리아인들을 미워하심은 천하가 다 안다. 때문에 그들은 이웃으로서의 자격이 없다. 요컨대 그는 "네 동포의 자손들에게 복수하거나 원한을 품지 말고 네 이웃을 네 자신과 같이 사랑하라. 나는 야웨니라"라고 명령하는 레위기 19:18

을 읽고 "네 동포의 자손들"만이 그의 이웃이라는 결론을 내렸을 가능성이 있다. 레위기 19장은 "너희와 함께 거하는 나그네를 너희 가운데서 태어난 자같이 여기고 그 나그네를 너희 자신처럼 사랑하라. 이는 너희도 애굽 땅에서 나그네였기 때문이라. 나는 너희 하나님 여호와니라"(레 19:34)라는 명령으로 마무리되기 때문에, 이 율법교사처럼 앞의 본문을 읽는 것은 정확하지 않지만, 그래도 이렇게 읽기 쉬웠을 것이다. 율법교사는 시편 139:21-22을 더 좋아했을 수도 있다.

> 오 여호와여, 제가 당신을 미워하는 자들을 미워하며
> 당신께 맞서 일어나는 자들을 지독히 싫어하지 않습니까?
> 내가 그들을 아주 미워하나니
> 그들을 내 원수로 여기나이다.

성경을 골라 읽는 경향은 해묵은 골칫거리다. 이 율법교사는 자기 이웃과 이웃이 아닌 자들을 조심스럽게 구분하면서 영생으로 나아갈 길을 얻으려고 준비했던 것 같다.

예수라면 율법교사에게 "이웃"을 어떻게 정의하실까? "네 집의 아들"이라 정의하실까, 아니면 "너와 함께 거하는 나그네"라 정의하실까? 어느 경우든 이 본문을 살펴볼 때, 율법교사가 "내 가족"과 "내가 사는 동네에 사는 나그네" 외의 사람을 이웃으로 생각하기는 불가능했을 것이다.

선한 사마리아인 이야기의 일곱 장면

예수는 이젠 고전이 된 선한 사마리아인 이야기를 만들어 율법교사의 질문에 대답하신다.

이븐 알 타이브는 이 비유가 역사 속 사건을 바탕으로 하는지 아니면 지어낸 이야기인지를 놓고 긴 논의를 펼친다. 그는 어느 경우든 이 비

유가 전하는 메시지는 동일하다는 점을 인정한다. 그러면서도 자신이 11세기에 이라크 남부의 유대인 공동체에서 들은 이야기를 해준다. 이 이야기는 열왕기하 17:24-38의 영향 속에 자리해 있다. 이 열왕기하 본문을 보면 앗수르 왕이 "야웨를 두려워"하지 않는 이방 부족들을 사마리아로 데려와 살게 한다. 그러자 하나님은 사자들을 보내 그 사람들을 잡아먹게 하신다. 이에 대응하여 앗수르 왕은 "그들이 붙잡아온 제사장들"을 돌려보내 "그 땅 신"에 관하여 가르치게 한다. 이 프로젝트는 부분적인 성공에 그치고 말았다. 이븐 알 타이이브가 들은 이야기는 일부 성공을 거둔 부산물에 바탕을 두고 있다. 이야기 내용은 다음과 같다.

이스라엘 자손들이 들려준 말이다. (왕하 17:24-38의) 제사장이 와서 사람들에게 하나님을 어떻게 두려워해야 하는지 가르쳤을 때, 사자들이 그들에게서 떨어져나갔다. 그러나 얼마 뒤, 그들은 (그들의 옛길로) 돌아갔고 사자들도 돌아왔다. 이런 일이 일어나자, 그 제사장과 그와 함께 있던 레위인은 모든 것을 피해 도망갔다. 그때 포도밭에서 일하는 한 유대인이 있었다. 그는 자기 품삯을 받고 예루살렘에서 여리고로 떠났다. 그는 가는 길에 한 무리의 사람들을 만났다. 그들은 모세 및 눈의 아들 여호수아가 맞서 싸웠던 여러 부족 중 한 부족 사람들이었다. 그 무리는 피의 복수[*thar*]를 하고자 그 사람을 공격했다. 그들은 그를 두들겨 패고 옷을 빼앗은 다음, 거의 숨이 남아 있지 않은 상태로, 곧 그가 죽어가는데도 그대로 버려두었다. 제사장이 지나가다가 그를 보았으나 못 본 체했으며, 레위인도 그리했다. 그때 우연히 한 바빌론인이 예루살렘을 떠나 그 길로 지나가다가 그 사람을 보고 불쌍히 여겨 자비를 베풀었다. 바빌론인은 포도주와 기름을 꺼내 바르고 다친 곳을 싸매주었다. 다친 사람은 걸을 힘조차 없었다. 이에 바빌론인은 다친 이를 자신이 타고 가던 동물에 태우고 여리고에 있는 여관으로 데려갔다. 거기서 바빌론인은 여관 주인에게 다친 사람을 살펴달라고 부탁하고, 다친 사람에게는 노자(路資)로 2디나르를 주면서 이보다 더 많은 돈이 필요한 사정이 생기면 "내가 돌아올 때 더 드리리다"라고 말했다. 그 뒤 이 이야기는 이스라엘 자손들을 꾸짖는 이야기가 되어 그 땅에 널리 퍼졌고, 이 고귀한 일을 한 사람은 "사마리아인"으로 불리게 되었다. 그 사람이 사마리아를 지키는 이들, 곧 사마리아 경비대(경찰) 가운데 한 사람이었기 때문이다.[7]

이븐 알 타이이브가 이것을 11세기 이라크의 바빌론 유대인 공동체가 들려준 한 유대인 이야기라고 설명한다는 점이 흥미롭다. 그는 이 이야기를 이라크의 그리스도인이 유대인에 관해 들려주는 이야기로 보지 않았다. 이 이야기의 주인공은 유대인이 아니다. 때문에 유대인 공동체가 자기 동포를 고귀한 이로 보이게 하고자 이런 이야기를 지어냈다고 생각하기는 불가능하다. 이 이야기가 유대와 관련지어 열왕기하 기사와 연계한 것은 이야기의 뿌리가 유대임을 부각시켜준다. 나는 이 이야기가 열왕기하와 연계된 부분을 나중에 그리스도인이 구약 기록 속에 끼워 넣은 것으로 볼 이유는 없다고 생각한다. 이븐 알 타이이브는 자신이 아는 주석가들이 이 이야기를, 선한 사마리아인 비유가 역사 속 사건에 바탕을 두었다는 증거로 사용했다고 강조한다. 이븐 알 타이이브는, 이 이야기가 픽션이든 역사 사건이든, 비유의 의미는 같다고 결론짓는다.

이 이야기가 선한 사마리아인 비유의 영향을 받아 1세기 이후에 나온 전설이라 할지라도, 이 이야기는 흥미롭다. 우리의 목적에 비춰볼 때 중요한 점은, 다친 사람이 유대인이요 피의 복수가 이야기의 일부를 이루며 여관이 여리고에 있었음을 새겨두는 것이다. 동방에서 나온 이 이야기를 마음에 새기고 다시 본문으로 돌아가 보면, 이 비유는 일곱 장면으로 나뉜다. 이렇게 나누는 것은 예언자들 시대보다 더 오래된 유서 깊은 모델이다. 나는 이 모델을 **예언적 수사 틀**이라 불렀다. 그림 22.3.은 이 장면들을 보여준다.

---

[7] Ibn al-Tayyib, *Tafsir al-Mashriqi*, 2:180-81.

1. 어떤 사람이 예루살렘에서 여리고로 내려가다
   강도들을 만났다.   **강도들**
   그들이 그를 벗기고 두들겨 팬 다음,   강탈하고 부상을 입히다
   거의 죽게 된 그를 버리고 떠나갔다.

2. 이때 우연히 어떤 **제사장**이
   그 길로 내려가다가   **제사장**
   그를 보고   보다
   다른 쪽으로 피하여 지나갔다.   아무것도 하지 않다

3. 마찬가지로 한 **레위인**이 그곳에 왔다가   **레위인**
   그를 보고   보다
   다른 쪽으로 피하여 지나갔다.   아무것도 하지 않다

4. 어떤 **사마리아인**이 여행하다가 그에게 이르러   **사마리아인**
   그를 보고   보고 긍휼히 여기다
   긍휼히 여겼다.

5. 그가 그에게 가서   **상처를 치료하다**
   상처를 싸매고   (레위인이 하지 않은 일)
   거기에 기름과 포도주를 부었다.

6. 그런 다음 그를 그가 탄 짐승에 태워   **그 사람을 데려감**
   여관으로 데려가   (제사장이 하지 않은 일)
   보살펴주었다.

7. 다음날 그가 여관 주인에게
   두 데나리온을 내어주며 말하기를   **그를 살펴주라고 돈을 지출함**
   "그를 보살펴주시오. 돈이 더 들면   (강도들을 대신하여 배상함)
   내가 돌아와서 갚아주겠소."
   "네 생각에는 이 셋 가운데 누가
   강도들을 만난 자에게 이웃임을 증명했느냐?"
   그가 말하되 "그에게 자비를 베풀 자입니다."
   그러자 예수가 그에게 이르시되 "가서 너도 그와 같이 하라."

그림 22.3. 선한 사마리아인 비유(눅 10:25-37)

수사

이사야 28:14-18과 시편 23편도 예언적 수사 틀이다. 모두 일곱 장면이 있는데, 여기서 일곱은 완전수다. 정점은 중앙에 있으며, 마지막 세 장면은 첫 세 장면과 (역순으로) 연결되어 있다. 평행을 이루는 장면 사이의 연관성은 강력하고 분명하다. 장면 1에서는 강도들이 모든 사람의 소유를 강탈하나, 장면 7에서는 사마리아인이 피해자에게 아무것도 없음을 알고 자신이 가진 것으로 대신 비용을 치른다. 장면 2에서는 제사장이 다친 피해자를 안전한 곳으로 옮겨놓지 않지만, 장면 6에서 사마리아인은 비용이 들어가는 구조 행위를 다 한다. 장면 3의 레위인은 다친 피해자의 상처만이라도 싸매줄 수 있었지만 그런 일도 하지 않았는데, 이 장면 3과 연관된 장면 5의 사마리아인은 레위인이 하지 않았던 일을 한다. 중앙의 정점은 사마리아인이 베푼 긍휼을 묘사한다. 이런 세부 내용은 어떤 유대인이 유대적 수사 특징들을 활용하여 이 이야기를 지금과 같은 형태로 유대인 독자들을 위해 기록했음을 보여준다.

주석

위에서 말한 평행 관계를 염두에 두고 일곱 장면을 살펴보도록 하자. 먼저 장면 1을 살펴보자.

> 1. 어떤 사람이 예루살렘에서 여리고로 내려가다
>   **강도들**을 만났다.   **강도들**
>   그들이 그를 벗기고 두들겨 팬 다음,   강탈하고 부상을 입히다
>   거의 죽게 된 그를 버리고 떠나갔다.

흉악한 떼강도가 "그를 벗기고 두들겨 팼다." 중동의 강도들은 피해자

가 저항할 때만 때린다고 알려져 있다. 그렇다면 이 가련한 피해자도 저항하는 실수를 저지르는 바람에 결국 죽도록 두들겨 맞고 옷까지 벗겨진 채 의식도 없이 예루살렘에서 여리고로 내려가는 길에 내팽개쳐졌으리라고 짐작할 수 있다. 다친 피해자는 당연히 유대인이었으리라고 짐작된다. 이븐 알 타이이브가 들려준 이야기 속 다친 사람도 유대인이다. 이런 세부 내용의 의미는 뒤에 가서 살펴보겠다. 장면 2는 제사장을 묘사한다.

2. 이때 우연히 어떤 **제사장**이
    그 길로 내려가다가   제사장
    그를 보고   보다
    다른 쪽으로 피하여 지나갔다.   아무것도 하지 않다

예루살렘 성전에서 섬기는 이들에는 세 계급이 있었다. 제사장이 첫째고, 둘째는 레위인, 셋째는 성전에서 이루어지는 삶의 여러 부분을 돕는 평신도였다.[8] 위 이야기에서는 이 세 계급이 모두 중요하다. 제사장은 산을 따라 내려가며 예루살렘에서 여리고로 가고 있었다. 1세기에는 여리고에 사는 제사장이 많았다. 그들은 두 주씩 맡은 일을 행하고자 예루살렘으로 올라갔다가 여리고의 집으로 돌아가곤 했다. 이 이야기 속 제사장도 그런 패턴에 잘 들어맞는데, 아마도 성전 경내에서 맡은 일을 마치고 자기 집으로 돌아가고 있었을 것이다.

제사장들은 세습 집단이었으며 부유하다고 알려져 있었다. 스턴(Menahem Stern)은 이렇게 썼다. "제2성전 시대가 끝날 즈음, 제사장은 유대 사회에서 특권 엘리트 계급을 형성했다."[9] 제사장은 부유했기에, 편하

---

8) 그리스어 *hyperetēs*는 "종, 도우미, 보조자"를 뜻한다. 이 단어는 종종 성전과 관련지어 등장하는데, 그 경우에는 "관원"이나 "경비병"이나 "종"으로 번역한다(마 26:58; 막 14:54; 요 7:32; 18:3, 18).
9) Menahem Stern, "Aspects of Jewish Society: The Priesthood and Other Classes,"

게 탈 것을 탈 수 있다면 굳이 27킬로미터나 되는 산길을 걷지는 않았을 것이다. 이 이야기를 듣는 중동인은 돈 많은 제사장이 탈 것을 탔으리라고 짐작할 것이다. 그렇다면 이런 제사장은 충분히 피해자를 탈 것에 태우고 데려가 도움을 줄 수 있었으리라.

지금도 그렇지만 예수 시대에도 중동의 다양한 민족 공동체들은 입은 옷이나 쓰는 말이나 억양이 서로 달랐다. 1세기에 유대교 학자들은 히브리어를 말할 수 있었으나, 농부들은 아람어로 말했다. 페니키아 해안을 따라 살던 사람들은 여전히 페니키아어를 썼다. 갈릴리 바다 주변에서는 시리아어를 사용했다. 그리스의 도시들은 당연히 그리스어로 대화했고, 남쪽 부족들은 아람어로 말했다. 정부 관원들은 라틴어를 알았을 것이다.[10] 언어와 옷과 억양, 이 세 가지는 "그들과 우리"를 쉽게 구별해주는 민족 표지요 계급 표지였다.

그러나 이 제사장에게는 특별한 골칫거리가 있었다. 길가에 다친 사람이 있었는데, 의식도 없고 발가벗겨진 상태였다. 이 피해자가 유대인, 특히 율법을 지키는 유대인이라면, 제사장은 책임지고 그에게 다가가 도와주었을 것이다. 그러나 이 피해자는 발가벗은 상태였고 의식이 없었다. 그러니 그가 무슨 민족이고 무슨 언어를 사용하는지 어떻게 확인할 수 있겠는가?[11] 분명 이 제사장은 율법을 따라 그의 임무를 다하고 싶었다. 그렇다면 그의 임무는 무엇인가?

다친 피해자는 죽었을 수도 있다. 그가 정말 죽었다면 그에게 다가간 제사장은 의식법(儀式法)상 부정한 자가 된다. 부정한 자가 된다면, 이 제사장은 예루살렘으로 돌아가 일주일 동안 정결해지는 과정을 거쳐야 한다.

---

in *The Jewish People in the First Century* (Philadelphia: Fortress, 1976), 2:582.
10) 참고. Chaim Rabin, "Hebrew and Aramaic in the First Century," in *The Jewish People in the First Century* (Philadelphia: Fortress Press, 1976), pp. 1007-39.
11) 심지어 할례 여부도 제사장의 고민거리를 해결해주지 못했을 것이다. 사마리아인들과 이집트인들도 할례를 했기 때문이다.

이런 일을 하려면 시간이 제법 걸릴 것이다. 이 과정을 밟는 동안, 그는 제물의 십일조를 먹을 수 없고 심지어 십일조를 거두어들이지 못할 수도 있다. 그의 가족과 종들도 똑같은 금령을 적용받았을 것이다. 가난한 이들에게 베푸는 일도 하지 못했을 것이다. 더구나 길에 쓰러져 있는 피해자는 이집트인이나 그리스인이나 시리아인이나 페니키아인일 수도 있는데, 그럴 경우 율법에 따르면 제사장에게는 딱히 어떤 책임이 없었다. 만일 제사장이 피해자에게 다가가 그를 만졌는데 그가 나중에 죽었다면, 이 제사장은 그가 입었던 제사장 옷을 찢어야 했을 텐데, 그렇게 되면 귀중한 재산을 파괴하지 말라는 율법도 어기게 된다. 가난한 제사장은 한가하게 율법에 따른 그의 임무가 무엇인지 판단하고 이리저리 재볼 여유가 없었다. 이 제사장은 의식법상 정결함을 지키는 것이 중요하므로 이런 정결을 해치는 모험을 할 수 없다는 결정을 내리고 가던 길을 계속 갔다.

이런 결정은 초래할지도 모르는 위험을 염두에 둔 것이었다. 제사장이 더럽혀졌는데도 그런 부정한 상태로 제단에서 제사를 올리려 한다면, 그는 다음과 같은 운명을 감내해야 할 것이다. "그의 형제 제사장들은 그를 법정으로 데려가지 않았지만, 제사장들 가운데 젊은 사람들이 그를 성전 뜰 밖으로 끌어낸 뒤 몽둥이로 머리를 쳐서 그 두개골을 쪼개버렸다."[12] 이렇게 부정한 자로 고발당할 위험성도 그를 두렵게 했을 것이다.

장면 3은 레위인을 소개한다.

3. 마찬가지로 한 **레위인**이 그곳에 왔다가   **레위인**
   그를 보고   보다
   다른 쪽으로 피하여 지나갔다.   아무것도 하지 않다

레위인은 성전에서 제사장의 보조자 역할을 한다. 이야기 속의 레위인

---

12) Mishnah, *Sanhedrin* 9:6 (Danby, pp. 396-97).

은 아마도 어떤 제사장이 자신보다 앞서 그 길을 지나갔음을 알았을 것이며, 바로 그 제사장을 돕는 보조자였을 수도 있다. 앞서간 제사장이 선례를 보여주었기 때문에, 이 레위인은 양심의 부담 없이 다친 피해자를 지나쳐 갈 수 있었다. 제사장도 아닌 일개 레위인이 제사장보다 잘난 체할 수 있었을까? 과연 이 레위인이 자기가 제사장보다 율법을 더 잘 안다고 생각했을까? 더욱이 레위인은 앞서간 제사장을 바로 그날 밤에 여리고에서 만나야 했을지도 모른다. 그런데 이 레위인이 다친 사람을, 그것도 제사장이 율법에 순종하느라 못 본 체하고 지나친 사람을 데리고 여리고로 들어갈 수 있었을까? 만일 그가 다친 사람을 데리고 여리고에 들어갔다면, 제사장을 모독하는 일이 되었을 것이다!

장면 4는 사마리아인을 묘사한다.

4. 어떤 **사마리아인**이 여행하다가 그에게 이르러	**사마리아인**
그를 보고	보고 긍휼히 여기다
긍휼히 여겼다.	

이 시리즈를 이루는 이야기들 역시 한 방향을 지향한다. 선한 사마리아인 이야기를 우리 시대로 각색한다면, 가장 먼저 주교가 등장하고 이어 신부가 등장할 것이다. 그렇다면 세 번째로 등장할 인물은 부제일 것이다. 1세기 유대를 배경으로 할 경우, 먼저 제사장이 등장하고 이어 레위인이 등장했다면, 길을 따라 내려가는 세 번째 사람은 틀림없이 유대교의 일반 신자일 것이다. 그러나 이 이야기에서는 이런 일이 일어나지 않는다.

장면 4는 청중 앞에서 느닷없이 폭탄을 터뜨린다. 이야기 주인공이 유대교의 일반 신자가 아니라 유대인들이 미워하는 외부인이다. 나는 19세기 미국 서부에 정착한 사람들이 "선한 인디언"을 자기네 이야기의 주인공으로 삼는 경우가 있었을까 하는 의문이 든다. 이븐 알 타이이브가 들려준 유대교 이야기에서 다친 사람은 유대인이었다. 여기 이 비유도 다친 사람이 유대인이라고 전제한다. 만일 예수가 선한 **유대인**이 세겜으로 가는 길에 다친 **사마리아인**을 만나 그를 도와주었다고 말씀하셨다면 청중이 더 좋아했을 것이다. 유대인 청중은 비록 이야기 속의 유대인이 증오의 대상인 사마리아인을 도와주었어도 그를 "선한 유대인"으로 칭송했을 것이다. 하지만 선한 사마리아인이 다친 유대인을 도운 이야기라면 문제가 달라진다. 특히 제사장과 레위인이 의식도 없는 낯선 사람을 돕지 않고 못 본 체했다고 한 뒤에 이런 이야기를 한다면, 문제는 더더욱 심각하다!

이 이야기의 사마리아인은 앞서간 두 사람과 달리 다친 사람을 불쌍히 여긴다. 이 이야기에서 다친 사람을 구해주는 이는 외부에서 갑자기 등장했다. 그는 다친 사람의 상처를 싸매고, 기름과 포도주를 상처 부위에 부었다. 오리게네스, 암브로시우스, 아우구스티누스, 이븐 알 타이이브는 모두 이 사마리아인이 예수를 상징한다고 정확히 보았다.[13] 이렇게 사마리아인과 예수의 동일시에는 의미가 담겨 있다.

5. 그가 그에게 가서   **상처를 치료하다**
    상처를 싸매고   (레위인이 하지 않은 일)
    거기에 기름과 포도주를 부었다.

다친 사람을 옮기려면 먼저 그를 치료하여 도와주어야 한다. 그리스어 문법을 따르면 본문의 이 부분은 상처를 싸매고 기름과 포도주를 붓는 일이 한꺼번에 이루어졌다고 해석할 수 있다(그리스어 본문에는 "싸매주었다"가 먼저 나오고 "기름과 포도주를 부었다"는 동시 동작을 나타내는 현재분사로 이어져 나옴-역주). 시리아어와 아랍어 역본에서는 셈어 문법을 따라 오직 두 행위, 즉 상처

---

[13] Arthur A. Just Jr., ed., *Luke*, Ancient Christian Commentary on Scripture (Downers Grove, Ill: InterVarsity Press, 2003), pp. 179-81; Ibn al-Tayyib, *Tafsir al-Mashriqi*, 2:182.

를 싸매주는 행위를 하고 이어 기름과 포도주를 붓는 행위를 했음을 묘사할 뿐이다. 분명 이 사마리아인은 먼저 상처를 기름으로 씻어내고 이어 포도주로 상처 부위를 소독한 다음 마지막으로 상처를 싸매지 않았을까? 그러나 상처가 깊을 때는 먼저 상처를 싸맨 다음에 약을 부어 그 약이 싸맨 것을 통해 상처로 스며들게 할 때도 있었다. 1세기에는 가끔씩 기름과 포도주를 섞어 상처를 치료하는 약을 만들기도 했다. 이런 치료 행위 순서가 가지는 의미를 증명하기는 어렵다. 중요한 것은 이 사마리아인이 자신이 활용할 수 있는 모든 것(기름, 포도주, 천으로 싸매기, 탈 짐승, 시간, 에너지와 돈)을 사용하여 다친 사람을 보살폈다는 것이다. 이븐 알 타이이브는 이렇게 말한다.

> 그렇다. 세상에는 자선이나 구호의 증표로서 돈(darahim)조차 내놓기를 주저하는 사랑이 만연해 있다. 그러나 진심이 담긴 사랑은 칭송이나 영예를 추구하지 않고, 이 비유에서처럼 선한 일을 하다가 겪는 고뇌와 고통과 손실도 기꺼이 참아낸다. 그런 사랑은 대단히 희귀하다.[14]

이븐 알 타이이브는 비유 속의 사마리아인이 다친 사람을 도우려고 많은 희생을 치르리라는 것을 직관으로 이해한다.

6. 그런 다음 그를 그가 탄 짐승에 태워 여관으로 데려가 보살펴주었다.	**그 사람을 데려감** (제사장이 하지 않은 일)

이어 사마리아인은 자기 목숨마저 위태로운데도 다친 사람을 유대 지경 안에 있는 여관으로 옮겨간다. 이런 여관은 광야가 아니라 동네에 있었다. 예수 시대에 예루살렘에서 여리고에 이르는 광야에 여관이 있었음을

---

14) Ibn al-Tayyib, *Tafsir al-Mashriqi*, 1:181.

일러주는 고고학 유적은 전혀 남아 있지 않다. 이 이야기를 듣는 사람은 사마리아인이 다친 사람을 여관을 찾을 수 있는 여리고로 데려갔으리라고 짐작했을 것이다. 이븐 알 타이이브의 이야기도 그 점을 확인해준다.[15] 사마리아인은 여리고 경계에 이르렀을 때 다친 사람을 내려주고 사라졌을 것이다. 사마리아인이 사람을 태우는 짐승 위에 다친 유대인을 태우고 유대인 동네에 들어가는 것은 위험했을 것이다. 설령 이 사마리아인이 다친 유대인의 생명을 구해줬다 하더라도, 동네 사람들은 사마리아인에게 복수할지도 모를 일이었다. 나는 중동에서 이런 무자비한 사건들을 실제로 읽었으며 직접 목격하기도 했다.

7. 다음날 그가 여관 주인에게
　　두 데나리온을 내어주며 말하기를　　　　**그를 살펴주라고 돈을 지출함**
　　"그를 보살펴주시오. 돈이 더 들면　　　　(강도들을 대신해 배상함)
　　내가 돌아와서 갚아주겠소."

이 마지막 장면은 다음날 여관에서 일어난 일이다. 두 데나리온은 적어도 한 주나 두 주 동안 여관에서 묵는 데 충분한 비용이었을 것이다.[16] 사람들이 이 사마리아인의 마지막 행동에서 못 보고 지나치는 사실은, 그가 자기 목숨을 걸고 유대인 동네에 있는 여관에서 피해자를 돌봐주었다는 것이다. 이야기를 1850년 무렵 미국 정황으로 바꿔보면, 아메리카 원주민 한 사람이 등에 화살을 둘이나 맞은 카우보이를 발견하고 그를 자기 말에 태운 뒤 도지 시티(Dodge City)로 데려가는 모습을 떠올려보면 된다. 원주민은 여관 홀 위에 있는 방을 하나 잡고 다친 카우보이를 밤새 돌본다. 다음날 아침 이 아메리카 원주민이 홀에 나타났을 때, 도지 시티 사람

---

15) 이븐 알 타이이브는 사마리아인이 다친 사람을 여리고로 데려갔다고 콕 집어 이야기한다.
16) Arland J. Hultgren, *The Parables of Jesus* (Grand Rapids: Eerdmans, 2000), p. 99.

들은 그에게 어떤 반응을 보였을까? 대다수 미국인들은 설령 이 원주민이 카우보이를 도와주었더라도, 도지 사람들이 이 원주민을 죽였으리라는 것을 안다.

사마리아인에게는 여관비를 계산한 뒤에도 그 마을을 빠져나가는 일이 남아 있었다. 여관 밖에는 군중이 모여 이 사람을 기다리고 있었을까? 이 사람은 그들에게 두들겨 맞거나 죽임을 당했을까? 우리는 모른다. 이 이야기는 결말을 다 마무리하지 못한 채 끝난다. 때문에 예수의 많은 비유처럼 청중이 결론을 이야기 속에 집어넣어야 한다. 사마리아인은 자칫하면 폭행을 당할 수 있는데도 자신을 드러냈을까?

당시에는 빚을 갚지 못하는 사람은 노예로 팔릴 수도 있었다. 예수가 말씀하신 불의한 종 비유는 1세기의 이런 냉혹한 현실을 언급한다(마 18:25). 여관에 묵는 사람이 여관비를 내지 못하면, 당시에 대체로 평판이 좋지 못하던 여관 주인들을 통해 노예로 팔릴 위험이 있었다. 이야기 속 희생자에게는 아무것도, 심지어 옷도 없었다. 사마리아인은 다친 사람을 구한 일이 헛일이 되지 않게, 여관비 일부를 미리 내고 잔액은 마지막에 내겠다는 확약을 해야 했다. 이런 특별한 노력을 하지 않았으면, 사마리아인은 가난한 피해자가 광야에서 죽게 버려두는 것이 더 나았을지도 모른다.

이 비유에서 사마리아인은 다친 사람에게 전혀 기대할 수 없는 사랑을 값지게 베푼다. 그 과정에서 예수는 삶을 바꿔놓는 고귀한 사랑, 장차 당신이 달릴 십자가에서 절정에 이를 고귀한 사랑의 능력을 다시 해석해주신다.

예수와 율법교사의 대화는 이렇게 끝을 맺는다.

"네 생각에는 이 셋 가운데 누가
강도들을 만난 자에게 이웃임을 증명했느냐?"
그가 말하되 "그에게 자비를 베풀 자입니다."
그러자 예수가 그에게 이르시되 "가서 너도 그와 같이 하라."

예수는 "누가 내 이웃입니까?"라는 율법교사의 질문에 대답하시지 않는다. 대신 예수는 "내가 누구에게 이웃이 **되어야** 하는가?"라는 더 큰 질문을 다루신다. 그 답은 "절박한 처지에 있는 사람"이다. 사마리아인은 큰 희생을 치르고 다친 사람에게 이웃이 되었다. 예수가 말씀하신 이웃은 다친 사람이 아니라 **사마리아인**이다. 이와 관련하여 이븐 알 타이이브는 이런 말을 한다.

> 우리는 율법교사가 이 사마리아인을 공개적으로 칭송하길 원치 않으며 이런 이유로 사마리아인의 이름을 말하지 않고 모호하게 언급하는 것을 본다. 율법교사의 양심은 예수의 물음에 대한 답을 일러주지만, 그는 자신이 교육받았던 (사마리아인에 대한) 유대인들의 태도를 두려워한다. 이 비유가 없다면, 율법교사는 사마리아인이 다친 사람의 이웃이라는 것을 결코 인정하지 않을 것이다.[17]

이븐 알 타이이브는, 비록 율법교사에게는 사마리아인이 다친 사람의 이웃임을 공개적으로 인정하기가 쉽지 않겠지만, 그래도 예수와 율법교사 모두 이 사마리아인을 이웃으로 여긴다는 것을 재치 있게 이야기한다.

이 이야기를 들으면서 율법교사에게는 스스로를 의롭게 할 수 없음(곧 자신의 힘으로 영생을 얻을 수 없음)을 깨달을 기회가 찾아온다. 예수가 요구하신 일은 그의 능력을 넘어서기 때문이다. 아울러 그와 이 비유를 읽는 모든 이들에게는 이 비유가 만들어졌을 때부터 그들이 본받을 고귀한 윤리의 모델이 주어졌다.

---

17) Ibn al-Tayyib, *Sharah al-Mashriqi*, 2:184.

요약: 선한 사마리아인 비유

이 비유에는 윤리와 신학이 모두 들어 있다. 이 비유가 만들어내는 "집안의 방들"은 무엇인가? 나는 다음과 같은 것을 제시하고 싶다.

1. **영생-은혜의 선물**. 율법교사는 그가 도저히 충족시킬 수 없는 기준을 받는다. 그 과정에서 그는 자기 힘으로 영생을 얻지 못함을 발견할 수 있는 기회를 가진다. 영생은 그에게 거저 주어지는 선물이기 때문이다.
2. **이웃이 됨**. "누가 내 이웃입니까?"라는 율법교사의 질문은 그릇된 질문이다. 그는 "내가 누구에게 이웃이 **되어야** 하는가?"라는 질문을 해보라는 요구를 받는다. 이 비유는 이렇게 대답한다. "네 이웃은 언어나 종교나 민족을 불문하고 절박한 처지에 있는 사람이다." 성경 전체를 통틀어 외부인을 긍휼히 여기는 모습이 가장 뛰어나게 표현된 곳이 바로 여기다. 이런 비전에서 나온 윤리적 요구는 한계가 없다.
3. **율법의 한계**. 긍휼히 여김은 모든 율법의 요구가 미치는 범위를 넘어선다. 제사장과 레위인은 글로 기록된 책만 생각하다가 그들이 해야 할 의무를 발견하지 못한다.
4. **민족 차별**. 이 비유는 공동체가 가진 신앙의 태도와 민족을 차별하는 태도를 공격한다. 이 이야기는 사마리아에서 한 선한 유대인이 다친 사마리아인을 구하는 이야기였을 수도 있다. 그러나 이 비유에서는 유대인에게 미움을 받는 사마리아인이 (추측컨대) 다친 유대인을 구조한다.
5. **선생이신 예수**. 이 이야기에는 선생으로서 예수의 노련한 모습이 나타난다. 예수는 율법교사의 질문에 대답하시지 않고 다른 질문들을 던지심으로써, 율법교사가 스스로 자기 질문에 대답하게 하신다. 그 과정에서 율법교사는 율법에 대한 신실함이 요구하는 것에 관한 이

해를 넓히라는 요구를 받는다.

6. **기독론**. 청중의 종교 지도자(제사장과 레위인)가 실패한 뒤, 구원자가 외부에서 갑자기 나타나 구원을 베푸는 데 따르는 희생을 개의치 않고 구원을 베푼다. 예수는 자신에 관해 이야기하신다.

7. **십자가**. 선한 사마리아인은 뜻밖의 사랑을 값지게 보여준다. 그는 목숨이 위태로운데도 다친 유대인을 유대인 동네로 데려가 거기서 밤을 보낸다. 다친 사람은 이제 이전과 완전히 다른 사람이 될 것이다. 예수는 자신의 수난이 지닌 의미를 일부나마 생생하게 일러주신다.

23장

어리석은 부자 비유

누가복음 12:13-21

고대 그리스 세계에서는 몸과 영혼의 구별이 익숙한 일이었으나, *nepeš*(자아, 전인)를 몸과 영혼이 분리될 수 없이 결합해 있는 복합체로 보았던 히브리인의 심상에서는 그런 구별이 낯설었다. 이런 이유로 바울이 말하는 부활은 몸의 부활을 포함했는데, 바울은 이 몸을 "영의 몸"이라 정의했다(고전 15:44).

그러므로 하나님이 지으셔서 "좋다"고 말씀하시고 그 속에 인간 존재를 담아두신 "육의 세계"라는 실체와 분리될 수 있는 "영의 복음"은 있을 수가 없다. 예수의 여러 가르침의 핵심에는 이런 영과 육의 조화, 그리고 이렇게 조화를 이룬 영육과 하나님의 관계가 자리해 있다. 예를 들어 주기도는 빵(양식)의 선물을 달라고 요청하는 간구를 담고 있다.

물질과 관련하여 예수는 기도보다 돈 이야기를 더 많이 하셨다. 예수는 돈 이야기를 하실 때마다 모든 물질이 하나님의 소유임을 가정하셨다. 시편의 시인은 "땅과 거기에 가득한 것들이 야웨의 소유입니다"(시 24:1)라고 썼다. 이 말은 사유 재산권을 인정하지 않는다는 뜻일까?

성경의 생각을 따른다면 우리는 우리의 모든 재산을 관리하는 청지기요, 그 재산으로 행하는 모든 일로 하나님께 책임을 진다. 아울러 신약성

0. 무리 중 한 사람이 그에게 이르되   **배경**
"랍비여, 내 형에게 유업을 나와 나누라 하소서."
그러나 그가 말씀하시되
"이 사람아, 누가 나를 너희 재판장이나 재산 분할자로 세웠느냐?"
그리고 그가 그들에게 이르시되   **일반 원리**

1. "조심하라, 그리고 모든 종류의 탐욕을 주의하라.
이는 사람의 생명이 그의 넉넉한 소유에 있지 않기 때문이다."

2. 또 그가 이런 비유로 말씀하시되   **주어진 재물**
"어떤 한 부자가 있었는데
그의 땅은 풍성한 소출을 냈다.

3. 그러자 그가 자기 자신과 의논하여 말하되   **자신과 대화함**
'내가 곡식을 쌓아둘 곳이 없으니   (내 곡식, 쌓아둘 곳이 없음)
어떻게 하지?'

4. 그리고 그가 말하길 '이렇게 하자.
내 곳간을 헐고 더 큰 곳간을 지어야겠다.   **해결책(?)**
그리고 내 곡식과 내 재물을 쌓아두리라.'   (더 많이 쌓아둠)

5. 그리고 나는 내 자신에게 말하리라 '좋아!
너는 여러 해 동안 쓸 물건을 풍성히 쌓아두었다.   **자신과 대화함**
쉬어라, 먹어라, 마셔라, 그리고 즐겨라.'   (내 곡식을 쌓아둠)

6. 하지만 하나님이 그에게 이르시되 '바보야!
이 밤에 네 목숨을 네게서 거두면   **남은 재물**
네가 준비해둔 이것들이 누구 것이 되겠느냐?'

7. 자기를 위하여 재물을 쌓아두고   **일반 원리**
하나님을 위하여 부를 모으지 않는 자가 이와 같으니라."

그림 23.1. 어리석은 부자 비유(눅 12:13-21)

경은 사유 재산의 정당성을 강조한다. 베드로가 사도행전 5:1-11에서 아나니아와 삽비라를 꾸짖은 이유는 그들이 자기 재산을 하나님께 바치지 않았으면서도 바쳤다고 거짓말을 했기 때문이다. 그들의 죄는 재산을 소유한 것이 아니라 거짓말을 한 것이었다. 온 세상의 그리스도인은 그들이 소유한 재산과 이 땅을 관리할 청지기로 부르심을 받았다.

어리석은 부자 비유(그림 23.1.을 보라)는 우리 주님께서 이런 주제와 관련해서 하신 주요 가르침 중 하나다. 이 이야기는 자신이 소유한 모든 것으로 하나님께 책임을 져야 한다는 것을 깨닫지 못한 어떤 사람을 다룬다.[1]

수사

일곱 개 연 중 가운데 연이 중심이 되고 첫 세 연이 마지막 세 연에서 역순으로 되풀이되는 예언적 수사 틀이 다시 등장한다. 이 이야기는 일반 원리로 시작하여 일반 원리로 끝맺는다. "주어진 재물"과 "남은 재물"이 두 번째 외피(envelope)를 이룬다. 장면 3과 5는 부자가 자신과 나누는 두 대화에 초점을 맞춘다.[2] 이 대화의 주제는 재물을 쌓아둠이다. 장면 3에서는 재물이 쌓여있지 않으나, 장면 5에서는 재물이 모두 안전하게 보존될 미래를 내다본다. 중앙의 장면 4는 부자가 자기 소유를 어떻게 생각하는지 여실히 보여준다. 한마디로 오로지 나밖에 없다는 식이다. "내 곳간, 내 곡식, 내 재물"이 부자가 사는 세계를 이룬다. 그의 작전 계획은 자신의 모든 잉여 생산물을 자기를 위해 보존해두고자 저장 시설을 확장하는 것이다.

이 비유 중심부의 독백은 다른 곳에서도 등장하는 독특한 특징이다.

---

1) 이 비유에 대한 더 상세한 해석으로는 Kenneth E. Bailey, *Through Peasant Eyes*, in *Poet and Peasant and Through Peasant Eyes* (Grand Rapids: Eerdmans, 1980), pp. 57-73을 보라.
2) 여기서 그리스어는 *psychē*이며, 이를 히브리어로 번역하면 *nepeš*다. 이는 자아, 곧 전인—몸과 영혼—을 뜻한다.

불의한 청지기 비유(눅 16:1-8)가 이런 특징을 사용하며, 잃어버린 작은아들(눅 15:11-23)과 잃어버린 큰아들(눅 15:24-32)을 다룬 이중 비유에서는 이 특징을 두 번 사용한다. 고귀한 포도원 주인도 자신의 이야기(눅 20:9-18) 중심부에서 독백의 대사를 한다. 이 다섯 사례를 모두 살펴보면, 중앙부의 독백은, 좋은 쪽으로든 나쁜 쪽으로든, 중요한 전환점을 이룬다. 이런 수사 특징들을 새겨두고, 이제 이 비유 자체를 살펴보도록 하자.

주석

선한 사마리아인 비유처럼 이 비유에도 내러티브 배경이 있다. 그 본문은 다음과 같다.

> 0. 무리 중 한 사람이 그에게 이르되 　　　　　　　　**배경**
> "랍비여, 내 형에게 유업을 나와 나누라 하소서."
> 그러나 그가 말씀하시되
> "이 사람아, 누가 나를 너희 재판장이나 재산 분할자로 세웠느냐?"
> 그리고 그가 그들에게 이르시되 　　　　　　　　　**일반 원리**

"선생님"은 누가가 랍비를 가리키는 말이다. 무리 속에 섞여 있던 사람은 자신이 법률 전문가에게 말을 건넨다고 생각했다. 하지만 그는 예수께 이렇게 말하지 않았다. "랍비 예수여, 제 형과 제가 싸우고 있습니다. 저는 이 싸움이 우리 사이를 영영 갈라놓을까봐 걱정입니다. 저와 제 형 이야기를 듣고 우리를 좀 화해시켜주십시오. 이렇게 간청하오니, 우리가 하나가 되게 해주십시오!" 이와 달리 그는 이렇게 말한다. "예수님! 제 형에게 그가 잘못했고 제게 저의 몫을 주어야 한다고 말씀 좀 해주십시오." 이런 요구는 형제 사이가 이미 틀어졌음을 의미한다.

이런 요구가 나오게 된 상황은 안 봐도 분명하다. 아버지는 말이나 글로 유언을 남기지 않고 죽었다. 땅이 있었고, 두 형제가 이를 소유하게 되었다. 당시 법에 따르면, 유업은 형이 동의해야 나누어 가질 수 있었다. 따라서 예수께 간청한 자는 아우임이 틀림없다. 이 아우는 지금 예수께 자기 형에게 압력을 넣어 재산을 나누게 해달라고 요청한다. 분명 형은 이런 재산 분할을 원하지 않았다. 이 문제는 중요했다. 정의는 삶에 없어서는 안 될 부분이다. 본문에서 예수께 간청하는 자는 토지를 분할하여 정의를 이뤄달라고 간청하는데, 점점 더 많은 사람들이 북적대는 우리 세상에서는 이런 문제가 아주 민감하고 중대한 사안이다.

예수는 갈라놓지 않고 화해케 하는 분이다. 그는 사람들을 아예 갈라놓기보다 하나가 되게 하길 원하신다. 그렇다고 예수가 정의를 이뤄달라는 외침에 무관심하시다는 말은 아니다. 예수는 많은 비유와 극적 행위를 통해 짓밟히고 억눌리고 소외당한 이들을 긍휼히 여기시는 마음을 드러내신다. 이 기사는 예수가 당신이 살아가시던 세상의 사회 정의에 섬세한 관심을 갖고 계셨음을 보여준다(눅 4:16-30을 보라). 특히 이 비유는 물질 소유, 하나님, 그리고 정의의 관계를 반영한다.[3]

정의를 요구하는 명분을 판단함. 정의를 요구하는 "명분"은 옳고 그름을 판단해야 한다는 것이 예수의 생각이다. 레슬리 뉴비긴은 『공개된 비밀』(*The Open Secret*)에서 우리 시대가 요구하는 선교 신학을 서술한다. 그는 정의를 다룬 장에서 이렇게 쓴다. "인간이 내거는 모든 주장은 모호하며, 인간이 하는 모든 행위는 우리의 이기주의가 만들어낸 착각과 관련이 있다." 이어 그는 이렇게 말한다.

우리가 만일 성경의 하나님을 인정한다면, 사회 정의를 위한 투쟁에 헌신해야

---

[3] Craig L. Blomberg, *Neither Poverty nor Riches* (Grand Rapids: Eerdmans, 1999)를 보라.

한다. 정의는 각 사람에게 합당한 몫을 나눠줌을 뜻한다. 복음에 비춰볼 때 우리 문제는, 우리 각자가 자기가 받아야 할 몫을 자기 이웃이 받아야 할 몫보다 지나치게 많이 계산한다는 것이다. 만일 내가 고수하고자 하는 정의라는 것을 판단해줄 정의를 내가 인정하지 않는다면, 나는 정의의 심부름꾼이 아니라 무법 독재의 하수인이다.[4]

1차 세계대전 이후 중동에서는 많은 공동체가 여러 형태의 정의를 이루려고 투쟁해왔다. 이런 공동체들은 종종 불타는 정의감을 표출한다. 그들은 자신이 위하여 싸우는 모든 것이 정의라고 역설한다. 그러나 대체로 그들은 자신의 명분을 판단해줄 정의를 인정하지 않으며, 결국에는 자기도 모르는 사이에 종종 뉴비긴이 말하는 "무법 독재"를 위해 싸우는 모습을 보인다.

예언자 하박국이 갈대아인들의 나아옴에 대해 이야기할 때, 그가 갈대아인들에 관해 할 수 있었던 가장 놀라운 말은 "그들의 정의와 자부심이 그들 자신에게서 나온다"(합 1:7)였다. 이보다 더 나쁜 일이 어디 있겠는가? 하박국은 갈대아인들이 그들과 그들의 명분을 심판하실 수 있는 정의의 하나님을 믿는다고 고백하지 않음을 알았다. 진정 그들은 무엇이 옳은지 스스로 결정했으며, 이것은 하박국을 깊은 혼란에 빠뜨렸다!

또 다른 난점은 정당한 명분을 내걸고 싸우는 사람은 보통 그것을 내세워 자신을 정의롭다고 생각한다는 점이다. 이런 사람은 보통 자신이 이런 명분 때문에 행하는 모든 일을 옳다고 믿는다. 이처럼 자기 스스로 만들어낸 정의에 빠진 사람들에게 화가 있으리라! 이 비유는 정의를 요구하는 외침을 새롭게 볼 수 있는 시각을 제시한다.

논의 중인 이야기에서, 예수께 간청하는 자는 스스로 정의의 요구가 무엇인지를 이미 결정해놓고, 손님으로 오신 랍비가 자기 견해를 형에게

---

4) Lesslie Newbigin, *The Open Secret* (Grand Rapids: Eerdmans, 1999), p. 124.

도 강요해주길 원한다. 예수는 어떤 반응을 보이실까?

1세기 랍비들은 모세 율법의 전문가였고, 율법과 관련된 문제를 판단하고 결정하며 시간을 보냈다. 유명한 랍비 요하난 벤 자카이(Johanan Ben Zakkai)의 사례가 있다. 예수와 동시대인이었던 그는 북부 지방에서는 처리할 사건이 별로 없자 갈릴리에서 예루살렘으로 옮겨갔다. 이 이야기 속에서 간청하는 사람과 똑같은 관심사를 들고 그에게 오는 사람은 그리 많지 않았던 것이다. 이 이야기의 간청인은 랍비 예수가 자기의 주장을 들어주길 소망했다.

출애굽기 2:11-15은 모세 이야기를 들려준다. 모세는 동포인 히브리인 둘이 싸우는 것을 보고 판단을 내려주려 한다. 싸움 당사자들은 모세가 끼어드는 것을 거부하며 이렇게 말했다. "누가 너를 우리 재판관으로 세웠느냐?"(14절) 이 본문에서는 예수가 판단을 내려달라는 **요청을 받으시고도** 거절하신다. 예수에게는 다른 뜻이 있었다.

예수는 "이 사람아, 누가 나를 너희 재판장이나 재산 분할자로 세웠느냐?"라는 질문으로 대답하신다. 예수의 관심사는 관계를 회복시키는 것이다. 관계의 회복이 이루어지면, 사람들은 그들을 갈라놓은 분쟁을 처리할 수가 있다. 예수의 사역을 통틀어 보면, 그분께 "정답"을 제시하여 어쩔 수 없이 이런 정답을 받아들이도록 하는 데 성공한 이는 아무도 없었다.

예수는 자기에게 요청하는 자에게 "사람"이라는 호칭을 붙이신다. 중동에서 이런 호칭은 사람을 퉁명스럽게 부르는 방법이다. 이 말은 "난 네 이름을 쓰지도 않겠고, 너를 '친구'라 부르지도 않으련다. 난 널 그냥 '사람'이라 부르겠어!"라는 뜻이다.[5] 이런 말은 불쾌감을 강하게 암시한다.

예수는 계속해서 이 문제를 새로운 시각으로 바라보라고 요구한다. 본문을 문자 그대로 번역하면 이러하다.

---

5) 중동 전역에서는 아랍어 일상 회화에서 같은 의미인 *ya rajil*과 *ya zalami*가 이런 의미를 갖고 있다.

1. 조심하라, 그리고 모든 종류의 탐욕을 주의하라.

　사람의 생명이

　그가 넘치도록 가진 것에,

　그의 소유에 있지 않기 때문이다.

소유에는 깊은 두려움이 따른다. 종종 아무 근거 없는 두려움이 – 어느 날인가는 가난뱅이가 될 수도 있다는 두려움이 – 따라붙기도 한다. 얼마나 많은 부를 쌓아두었든, 영혼을 좀먹는 이 고통은 더 많은 것을 얻도록 연약한 인간을 몰아붙인다. 만족이란 결코 없다. 내면의 불안은 결코 없어지지 않기 때문이다.

이것이 도통 만족을 모르는 욕구가 일으키는 문제다. 예수는 바로 이 욕구를 두고 지혜의 말씀으로 청중에게 경고하신다. **생명**은 이렇게 만족을 모르는 욕구가 만들어낸 넘치는 재물을 소유해야 누릴 수 있는 것이 아니다. 예수는 지혜의 말씀에 이어 잉여 재물에 관한 비유를 말씀하심으로 중동의 훌륭한 수사법을 보여주신다. 하나님이 모든 물질의 소유주시며 사람은 단지 하나님이 쓰시는 청지기라면, 이런 청지기의 욕구가 설령 잉여 재물을 만들어낸다 해도, 청지기가 무슨 권리를 갖겠는가? 잉여 재물이 생기면 나타날 반응에 대해서는 누구나 알고 있다.

- 잉여 재물을 숨긴다.
- 잉여 재물을 과시한다.
- 잉여 재물을 펑펑 쓰며 휴가를 보낸다.
- 삶의 스타일을 업그레이드하면서 그 재물을 날려버린다.
- 비싼 장난감을 사느라 빚에 빠지고 만다.
- 더 많은 보험을 든다.
- 가난해서 겨우 입에 풀칠하고 살아가는 체한다.
- 잉여 재물을 써서 권력을 얻는다.

그리스도인은 지혜의 말씀과 이어지는 비유를 바탕으로, 만족을 모르는 욕구는 물론 고된 노동이나 윤택한 자연이나 "시장"의 변동이나 다른 이들의 선물이 만들어내는 잉여 재물에 대해서도 깊이 생각해봐야 한다.

이 비유는 다음과 같이 시작한다.

2. 또 그가 이런 비유로 말씀하시되   **주어진 재물**
"어떤 한 부자가 있었는데
그의 땅은 풍성한 소출을 냈다.

비유 속 사람은 이미 부유하다. 게다가 그의 땅은 풍성한 소출을 낸다. 그는 이런 풍성한 소출을 만들어낼 목적으로 더 열심히 일하지도 않았다. 이런 소출은 하나님의 선물이다. 이제 그는 이 잉여 산물로 무엇을 하려 하는가?

이어 본문은 다음과 같이 말한다.

3. 그러자 그가 자기 자신과 의논하여 말하되
'내가 곡식을 쌓아둘 곳이 없으니   **문제**
어떻게 하지?'

이 본문은 문자 그대로 번역하면, 그가 "자신과 대화했다"고 일러준다. 아주 슬픈 장면이다. 중동에서는 중요한 일이 있으면 마을 사람들이 친구들과 오랜 시간 의논하여 결정을 내린다. 가족과 공동체 그리고 온 동네가 단단히 엮여 있다. 내 일, 네 일이 따로 없다. 아무리 사소한 일도 가족 및 친구들과 오랜 시간 의논한 뒤에 결정한다. 그런데 이 이야기 속 인물은 그런 친구가 아예 없는 것 같다. 그는 주위 가족과 어울리지 못한 채 외톨이로 살아간다. 중요한 결정을 내릴 때도 그가 상의할 수 있는 유일한 사람은 자신뿐이다.

아라비아의 대궐 같은 집에서 레바논 산지의 아방궁 같은 여름 거처까지, 또 유럽에서 아메리카까지 온 세상을 통틀어 보면, 사람이 많은 부를 얻을수록 이웃으로부터 점점 더 멀어지는 것이 인생사 일반의 이치다. 이사야는 이런 역학 관계를 다음과 같이 묘사한다.

집에 집을 잇고
밭에 밭을 더하되
더 이상 남은 곳이 없기까지 그리하면서
땅 가운데
홀로 거하려는 자들에게 화가 있으리라(사 5:8).

바로 이런 일이 이 이야기 속 인물에게 일어난 듯하다. 그의 주위에는 아무도 없다. 그는 그저 자신과 말을 나눌 수 있을 뿐이다. 예수가 이 비유를 말씀하실 때 청중은 바로 그런 광경을 떠올렸을 것이다.

부자는 자신에게 묻는다. "어떻게 하지?" 그에게는 풍성한 수확물을 쌓아둘 곳이 없다. 그는 이 풍성한 수확물이 하나님의 선물이라는 것도, 이것을 참 소유주인 그분이 명하신 대로 사용해야 할 책임이 있다는 것도 모른다. 그는 이 수확물을 자기 소유로 여긴다.

4세기 라틴(서방 교회) 신학자인 암브로시우스는 현명하게 한마디 한다. "우리가 가지고 떠날 수 없는 것들은 우리 소유가 아니다.…우리가 베풀었던 긍휼만이 우리를 따라올 뿐이다."[6] 북아프리카 출신으로 암브로시우스의 제자였던 아우구스티누스는 이렇게 썼다. "그는 가난한 사람들의 배가 자기 곳간보다 더 안전한 저장고임을 깨닫지 못했다."[7]

---

6) Ambrose, *Exposition of the Gospel of Luke*, Homily 7.122. *Luke*, Ancient Christian Commentary on Scripture, ed. Arthur J. Just (Downers Grove, Ill.: InterVarsity Press, 2003), p. 208에서 인용.

7) Augustine, *Sermon* 36.9. *Luke*, Ancient Christian Commentary on Scripture, ed.

부자는 다른 시각을 갖고 있다. 비유 중간에 자리한 정점은 자기 곳간을 헐고 넘치는 수확물을 쌓아둘 더 큰 곳간을 짓겠다는 부자의 결심을 이야기한다.

4. 그리고 그가 말하길 '이렇게 하자.
   내 곳간을 헐고 더 큰 곳간을 지어야겠다.　　　　**계획**
   그리고 내 곡식과 내 재물을 쌓아두리라.'　　　　　(현재)

여기에는 부자가 고용한 사람들이 일을 했으며 또 앞으로도 일할 것이라는 언급이 전혀 없다. 이 부자가 아는 것은 오로지 **내** 수확물, **내** 곳간, **내** 곡식, **내** 재물, **내** 영혼뿐이다. 부자는 이 자기중심적 기도 말미에 이런 생각을 한다. "나는 **내** 자신/영혼에게 말하리라." 부자가 자신과 나누는 대화가 이어진다.

5. 그리고 나는 내 자신에게 말하리라 '좋아!
   너는 여러 해 동안 쓸 물건을 풍성히 쌓아두었다.　　**계획**
   쉬어라, 먹어라, 마셔라, 그리고 즐겨라.'　　　　　　(미래)

그는 평소 생각과 떠오르는 아이디어를 나누고 지혜를 얻을 수 있는 친구가 없다. 그는 철저히 혼자다. 이어서 그는 이렇게 말한다. "좋아! 너는 여러 해 동안 쓸 물건을 풍성히 쌓아두었다. 쉬어라, 먹어라, 마셔라, 그리고 즐겨라." 그는 "이보다 더 좋을 순 없다"고 생각하지만, 외톨이인 그가 안쓰럽다. 그의 이런 생각은 전도서의 다음 구절에도 나오는 것 같다. "또 나는 즐겁게 살라고 권하노니, 이는 사람이 해 아래에서 먹고 마시며 즐거워하는 것보다 좋은 일이 없기 때문이요, 이런 일이 하나님이 해 아

Arthur J. Just (Downers Grove, Ill.: InterVarsity Press, 2003), p. 208에서 인용.

래에서 그에게 주신 사는 날 동안 수고하는 그와 함께할 것이기 때문이다"(전 8:15).

이것은 훌륭한 철학이지만, 전도서 설교자는 "사는 날"이 하나님의 선물임을 알고 있다. 우리 이야기 속의 부자는 그 사실을 알지 못한 모습을 보인다. 그는 자신에게 "먹고 마시며 즐거워하라"고 일러주는 첫 부분만 기억한다. 그러면서 "**하나님이 해 아래에서 그에게 주신 사는 날**"을 이야기하는 후반부는 제멋대로 잊어버린다.

이븐 알 타이이브는 부자의 잘못을 다루면서 다음과 같이 말한다.

그는 하나님의 형상으로 지어진 사람이 몸을 위한 음식으로 완전한 만족을 누릴 수 있다고 생각한다. "오 '나'라는 사람아, 너는 재물과 쉼과 먹을 것 따위가 풍성하구나"라고 말하기 때문이다. 그는 자신이 동물과 같으며, 가장 큰 즐거움이자 만족은 먹고 마시는 것이라고 생각한다.[8]

여기서 쓴 그리스어는 *psychē*인데, 이는 종종 "soul"로 번역된다. 영어에서 이 말은 몸에서 분리될 수 있는 영혼의 의미를 갖고 있다. 그러나 이 그리스어 배후에는 시편 42:1-2에 사용된 히브리어 *nepeš*가 자리해 있다.

사슴이 흐르는 시냇물을 찾아
갈급함같이
내 영혼(*nepeš*)이, 오 하나님, 당신을 찾기에
갈급하나이다.
내 영혼(*nepeš*)이 하나님, 곧 살아 계신 하나님을
갈망하오니

---

8) Ibn al-Tayyib, *Tafsir al-Mashriqi*, ed. Yusif Manqariyos (Egypt: Al-Tawfiq Press, 1907), 2:213.

내가 언제 나아가서
하나님의 얼굴을 뵈올까요?

시편의 시인은 사슴이 광야에서 물을 찾으며 **갈급해한다**고 말한다. 마찬가지로 그의 *nepeš*(영혼)도 **하나님을 찾으며 갈급해한다**. 그러나 *nepeš*가 먹고 마실 것으로 완전히 만족하는 이 어리석은 부자는 하나님을 찾지도 않고 갈급해하지도 않는다. 그의 문제는 자아(*nepeš*)의 본질을 철저히 오해한 것이요, 그 자아를 유지하는 데 필요한 것이 무엇인가에 대해 완전히 잘못된 판단을 내린 것이다. 아우구스티누스는 "내 영혼이 당신 안에서 쉴 때까지 쉬지 못하나이다"라는 말을 한 것으로 유명하다. 그러나 이 부자의 견해는 이렇다. "내가 먹을 것과 마실 것이 차고 넘침을 확신할 때까지는 내 영혼이 쉬지 못한다."

이때 갑자기 천둥번개가 치는 무대 위에서 하나님의 음성이 울려퍼진다.

6. 하지만 하나님이 그에게 이르시되 '바보야!
　이 밤에 네 목숨을 네게서 거두면　　　　　**남은 재물**
　네가 준비해둔 이것들이 누구 것이 되겠느냐?'

하나님은 이 부자의 목숨을 거두겠다고 선언하신다. 그리스어 본문은 여기서 교묘한 언어유희를 구사한다. "즐거워하다"로 번역한 말은 *euphrainō*이며, 바보를 가리키는 말은 *aphrōn*이다. *phrōn*은 **횡격막**(diaphragm)과 관련이 있다. 여러분이 크게 한숨을 내쉬면서 횡격막(가슴)을 쫙 펼 수 있는 지점에 이르면 목표 지점에 "도착한" 것이요, *euphrainō* 상태에 이른 것이다. 전도서 설교자의 충고를 따라 이 인물은 자신이 그런 황홀한 상태에 이르렀다고 믿었다. 그 앞에는 그가 먹고 마시고 *euphrainō* 할 수 있는(즉 횡격막을 쫙 펼 수 있는), 다시 말해 "즐거워할 수" 있는 "호시절이 펼쳐질 참이었다." 그러나 하나님은 그가 사실은 *a-phrōn*(바보)이라고 말씀하신다. 말하자면 그는 쫙 펼 횡격막도 갖지 못한 자였다. 그가 이런 비참한 상태로 떨어진 이유는 넉넉한 양식과 음료가 자신의 참되고 유일한 자아를 온전히 떠받쳐준다고 잘못 판단했기 때문이었다. 그의 자아/영혼은 하나님이 아니라 비싼 음료를 찾느라 갈급해했다.

그러다 그는 별안간 자기 영혼/자아/목숨이 자기 것이 아니라 하나님이 빌려주신 것임을 깨달았다. 하나님은 언제라도 당신이 빌려주신 것을 돌려달라고 요구하실 수 있었다. 그리스어 본문은 "네 영혼/자아(*nepeš*)를 네게 요구한다"고 기록했는데, 이는 빌려준 것을 돌려달라는 말이다. 이것은 성경의 큰 진리 가운데 하나이지만 자주 감추어진다. 목숨은 권리가 아니라 선물이며 빌려온 것이다. 하나님이 우리 자녀에게 닷새의 삶을 주신다면, 우리는 자녀를 잃음을 슬퍼하면서도 그 닷새 때문에 감사해야 한다. 우리에게는 열흘을 요구할 권리도, 팔십 년을 요구할 권리도 없다. 하루하루가 모두 선물이다. 우리는 작사가인 데이비드 베일리가 "One more day"라 일컬은 것9)을 허락받았음을 이유로 하나님을 찬미한다. 주기도도 같은 주제를 이야기한다.

이 비유 속 인물은 이 모든 것을 망각했다. 전도서 설교자도 그에게 도움이 되지 않았다. 어리석은 부자가 그 훌륭한 본문에서 빌려온 문장을 머리만 싹둑 잘라 그 의미를 왜곡해버렸기 때문이다.

그럼 이 모든 소유를 누가 차지할 것인가라는 물음이 새롭게 등장한다. 어리석은 부자는 전도서 본문을 꼼꼼히 읽지 않았던 것 같다. 전도서 설교자는 독자들에게 하나님이 주신 한정된 날 동안에 먹고 마시며 즐거워하라고 말하면서도, 이런 경고를 함께 덧붙인다.

내가 해 아래에서 내가 한 모든 수고를 미워하였으니, 이는 내가 내 뒤를 이을 사람에게 그것을 남겨주어야 함을 알았기 때문이라. 그가 지혜로운 자인지 바

---

9) David M. Bailey, "One More Day," *Vista Point* (1997).

보일지 누가 알겠느냐? 그러나 그런 그가 내가 해 아래에서 수고하고 내 지혜를 사용한 모든 것의 주인이 되겠구나(전 2:18-19).

논의 중인 비유에서 하나님은 어리석은 부자에게 전도서의 또 다른 보화 같은 지혜를 상기시켜주신다.

예수는 다시 당신께 청원하는 이에게 에둘러 이렇게 말씀하신다. "네가 유산 싸움에서 이겼다 치자. 그럼 그 다음에는 어떡할래? 이 땅의 삶 저편을 내다봐라. 네가 받은 유업이 장차 누구 것이 되겠니?"

예수는 두 번째 지혜의 말씀으로 이 대화를 마무리하신다.

7. 자기를 위하여 재물을 쌓아두고   **일반 원리**
   하나님을 위하여 부를 모으지 않는 자가 이와 같으니라."

이 문장 속의 그리스어 동사들(*thēsaurizōn*과 *ploutōn*-역주)은 둘 다 능동으로 번역할 수 있다. 오로지 자신만을 생각하며 계속 일하는 사람은 하나님을 위한 부를 얻지 못한다.

예수는 이 젊은이에게 경제 정의의 문제를 "난 내 것을 원해"와 "우리끼리 담판을 짓자"의 관점에서 바라보지 말라고 요구하신다. 예수는 진정 그 모든 것을 소유하신 분의 시각으로 생각해보라고 권면하신다. 예수는 당신께 청원한 사람에게 다음과 같이 요구하신다.

유업을 내가 주관하든 내 형이 주관하든, 우리 형제는 모든 것이 하나님의 소유임을 인정해야 한다. 우리는 둘 다 우리가 소유한 재물을 잘 관리하고 우리가 살아가는 나날을 잘 사용할 청지기로서의 책임을 하나님께 진다. 우리 부와 우리 삶은 하나님이 빌려주신 것이다. 우리가 만족을 모르고 더 많이 얻고자 하는 내면의 욕구를 억누르지 않는다면 우리 둘 다 파멸할 수 있다.

그렇다면 우리는 이 비유가 주는 가르침을 무엇이라 결론지을 수 있을까?

요약: 어리석은 부자 비유

1. 진심을 담아 정의를 갈구하는 외침이라도 자아비판이 따르지 않으면 순전하지 않으며, 예수는 그런 외침에 귀를 기울이시지 않는다.
2. 인간관계가 깨진 경우, 아무리 정의를 갈구하는 외침이라도 거기에 대한 대답이 그 관계를 파탄 내는 데 기여한다면 예수는 답을 주시려 하지 않는다. 예수는 사람들을 갈라놓는 자로 오시지 않았다.
3. 예수는 단순히 벌어들이는 수입이 아니라 필요에 관심이 있으시다 (참고. 마 20:1-16). 여기서도 예수는 자기 위주로 정의를 갈구하는 외침을 병의 한 증세로 이해하신다. 그는 이런 외침에 응답하시길 거부하고 도리어 그런 외침이 만들어내는 상태를 치유하려고 애쓰신다.
4. 재산은 그것을 선물로 주신 하나님의 소유다. 때로 이런 선물은 수고하지 않고 얻은 잉여 재물의 형태를 띠기도 한다. 이 비유 속 부자는 자신의 모든 재물이 자신만의 소유며, 그것을 사사로이 사용할 목적으로 보관할 권리도 자신에게 있다고 생각했다. 그는 절박한 처지에 있는 이들에게 자기 부를 나눠주어야겠다는 생각은 조금도 하지 않았다.
5. 어리석은 부자는 자신의 필멸성을 간과했다. 그는 자기 목숨과 재산을 모두 지키지 못했다.
6. 사람의 목숨은 하나님이 빌려주신 것이다. 그것은 선물이지, 권리가 아니다. 이 이야기 속 부자는 자기가 자기 영혼/목숨을 소유한다고 생각했다. 그는 하나님이 별안간 그에게 빌려주신 목숨을 되돌려달라고 요구하시자 자기가 잘못했음을 깨달았다.
7. 많은 재물을 얻고 더욱 많은 재물을 쌓음에서 안전과 멋진 삶을 찾을 수 있다고 믿는 사람은, 미안하지만 잘못 생각한 것이다.

8. 하나님은 이야기 속 부자에게, 그가 자기 부를 주관할 힘을 장차 누가 갖게 될지 모를 뿐 아니라 그 힘을 가질 자를 통제할 수도 없음을 상기시키신다. 이를 통해 하나님은 재물이 절대적이지 않다고 못 박으신다. 부자가 아무리 자기 재산이라며 지키려 해도, 그가 무덤에 들어가면 결국 누가 그의 재산을 소유하겠는가?

9. 풍족한 삶은 자신을 위해 쌓는 삶이 아니라 "하나님을 위하여 쌓는 삶"에서 발견할 수 있다.

10. 야고보서는 부자가 "그가 추구하는 것을 좇다가 스러질" 것이라고 말한다(약 1:11). 예수는 바로 이런 현상을 비유로 묘사하신다. 어리석은 부자의 재산은 인간관계를 유지하며 살아갈 수 있는 능력을 파괴해버렸다. 그에게는 그의 영혼/목숨/자아를 나눌 이가 아무도 없었다. 무엇보다 가장 나쁜 일은, 그가 자신에게 문제가 있음을 모른다는 것이었다.

11. 시편의 시인과 달리, 어리석은 부자는 그의 자아/영혼/목숨의 본질을 오해했다. 그는 영혼을 먹고 마실 것으로 살찌우고 유지할 수 있는 몸과 같은 것으로 보았다.

24장

큰 잔치 비유

누가복음 14:15-24

큰 잔치 비유는 하나님 나라에 대한 성경의 주요 비유 중 하나를 확장하고 있다.[1] 예수는 이 주제에 접근하시면서, 700여 년 전에 시작된 한 대화에 참여하신다. 이번 장에서 다루는 비유는 아주 긴 영화 속의 한 장면이다.

만찬 자리의 대화

이 비유 앞 구절들에는, 예수가 식사 자리에서 당신의 가르침을 듣는 이들에게 잔치 초대에 대해 하시는 말씀이 나온다. 예수는 똑같은 잔치 초대로 보답할 수 없는 처지에 있는 이들을 초대하라고 권면하신다. 예수는 어렵고 절박한 처지에 있는 이들을 초대하는 것이 더 낫다고 권하신다. 그러자 거기 있던 누군가가 이렇게 대답한다. "하나님 나라에서 빵을 먹을 자는 복이 있도다."

---

1) 이 비유에 대한 더 상세한 논의로는 Kenneth E. Bailey, *Through Peasant Eyes*, in *Poet and Peasant and Through Peasant Eyes* (Grand Rapids: Eerdmans, 1980), pp. 88-113을 보라.

이 이야기의 무대는 진짜 중동이다. 여행 중인 한 랍비/설교자가 어느 시골 동네를 지나간다. 종교 지도자는 마을 사람들을 식사에 손님으로 초대하여 함께 먹으면서 그들의 정치적·신학적 견해를 조사하곤 했다. 논의 중인 이야기에서는 예수가 손님이다. 이 잔치 개회사를 하는 사람은 장차 임할 하나님 나라와 그 나라를 시작하실 메시아라는 주제에 대해 예수의 견해를 듣고 싶어한다. 당시 사람들은 역사가 종점에 이르면 하나님 나라가 최종 완성되고, 이 완성에는 "메시아 잔치"로 알려져 있던, 메시아와 함께하는 큰 잔치도 포함된다고 이해했다. 그 사람의 돌출 행위는 이 주제에 대해 예수 자신의 견해를 표현해보라고 그분께 도전한 것이었다. 식탁 주위에 모여 있던 사람들은 예수가 이런 말씀을 하시리라고 예상했을 것이다. "우리가 율법을 일점일획도 어그러짐이 없이 정확하게 지키면, 그 위대한 날이 이를 때에, 우리도 메시아 및 모든 참된 신자들과 함께 메시아의 잔치 자리에 앉을 만한 사람으로 여김을 받을 것이다."

그러면 그 자리에 비스듬히 누워 있던 손님들은 맞는 말이라고 수긍하면서 속으로 이렇게 생각했을 것이다. "좋아, 통과! 그럼 이제 다음 문제로 넘어가볼까?" 그러나 예수는 종말의 메시아 잔치와 관련해서 당시 유대 공동체가 널리 갖고 있던 견해와 영판 다른 견해로 답하신다.

메시아 잔치

이 700년이나 된 대화는 이사야 25:6-9에서 시작한다. 이 본문에서 이사야는 역사의 끝에 큰 잔치가 벌어지는 꿈을 꾼다. 곧 "만군의 야웨"께서 잔치를 베풀고 왕들이 먹을 음식을 제공하시는 꿈이었다. 이 잔치는 야웨의 거룩한 산에서 열리며, 손님 중에는 **모든 이방 민족이** 포함될 것이다. 죽음이 끝이 나고 눈물이 씻음 받을 그날은 영광스러운 구원의 날이 될 것이다.

기원전 6세기, 유대인들은 포로가 되어 바빌론으로 끌려갔다. 수십 년 뒤, 그때 끌려간 유대인과 그 자손들 일부가 유대로 돌아왔지만, 그때에 그들이 쓰는 일상 언어는 아람어가 되어 있었다. 수 세기가 흐르면서 회당이 세워졌다. 회당에서는 히브리어로 성경을 읽고, 읽은 본문을 사람들이 이해할 수 있게 아람어로 번역해서 구술해주었다. 예수 시대 무렵에는 성경을 아람어로 기록한 역본이 나타나기 시작했으며, 이는 결국 The Living Bible과 닮은 확장판이 되었다. 번역자들은 자신이 이해한 히브리어 본문의 의미를 설명하고자 자유롭게 말을 덧붙였다. 사람들은 이 역본을 타르굼(Targum)이라 불렀다. 때로 번역자들은 본문을 다루면서 큰 자유를 누렸다. 그 결과 타르굼은 1세기 사람들이 성경의 다양한 본문들을 어떻게 이해했는지 발견하는 데 도움을 주곤 한다.

타르굼이 이사야서의 큰 잔치를 번역한 내용은 특히 흥미롭다.

> 만군의 야웨가 이 산에서 모든 사람을 위해 잔치를 베푸시리라. 사람들은 그것을 영예라 생각하겠으나, 그들에게 그것은 수치이자 큰 역병이 되리니, 그들이 그 역병을 피할 수 없을 것이요 그 역병으로 말미암아 종말에 이르리라.[2]

분명 이사야가 본 환상은 점차 대중에게 인기를 잃어갔고, 결국 타르굼을 만든 이들은 그 환상을 철저히 배척했다.[3]

거의 같은 시기인 기원전 2세기경에 「에녹서」라 불리는 문서가 등장

---

[2] 아람어 본문은 *The Bible in Aramaic*, vol. 3, *The Latter Prophets*, ed. Alexander Sperber (Leiden: E. J. Brill, 1962), pp. 47-48에서 가져왔다.

[3] 이사야 타르굼을 지은 정확한 시기는 판단을 내리기가 불가능하다. 브루스 칠턴은 1세기부터 4세기에 걸쳐 "해석의 에토스"(interpretive ethos)가 있었다고 주장한다. 칠턴은 이렇게 말한다. "타르굼은 메시아를 단순히 승리한 지도자가 아니라 기도하는 선생으로 묘사한다(참고. 52:13-53:12). 이런 메시아상이 적어도 일부 사람들이 나사렛 출신인 이 흡인력 있는 랍비를 메시아와 관련지어 보게 된 이유를 설명하는 데 도움을 줄 수도 있다"(*The Isaiah Targum*, trans. Bruce Chilton [Edinburgh, T & T Clark, 1987], p. xxvii).

했다. 이 책은 메시아와 함께할 큰 잔치를 이야기하면서, 이방인도 여기에 참여하리라는 것을 강조한다. 그러나 죽음의 천사가 와서 칼로 그 이방인들을 파멸시킬 것이다. 그 잔치가 벌어질 홀(hall)은 피가 철철 흐를 것이며, 신자들은 메시아와 함께 앉을 잔치 홀에 이르려면 흐르는 피를 건너가야 할 것이다.[4] 「에녹서」 저자는 이사야의 환상과 개념상 반대인 견해를 제시하려 했던 것이 분명하다.

이 주제와 관련하여 일찍이 또 다른 목소리가 사해 사본을 기록한 쿰란 공동체에서 나왔다. 이 공동체는 경건한 유대인들, 아마도 유대교의 한 분파인 에세네파가 만든 것 같다. 공동체가 만든 두루마리 문서 중 하나인 「메시아의 통치」(The Messianic Rule)는 저 유명한 잔치를 다룬다. 쿰란 공동체는 어떤 이방인도 이 잔치에 참여하지 못하리라고 확신했다. 율법을 지키는 경건한 유대인만이 그 잔치에 참여할 수 있을 것이다. 그 본문은 이렇게 말한다. "그런 다음 이스라엘의 메시아가 (오시고) (이스라엘 지파들)의 우두머리들이 그 앞에 앉되, (각자) 그 위엄의 순서대로, 그들의 진영과 대오에서 (그가 차지하는 위치)에 따라 앉으리라."[5] 바로 그 두루마리 앞부분을 보면 "그 살을 두들겨 맞은 자나, 그 발이나 손이 마비된 자나, 절름발이나, 장님이나 귀가 먼 자나 벙어리나 사람 눈에 보이는 흠이 그 살에 있는 사람"은 누구도 잔치에 참여할 수 없다고 강조한다.[6] 메시아 잔치라는 위대한 잔치를 재해석한 이 세 문헌에서는 이사야가 보았던 아름다운 환상, 곧 신실한 유대인과 이방인이 함께 하나님의 초대를 받아 모이는 환상이 무시무시한 환상으로 변질되어버렸다.

---

4) *I Enoch* 62:1-11.
5) "The Messianic Rule(1QSa 2:11-22)," in *The Dead Sea Scrolls in English*, trans. Géza Vermes (Middlesex: Penguin Books, 1975), p. 121.
6) "The Messianic Rule(1QSa 2:11-22)," in *The Dead Sea Scrolls in English*, trans. Géza Vermes (Middlesex: Penguin Books, 1975), p. 120.

비유

하지만 예수는 이 축연에 대해 사람들의 예상과 아주 다른 말씀을 하셨다. 누가는 먼저 이 주제를 누가복음 13:22-30에서 이야기한다. 이 본문은 동서남북에서 온 사람들이 아브라함과 이삭과 야곱 그리고 예언자들과 더불어 한 식탁에 앉아 먹을 것을 이야기한다. 사람들이 존경할 만한 몇몇 신앙 유형에 해당하는 사람들은 그들의 실패 때문에 잔치에 들어가지 못하고 쫓겨난다. 더구나 "마지막인 자가 처음이 되고, 처음인 자가 마지막이 되는" 일이 벌어진다. 이 바람에 사람들이 놀라는 일이 일어날 것이다. 예수의 큰 잔치 비유는 누가복음 14:15-24에서 등장한다. 그림 24.1.에 잘 표현된 이 이야기는 독특한 장면들을 잇달아 펼쳐 보인다.

수사

이 비유는 도입부와 결론으로 에워싸인 틀 속에 일곱 연이 들어 있다. 다만 이 비유에서는 다른 비유에서 종종 나타났던 장면의 역순 전개가 나타나지 않고, 일곱 장면이 **처음부터 끝까지 일직선으로** 흘러간다.

하지만 예언적 수사 틀을 보여주는 몇 가지 흔적은 찾아볼 수 있다. 도입부와 결론으로 에워싸인 가운데 우리에게 익숙한 일곱 장면이 등장한다. 더욱이 이 비유에서는 중요한 전환점이나 정점이 중심부 가까운 곳에 있다. 이 비유의 경우는 장면 4가 아니라 장면 5에서 "분노한" 주인이 복수보다 은혜를 택한다. 마지막으로 이 이야기는 중심부 근처에 있는 정점을 경계로 두 부분으로 나뉜다. 이 비유를 요약한 다음 내용을 보면 이런 특징을 알 수 있다.

첫 번째 손님 명단과 그 결과(장면 1-4),

주인이 분노를 은혜로 바꿈(장면 5),

또 그가 그에게 말하되
"어떤 사람이 한번은 큰 잔치를 베풀고   **큰 잔치**
많은 사람을 초대했다.   많은 사람을 초대함

1. 또 그가 그의 종을
   잔치할 시각에 보내어 말하되 '오시오!   **이렇게 하시오**
   이제 모든 것이 준비되었습니다!'   이리되었으니
   그러나 그들이 모두 하나같이 핑계를 대기 시작했다. 핑계

2. 첫 번째 사람이 그에게 말하되 '나는 밭을 샀으니 **나는 이것을 했습니다**
   가서 그 밭을 봐야 합니다.   나는 이것을 해야 합니다
   간청하건대, 양해해주십시오.'   양해해주시오

3. 또 다른 사람이 말하되 '나는 소 다섯 겨리를 샀으니 **나는 이것을 했습니다**
   가서 그것들을 시험해야 합니다.   나는 이것을 해야 합니다
   간청하건대, 양해해주십시오.'   양해해주시오

4. 또 다른 사람이 말하되 '나는 신부와 혼인했으니 **나는 이것을 했습니다**
   그러므로   그러므로 나는
   나는 가지 못합니다.'   가지 말아야 합니다

5. 그러자 그 종이 가서 주인에게 이를 보고했다.
   이에 주인이 노하여 그 종에게 말하되
   '빨리 성읍의 거리와 골목으로   **분노**
   나가서   초대할 이를 바꿈
   가난한 자들과 불구인 자들과 눈먼 자들과 저는 자들을 데려오라.' 은혜

6. 그러자 종이 말하되 '주인님,   **종**
   분부대로 했습니다만   나갔습니다
   아직도 남은 자리가 있습니다.'   아직도 자리가 있습니다

7. 그러자 주인이 종에게 말하되 '나가   **주인-가라**
   길과 산으로 가서   길로
   사람들을 강권하여 오게 하여   **집을 채우라**
   내 집을 채우라.'

   이러므로 내가 너희에게 말하노니
   전에 초대를 받았던 그 사람들은 아무도   **초대받은 자들**
   내 잔치를 맛보지 못하리라."   내 잔치를 맛보지 못함

그림 24.1. 큰 잔치 비유(눅 14:15-24)

두 번째 손님 명단과 그에 뒤따르는 전개(장면 6-7)

이런 수사 형태는 **변형된 예언적 수사 틀**이라 부를 수 있겠다.

주석

이 이야기는 이렇게 시작한다.

또 그가 그에게 말하되
"어떤 사람이 한번은 큰 잔치를 베풀고   **큰 잔치**
많은 사람을 초대했다.   많은 사람을 초대함

1. 또 그가 그의 종을
    잔치할 시각에 보내어 말하되 '오시오!   **이렇게 하시오**
    이제 모든 것이 준비되었습니다!'   이리되었으니
    그러나 그들이 모두 하나같이 핑계를 대기 시작했다.   핑계

"어떤 사람이 큰 잔치를 베풀고 많은 사람을 초대했다"는 도입부는 이 이야기의 독자/청자를 모두 이 큰 잔치의 주제로 인도한다. 중동의 전통 촌락에서는 잔치 주최자가 그의 친구 무리를 초대한다. 잔치 주최자는 초대를 수락한 사람들 숫자를 토대로 어떤 종류의 고기를 얼마나 많이 대접할지 결정한다. 잔칫날은 가축이나 가금을 잡고 잔치를 준비한다. 모든 준비가 끝나면 주인은 종을 동네 곳곳에 보내 예부터 내려온 대로 "오시오, 모든 준비가 끝났습니다"라는 말을 전하게 한다. 이 비유에 사용된 이 말은 오늘날에도 여전히 사용된다.

우리 시대 서구 사회에서는 잔치를 열면 보통 두 가지 방법으로 초대한다. 우선은 전화로 초대하는 경우가 잦다. 파티가 열리는 날, 손님들이

모여 자리에 앉으면, 황홀한 순간이 펼쳐진다. 주인이나 여주인이 등장하여 "식탁에 음식이 준비되었으니 들어오세요"라고 말하는 것이다. 그러면 모든 사람이 즉시 식탁으로 나아가 식사를 시작한다.

손님들이 도착하여 거실에 앉아 있는 이 시대 서구에서의 장면을 상상해보라. 음식을 준비하는 동안 여주인이 손님들에게 자리를 잡고 앉으라고 권하는데, 느닷없이 손님들이 이런저런 핑계를 대며 현관문으로 발걸음을 돌린다. 어떤 손님은 "가서 잔디를 깎아야 하거든요"라고 말한다. 또 다른 손님은 뜬금없이 "고양이 밥을 줘야 해서 가봐야 돼요"라고 말한다. 또 다른 손님은 "집 책상 위에 외상값을 갚으라고 청구서가 쌓여 있거든요"라고 말한다. 세 사람이 문을 열고 밖으로 나가버린다!

변명

본문은 이렇게 말한다.

2. 첫 번째 사람이 그에게 말하되 '나는 밭을 샀으니 가서 그 밭을 봐야 합니다. 간청하건대, 양해해주십시오.'	나는 이것을 했습니다 나는 이것을 해야 합니다 양해해주시오
3. 또 다른 사람이 말하되 '나는 소 다섯 겨리를 샀으니 가서 그것들을 시험해야 합니다. 간청하건대, 양해해주십시오.'	나는 이것을 했습니다 나는 이것을 해야 합니다 양해해주시오
4. 또 다른 사람이 말하되 '나는 신부와 혼인했으니 그러므로 나는 가지 못합니다.'	나는 이것을 했습니다 그러므로 나는 가지 말아야 합니다

어제, 손님들은 잔치에 꼭 참석하겠다고 다짐했다. 오늘, 음식 준비도 마쳤는데 손님들이 핑계를 대며 못 오겠다고 한다.

첫 번째 핑계에서 어떤 패턴을 관찰할 수 있다.

1. 나는 X를 했습니다.
2. 그래서 나는 Y를 해야 합니다.
3. 부디 양해해주십시오.

첫 번째 사람은 (1) 밭을 샀다고 말한다. 그래서 (2) 그는 그 밭을 보러 가야 한다. 그는 이런 핑계거리를 내세워 (3) 양해를 구한다. 겉만 보면 이는 전혀 거짓이 아닌 것 같다. 그러나 이 말을 자세히 뜯어보면 그런 진실함이 사라져버린다. 중동에는 사막이 많고 농지가 적다. 대다수 전통 촌락에서는 경작지가 여러 조각으로 나뉘어 있으며, 이 조각들은 다 지명을 갖고 있다. 경작지를 사거나 파는 것은 길고 꼼꼼한 과정으로서 몇 달, 심지어 몇 년이 걸릴 수도 있다. 농부는 경작지 한 뙈기를 사더라도 그전에 땅에 관해 알아낼 수 있는 모든 것을 샅샅이 알아본다. 농부는 토질, 배수로, 그리고 겨울에도 그 땅에 볕이 잘 드는가에 관심을 갖는다. 이는 아주 중요하다. 중동에서는 해가 낮게 뜨는 겨울에 비가 내리기 때문이다. 볕이 들지 않는 밭은 좋은 곡식을 내지 못한다. (만일 밭이 경사지이면) 그 경사지의 토질도 꼼꼼히 살피면서 근래 몇 년 동안 수확이 어떠했는가도 캐물을 것이다. 그 땅에 과일 나무가 있는가? 있다면 나무 수명이 얼마나 되는가? 농지를 한 뙈기라도 사야겠다고 생각하는 사람은 이런 문제는 물론이요 다른 많은 문제도 캐묻곤 한다.

첫 번째 손님은 자신이 **방금 밭을 샀으며** 그래서 **이제** 그 땅을 살펴봐야 한다고 말한다. 서구 문화를 기준으로 한다면, 자기 아내에게 전화를 걸어 방금 전화로 새 집을 사고 수표에 사인을 한 터라 저녁 식사에 늦겠다고 하면서, 이제 차를 몰고 그 집을 보러 가려 한다고 말하는 사람을 들

수 있을 것이다! 이런 핑계는 말이 되지 않는다. 집을 사는 사람은 구입하겠다고 마음먹기 **전에** 사려는 집을 꼼꼼히 조사하기 때문이다.

중동에서는 지체 높은 사람의 집에 초대를 받으면, 초대를 수락하고 참석하는 것이 보통이다. 그 손님이 마지막 순간에 참석하지 않기로 결정하면, 설득력 있는 이유를 제시해야 한다. 말이 안 되는 핑계거리는 사람을 일부러 욕보이는 것이다. 이는 분명 전 세계 문화에 똑같이 적용되는 이야기다.

첫 번째 손님이 믿음을 얻길 원한다면, 이렇게 말할 필요가 있다.

내 둘도 없는 벗이여, 자네도 알겠지만 나는 X라는 땅을 사려고 오랫동안 흥정을 벌여왔네. 근데 한 시간 전, 땅 소유자가 느닷없이 오늘 밤에 가격을 담판 짓지 않으면 그 땅을 다른 사람에게 팔겠다고 통보해왔다네. 잔치에 못 가게 되어 **정말 미안하네.** 일언반구 말이 없다가 갑자기 이런 이야기를 해왔다네. 자네가 이해해주리라고 굳게 믿네. 진심으로 사과하니, 내 사과를 받아주게나.

이런 사과는 주인의 체면을 세워주면서, 주인과 자신의 관계도 갈라놓지 않을 것이다. 그러나 첫 번째 손님이 말한 핑계는 공개적으로 주인을 욕보이는 것이었다. 종은 두 번째 손님에게 간다.

오직 한 손님만이 약속을 어기고 못 온다면, 그 잔치는 그대로 진행할 수 있다. 그러나 손님들이 함께 짜고 모두 오겠다던 약속을 무른다면, 이는 손님들이 일부러 그 잔치를 못 열게 하려는 것임이 분명하다. 첫 번째 손님이 종에게 이야기하면서 마치 주인에게 직접 말하듯이 한다는 점에 주목하라. 이 종은 철저히 주인을 대리하는 자이기에 손님이 이런 언어를 쓴 것이다.

이어 종은 두 번째 손님에게 가는데, 이 손님도 핑계를 댄다. 그는 자신이 소를 다섯 거리나 샀으며 이 소들을 시험하러 가봐야 한다고 주장한다. 이런 알리바이는 첫 번째 손님이 댄 핑계보다 더 속이 보인다. 두 마리 황소가 함께 쟁기를 끌기에 두 마리가 뜻이 맞지 않으면 그 둘을 한 거리로 묶는 것이 아무 소용이 없음을 모르는 농부는 없다. 그뿐 아니라, 두 마리 소는 같은 속도로 지쳐야 한다. 이런 이유로 어떤 농부라도 소를 두 마리 살 때는 미리 그들을 꼼꼼히 시험해보고 사려 할 것이다.

첫 번째 손님과 나눴던 대화의 리듬이 여기서도 그대로 유지된다. 두 번째 손님은 자신이 (1) 방금 다섯 겨리 소를 사서 (2) 이제 그 소들을 시험하러 가봐야 한다고 말한다. 그도 사정이 이러니 자기를 (3) 양해해줄 수 있냐고 묻는다. 두 번째 손님 역시 자신을 초대한 지체 높은 이를 공개적으로 욕보이려 한다.

세 번째 사람의 평계는 말할 수 없을 정도로 당돌하다. 그는 (1) 자신이 장가들었으며, (2) 그 때문에 갈 수 없다고 말한다. 심지어 그는 양해해달라는 말조차 하지 않는다. 중동의 기사도는 누군가의 아내와 관련된 이야기를 할 때면 품위 있고 예의 바르게 한다. 그런데 이 세 번째 손님은 아주 무례한 태도로 이렇게 말한다. "집 뒤에서 여자가 한 사람 날 기다립니다. 그 여자 때문에 제가 좀 바쁩니다. 제가 당신 잔치에 오리라는 기대도 하지 마세요. 저는 안 갑니다." 바빌로니아 탈무드를 보면 랍비 하난 벤 라바가 이렇게 말했다고 한다. "신부가 혼인식 천개(bridal canopy) 안으로 들어가는 목적은 모든 이가 다 안다. 그러나 (그것 때문에) 비루한 말을 하는 사람은 누구든지, 설령 70년 동안(평생) 행복을 누리라는 글이 그를 위해 봉인되어 있더라도, 이제 그 행복이 악으로 바뀌어버린다."[7]

그날 밤 이 손님은 자기 집에 있을 것이다. 그의 변명은 지극히 무례하며 도저히 받아들일 수가 없다. 이븐 알 타이이브는 이 세 가지 변명에 이런 주석을 달아놓았다. "여기서 집주인은 화가 났다. 그 변명들은 말이 되지 않았으며 사과조차도 (집주인에 대한) 손님들의 증오를 그대로 드러낸 모욕이었기 때문이다."[8] 자기 주인을 모욕하는 말을 세 번이나 들은 좋은 손

---

7) Babylonian Talmud, *Šabbat* 33a.
8) Ibn al-Tayyib, *Tafsir al-Mashriqi*, ed. Yusif Manqariyos (Egypt: Al-Tawfiq Press,

님을 모시러 다니길 그만두고 되돌아가 그때까지 일어난 일을 주인에게 보고한다.[9]

주인의 반응

좋은 손님들의 의도가 주인을 욕보이고 그 잔치가 열리지 못하게 하려는 것임을 알며, 주인도 그런 손님들의 의도를 재빨리 간파한다. 주인은 종의 보고를 듣자마자 화를 낸다! 당장 이런 질문을 할 수밖에 없다. 이렇게 화가 났으니, 이제 주인은 무엇을 할 것인가? 주인의 반응은 진정 "놀라운 은혜"다.

> 5. 그러자 그 종이 가서 주인에게 이를 보고했다.
> 이에 주인이 노하여 그 종에게 말하되
> "빨리 성읍의 거리와 골목으로   **분노**
> 나가서   초대할 이를 바꿈
> 가난한 자들과 불구인 자들과 눈먼 자들과 저는 자들을 데려오라." **은혜**

모욕과 불의는 큰 분노를 불러일으킨다. 그런 분노는 엄청난 에너지를 만들어낸다. 이 시대의 큰 이슈 가운데 하나는 이것이다. 불의가 만들어낸 분노가 빚은 에너지로 무엇을 해야 할까? 주인은 똑같이 말로 보복할 수도 있고, 혹은 이런 모욕에서 더 나아가 공개적으로 자신의 명예를 공격한 손님들이 벌을 받게 조치를 취하겠다고 위협할 수도 있다. 그는 자기 종에게 이렇게 말할 권리도 있다. "전에는 친구였던 자들이 이제 내 원수가 되는 쪽을 택했다. 그들에게 가서 이런 모욕을 당했으니 **나도 내 마음대로**

1907), 2:256.
9) 「도마복음」(64번)에는 이 비유를 다시 서술한 내용이 등장한다. 이 내용은 세 가지 변명을 모두 부드럽게 다듬어놓았다. 세 비유에서 드러나는 공격성은 대부분 제거했다. 이로 보아 세 변명의 원형이 아주 큰 충격을 주었으리라는 점이 드러난다.

어떤 조치를 취하겠다는 뜻을 전하라."

이런 대답은 보복 조치의 전주곡일 것이다. 그러나 이런 보복은 일어나지 않는다. 오히려 주인은 새롭고 선례가 없는 선택을 만들어낸다. 그는 자기의 분노를 **재가공**하여 은혜로 바꾼다. 이와 똑같이, 보복하기를 거부하고 모욕감이 만들어낸 에너지를 은혜로 바꾸는 쪽을 택한 경우를 불의한 포도원 농부들 비유(눅 20:9-18)의 중심부에서도 볼 수 있다. 그 비유에서도 주인은 무장한 사람들을 모아 포도원을 급습하여 사람을 죽인 포도원 임차인들을 응징하고 정의를 실현하려면 그렇게 할 수 있었다. 그러나 주인은 그 대신 값진 은혜를 베푸는 쪽을 택한다.

여기서 주인은 불의에 대해 느낀 분노의 에너지를 사용하여, 자기 종에게 성읍의 길과 거리로 나가 가난한 자들과 불구와 눈먼 자들과 저는 자들을 데려오라고 명령한다. 이런 사람들은 쿰란 공동체가 메시아의 잔치에 참여하지 못한다고 판단한 바로 그 자들이었다. 예수가 지금 이야기하시는 이들은 이스라엘 안에서 소외당한 이들, "그 땅의 백성", 당신의 말씀을 기쁘게 듣는 보통 사람들이다. 이들은 지체 높은 주인과 함께 앉을 자격도 없고, 그들이 초대받은 잔치와 똑같은 잔치를 열어 주인에게 보답할 수 없는데도, 이제 기꺼이 잔치에 초대받았다.

이야기는 계속 이어진다.

6. 그러자 종이 말하되 "주인님, 분부대로 했습니다만 아직도 남은 자리가 있습니다."	종 나갔습니다 아직도 자리가 있습니다
7. 그러자 주인이 종에게 말하되 "나가 길과 산으로 가서 사람들을 강권하여 오게 하여 내 집을 채우라."	주인-가라 길로 **집을 채우라**

시간이 좀 흘렀다. 종은 그 동네에서 소외당한 자들에게 주인의 은혜로운 초대를 전한다. 초대받은 이들이 홀에 들어섰을 때, 종은 여전히 자리가 남아 있음을 알아차린다. 이런 과정에서 힘을 얻은 종은 주인에게 "주인님, 아직도 남은 자리가 있습니다"라고 보고한다.

그런 뒤에야 주인은 종에게 동네 밖의 큰길과 산으로 나아가 "사람들을 강권하여 오게 하라"고 명령한다. 이 마지막 명령은 이야기의 문화적 역학에서 중요한 측면이지만, 여러 세기 동안 오해되고 잘못 사용되어왔다. 북아프리카의 아우구스티누스는 이 본문을 근거로, 서방 교회에게 무력을 사용하여 도나투스파 교회들을 강제로 서방 교회로 바꿔놓으라고 권유했다. 스페인의 종교법원도 이 본문을 사용하여 자신이 저지른 잔혹한 행위에 정당성을 부여했다. 주인은 큰길에 있는 나그네들도 초대에 응하리라는 것을 자신이 안다는 점을 강조한다.

사회에서 아무런 지위도 없는 소외된 자가 지체 높은 이의 잔치에 초대받았을 때, 그는 자신이 정말 초대받았다는 사실을 믿기가 힘들다. 초대를 처음 받아들이는 그 순간은 이런 은혜를 믿지 못한다. 초대받은 사람은 당장 이렇게 느끼기 마련이다. "거짓말이야, 그렇게 지체 높은 사람이 나를 초대하다니. 그런 일은 있을 수 없어! 내가 누군지 보라고. 나를 초대한 이유는 그 주인이란 자가 얼마나 지체 높은 양반인지 과시하려고 그런 거야. 이런 초대 자체가 다 거짓말이야."

보통 사람은 생각하지도 못할 이런 초대를 전하는 심부름꾼이라면, 소외당한 이들에게 정말 자신들이 초대받았고 환영받는 사람임을 확신시켜 줄 특별한 방법이 필요할 것이다. 이런 점을 잘 아는 주인은 이렇게 방법을 일러준다. "그들이 주저하거든, 손을 붙잡고 네가 그리하지 않으면 안 되는 것처럼 굴면서 그들을 끌고 오라. 나는 네가 모든 방법을 다 써서 그들에게 이 초대가 진심이요, 그들이 진정 내 잔치에서 환대받는다는 것을 확실히 새겨주길 원한다."

이븐 알 타이이브는 이렇게 썼다.

"그들이 오게 강권하라." 이것은 강제나 강압이나 압박을 뜻하는 것이 아니라, 절박하게 권유해야 할 필요성을 강조한다. 성읍 밖에 사는 사람들은 그들 자신을 부자들이 사는 곳에 와 잔치 자리에서 먹을 자격이 없다고 여기기 때문이다. 이런 외부인들에게는 진정으로 그들을 기다리며 환영하는 사람이 있음을 확인해줄 사람이 필요하다.[10]

사람들은 오랫동안 이렇게 외부인으로서 초대받은 손님들이 예수가 살아 계시는 동안 그분과 접촉이 없었던 이방인을 상징한다고 강조해왔다. 이 비유에서는 주인이 이런 마지막 명령을 내리지만, 종이 이 명령을 실행하기 전에 이야기가 멈춘다. 이 비유는 역사적으로 예수의 삶 및 사역과 들어맞는다.

바울과 그의 동역자들은 복음의 메시지를 갖고 이방인 세계로 나아감으로써 이사야가 이야기하고(사 49:6) 예수가 이 비유와 다른 곳에서 재차 확인해주신 꿈을 현실로 이루어낸다.

그리스어 본문은 이 비유 끝에서 복수 형태인 "너희"를 사용한다. 마지막 본문은 이렇다.

"이러므로 내가 너희에게 말하노니 전에 초대를 받았던 그 사람들은 아무도 내 잔치를 맛보지 못하리라."	**초대받은 자들** 내 잔치를 맛보지 못함

이 비유를 처음부터 끝까지 살펴보면 주인이 그의 종에게 (단수로) 이야기한다. 그런데 "내가 너희에게 말하노니"라는 문구는 복수다. 여기서 말하는 사람은 더 이상 이 비유의 주인이 아니라, 당신이 잡수시는 자리에 함께한 손님들에게 말씀하시는 예수다. 예수는 메시아 잔치가 이미 시작

---

10) Ibn al-Tayyib, *Tafsir al-Mashriqi*, 2:257.

했으며, 이 큰 잔치가 **당신의** 잔치라고 보신다. 예수의 말씀에 귀를 기울이는 종교 지도자들은 환대를 받는다. 그러나 그들이 잔치에 참석하길 거부한다면, 이 잔치는 "그 땅의 백성들" 곧 이스라엘의 소외당한 자들을 불러다가 계속 이어질 것이며, 결국에는 이방인들까지 거기에 참여하게 될 것이다.

이사야는 "야웨께 모여든 이방인들"이 "내 거룩한 산"에서 환대를 받고 그들의 제사를 드릴 때를 내다보았다.

(그들의 제사를)
내 제단에서 기꺼이 받게 되리니
이는 내 집이 만민이 기도하는 집이라고
불릴 것이기 때문이라.
이스라엘의 쫓겨난 자들을 모으시는
주 야웨가 말씀하시길
내가 이미 모은 백성 외에
또 다른 이들을 그에게 모으리라(사 56:6-8).

예수는 예루살렘에 다가가실 때 이 본문을 마음에 두셨다. 실제로 예수는 성전을 깨끗케 하실 때 이 본문의 첫 부분을 인용하신다. 이 비유에서 위 본문은 배경 음악을 넘어 더 큰 역할을 한다. 이사야의 구원 비전(사 56:1)은 세 가지 유형의 사람들을 위한 것이었다. 첫 번째 유형은 이스라엘의 경건한 자들이었다(정의롭고 의로운 자들, 2절). 두 번째 유형은 이스라엘에서 소외당한 자들이었다(고자들, 3절). 마지막으로 야웨는 "이미 모은 백성 외에 또 다른 이들을 그에게" 모으실 것이다(사 56:8).

큰 잔치 비유는 손님을 모으는 이 세 단계를 모두 강조함으로써 이사야의 비전을 그 기초로 삼았다. 종교 지도자들은 예수를 거부했지만, 그것으로 "예수가 여시는 잔치"를 막지는 못했다. 예수는 그들이 없어도 당신이 여시는 잔치를 이어가셨다. 이스라엘에서 소외당한 자들이 환영을 받았으며, 마침내 이 비유는 "큰길과 산"에서 동네 밖에 사는 사람들까지 손님에 포함시키는 비전을 제시한다.

성찬은 이런 큰 잔치를 미리 보여주는 것으로 이해할 수 있다. 신자들은 지금 열리는 성찬에서 마지막에 열릴 메시아 잔치에 참여하라는 초대를 받는다. 우리는 과거를 기억하고 현재를 축하하면서 장차 있을 어린 양의 혼인 잔치를 기대한다. 이 비유는 신자들에게 이들이 이미 그 잔치에 자리해 있다는 확신을 심어준다.

요약: 큰 잔치 비유

1. **기독론**. 예수는 하나님이 보내신 독특한 사자(使者)로서 이사야 25:6-9이 약속하는 구원의 잔치에 당신과 함께 참여하라고 부르신다.
2. **변명**. 사람들이 예수의 초대를 거부할 목적으로 내놓은 변명은 모욕이요 받아들일 수 없는 것들이다.
3. **분노와 고난과 값진 사랑**. 경험의 실재인 분노와 고난과 값진 사랑은 자신의 분노가 안겨주는 고통을 감내하고 이를 은혜로 재가공해 내는 주인의 반응과 연결되어 있다. 이렇게 분노를 은혜로 바꾸는 변환의 중심에는 십자가 신학이 일부 자리해 있다.
4. **이제 그러나 아직 아니**. 큰 잔치는 이미 시작했으나 아직도 미래를 내다본다.
5. **은혜**. 공동체 안은 물론이요 바깥에 있는 이들로서 잔치에 초대받을 자격이 없는 사람들도 순전한 초대를 받는다. 주인은 이런 초대가 진짜인지 의심하면서 받아들이기 힘들어할 외부인들을 생각하여 특별한 초청 방법을 쓰라고 명령한다.
6. **선교**. 공동체 안은 물론이요 바깥의 소외당한 자들도 잔치에 초대된다는 좋은 소식을 받아들이는 이들이 있을 것이다. 이런 초대는 무

제한이다. 초대 대상에는 이스라엘과, 이스라엘 안의 소외된 자는 물론이요 이스라엘 밖의 외부인들도 포함된다.

7. **선포할 비전.** 이 이야기의 순종하는 종은 주인을 위한 증인이 되며 소외당한 자들을 초대하라는 분부를 받는다. 이 종의 행위는 종 자신의 시야를 넓혀주고 그를 흥분케 한다. 종은 그 과정에서 비어 있는 자리를 발견하고 그 자리를 채우기 시작한다. 그가 사람들을 널리 초대하는 심부름꾼으로서 주인의 초대에 참여함은 새로운 비전과 함께 비어 있는 자리를 채우겠다는 의지를 만들어낸다. 이 종의 보고를 들은 뒤에야 비로소 주인은 마을 밖으로 나아가 거기 있는 자들에게도 똑같이 은혜로운 초대를 전하라는 마지막 명령을 내린다. 주인은 이 종에게 자신과 더불어 잔치에 초대할 사람들의 범위를 넓히는 일에 참여할 기회를 주려고 기다렸던 것일까? 주인은 속으로 이렇게 생각했을까? "내 종이 내가 가진 더 큰 비전을 알 때까지 시간을 주자. 그래야 비로소 내 비전이 곧 내 종의 비전이 될 테니."

8. **초대에 보인 반응.** 좋은 소식을 듣는 사람들은 그것을 받아들이고 잔치가 열리는 홀에 들어가든지 아니면 그 소식을 거부하고 바깥에 서 있어야 한다. 먼 곳에서는 참여가 불가능하다.

9. **심판.** 심판은 자초하는 일이다. 초대를 거부하는 사람들은 주인 및 손님들과 함께하는 사귐에서 떨어져나간다. 그들은 그 잔치를 맛보지 않겠다고 스스로 선택한 이들이다.

잔치에 참여하자!

25장

두 건축자 비유

누가복음 6:46-49

예수의 모든 비유 가운데 가장 많이 철부지 어린이의 이야기 정도로 전락해버린 비유가 이것이 아닌가 싶다. 영어권 서구 교회에는 이 비유에 나온 말로 만든 간단한 노래가 있다. 그 노래는 "지혜로운 자는 반석 위에 집을 짓고"(A wise man built his house upon a rock)로 시작하여 "어리석은 자는 모래 위에 집을 짓나니"(A foolish man built his house upon the sand)로 이어진다. 이 곡은 "너도 네 삶을 주 예수 그리스도 위에 지어라"(So build your life on the Lord Jesus Christ)로 끝난다. 이 노래 덕분에 많은 영어권 그리스도인들의 잠재의식 속에는, 이 비유가 민간에서 떠돌던 어린이용 이야기일 거라는 추측이 자리 잡게 되었다.[1] 그러나 작은 짐 꾸러미 속에서 다이너마이트가 나오듯이, 문맥상 이 비유도 강력한 신학적 의미를 만들어낸다. 이 비유가 산상 설교의 끝부분인 마태복음 7:24-27에서 등장하고 평지 설교의 결론 부분인 누가복음 6:46-49에서도 두드러진 자리를 차지하는 것은 결코 우연이 아니다. 이 두 유명한 집합의 구성을 이해함에도 불구하고 이

---

1) 대개 현대 주석가들은 이 비유를 아예 다루지 않거나 몇 마디만 간단히 언급하고 넘어가 버린다.

너희는 나를 "주여, 주여"라 부르면서 왜 내가 너희에게 말하는 것을 행하지 않느냐?

1. 내게 와서 내 말을 듣고 그것을 행하는 자마다   내 말을 듣다
    어떤 사람인가를 내가 너희에게 보여주리라.   그것을 행하다

2.   그는 집을 짓는 사람 같으니   집을 짓다
      곧 **땅을 깊이 파고 내려가**   기초
      기초를 반석 위에 놓은 사람과 같으니라.

3.   큰물이 나서   큰물
      탁류가 그 집에 부딪쳤으나   집이 흔들리지 않음
      그 **탁류**가 그 **집**을 **흔들어놓**을 만큼 강하지 아니했으니
      이는 그 집이 잘 **지어졌기** 때문이라.

4. 또 듣고   듣다
    행하지 않는 자는   행하지 않다

5.   어떤 **기초도 없이**   집을 짓다
      흙 위에   기초가 없음
      집을 짓는 자와 같으니

6.   **탁류가 부딪치매**   큰물
      집이 즉시 **무너지니**   집이 무너짐
      그 집이 **파괴됨**이 컸느니라.

그림 25.1. 두 건축자 비유

비유를 고른 것은 이것이 특히 두드러졌기 때문이다. 이 비유를 꼼꼼히 살펴봐야 하는 것도 그런 이유 때문이다. 그림 25.1.에서는 누가복음 6:46-49을 제시해보았다.

수사

이 비유는 수사 구조로서 단계 평행법을 사용한다. 다음과 같은 세 주제가 등장한다.

1. 들으라/행하라
2. 집 짓기
3. 폭풍/홍수와 그 결과

이 이야기는 이 세 주제를 차례차례 따라가며 기초를 **놓고** 건축하는 사람을 다룬 다음, 똑같은 순서를 따라 기초 **없이** 건축하는 사람을 다룬다. 수사 구조로서 단계 평행법을 사용하면서, 정점이 각 시리즈의 끝부분에서 등장한다. 이것은 곧 폭풍과 이 폭풍이 각 집에 미치는 효과가 이 비유의 정점을 이룬다는 뜻이다.

주석

복음서는 이 이야기를 서로 다른 두 가지 형태로 기록하고 있다. 마태복음은 "반석" 위에 집을 지은 "지혜로운 자"와 "모래" 위에 집을 지은 "어리석은 자"를 대조한다. 누가복음은 **기초가 있음**과 **기초가 없음**을 대조하여 문제 삼는다. 교회가 알고 기억하는 이야기는 마태복음의 이야기다. 누가복음의 기사가 담고 있는 세부 내용은 대개 알아차리지 못한다. 그러나 누가복음의 기사는 예언자 이사야에서 시작한 전승에 그 뿌리를 두고 있다.

누가복음의 기사가 이번 장의 초점이다. 두 복음서의 이야기가 이렇게 차이를 보이는 이유는 이 간략한 연구서에서 다룰 범위를 벗어나는 문제다.

우리 독자들은 애초에 이 비유가 주었던 충격을 느끼지 못한다. 현대 서구 세계에서는 집을 짓길 원하는 사람은 굴착기를 동원하여 땅을 파고 기초를 놓는다. 기초에 부을 콘크리트는 레미콘으로 실어 나른다. 모터를 사용하여 콘크리트 블록을 기초에 깐다. 재목과 모든 건축 자재도 힘 들이지 않고 옮겨와 내려놓는다. 벽에 붙이는 석고보드도 여러 장 가져오고 지붕에 이는 재료도 다발로 가져와, 모터를 활용하여 지붕 위로 올린다. 골조도 건축 설명서대로 공장에서 만들어 가져온 뒤, 모터를 이용하여 올린다. 이렇게 하는데도 집 짓기는 여전히 고된 일이다. 이와 달리, 고대의 집 짓기는 선진국의 건축자들이 지난 수 세기 동안 경험했던 것보다 더 많은 시간과 에너지를 요구하는 일이었다. 이븐 알 타이이브는 고대 세계에서 집을 짓는 데에는 엄청난 수고가 필요함을 보다 완벽하게 이해했다. 그랬던 그가 이 비유를 곱씹어보면서 다음의 말로 시작한다. "모든 그리스도인은 집 짓기가 쉬운 일이 아님을 안다. 도리어 집 짓기에는 진이 빠지고 기겁할 수고와 고된 일이 쉼 없이 이어지며 생명까지 위태롭게 하는 노력이 따른다."[2] 이븐 알 타이이브는 예수가 이 비유에서 강력한 은유를 동원하셨음을 이해했다. 그뿐 아니라 이 비유에는 은유를 넘어 더 많은 것이 들어 있다.

이스라엘/팔레스타인의 촌락에 사는 사람들은 여름에만 집을 짓는다. 이곳은 비가 겨울에 내리며, 예루살렘과 베들레헴 그리고 헤브론이 자리한 산등성이에는 때로 눈도 내린다. 겨울에 석조 주택을 짓고 싶어하는 이는 아무도 없다. 여름은 집 짓기에 알맞은 건조하고 따뜻한 날씨를 제공하지만 한 가지 불리한 점도 있다. 레위기도 언급하듯이, 여름에는 흙에 점

---

2) Ibn al-Tayyib, *Tafsir al-Mashriqi*, ed. Yusif Manqariyos (Egypt: Al-Tawfiq Press, 1907), 2:118.

토 성분이 많아서 "놋과 같다"(레 26:19).

　이런 여름에는 단단한 점토 위에 좋은 일층집을 지을 수 있다고 믿고 집을 짓는 경우야 얼마든지 상상해볼 수 있지만, 이런 이는 생각이나 지혜가 도통 없는 자다. 그는 괭이로 땅을 몇 번 찍어보고는 땅이 정말로 "놋과 같이" 단단하다는 사실을 확인한다. 벽이 아무리 높아봤자 2미터 정도이니 바닥이 충분히 버틸 수 있을 것 같다. 날씨도 뜨겁지 않은가! 집 짓는 사람에게도 구름 한 점 없이 땡볕이 내리쬐는 하늘 아래서 오랫동안 허리가 끊어질 것 같은 고된 일을 하는 것은 달갑지 않다. 그는 그냥 단단해진 점토 위에 방이 하나나 둘인 소박한 집을 짓는 쪽을 택한다. 기초가 될 암석이 점토 아래 있으니 잘 버텨주겠지! 그는 지붕을 만들고 처마도 알맞게 만든다. 그리고 우기가 오기 전에 일을 마치게 된 것을 기뻐한다.

　하지만 그 해 겨울에는 어느 해보다 많은 비가 와서 땅이 순식간에 물에 잠겨버린다. 자그마한 물줄기가 길을 타고 달려 내려가기 시작하더니, 땅이 흙으로 만든 죽처럼 변하면서 계속 그 상태를 유지한다. 진흙이 새로 지은 집의 석벽 아래에 자리 잡더니, 결국 뒤틀리기 시작한다. 벽에 쌓은 돌들은 깎아 다듬지 않은 들판의 돌들이라 아귀가 맞지 않다. 돌이 하나둘씩 차례로 벽에서 빠져나온다. 벽의 한 부분이 심각할 정도로 불거져 나온다. 불거진 부분이 점점 커지더니 마침내 터져버리고, 결국은 건물 전체가 무너져 내린다. 1세기 중동의 촌락 사람들은 회반죽 대신 진흙을 사용했기 때문에.[3] 건물 벽을 암석 기초 위에 세우지 않으면 그 벽은 아래 기초가 건조한 상태를 유지하면서 침전물이 쌓이지 않은 경우에만 무너지지 않고 서 있다. 이런 시나리오는 믿을 수 있는 것이요 실제로 일어난 일이다.

　영자 주간지 「인 제루살렘」(*In Jerusalem*, 예루살렘에서 발행되는 주간지) 1991년 10월 4일 금요일판은 예루살렘 교외 탈피오트(Talpiot)에서 일어난

---

[3] 1세기 로마 건축자들은 회반죽을 사용했는데 아주 단단했다. 중동의 촌락 사람들은 예부터 회반죽 대신 진흙만을 사용했다.

한 아파트 단지 붕괴 사건을 보도했다. 1991년 8월 28일 밤, 아파트 단지 중 3분의 1이 무너졌다. 그 바람에 28가구가 집을 비우고 피해야 했다. 조사해보니 무너진 3동 건물 지하 하수구에서 물이 샜다는 것이 밝혀졌다. 3동은 "공인된 방식에 따라 암반 위에" 지은 것이 아니라 "무른 흙" 위에 지은 건물이었다. 아파트 내벽이 휘면서 4층 욕조가 아래 3층으로 떨어졌다. 그 주간지는 "붕괴가 엄청나서 마치 큰 지진에 무너진 건물 같다"고 보도했다.[4] 그 건물을 지은 엔지니어들이 누가복음 6:46-49을 읽었다면, 그들이 속한 회사는 큰돈을 아낄 수 있었을 것이다.

꼼꼼하고 부지런한 건축자가 더 잘 안다. 성지(이스라엘)에는 땅을 파면 어디에나 단단한 암석이 있다. 건축자가 계곡에 집을 지으려 한다면, 흙과 잡석이 3미터 넘는 깊이까지 있을 수 있다. 낮은 언덕 꼭대기에는 암반에 흙이 거의 덮여 있지 않아 드러나 있는 경우가 잦다. 나는 촌락의 많은 건축자들에게 석조 주택을 지으려면 땅을 얼마나 깊이 파야 하는지 물어보았다. 대답은 늘 똑같다. 그들은 "암반이 나올 때까지" 파야 한다고 대답한다. 3센티미터만 파도 될 때도 있겠지만, 암반이 나올 때까지 파야 한다는 원칙은 변함이 없다. 건물은 늘 **암반 위에** 지어야 한다.

누가복음에 기록된 예수의 비유는 예수가 새로 만들어내신 이미지들의 모음이 아니다. 도리어 이 비유가 묘사하는 장면들은 기원전 705년 무렵까지 거슬러 올라가는 역사를 갖고 있으며, 이사야 28:14-18이 이 역사를 기록하고 있다. 이 본문은 이 책의 들어가는 글에서 살펴보았지만, 쉽게 참조할 수 있게 그림으로 다시 제시해놓았다(그림 25.2.).

예언적 수사 틀이라 부른 것에 해당하는 이 사례는 내가 성경 전체에서 발견한 어떤 것보다도 정교하고 거의 완벽하다. 일곱 개 연이 있는데, 중앙에 정점이 있고 정점을 축으로 세 연이 역순으로 펼쳐진다. 1연과 7연

---

[4] Gail Lichtman, "Improper Foundation Causes Building to Collapse in Talpiot," *In Jerusalem* 1, no. 18(1991): 2.

이 서로 완벽하게 조화를 이룬다. 반전 평행법과 단계 평행법을 능숙한 솜씨로 함께 엮어놓고 있다. 서로 조화를 이루는 또 다른 연들 역시 정교하게 만들어졌으며, 이 모든 것은 기원전 8세기 말의 작품이다.[5] 왜 이렇게 정성을 들여 특별한 수사를 구사했을까?

이사야는 외적의 침입을 당한 한 나라에게 선포했다. 무시무시한 앗수르 군대가 이스라엘에게로 다가오고 있었다. 그 군대는 진격해오는 동안 작은 나라를 차례로 갈아 부숴버렸다. 이스라엘 지도부는 이미 이집트인들과 상호방위동맹을 맺었기에 앗수르인들이 침입하면 이집트군이 나타나 자신들을 구해주리라고 믿었다. 이사야는 이스라엘과 이집트가 맺은 협정이 휴지조각이라고 확신했다. 예언자 이사야는 이 비유 형식을 빌려 예루살렘의 지도자들을 통박했다. 그러나 이사야는 이런 통박과 동시에 소망이 가득한 미래를 제시했다. 이 비유는 두 건물을 뚜렷하게 보여준다. 하나는 이미 지어졌으나 무너질 건물이다. 다른 하나는 다만 미래에 이루어질 약속이다.

이집트인들의 모든 세계관은 죽음과 이 죽음을 다스리는 신들에 대한 예배가 그 중심이었다. 이사야는 첫 연(1)에서 "죽음(곧 이집트)과 언약한" 그의 지도자들이 품은 확신을 이야기한다. 지도자들은 이런 언약을 맺었으니 이집트가 자신들을 앗수르인들에게서 구해주리라고 확신했다. 또 이사야는 7연에서 1연과 쌍을 이루는 연을 꼼꼼히 지어내어 지도자들이 맺은 언약이 휴지조각임을 선언한다.

이사야는 2연에서 이스라엘인들이 **거짓**을 **피난처**이자 **은신처**로 지었다고 말하며 그들을 조롱한다. 6연에서 이사야는 큰 폭풍이 이스라엘인들이 지은 **피난처/은신처**를 강타하여 **파괴해버릴** 것이라고 예언한다.

그러나 모든 것이 사라지지는 않는다. 미래는 밝다. 하나님은 이스라엘인들을 포기하지 않으셨으며, 언젠가는 "**시온**에 시험한 돌, 곧 귀중한

---

[5] 나는 마가복음 한 곳에서만 이런 예언적 수사 틀을 사용한 경우를 17개나 발견했다.

이러므로 **예루살렘**에서 이 백성을 **다스리는**
너희 비웃는 자들아, **야웨의 말씀을 들으라!**

너희가 말하기를

1. a. "우리가 **죽음**과 **언약**했고
   b. 또 **스올**과 **맹약**을 맺었으므로   죽음 및 스올과
   c. **엄청난 천벌**이 지나가도   언약을 맺음
   d. 그것이 우리에게는 이르지 않으리니

2.   a. 이는 우리가 **거짓**을 우리 **피난처**로 삼고   피난처
      b. 또 **가짜** 속에 우리가 **숨었기** 때문이다."   숨을 곳을 만듦

3.   따라서 주 야웨가 말씀하시되
        "보라, 내가 **시온**에   건축
        한 돌 곧 **시험한 돌**을 두어 **기초**로 삼았으니   재료
        귀중한 모퉁잇돌이요 **든든한 기초**라.

4.   '(그것을-70인역) **믿는** 이는   명문(銘文)
          흔들리지 않으리라.'

5.   또 내가 **정의**를 **측량줄**로 삼고   건축
        의를 **다림추**로 삼으리니   도구

6.   a. **우박**이 거짓으로 지은 피난처를 쓸어버리고   피난처
      b. **물**이 숨은 곳을 덮치리라."   숨은 곳이 파괴됨

7. a. 그때에 너희가 **죽음**과 맺은 **언약**이 무효가 되고
   b. **스올**과 맺은 **맹약**이 서지 못하리니   죽음 및 스올과
   c. **엄청난 천벌**이 지나갈 때   맺은 언약이 무효가 됨
   d. 너희가 그것에게 짓밟히리라.

그림 25.2. 이사야의 두 건축자 비유(사 28:14-18)

모퉁잇돌을 두어 든든한 기초로 삼으실 것이요"(3연), "그것(든든한 기초)을 믿어 결코 요동치 않을" 이를 시온에 두실 것이다(4연). 그 기초 위에 지을 새 건물을 짓는 데 쓸 도구는 **정의와 의**가 될 것이다(5연).

요컨대 이사야는 이스라엘인들이 짓는 건물(이집트와 맺은 맹약)을 확신하지 않았으며, 큰 폭풍(앗수르)이 몰려오고 있다고 예언했다. 그 폭풍은 그들이 세운 건물을 파괴하겠지만, 하나님은 미래에 새 건물의 든든한 기초가 될 새 모퉁잇돌을 시온에 두실 것이다. 그 기초는 평범한 돌이 아니라 보석일 것이다. 이 극적 비유에 무슨 일이 일어났을까?

600년을 건너뛰어 요르단 계곡의 쿰란 공동체가 남긴 기록으로 가보자. 이 기록은 이사야의 비유를 곱씹어보는데, 그 공동체 필사자들은 「공동체 규칙」이라는 문서에 이렇게 쓰고 있다.

> 공동체 공회에는 열두 사람과 세 제사장이 있을지니, 율법에 나타난 모든 것에 능통하고, 그들이 하는 일은 진리와 의와 정의와 자비와 겸손이리라.…이런 이들이 이스라엘에 있을 때, 그것(이스라엘)이 시험을 통과한 벽이요 귀중한 모퉁잇돌이 되리니, 그 기초들이 그들이 있는 자리에서 흔들리지 않고 움직이지도 않으리라.[6]

쿰란의 경건한 이들은 이사야의 비유를 좋아했으며, 그 비유가 그들에게 주어진 약속이라고 주장했다. 그들의 목표는 율법을 훤히 알고 흠이 없는 선행 기록을 가진 열두 사람과 세 제사장으로 이루어진 공회를 갖는 것이었다. 그들은 이 열다섯 사람이 자리를 잡으면, 이사야 28:14-18의 비유가 말하는 하나님의 위대한 약속이 이루어지리라고 보았다. 그들은 이사야의 약속을 현실성 있는 약속으로 받아들였으며, 이 약속이 사해 옆에

---

[6] "The Community Rule," in *The Dead Sea Scrolls in English*, trans. Géza Vermes (Middlesex: Penguin Books, 1975), p. 85.

자리한 그들의 정착지 안에서 이루어질 가능성이 있다고 보았다. 하지만 예루살렘의 당국자들은 다른 견해를 갖고 있었다.

미쉬나는 이렇게 말한다. "언약궤를 뺏긴 뒤에도 초기 예언자 시대부터 있었던 한 돌은 그대로 남았으니, 그 돌을 shetiyah(기초)라 불렀다. 그 돌은 땅보다 손가락 셋 높이만큼 높았다. 그는 이 위에 불판(fire-pan)을 놓곤 했다."[7)]

이 본문은 대제사장이 대속죄일에 예루살렘 성전에서 행하는 의식을 다룬다. 대제사장은 이 엄숙한 날 12시간에 걸쳐 거행하는 제의의 중간에 위에 향이 덮인 불타는 숯이 들어 있는 큰 판을 들고 지성소로 들어갔다. 지성소 가운데에는 바닥의 나머지 부분보다 살짝 높이 솟아 있는 돌이 하나 있었다. 대제사장은 그 돌 위에 "불판을 놓곤 했다." 사람들은 그 돌을 "기초"라 불렀다.

우리는 이 돌이 왜 그런 이름을 얻게 되었는지 듣지 못했다. 초기 유대교가 내놓은 이사야 주석은 전혀 존재하지 않는다. 하지만 우리가 아는 것을 토대로 설득력 있는 추측을 해볼 수는 있다. 제2성전 시대 유대인들은 솟아오른 돌이 자리한 지성소 가운데 부분을 세상에서 가장 신성한 곳으로 여겼으며, 그 돌이 성전 중앙인 "시온에" 있다고 여겼다. 후대 유대인들은 온 세상이 이 거룩한 돌에서 만들어졌다고 판단했다.[8)] 말하자면 지성소 가운데 있었다고 하는 그 돌을 이사야의 약속, 즉 언젠가는 하나님이 **귀중한 돌**, 곧 든든한 기초를 시온에 두시리라는 약속의 실현으로 이해했던 것 같다. 쿰란 공동체는 자기에게 속한 열다섯 의인이 이사야의 약속이 말하는 기초를 이루리라고 주장했다. 성전의 지도자들 역시 성전 중앙의 돌을 두고 이사야의 약속이 이루어졌다고 주장하면서, 그 돌을 "기초"라

---

7) Mishnah, *Moʻed Yoma* 5:2 (Danby, p. 167).
8) Tosefta, *Moʻed Kippurim* (=*Yoma*) 4:14, vol. 2, *Moed*, trans. Jacob Neusner (New York: Ktav, 1981), 2:198.

고 불렀다. 성전에 충성했던 예수 시대의 보통 유대인들은 성전 지도자들이 지성소 중앙의 솟아오른 돌을 "기초"라고 불렀음을 알았음이 분명하다. 따라서 그 돌 주위에 있는 성전 건물들과 성전에서 이루어지는 제사 체계 및 여러 제의가 이사야가 약속한 기초 위에 세워진다고 이해했으리라고 추측하는 것은 자연스럽다.

예수는 바로 이런 세계에서 이사야의 약속이 실현되는 방법에 대해, 앞과 같은 두 가지 이해와 완전히 다른 새로운 이해를 세우고 제시하셨다. 예수는 "내 말을 듣고 행함"이 이사야가 약속한 "기초" 위에 건물을 짓는 것이라고 말씀하셨다. 요컨대 예수는 이렇게 말씀하신다. "내가 주춧돌이요, 내가 shetiyah다. 나와 내 말 위에 지으면 너희가 흔들리지 않으리라. 파괴당한 건물과 하나님이 약속하신 새 기초를 말한 이사야의 비유는 쿰란에서도, 두 번째 성전에서도 이루어지지 않고, 나와 내 말 속에서 이루어진다."

두 기사를 살펴보면 서로 대비되는 부분들이 나타난다.

두 기사의 비교

1. 비유마다 각각 두 집이 등장한다.
2. 두 비유에 모두 물/폭풍이라는 상징이 등장한다.
3. 각 비유에서는 기초가 중요한 주제다.
4. 두 비유 모두 사람들에게 "말씀을 듣고 따르라"고 요구한다.
5. 각 비유는 개인에게 그리고 민족에게 이야기한다고 이해하는 것이 가장 좋다.
   a. 이사야는 사람들에게 산헤립과 앗수르인들의 침입을 염두에 두고서 자신의 말을 들으라고 요구한다.
   b. 예수는 이스라엘 민족에게 다가오는 이스라엘과 로마의 충돌을 염두에 두고 새로운 기초를 생각하라고 요구하시는 것 같다.

주석

1. 이사야 28장을 보면, 무너지는 집은 완성된 거처다. 두 번째 구조물은 미래에 주어질 기초로서 약속되어 있을 뿐이다. 누가복음 6장에서 두 건물은 모두 지어져 있는 것으로 현존한다.
2. 이사야 28장은 독자들에게 "야웨의 말씀을 들으라"고 요구한다. 예수는 당신 말씀을 듣는 이들에게 "내 말을 듣고 행하라"고 요구하신다.
3. 이사야는 그릇된 것을 믿는 믿음, 이집트와 이집트의 신들을 믿는 믿음을 비판한다. 예수는 "내 말을 듣고도 행하지 않는" 자들을 비판하신다.

요아힘 예레미아스는 이렇게 쓰고 있다.

눈앞에 닥친 위기를 다룬 이 비유들은 각각 특정한 구체적 상황에서 이야기하고 있다. 이 사실은 이 비유들을 이해하는 데 대단히 중요하다. 이 비유들의 목적은 도덕적 교훈을 제시하는 것이 아니라, 멸망의 길로 치닫는 한 민족에게, 더 특정해서 말하면 그 민족의 지도자와 신학자와 제사장들에게 충격을 주어 다가온 위험을 깨닫게 하는 것이다. 무엇보다도 이 비유들은 회개하라는 요구다.[9]

분명 예수의 비유는 몇 가지 요소를 이사야서에서 빌려왔지만, 다른 요소들은 거부하거나 형태를 바꿔 다시 만들었다. 유사하거나 유사하지 않은 이 요소들은 예수의 비유가 이사야의 비유를 근거로 삼았음을 보여준다. 이사야처럼 예수도 큰 폭풍이 당시 세력을 모으고 있던 열심당 민족주의자들이라는 형태로 몰려오고 있음을 아셨다. 그들은 자신들이 로마와

---

9) Joachim Jeremias, *The Parables of Jesus* (London: SCM, 1963), p. 169.

싸워 이길 수 있다고 생각했으나, 이는 현실과 동떨어진 생각이었다.[10] 예수는 재앙을 내다보셨고 그들이 실패할 것을 아셨다. 로마군과 벌일 전쟁이라는 큰 폭풍은 하나님이 거하실 곳으로 지은 영광스러운 집을 파괴할 것이다. 그러나 이사야의 경우처럼, 모든 것이 사라지지는 않을 것이다. 예수는 자신과 자신의 말씀을 새로운 기초로 제시하면서 이미 이 기초 위에 새 성전이 지어졌다고 말씀하셨다. 이를 통해 예수는 하나님께서 예수의 몸이라는 성전을 통해 이스라엘 백성 가운데 임재하셨다고 강조한다.

사람이 건물을 대신한다는 놀라운 사실에 대한 증언은 신약성경 전체에 존재한다. 예수 그리스도를 믿는 이들은 믿음과 세례를 통해 그 성전의 일부가 된다. 바울은 예루살렘 성전이 그대로 존재하면서 제 기능을 하던 시절에 고린도인들에게 쓴 서신에서 이렇게 말했다. "너희는 너희가 하나님의 성전이요 하나님의 영이 너희 안에 거하심을 알지 못하느냐?"(고전 3:16)

이것이 새로운 사상은 아니었다. 바울은 예수가 이미 이 비유에서 가르치신 것을 확장했다. 마가는 예수가 세례를 받으실 때 성령을 받으셨다고 강조한다(막 1:9-11). 예수는 논의 중인 비유(눅 6:46-49)에서 당신과 당신의 말씀이 로마와의 전쟁이라는 다가올 폭풍 속에서도 살아남을 든든한 기초임을 강조하신다. 예수의 예언은 나중에 진실임이 증명되었다. 그러나 예수는 이 위대한 비유를 지으실 때 또 다른 예언자가 보여주었던 통찰의 흐름을 가져다 쓰셨다.

에스겔은 노래하는 이와 그의 노래를 다룬 비유를 지었다. 에스겔은 그 비유를 "듣고도 행하지 않는" 자들을 자신의 논지 속에 담았다. 에스겔 33:29-33이 그것인데, 이를 그림 25.3.으로 제시해본다.

이 비유는 전후 대칭 구조는 아니지만 "고리 모양 구성"이 분명하게 드러난다. 5연의 "이"라는 말은 1연에 묘사된 파멸을 가리키는 것이 분명하다. "듣고도 행하지 않다"라는 테마가 2연과 4연에서 등장한다. 절정은 사

---

10) Martin Hengel, *The Zealots* (Edinburgh: T & T Clark, 1989), pp. 76-145.

1. 그때 곧 그들이 행한
   그들의 모든 가증한 일 때문에   그때 그들이
   내가 그 **땅**을 **황무지**요 **쓸모없는 땅**으로 만들 때   알리라
   그들이 내가 **야웨임을 알리라.**

2.   "인자야, 너 같은 경우
       네 민족이 담 곁과 집 문에서
       함께 모여 너를 두고 이야기하면서
       서로 말하고
       각기 그 형제에게 말하되   듣다
       '**가서, 야웨에게서 나오는**   말씀
       무슨 **말씀**이 나오는지 들어보자' 하고

       또 그들이 가서 모이듯 네게 와서
       네 민족처럼 네 앞에 앉아
       네 말을 들으나   듣다
       그들이 그 말을 **행하지 않았다.**   행하지 않다
       이는 그들이 그 입으로는 **많은 사랑**을 보여도
       그들의 **마음**은 그들의 이익을 좇기 때문이다."

3.   또 보라, 그들이 너를
       아름다운 목소리와 기막힌 악기 연주로   비유
       사랑 노래를 하는 사람처럼 여긴다.

4.   이는 그들이 **네 말을 듣고도**   듣다
       그 말을 **행하지 않기** 때문이다.   행하지 않다

5. **이 일이 임할 때**―또 이 일이 임하리라!
   그때에는 그들이 한 예언자가   그때 그들이
   그들 가운데 있었음을 **알리라.**   알리라

그림 25.3. 에스겔의 사랑 노래 비유(겔 33:29-33)

랑 노래를 부르는 이에 대한 비유로서 가운데 부분에 있다. 에스겔은 분명 사랑을 담아 경고하는 말을 제시하지만, 슬프게도 사람들은 모두 아름다운 목소리의 사랑 노래에만 귀를 기울였다. 그들은 에스겔의 말에 귀를 기울였지만, 그 말대로 행하지는 않았다. 예수는 수사적인 이 말씀에서 "듣고도 행하지 않다"라는 말을 선택한 후, 거기에 이사야가 말한 건축과 폭풍 비유에 나온 이미지를 더하여 논의 중인 비유를 만들어내신다. 예수는 탁월한 신학과 역사와 수사 기술을 발휘하여 두 예언의 흐름을 이 기사에서처럼 결합하신다. 예수의 비유를 이렇게 이해하면, 이 본문이 마태복음 산상 설교와 누가복음 평지 설교에서 모두 결론으로 등장하는 이유를 설명할 수 있다. 다이너마이트가 정말 작은 소포에 담겨 다가왔다. 이 비유를 비유의 맥락인 예수의 세계 그리고 이사야 및 에스겔의 비유와 떼어놓고 살피다보니, 이를 그저 예수의 말씀을 듣고 행하라는 단순한 권면으로 자주 바꾸어버렸다. 이 비유를 그렇게 보는 견해는 잘못이다. 도리어 여기서는 예수가 당신의 사역 전체를 아우르는 가장 놀라운 말씀 가운데 하나를 강조하고 계신 것 같다. 이슬람교의 용어를 빌리자면, 예수는 새 *Kaaba*다. 기독교와 유대교의 용어로 표현한다면, 예수는 세 번째 성전 지성소 안에 있는 초석이시다.[11]

요약: 두 건축자 비유

1. 암반 위에 자리한 **기초**는 **예수**라는 인격체와 그분의 말씀이다. 이 본문은 청자/독자들에게 이 말씀을 듣고 행함으로써 기초 위에 집을 지으라고 요구한다.
2. 본문은 **듣고 행함**을 점토층을 관통하여 암반까지 뚫고 들어가는 에너지에 비유한다. 그 암반 위에 집을 지으려면, 이런 위험과 평범치

---

11) 바울은 고전 3:10-17에서 같은 이미지를 사용한다.

않은 모험 및 노력이 따라야 한다.
3. 폭풍이 두 집을 강타한다. 예수를 믿는 믿음은 폭풍이 몰려왔을 때 마법으로 목숨을 지켜주는 것이 아니다. 도리어 이 비유는 든든한 기초 위에 지은 집이 폭풍을 이겨내리라고 약속한다.
4. 이 본문의 기독론은 다음과 같이 두 가지 차원으로 나타난다.
   a. 이사야는 독자들에게 야웨의 말씀을 들으라고 촉구한다. 예수는 듣는 이들에게 **당신 말씀**을 듣고 행하라고 요구하신다.
   b. 예수는 (성전이나 쿰란의 제사장들과 장로들이 아니라) 하나님이 이사야를 통해 약속하신 새 기초이시다. 실로 사람이 건물을 대체했다.

용감한 메시아는 자신이 누구인가를 담대하게 선언하시면서, 청중에게 당신 말씀을 듣고 행함으로 다가올 폭풍 속에서도 살아남을 "세 번째 성전" 안에서 의미와 안전한 피난처를 찾으라고 권면하신다.

26장

불의한 청지기 비유

누가복음 16:1-8

4세기에 이르러 불의한 청지기 비유와 탕자의 비유는 서로 다른 장으로 나뉘었다. 만일 이렇게 두 비유를 나눈 수도사들이 이를 같은 장 속에 두었더라면, 누가복음 16:1-8의 해석사는 완전히 달라졌을 것이다. 이 두 비유에는 다음과 같이 상당히 많은 유사점이 있다.

1. 각 이야기마다 제멋대로 구는 아랫사람에게 남다른 은혜를 보여주는 고귀한 윗사람이 있다.
2. 두 이야기에는 아버지/주인의 자산을 낭비하는 비루한 아들/종이 나온다.
3. 각 이야기마다 제멋대로 굴었던 아랫사람이 자신들이 만든 손실을 깨닫는 진실의 순간에 이른다.
4. 두 경우에 아들/종은 고귀한 아버지/주인의 자비에 자신을 맡긴다.
5. 두 비유는 깨진 신뢰와 여기서 생기는 문제들을 다룬다.

이런 유사점들은 불의한 청지기 비유를 그보다 앞에 있는 비유에 비추어 살펴봐야 한다는 것을 알려준다.[1] 나는 이 비유가 탕자의 비유에 등장한 신학 주제들을 계속해서 다루고 있다고 확신한다. 이 비유의 주제는 하나님과 죄, 은혜와 구원이지, 정직하게 돈을 다뤄야 한다는 것이 아니다. 맨슨은 불의한 청지기 비유가 "탕자의 비유의 부록으로 여겨졌을 가능성이 있다"고 느낀다.[2]

당황스러운 이야기

불의한 청지기 비유는 늘 사람들을 당황스럽게 했다. 설교자, 저술가, 성경 해석자와 교사들은 이 비유를 재앙처럼 여겨 종종 피하곤 한다. 언뜻 보면, 이 비유는 주인의 돈을 훔치는 청지기, 예수가 거짓말쟁이이자 도둑으로 제시하시는 청지기 이야기처럼 보인다. 4세기에 배교자 율리아누스(Julian the apostate)는 이 비유를 주된 근거로 활용하여 이 비유가 예수의 제자들이 거짓말쟁이요 도둑임을 이야기한다고 주장하면서, 이런 이유로 고귀한 로마인은 이 모든 부패한 영향을 거부해야 한다고 주장했다. 이 비유 본문은 그림 26.1.과 같이 표현할 수 있다.

수사

이 비유의 얼개는 **변형된 예언적 수사 틀**이다. 흔히 볼 수 있는 일곱 개 연이 나타나긴 하지만, 가운데 장면을 축으로 전후 연들의 전개 순서가 바뀌는 1-2-3-4-3-2-1 형태를 따르지는 않는다. 대신 2연과 3연이 같은 주제를 다루며, 마찬가지로 5연과 6연이 같은 주제를 다룬다. 가운데 등장하는

---

[1] 이 비유에 대한 더 상세한 논의로는 Kenneth E. Bailey, *Poet and Peasant*, in *Poet and Peasant and Through Peasant Eyes* (Grand Rapids: Eerdmans, 1980), pp. 86-109을 보라.

[2] T. W. Manson, *The Sayings of Jesus* (1937; reprint, London: SCM, 1964), p. 291.

1. 어떤 부자에게 한 청지기가 있었는데　　　　　주인
   그 종이 주인의 재산을 낭비한다는 고발이　　청지기
   그 주인에게 들려왔다.

2.　그러자 그(주인)가 그(청지기)를 불러 말하되
　　"내가 네게 관하여 들은 이 말이 무슨 말이냐?　손실
　　네 청지기직을 계산하라.
　　이는 네가 더 이상 청지기일 수 없기 때문이다."

3.　그러자 그 청지기가 속으로 말하되
　　"내 주인이 내게서 청지기직을 뺏으려 하니
　　내가 무엇을 할까?　　　　　　　　　　　손실
　　내가 땅을 파자니 힘이 없고
　　구걸하자니 부끄럽구나.

4.　　　내가 무엇을 할지 알았다.
　　　　그렇게 하면 내가 청지기직을 잃을 때　　해결책을
　　　　사람들이 나를 그들 자신의 집으로 영접하리라."　알아냄

5.　그리하여 그가 주인에게 빚진 자들을 하나씩 불러
　　첫 번째 사람에게 말하되 "당신은 내 주인에게 얼마를 빚졌소?"
　　그러자 그가 말하되 "기름 백 말이오."　　이득
　　그러자 그(청지기)가 그에게 말하되 "당신 차용증을 가져다가
　　앉아서 빨리 오십이라 쓰시오."

6.　그런 뒤 다른 사람에게 말하되 "당신은 얼마나 빚졌소?"
　　그러자 그가 말하되 "밀 백 석이오."　　　이득
　　그러자 그(청지기)가 그에게 말하되 "당신 차용증을 가져다가 팔십이라 쓰시오."

7. 그러자 주인이 그 정직하지 않은 청지기를　　주인
　 지혜 있음을 이유로 칭찬했다.　　　　　　　청지기

이는 이 세대의 아들들이 그들 자신의 시대에는 빛의 아들들보다 지혜롭기 때문이라.

그림 26.1. 불의한 청지기 비유(눅 16:1-8)

절정은 청지기가 마침내 위기를 어떻게 돌파할지 깨닫는 부분이다. 잘 짜인 줄거리가 그렇듯이, 이 이야기는 청중에게 수사 전략을 다 제시하지 않고 그저 차근차근 펼쳐간다. 이 비유는 두 장면(장면 2와 3)을 통해 문제를 묘사하고, 이와 짝을 이루는 두 장면(장면 5와 6)을 통해 해결책을 제시한다. 마지막 장면에서 청지기는 주인을 다시 한 번 속여 놓고도 (이 비유의 주인으로부터) 칭찬을 듣는데, 청중과 독자는 그가 왜 칭찬을 듣는지 이유를 찾아내야 한다. 이어지는 누가복음 16:9-13은 그 자체로 내적 통일성을 갖고 있기 때문에 새로운 문단으로 이해하는 것이 가장 좋다.[3]

주석

이 비유는 중동의 전통 문화에 깊이 뿌리를 두고 있다. 이런 이유로 비유 해석자들은 반드시 그 문화를 참고해야 한다. 예수의 청중은 이 비유를 어떻게 들었을까? 그들은 여기에 대해 어떤 반응을 보였을까? 첫 장면은 이렇게 말한다.

1. 어떤 부자에게 한 청지기가 있었는데   주인
    그 종이 주인의 재산을 낭비한다는 고발이   청지기
    그 주인에게 들려왔다.

한 부자에게 청지기가 있었는데, 그가 부자의 재산을 낭비한다는 고발이 들려왔다. 누가 이런 고발을 했을까? 이 비유는 우리에게 고발자를 일러주지 않는다. 짐작컨대 마을에 사는 부자 주인의 친구가 그 청지기를 믿지 말라고 일러주었으리라 보는 것이 자연스럽다. 만일 다른 종들이 일러바쳤다면, 주인은 진위 여부를 더 조사했을 것이다. 이 고발은 주인이 따

---

3) Bailey, *Poet and Peasant*, pp. 110-18.

지지도 않고 신뢰할 만하다고 여기는 정보원에게서 나온 것이 분명하다.

이 이야기의 청중은 이런 고발로 미루어 보아 주인이 마을에서 존경받는 사람이었음을 깨닫는다. 이 이야기에는 주인의 인격을 흠잡을 만한 꼬투리가 전혀 나오지 않는다. 만일 주인이 악당이었다면, 마을 사람들은 청지기의 그릇된 행동을 고발하길 내켜하지 않았을 것이다. 이 비유의 첫 줄은 세 종류의 사람, 즉 청지기와 이 청지기의 주인과 마을 사람들을 소개한다. 이 비유의 취지를 이해하려면, 각 인물의 성격을 이해해야 한다.

이 비유에서 마을 사람들은 무대 밖에 있지만, 무대 위에서 일어나는 사건에 중요한 역할을 한다. 예수의 비유에서 두 주인공이 등장할 경우, 한쪽 주인공은 비열하고 다른 한 명은 늘 고매하다. 둘 다 악한 경우는 없다. 이 경우에는 청지기가 거짓말쟁이요 도둑이지만, 주인이 정직하지 않다고 암시하는 내용이 전혀 없다. 이 둘은 공동 범죄자가 아니다.

더욱이 이 이야기의 해석자는 이것이 은행가 이야기인지 아니면 농사꾼 이야기인지를 판단해야 한다. 이 비유의 언어는 농촌의 광경을 전제하며, 소작농이 농산물 형태로 지불하는 소작료에 초점을 맞추고 있다. *oikonomos* (청지기)라는 그리스어는 농장 관리인이거나 은행가의 대리인을 의미할 수 있다. 하지만 중동에서 나온 아랍어판, 시리아어판, 콥트어판은 이 핵심 단어를 시종일관 "은행가"가 아니라 "토지 관리인"으로 번역했다. 계속해서 이 이야기는 다음과 같이 펼쳐진다.

2. 그러자 그(주인)가 그(청지기)를 불러 말하되
"내가 네게 관하여 들은 이 말이 무슨 말이냐?   손실
네 청지기직을 계산하라.
이는 네가 더 이상 청지기일 수 없기 때문이다."

주인은 청지기가 정직하지 않다는 말을 듣고 그를 불러 이렇게 캐묻는다. "내가 네게 관하여 들은 이 말이 무슨 말이냐?" 이런 만남은 으레 위와

같은 질문으로 시작된다. 이븐 알 타이이브가 말하듯이, 주인은 지금 어떤 정보를 캐묻는 것이 아니다.[4] 청지기는 주인에게 어떤 정보가 들어갔는지 모른다. 만일 청지기가 주인의 이런 질문에 당황한다면, 그는 주인에게 새로운 정보를 아주 많이 전달할 것이 뻔하다. 그러나 이야기 속 청지기는 아주 약삭빨랐다. 실제로 그는 다른 종들에게도 이런 술수를 써먹었을 것이 틀림없다. 그는 이 게임을 간파하고 게임에 참여하길 거부한다. 그는 주인이 면전에서 내린 명령에 철저한 침묵으로 대응한다.

잠시 긴장된 순간이 흐른 뒤, 주인은 비록 청지기에게서 새로운 정보를 캐내지는 못할지라도 이미 자기에게는 그를 쫓아낼 만한 신빙성 있는 정보가 있음을 깨닫는다. 이런 이유로 주인은 계속해서 이렇게 말한다. "네 청지기직을 계산하라. 이는 네가 더 이상 청지기일 수 없기 때문이다." "계산"이라고 번역된 그리스어에는 정관사가 붙어 있기 때문에 이 단어는 "회계 장부"를 뜻한다. 주인이 청지기에게 시킨 것은 "수지 균형을 맞추는 일"이 아니라 "회계 장부를 반환하는 것"이다. 요컨대 청지기는 그 자리에서 해고당했다.

조지 호로비츠(George Horowitz)는 랍비 자료를 인용하여 주인과 그 대리인을 규율하는 율법을 요약하면서 이렇게 썼다.

> 대리인 지명과 대리인의 권한은 타당한 이유가 있고 없음을 막론하고 어느 때나 거둬들일 수 있으며, 이런 철회 이후 대리인의 행위는 원칙상 구속력이 없다. 하지만 이런 철회는 대리인이나 그와 거래하는 이가 확실히 알 경우에만 비로소 효력을 발휘한다.[5]

---

4) Ibn al-Tayyib, *Tafsir al-Mashriqi*, ed. Yusif Manqariyos (Egypt: Al-Tawfiq Press, 1907), 2:281.
5) George Horowitz, *The Spirit of Jewish Law* (New York: Central Book, 1953), p. 542.

이 이야기에서 주인은 대리인을 직접 만나 해고한다. 따라서 이 청지기가 그때부터 하는 모든 행위는 불법이며 주인을 구속하지 않는다. 청지기는 더 이상 토지를 관리할 권한이 없으므로 회계 장부를 반환해야 한다. 그러나 회계 장부는 힘을 상징하며, 아직은 청지기가 쥐고 있다. 청지기는 이야기의 이 시점부터 비록 회계 장부는 갖고 있다 해도 전직 관리인이자 해고당한 신세다. 이 두 사실은 비유의 나머지 부분을 이해하는 데 중요하다.

예수의 청중은 청지기가 무슨 일을 하리라고 예상했을까? 중동의 전통에서는, 관리인은 물론이고 평범한 종이라도 권위를 행사하는 사람을 이야기도 들어보지 않고 그냥 쫓아내는 법이 없다. 이 청지기라면 주인에게 우선 이렇게 대답했을 것이다. "경애하는 주인님, 저는 여태까지 주인님을 섬겼습니다. 제 아비도 주인님의 아버님을 섬겼습니다. 제 할아비도 주인님의 조부님을 섬겼습죠. 삼대에 걸쳐 이런 아름다운 인연이 이어졌는데, 설마 돈 때문에 생긴 사소한 오해로 이를 짓밟는 일은 결코 하지 않으시겠지요!" 아니면 이렇게 말할지도 모르겠다. "이 사실은 제 잘못이 아닙니다. 저는 최선을 다했습니다. 하지만 저라고 눈이 천 개이겠습니까? 제가 어떻게 모든 것을 빠짐없이 다 살피겠습니까? 제가 데리고 일한 인간들이 도둑놈입니다." 그것도 아니면 이런 대답을 했을지도 모른다. "제가 도둑질했다고 주인님께 고자질한 인간들을 이 자리에 데려다주십시오. 저랑 대면시켜주십시오. 그러면 주인님도 이 비열한 인간들이 제 앞에서도 뻔뻔하게 이런 거짓말을 되풀이할 배짱이 있는지 아시게 될 겁니다!"

이 청지기는 이런 방법 외에 다른 유명한 책략도 동원할 수 있지만, 그는 아무런 방법도 쓰지 않는다. 그가 쓸 수 있는 마지막 수단은 마을에서 힘깨나 있다는 자기 친구들을 주인에게 보내 자신의 억울한 처지를 헤아려달라고 호소하게 하는 것이다. 그러나 청지기는 이런 방법들 중 아무것도 시도하지 않는다. 주인에게는 이런 방법을 써도 아무 소득이 없으리라는 것을 알았기 때문이다. 동서를 불문하고 침묵은 동의를 뜻한다. 이 이야기에서도 침묵은 자기에게 죄가 있음을 고백하는 것이다. 아울러 이런 침묵은 주인이 타인의 농간에 조종당하거나 누군가의 압력에 굴복하는 성품을 가지지 않았음을 보여준다. 이런 간접적 고백과 뜻밖의 후퇴를 간파하는 것이 이 이야기를 정확히 이해하는 데 아주 중요하다.

청지기가 군소리 없이 해고를 받아들인 것은 놀랍다. 나는 수십 년 동안 권한을 가진 자리에 있는 중동인들을 지켜보고 그들에게 물어봤지만, 이 청지기처럼 쫓겨나면서 자기 자리를 회복시켜달라고 호소하지도 않고 조용히 물러나는 경우를 본 적도 들은 적도 없다. 청지기의 이런 행동은 상상할 수 없는 행동이다. 이런 행동이 가진 신학적 의미를 간과해서는 안 된다. 아담 때부터 자주 죄인들은 하나님을 대면해서 자신의 악행을 변호하려고 시도하지만, 한 번도 제대로 된 변명을 내놓은 적이 없다.

청지기가 반응을 보이다

3. 그러자 그 청지기가 속으로 말하되
 "내 주인이 내게서 청지기직을 뺏으려 하니
 내가 무엇을 할까?   손실
 내가 땅을 파자니 힘이 없고
 구걸하자니 부끄럽구나.

다음 장면은 해고당한 청지기의 독백이다. 이 청지기가 해고당한 상태임을 주인 외에는 아직 아무도 모른다. 청지기는 회계 장부를 모으러 가는 길에 속으로 이렇게 말한다. "주인이 청지기직을 뺏으려 하니 내가 무엇을 할까?" 그는 자기 처지를 곱씹어보고, "내가 땅을 파자니 힘이 없구나"라고 탄식한다. 이는 그가 밭에 나가 일꾼으로 일할 수 없는 처지임을 뜻한다. 밭일에는 땅을 파는 일도 들어 있다. 새 작물을 키울 땅을 준비하려면 땅을 파야 하기 때문이다. 경사진 밭과 각이 예리한 구석 땅은 쟁기질을 할 수 없어 사람이 직접 파야 한다. 그는 갸륵하게 이런 비천한 일까지 해

볼 생각을 하면서도 결국 자기 육신의 한계를 인정한다. 이어 그는 "내가 구걸하자니 부끄럽구나"라고 말한다. 모든 이가 다 그렇지는 않지만, 청지기는 명예감도 있는 데다가, 자신에게는 마을 사람들이 인정할 정당한 구걸 사유가 없음을 안다(그는 장님도, 척추를 다친 이도, 팔다리가 없는 사람도, 다른 장애가 있는 사람도 아니다). 요컨대 그는 자기 결점을 보완해주는 자질을 몇 가지 갖고 있는데, 그중에는 자신과 자신에게 일부 남은 명예를 있는 그대로 평가할 줄 안다는 점이 있다.

자신의 "쫓겨난 처지"(outcast state)[6]를 곱씹어보던 청지기에게 별안간 새로운 묘수가 떠오른다. 그의 독백이 다음과 같이 이어진다.

4. 내가 무엇을 할지 알았다.
그렇게 하면 내가 청지기직을 잃을 때   **해결책을**
사람들이 나를 그들 자신의 집으로 영접하리라."   알아냄

그가 선언한 목표는 다른 누군가가 그를 그 집으로 받아들이게끔 하는 것이었다. 이 말은 1세기 그리스의 스토아철학자인 에픽테투스(Epictetus)의 작품에 나타나는 관용어로 "다른 일자리를 얻다"라는 뜻이다.[7] 그는 누군가의 토지를 관리하고 싶어한다. 하지만 이런 목표를 어떻게 이룰 수 있을까?

이 청지기는 자신이 주인의 토지와 관련해서 앞으로 하게 될 모든 일이 형식상 불법임을 안다. 그러나 다른 관계자들은 그가 해고당했음을 아직 모른다. 그는 직접 해고 통보를 받았지만, 회계 장부는 여전히 그의 손 안에 있다. 이 점이 사태를 순식간에 바꿔놓을 것이다. 주인이 청지기에게

---

6) William Shakespeare, *Sonnets*, 29.
7) Epictetus, "Concerning Those Who Are in Dread of Want," Discourses 25.2, *The Book of Epictetus*, ed. T. W. Rolleston, trans. Elizabeth Carter (London: Ballantyne Press, n.d.), pp. 207-8.

회계 장부를 반납하라고 명령을 내린 상태이기 때문이다. 이 청지기는 자신이 써먹을 수 있는 마지막 묘수가 있음을 깨닫고, 이를 과감히 쓰기로 한다. 청지기가 말 그대로 부패해서 쫓겨났다면, 아무도 그를 써주지 않을 것이다. 실제로 그는 이렇게 말한다. "이 마을에서 도둑놈이 나만은 아니잖아. 이 불쾌한 일이 마무리되고 내가 쫓겨났다는 것을 모든 사람이 알게 되었을 때, 내가 궁지에서 벗어날 수 있으려면 해야 할 일이 있어. 나는 그게 뭔지 알아. 어떻게든 내가 똑똑하고 사람들에게 신망이 있음을 보여줄 이 기회를 살려야 돼."

그는 천재 악당이 되어 교묘한 계획을 궁리한다. 장면 5와 6은 그의 계획을 펼쳐 보여준다.

5. 그리하여 그가 주인에게 빚진 자들을 하나씩 불러
   첫 번째 사람에게 말하되 "당신은 내 주인에게 얼마를 빚졌소?"
   그러자 그가 말하되 "기름 백 말이오."   이득
   그러자 청지기가 그에게 말하되 "당신 차용증을 가져다가
   앉아서 빨리 오십이라 쓰시오."

6. 그런 뒤 다른 사람에게 말하되 "당신은 얼마나 빚졌소?"
   그러자 그가 말하되 "밀 백 석이오."   이득
   그러자 청지기가 그에게 말하되 "당신 차용증을 가져다가 팔십이라 쓰시오."

이븐 알 타이이브는 죄가 죄를 낳음을 지적한다. 이 종은 도둑질한 것이 덜미가 잡혔으니, 이제는 회개하고 삶을 바꾸어야 한다. 하지만 그는 오히려 더 훔치기로 결심한다.[8] 그는 미리 생각해둔 계획을 따라, 주인에게 빚진 자들을 찾아가지 않고 도리어 한 사람씩 자신에게 오게 한 뒤 조심스

---

8) Ibn al-Tayyib, *Tafsir al-Mishriqi*, 2:282.

럽게 말을 꺼낸다. 분명 이 청지기는 종들을 시켜 채무자들에게 자신이 그들을 만나고 싶어한다는 뜻을 알렸을 것이다. 종들이 생각하기에는 아직 청지기가 주인을 대리할 권한을 가졌으므로 그의 명령을 따르고 있다. 채무자들은 청지기의 연락을 받고 그가 일하는 곳으로 간다. 만일 이 청지기가 자기 자리에서 쫓겨난 줄 알았으면 채무자들은 그에게 갈 생각을 전혀 하지 않았을 것이다. 종들이 여전히 청지기의 명령을 받는다는 사실 자체가 (채무자들이 보기에는) 그에게 아직 권한이 있음을 확인해주는 증거였다.

지금은 수확 철이 아니다. 청지기가 채무자들을 불러 모았다는 것은, 주인이 청지기를 통해 그들에게 알리기를 원하는 중요한 정보가 있다는 뜻이다. 중요한 재정적 결정을 아랫사람에게 위임한다는 것은 중동 문화에서는 생각할 수 없는 일이다. 채무자들은 청지기가 주인의 메시지를 갖고 있다고 확신한다.

청지기는 돈이 있는 채무자들이 바로 이런 추측을 품고 자신을 만나러 오기를 원한다. 채무자들이 도착하자, 청지기는 그들을 단체가 아니라 일대일로 만난다. 일대일로 만나면 개인적 사정에 맞춰 이야기를 달리할 수 있지만, 단체 만남에서는 청지기가 이야기를 주도하기가 불가능할 수도 있다. 단체 모임을 가지면 채무자들이 서로 장단을 맞출 수 있으며, 그렇게 되면 청지기의 영향력은 줄어들 것이다. 그러나 청지기는 영향력을 유지하고 싶어한다. 더구나 이븐 알 타이이브가 말하듯이, 청지기는 (채무자들이 생각하기에) 자신이 그들에게 베푼 선물을 기록하길 원한다. 이븐 알 타이이브는 이렇게 쓰고 있다.

"당신 차용증을 받으시오. 그리고 얼른 앉아서 오십이라 쓰시오." 이는 "주인이 내게서 차용증들을 거둬가기 전에 앉아서 백 대신 오십이라 쓰시오. 나머지 오십은 이 일이 모두 마무리된 뒤에 우리 둘이 나누는 거요"라는 뜻이다. 여기서 주목할 일은 청지기가 자기 주인의 권리를 지켰어야 하건만, 도리어 채권의 절반을 잃어버리는 일을 함으로써 채무자를 자신이 저지르는 배임(背

任)의 공범으로 만든다는 것, 이를 통해 장차 이 채무자가 주인에게 청지기를 비판하며 험담하지 못하게 입을 막아버린다는 것이다.[9]

청지기의 계획은 기가 막히다. 이를 꿰뚫어본 이븐 알 타이이브의 통찰이 탁월하다. 중동처럼 명예와 수치를 중시하는 문화에서는 "공적 타당성"과 "사적 인식"을 분명히 구분한다. 공중 예법은 개인의 명예를 보존한다. "공적 타당성"을 따지자면, 채무자가 공중 앞에서 취할 입장은 "나는 그 청지기가 해고된 줄 몰랐다"이다. 채무자는 공개적으로 이렇게 말할 수 있다. "나는 청지기가 주인의 허락을 받고 채권 금액을 깎아준 줄 알았다." "공적 타당성"이 없는 채무자는 청지기가 하려는 일에 협력하지 않을 것이다. 이런 채무자들은 주인에게 땅을 계속 빌리길 원한다. 사사로운 이익을 따지자면, 채무자는 청지기와 채무자 자신을 부유하게 해줄 이 작은 거래를 받아들일 수 있다. 이븐 알 타이이브는 이런 일들이 어떻게 이루어지는지 속속들이 꿰뚫고 있다. 알 타이이브는 채무자가 이런 사기에 가담하면 결국 그가 주인에게 가서 그때까지 벌어진 일을 이야기할 수 없게 된다는 것을 절묘하게 짚어낸다. 청지기와 각 채무자 사이의 대화는 사사로운 은밀한 대화이며, 목격자도 없다. 그러니 이들이 주고받은 이야기를 누가 증명할 수 있겠는가? 청지기는 자신이 무슨 일을 하고 있는지를 정확하게 알고 있다.

청지기가 서두르는 이유는 분명하다. 그가 회계 장부를 주인에게 돌려주고 나면 이 작은 거래들이 불가능해지기 때문이다.[10] 주인이 회계 장부를 반환하라는 명령을 내린 이상, 청지기에게는 한두 시간밖에 여유가 없다.

청지기는 첫 번째 채무자에게 "당신은 내 주인에게 얼마를 빚졌소?"라

---

9) Ibid., 2:283.
10) 헐트그렌의 논의가 탁월하지만, 이 모든 일이 한두 시간 안에 이루어져야 한다는 사실을 간과한다. Hultgren, *Parables of Jesus*, p. 153을 보라.

고 묻는데, 이는 정보를 요구하는 질문이 아니다. 중동의 토지 관리인은 거래 내역을 수중에 다 갖고 있다. 청지기의 질문은 자기와 채무자가 상의하여 채권 금액을 확실히 합의해두려고 말문을 연 것일 뿐이다. 만일 채무자인 농부가 청지기가 가진 장부에 기록된 것과 같은 숫자를 이야기한다면, 둘은 이야기를 더 진행할 수 있다. 채무자가 말하는 숫자가 장부에 기록된 숫자와 다르다면, 누구의 숫자가 옳은가부터 따져봐야 한다. 서증(문서로 기록된 증거)이 제한된 세계에서는 글을 읽을 수 있는 사람이 매우 드물고 구전을 존중하기에, 이렇게 미세한 차이까지 살펴봐야 한다.

채무와 깎아준 부분이 엄청나다. 기름 50말은 거의 500데나리온에 해당하는 가치가 있는데, 이는 농장 노동자의 일 년 반 품삯이었다. 두 번째 채무자 역시 비록 그 비율은 다르지만 거의 같은 수준의 채무 탕감을 받는다. 지금 청지기의 관심사는 채무자가 탕감받은 빚을 뺀 채무 금액을 직접 적게 하는 것이다. 청지기는 변경된 채무 내용을 채무자들이 직접 적게 함으로써, 그 빚 문서를 들여다보는 이라면 누구나 그 글이 누구의 필적인지 인식할 수 있고 채무자들이 청지기와 직접 만나 그 기록 내용을 받아들였음을 알게 하길 원한다.

각 채무자는 청지기가 제안한 대로 채무 내역 변경에 합의한 뒤, 마을로 돌아가 "사람들에게 널리 알릴" 좋은 소식을 가족 및 친구들과 함께 나눈다. 이 소식이 동네에 퍼지자, 온 동네가 축제 분위기로 들썩이면서 마을 역사상 가장 후하게 땅을 빌려준 사람(주인)을 칭송하고 주인을 설득하여 큰 빚을 깎아준 청지기를 칭찬한다.

면담이 끝나자, 청지기는 방금 전에 수정한 빚 문서를 모은 다음, 주인이 맡긴 생선 가게에서 생선을 훔쳐 먹은 고양이마냥 음흉한 미소를 지으며 문서들을 주인에게 넘겨준다. 주인은 이것을 받은 뒤, 자신과 가장 가까운 사업 파트너들이 직접 손으로 쓴 채무 변경 내역을 살펴보고, 이내 자신이 무엇을 선택할지 심사숙고한다. 그가 선택할 수 있는 길은 두 가지다.

첫째, 법적으로 주인은 마을로 나가 청지기가 한 채무 탕감이 권한 밖의 행위요, 청지기가 이런 행위를 할 때는 이미 해고당한 상태였으며, 청지기에게는 주인을 대리해서 무엇을 할 수 있는 법률상 권한이 전혀 없으므로 채무자들은 원래 채무액을 그대로 갚아야 함을 설명할 수 있다. 그러나 주인이 이렇게 한다면, 그것은 주인의 후한 인심을 칭송하기 위해 차려진 잔칫상을 엎어버리는 일이 될 것이며, 이 잔치는 주인을 이치도 모르고 공정하지도 않은 자로 공격하고 욕하는 마당이 되어버릴 것이다. 첫 번째 선택을 따르지 않는다면 둘째 방안이 있다. 이 경우 주인은 가만히 있으면서, 이 약삭빠른 악당(즉 청지기)이 채무자들에게 베푼 구원의 대가를 감내하는 대신, 너그러운 사람이라는 칭송을 계속 즐길 수 있다. 이것은 청지기의 계략이 만들어낸 것은 아니나 이 계략 때문에 평판이 높아지기는 한다. 주인은 **지금도 이미** 너그러운 사람이다. 나쁜 일을 한 청지기를 해고하기는 했어도 옥에 가두지는 않았기 때문이다. 더구나 주인은 청지기와 그의 가족을 노예로 팔아 자신이 입은 손실을 메울 수 있는데도 그리하지 않았다. 이는 그의 너그러운 인품 때문이었다.

이미 받은 후한 은혜를 염두에 두고서 청지기는 자신의 모든 것을 한 수에 걸기로 결심한다. 그는 주인의 너그러운 성품을 굳게 믿고 자기의 계략을 세운다. 그는 "은혜를 더 풍성케 하려고 죄를 짓는다." 앞으로 보겠지만, 청지기는 그가 한 행동 때문에 **질책을 받으면서도** 주인의 너그러운 성품을 확신한 것 때문에 **칭찬을 듣는다**.

청지기는 성공을 거둔다. 마을 사람들은 일의 상세한 전말을 알고 청지기의 지략과 대범함에 놀란다. 사람들은 청지기를 신뢰하진 않겠지만, 그래도 그를 고용할 것이다. 이렇게 머리가 잘 돌아가는 사람이라면 "틀림없이 **남**이 아니라 **우리**를 위해 일하리라" 믿기 때문이다. 에이브러햄 링컨은 자신을 반대하는 이들이 자신의 적이 아니라 자신을 위해 일해주길 원했다. 그러면서도 그는 반대하는 이들을 자신의 시야 안에 두고 밀착 감시하고 싶어했다. 링컨은 그들에게 능력이 있음을 알았다. 논의 중인 비유에서도 마을 사람들은 청지기를 같은 이유로 고용할 것이다(결국 청지기는 채무자들에게 많은 돈을 벌게 해주었지만 이런 사실에 대해서는 입도 뻥긋하지 않았다).

주인은 청지기가 채무자들에게 베푼 구원 때문에 희생을 치르지만, 그의 민첩한 기지만은 칭찬한다.

7. 그러자 주인이 그 정직하지 않은 청지기를   **주인**
지혜 있음을 이유로 칭찬했다.   **청지기**
이는 이 세대의 아들들이 그들 자신의 시대에는 빛의 아들들보다 지혜롭기 때문이라.

청지기와 주인은 동네의 영웅이 되었다. 마을 사람들은 뜻밖에 엄청난 횡재를 했다. 따라서 이제 마을 사람들은 이 청지기를 고용할―동시에 그를 감시할―일터를 찾아줄 것이다!

주인은 청지기의 약삭빠름 및 청지기 때문에 간접적으로 얻은 칭송을 이유로 그를 칭찬한다. 청지기가 이 모든 계획을 세운 것은 그가 주인의 성품을 높이 평가했기 때문이다. 맨슨은 주인의 태도를 이렇게 요약한다. "'나는 이 정직하지 못한 청지기가 재치 있게 행동했기 때문에 그를 칭찬한다'라는 말과 '나는 이 재치 있는 청지기가 정직하지 않게 행동했기 때문에 그를 칭찬한다'는 말은 천양지차다." 계속해서 맨슨은 이렇게 말한다. "우리는 (마지막) 말의 취지를 이렇게 받아들여야 한다. '이것은 사기다. 그러나 아주 영리한 사기다. 이 청지기는 악당이다. 그러나 놀랄 만큼 영리한 악당이다.'"[11]

이 비유는 "톰과 제리" 이야기다. 조그만 쥐가 머리를 써서 큰 고양이를 놀려먹고 끝내 이긴다. 이 비유의 밑바닥에는 예수 시대에 갈릴리에 존재했다고 알려진 억압받는 농부들의 심리가 깔려 있다. 청지기는 로빈 후드 같은 인물이요, 당대의 문화에 맞선 영웅이다. 그러나 예수는 이야기

---

11) Manson, *Sayings of Jesus*, p. 292.

끝에서 청지기를 "이 세대/세상의 아들"이라 부르신다. 이 청지기는 너그러운 주인의 제한 없는 자비를 온전히 신뢰하는 것만이 자신의 유일한 희망임을 알 만큼 똑똑하다. 청지기의 도덕성은 통탄할 정도다. 그럼에도 예수는 "빛의 아들들"이 정직하지 않은 청지기처럼 그들의 지식을 활용하고 하나님의 자비를 온전히 신뢰하여 구원에 이르기를 원하신다. 탕자 역시 이 청지기와 비슷한 결정을 한 바 있다.

요약: 불의한 청지기 비유

1. **하나님의 본질**. 하나님은 정의와 자비의 하나님이시며, 지극히 성실하신(영예로우신) 분이다. 하나님은 당신의 정의감 때문에 악인을 내쫓으신다. 그분의 자비는 종이 도둑질했어도 그를 팔거나 옥에 가두는 대신 내쫓기로 결정한 일에서 잘 드러난다. 아울러 하나님의 자비는, 종이 채무자들에게 베푼 구원으로 말미암아 주인이 희생을 치르게 되었지만 그 주인이 이 희생에 동의하는 모습에서도 볼 수 있다. 하나님의 성실하심은 마을 사람들이 주인을 높이 평가하는 모습과 이 주인이 마지막에 종을 대하는 모습에서 생생히 드러난다.

2. **죄의 드러남과 죄에 따른 처벌 선고**. 하나님 나라의 임함은 위기를 가져온다. 청지기가 지은 죄들이 드러난다. 주인의 본질 때문에, 잘못된 일들에 대한 청지기의 변명은 소용없을 것이며, 청지기는 아무런 변명도 하지 못한다. 청지기는 자신이 한 거짓말과 사기로 말미암아 "이 세상/세대의 아들"로 선고받는다.

3. **죄의 교활한 본질**. 청지기는 일단 들통 난 이상, 회개하고 삶을 바꾸며 주인의 손해를 배상하려고 애써야 했다. 그러나 대신 그는 더 대담하고 당돌한 방법으로 주인 것을 도둑질하는 쪽을 택했다. 죄는 더 많은 죄, 더 큰 죄를 낳는다.

4. **청지기의 정확한 인식**. 청지기가 칭찬받은 이유는 그의 윤리 때문

이 아니라(그는 이 세대/세상의 아들이다), 주인의 성품에 대한 정확한 인식 때문이다. 그는 자기 주인을 바로 읽었다. 이야기의 시작 부분에서 청지기는 주인의 남다른 은혜를 경험한다. 그는 주인의 이런 자비와 관용이 주인의 정체성을 규정하는 핵심임을 확신하고 여기에 모든 것을 걸기로 한다. 만일 그의 생각이 틀렸다면 그는 모든 것을 잃고 그의 가족은 노예로 팔려갈 것이다. 이 이야기는 주인에 관한 청지기의 판단이 옳았음을 확인해준다. 예수는 제자들이 이 청지기와 동일하게 하나님을 정확하게 인식하길 원하신다.

5. **행동하려는 청지기의 의지**. 청지기는 자신의 깊은 인식에 따라 행동할 용기를 갖고 있다. 그가 오직 하나에만 모든 것을 걸었던 것은 큰 위험이 따르는 일이다.

율리아누스는 잘못 생각했다. 예수는 제자들에게 거짓말하고 도둑질하라고 가르치시지 않는다. 예수는 억압받는 농부들의 심리를 사용해서 신학과 윤리가 깊이 공명하는 비유를 만들어내신다.

27장

바리새인과 세리 비유

누가복음 18:9-14

유명하고 익숙한 비유일수록, 거기에 고착된 오해와 선입견으로 얼룩져 있는 경우가 많다. 보통 생각하기에 바리새인과 세리 비유는 그저 기도 이야기일 뿐이다. 한 사람은 거만한 기도를 올리다가 그런 태도 때문에 비판을 받는다. 다른 한 사람은 겸비하게 기도함으로써 칭찬을 듣는다. 이 비유를 듣다가 우리도 모르는 사이에 내뱉는 반응은 "우리는 저 바리새인 같지 않으니, 하나님, 감사합니다!"일 때가 허다하다. 그러나 이런 반응은 우리가 사실은 그 바리새인과 같음을 보여준다! 이 비유는 어떻게 이해하는 것이 가장 좋을까? 이 비유는 정말 기도의 자세를 다루고 있을까?

물론 이 이야기의 핵심에는 기도할 때 가져야 할 겸비함이 자리해 있다. 하지만 누가는 서두에서 독자들에게 이 비유의 주된 초점이 의(義)의 문제 및 자기 노력으로 이런 경건한 목표에 다다를 수 있다고 믿는 이들임을 알려준다. 그림 27.1.은 누가복음 18:9-14의 수사 구조를 보여준다.

또 그가 그들 스스로 자신이 의롭다 믿고　　　　　(도입부)
다른 이들을 멸시하는 자들에게 이 비유를 말씀하셨다.

1. "**두 사람이 기도하러 성전으로 올라갔는데,**　　**두 사람이 올라감**
　　하나는 **바리새인**이요 다른 하나는 **세리**였다."　　바리새인과 세리

2. 　　a. 바리새인이 **혼자 서서**　　　　　　　　　**바리새인**
　　　　이렇게 기도하되　　　　　　　　　　　　　(그의 태도)

3. 　　　b. '하나님, 내가 다른 사람들 곧
　　　　　강탈하는 자들, 불의한 자들, 간음하는 자들,
　　　　　또는 바로 이 세리와 같은 자가 아님을 감사합니다.　**바리새인**
　　　　　나는 일주일에 두 번 금식합니다.　　　　(그의 기도)
　　　　　나는 내가 가진 모든 것의 십일조를 합니다.'

4. 　　a. 그러나 세리는 **멀리 떨어져 서서**,　　　　**세리**
　　　　심지어 그 눈을 하늘로 들지도 못한 채　　　(그의 태도)
　　　　다만 그 가슴을 치며 말하되

5. 　　　b. '하나님, 죄인인 나를　　　　　　　　　**세리**
　　　　　속해주소서!'　　　　　　　　　　　　　(그의 기도)

6. 내가 너희에게 말하노니, 저 사람이 아니라　　　**한 사람은 의롭다 하심을 받고**
　　그가 의롭다 하심을 받고 그의 집으로 내려갔다.　**한 사람은 구석으로 쫓겨나다**

이는 자기를 높이는 자는 낮아지고　　　　　　　　(결론)
자기를 낮추는 자는 높아지기 때문이다.

그림 27.1. 바리새인과 세리 비유(눅 18:9-14)

수사

이 비유의 도입부와 결론 사이에는 여섯 가지 장면이 있다. 첫 장면인 1에서는 두 사람이 기도하러 성전으로 "올라가며", 마지막 장면인 6에서는 역시 같은 두 사람이 "내려간다." 그러나 시선을 끌어당기는 중심은 세리이며, 바리새인은 "그 바리새인"이 아니라 "저 사람"이라 불리며 무시된다.

중심부는 A-B, A-B 구조로 짜여 있다. 본문은 독자들에게 바리새인이 서서 기도하는 모습을 이야기한 다음, 세리가 서서 기도하는 모습을 이야기한다.[1]

주석

이 비유의 내러티브 도입부는 진지하게 고려되어야 한다. 물론 이 도입부는 본질상 해석이지 비유 자체는 아니다. 그러나 이 도입부를 무시하는 것은 이 비유의 내용에 대해 사도들이 세워놓은 명확한 길잡이를 거부하고, 대신 우리 자신이 사는 21세기의 추측을 내세워 이 비유의 초점을 판단하는 것이다. 누가는 이 비유가 자기를 의롭다 여기면서 다른 이들을 멸시하는 사람들을 겨냥한다고 말한다.

의로운 사람이란 무슨 뜻인가? 헬레니즘 세계에서 *dikaios*는 예의바르고 관습과 법규를 지키는 사람에게 적용된 일반 용어였다.[2] 대체로 말해 이런 의미는 오늘날까지도 "의로운 사람" 개념에 그 자취를 남겨놓고 있다. 이런 사람은 칭찬할 만한 도덕 기준을 따르고 법을 지키며 "점잖은

---

1) 이것은 Kenneth E. Bailey, *Through Peasant Eyes*, in *Poet and Peasant and Through Peasant Eyes* (Grand Rapids: Eerdmans, 1980), p. 142의 내용을 고친 것이다.
2) G. Schrenk, "δίκαιος," *Theological Dictionary of the New Testament*, 10 vols., ed. Gerhard Kittel and Gerhard Friedrich, trans. Geoffrey W. Bromiley (Grand Rapids: Eerdmans, 1964-76), 2:182.

사람"으로 알려져 있다. 그러나 신약성경 그리스어의 뿌리는 구약성경의 히브리어이며, 이 히브리어에서 "의롭다"라는 말은 대단히 중요하다. 게르하르트 폰 라트는 이렇게 쓰고 있다.

> 구약에서 인간의 삶을 구성하는 모든 관계에서 *Ṣedaqa*("의")만큼 중요한 개념은 결코 없다. 이 "의"가 사람과 하나님의 관계는 물론이요 사람과 그 이웃의 관계를 규율하는 기준이다.…심지어 "의"는 사람과 동물, 사람과 자연 환경 사이의 관계를 규율하는 기준이기도 하다.[3]

의로운 사람은 특별한 윤리 규범을 지키는 사람이라기보다, 하나님이 당신의 임재 안에 받아들여 당신과 특별한 **관계**를 맺게 해주신 사람이나 공동체를 말한다. 이런 관계는 우리에게 아무런 대가 없이 지위를 베풀어주신 분께 충성을 다함으로써 유지된다. 따라서 하나님의 *ṣĕdāqôt*("의")은 "하나님이 역사 속에서 행하신 구원 행위들을 뜻한다."[4] 폰 라트는 계속해서 이렇게 말한다. "이스라엘은 아주 이른 시기부터 야웨를, 모든 것을 아우르는 선물인 당신의 의를 백성에게 베풀어주신 분으로 송축했다. 이스라엘이 받은 이 *ṣĕdāqôt*("의")은 늘 구원의 선물이다."

미가 6:3-5도 하나님의 의를 그분이 주신 선물로 보는 이런 이해를 제시한다.

> 오 내 백성아, 내가 네게 무엇을 하였느냐?
> 내가 무슨 일로 너를 괴롭혔느냐? 내게 대답해보라!
> 내가 너를 애굽 땅에서 이끌어내어

---

3) Gerhard von Rad, *Old Testament Theology* (New York: Harper & Row, 1962), 1:370.
4) Ibid., 1:372.

너를 종노릇하던 집에서 속량해냈으며,
내가 네 앞에 모세와
아론과 미리암을 보냈느니라.
오 내 백성아, 모압 왕 발락이 꾸민 일과
브올의 아들 발람이 그에게 대답한 것을 기억하며
싯딤에서 길갈까지 일어났던 일을 기억하라.
그러면 네가 야웨의 *ṣĕdāqôt*("의")을 알리라.

RSV는 *ṣĕdāqôt*을 "구원 행위"로 바르게 번역했다. 예언자 미가는 이 능력 있는 구원 행위에 대한 올바른 반응이 무엇일지를 성찰하다가, 수천 마리 숫양과 수만의 강물 같은 기름도 부족하겠다는 판단을 내린다. 예언자의 대답은 하나님이 스스로 그분이 요구하시는 것을 보여주셨다는 것인데, 바로 이것이다.

정의를 행하고 인자를 사랑하며
네 하나님과 함께 겸손히 행하는 것이다(미 6:8).

이 비유 배후에는 하나님 은혜의 선물인 구원 행위(의)와 관련된 풍성한 유산과 그 은혜에 합당한 반응을 바라는 요구가 자리해 있다. 예수 주위에 있는 많은 이들은 분명 예언자적 전통에 신실했다. 그러나 예수가 맞닥뜨린 사람 중에는 "자신이 의롭다고 믿으면서 다른 이들을 멸시하는" 자들도 일부 있었다. 시대를 불문하고 이런 유형의 사람들은 자기 공로의 대가로 하나님의 은혜를 얻었다고 느낀다. 이런 이들은 "자기 의" 때문에 자신과 같은 노력을 하지 않는 이들을 자연히 멸시한다. 따라서 이 비유의 진짜 초점은 기도할 때 보여야 할 겸손이 아니라, 우리가 하나님 앞에서 어떻게 의롭다 하심을 받는가다.

비유

이 이야기는 "두 사람이 기도하러 성전에 올라갔다"는 말로 시작한다. 영어에서는 보통 pray가 개인의 신앙 행위를 가리키며 worship은 공동체적 일을 가리킨다. 아람어든 히브리어든 시리아어든 아랍어든, 셈어 계열에서는 "기도하다"라는 말이 두 경우 모두에 사용된다. 주일이면 아랍의 그리스도인들은 친구에게 "난 기도하러 교회에 간다"라고 말하는데, 이는 공예배에 참석하러 교회에 간다는 의미다.

이 비유는 공예배 장소를 특정해서 언급하며, 두 사람은 **동시에** 기도하러 간다. 여기에 사용된 언어로 볼 때 두 사람이 참여하는 예배는 어떤 유형일까?

성전 경내에서 매일 올리는 예배는 단 하나, 속죄제였다. 속죄제는 새벽과 오후 세 시에 각각 한 번씩 올려졌다. 각 예배는 성소 밖의 크고 높은 제단에서 시작했는데, 이스라엘의 죄를 대신할 양을 제물로 바치는 제사로서 정확한 제사법을 따라 양의 피를 제단에 뿌렸다. 기도 중간에는 은나팔 소리, 심벌즈 소리, 시편을 낭송하는 소리가 울려 퍼지곤 했다. 그런 다음, 직무를 맡은 제사장이 성소의 바깥 부분으로 들어가 향을 피워 올리고 등잔 심지를 다듬었다. 제사장이 성소 안으로 사라지는 그때, 예배자들은 그들의 사사로운 기도를 하나님께 올릴 수 있었다.[5] 바로 이런 예배 의식을 보여주는 예가 누가복음 1:8에 나온다. 여기서는 사가랴가 성소에서 향을 올릴 특권을 갖고 있었다. 10절은 이렇게 말한다. "향을 올릴 시간에 모든 백성은 밖에서 **기도했다.**"

성전 예배에 참석하지 않은 많은 경건한 유대인은 성전에서 향을 올리

---

5) 이 예배의 세부 내용은 Mishnah, *Tamid* (Danby, pp. 582-89)에 자세히 설명되어 있다. 이 내용을 읽기 쉽게 요약한 글로는 Alfred Edersheim, "The Morning and the Evening Sacrifice," in *The Temple: It's Ministry and Services as They Were at the Time of Jesus Christ* (London: Religious Tract Society, n.d.), pp. 152-73.

는 시간이 되면 개인 기도를 올렸다. 이런 식으로 그들은 성전에 갈 수 없을 때에도 예배에 참여할 수 있었다.[6] 이 특별한 예배는 오늘날 우리가 공예배와 개인 기도라고 부르는 것을 동시에 할 수 있는 기회를 제공했다. 바리새인과 세리가 성전에 "올라간" 것은 바로 이런 예배 때문이었다. 본문의 말과 제2성전 시대 성전에서 매일 두 번 올리던 속죄제는 이런 배경을 가지고 있다.

바리새인

이제 바리새인이 무대 중앙으로 걸어 나온다. NRSV는 이때 일어난 일을 이렇게 번역하고 있다. "바리새인이 **혼자 서서**(standing by himself) 이렇게 기도하되." 이전 역본들은 "바리새인이 서서 **그 속으로 이렇게 기도하되**"(prayed thus with himself)로 번역하곤 했다. 그는 홀로 서서 혹은 그 속으로 기도한 것인가? 그리스어 문장의 흐름을 보면 NRSV가 옳다. 그는 **홀로 서서** 기도한다. 이 정확한 번역은 그가 성전 예배를 올리는 동안 다른 사람들과 떨어져 서 있었음을 알려준다.[7] 그는 홀로 서 있다. 그는 더럽다고 간주되는 "씻지 아니한 큰 무리"로 말미암아 자신이 더럽혀지는 것을 원하지 않는 바리새인이기 때문이다. 그가 만일 정결 예법상 부정한 누군가의 옷에 닿으면, 자신도 더러워지고 만다. 따라서 그는 다른 이들과 떨어져서 있어야 한다. 이븐 알 타이이브는 자신을 의롭다 여기는 이들이 "하나님이 계신 자리에서 그들 마음에 있는 죄들"을 성찰하지 못한다고 지적한다.[8]

그는 홀로 서 있기 때문에, 유대인의 관습대로 (속으로 기도하는 것이 아니

---

6) 유딧 9:1을 보라. 유딧은 시간을 정하고 정확히 그 시간에 개인 기도를 올린다.
7) 이븐 알 타이이브는 예배자들의 공동체가 현장에 있음을 강조한다. Ibn al-Tayyib, *Tafsir al-Mashriqi*, ed. Yusif Manqariyos (Egypt: Al-Tawfiq Press, 1907), 2:315을 보라.
8) Ibid., 2:314.

라) 큰소리로 기도할 수 있다.[9] 이렇게 소리 내서 하는 기도는 주위에 있는 "의롭지 않은" 자들에게 바라지도 않았던 윤리적 조언을 제공하는 황금 같은 기회를 베풀었다. "의롭지 않은" 자들은 이런 자리가 아니면 이렇게 수준 높은 경건을 관찰할 기회를 갖지 못했을 것이다! 영혼의 여정을 밟아가는 우리 대다수 사람들도 이런저런 기회에 기도 속에 숨어 있는 설교를 들은 적이 있다.

바리새인이 올린 기도는 보통 이렇게 번역된다. "하나님, 내가 다른 사람들과 같지 않음을 당신께 감사하나이다." 9절과 10절에서 "다른 남자들/사람들"을 가리키는 그리스어는 "땅의 사람들", 곧 바리새인처럼 율법을 엄격히 지키는 사람들이 불의하다고 경멸하는 보통 사람들을 가리킨다. 그렇다면 뒤에 이어지는 말은 정말 기도일까?

1세기 유대교의 경건에 따르면, 기도에는 세 가지 유형이 있다.

- 죄를 고백함
- 베풀어주신 것에 감사함
- 자신과 다른 사람들을 위한 간구

바리새인의 기도는 이 세 범주 중 어디에도 속하지 않는다. 그는 죄를 고백하지도 않고, 하나님의 선물에 감사하지도 않으며, 도와달라는 간구도 하지 않는다. 그의 공개적인 말은 자기를 포장한 채 다른 사람들을 공격한다. 그는 하나님께 자신이 강탈하는 자, 불의한 자, 간음하는 자, 세리를 멸시한다고 말한다. 그는 하나님이 자신에게 기대하시는 것과 자신을 비교하는 대신, 자신과 다른 사람들을 비교한다. 그는 불의한 자들을 바라보는 자기의 시각을 짧은 목록으로 제시한 다음, 자기가 이룬 윤리적 업적들을 나열하고, "나는 일주일에 두 번 금식합니다. 나는 내가 가진 모든 것

---

9) I. Howard Marshall, *The Gospel of Luke* (Exeter, U. K.: Paternoster, 1978), p. 679.

의 십일조를 합니다"라고 자랑스럽게 선언한다.

바리새인들은 율법을 꽃밭으로 생각했다. 그들은 꽃밭과 꽃을 보호하려고 율법 둘레에 울타리를 만들기로 했다. 즉 그들은 율법의 어떤 부분도 훼손되지 않도록 율법이 제시하는 요구들을 넘어 그 이상을 해야 한다고 느꼈다. 꽃밭 둘레에 울타리가 없으면, 누군가가 들어와 꽃을 **밟아버릴지도 모른다**. 성문 율법은 대속죄일에만 금식할 것을 요구했다. 하지만 바리새인은 큰 절기를 앞둔 이틀과 그 절기를 지낸 뒤 이틀을 금식하는 쪽을 택했다. 이는 1년에 12일을 금식함을 의미했다. 그러나 이 경건한 사람은 하나님(과 다른 사람들)에게 자신이 **울타리 둘레에 또 울타리를 쳐놓았다**고 선언한다! 그는 **매주 이틀을** 금식한다.

구약성경은 신실한 자들에게 곡식과 기름과 포도주의 십일조를 바치라고 명령했다. 신약 시대에 랍비들이 제시한 기준은 다음과 같다. "그들이 십일조에 관해 제시한 일반 규칙은 이러했다. 무엇이든 음식을 만드는 데 쓰는 것과 계속 지켜봐야 할 것과 땅에서 자라는 것은 십일조를 드려야 한다."[10] 미쉬나의 *Maʿaśerot*(십일조) 편은 이런 포괄적 규정을 더 쉽게 이행할 수 있는 모든 예외를 밝힌다. 이 논의는 몇 쪽에 걸쳐 이어진다. 그러나 이 바리새인은 이런 예외를 따르지 않고 그냥 "나는 내가 가진 모든 것의 십일조를 합니다"라고 주장한다. 그가 "떠벌리는 소리"를 들은 사람들은 의에 대한 이런 높은 기준에 감동했을 것이다. 그렇다면 뒤편에 서 있던 멸시받는 세리는 어떠했을까?

세리

세리는 예법상 자신이 더러운 지위에 있음을 깨닫고, 이스라엘의 죄를 속하는 큰 제사에 참석한 다른 예배자로부터 떨어져 있는 쪽을 택한다.

---

10) Mishnah, *Maʿaśerot* 1:1 (Danby, p. 66).

성전에서 기도할 때 인정되던 자세는, 주인 앞에 서 있는 종처럼 아래를 보고 두 팔은 엇갈려 가슴 위에 올려놓는 것이었다.[11] 그러나 세리는 자신이 지은 죄를 괴로워한 나머지 그의 심장이 자리한 가슴을 친다.

중동에서는 보통 여자가 가슴을 치지, 남자는 그렇게 하지 않는다. 가끔씩 특히 가슴 아픈 장례에 참석한 여자들이 가슴을 친다. 성경을 보면, 이와 다른 유일한 사례가 나오는데, 바로 예수가 십자가에 달리신 때였다. 그때 십자가 주위에 있던 이들은 일어난 일에 심히 당황하여 예수가 운명하신 직후 그날이 끝날 즈음에 그들의 가슴을 친다(눅 23:48). 아마도 이 경우에는 남자와 여자가 모두 가슴을 쳤을 것이다. 가슴을 치는 행위가 예수의 십자가 죽음만큼이나 비통한 경우에 행해지는 것이라면, 이 비유의 세리는 심히 괴로워하고 있음이 분명하다! 내가 중동에서 남자들이 가슴을 치는 것을 보거나 들은 경우는, 시아파 이슬람교 신자들이 그들 공동체의 창시자인 후세인이 암살당한 일을 해마다 추모할 때뿐이다. 이 세리는 이런 특별한 행동을 하면서 뭐라고 말하는가?

영역 성경들은 보통 세리의 말을 "하나님, 죄인인 내게 자비를 베푸소서!"라고 번역한다. 그러나 이 본문은 "자비를 베풀다"의 뜻으로 널리 사용되는 그리스어 *eleeō*를 쓰지 않는다. 대신 이 구절은 *hilaskomai*를 제시한다. 이 위대한 신학 용어는 "속(贖)하다"라는 뜻이다. 4세기 중동에서 만들어진 고전 아르메니아어 역본은 "오 하나님, 나를 속해주소서!"로 번역하고 있다. 이 본문에서 몇 구절 뒤를 보면(눅 18:38) 한 맹인이 길가에서 예수에게 "다윗의 자손 예수여, 내게 자비를 베푸소서!(*eleēson me*)"라고 소리친다. 이 *eleeō*는 많은 성찬 의식에 등장한다. 누가는 이 두 단어에 모두 익숙하다. 이런 이유로 세리의 요청과 걸인의 외침이 달랐으리라고 추측하는 것이 자연스럽다.

*hilaskomai*의 풍부한 의미를 부인하고 세리의 요청을 "오 주여, 나를

---

11) Edersheim, *Temple, Its Ministry & Services*, p. 156.

속해주소서!"로 번역해야 할 명백한 이유는 없다.[12] 바리새인과 세리는 방금 전에 흠 없는 어린 양을 이스라엘의 죄를 속할 제물로 바친 대(大)제단 앞에 서 있다. 세리는 제단 주위에 모인 예배자들에게서 멀찌감치 떨어져 선 채, 어린 양을 제물로 바치는 광경을 지켜본다. 그는 은 나팔이 울리고 심벌즈가 크게 부딪히며 시편 읽는 소리를 들은 뒤, 제단 옆에 제물의 피를 뿌리는 모습을 지켜본다. 그리고 제사장이 하나님 앞에 향을 바치려고 성전 안으로 사라지는 것을 본다. 얼마 뒤, 제사장이 다시 나타나 어린 양의 속죄 제물로 말미암아 제사가 받아들여졌고 이스라엘의 죄가 씻겨나갔다고 선언한다. 다시 나팔이 울리고, 향연이 하늘로 올라간다. 대찬양대가 노래하자, 괴로워하며 자기 가슴을 치던 세리는 떨어져 서서 "오 하나님, 죄인인 저를 속해주소서!"라고 부르짖는다.

이어 예수가 이렇게 선언하신다. "내가 너희에게 말하노니, 저 사람이 아니라 그가 **의롭다 하심을/구원을 받고** 그의 집으로 내려갔다." 예수는 성전에서 내려가는 바리새인을 처음에는 "바리새인"이라고 하셨다가 이제는 격을 낮춰 경멸조로 "저 사람"이라 부르신다. 한 사람은 자신의 경건한 공로가 자기에게 의인의 지위를 보장해주리라 확신하며 성전에 예배하러 갔다. 그러나 세리는 어린 양의 제물도 **그의** 죄를 속하지 못할 수 있다고 느끼는데, 예수는 이런 세리를 하나님 앞에서 **의로운 자/하나님이 받아주신 자**라고 선언하신다.

요한복음은 예수가 "세상 죄를 지고 가는 하나님의 어린 양"(요 1:29)이심을 강조하여 이 비유의 신학을 강하게 부각시킨다. 여기서 예수는 속죄 제사가 그의 신학의 중심에 자리해 있음을 확인해주신다.

이 비유의 결론은 다음과 같다.

---

12) Craig L. Blomberg, *Interpreting the Parables* (Downers Grove, Ill.: InterVarsity Press, 1990), p. 258. 헐트그렌은 이 동사가 "속하다"라는 의미라고 말하면서도, 수동태는 이 단어에서 그런 의미를 경감시킨다고 느낀다. Arland J. Hultgren, *The Parables of Jesus* (Grand Rapids: Eerdmans, 2000), p. 124.

이는 자기를 높이는 자는 낮아지고
자기를 낮추는 자는 높아지기 때문이다.

이 지혜의 말은 성경 속 여러 곳에서 나타난다(마 18:4; 23:12; 눅 14:11; 벧전 5:6). 그 의미는 인간 사회에서 나타나는 겸비나 자만과 관련된다기보다, 성경에서 온유하고 겸손한 자에게 긍휼을 보이시고 거만한 자를 내치시는 하나님 앞에서 내보이는 겸비나 자만과 관련된다. 하나님은 속죄 제사를 통해 임재하신 가운데 죄인을 높이신다.

예수는 당신 가르침 속에서 하나님의 은혜가 필요치 않다고 느끼는 "의인"과 하나님의 은혜를 갈망하는 "죄인"의 주제를 거듭 제시하신다. 이 비유는 앞의 주제를 다룬 더 커다란 가르침 덩어리 중 중요한 일부분이다. 예수는 죄를 율법 위반이 아니라 깨진 관계로 보신다. 세리는 하나님이 베푸시는 칭의의 선물을 받기를 갈망하지만, 바리새인은 자기 힘으로 이미 그 의를 얻었다고 느낀다. 요아힘 예레미아스가 이 비유에 관해 쓴 것처럼, "우리가 보는 본문은 바울의 칭의 교리가 예수의 가르침에 뿌리를 두고 있음을 보여준다."[13]

이사야 66:1-6

이 비유에는 우리가 아직 살펴보지 않은 또 한 가지 측면이 존재한다. 예수는 자신의 비유들 속에서 종종 구약의 주제를 택해 이를 발전시키신다. 누가복음 15:4-7의 선한 목자 비유는 시편 23편을 다시 이야기한 것으로 이해하는 편이 가장 좋은 것 같다.[14] 탕자의 비유에는 창세기 27:1-36:8

---

13) Joachim Jeremias, *The Parables of Jesus* (London: SCM, 1963), p. 114.
14) Kenneth E. Bailey, *Finding the Lost: Cultural Keys to Luke 15* (St. Louis: Concordia Press, 1992), pp. 54-92.

야웨가 이렇게 말씀하시되

1. "하늘은 내 보좌요
   땅은 내 발판이니
   너희가 **나를 위하여** 무슨 집을 지으며   하나님이 거부하시다
   무엇이 내 쉴 처소냐?   성전을
   이 모든 것이 내 손이 만든 것인즉
   이 모든 것이 내 것이라.
   야웨가 말하노라.

2. 그러나 이것이 내가 돌보려는 사람이니   나는 가난한 자들을 돌본다
   그는 **가난하고 심령이 통회하며**   내 말에 떠는
   내 말에 떠는 자라.

3. **소를 죽이는** 자는
   사람을 죽이는 자와 같고,
   어린 양으로 희생을 드리는 자는   비유들
   개의 목을 꺾는 자와 같고,   희생과
   소제를 드리는 자는   제사가
   돼지 피를 바치는 자와 같고,   악함
   분향하는 자는
   우상을 송축하는 자와 같도다.

4. 이들은 그들 자신의 길을 **택했고**
   그들의 영혼은 그들의 가증한 것을 **기뻐하니**,
   나도 그들에게 안겨줄 고통을 **택할 것이요**   그들은 악을 택했다
   그들이 두려워하는 것을 그들에게 임하게 하리니,   나는 심판을 택한다
   이는 내가 불렀을 때 아무도 대답하지 않았음이요,   그들이 듣지 않다
   내가 말해도 그들이 듣지 않고   그들이 악을 택하다
   도리어 그들이 내 눈에 악한 것을 하였으며
   내가 기뻐하지 않은 것을 택했기 때문이다."

5. 야웨의 말씀을 들으라.   너희
   그의 말씀에 떠는 너희야.   그의 말씀에 떨다
   "너희를 미워하고
   내 이름 때문에 너희를 쫓아낸 너희 형제가   너희 압제자들
   말하되 '야웨가 영광을 받으사   수치를 당하리라
   우리가 너희 기쁨을 보기를 원하노라.'
   그러나 그들은 수치를 당하리라.

6. 들어라, 성읍에서 들리는 시끄러운 소리를!
   성전에서 들리는 목소리를!   하나님이 심판을 말씀하시다
   야웨의 목소리인즉   성전에서
   그가 그 원수들에게 보응하시는 목소리로다!"

그림 27.2. 이사야 66:1-6

의 야곱 이야기와 유사점 및 상반된 점이 51가지나 들어 있다.[15] 누가복음 6:46-49의 두 건축자 비유는 이사야 28:14-18과 깊은 연관이 있다.[16] 마찬가지로 이 비유도 이사야 66:1-6에 뿌리를 두고 있다고 볼 수 있는데, 이 본문을 그림 27.2.에서 제시해보았다.

수사 스타일

고리 구성이 다시 나타난다. 첫 세 연이 제시된 후, 나머지 세 연이 앞의 세 연과 반대 순서로 반복된다. 특히 성전을 언급하는 말이 처음(1)과 끝(6)에 나타난다. "가난하고 심령이 통회하는" 사람, "내 말에 떠는" 사람(2)이 분명 이 예언자가 하는 설교의 주인공이다. 5연에서는 바로 그를 "내 이름 때문에" 미움을 받고 쫓겨난 이라고 밝히면서, 하나님이 그의 원통함을 풀어주시리라고 말했다. 희생을 드리는 사람에게 퍼붓는 통렬한 공격이 3연의 정점에서 나타나고, 4연에서는 그 이유를 제시한다. "내(야웨)가 불렀을 때 아무도 대답하지 않았기 때문이다."

예언자가 분노한 이유는 "제사"(성례)는 있으나 "말씀"이 없었기 때문이다. "내(야웨)가 불렀을 때 아무도 대답하지 않았고", "내가 말해도 그들이 듣지 않는다면" 이런 제의는 거부당할 뿐이다. 이 본문이 신약성경의 다른 곳에서도 두드러지게 나타난다는 점을 유념할 필요가 있다. 1연은 사도행전 7:49-50의 스데반의 설교에서 인용되며, 마태복음 5:34-35의 산상 설교에서도 간접적으로 언급된다. 이 예언자의 설교와 바리새인 및 세리 비유 사이에는 어떤 관계가 있는가?

---

15) Kenneth E. Bailey, *Jacob and the Prodigal* (Downers Grove, Ill.: InterVarsity Press, 2003).
16) 제6부 26장을 보라.

이사야 66장 및 바리새인과 세리 비유

바리새인과 세리 비유와 비교해보면, 두 본문 사이에는 다음과 같은 유사점 및 차이점이 두드러지게 나타난다.

유사점
1. 둘 다 성전을 배경으로 삼는다.
2. 둘 다 소외당한 사람을 다룬다.
3. 둘 다 소외당한 사람이 이야기의 주인공이다.
4. 둘 다 다른 이들을 쫓아내고 그렇게 함으로써 자신이 하나님을 섬긴다고 느끼는 오만한 사람이 등장한다. 두 이야기는 상당한 자기 의를 비판한다.
5. 둘 다 성전에서 드리는 제사를 언급한다.
6. 둘 다 하나님을 경외하는/두려워하는 경건한 사람이 나온다(이사야서에는 떠는 사람이, 바리새인과 세리 비유에는 가슴을 치는 사람이 나온다).
7. 둘 다 **하나님을 기쁘시게 해드리기**보다 자기가 **기뻐하는** 일을 택하는 사람이 나온다.
8. 둘 다 통회하는 심령을 칭송하며, 심령이 없는 제사만으로는 충분치 않다고 말한다.
9. 둘 다 심판이 등장한다.

차이점
1. 이사야의 언어는 아주 독하다. 이와 달리 이 비유는 훨씬 더 부드럽다. 우리 시대 현장에서 들려오는 다양한 목소리는 이 비유가 반(反)유대적이라고 비판하고 있다.[17] 그러나 이상하게도 이사야 66장에

---

17) B. B. Scott, *Hear Then the Parable* (Minneapolis: Fortress, 1989), pp. 93-98; Eta

대해서는 그런 비판을 하지 않는다. 예수는 이렇게 말씀하시는 것 같다. "말씀이 없는 성례는 합당하지 않다. 그러나 이사야가 제시하는 이미지는 매우 공격적이므로 바꿔야 한다."

2. 이사야서는 제사 대신 제사 드리는 이의 온당치 않은 점을 공격한다 (3연). 이런 공격의 이유는 4연에서 제시되는데, 여기서 이사야는 하나님의 말씀을 듣고 그분께 대답하지 않는 이들을 비판한다. 사람들은 분명 제사만 있으면 충분하며 하나님의 말씀에 귀 기울이고 순종하는 일까지는 필요하지 않다고 생각했던 것 같다. 이 지점까지는 두 본문이 비슷하다. 두 본문 사이의 차이점은 이사야서가 모든 제의 시스템을 다루는 반면, 이 비유는 속죄제만 언급한다는 점이다.

3. 두 본문은 각각 심판을 선언한다. 하지만 두 본문은 이 심판 주제를 다르게 다룬다. 이사야서는 심판을 대담하고 독하게 이야기한다. 바리새인은 간접적으로 심판받았다. 의롭다 하심을 받지 못한 채 자기 집으로 내려갔기 때문이다. 심판은 하나님이 공공연히 "그의 원수들에게 보응"하시는 것 때문이 아니라 바리새인 자신의 잘못 때문에 임한다.

이런 유사점과 상이점을 관찰해보면, 나사렛 예수가 이사야 66장의 예언자적 설교의 신학 내용을 선택과 확장과 전환의 방법을 통해 훌륭히 업데이트해서 변화시킨 것이 바로 이 비유라고 결론 내릴 수 있다. 우리는 이런 비교 덕분에 예수가 지극히 명민하고 은유적인 신학자로서 히브리 성경에 능통하고 자신이 물려받은 전승을 뿌리 삼아 그의 신학의 중요한 측면들을 발전시켰음을 알 수 있다.

이 비유와, 이 비유의 평행 본문인 이사야 66장을 비교해보면 다음과 같은 점을 강조할 수 있다.

Linnemann, *Jesus of the Parables* (New York: Harper & Row, 1964), p. 58을 보라.

요약: 바리새인과 세리

1. **의**. 하나님과 맺은 올바른 관계(의)는 그분이 대속을 통해 베풀어주신 선물이며, 율법 준수만으로는 얻을 수 없다.
2. **대속**. 하나님이 희생을 통해 베풀어주신 은혜를, 오만하고 심판자 노릇하며 자기만족적인 예배자는 받을 수 없다.
3. **기도 패턴**. 자기를 높이는 자세로 자신의 "미덕들"을 하나님께 떠벌리는 것은 기도가 아니다. 우리 힘으로 얻지 못할 하나님의 은혜를 겸손히 구하는 것이 진정한 기도의 요소다. 이븐 알 타이이브가 언급하듯이, 바리새인은 이 땅에 자신만큼 고귀한 의인이 없는 것처럼 말하나, 세리는 자신만큼 악한 죄인이 없는 것처럼 기도한다.[18]
4. **인식 왜곡**. 자기 의는 자신과 하나님 그리고 이웃을 바라보는 시각을 왜곡시킨다.
5. **제사(성례)에 참여할 자**. 하나님의 은혜 앞에서 자신이 아무런 가치가 없음을 깨닫는 자만이 하나님의 거룩함에 다가가고 그 은혜를 바로 받아들일 수 있다.
6. **말씀과 성례의 불가분적 연관성**. 이사야 66:1-6이 말하듯이, 하나님의 음성을 듣고 거기에 순종하는 것은 제사와 연결되어 있다. 요한복음 6:40, 54도 같은 연관성을 이야기한다. 말씀과 제사를 분리한 채 어느 하나를 무시하면 심각한 문제가 생긴다.

---

18) Ibn al-Tayyib, *Tafsir al-Mashriqi*, 2:315.

28장

긍휼히 여기는 고용주 비유

마태복음 20:1-16

오랫동안 이 비유는 포도원 일꾼 비유라고 불렸다. 이런 제목은 이 비유의 초점이 일꾼이라는 점을 짐작케 한다. 이와 같은 착각이 누가복음 15:11-32의 비유에도 널리 퍼져 있다. 사람들은 비유의 중심인물이 아버지보다 제멋대로 구는 작은아들인 것처럼, 예로부터 이를 탕자의 비유라고 불러왔다. 마태복음에 나타난 이 이야기의 핵심 초점은 피고용인보다는 고용주가 보여준 놀라운 긍휼과 은혜다. 나는 이 이야기를 긍휼한 심정을 가진 고용주 비유라고 부르기를 더 좋아한다. 포도원 주인은 하루 종일 일자리를 구하지 못한 이들에게 마음을 쓰면서 그들을 긍휼히 여기는 마음을 표현하기 때문이다. 그러다가 그날 끝에 이르면 이런 깊은 관심은 주인의 관대함으로 인해 더 커진다. 이 비유의 구조는 고리 모양 구성을 다시 사용하는데, 이는 그림 28.1.에서 볼 수 있다.

수사

이 비유는 일곱 연의 고전적 틀을 사용하며 고리 모양 구성을 보여준다. 나는 이를 **예언적 수사** 틀이라고 불렀다. 이 비유를 이야기하고 기록할

하늘나라는

1. 아침 일찍 **밖으로 나가서**
   품꾼들을 얻어 그의 포도원에 들여보낸 집 주인과 같다. **계약을**
   그는 품꾼들과 하루 한 데나리온을 주기로 약속한 뒤 **맺음**
   그들을 그의 포도원으로 들여보냈다.

2. 그가 3시경에 **밖에 나가**
   일을 얻지 못한 채 장터에 서 있는 **다른 이들을 보고**
   그들에게 말하기를 **내가 베푼다**
   "너희도 포도원에 들어가라. 정의
   옳은/정당한 것은 무엇이든 너희에게 주겠다."
   그리하여 그들이 갔다.
   그가 6시경에 다시 **밖에 나가고** 9시에도 똑같이 했다.

3. 그가 또 11시경에도 밖에 나갔다가
   다른 이들이 서 있는 것을 발견했다.
   그가 그들에게 말하되 11시
   "너희는 왜 여기서 종일 **일도 없이** 서 있느냐?"
   그들이 그에게 말하되
   "아무도 우리를 고용하지 않았기 때문입니다."
   그가 그들에게 말하되
   "너희도 포도원에 들어가라."

4. 저녁이 되자 **포도원 주인**이 그의 **청지기**에게 말하되
   "품꾼들을 불러 마지막 사람부터 시작하여 **품삯**
   처음 온 사람까지 그들에게 **품삯**을 주어라!"

5. 11시에 고용되었던 사람들이 와서 11시
   각자 **한 데나리온**을 받았다.

6. 이제 **처음 온 자가 오니**
   그들은 자신들이 더 받으리라고 생각했다.
   그러나 그들도 각자 한 데나리온을 받았다.
   그들은 그것을 받자마자 집주인에게 **불평하며** 말하되
   "이 마지막에 온 자들은 단 한 시간만 일했는데,
   당신은 그들을 종일 수고하고 **어디에 있는가?**
   뜨거운 열기를 견뎌낸 우리와 똑같이 대우했습니다." 정의

7. 그러나 그(주인)가 그들 중 한 사람에게 대답하되
   "**친구여**, 나는 네게 **불의한 일을 하지 않았다.**
   너는 나와 한 데나리온을 받기로 약속하지 않았느냐?
   네게 속한 것을 갖고 떠나라.
   나는 이 마지막 사람에게도 네게 준 것과 같이 주는 쪽을 **택했노라.**
   나는 **내게 속한 것을 갖고** **약속**
   내가 **택한** 일을 할 수 있지 않느냐? 지킴
   아니면 내가 선하기에
   네 눈이 악하냐?"
   이처럼 마지막 사람이 처음이 되고, 첫 사람이 마지막이 되리라.

그림 28.1. 긍휼한 심정을 가진 고용주 비유(마 20:1-16)

당시, 이런 수사 틀은 히브리 전통 속에서 적어도 천 년이나 존속하고 있었다. 첫 세 연은 마지막 세 연과 관련을 갖되, 1연과 7연, 2연과 6연, 3연과 5연이 관련되며, 이 비유의 특별한 강조점은 중심부에 등장한다.

중심부(4)에서는 세 가지 놀라운 점이 등장한다. 청지기가 갑자기 무대에 등장하는데, 이는 독자에게 충격을 안겨준다. 독자들은 이 청지기가 하루 종일 나타나지 않은 이유를 궁금해한다. 둘째, 주인은 모든 사람에게 품삯을 지불하기로 결정하며, 종국에는 통상적으로 예상되는 지불 질서를 일부러 뒤엎어버린다.

중심부와 바깥쪽의 관계는 확실하고 분명하다. 1연이 일러주듯이, 품삯은 하루 한 데나리온으로 알려져 있었다.

모든 품꾼에게 품삯을 지급하겠다는 주인의 결정은 4연 중심부와 7연 끝부분에서 나타나는데, 7연에서는 주인이 자신의 은혜로운 결정을 변호한다.

마지막 연은 고리 모양 구성을 보여주는 또 한 가지 사례로 이루어져 있다.

7연에서 서로 쌍을 이루는 주제들은 다음과 같다.

나는 정의롭게 행한다(I do justice).
    너도 동의했다(You agreed).
        네게 속한 것에(What belongs to you)
            나는 자유로운 선택권이 있다(I am free to choose).
        내게 속한 것을(What belongs to me)
    네 눈이 악하냐(Your eye evil)?
나는 선하다(I am good).

이 본문의 수사는 예언적 틀 속에 또 예언적 수사 틀을 포함하고 있다. 이런 대위법, 즉 한 수사 형태를 더 큰 수사 형태 속에 담아내는 이런 방법은 25장에서 살펴본 이사야 28장만큼이나 오래되었다. 마지막 연의 구조는, 마지막 연이 이 본문의 원래 구조 속에 자리해 있었음을 증명해준다.

독자가 이 비유를 진지하게 살펴보려면, 이 비유를 이루는 일곱 개 연, 중심부를 축으로 후반부가 전반부의 역순으로 펼쳐진다는 점, 중심부의 삼중 정점, 그리고 중심부를 도입부 및 결론부와 결합해주는 특별한 묶음을 관찰하고 숙고해보아야 한다.

주석

이 비유에서 포도원 주인은 희한하게도 품꾼을 하루 동안 다섯 차례에 걸쳐 고용하고, 해가 지자 모든 품꾼에게 똑같은 삯을 지급한다. 아침 일찍부터 품을 판 사람들은 불평을 하고, 소유주(이제는 "주인"이라 부른다)는 그들의 불평에 답변한다. 이 이야기는 대체 무엇을 말하는가?

이 비유의 배경인 중동의 상황에 비춰볼 때, 한 편의 미니드라마인 이 비유에는 의문과 놀라움과 열정을 자아내는 점이 가득하다. 그러나 마지막 부분이 사라지고 없다. 불평하던 품꾼들은 주인의 명령에 순종하여 그들이 받을 품삯을 받고 그 자리를 떠났을까, 아니면 계속하여 주인에게 품삯을 더 내놓으라고 소리를 질렀을까? 이 비유는 우리에게 어떤 것도 알려주지 않는다. 마치 탕자의 비유가 결론부에서 큰아들이 무슨 일을 하려는지 일러주지 않거나(눅 15:24-31), 선한 사마리아인 비유가 이 사마리아인이 여관 밖으로 걸어 나왔을 때 그에게 무슨 일이 일어날지를 일러주지 않은 것(눅 10:25-37)과 같다.

포도원 소유주는 품꾼이 더 필요하다. 아마도 포도나무 가지를 쳐줄 때거나 수확할 때였으리라. 주인은 동네 장터의 특별한 귀퉁이로 간다. 이곳에는 정규 직장이 없는 이들이 매일같이 모여들어 일자리를 얻으려 한다. 그들에게는 어떤 종류의 일이든 상관없으며, 심지어 단 하루만 일하는 자리라도 상관없다.

이 고대의 관습은 현재까지도 남아 있다. 나는 이런 관습을 중동의 여러 곳에서 목격했다. 가장 놀라운 곳 중 하나가 동예루살렘의 다마스쿠스 문 바깥이다. 근래에 더 조용했던 시절에는 일자리가 없는 팔레스타인인들이 매일 아침 큰길의 한 지점에 모여들었다. 그러면 대개 이스라엘인인 고용주들이 그들을 밴에 실어가곤 했다. 밴이 다가오면, 다섯에서 열에 이르는 젊은이들이 길로 뛰어들어 고용주가 몇 명을 원하는지를 살피고, 자신을 뽑아가길 소원한다. 나는 그곳을 지나갈 때면 대개 다른 곳을 바라보면서, 그 불쌍한 젊은이들이 겪는 굴욕과 그들의 존재에서 드러난 절박한 처지를 생각하지 않으려고 애쓴다.

이야기로 되돌아가서, 첫 장면에서 포도원 주인은 일이 없는 사람들이 모인 장터 구석에 나타나 몇몇 품꾼을 뽑고 그들에게 하루치 표준 일당에 해당하는 한 데나리온을 주겠다고 제안한다. 품꾼들은 주인의 제안을 받아들이면서, 날이 저물 때쯤에는 주인이 다음날도 아니 어쩌면 더 오래 자신들을 고용해주길 바라며 최선을 다하기로 한다.

반나절이 지났을 때 주인은 다시 장터에 간다. 그는 일이 없어 노는 이들을 또 발견한다. 그들은 앉아 있지 않고 서 있다. 그들은 일만 있으면 달려가겠다는 열의를 품은 채 누군가가 자신을 뽑아주길 여전히 바라고 있었다. 서 있는 이들은 마치 출발 신호가 떨어지길 간절히 기다리는 달리기 선수 같았다. 그들은 자신을 고용해줄 만한 사람이라도 나타나면 길로 뛰어들어 더 나은 고용 기회를 붙잡으려고 한다.

포도원 주인은 두 번째로 품꾼을 뽑지만, 품삯이 얼마인지는 밝히지 않는다. 그는 다만 "너희에게 정당한/올바른(*dikaios*) 것을 주겠다"라고 말한다. 사람들은 그를 믿고 그가 내건 조건을 받아들인다. 물론 그들은 더 이상 사람들 앞에서 부끄러움을 당하지 않게 되었고 날이 저물 때쯤이면 가족에게 뭔가 들고 갈 것이 생겼음을 기뻐했다. 분명 포도원 주인은 그 마을에서 존경받는 사람이요 품꾼들이 신뢰하는 사람이다. 그렇다면 포도원 주인은 왜 그곳에 갔을까?

빈틈없는 포도원 주인이라면 그날 끝내야 할 일이 얼마인지, 그날 일을 마치려면 품꾼이 얼마나 필요한가도 헤아릴 수 있을 것이다. 이 이야기에는 포도원 주인이 젊다거나 경험 없는 풋내기라는 암시가 전혀 없다. 그렇다면 왜 주인은 세 시간마다 장에 나가 사람들을 새로 뽑으며 하루해를 다 보내는가? 다양한 견해가 나왔는데, 헐트그렌은 이를 간편하게 요약해주고 있다.[1] 이 견해 중 어떤 것도 내가 주인을 움직인 원동력이라고 보는 것─즉 일거리가 없는 사람들을 **긍휼히 여기는 마음**─에 초점을 맞추지 않는다. 포도원 주인은 이른 아침에 일거리를 간절히 원하나 이를 가지지 못한 많은 이들을 보았다. 그는 그들 중 몇 사람을 뽑고, 그렇지만 뽑히지 않은 이들도 염려하면서 다른 사람이 그들을 곧 고용해주길 소망했다. 세 시간 뒤, 포도원 주인은 그동안 무슨 일이 일어났는지 살펴보기로 했다. 일거리를 찾는 사람들이 모여 있는 곳에 간 그는 여전히 일이 없어 기다리는 이들을 발견했다. 그리고 이른 아침과 같은 장면이 되풀이되었다. 그는 몇 사람을 뽑았다. 그리고 (아마도) 뽑히지 않은 이들에게는 곧 다른 이가 뽑아갈 것이라며 몇 마디 격려를 건넸을 것이다. 정오께 그는 이제 나머지 사람들이 일거리를 구했거나 집으로 돌아갔으리라고 확신했지만, 그래도 다시 가서 직접 자기 눈으로 확인하고 싶었다. 그리하여 그는 장터로 돌아갔는데, 거기서 슬픔에 잠긴 무리를 발견했다. 그는 더 많은 사람을 고용했다. 오후 세 시께, 그는 긍휼의 마음을 이기지 못하고 다시 가서 그곳이 이제는 비어 있는지를 확인하려 한다. 그러나 거기에는 여전히 사람들이 있었고, 포도원 주인은 놀라며 실망하고 만다. 그는 몇 사람을 더 고용했다. 아마도 그때까지 남아 있는 이들의 순수한 용기를 보상하려는 목적 때문이었을 것이다.

포도원 주인이 사람들을 고용할 때마다 고용된 이들은 주인에게서 자신을 정당하게 대우해주리라는 말을 들었다(이 이야기도 그 점을 간접적으로 강

---

[1] Arland J. Hultgren, *The Parables of Jesus* (Grand Rapids: Eerdmans, 2000), p. 37.

조한다). 정의란 무엇인가? 그 질문이 잇달아 세 번이나 등장하지만, 본문은 답을 제시하지 않는다. 자기 힘으로 일자리를 찾으려고 모든 것을 하는 사람, 그렇게 열심히 찾으나 일자리가 없는 사람에게 정의란 무엇인가? 하루 종일 사람들이 오가는 곳에 서서 풍족한 사람들의 무시하는(불쌍히 보는) 시선까지도 견뎌내려고 하는 이들에게 정의란 무엇인가?

마지막으로, 해가 떨어지기 한 시간 전, 포도원 주인은 다섯 번째로 장터에 나간다. 거기서 그는 심히 낙심한 채 **종일** 서 있었던 몇몇 품꾼을 발견한다. 주인은 한 시간만 지나면 해가 지고 일자리를 찾지 못한 이들이 포기한 채 집으로 돌아갈 것이라고 짐작한다. (다마스쿠스 문밖의 팔레스타인 노동자들은 정오께면 돌아갔다.) 그때까지도 일거리를 찾지 못했으면 틀림없이 가망이 없는 소망인데, 이런 소망이 이루어질 것을 열심히 기다리며 거기 계속 서 있는 것이 무슨 소용일까?

장터에 남아 있던 극소수 용감한 사람들에게 남은 것이라곤, 오늘도 공쳤으며 실망뿐이었다는 소식을 갖고 염려하는 아내와 배고픈 자식들이 있는 집으로 돌아가야 한다는 굴욕감뿐이다. 이 마지막 사람들이 포기하지 않고 눈총을 받으며 마음고생을 해야 할 장소를 떠나지 않은 이유는 무엇이었을까?

일거리를 구하지 못한 이들은 그 이유를 질문받자, 간단히 대답했다. "아무도 우리를 고용하지 않았어요!" 이는 곧 "우리는 일하려는 마음이 굴뚝같았고, 일하고자 했으며, 일할 준비도 되어 있고, 일할 능력도 있어요. 그래서 포기하려고 하지 않았어요! 우리는 불이 꺼질 때까지 여기 있을 겁니다. 어두워져서 어쩔 수 없이 집에 가야 할 때 가려고요"라는 뜻이다.

포도원 주인은 그들에게 "여기 좀 봐요, 각자 한 데나리온씩 가지고 가서 식구들에게 줄 양식을 사시오!"라고 말하지 않는다. 주인은 한숨 돌릴 구호품이나 주어 그들을 더 부끄럽게 하는 일을 하려고 하지 않는다. 대신 그는 이들이 그토록 간절히 원하던 것, 즉 일자리를 준다. 그들은 품삯을 준다는 약속도 하지 않았는데 포도원 주인을 따라간다. 주인이 그날 장터에 여러 번 찾아온 것을 보았던 그들은, 이 주인이 거기에 왜 왔는지를 즉각 알아차렸다. 그들은 주인이 공개적으로 부끄러움을 당하면서도 자존심을 지키려 하는 자신들에게 긍휼 어린 반응을 보이고 있음을 깨달았다.

포도원 주인은 그날 날이 저물 때까지 장터를 바삐 오가며 서로 다른 다섯 그룹의 품꾼을 고용했다. 첫 그룹은 "계약"을 맺었다. 주인은 그들에게 특정 금액을 약속했다. 즉 그날 하루 품삯으로 한 데나리온씩 지불하겠다고 약속했다. 낮 동안에 고용한 다른 세 그룹에게는 금액을 특정하지 않고 "정당한" 품삯을 주겠다고 약속했다. 마지막 그룹에게는 아무런 약속도 하지 않았다. 이런 이유로 이 그룹 품꾼들은 품삯을 받을 수 있을지 의심했을 것이다. 어쩌면 그들이 품삯을 달라고 재판을 청구해도 주인은 한 푼도 안 줄 수 있을 것이다. 그러나 그들은 포도원 주인이 말한 것(혹은 말하지 않은 것)을 믿은 게 아니라, 주인이라는 사람 자체를 믿었다.

갑자기 크게 놀랄 세 가지 일 중 첫 번째 일이 일어난다. 놀랍게도 토지 관리인(청지기)이 무대에 등장한 것이다! 이런 사람을 포도원 주인이 부린다면, 왜 주인은 한낮의 열기를 무릅쓰고 종일 장터를 드나들며 밭품을 팔았을까? 주인은 왜 관리인에게 일처리를 맡기지 않았을까?

첫 번째 놀라운 일이 끝나기가 무섭게 두 번째 놀라운 일이 터진다. 주(*kyrios*)라 불리는 포도원 주인은 청지기에게 "품꾼들을 불러 **품삯**을 주어라"라고 말한다. 지난 천 년 동안 아랍어 역본들은 그리스어 원문에 등장하는 이 정확한 말을 보존해왔다. 주인은 청지기에게 "품삯" 곧 하루 종일치 임금을 주라고 명령한다!

세 번째 놀라운 일은 품삯 지급 순서와 관련이 있다. 마지막에 온 사람이 가장 먼저 종일치 임금을 받는다. 이런 순서는 주인이 정했는데, 그에게는 분명히 이렇게 한 중요한 이유가 있다. 그는 이것이 순리에 맞지 않으며, 그의 "경리 담당자"라면 택하지 않았을 순서라는 것을 안다. 만일 그가 먼저 첫 그룹에게 약정한 데나리온을 지급했다면, 이 그룹의 품꾼들은 하루 내내 일하고서 종일치 품삯을 받았다는 사실에 뿌듯해하며 그곳을 떠났을 것이다. 각 그룹도 차례로 같은 품삯을 받았다는 사실에 놀라며 기뻐 할 말도 잃은 채, 그곳을 떠났을 것이다. 요컨대 이런 순서대로 지급했다면 모든 사람이 즐거워하며 떠났을 것이요, 청지기의 탁자를 에워싸고 성을 내며 소리치는 사람도 없었을 것이다. 그렇다면 왜 주인은 쓸데없이 이런 분란을 일으키는가? 분명 주인은 하루 종일 일한 사람들도 주인인 자신이 다른 이들에게 은혜를 베푸는 모습을 목격하길 원했다.

독자들은 다른 네 그룹에게 일어나는 일을 목격한 첫 번째 그룹 품꾼들 가운데서 긴장이 높아짐을 느낄 수 있으리라. 첫째 그룹 품꾼들은 잇달아 충격을 받았다. 우선 그들은 "한 시간 일한 품꾼들"이 종일치 품삯을 받는 모습을 본다. 이어 그들은 "세 시간 일한 품꾼들"이 "한 시간 일한 품꾼들"보다 더 많이 받지 않은 것을 알아차린다. 같은 일이 "여섯 시간 일한 품꾼들"에게도 일어난다. 그러자 그들은 "아홉 시간 일한 품꾼"은 그래도 틀림없이 다른 이들보다 적어도 50퍼센트는 더 받으리라 기대하며 점점 더 들썩였다. 그런데 기대하던 일이 일어나지 않자, 그들의 불안은 분노로 바뀌기 시작한다. 그들이 약속대로 품삯을 지급받았지만 덜 일한 이들보다 더 받지 못했음을 발견한 그 순간, 이 이야기는 절정에 이른다!

사람들은 오랫동안 "동일 노동, 동일 임금"을 정의라고 이해해왔다. 그러나 여기서 이슈는 그것이 아니다. 이 비유는 일한 것보다 적게 받은 자들이 아니라 일한 것보다 많이 받은 이들을 제시한다. 이 이야기는 놀라운 은혜로 가득한 평등에 초점을 맞추는데, 자신이 남보다 더 많이 수고했다고 느끼는 이들은 이런 평등에 분노한다. 결국 열두 시간을 일한 이들을 대변한 사람이 그들이 느낀 불만을 터뜨린다.

그 우두머리는 외친다. "이건 공정하지 않소! 우린 더 받아야 합니다." 이것은 **약정 임금을 다 받지 못한 사람**의 외침이 아니다. 이 비유에는 약정 임금을 다 받지 못한 사람이 전혀 없다. 이것은 자기가 받을 것을 다 받았으나 주인이 다른 이에게 은혜를 베푸는 것을 참을 수 없는 사람의 불평이다! "우리에게도 같은 품삯을 주다니 이 무슨 경우 없는 일이오!" 마치 탕자에게 값없는 은혜를 베푸는 아버지에게 불만을 터뜨리던 맏아들처럼, 그들은 화가 나서 소리친다. "당신은 이런 인간 쓰레기—당신이 고용하지 않았으면 아무도 고용하지 않았을 인간들—와 우리를 **똑같이 대우했소**. 우리는 종일 일했고 찌는 열기와 바람을 참고 견뎠거늘!"

시장 논리에 친숙한 그들은 자신이 인간으로서 가진 가치와 자신이 받는 품삯이 직결되어 있다고 생각한다. 이런 이들에게 은혜는 놀라울 뿐 아니라—어떤 경우에는— **화가 나는** 일이다!

주인은 성내는 노동자들의 대변인에게 대답한다. 주인은 이 대변인을 "친구"(*philos*)라 부르지 않고 *betairos*라 부른다. 이 단어는 "이름을 모르는 상대에게 말을 걸 때 널리 쓰는 형태"이자 낯선 이를 공손히 부를 때 쓰는 칭호다.[2] 초기 아랍어 역본은 종종 이를 *ya sab*, 즉 "소리치는 그대"쯤으로 번역했다. 주인의 대답은 다음과 같이 풀어쓸 수 있다.

그대는 불평할 이유가 없소! 나는 정당하오! 나는 당신에게 약정한 품삯을 다 주었소. 당신은 당신 것으로 당신이 좋아하는 일을 할 수 있소. 나도 내 것으로 내가 좋아하는 것을 한 거요! 나는 이 사람들에게 먹고 살 수 있는 품삯을 주는 쪽을 **택한** 거요. 당신도 당신 아내와 자식들에게 돌아가 일자리를 구해 일하고 종일치 품삯을 받았다고 자랑스럽게 이야기할 수 있소. 나는 다른 사람들도 당신과 똑같이 즐거워하며 똑같은 돈을 가지고 집으로 돌아가기를 원하오. 당신 가족이 당신을 자랑스러워하듯이, 이들의 아내와 자식도 이들을 뿌듯하게 여기길 원하오.

물론 당신은 뜨거운 한낮 내내 일을 했소. 그렇죠? 좋소! 그럼 **나는** 뜨거운 한낮 내내 무엇을 했다고 생각하오? 우리 전통대로 늘어지게 낮잠을 잤겠소? 천만의 말씀. 당신처럼 정말 일자리가 필요한데 일이 없는 사람들에게 궁

---

2) W. Bauer, *A Greek-English Lexicon of the New Testament* (Chicago: University of Chicago Press, 1979), p. 314.

휼을 베풀려고 뙤약볕에 장터를 오갔소. 이런 일은 내 관리인을 보내 할 수도 있었소. 그런데 나는 그렇게 하지 않았소! 나는 나도 그들과 같은 심정임을 보여주고, 그들의 고통을 덜어주는 데 도움이 되고 싶었소. 그런데 왜 당신은 그들을 질투하며 내게 화를 내는 거요? 당신도 분명히 깨달아야 하오. 나는 **정의로울** 뿐 아니라 **자비롭고 긍휼이 넘치오**. 왜? 자비와 긍휼도 정의의 일부이기 때문이오! 당신은 예언자 이사야가 쓴 종의 노래도 안 읽어봤소?

내가 다른 사람에게 은혜를 베풀었기로 당신이 왜 그것을 시비한단 말이오? 당신은 저들이 사람다움을 지키거나 자기 식구를 먹여 살릴 수 있느냐의 문제에는 전혀 관심이 없어 보이는군요. 그저 당신 몫이나 더 챙기기만 원할 뿐이군요. 나는 스스로 더 많이 주는 쪽을 택했소. 당신은 날이 저물 때 더 부자가 되길 원했군요. 나는 날이 저물 때 더 가난해지는 쪽을 택했소. 나를 통제하려 하지 마시오! **당신이 받을 품삯**만 받고 가시오!

이 이야기는 포도원 주인의 마지막 말로 어정쩡하게 중단된다. 말 그대로 이야기가 끝맺는 것이 아니라 중단되고 있다. 탕자의 비유와 선한 사마리아인 비유를 위시해서 예수가 하신 많은 이야기처럼, 관객은 거듭해서 무대 위로 올라오고 모든 청중이 자신이 살아가는 삶의 핵심 속에서 그 드라마를 끝내야 한다.

끝부분의 마지막 잠언은 다음과 같다. "마지막 사람이 처음이 되고 첫 사람이 마지막이 되리라." 이는 방금 전에 이 이야기에서 일어난 일을 반영한다. 이 말은 잃어버린 양 비유 끝부분, 곧 "하늘에서는 회개할 필요가 없는 아흔아홉 의인보다 한 죄인이 회개하면 더 기뻐하리라"(눅 15:4-7)를 다른 형태로 표현한 것으로도 볼 수 있다. 잃어버렸던 양이 집에 가장 먼저 도착했다!

윤리

우리는 이 이야기를 살펴보고 이 비유가 윤리적으로 시사하는 점이 있는지 물을 수 있다. 그런 시사점이 있다.

　장터의 품꾼들은 채용을 거절당해 낙심했지만, 그들만의 방법을 활용하여 돈을 벌 일자리를 열심히 찾았다. 포도원 주인의 긍휼 어린 반응은 모든 이에게 귀감이 된다. 그는 품꾼들의 체면을 존중할 길을 모색하고, 그들의 자립심을 꺾기보다 그들을 격려하며, 삶을 유지하는 데 필요한 기본적인 것을 채워줄 길을 강구한다. 그는 돈이나 주고 끝내기보다 그들을 부축해주면서, 이런 문제들에서도 모든 노동자에게 가르침을 주려고 진지하게 노력한다.

신학

이 이야기에는 어떤 신학이 있는가? 아마도 두 가지를 언급할 수 있을 것이다. 첫째, 오랫동안 여기서 불평하는 일꾼들은 바리새인이라고 여겨졌다. 이 바리새인 공동체는 예수 시대에 이르기까지 율법을 정확하게 정의하고 지키느라 긴 세월을 보냈다. 이들은 예수가 평생 율법을 지키지 않는 자들을 하나님 나라 안으로 기꺼이 맞아들이고, 이들과 진지하게 율법을 지키는 자들을 동등하게 취급한다고 보았다. 율법을 지키는 자들은 이런 말을 들었다. "율법을 지키지 않은 자들도 너희와 **똑같다**. 그것을 새삼스럽게 생각하지 말라!"

　다른 이들은 이 비유를, 예수의 사역 초기에 그분을 믿었던 제자들이 그의 사역 말기에 믿는 대열에 합류한 이들이 기꺼이 받아들여짐을 보고 분개한 것을 알려준다고 보았다. 베드로와 야고보와 요한은 하나님 나라에서 여리고 성 밖의 눈먼 거지와 같은 대우를 받는가? 11세기에 이븐 알타이이브는 이렇게 쓰고 있다. "복음서를 보면, 예수 생애 초기에 성전에서 아기 예수를 보았던 시몬이나 예수 생애 마지막에 그분을 믿은 도둑이나 똑같이 그리스도를 통해 구원을 받는다. 그(예수)는 하나님의 벗인 아브라함에게 구원을 허락하셨던 것과 똑같이 오늘 죽은 신자에게도 구원을 허락하신다."[3]

둘째, 불평하는 자들은 하나님의 뜻에 **순종하면서도** 하나님이 다른 사람들에게 품고 계신 뜻을 **자기 마음대로 좌지우지하려는** 이들을 상징한다. 이런 유형의 사람들도 약속받은 권리를 얻기는 한다. 하지만 "네 것을 갖고 떠나라"는 말을 듣게 된다. 찰스 도드(C. H. Dodd)는 비유의 이런 측면을 포착하여 다음과 같이 썼다.

> 이 이야기의 핵심은 고용주가 일자리가 없는 이들을 후히 대하고 긍휼히 여긴 나머지, 한 시간 일한 이들에게도 종일 일한 이들과 똑같은 품삯을 지급한다는 것이다. 이는 엄격한 정의의 잣대를 들이대지 않고 후히 베푸시는 하나님의 너그러움을 보여주는 놀라운 장면이다.…이는 세리와 죄인의 친구인 예수를 율법에 매인 생각으로 비판하는 불평분자들에게 예수가 내놓으신 반박이다.[4]

기독론

마지막으로, 기독론과 관련된 의문이 있다. 전통에 따르면 중동의 토지 소유자들은 신사적인 농부로 알려져 있다. 그들은 다른 이들을 고용하여 땅을 경작하게 하고, 감독/청지기를 세워 그 토지를 관리하게 한다. 전통적인 토지 소유자는 아침에 청지기에게 꼼꼼히 지시 사항을 일러주고 날이 저물 때 보고를 요구한다. 그러나 토지 소유자가 직접 농장에서 장터로 하

---

3) Ibn al-Tayyib, *Tafsir al-Mashriqi*, ed. Yusif Manqariyos (Egypt: Al-Tawfiq Press, 1907), 1:328.

4) C. H. Dodd, *The Parables of the Kingdom* (New York: Scribner's, 1961), pp. 94-95.

루에 다섯 번이나 왕복하는 경우는 들어본 적이 없다. 그런 일은 관리인이 할 일이다.

이 비유 속 주인은 자기가 속한 계급의 체통을 지키는 데 연연하지 않고, 멀찌감치 서서 지켜보기만 하지 않는다. 그는 긍휼한 심정 때문에 스스로 체통이 깎이면서까지 "가난한" 이들에게 값진 사랑을 보임으로써 그들을 향한 깊은 관심을 생생하게 실천해 보인다. 여기서 예수는 자신의 사역을 묘사하신다. 베들레헴과 예루살렘이 손을 잡았다. 성육신과 대속이 서로 입을 맞춘다. 자신을 내어줌이 값진 사랑을 베푸는 형태를 띤다.

요약: 긍휼한 심정을 가진 고용주 비유

1. **정의(正義)란 무엇인가.** 정의는 법의 공평한 적용에 그치지 않고 그보다 더 큰 의미를 지닌다. 이 비유에서 정의는 절박한 처지에 있는 사람들의 존엄성을 존중하고 그들의 안녕에 깊은 관심을 보이는 것을 포함한다.
2. **긍휼을 베푸는 고용주.** 이 비유는 일자리가 없는 이들을 긍휼히 여기고 이들의 육신에 필요한 것과 자존심에 놀라울 정도로 예민한 모습을 보여주는 한 고용주를 모범으로 제시한다.
3. **하나님 나라를 묘사함.** 하나님 나라는 값진 은혜가 필요한 이들에게 그런 은혜를 제공하는 곳이다.
4. **경고.** 이 비유는 주인의 은혜를 제지하려 하고, 그로 하여금 절박한 처지에서 최선을 다하는 자들에게 은혜를 베풀지 못하게 압력을 넣는 이들의 모습을 제시한다. 주인은 이런 이들을 불쾌히 여기면서 떠나라고 말한다. 진정 처음이 마지막이 될 것이다.
5. **기독론.** 주인은 절박한 이들이 자신을 찾는 곳을 방문해서 그들에게 구원을 베푸는 비범한 수고를 마다하지 않는다. 성육신과 대속이 만난다. "주인"은 "주님"이 된다. 더욱이 이 주인에게는 그가 고용한 이

가 있었다. 주인은 그의 청지기를 보낼 수도 있었다. 주인은 대낮의 열기를 무릅쓰고 자신이 직접 찾아가고 또 찾아가길 마다하지 않았다.

6. **율법과 은혜**. 예수의 대적자들은 하나님이 율법을 지키는 "의인"에게만 은혜를 베푸셔야 한다고 생각했다. 예수는 늘 죄인들을 영접하고 그들과 사귐을 나누셨다. 하나님은 "죄인"과 "의인"을 똑같이 사랑하시는가? 그렇다. 하나님은 그리하신다.

7. **사라진 결말**. 이 비유는 중요한 극적 순간에 이르러 멈춘다. 불평하는 일꾼들의 반응은 어떠했을까? 비유는 우리에게 알려주지 않는다. 이 이야기는 독자/청자에게 스스로 결론을 찾아보고 자신의 삶 속에서 적절한 결론을 내려보라는 도전을 던진다.

이 비유 전체는 이렇게 요약해볼 수 있다.

그는 우리가 사는 곳으로 우리를 찾아오신다.
그는 우리를 이 모습 이대로 사랑하신다.

독자/청자들이 이 비유가 말하는 세계관을 자기 것으로 삼을 때, 예수는 다시 그들을 초대하여 거하게 하실 "집"을 만들어내신다.

29장
섬기는 주인 비유
누가복음 12:35-38

베들레헴과 예루살렘은 겨우 11킬로미터 정도 떨어져 있다. 베들레헴(성육신)에서 동산 하나만 넘어가면 예루살렘(대속)이 나온다. 우리는 사도신경의 이 대목을 암송한다.

동정녀 마리아에게 나시고, 본디오 빌라도에게 고난을 받으사….

오직 쉼표만이 두 문장을 갈라놓는다. 바울은 고린도후서 5:19에서 이렇게 쓰고 있다.

하나님께서 그리스도 안에 계시사　　　　(베들레헴과 성육신)
세상을 자기와 화목하게 하시며　　　　　(예루살렘과 대속)

바울은 성육신이 아무런 그침 없이 유유히 흘러 대속에 이른다고 보았다. 마태복음 1:23은 우리에게 이렇게 말한다.

그의 이름을 임마누엘이라 하리니 이는 곧 하나님이 **우리와 함께 계시다**는 뜻이라.

(베들레헴과 성육신)

이보다 몇 절 앞의 본문은 다음과 같이 말한다.

그의 이름을 **예수**라 하라. 이는 그가 자기 **백성**을 그들의 죄에서 **구원할** 자이심이라.

(예루살렘과 대속)

신약성경은 시종일관 성육신과 대속이란 두 주제를 긴밀하게 연계한다. 스리랑카의 나일스가 쓴 성탄절 송가 한 구절은 다음과 같이 노래하고 있다. "성탄이 부활의 영광과 함께 빛나네."[1] 정말 그렇다. 그 영광의 빛이 많은 곳에서 나타난다.

그런 곳들 중 하나가 섬기는 주인 비유다(눅 12:35-39). 한 비유의 길이가 그 위력을 좌우하지는 않는다. 얼핏 보면 간단하다고 착각할 수 있지만, 실제로 이 본문은 풍성한 신학 내용을 담고 있는 매우 무게 있는 비유다.

수사

이 비유는 서로 맞물린 세 연으로 이루어져 있다.[2] 1연은 한 쌍의 은유 장면을 제시한다. 2연은 1연을 둘로 나눈 뒤 그 둘 사이에 새로운 내용을 끼워 넣어 만들었다. 같은 수사 장치가 마지막 연에서도 다시 나타나는데, 이

---

1) D. T. Niles, "On a Day," *C. C. A. Hymnal* (Kyoto, Japan: Kawakita, 1974), no. 114.
2) 이 비유의 수사 형식은 Kenneth E. Bailey, *Through Peasant Eyes*, in *Poet and Peasant and Through Peasant Eyes* (Grand Rapids: Eerdmans, 1980), pp. 116-18 에서 간단히 언급했다.

마지막 연은 놀라운 절정을 추가하되, 그 절정을 이번에도 다시 중간에 추가했다. 이 비유의 얼개를 간단히 요약하면 다음과 같이 제시할 수 있다.

1연
준비한 종들(허리에 띠를 띰)
준비한 종들(등불을 켬)

2연
깨어 있는 종들
　주인이 오다
　주인이 오다
깨어 있는 종들

3연
복된 종들
　주인이 오다/발견하다
　　주인이 종들을 섬기다
　주인이 오다/발견하다
복된 종들

3연으로 이루어진 이 얼개를 염두에 두고 본문 전체를 제시해본 것이 그림 29.1.이다.

이 독특한 수사 배열은 샌드위치를 만들기 시작한 배고픈 사람에 비유할 수 있다. 가장 먼저 할 일은 빵 두 쪽을 고르는 일이다(1연). 두 번째로 할 일은 치즈 두 쪽을 빵 사이에 넣는 것이다(2연). 이에 만족하지 못한 배고픈 사람은 샌드위치를 다시 열고 가운데에 피클과 햄을 추가한다(3연). 마지막으로 샌드위치를 다 만들었으니 먹기만 하면 된다. 이 비유는 세

```
1연
 1.  너희 허리에 띠를 띠고                                종(준비됨)
 2.  너희 등불을 켜고 있으리니                            종(준비됨)

2연
 3.  너희는 자기 주인을 기다리는 사람들과 같이 되어      종(깨어 있다)
 4.  주인이 혼인 잔치에서 물러나                         주인(오다)
 5.  돌아와서 문을 두드릴 때                             주인(오다)
 6.  그에게 곧 문을 열어줄 수 있게 하라.                 종(깨어 있다)

3연
 7.  그 노예들은 복이 있도다.                            노예들-복이 있다
 8.    주인이 와서 깨어 있는 것을 발견한                  주인-오다/발견하다
 9.      진실로 내가 너희에게 이르노니, 주인이 띠를 띠고
 10.       그들을 (음식을 먹을 수 있게) 기대어 눕게 하고   주인
 11.     그들에게 와서 그들을 섬기리라.                    섬기다
 12.   만일 (이경이나 삼경에)
         주인이 와서 그들이 그리하고 있음을 발견하면      주인-오다/발견하다
 13.  그 노예들은 복이 있도다.                            노예들-복이 있다
```

그림 29.1. 자기를 비운 주인 비유: 성육신과 대속(눅 12:35-38)

단계 구성과 비슷한 배열 순서를 따라 움직인다.

데이비드 노엘 프리드먼(David Noel Freedman)은 이렇게 말한다. "이는 마치 시인이 한 이중소절(bicolon)이나 이행연구(couplet)를 일부러 나눈 뒤, 그 단위의 시작 부분과 끝부분 사이에 다양한 내용을 집어넣어 한 연을 만들어내는 것과 같다."[3] 요한복음 10:11-15이 같은 "샌드위치 구조" 양식을 사용하는데, 이 양식은 그림 29.2.에서 제시된다.

섬기는 주인 비유에 대한 고찰은 요한복음 10:11-15에서 선한 목자이

---

3) David N. Freedman, prolegomenon to George B. Gray, *The Forms of Hebrew Poetry* (New York: Ktav, 1972), p. xxxvi.

```
1a. 나는 선한 목자라.                                    선한 목자
1b. 선한 목자는 양을 위하여 그의 목숨을 내놓는다.

2.      삯꾼이요 목자가 아닌 이는                          삯꾼
        양이 제 양이 아니므로

3.      늑대가 오는 것을 보면                              늑대-오다

4.          양을 버리고
            달아나나니                                   삯꾼-달아나다

5.      늑대가 양을 채가고
        양을 헤치느니라.                                   늑대-채가다

6.      그가 달아남은 삯꾼이기에
        양을 돌보지 않기 때문이라.                          삯꾼

7a. 나는 선한 목자라.                                     선한 목자
        나는 내 양을 알고 내 양도 나를 아는 것이
        아버지가 나를 아시고 내가 아버지를 앎과 같으니
7b. 나는 양을 위하여 내 목숨을 내놓는다.
```

그림 29.2. 선한 목자 예수(요 10:11-15)

신 예수를 제시하며 구사되는 **수사**를 면밀히 관찰하는 것부터 시작해야 한다(그림 29.2.를 보라).

(요한복음의) 선한 목자 예수의 수사에 대한 특별한 관심의 초점은 1연과 7연을 비교하는 것에 맞추어진다(그림 29.2.를 보라). 1연은 두 개념을 제시하며, 이 두 개념은 7연에서 한 "샌드위치"로 바뀐다. 이는 다음과 같다.

1a. 나는 **선한 목자**라.   선한 목자
1b. **선한 목자**는 양을 위하여 그의 목숨을 내놓는다.

7연은 이렇다.

7a. **나는 선한 목자라.**   선한 목자

      나는 내 양을 알고 내 양도 나를 아는 것이

      아버지가 나를 아시고 내가 아버지를 앎과 같으니

7b. **나는 양을 위하여 내 목숨을 내놓는다.**

  7연은 1연과 거의 같은 단어를 쓰면서 1연의 두 줄을 다시 활용하면서도 가운데에 새로운 내용을 집어넣었다. 이런 2단계 샌드위치는 드물다. 그러나 자기를 비운 주인 비유(눅 12:35-38)는 3단계 샌드위치로 이루어져 있는데, 이런 구성은 성경 전체를 통틀어 아직까지 다른 어디에서도 발견하지 못했다. 이는 대단히 정교한 유대의 시적 사고가 창조해낸 것이다.

  아울러 이 비유는 7이라는 숫자를 두 가지 방식을 사용하여 그 구조 속에 결합해놓았다. 첫째, 마지막 연은 일곱 가지 움직임(movement)으로 이루어져 있다. 즉 마지막 연의 구조는 **예언적 수사 틀**의 축소판이다. 둘째, 두 줄이 한 쌍을 이루는 각 연을 녹여내면 이 비유는 일곱 가지 움직임을 보여주는데, 이는 다음과 같다.

1. 종들이 준비한다.
2. 종들이 기다린다.
3. 주인이 돌아오길 고대한다.
4. 종들이 복되다 여김을 받는다.
5. 주인이 돌아온다.
6. 주인이 섬길 준비를 한다.
7. 종들이 (섬김을 받고자) 식탁 둘레에 기대어 눕는다.

  비유 전체의 절정은 3연의 중심부다. 여기서 주인은 자기 종들을 섬기는 종이 된다. 훌륭하게 만들어낸 유대 특유의 이런 수사법 특징을 염두에 두고 이 비유를 고찰하도록 하자.

주석

이 비유 전체는 **종인 제자들과 섬기는 주인**에게 초점을 맞춘다. 참다운 종의 자세를 보여주는 모델이 주인이다. 이 모델은 **섬김이 노예 노릇과 같지 않음**을 분명하게 보여준다. 성공회 전례 기도문 중에는 "당신을 섬김이 완전한 자유입니다"[4]라는 기도문이 있다. 종인 제자는 (주인과 같이) 자유의사에 따른 행동을 통해 섬기려 하며, 이런 자유 행위는 자신을 비하하는 노예 행위의 결과 때문에 손상당하지 않는다.

1연

1. 너희 **허리**에 **띠**를 띠고	종(준비됨)
2. 너희 **등불**을 켜고 있으라니	종(준비됨)

두 단어로 이루어진 장면들이 곧장 나타난다. 종들은 자신이 입은 옷에 허리띠를 띤 채 등불을 켜고 있으라는 말을 듣는다. 중동의 (남자와 여자가 모두 입는) 긴 옷은 땅에 거의 닿는다. 예전이나 지금이나 이 긴 옷은 띠 없이 입는다. 날씨가 덥다 보니 대부분의 사람이 헐거운 옷차림을 선호한다. 하지만 격렬한 활동을 할 때는 허리에 띠나 줄을 매어 옷 밑자락이 땅에 닿지 않게 하여 평소와 다른 차림새를 해야 한다. 히브리인들은 유월절 전날 저녁에는 곧장 길을 떠날 수 있게 옷을 단단히 동여매라는 가르침을 받았다(출 12:11). 엘리야는 아합의 전차 앞에서 달음질할 때 자기 허리를 동여맸다(왕상 18:46). 또 예레미야는 열방을 향한 그의 사역을 시작할 때 허리를 동여매라는 분부를 받았다(렘 1:17). 알렉산드리아의 키릴로스(Cyril of Alexandria, 5세기)는 이렇게 말했다. "육체노동에 종사하고 격한 일에 몰

---

4) *The Alternative Service Book 1980* (Cambridge: Cambridge University Press, 1980), p. 59.

두하는 사람들은 허리를 띠로 동여맨다."⁵⁾ 이븐 알 타이이브는 주변의 일상생활에서 이런 관습을 목격하고 이렇게 썼다. "긴 옷을 입었으나 띠를 하지 않은 사람은 여행할 채비를 하지 않았거나 일할 준비를 하지 않은 사람이다."⁶⁾

현대 영어에서 비슷한 관용어를 든다면 "have one's boots on"(신발을 갖춰 신다)을 들 수 있겠다. 비유에 구사된 이 은유는, 주인이 내린 명령이면 그 명령이 아무리 힘든 것이라도 완수할 준비를 철저히 갖춘 종을 가리킨다.⁷⁾

전기 없이 살아본 사람만이 어둠이 내린 뒤에 등불을 준비해서 밝히는 일이 얼마나 어려운지 안다. 이 비유 속의 종/제자는 밤이 아무리 길어도 언제나 등불을 켜두라는 분부를 받는다. 그렇다면 왜 이 장면은 밤을 배경으로 삼았을까?

2연은 주인이 밤에 벌어진 혼인 잔치에 가 있음을 우리에게 일러줌으로써 1연의 장면을 완성한다.

2연

3. 너희는 자기 주인을 **기다리는 사람들**과 같이 되어		종(깨어 있다)
4. 주인이 혼인 잔치에서 **물러나**		주인(오다)
5. 돌아와서 문을 두드릴 때		주인(오다)
6. 그에게 곧 문을 **열어줄 수 있게** 하라.		종(깨어 있다)

---

5) Cyril of Alexandria, *Commentary on Luke*, Homily 92. 참고. St. Cyril of Alexandria, *Commentary on the Gospel of Saint Luke*, trans. R. Payne Smith (Studion, 1983), p. 370.
6) Ibn al-Tayyib, *Tafsir al-Mashriqi*, ed. Yusif Manqariyos (Egypt: Al-Tawfiq Press, 1907), 2:217.
7) 가톨릭과 성공회 전통의 성직자와 수사는 띠가 있는 긴 옷을 입는데, 이는 필시 이 본문에서 유래한 관습일 것이다.

이 연은 종들이 준비하고 있어야 할 이유들을 제시한다. 이 번역문에는 이 비유를 이해하는 데 깊은 영향을 미치는 두 핵심 단어가 등장한다. 전통적인 영어 번역은 종들이 혼인 잔치에서 "돌아올" 주인을 "기다린다"고 옮겨왔다. 시리아어와 아랍어 역본은 여러 세기에 걸쳐, 종들이 혼인 잔치에서 "물러나" 돌아올 주인을 "고대한다"고 묘사하는 쪽을 택해왔다. 그리스어 본문에 사용된 단어들을 보면, 두 가지 번역이 모두 가능하다.[8] 번역자는 각 경우에 어느 하나를 골라야 한다. "기다리다"는 "버스를 기다리다"처럼 수동적 태도다. 그러나 "영화가 시작되길 고대하다"(expecting the movie to start)는 다른 법(mood)을 제시한다. **고대하다는 기다리다**가 갖지 못한 흥분과 역동성을 나타낸다.

더욱이 주인이 "돌아왔다면", 독자들은 혼인 잔치가 끝났고 주인을 포함하여 모든 손님이 당연히 집으로 돌아갔으리라고 짐작한다. 그러나 주인이 혼인 잔치에서 "물러났다면" 그는 잔치가 아직 끝나지 않았는데 그 자리를 "살짝 빠져나와" 그만의 공간(아마도 널찍한 거처 안에 있는 공간)으로 옮겨간 것으로 보인다. "혼인 잔치에서 물러났다"는 말을 읽으면, 우리는 퍼뜩 놀라 잔치가 아직 끝나지 않았는데도 주인이 물러난 이유를 곧장 물어보게 된다. 3연에 가면 놀라운 답이 주어진다.

조지프 피츠마이어는 이 본문이 문자적으로 "그가 혼인 피로연에서 빠져나올 때마다"(Whenever he breaks loose from the wedding celebrations)라는 의미라고 주장한다.[9] 아랍어와 시리아어 역본은 이렇게 문자적 독법을 늘

---

8) *prosdechomai*는 "고대하다"라는 의미일 수 있다(참고. Walter Bauer, *A Greek-English Lexicon of the New Testament*, trans. W. F. Arndt, F. W. Gingrich and F. W. Danker [Chicago: University of Chicago Press, 1979], p. 712). *analyō*는 "…을 출발하다"나 "물러나다"라는 뜻일 수 있다(참고. ibid., p. 57; H. G. Liddell and R. Scott, *A Greek-English Lexicon*, rev. H. S. Jones and R. McKenzie [Oxford: Oxford University Press, 1966], p. 112)(시리아어: *yiftar*, 아랍어: *yinsarif min*).

9) Joseph A. Fitzmyer, *The Gospel According to Luke X-XXIV* (New York: Doubleday, 1985), 988.

택했다. 나는 이 번역이 이 비유가 자리하고 있는 세계, 곧 신약성경의 이미지들로 이루어진 큰 세계에 더 잘 들어맞는다고 본다. 이 번역은 자주 무시당하지만, 그래도 이야기에 여러 뉘앙스를 더해준다. 주인이 혼인 잔치가 끝난 뒤에 집으로 돌아왔다면 그가 돌아온 이유는 명백하다. 잔치가 끝났으니 당연히 집으로 돌아올 수밖에. 그러나 잔치가 한창인데도 주인이 자리에서 물러났다면, 독자는 그가 이렇게 행동하는 이유가 알고 싶을 것이다.

더구나 독자는 주인이 도착하자마자 문을 두드리는 모습을 발견한다. 이는 놀랍다! 중동에서는 낯선 방문자만 밤에 문을 두드린다. 누가복음의 "밤중에 찾아온 벗 비유"에서 주인은 이웃을 찾아가서 **부르지**, 문을 두드리지 않는다(눅 11:5-6). 느닷없이 문을 두드리면 잠든 벗이 놀라겠지만, 누군지 다 아는 목소리로 "어이, 김씨, 나야. 문 열어"라고 부르면 그 집 사람들도 별일이 아닌 줄 알고 안도할 것이다. 따라서 집주인은 이내 문을 열어줄 것이다. 요한계시록 3:20은 이렇게 말한다. "보라 내가 문밖에 서서 두드리노니 누구든지 **내 목소리를 듣고** 문을 열면 내가 그에게 들어가리라." 하나님이신 방문자는 문을 두드리고 부르신다. 집주인은 문 두드리는 소리가 아니라 익히 아는 목소리에 문을 연다. 사랑하는 이의 음성을 들으니 잠근 문을 열고 싶은 마음이 인다.

이 비유의 독자들은 왜 주인이 종들을 부르지 않고 문을 두드리는지 그 이유가 궁금해진다. 주인이 혼인 잔치에서 떠나오지 않고 "물러나온 것"이 분명하다면, 이 잔치는 아직 끝나지 않은 것이 틀림없다. 우리는 주인이 혼인 잔치를 일찍 떠나온 연유를 캐묻기에 앞서 그가 자기 집 문을 두드린 이유부터 물어야 한다.

이 질문에 대한 가장 그럴싸한 대답은 주인이 자기 목소리가 거처 전체에 울려 퍼지기를 원치 않았다는 것이다.[10] 문밖에서 속삭이듯 부르면

---

10) 전 세계의 큰 집들에는 공용 구역과 사용(私用) 구역이 있다. 큰 잔치는 당연히 공용 공

문안에서 듣지 못하지만, 문을 두드릴 경우에는 조용히 두드려도 —그의 종들이 깨어 지키고 있으면— 종들이 들을 것이다. 주인이 부르지 않고 문을 두드리면, 비록 그 목소리가 집 전체에 울려 퍼지지 않아도, 그가 혼인 잔치에서 빠져나온 것이 종들에게 알려질 것이다. 주인은 자기가 문을 두드리면 아무리 밤이어도 종들이 곧장 문을 열리라고 자신 있게 기대한다. 종들은 안전한 환경 속에 있으며, 주인이 두드리는 문도 집안과 밖을 이어주는 문(outside door)이 아니다. 주인은 왜 일찍 혼인 잔치를 떠났는가? 마지막 장면은 다음과 같이 놀라운 답을 일러준다.

3연
7. 그 **노예들**은 **복이 있도다**.   　　　　　　　　**노예들**-복이 있다
8. **주인이 와서 깨어 있는 것을 발견한**　　　　　주인-오다/발견하다
9. 　**진실로 내가 너희에게 이르노니 주인이 띠를 띠고**　주인-띠를 띰
10. 　　　**그들을** (음식을 먹을 수 있게) **기대어 눕게 하고**　　　노예들-기대 누움
11. 　　**그들에게 와서 그들을 섬기리라**.　　　　　주인-섬기다
12. 　**만일** (이경이나 삼경에)
　　주인이 와서 그들이 그리하고 있음을 발견하면　주인-오다/발견하다
13. 그 **노예들**은 **복이 있도다**.　　　　　　　　**노예들**-복이 있다

3연은 종들이 노예임을 밝힌다. 이 비유가 묘사하듯이, 큰 토지를 가진 집에는 여러 계급의 사람들이 어울려 살았다. 그들을 높은 계급에서 낮은 계급 순으로 나열해보면, (1) 주인, (2) 주인의 아내와 주인 내외의 자녀, (3) 청지기, (4) 감독, (5) 영구 고용 직원, (6) 날품팔이꾼, 마지막으로 맨

간에서 열린다. 집주인은 그의 사용 구역에 하인을 두고 있으며, 자신이 원하면 사람들이 모인 잔치에서 살짝 빠져나와 사용 공간인 방으로 물러갈 수 있다. 이것이 이 비유의 장면에 가장 잘 들어맞을 것이다.

밑에 (7) 노예가 있었다. 바울은 자신을 "예수 그리스도의 노예"로 정의했다(롬 1:1; 빌 1:1). 이 비유에서는 주인이 가장 계급이 낮은 자들을 시중드는 모습을 보여준다. 바로 이런 이유로 그의 행동이 지극히 놀랍고 당대 문화와는 영 딴판이다.

이 장면은 시선을 잡아끄는 문구인 "그 노예들은 **복이 있도다**"로 시작하고 끝맺는다(7행과 13행). "복이 있도다"는 그리스어 *makarios*인데, 이 말은 미래의 어떤 영성 상태가 아니라 이미 존재하는 상태를 가리킨다.[11] 이 본문의 의미는 "종들이 깨어 준비하고 있으면 주인이 그들에게 복을 주어 보상할 것이다"가 아니다. 오히려 그 의미는 "등불을 켜고 옷에 제대로 띠를 띤 채 깨어서 주인이 도착하길 간절히 기다리는 종들/노예들은 이미 하나님의 복으로 가득한 자요, 그 집에도 복이 있도다"이다. 그들이 누구인가를 보여주는 것은 그들이 행동하는 방식이지, 그들이 갖지 아니한 무언가를 얻으려는 시도가 아니다.

3연에는 외피(外皮) 안에 자리한 의미를 또 다시 감싸고 있는 것이 있다. 8행과 12행에서, 주인은 **와서** "복된 노예들"이 **깨어 있음**을 발견한다. 여기서는 **오다**와 **발견하다**라는 두 동사가 정확히 쌍을 이루며, 3연을 구성하는 일곱 개 행은 각각 한 문구나 한 문장으로 되어 있다. 그러나 12행은 말이 더 많다. 12행은 "이경이나 삼경에" 덕분에 유달리 길어졌으나, 이 말이 없으면 12행도 8행과 정확히 평행을 이룬다. 이렇게 12행이 늘어난 것은 세심하게 단어를 선택해 만든 원래 비유를 확장했기 때문이라고 이해하는 것이 가장 쉽다. 이 12행은 주의 위대한 강림이 머지않아 이루어질 수 있음을 일러주며, 이렇게 주가 오시면 메시아가 주관하실 마지막 때의 잔치가 벌어질 것이다. 실제로 주인은 이경(밤 10시에서 새벽 2시) 혹은 삼경(새벽 2시에서 동틀 때) 동안에 올 수도 있다.[12] 이렇게 덧붙인 말은, 누가가

---

11) 지복 설교를 다룬 이 책 5장의 논의를 보라.
12) 이는 본질상 로마가 아니라 유대 시간을 가리킨다. 유대인은 밤 시간을 세 시기로 나누

이 기사를 받았을 때 이것이 예수의 비유는 물론 여기에 덧붙인 간략한 주석까지 반영하고 있을 정도로 이미 오래되었음을 알려준다.[13] 그러나 정말 놀라운 것은 3연의 중앙부에 있다.

주인의 마지막 행동이 이 비유 전체의 절정이다. 종들은 주인 **시중을 들려고** 충직히 기다리고 있었다. 그러나 주인은 도착하자마자 곧장 자기 침실로 가서, 줄 혹은 띠를 집어 자신이 혼인 잔치에 입고 간 옷을 동여매어 종들을 깜짝 놀라게 한다. 이는 무슨 행동인가? 마루를 닦으려는가? 주인이 아랫사람이나 하는 일을 하겠다고 자기 옷을 띠로 묶는 것은 생각조차 할 수 없다! 실제로 지체가 낮은 종과 노예만이 그 옷에 띠를 띤다.

주인은 마루를 닦으려는 것이 아니다. 그는 **종이 되어 종들을 섬기려 한다**! (누가복음에서) 드문 말인 "진실로 내가 너희에게 이르노니"가 이 놀라운 행동을 소개한다. 이 문구가 나타날 때마다 독자는 뭔가 놀라운 일을 기대하라는 예고를 받으며, 이런 기대는 현실로 이루어진다. 이 경우에 주인은 종들을 (횡와 식탁 주위에) "기대어 눕게" 한다. 예수가 다락에서 발을 씻어주려 하실 때 베드로가 그랬던 것처럼(요 13:6-8), 종들도 당연히 사양하며 주인 말을 따르려 하지 않는다. 중동의 좋은 종은 "제 분수를 알기에", 주인이 그 가족 및 손님과 식사를 하는 자리에 기대어 눕는 일은 상상조차도 하지 않을 것이다. 탈무드는 랍비의 학생이 어떻게 "현자를 공경해야" 하는지 묘사한다. 현자를 공경함을 보여주는 표지 중 하나는 "현자가 늘 앉는 자리에 앉지 말고, 그 대신 말하지도 말며, 그의 말과 모순되는 말을 하지 말아야 한다"는 것이었다.[14]

주인의 행동은 놀라운 역할 전이를 보여준다. 나는 현대의 삶 속에서 이런 일이 일어난 경우를 알지 못하며, 이런 믿을 수 없는 지위 역전이 일어

었지만, 로마의 관습은 넷으로 나누었다.
13) 누가가 이 주석을 덧붙였을 수도 있다. 마가의 글에는, 막 7:3-4처럼, 많은 설명이 붙어 있다.
14) Babylonian Talmud, *Derek Ereṣ Zuṭa* 58b(3).

난 일이 과거 중동에서 있었다는 이야기도 알지 못한다. 이븐 알 타이이브는 이 구절을 주석하며 이렇게 말한다. "그렇다. 창세기 18:7-8의 아브라함의 경우처럼, 집주인이 자기 손님들 시중을 드는 것은 으레 있는 일이다. 그러나 주인이 자기 노예의 시중을 드는 관습은 존재하지 않는다!"[15]

마타 알 미스킨은 이 장면에서 훨씬 더 놀라운 점을 발견한다.

> 성례와 관련된 이 구절의 신비는 지극히 심오하다. 깨어 있는 자는 주님과 실제로 만나는 영적 의식의 영역으로 들어가는 사람을 가리킨다. 이곳은 노예가 더 이상 노예이지 않고 사랑을 나누고 영광을 함께하는 동반자가 되는 곳이다. 이곳은 사랑받는 사람들이 사랑을 베푸시는 이의 식탁 주위에 앉는 곳이다. 이곳은 사랑을 베푸시는 이가 영광을 받으시고 그가 앉아 자기 몸을 떼어 먹여주시는 곳이며 그의 잔에 있는 음료를 주시는 곳이다. 이곳은 구주의 참된 언약, 곧 "하나님 나라에서 유월절 식사를 할 때까지 내가 이 식사를 하지 않으리라"고 단호히 자신에게 지우신 약속을 이루시는 자리다. 이곳은 당신의 희락과 영광을 우리와 함께 나누시는 곳이다. 그리스도는 당신이 원하고 택하신 때에 이런 일을 이루신다. 깨어 있는 이들, 세상이 배척하고 거부하는 이들과 함께 이런 일을 성례의 신비를 통해 이루시는 것이 그의 기쁨이다. 그가 그들에게 오사 그들의 눈에서 눈물을 씻어주시고, 그들이 당신의 사랑을 맛보게 하심으로 그들이 겪은 고난을 잊게 하신다.[16]

나는 마타 알 미스킨이 쓴 여섯 권짜리 방대한 복음서 주석이 영어로 번역·출간되어 세계 교회에 유익을 줄 날이 오길 간절히 바란다. 이 박식한 수도사는 성령으로 충만하여 근대 사막 교부의 영성을 대변하는 역할

---

15) Ibn al-Tayyib, *Sharh al-Mashriqi*, 2:219.
16) Matta al-Miskin, *al-Injil, bi-Hasab Bisharat al-Qiddis Luqa* (Cairo: Dayr al-Qiddis Anba Maqar, 1998), p. 528.

을 한다. 우리가 최소한 말할 수 있는 것은 이 주인이 지금 논의 중인 본문에서 자기 노예들에게 뜻밖의 사랑을 값지게 실증해 보인다는 것이요, 이런 실증이 삶을 바꿔놓는 힘을 무한히 갖고 있다는 것이다. 이 사건이 있은 뒤, 종들은 그들의 주인을 어떻게 생각하고 공경할까? 자기를 비우는 이런 사랑은 종들의 자존감에 어떤 영향을 미칠까? 분명 이 본문은 종말의 장면을 제시한다. 그렇다면 이 장면은 본문을 읽으며 앞과 같은 미래를 깊이 생각해보라는 권면을 받는 독자에게 어떤 영향을 미칠까? 그들에게는 이제부터 하루하루가 이전보다 더 밝아지지 않을까? 더구나 성찬은 과거를 기억하고 현재에 능력을 부어주기도 하지만, 미래를 내다보는 것이기도 하다. 여기서 묘사된 미래에는 종이 사랑을 베푸시는 주인에게 섬김을 받는 경이로움도 들어 있다. 성찬은 미래의 이런 영광스러운 사건을 미리 맛보는 것이라 볼 수 있다. 이런 장면은 현재 성찬에 참여하는 자를 바꿔놓고 그에게 능력을 부어줄 수 있다.

성육신(주인이 종들에게 옴)과 자신을 내어주는 값진 사랑(대속의 한 부분)이 이 비유 속에서 만난다. 그러나 마타 알 미스킨이 쓴 내용 중 일부를 곰곰이 살펴보면, 더 많은 것을 이야기할 수 있다.

종/노예가 자리에 기대고 누우라는 명령을 받았다면, 주인은 그들이 식사할 때 시중을 들려는 것이 분명하다. 기대 눕는 목적은 음식을 먹으려는 것이었다. 그렇다면 그들이 먹을 것은 무엇인가? 주인이 종들에게 제공하려는 것은 무엇인가? 종들은 주인이 혼인 잔치에서 진수성찬을 들 것이요 따라서 허기진 채 집에 오지 않으리라는 것을 안다. 부엌에는 준비해 놓은 음식도 없다. 본문에는 주인이 돌아오면 "뭔가 요기 좀 하게 준비해 놓으라"는 요구를 종들이 받았다고 암시하는 내용도 없고, 주인이 서둘러 종들이 먹을 음식을 준비한다고 일러주는 내용도 없다. 종들이 기대 눕고 주인이 종들의 시중을 드는 것이 지연되었다고 암시하는 내용도 분명 없다. 마타 알 미스킨은 먹고 마실 것을 "주의 몸과 주의 잔"으로 이해한다. 이는 성찬과 강한 연관이 있는 것이다. 그러나 제공된 음식을 달리 이해할 수도 있다. 이 이야기 자체를 놓고 볼 때, 주인이 음식을 가져왔다고 추정하는 것이 자연스럽다. 무슨 음식일까? 그 대답은 분명하다. 혼인 잔치에서 가져온 음식이다.

이제 더 큰 그림이 나타나기 시작한다. 혼인 잔치가 한창일 때, 주인은 자기 집에 있는 종들이 기억났다. 그는 자기 앞에 있는 진수성찬을 그릇에 가득 채워 자리를 살짝 빠져나왔다. 그는 얼른 사용(私用) 공간으로 가서 자기 종들도 그와 더불어 혼인 잔치에 참여할 수 있게 한다. 더 나아가 주인은 **몸소 종들의 시중을 든다!** 이런 극적 행동은 세계 전역의 어느 문화에서나 충격이 아닐까?

이 비유의 신학은 여기서 마태복음 25:1-13의 지혜로운 처녀와 어리석은 처녀 기사 속에 들어 있는 "자매 비유"를 뛰어넘는 극적 전개를 보여 준다. 각 비유에는 비슷한 여덟 가지 극적 요소가 등장한다.[17] 이런 유사점들은 동일한 생각이 두 비유를 만들어냈음을 강하게 시사한다. 이런 세부 내용의 의미를 진지하게 성찰하는 작업은 이번 장의 범위를 벗어난다. 내가 이 여덟 가지 요소를 언급한 목적은 이 모든 요소가 각 이야기에 나타나지만, **섬기는 주인**은 오직 누가의 기사에만 등장하는 놀라운 요소임을 강조하기 위해서다. 이런 점에서 누가의 기사는 더욱 놀랍다.

이 보석 같은 비유에서 특히 강조할 두 번째 점은 주인이 혼인 잔치 중에 자기 뜻을 행할 시종을 보내지 않았다는 사실이다. 주인은 마음만 먹으면 잔치 시중을 드는 종을 하나 불러 그 집의 다른 곳에서 자신을 기다리는 종들에게 큰 그릇에 담긴 음식을 전해주라고 분부할 수도 있었다. 그런데 주인은 그리하지 않고 자신이 직접 간다. 주인은 종을 보내는 것만으로는 성이 차지 않았다. 주인이 자기 종들에게 이르러 노예와 같은 옷을 입고 성대한 혼인 잔치 음식으로 그 종들을 섬길 때 이 큰 사람의 성육신은

---

17) 이 요소들은 이 책 20장에서 언급했다.

절정에 이른다.[18]

이 비유는 그야말로 한 편의 드라마인데도 무시당할 때가 종종 있다. 그 이유 중 하나는, 이 비유가 종들이 주인이 돌아오길 고대함을 강조한 것이 적극성을 지나치게 강조하는 현대 서구 문화의 특성에 어긋난다는 사실 때문인지도 모른다. 마타 알 미스킨이 사는 세계처럼 느림을 추구하는 세계 3분의 2 지역의 문화는 이 비유를 서구와 다른 시각으로 본다. 그러나 이 비유의 메시지가 지닌 이런 측면은 모든 이를 염두에 둔 것이다. 그리스도인들이 요구받는 것은 성공이 아니라 신실함이며, 순종이 생산보다 더 중요하다.

존 밀턴(John Milton)은 그의 문필과 정치 이력이 정점에 이르렀을 때 점차 시력을 잃었다. 빛이 사라져갔을 때 밀턴은 이 비유를 한 편의 시로 성찰했는데, 그의 성찰은 지금도 유명하다.

> 생각해보니, 이 어둡고 너른 세상에서
> 반평생도 지나지 않아 내 빛이 사라졌구나.
> 게다가 감춰두면 죽어 없어질 한 달란트,
> 무익하게도 내게 묵혀두었구나.
> 그래도 이제 내 영혼을 더 기울여
> 그것으로 내 창조주를 섬기며
> 그가 다시 오셔서 꾸짖지 않으시게
> 내 진짜 계산서를 드리려 하거늘,
> 하나님은 어찌하여 낮 동안에 일하라 하시면서
> 빛을 빼앗아 가셨는지, 어리석은 질문을 드리도다.
> 그러나 인내가 그 중얼거림을 막으며 얼른 대답하길
> 하나님께는 사람의 공로도 재능도 필요 없으며

---

18) 이는 마타 알 미스킨이 이 문제와 관련하여 앞 인용문에서 보여주는 생각과 비슷하다.

그의 부드러운 멍에를 가장 잘 짊어지는 자가
그를 가장 잘 섬기는 자니,
그의 엄위는 왕의 위엄이요
수천 천사가 그의 명령에
땅과 큰 바다를 지나 쉼 없이 달리도다.
그들도 다만 서서 시중들며 섬기도다.[19]

성공만을 지향하는 경쟁 세계에서 이 비유와 밀턴이 이 비유에 보인 반응은 깊이 곱씹어볼 가치가 있다.

또 다른 각도에서 보면, 마타 알 미스킨의 말처럼 내가 이 비유의 내용을 깊이 곱씹어볼 때 내 생각 뒤편에서는 공동체가 함께 식사하는 식탁 위의 촛불들이 밝게 빛난다. 우리가 당신 겉옷을 한쪽에 제쳐놓고 (띠가 아니라 수건으로) 옷을 묶은 뒤 제자들의 발을 씻기시는 우리 주(요 13:1-18)를 생각하게 되는 것도 이 비유와 관련이 있다. 주께서 제자들의 발을 씻어주시는 장면은 이 비유에 담긴 약속을 일부나마 현실로 이행한다고 보는 것이 가장 좋지 않을까?[20]

요약: 섬기는 주인 비유

이 비유에서는 다음과 같은 신학 주제들을 발견할 수 있다.

1. **제자도/종다움**. (바울이 말하는 것과 같은) 제자도는 자기를 희생하신 주님께 노예처럼 복종함을 가리킨다. 이와 함께 노예제가 완전히 뒤

---

19) John Milton, "When I Consider How My Light Is Spent," *The Oxford Book of English Verse 1250-1918*, ed. A. Guiller-Couch (New York: Oxford University Press, 1940), p. 352.
20) Ibn al-Tayyib al-Mashriqi도 그렇게 생각한다(*Tafsir al-Mashriqi*, 2:219을 보라).

집어진다. 주님의 행동은 종다움(servanthood)을 자기를 비워 값진 사랑을 베푸는 경지까지 끌어올린다. 주님의 행동으로 말미암아 우리는 그가 사랑하시는 벗이요 진정 그의 손님이 된다.

2. **다움 대 행함**. 이 비유에서 종의 책무는 **행함**(doing)보다 **다움**(being)과 많은 관련이 있다. 종은 무언가를 만들어냈기 때문이 아니라, 밤이 아무리 길거나 깊어도 종다움을 신실히 지켰다고 칭찬받았다.

3. **준비됨과 깨어 있음**. 우리는 그런 어둠에서도 등불을 꺼뜨리면 안 된다. 우리는 금세라도 길을 떠나거나 요구받은 일을 할 수 있게끔 옷에 띠를 띠고 있어야 한다. 주님의 강령이 우리의 유일한 강령이다.

4. **복됨**. 신실한 종/노예는 이미 그 집에서 복된 존재다. 종은 섬기거나 섬김을 받음으로 복된 존재가 **되지** 않는다. 그는 이미 복되며, 주님은 당신의 행위로 그 복된 상태를 확인해주시고 보상을 베푸신다.

5. **리더십과 주의 본질**. 주는 자기를 비워 종처럼 행하심으로 리더십을 실천하신다. 그가 이르실 때, 그는 노예와 같은 옷을 입으시고 기대 누운 당신 종들 뒤에 서서 시중을 드실 것이다. 이것이 너무 놀라워, 누가는 이 일을 그에게 드문 문구인 "**진실로**(amēn) 내가 네게 이르노니"로 소개하기 시작한다.

6. **성육신**. 주께서는 당신이 사는 곳에 있는 종들에게 음식 접시를 배달시키지 않았다. 대신 **그는 몸소** 종들에게 가서 그들에게 혼인 잔치 음식을 대접한다.

7. **뜻밖의 사랑**(대속)**을 값지게 실증함**. 주께서 종이 되어 그 노예들을 겸손히 시중들리라고 예상한 이는 아무도 없었다. 그러나 그는 그리함으로써 모든 이를 놀라게 한다. 종들은 이제 다시 전과 똑같은 사람일 수가 없다.

8. **종말론**. 이 비유는 주의 강림(parousia)에 초점을 맞춘다. 아울러 알렉산드리아의 키릴로스(5세기)도 이 본문에 대해 이렇게 썼다. "우리는 이제 이후로 매일 떠날 준비를 해야 하며, 우리 주님께 인정받을

수 있게 눈을 부릅뜨고 깨어 있어야 한다."²¹⁾ 그리스도는 강림 때 오신다. 아울러 그는 우리가 죽을 때 우리 각자에게 오신다. 우리는 늘 그의 오심을 준비해야 한다.

9. **실현된 종말론과 성찬.** 이 비유가 제시하는 약속은 주께서 제자들의 발을 씻어주시는 드라마(요 13:1-18)에서 일부 이루어진다. 이 비유의 "아직 아니"는 마지막 만찬이 열린 다락방에서 "이제"가 된다. 두 이야기는 모두 만찬을 다룬다. 각 이야기에서 주는 노예가 되신다. 두 본문은 제자/노예를 복되다(makarios; 참고. 요 13:17)고 말한다. 모든 성찬은 현재 주님과 나누는 사귐이다. 주께서 우리 발을 씻어주셨고, 장차 혼인 잔치 때 우리를 기대어 눕게 하신 뒤 우리 시중을 드실 것이다. 예수는 시중을 드시는 분이다(눅 22:27).

10. **정체성.** 정체성과 의미를 만들어내는 것은 우리가 우리 자신을 발견하는 상위 내러티브. 이 비유에서는 메시아가 참여하신 혼인 잔치가 진행 중이다. 우리 주님은 당신이 고르신 때에 그 잔치를 떠나 우리에게 돌아오실 것이다. 우리는 그가 오시길 간절히 기다린다. 그는 잔치 음식을 가져다가 몸소 우리에게 제공해주실 것이다. 예수의 사역에서 시작하여 우리의 죽음과 종말에 이르는 이 드라마에 참여하는 것이 의미와 정체성을 만들어낸다. 이것이 우리다. 티모시 루크 존슨(Timothy Luke Johnson)은 이렇게 주석한다. "그리스도인의 실존은 오롯이 어떤 고대(苦待) 속에 자리해 있다. 그 고대가 이루어질 것은 확실하나 그때가 언제인지는 모른다."²²⁾

11. **때.** 누가 붙였거나 누가 이전에 붙였을 수 있는 "각주"는 이 주인의 등장 시기가 장차 어느 때일 수 있음을 확인해준다. 아울러 이

---

21) Cyril of Alexandria, *Commentary on the Gospel of Saint Luke*, p. 370, 주2.
22) Luke Timothy Johnson, *The Gospel of Luke* (Collegeville, Minn.: Liturgical Press, 1991), p. 205.

각주는 누가가 스스로 지어내지 않고 전승으로 받은 내용을 제시하고 있음을 분명히 일러준다.

의와 평강처럼 성육신과 대속은 아주 많은 방식으로, 아주 많은 때에, 아주 많은 곳에서 서로 입 맞춘다. 성육신과 대속은 이 짧은, **자기를 비운 주인** 비유에서도 함께 등장한다.

30장

나사로와 부자 비유

누가복음 16:19-30

나사로와 부자 비유(눅 16:19-31)는 자주 무시된다. 이는 이 비유가 "신정론"(하나님은 정의로우신가?) 문제의 해답으로서 "역할 전환"을 강조하는 것처럼 보인다는 사실이 불편하기 때문인 것 같다. 이 이야기는 인생이 불공평하다고 말하는 것 같다. 그러나 걱정하지 말라. 하나님은 내생(來生)에 "만사를 바로잡으실" 것이다. 나사로는 여기서 힘든 시간을 보냈다. 그리고 그 결과 하늘에서는 좋은 시간을 보낼 것이다. 부자는 이 땅에서 편한 삶을 살았으나, 그 때문에 지옥에서 영원히 지낼 것이다. 요컨대, 그렇다면 이 비유는 여기서 편히 사는 이를 기다리는 것은 지옥이요, 여기서 집이 없는 이에겐 틀림없이 하늘이 주어지리라고 말하는 셈이다.

실제로 예수 시대 이전과 직후에도 이런 이야기들이 있었지만,[1] 예수가 이를 수긍하셨던가? 예수가 그리하셨다면, 신약성경의 나머지 부분은 대부분 버려야 한다. 그렇다면 이 비유는 어떻게 볼 수 있을까? 이 비유가 말하는 것과 말하지 않는 것은 무엇인가?

---

[1] Jerusalem Talmud, *Hagigah* 2:2; *Ruth Rabbah* 3:3; Joachim Jeremias, *The Parables of Jesus* (London: SCM, 1963), P. 183.

중동에는 구전되는 진주문(珍珠門) 이야기가 엄청나게 많다. 진주문은 결국 "하늘 문"을 말한다. 가끔은 모세와 예수 그리고 무함마드가 주인공이기는 하지만, 그 문의 문지기만은 늘 베드로다. 이 이야기들은 늘 유머가 있으며, 화자의 종말론 이해와 무관할 때도 종종 있다. 자주 이 이야기들은 중동의 공적 삶이 지닌 여러 불확실성을 정치적 관점에서 주석하여 제시한다. 초기 유대교 전승에서도 비슷한 이야기들이 발견되는데, 아스글론에 사는 두 거룩한 사람 이야기와 마을의 세리인 바르 마얀 이야기가 그 예다.[2] 오랜 유대교 전승에 비추어볼 때, 우리가 논의 중인 비유도 그런 이야기라고 주장할 수 있다. 실제로 이 비유에는 (내가 아는) 이런 이야기들이 전통적으로 가지고 있는 표지들이 많이 들어 있다. 이 비유가 1세기의 "진주문 이야기"라면, 이야기의 주된 목적은 사후의 삶을 바라보는 예수의 시각을 조목조목 제시하는 것이 아니다. 예수는 죽은 자의 부활이 없다고 하는 사두개파에 반대하셨다. 사두개인은 부유했으며, 이 이야기의 전체 구성은 그들에게 던진 도전으로 보인다.[3] 실제로 죽음 이후에는 심판이 있으며, 이 심판은 우리가 이 땅에서 영위한 삶의 방식과 관련된다. 그러나 이 이야기의 주제는 어쩌면 다른 것일지도 모른다.

나사로 비유보다 몇 구절 앞에는 하나님과 맘몬을 다룬 짧은 시가 있다(눅 16:9-13).[4] 이 시는 나사로 비유의 도입부로 이해할 수 있다. 맘몬은 "재물" 혹은 "돈"이나 "삶을 지탱해주는 것"을 뜻하는 아람어이며, 이 시는 나사로 비유와 관련된 맘몬에 관해 세 가지를 말한다.

첫째, 예수는 "종이 두 주인을 섬길 수 없으니…너희가 하나님과 맘몬

---

2) Jerusalem Talmud, *Hagigah* 2:2과 *Mo'ed Qatan* 20:57, trans. Jacob Neusner (Chicago: University of Chicago Press, 1986).
3) 맨슨은 이 견해를 강하게 주장한다. T. W. Manson, *The Sayings of Jesus* (1937; reprint, London: SCM, 1964), pp. 296-301을 보라.
4) Kenneth E. Bailey, *Poet and Peasant*, in *Poet and Peasant and Through Peasant Eyes* (Grand Rapids: Eerdmans, 1980), pp. 110-18.

을 함께 섬기지 못하느니라"라고 말씀하신다. 재물의 문제는 이것이 사람처럼 남을 지배하려는 힘의 여러 특성을 지녔다는 것이다. 재물은 삶을 유지하는 데 필요하며 하나님을 섬기는 데 사용될 수도 있지만, 남을 지배하려는 강박이 늘 존재한다. 재물을 **불의한** 맘몬이라 부르는 이유도 필시 그 때문일 것이다. 맘몬은 하나님이 사람의 삶에서 갖고 계신 자리를 빼앗으려 한다. 누구도 두 주인을 **섬길** 수 없다.

둘째, 예수는 이런 예리한 질문을 던지신다. "너희가 불의한 맘몬에도 신실하지 않으면 누가 너희에게 진리를 맡기겠느냐?"(눅 16:11, 베일리 번역) 이 본문은 예수가 평상시 사용하셨던 언어인 아람어로 언어유희를 펼쳐 보인다.

너희가 **신실하지**(*'amin*) 않으면
불의한 **맘몬**(*mammon*, 너희의 재물)에도
진리를(*'amuna*)
누가 **너희에게 맡기겠느냐**(*ja'min ith kun*)

여기서는 *'amen*의 어근 *'mn*이 네 번 사용된다. 이 말씀은 자기가 낼 세금을 속이는 자는 결코 복음을 이해하지 못하리라고 강조한다. 하나님 앞에서 재물에 신실하지 않은 자들은, 하나님이 진리라는 당신의 더 큰 보화를 보여주시리라고 기대할 수 없다.

예수의 세 번째 강조점은 두 번째 강조점을 부연한다. 예수는 "너희가 다른 사람의 것에도 신실하지 않으면, 너희 자신의 것으로 너희에게 줄 것이 무엇이 있겠느냐?"(눅 16:12, 베일리 번역)라고 말씀하신다. 하나님이 물질을 지으셨기에 모든 재물은 하나님의 소유다. 실제로 "땅과 거기에 충만한 것은 야웨의 소유다"(시 24:1). 현대 서구 자본주의에서는 성경의 이런 기본 원리가 낯설다. 도로를 달리는 자동차, 내가 사는 집, 내 주머니 속 펜, 내 손목시계, 내가 이런 고찰 내용을 글로 쓸 때 사용하는 컴퓨터 같은 모든

것이 하나님 소유다. 나는 다만 그것을 관리하는 청지기다. 만물이 하나님 소유라면, **정녕** 내/우리 소유는 무엇인가? 있다. 우리가 겨우 이해하고 삶으로 살아내려 애쓰는 하나님의 진리 가운데 작은 부분은 정녕 우리 소유이며, "우리 것으로 취할" 것이다. 하나님은 당신 백성이 재물을 신실히 관리하는 청지기인지 살펴보신 뒤, "하나님의 깊은 것" 중 무엇을 그들에게 보여주실지 결정하신다(고전 2:10). 이런 세계관에 함축된 변혁적 잠재력은 무한하다.

돈과 하나님을 다룬 이 시에 이어 "돈을 사랑하고" "하나님께 그들의 코를 치켜드는"(문자적 번역, "하나님을 비웃는") 바리새인들을 언급한 말이 나온다. 팔레스타인, 요르단, 시리아, 레바논에서는 코를 치켜드는 것이 경멸의 몸짓이다. "scoffed"(RSV, 조롱하다)와 "ridiculed"(NRSV, 비웃다)는 아주 강하다. 이런 몸짓에는 아무런 말도 들어 있지 않다. 머리를 뒤로 조금 젖히고 눈썹을 치켜드는 행동은 겸손이 섞인 거부를 의미한다. 돈에 관한 예수의 말씀은 이런 거부 반응을 불러일으킨다.

누가복음 독자는 누가복음 16:9-13을 배경으로 염두에 두고 나사로와 부자 비유를 마주하게 된다. 예수는 마치 "나는 이제 너희에게 두 사람, 곧 하나님을 섬긴 사람과 맘몬을 섬긴 사람 이야기를 하겠다"라고 말씀하시는 것 같다.[5]

이 비유는 삼부작 중 세 번째다. 첫 번째 비유에서는 **탕자가 아버지** 재산을 탕진한다(눅 15:11-32). 두 번째 비유에서는 **정직하지 않은 청지기가 주인의 재산을 낭비한다**(눅 16:1-8). 세 번째 비유에서는 **부자가 자신의** 재산을 낭비한다. 이 셋을 바로 이해하면 알겠지만, 이들은 모두 구원의 주제를 다룬다. 이 세 번째 비유는 두 대목으로 이루어져 있으며, 각 대목은 나름의 수사 구조를 갖고 있다. 이 두 대목은 그림 30.1.에서 볼 수 있다.

---

5) 나는 눅 16:16-18이 맘몬에 관한 시와 이 비유 사이에 자리한 이유를 아직 찾지 못했다.

이야기

1. 한 부자가 있었는데
   자색 옷과 고운 베옷을 입고　　　　　　　　　　　부자
   날마다 **호화롭게 잔치를** 즐겼다.　　　　　　　　　(살았을 때: 잔치)

2. 　그의 대문에는 **나사로라 하는 거지가 눕혀져** 있었는데 헌데가 가득하고
   　　식탁에서 떨어진 것으로 배를 채우려 했다.　　　나사로
   　　그러나(alla) 개들이 와서 그의 헌데를 핥았다.　(살았을 때: 고통)

3. 거지가 죽어 천사들에게 붙들려　　　　　　　　　나사로
   　아브라함의 품에 들어갔다.　　　　　　　　　　　(죽었을 때: 잔치)

4. 　부자도 죽어 묻혔으니 음부(하데스)에서 고통 중에
   　　그의 눈을 들어 멀리 아브라함과　　　　　　　　부자
   　　그의 품에 있는 나사로를 보았다.　　　　　　　　(죽었을 때: 고통)

대화

5. 그러자 그가 외치되 "아버지 아브라함이여, 내게 긍휼을 베풀어
   　나사로를 보내 그 손가락 끝에 물을 찍어다가
   　내 혀를 식혀주소서.　　　　　　　　　　　　　　부자(1)
   　이는 내가 이 불꽃 속에서 괴롭기 때문입니다."

6. 아브라함이 말하되 "내 사랑하는 아이야(teknon), **기억해라!**
   　너는 살았을 때에 좋은 것을 받았지만
   　나사로는 나쁜 것을 받았다.　　　　　　　　　　아브라함(1)
   　이제 그는 여기서 **위로를 받고**
   　너는 **큰 고통을** 겪느니라.
   　이뿐 아니라 우리와 너 사이에는 큰 틈이 있으니
   　여기서 너희에게 건너가려는 자들이 갈 수가 없고
   　거기서 아무도 우리에게 건너올 수가 없느니라."

7. 그러자 그가 말하되 "그러면 아버지여, 간청하오니
   　그를 내 아버지 집에 보내소서. 내게 다섯 형제가 있으니　부자(2)
   　그들에게 경고하여 그들이 이 고통스러운 곳에 오지 않게 하소서."

8. 　그러나 아브라함이 말하되
   　　"그들에게는 모세와 예언자들이 있으니　　　　　아브라함(2)
   　　그들이 그들에게 듣게 하라."

9. 그가 말하되 "그렇지 않습니다. 아버지 아브라함이여,
   　만일 죽은 자 가운데서 누군가가 그들에게 가면　　부자(3)
   　그들이 회개할 것입니다."

10. 　그러자 그가 그에게 말하되
    　　"그들이 모세와 예언자들을 듣지 않으면　　　　아브라함(3)
    　　어떤 이가 죽은 자 가운데서 일어나도 그들이 확신치 않으리라."

그림 30.1. 나사로와 부자(눅 16:19-30)

수사

독자가 두 배우에 초점을 맞추어보면, 처음 네 부분은 ABBA 형태를 띤다. 부자는 첫째와 넷째 부분의 주어이며, 나사로는 중간의 두 장면에서 등장한다. 그러나 초점은 두 가지다.

> 살았을 때: 잔치
> 그리고 고통
> 죽었을 때: 잔치
> 그리고 고통

이 본문에 두 가지 수사 패턴이 모두 존재한다고 할 때, 두 번째 패턴이 지배적인 것으로 보인다. 이 때문에 나는 그런 시각에서 이 본문 형태를 구성하는 쪽을 택했다. 실제로 이 본문에는 대위법이 존재한다. 두 가지 "선율"이 동시에 울려 퍼진다.

후반부는 부자와 아브라함의 대화다. 부자는 세 가지 요청을 하며 아브라함은 각 요청에 대답한다.

주석

1. 한 **부자**가 있었는데
   자색 옷과 고운 베옷을 입고　　　　　　　　　**부자**
   날마다 **호화롭게 잔치를 즐겼다.**　　　　　(살았을 때: 잔치)

첫 장면은 제멋대로 살면서 오직 자기에게만 관심을 쏟는 부자를 짧고도 훌륭하게 묘사한다. 여기서 사용된 동사의 시제는 부자가 **날마다** 자색 옷을 입었음("입다" 동사가 중간태)을 일러준다. 그에게는 다른 옷도 있었다.

그러나 자색 옷은 엄청나게 비쌌으며, 진짜 부자만이 입을 수 있었다. 이 사람은 자기가 돈이 있음을 모든 이에게 확실히 알리고 싶었다. 그는 날마다 "금도금 캐딜락"을 몰고 달리고픈 충동을 이기지 못했다. 요컨대 그는 "최신 유행에 환장한 사람"으로서 모든 이에게 자신이 부자임을 알리고픈 욕구가 내면에 가득했다. 아울러 그는 "가는 베옷"을 입었다. 이는 그리스어로 bussos(히브리어 butz를 음역한 말)인데, 이는 최고급 속옷을 만드는 데 사용되는 질 좋은 이집트 면직물을 가리킨다.[6] 여기에는 가벼운 유머가 있다. 이 사람은 비싼 겉옷도 갖고 있었지만, 누군가 자신에게 관심을 보일 경우에는 속옷도 품질이 좋은 것을 입었다.

이 부자는 자색 옷과 비싼 속옷을 입었을 뿐 아니라 "날마다 호화롭게 잔치"를 즐겼다. 그는 **따라서 안식일도 지키지 않았다.** 종들에게 단 하루도 쉬는 날을 주지 않음으로써 십계명을 매주 공공연히 어겼다. 그에게는 멋대로 살아가는 삶의 방식이 하나님의 율법보다 더 중요했다. 그는 자기 종들에게 불의를 저지르면서도 이런 불의를 대수롭지 않게 여겼다. 나사로는 처지가 어땠을까?

2. 그의 대문에는 **나사로라 하는 거지가 눕혀져 있었는데** 헌데가 가득하고
부자의 식탁에서 떨어진 것으로 배를 채우려 했다.   **나사로**
그러나(alla) **개들이 와서 그의 헌데를 핥았다.**   (살았을 때: 고통)

부자의 대문 밖에는 병들고 주리며 천대받는 거지가 누워 있었다. 그 가난한 자는 이름이 있었는데, 그에게 **이런 특별한** 이름을 붙인 이유는 뭘까?

나사로는 예수의 비유를 통틀어 유일하게 이름을 가진 인물이다. 여러 주인공들이 예수의 비유에 등장하지만, 이름이 나와 있는 이는 없다. 선한

---

6) I. Howard Marshall, *The Gospel of Luke* (Exeter, U. K.: Paternoster, 1978), p. 635.

사마리아인, 바리새인, 아버지, 맏아들, 씨 뿌리는 자는 모두 익명이다. 나사로가 유일한 예외다. 따라서 그의 이름은 중요한 의미를 가질 수밖에 없다.

나사로라는 이름은 히브리어로 "하나님이 도와주시는 사람"을 뜻한다. 나사로는 날마다 부자의 대문 앞에 누워 있었다. 나사로는 던져주는 작은 조각들을 얻었을 수도 있지만 그래도 늘 배가 고팠다.[7] 그는 몹시 아파서 일어설 수가 없었고, 너무 가난하여 결국 구걸하게 되었다. 그는 하나님이 **도우시지 않는** 사람으로 보인다.

나는 1967년부터 1984년까지 레바논 베이루트의 한 신학교에서 교수로 있었다. 이 시기에 레바논 내전이 9년 동안 격렬하게 이어졌다. 눈먼 거지 한 사람이 우리가 사는 아파트에서 가까운 한 그리스 정교회 교회당 문에 서 있었다. 나는 날마다 신학교로 가는 길에 그를 지나쳐 갔다. 그는 호감 가는 얼굴에 조용하고 예의 바른 사람이었다. 그는 여느 거지들처럼 소리를 질러대지도 않았다. 대신 그는 경첩을 단 유리 뚜껑이 달린 자그마한 나무 상자를 그의 어깨에서 허리까지 둘러메고 있었다. 그 안에는 껌이 가득했는데, 이유인즉 그가 "가게 주인"이었기 때문이다. 나는 그를 볼 때마다 그가 파는 치클렛(Chicklets)을 사고 값을 두 배로 치른 뒤, 그 껌을 다음 블록의 길거리 어린이들에게 나눠주었다. 그와 나는 친구가 되었다. 그는 내가 어떤 사람인지 상상하면서 나를 "무디르 자마"(Mudir jamaa, 대학 학장)라고 부르겠다고 우겨댔다. 주위에서 벌어진 전쟁은 우리에게 무시무시한 울화를 불러일으켰지만, 그는 그러지 않았다. 옆에서 폭탄이 터지거나 아랫동네에서 기관총 소리가 드르륵 울려 퍼져도 그의 평정은 깨지지 않았다. 그의 내면에서 퍼져 나오는 평화가 사방으로 뻗어갔다.

그의 이름은 압드 알 라흐만(Abd al-Rahman, 자비하신 분의 종)이었다. 자비하신 분은 물론 자비를 베푸신다. 그렇다면 하나님은 그에게 자비를 베

---

7) 동사 *chortazō*는 그가 "배를 채우기"(be fed, RSV)를 원했다 혹은 "그의 허기를 채우길"(satisfy his hunger, NRSV) 갈망했다로 번역할 수 있다. 둘 다 정당한 번역이다.

푸셨는가? 그는 맹인에다 거지였다! 맹인인 그를 어찌 압드 알 라흐만이라 부를 수 있단 말인가? 그의 이름은 잔인한 농담 아닌가?

나사로는 부자의 대문 밖에 "눕혀져 있었다"(수동태). 그는 너무 아파 걷지도 못했다. 이런 이유로 동네 사람들이 날마다 그를 그 대문에 데려다주었고, 밤이면 그를 어디든 그가 머무는 곳으로 다시 데려갔다. 이븐 알 타이이브는 이렇게 쓰고 있다. "가난한(비참한) 나사로는 이리저리 돌아다닐 수 없었기에 가족과 친구들이 그를 부자의 대문 앞에 데려다 놓았다."[8]

나사로 주위의 마을 사람들은 최선을 다해 나사로를 존중하고 돌보았다. 그 동네에서 나사로를 치료하는 데 필요한 재산을 가진 사람은 오직 그 부자뿐이었다. 이런 이유로 동네 사람들은 그 부자나 부자의 손님들이 나사로를 불쌍히 여겨 도움을 베풀길 소망하며 날마다 그 대문 앞에 나사로를 데려다 놓았다. 중동에서는 이런 관습이 흔하다. 주일 아침이면 걸인들이 늘 교회 밖에 모여들고, 매주 금요일에는 정오 기도를 올리는 모스크 문에 모여든다.

부자는 현관문 외에 소유지에 드나드는 대문도 갖고 있었다. 따라서 화려하게 장식한 대문이 달린 그의 집 주위에는 필시 정원인 땅이 있고, 그 대문은 거리로 열려 있었을 것이며, 나사로의 친구들은 나사로를 그 대문 앞에 놓아두었을 것이다.

헌데가 가득한 나사로는 너무 약해 일하거나 앉지도 못했으며, 다만 "그 부자의 식탁에서 떨어진" 것으로 "배를 채우려 했다." 누가복음은 어떤 사람이 갖길 원하지만 가질 수 없는 것을 나타낼 때 "…하려 했다"라는 동사를 사용한다. 탕자는 누가복음 15:16에서 돼지에게 먹이는 쥐엄 열매를 먹으려 했으나, 그에게는 이를 소화시킬 수 있는 위장이 없었다. 나사로와 부자 비유를 보면, 음식은 부자 집 밖으로 내던져졌지만 나사로에게 주지

---

8) Ibn al-Tayyib, *Tafsir al-Mashriqi*, ed. Yusif Manqariyos (Egypt: Al-Tawfiq Press, 1907), 2:292.

는 않았다.⁹⁾ 중동인은 음식 찌꺼기라는 말을 들으면 곧바로 집 지키는 개를 떠올린다. 개들이 으레 남은 음식을 받아먹기 때문이다.

같은 장면이 예수와 두로 및 시돈 근방의 수로보니게 여자를 다룬 기사에도 나온다(막 7:24-30). 그 여자는 식사를 하고 난 뒤 개에게 던져주는 작은 빵조각¹⁰⁾을 달라고 간청한다. 나사로는 "그 부자의 식탁에서 떨어진" 음식 찌꺼기를 애타게 먹고 싶어한다. 하지만 그 찌꺼기를 나사로에게 주지 않고 도리어 개에게 먹였다. 나사로는 먹다 남은 음식을 한두 번 받아먹었을지 모르나 그걸로 배부를 리는 만무했다.

나사로는 아프고 굶주리고 헌데가 가득했다. 그러나 그의 가장 깊은 고통은 마음의 고통이었다. 중동의 전통 촌락은 지리상 다닥다닥 붙어 있다. 나사로가 누워 있는 대문에서는 매일 벌어지는 부자의 호화 잔치 소리가 잘 들렸음이 분명하다. 나사로에게서 불과 서너 발 떨어진 곳에서는 날마다 기대 누워 진탕 먹어대는 한 무리 사람들이 있었지만, 나사로는 누운 채 굶주리고 아픈 몸으로 그들이 주고받는 대화를 들었다. 바로 이들은 날마다 그 부잣집을 드나들면서 나사로를 지나쳤다. 그들에게는 음식이 절박하지 않았다. 음식이 절박한 이는 나사로였다. 도움은 늘 가까이 있었지만, 나사로는 도움을 받지 못했다.

나는 수십 년을 중동에서 살면서 거지들이 겪는 시련을 수도 없이 목격했기 때문에, 이 장면의 역동성을 어느 정도 간파할 수 있다. 동정심을 줄이면 살아남기가 쉽다. 거지는 늘 있다. 거지는 **아주, 아주** 많다. 그러나 사람이 가진 자원은 한정되어 있다. 결국 그 많은 거지들에게 더 이상 눈

---

9) Arland J. Hultgren, *The Parables of Jesus* (Grand Rapids: Eerdmans, 2000), p. 116은 의견을 달리한다.
10) 아랍어 역본은 여기에 사용된 그리스어(ψιχίων)를 *futayat*(작은 조각들)로 바르게 번역했다. 중동의 빵은 작은 조각으로 쪼개지지만 부서지지는 않는다. Walter Bauer, *A Greek-English Lexicon of the New Testament*, trans. by W. F. Arndt, F. W. Gingrich and F. W. Danker (Chicago: University of Chicago Press, 1979), p. 893을 보라.

길을 주지 못한다. 동정심을 줄이는 것이 해결책이요 생존 전략이 된다. 어쩌면 이것이 부자에게 일어난 일일지도 모른다.

살 수 있는 옷 중 가장 값비싼 옷을 걸친 한 부자가 날마다 잔치를 벌이며, 담으로 에워싸인 뜰을 가진 집에서 살았다. 그는 당연히 자기 재산을 지키려고 사나운 경비견을 키우며 먹였을 것이다. 그 개들은 배불리 먹었지만, 나사로는 그러질 못했다. 여기서 이 이야기의 여러 핵심 중 하나가 드러난다.

본문은 이 개들을 언급하며 이렇게 말한다. "그러나(*alla*) 개들이 와서 그의 헌데를 핥았다." 그리스어 *alla*는 늘 대조를 나타낸다.[11] 하지만 영역 전통은 늘 변함없이 개들의 행동과 부자의 잔인함이 조화를 이룬다고 이해했다. 이런 이유로 RSV는 이 본문을 "*moreover* the dogs came and licked his sores"(게다가 개들이 와서 그의 헌데를 핥았다)로 번역했는데, 이는 개들의 행동과 부자의 행태 사이에 연속성이 있음을 알려준다. NRSV와 NIV는 "*even* the dogs came"(심지어 개들까지 와서)라 말하는데, 이 역본들 역시 개들을 나사로를 괴롭히는 것 중 하나로 본다. 그러나 대다수 아랍어 역본은 천 년이 넘는 세월 동안 *alla*를 대조로 정확하게 번역함으로써, 개들이 나사로를 괴롭히는 부자에게 합세하지 **않았음**을 강조했다. 이 대조는 그리스어 본문에서 분명하게 나타나며, 이 이야기에서 중요하다.

개들은 자기 상처를 핥는다. 개들이 사람을 핥는 것은 애정의 표시다. 그러나 이보다 더 중요한 사실은 근래 과학자들이 침에 치료를 촉진하는 "내생 펩티드 항생물질"이 들어 있음을 밝혀냈다는 것이다.[12] 개의 침에도 이런 항생물질이 들어 있으며, 고대인들도 개가 상처를 핥으면 상처 부위

---

11) Ibid., p. 38.
12) H. Mygind et al., "Plectasin Is a Peptide Antibiotic with Therapeutic Potential from a Saprophytic Fungus," *Nature* 437(2005년 10월): pp. 975-80. 내가 이 논문에 주목할 수 있게 이끌어준 필라델피아 과학대학교 제임스 존슨(James R. Johnson) 교수에게 신세를 졌다.

가 더 빨리 낫는다는 것을 발견했다.

1994년에 하버드 대학교 교수인 로렌스 스테이저(Lawrence Stager)는 고대 아스글론에 1,300마리가 넘는 개가 묻힌 것을 발견했다. 이 무덤들은 기원전 5세기에서 3세기까지 만들어진 것인데, 이때는 페니키아인이 아스글론을 다스렸다. 이 동물들은 십중팔구 페니키아의 치료 의식과 관련이 있었을 것이다. 이 개들은 상처나 헌데를 핥도록 훈련받았을 가능성이 아주 높으며, 이렇게 상처를 핥아준 데 따른 요금은 개 소유주에게 지불했다. 이것이 예배자가 "개가 받은 삯"을 주님의 집에 가져오는 것을 금지한 신명기 23:18의 배경을 설명해줄지도 모른다.[13] 치료 여부를 떠나, 이 시대 사람들이 개를 대하는 태도 그리고 나사로와 개들 사이의 놀라운 우정은 이 부분을 이해하도록 도우면서 확연한 대조를 보여준다. 부자는 나사로를 위해 **아무 일도 하려 하지 않는** 반면에, 낯선 이라면 모조리 공격하는 이 사나운 경비견들은 나사로가 친구임을 알아보고 그들이 할 수 있는 일, 즉 헌데를 핥아준다. 나사로는 날마다 뜨겁고 파리들이 들끓는 동네 길바닥에 누워 있었다. 개들은 이런 그를 다 함께 도와주었다.

중동에서 개는 애완동물이 아니다. 성경의 다른 곳들도 개를 좋지 않은 시선으로 보면서(사 56:10; 66:3; 빌 3:2; 계 22:15), 종종 돼지와 연계하여 언급한다(사 66:3; 벧후 2:22). 초기 유대교 전승은 개를 돼지와 맞먹는 부정한 짐승으로 여겼다. 미쉬나는 이렇게 말한다. "돼지를 아무데서나 키워서는 안 된다. 개를 키우려면 사슬로 묶어놓아야 한다."[14] 이런 개들은 경비견으로 길렀다. 이 이야기의 개들도 길거리를 떠돌며 음식 찌꺼기를 먹는 야생 개일 수 있으나, 이런 경우라면 부자의 종들이 찾아오는 손님들을 생각하

---

13) Lawrence E. Stager, "Why Were Hundreds of Dogs Buried at Ashkelon?" *Biblical Archaeology Review* 17, no. 3(1991): 26-42; Lawrence E. Stager, "Ashkelon," in *The New Encyclopedia of Archaeological Excavations in the Holy Land*, 4 vols., ed. E. Stern (Jerusalem: Israel Exploration Society, 1993), 1:103-12.

14) Mishnah, *Baba Qamma* 7:7.

여 개들을 내쫓았을 것이다.

이 아름다운 장면은 나사로라는 사람에 관해 많은 것을 묘사한다. 나사로는 자기 처지가 비참해도 친절하고 온유했으며, 주위의 동물 세계와 고요히 조화를 이루며 살았다. 많은 사막 교부가 이와 같이 야생 동물과 조화를 이루며 사는 모습을 보여주었다. 베들레헴 지역에 전해 내려오는 히에로니무스와 사자 이야기가 그런 예다. 성 프란체스코는 늑대와 친구가 되었다는 말이 있다. 은둔자 바울의 장례식에는 그와 친했던 사자들이 참석했다. 압바 마카리우스(Abba Macarius, 300-391)는 하이에나의 눈먼 새끼를 고쳐주었다. 요한 클리막투스(John Climactus)는 표범을 손수 길렀던 한 수도사 이야기를 들려준다. 파코미우스(Pachomius)는 악어 등을 타고 나일 강을 건넜다고 한다.[15] 잉글랜드의 성 커스버트(St. Cuthbert, 634-687)는 바다사자를 밀려오는 파도에서 구해주었다고 한다. 역사나 전승을 살펴보면 이런 사연이 줄줄이 이어지는데, 이것이 광야에서 "들짐승과 함께 계셨던"(막 1:13) 예수로부터 시작함은 주목할 만하다. 예수는 이 비유에서 간결한 필치로 나사로의 온유한 영혼을 분명하게 묘사하신다. 나사로는—고통을 겪으면서도—자신과 화평을 누리고, 심지어 사나운 경비견들과도 화목하게 살아갔다. 나사로는 개들도 자신처럼 부당하게 멸시당하고 학대 받음을 느꼈을까? 본문은 독자에게 아무것도 일러주지 않지만 짐작할 만한 것이 많이 있다. 수도사요 성경 학자이며 **의사**인 이븐 알 타이이브는 이렇게 주석하고 있다.

나는 개들이 나사로의 헌데를 핥은 것이 그를 편하게 해주고 그의 고통을 덜어주었음을 이해한다. 이는 말도 못하는 조용한 동물이 그에게 동정을 느끼고

---

15) Susan P. Bratton, "The Original Desert Solitaire: Early Christian Monasticism and Wilderness," *Environmental Ethics* 10, no. 1 (1988): 31-53; Helen Wadell, *Beasts and Saints* (London: Constable, 1949), pp. 17-23.

서 오히려 인간보다 더 그를 돕고 보살펴주었음을 우리에게 일깨워준다. 나사로는 벌거벗었으며, **개들에게 받은 것만이 그를 위한 유일한 의학적 처치였다.** 이는 부자가 나사로에게 눈길 한 번 주지도 않았고 아예 거들떠보지도 않았음을 보여준다. 결국 부자의 상태와 나사로의 상태를 비교해보면, 부자는 자색 옷과 가는 베옷을 입었지만, 나사로는 벌거벗고 헌데가 가득했음을 본다. 부자는 날마다 잔치를 열어 호식했지만, 나사로는 빵조각이라도 얻길 갈망했다. 부자는 많은 종이 시중들며 그의 모든 필요를 채워주었지만, 나사로에겐 **종은 없고 오직 개만이 있었다.**[16]

비유는 이렇게 이어진다.

3. 그 거지가 죽어
　　천사들에게 붙들려　　　　　　　　　　**나사로**
　　아브라함의 품에 들어갔다.　　　　　　(죽었을 때: 잔치)

나사로는 너무 가난하여 장례도 치르지 못했으나, 천사들이 그를 하늘로 옮겨갔으며 아브라함이 무리를 보내 그를 영접했다.[17] "아브라함의 품"에 기대 누웠다는 것은 아브라함 오른쪽의 영예로운 자리에 있는 U자 모양의 좌석(횡와 좌석)에 기대 누웠음을 뜻한다. 요한은 마지막 만찬 때 "예수의 품에" 기대 누웠다(요 13:23). 아브라함 옆에는 이렇게 나사로가 기대 누울 자리가 마련되어 있었다. 부자는 이 땅에서 사는 동안 날마다 호화 연회를 즐겼다. 이런 부자는 나사로를 높이는 이런 잔치/연회에 대해 어떤 반응을 보일까?

---

16) Ibn al-Tayyib, *Tafsir al-Mashriqi*, 2:292-93(베일리 강조).
17) 이런 생각이 유대 전승에서 처음 나타나는 곳이 이곳이다.

4. 그 부자도 죽어 묻혔으니

　음부(하데스)에서 고통 중에

　그의 눈을 들어 멀리 아브라함과　　　　　**부자**
　　　　　　　　　　　　　　　　　　　　(죽었을 때: 고통)
　그의 품에 있는 나사로를 보았다.

　얼마 뒤 부자도 죽어 장례가 치러지고 묻혔다. 당연지사이지만, 부자는 음부에 들어가 거기서 고통을 당했다.[18] 부자와 나사로 사이의 숨 막히는 긴장은 사후의 삶에서도 계속된다. 이 긴장은 이 비유가 말하려는 내용에 아주 긴요하다. 독자에게는 놀라운 일이지만, 부자는 나사로를 알아봤으며 그의 이름도 **알았**다. 결국 이 부자는 나사로가 그의 집 대문 앞에 있던 자임을 **알았으며**, 나사로의 절박한 처지도 익히 알고 있었다. 이제 음부에 던져진 부자는 아브라함이 받드는 나사로를 보고 이전에는 거지였던 나사로에게 사죄하며 용서를 빌 것이 분명했다. 이 비유 후반부와, 이 후반부를 구성하는 세 단계 대화는 부자의 요청으로 시작한다.

5. 그러자 그가 외치되 "아버지 아브라함이여, 내게 긍휼을 베풀어

　나사로를 보내 그 손가락 끝에 물을 찍어다가

　내 혀를 식혀주소서.　　　　　　　　　　　　**부자**(1)

　이는 내가 이 불꽃 속에서 괴롭기 때문입니다."

　놀랍게도 부자는 나사로에게 말하지 않는다. 이 비유의 독자/청자들은 부자가 범접할 수 없는 이들에게는 말을 걸지 못한다는 결론에 이르게 된다. 부자는 대신 아브라함에게 말하는데, 그가 말하는 요지는 분명하다. 그는 입을 열어 이렇게 말한다. "아버지 아브라함이여, 내게 긍휼을 베푸

---

18) 만일 이것이 "진주문" 이야기라면, 음부에 거하는 이들이 하늘에서 일어나는 일을 어떻게 볼 수 있는지 물어볼 필요가 없을 것이다.

소서!"

셈어 관용어는 "*Abi Abraham*"(내 아버지 아브라함)이다. 시리아어와 아랍어 역본은 모두 인칭대명사를 첨가한 반면에, 그리스어 본문은 인칭대명사를 명시하지 않고 암시만 했다. 부자는 자신도 아브라함의 자손으로서 "같은 족속"이라며 인정에 호소한다. 그의 핏줄에는 아브라함의 피가 흐르며, 아브라함은 그가 속한 족속의 족장이다. 마타 알 미스킨은 요컨대 이 부자도 할례받은 자였기에 필시 아브라함의 도움을 받을 법한 자였다고 말한다. 그러나 그는 도움을 받지 못했다.[19] 중동에서는 가족이 전부다. 비참한 곤경에 빠진 사람은 언제나 그 집 가장에게로 돌아가 그의 자비에 자신을 맡길 수 있다. 가장은 명예를 걸고 도움을 제공해야 하기 때문이다. 그러나 이번 경우는 달랐다.

독자는 아브라함과 이야기하며 쩔쩔 매는 부자를 발견하리라고 예상한다. 아브라함은 자신이 어디로 가는지도 모르면서 앞으로 나아갔던 믿음의 사람이었다. 그는 그의 나라와 그의 아비 집과 그의 신들을 버리고 자신을 부르신 유일하신 참 하나님께 값진 순종을 바쳤다. 그렇다면 그 부자는 과연 아브라함의 자손인가? 그는 아브라함의 하나님께 순종하는 대가를 치렀는가? 부자는 그런 쩔쩔 매는 모습을 보이지 않는다.

부자는 아브라함과 자신이 한 집안임을 상기시킨 뒤, 거지들이 으레 하는 말로 소리 내어 외친다. "내게 자비를 베푸소서!" 누가복음에서 이 다음다음 장에는, 길가에 있던 눈먼 거지가 같은 말을 외치는 모습이 나온다(눅 18:38). 부자는 거지들을 좋아하지 않았으며, 분명 그들에게 말도 걸려 하지 않았다. 그는 거지들에게 먹을 것을 주면 그들이 떠돌이 개처럼 다시 돌아오리라고 생각했던 것이다. 그러나 이제는 이 부자가 거지가 되었다. 그는 "나사로"(하나님이 도우시는 자)가 되길 갈망하지만, 때가 너무 늦었다.

---

[19] Matta al-Miskin, *al-Injil, bi-Hasab Bisharat al-Qiddis Luqa* (Cairo: Dayr al-Qiddis Anba Maqar, 1998), p. 592.

부자의 첫 번째 요청은 믿을 수 없는 것이었다. 나사로가 고통을 겪을 때, **부자**는 나 몰라라 했다. 이제 이 부자는 자신이 고통을 겪게 되니, 당장 뭔가 조치를 취해야 했다. 그러나 그는 이런 일이 낯설었다. 그는 사죄하지 않고 도리어 **봉사를 요구한다**. 그것도 자신에게 엄청난 재산이 있는데도 도와주길 거절했던 바로 그 사람에게! 부자는 나사로에게 그의 "개밥"조차도 주려고 하지 않았다. 차라리 부자는 이렇게 이야기하는 것이 나았을지도 모르겠다. "나사로는 신세도 나아지고 자기 발로 서 있으니, 내가 몇 가지 봉사 좀 받고 싶군요. 내가 누구인지는 아실 테고 나사로는 종 계급에 속한 자니 그런 봉사는 당연하죠. 아브라함이여, 그를 이리로 내려 보내시오. 서둘러 빨리 보내시오. 나사로와 달리, 나는 불편한 게 익숙하지 않으니까!"

빵집에서 일하는 사람은 갓 구운 빵 냄새를 맡지 못하며, 초콜렛 가게 점원은 자기가 파는 초콜렛 냄새를 맡지 못한다. 다른 사람들의 고통도 똑같다. 부자는 자신이 과거에 나사로에게 무슨 일을 했으며 자신이 지금 나사로에게 무슨 일을 원하는지 알아차리지 못한다. 그는 나사로를 그의 눈으로만 보았지 그의 마음으로는 보지 않았다. 야고보는 굶주린 자들을 보며 "평안히 가서 몸을 덥히고 배를 채워라"라고 속삭이는 자들을 두고 일갈한다(약 2:16). 어쩌면 이것도 예수의 여러 비유가 야고보서 전체를 관통하며 그 의미를 밝혀주는 사례들 중 하나가 아닐까?

부자는 본능을 따라 그의 카드를 내놓는다. 만일 그가 새로운 현실을 받아들여 자신이 어디에 있고 나사로가 어디에 있는지를 직시했더라면, 적어도 "자기 잘못을 인정하는" 시늉이라도 하고 나사로에게 사죄하여 아브라함을 기쁘게 해줄 수도 있지 않았을까? 따지고 보면 나사로는 이미 아브라함의 귀빈이었기 때문이다. 아브라함의 특별한 손님에게 흡족한 말을 하는 것이 이 부자에게도 이롭다. 그러나 부자는 사회의 계급이 적용되지 않는 세계를 상상하지 못했다. 그가 할 수 있는 생각은 오로지 도움을 구하는 것, 그것도 자신이 깊은 상처를 입혔던 사람에게 도움을 구하는 것뿐이었다.

이 비유를 듣는 이들은 놀라 자빠진다! 테이블을 뒤엎어버린다. 큰 영향력을 가진 사람—다름 아닌 아브라함 자신—옆에 기대 누운 나사로가 강자 아닌가? 그런데 어찌하여 이런 나사로가 또 다시 종 취급을 받고 늘 그의 고통을 외면했던 인간의 고통을 덜어달라는 요청을 들어주어야 한단 말인가? 이 비유의 청자/독자들은 나사로의 분노가 폭발하여 이렇게 말하길 기대한다.

야, 이 뒤질 개자식아! 네가 내 얼굴을 알아보고 내 이름을 부를 수 있다니 어이가 없다! 너는 네 대문 밖에 있는 나를 보고도 내 고통을 덜어줄 일은 아예 하지도 않았다. 도리어 네 개들이 내게 친절했지. 그 개들은 내 상처를 핥아주었어. 그러나 천하의 인간 쓰레기인 너는 어디 있었니? 내가 네 도움을 필요로 할 때 어디 있었냐고? 그런데 이제 나더러 너를 섬겨달라고? 그게 말이 되냐? 아브라함이여! 자기만 아는 이 괴물은 살점이 뼈에서 다 떨어져 나갈 때까지 지옥에서 튀겨지게 내버려둬요. 저 놈은 제 개는 챙기고 먹이더니, 내겐 빵 한 쪽도 안 줍디다. 저 놈은 지금보다 갑절은 더 고생해야 됩니다.

그러나 나사로는 말이 없다. 오랜 세월 고통을 겪은 이 온유한 사람에게는 폭발할 분노도 쌓여 있지 않고, 야심한 시각에 복수하려는 생각도, 보복할 원한도, 재촉해야 할 복수도 없다. 그도 욥처럼 자신에게 일어난 일에 보이는 반응을 통해 의미를 만들어낸다. 나사로는 예수가 묘사하시고 누가가 이런 말로 기록한 자비의 본보기다. "그러나 너희 원수를 사랑하고 선을 행하며 되돌려 받을 것을 기대하지 말고 빌려주어라. 그러면 너희 보상이 클 것이요 너희가 지극히 높은 자의 아들이 되리니, 이는 그가 감사할 줄 모르고 자기만 아는 자에게도 인자하시기 때문이다. 너희 아버지가 자비로우신 것같이 너희도 자비하라"(눅 6:35-36). 나사로는 부자의 문 밖에 누워 있을 때처럼 지금도 조용하다.

바울은 그리스도인다운 사랑(*agapē*)을 탁월하게 정의하면서, 이런 사랑의 특징들을 목록으로 제시한다(고전 13:4-7). 이 목록은 인내의 한 형태(*makrothymia*, 오래 참음)로 시작하여 또 다른 형태(*hypomonē*, 견딤)로 끝난다.

*makrothymia*는 *makran*(멀리)과 *thymos*(분노)가 결합한 복합어다. 하나의 단어로서 *makrothymia*는 "분노를 멀리 놓아둠"과 관련이 있다. 이것은 원수에게 복수하여 파멸시킬 수도 있지만 참고 그리하지 않는 쪽을 택한 강자의 인내를 말한다. 이것은 사울이 다윗을 죽이려고 왔을 때 잠든 사울을 지켜보기만 했던 다윗의 인내다(삼상 26:6-25). 다윗은 "선제공격"을 택할 수도 있었다. 사울이 그렇게 돌아다닌 유일한 목적은 다윗을 죽이는 것이었다. 다윗은 측근을 데리고 밤에 사울의 진영에 잠입했다. 다윗의 측근은 잠든 그의 원수를 죽이라고 재촉했다. 그러나 다윗은 *makrothymia*를 보이며 자제했다.

인내의 또 다른 형태인 *hypomonē* 역시 그리스어 단어 둘이 결합한 말이다. 첫째는 전치사 *hypo*(…아래에)다. 둘째는 *monē*인데 이는 견딤과 관련이 있다. *hypomonē*를 가진 사람은 "큰 스트레스나 고난을 당하면서도 버텨내려" 한다. 성경에서 이런 미덕의 으뜸가는 본보기가 십자가 옆에 조용히 서 있으면서 그 자리를 떠나지 않았던 마리아다. 마리아와 그 아들은 보통 "오랜 고난"이라 번역하는 *hypomonē*를 보여준다. 나사로는 이 비유에서 이 두 가지 인내를 모두 보여준다. 그는 이 땅에서 살 때 아무 불평도 하지 않았고 오랜 고난을 겪으면서도 *hypomonē*가 가득했다. 그는 힘 있는 자리인 아브라함 옆에 있으면서도 *makrothymia*를 보이며 그의 분노를 멀찌감치 떼어놓는다. 그리스어처럼 아랍어에도 이 미덕을 정확히 표현하는 단어가 있다(*halim*). 미국 영어에는 이런 단어가 없다.

나사로는 자신이 하지 않기로 결심한 일을 통해 의미를 만들어냈다. 그는 아무 힘없이 고난을 당하던 시절에도 말을 하지 않았으며, 힘을 가진 지금도 이전에 그를 괴롭혔던 이가 그에게 봉사를 요청하는 것을 들으면서도 침묵을 지켰다. 이야기가 이어지면서, 모든 시선이 아브라함이 이 어처구니없는 요청에 어찌 대답하는지 보려고 그에게 쏠린다.

6. 아브라함이 말하되 "내 사랑하는 아이야(teknon), **기억해라!**
   너는 살았을 때에 좋은 것을 받았지만
   나사로는 나쁜 것을 받았다.　　　　　　　　아브라함(1)
   이제 그는 여기서 **위로를 받고**
   너는 **큰 고통**을 겪느니라.
   이뿐 아니라 우리와 너 사이에는 큰 틈이 있으니
   여기서 너희에게 건너가려는 자들이 갈 수가 없고
   거기서 아무도 우리에게 건너올 수가 없느니라."

부자는 지옥에서 튀겨지면서도 여전히 문제의 핵심을 파악하지 못한다. 이렇게 계급의식에 절어 저만 높은 줄 아는 인간에게는 뭐라 대답해야 적절할까? 아브라함은 밋밋한 *huios* 대신 더 다정한 *teknon*(내 사랑하는 아이)으로 말문을 연다. 탕자의 비유에서는 맏아들이 연회장에 들어가 손님들을 맞기를 거부함으로써 아버지를 대놓고 망신시킬 때, 아버지가 *teknon*이라는 단어를 입에 올린다. 아버지는 공개적인 망신에도 아랑곳하지 않고, 밖으로 나가 맏아들을 *teknon*이라 부른다. 이 이야기에서 아브라함은 부자가 자기 혈통을 이어받은 대가족의 일원임을 부인하지 않고 그를 다정히 부르면서, 이 부자가 아브라함의 손님을 모욕함으로써 결국 아브라함에게도 모욕을 안겨준 것에 마음 쓰지 않는다.

이어 아브라함은 예언자들이 목이 곧은 이스라엘에게 **기억하라**(미 6:5)는 말로 회개하길 요구할 때처럼 예언자들이 으레 했던 이 말을 외친다. 부자는 네 가지를 기억하라는 요구를 받는다.

1. 너는 좋은 것을 받았다.　　　　(부자-그의 사치스러운 삶)
2. 나사로, 나쁜 것.　　　　　　　(나사로-그의 질병과 무시당함)

3. 그는 위로를 받는다.   (나사로-아브라함의 품에서)
4. 너는 고통을 겪는다.   (부자-지옥에서)

이 네 가지 말은 비유 첫 부분에 기록된 부자와 나사로의 현세의 삶 속 네 장면과 **정확히** 일치하며 그 순서도 똑같다. 영역 성경은 종종 **그러나**(but)를 세 번째 말 앞에 넣는다. 그리스어 본문은 이런 대조를 보여주지 않는다. 도리어 그리스어 본문은 연속을 표현하기 때문에, "**그리고**(and) 그는 위로를 받는다"로 번역해야 한다. 이 네 문구에는 각각 의미가 담겨 있다.

아브라함은 "너는 살았을 때 좋은 것을 받았다"로 말문을 연다. 이 문장의 동사는 수동태다. 부자는 그가 즐긴 유족한 삶을 자기 힘으로 얻지도 않았고 그런 삶을 누릴 자격도 없었다. 그것은 선물이었다. 이런 수동태는 하나님을 분명하게 가리킨다. 부자의 모든 소유는 물론 그가 누린 좋은 건강도 후히 주시는 하나님의 선물이었다.

아브라함은 이 네 말의 마지막 셋을 이렇게 이어간다.

그리고 나사로는 마찬가지로 **나쁜 것**을 받았다.
그리고 이제 그는 여기서 **위로를 받고**
그리고 너는 큰 고통을 겪는다.

이 세 문구는 함께 묶어 봐야 한다. 여기서 나사로는 **고침을 받았다**고 묘사되지 않는다. 그의 주된 문제는 그의 헌데(종기)였을 것이다. 더구나 그는 **잘 먹지도** 못했는데, 이는 곧 굶주림이 그가 겪은 고난의 초점임을 뜻한다. 그러나 아브라함은 그가 **위로를 받았다**고 강조하는데, 이는 나사로가 부자의 문밖에서 큰 고통 중에 있었음을 잘 보여준다. 나사로에게 가장 큰 상처를 준 것은 **마음의 고통**이었다. 나사로는 아브라함과 함께 기대 누워 **위로를 받는다**. 누군가가 나사로를 보살피면서, 연회 소리가 들리는 그곳에 버려두지 않는다. 그 연회는 나사로가 그렇게 먹고 싶어하지만 결국 먹지 못하고 개밥이 되어버리는 음식 찌꺼기를 만들어냈었다. "이제 그는 위로를 받는다"라는 핵심 문구는 나사로가 견뎠던 가장 아픈 악의 근원이 그가 부자에게 받은 대우였음을 강조한다. 하나님은 부자에게 좋은 것을 주셨으나, 그 부자는 나쁜 것을 나사로에게 전해주면서, 아무런 도움도 주지 않고 그의 대문 앞에 내버려두었다.[20]

아브라함은 말을 이어가면서 또 다른 문제를 지적하고 깜짝 놀랄 새로운 사실을 알려준다.

이뿐 아니라 우리와 너 사이에는 큰 틈이 있으니
여기서 너희에게 건너가려는 자들이 갈 수가 없고
거기서 아무도 우리에게 건너올 수가 없느니라.

"큰 틈"이 존재한다는 사실은 이해하기가 쉽다. 그렇다면 아브라함은 왜 부자에게 "여기서 너희에게 건너가려는 자들"이 건너갈 수가 없다고 상기시킬까? 하늘에 있는데 그 하늘을 떠나 지옥으로 가겠다는 사람이 있을까? 분명 아브라함에게는 이런 자원봉사자가 있다. 무대에는 그 외에 단 한 사람이 있을 뿐이다. 나사로는 아브라함 귀에 대고 다음과 같이 속삭인다. "아버지 아브라함이여, 저 이는 제가 저 아래에서 살 때 제 이웃이었습니다. 우리는 오랫동안 서로 안면이 있었지요. 저렇게 갇힌 신세가 되었으니 불쌍한 인생입니다. 여기는 물이 풍부하지 않습니까? 아버지가 괜찮으시다면, 제가 기꺼이 그에게 물 한 잔 전해주겠습니다!"

이제 나사로의 됨됨이가 더 분명히 드러난다. *makrothymia*가 그의 존재의 가장 깊은 곳까지 내려가 그를 흔들어놓는다. 나사로는 부자가 마

---

20) 독자는 여기서 자기는 주인에게 선물을 받고도 자기와 같은 종을 친절히 대하길 거부했던 용서하지 않는 종의 비유(마 18:23-35)를 우연히 엿들을 수 있다.

땅한 곤경에 빠졌다며 고소해하지 않고 도리어 자신을 억압했던 타락한 사람을 동정한다. 게다가 부자의 말을 들어보면, 자기도 아브라함과 함께하는 잔치 자리에 기대어 있는 이들과 합석하고 싶다는 뜻을 폭넓게 내비친다. 하지만 때는 너무 늦었다. 아브라함의 잔치에 합석하길 원한다 해도 그것은 불가능하다.

그러자 부자가 대답한다. 대화가 이 지점에 이르자, 부자는 집안의 가장인 아브라함에게서 그가 이전에 거저 받았던 좋은 선물들을 "기억하라"는 명령을 받는다. 그는 아브라함의 명령을 따르지 않고 화제를 바꿔 이렇게 외친다.

7. 그러자 그가 말하되 "그러면 아버지여, 간청하오니
  그를 내 아버지 집에 보내소서. 내게 다섯 형제가 있으니   부자(2)
  그들에게 경고하여 그들이 이 고통스러운 곳에 오지 않게 하소서."

부자는 다시 한 번 거지가 된다. 그가 자기 형제들에게 관심을 보인 것은 훌륭하지만, 이 형제들도 아마 부자가 향유했던 바로 그 계급에 속했을 것이다. 이런 세상 구조에서 부자에게 중요한 이는 같은 계급에 속한 사람들이지, 나사로와 같은 가난한 이가 아니다. 이런 사람들은 나사로를 식사 시중을 드는 이가 아니면 사환으로 부리면서 부자와 그의 형제들 같은 윗사람의 이익을 섬기는 자로 쓸 수도 있다. 다시 말하지만, 이 부자가 아브라함 앞에서 회개했다거나 나사로에게 사죄했다고 암시하는 말은 전혀 없다. 이 부자의 계급 구조의 세계는 여전히 건재하다.

주석가들은 부자의 가족이 여섯 형제로 이루어져 있다고 보았다(6은 악을 상징한다). 만일 그들이 나사로를 형제로 받아들였다면, 형제가 (완전수인) 일곱이 되었을 것이다.

8. 그러나 아브라함이 말하되
"그들에게는 모세와 예언자들이 있으니   **아브라함**(2)
그들이 그들에게 듣게 하라."

1세기에 글을 읽을 수 있는 사람은 전체 인구 중 3-10퍼센트에 그쳤다고 추산된다. 정통 유대인이라면 회당에서 율법과 예언자들(구약성경)을 낭독하는 것을 "들었을" 것이다. 그러나 부자는 안식일에 다른 일을 하느라 정신이 없었다. 그는 날마다 화려한 연회를 준비하라고 명령했다. 이런 이유로 그는 자기 공동체가 가진 거룩한 문서를 익히 알지 못했을 가능성이 크다. 율법과 예언자들은 가난한 사람에게 긍휼을 베풀라고 요구했으며, 부자의 형제들도 그들이 알아야 할 것을 성경에서 얼마든지 배울 수 있을 것이다. 게다가 셈어에서 "듣다"는 "새겨듣고 순종하다"를 뜻한다. 매일 올리는 기도는 "들으라! 오 이스라엘아!"로 시작했다. 만일 부자의 형제들이 예배하면서 낭독되는 율법과 예언자들을 "들으려" 했다면, 그들은 자기 삶을 바꿀 정보를 풍성히 얻었을 것이다. 아브라함은 부자의 이 요청도 거부한다. 그러나 거부당하는 것에 익숙하지 않은 부자는 한 번 더 시도한다.

9. 그가 말하되 "그렇지 않습니다. 아버지 아브라함이여
만일 죽은 자 가운데서 누군가가 그들에게 가면   **부자**(3)
그들이 회개할 것입니다."

부자는 반대 의견을 제시하면서, 아랫사람을 대하듯 아브라함을 바로잡으려 한다. 실제로 그는 아브라함에게 "당신이 틀렸습니다"라고 말한다. 깜짝 놀랄 일이다! 더구나 이 이야기를 보면, 부자는 무덤 저편에서 나사로를 볼 수 있다. 정말로 나사로는 이 부자에게 "나타났으나" 부자는 회개하지 않았다. 도리어 부자는 나사로에게 봉사, 말하자면 웨이터와 사환 노릇을 하라고 요구하기 시작했다. 부자가 무엇을 원하든, 나사로더러 즉시

순종하라는 것이었다!

부자는 자신도 손님으로 참석한 잔치 자리에서 "아브라함의 품에" 기대어 누운 나사로를 본 것이 아니었다. 부자는 지옥에서 튀겨지는 동안에 나사로가 아브라함 옆에서 잔치를 즐기는 모습을 보았다. 그런데도 그의 태도는 전혀 바뀌지 않았다! 불도 이 부자를 바꿔놓지 못하는데, 그 형제들에게 환상을 보여주거나 직접 찾아간다고 해서 그들이 바뀌리라고 과연 소망할 수 있을까?

아브라함은 매서운 말로 이 대화를 단호하게 끝내버린다.

10. 그러자 그가 그에게 말하되
   "그들이 모세와 예언자들을 듣지 않으면   **아브라함**(3)
   어떤 이가 죽은 자 가운데서 일어나도 그들이 확신치 않으리라."

대제사장은 예수가 나사로라 불리는 또 다른 사람을 죽은 자 가운데서 일으키셨다는 분명한 증거를 갖고 있었다. 그러나 그는 회개하지 않았다. 오히려 그 사건 소식은 예수를 반대하려는 대제사장의 결심을 굳게 해줄 뿐이었다(요 11:45-50).

신앙과 관련된 내용을 증명해줄 역사의 증거를 찾으려고 하는 것은 좋으나, 가장 심오한 차원의 몇몇 지식은 역사를 탐구해도 밝혀지지 않는다. 하나님의 실존과, 내 가족이 나를 사랑한다는 사실은 역사를 연구해서 결론 낼 수 있는 것이 아니다. 나는 두 사실을 증명할 증거를 아주 많이 갖고 있지만, 결국은 믿음의 결단이 필요하다. 레슬리 뉴비긴이 거듭 말하듯이, 모든 역사 탐구는 생각 속에 자리한 "개연성 구조"에서 시작하며, 이런 구조들은 그 자체로 믿음으로 시인하는 것들이다.[21]

---

21) Leslie Newbigin, *Proper Confidence* (Grand Rapids: Eerdmans, 1995), and *The Gospel in a Pluralist Society* (Grand Rapids: Eerdmans, 1990).

세상에서는 부자와 가난한 자의 구분이 모든 불의를 집약하여 보여주는데, 이 비유는 바로 그런 세상의 아주 많은 것들을 생생하게 묘사한다. 이것들은 있어서는 안 되는 것들이다. 지각이 있는 청자와 독자는 가난한 자들까지 보살피는 정의로운 사회를 만들어내려는 마음을 다지고 결의를 품게 된다.

요약: 나사로와 부자 비유

이 비유에는 당황스러울 정도로 여러 신학 내용이 풍부하게 들어 있다. 이 비유의 주된 초점은 "역할 전환"이 아니라, 우리가 삶에 다가온 은혜와 고통에 대해 어떻게 반응해야 하는가라는 문제다. 이 비유는 이런 주제를 제시하는 과정에서 다음과 같은 문제들을 다룬다.

1. **문제는 "왜?"가 아니라 "이제 무엇을?"이다.** 우리 삶의 사건에는 의미가 있다. 우리는 그 사건들에 반응하는 방식을 통해 그 의미를 간파하기도 하고 못하기도 한다. 중요한 것은 우리가 삶에서 받은 좋은 선물과 겪는 고통으로 무엇을 **행하는가**다. 부자는 좋은 것을 받고도 여기에 대해 방종, 다른 이들의 곤고한 처지를 돌아보지 않음, 오만함, 계급의식에 절은 자만으로 응답했다. 나사로는 고통을 겪으면서도 인내와 오랜 고난과 온유와 조용한 용서로 응답했다. 나사로는 사나운 개들과 친구가 되었으며, 그를 날마다 부자의 대문 앞에 데려다주는 마을 친구들에게도 틀림없이 감사했을 것이다.

2. **엘르아살**(El'azar, 하나님이 도우시는 자)**은 누구인가?** 나사로가 이생의 **고난**에 보인 반응과 내생에서 은연중에 부자를 용서한 것을 볼 때, 하나님은 분명 그와 함께하셨고 그를 줄곧 도와주셨다. 이런 반응은 하나님이 도우셔야만 가능하다. 그는 진정 엘르아살(나사로)이었다. 부자는 살아가는 동안 하나님의 도움을 거부했다. 그에게는 돈이 있

었고 자기 일을 홀로 처리했다. 지옥에서 부자는 "하나님이 도우시는 자"가 되게 해달라고 간청하지만 때가 너무 늦었다.

3. **죽은 뒤의 회개.** 이 삶이 지난 뒤에는 회개할 기회가 없다. 하나님이 가까이 계실 때 그분을 불러야 한다. 지금만이 하나님이 받아주실 수 있는 때다.

4. **선민의 자만심.** 부자는 아브라함 집안에 속했기에 아브라함을 "아버지 아브라함"이라 부를 수 있었다. 그러나 아브라함의 혈통이라는 것도 충분치 않았다. 민족 차별은 여러 형태로 나타난다. 부자는 그중 한 형태의 영향을 받았다. 누군가가 자신이 어느 민족과 연관이 있음을 내세워 주장할 수 있는 특권이 있다면, 그것은 분명 아브라함의 자손이라는 것이었다. 세례 요한도 똑같은 태도에 부닥쳤다. 그는 이렇게 외쳤다. "너희 속으로 '우리 조상은 아브라함이다'라고 말하지 말라. 내가 너희에게 말하노니 하나님은 이 돌들에서 아브라함 자손을 일으키실 수 있느니라"(눅 3:8). 분명 하나님은 민족 정체성에 처음부터 어떤 고유한 특권이 있다고 보시지 않는다.

5. **가난한 자에게 베푸는 자비.** 나사로는 이름을 갖고 있으며, 아브라함의 손님 중 하나가 된다. 그의 이웃, 사나운 개, 천사와 아브라함은 그를 사랑하고 돕는다. 나사로는 이야기의 주인공이며, 이 이야기는 가난한 자에게 베푸는 자비와 연관이 있다.

6. **그릇된 공식.** "부는 하나님이 주신 복"이라는 공식과, 이와 연관된 "고난을 당한 자는 죄를 지은 자"라는 공식은 모두 **철저히 거부해야** 한다. 이 이야기는 하나님이 복 주시지 않은 오만한 부자 및 개와 사람과 천사와 아브라함에게 사랑과 섬김과 존중을 받는 겸손한 병자를 묘사한다.

7. **사람을 부패시킬 수 있는 부.** 성경은 적고 많음에 상관없이 부를 정죄하지 않는다. 성경이 비판하는 것은 모든 재물이 하나님의 소유임을 알지 못하는 것이다. 우리는 단지 그분의 재물을 관리하는 청지

기다. 이 비유는 부가 사람을 부패케 하고 눈멀게 할 수 있음을 보여주면서, 사회적 책임을 지지 않는 부를 비판한다. 부자는 재물을 자신의 방탕한 삶에 사용했다. 그의 하나님이나 그의 가솔이나 그가 사는 마을의 곤고한 자들은 안중에 없었다. 심지어 그는 지옥에서도 여전히 회개하지 않은 채 계속하여 나사로를 자기 시중을 들어야 할 웨이터나 사환같이 치부한다. 맘몬이 그의 주인이 되었다.

8. **선교는 먼저 집에서**. 선교는 우리 집 문지방에서부터 이루어져야 한다. 부자의 경우처럼, 우리도 자비 베풂을 피곤하게 여기면 그런 점을 깨닫지 못할 수 있다.

9. **영생**. 죽음 뒤의 삶이 **존재한다**(사두개파는 이에 반대한다). 이 땅의 삶과 죽음 이후의 삶은 이어져 있다.

10. **신정론**. "나사로는 왜 고난을 겪었는가?"라는 문제에 충분한 대답이 없다. 이 이야기는 나사로가 어떻게 혹은 왜 아프게 되었는지 말해주지 않는다. 삶은 불공평하다. 그런데도 나사로는 불평하지 않는다. 심지어 그는 욥보다 더 인내했다. 이 이야기는 "신약의 욥기"라 불러도 타당할 것이다. 욥은 부유했으나 모든 것을 잃고 고난을 겪었다. 그러나 그가 옳음을 확인받고 결국은 회복되어 형통을 누렸다. 나사로는 굶주리고 헌데가 가득하며 고통을 겪는 가운데 죽었다. 이 온유하고 용서하는 사람은 마을 사람들과 개와 아브라함과 천사들에게 존중과 사랑과 섬김을 받았다. 반면 오만하고 방탕하며 감정이 메마르고 선민의식에 절은 부자는 그에 합당한 대가를 받았다. 이 이야기는 고난의 신비를 완전히 알려주지는 않지만 욥기를 넘어서는 중요한 진전이다.

11. **회개하라는 요구**. 우리에게 회개하라고 요구하는 것은 성경의 증언이 유일하다. 그 증언으로 충분하다. 하나님은 초자연적 방문을 통해 우리를 찾아오시지 않는다.

12. **사회 정의**. 이 비유에서는 부가 공정하게 분배되지 않는다. 부자와

힘 있는 자들은 자신을 위해 경제 자원을 낭비한다. 가난한 자와 힘이 없는 자들의 눈물은 무시당한다. 나사로가 위로를 얻으려면 내생을 기다려야 한다. 이 비유는 실제 사회 모습을 제시한다. 이런 일들이 실제로 일어난다. 그러나 하나님 나라가 "이 땅에" 임하길 구하는 자들은 이 비유가 제시하는 고난을 제거하는 경제적 평등을 촉진하라는 자극을 받는다.

13. **심판**. 죽음은 끝이 아니다. 부자는 하나님을 사랑하지 않고(그는 매주 안식일을 지키지 않았다) 그의 이웃(나사로)을 사랑하지 않았다. 하나님은 이를 묵과하시지 않는다. 앨리슨 주교는 이렇게 썼다. "'조종할 수 있는 신' 개념(하나님을 내 뜻대로 조종할 수 있다는 개념-역주)에는 애초부터 잔인한 정서가 존재한다. 이런 개념은 결국 정의가 이루어지리라는 모든 소망을 끊어버리기 때문이다.…아브라함 헤셸은 우리에게 '하나님은 악을 못 본 체하시지 않는다!'고 가르친다."[22] 부자는 분명 하나님이 조종할 수 있는 신이라고 생각했다.

14. **역사의 확증과 믿음**. 부활을 증명하는 역사의 증거가 반드시 믿음을 만들어내지는 않는다. 부자는 부활한 나사로를 보았으나 회개하지 않았다. 커다란 수수께끼들을 증명해줄 증거를 요구하는 것은 믿음을 값싼 것으로 만든다.

이 비유의 초점은 복수를 통해 이루어지는 정의가 아니다. 오히려 초점은 인생이 모든 이에게 가져다주는 좋은 선물과 고난에 우리가 보이는 반응이 의미를 만들어내는 여러 방식을 발견하는 데서 찾을 수 있다. 나사로의 침묵은 그나 우리가 사용할 수 있는 어떤 말보다 더욱 유려한 웅변

---

22) C. FitzSimons Allison, "Modernity or Christianity? John Spong's Culture of Disbelief," in *Can a Bishop Be Wrong?* ed. Peter C. Moore (Harrisburg, Penn.: Morehouse, 1998), p. 91.

이다. 플러머는 이렇게 쓰고 있다.

> 이 비유 전체에 흐르는 나사로의 침묵은 아주 인상 깊다. 그는 하나님이 이 세상에서 부(富)를 분배하시는 것이나 부자가 그 재물을 남용하는 것에 불평하지 않는다. 음부에서는 자신과 부자의 관계가 바뀌었지만, 나사로는 이를 기뻐하지도 않는다. 또 고통의 장소에서 자기 시중을 들어달라거나 그를 대신할 사자를 이 세상에 보내달라는 요청을 부자에게 받았을 때도 항의하지 않는다.[23]

그는 진정 나사로, 곧 하나님이 도우시는 자였다.

---

23) Alfred Plummer, *The Gospel According to S. Luke*, International Critical Commentary (1896; 5th Ed., Edinburgh: T & T Clark, 1922), p. 392.

31장

열 므나 비유

누가복음 19:11-27

우리의 성경 이해는 늘 정교하게 다듬어져가야 한다. 모든 성경 해석은 **잠시 동안만** 최종성을 가져야 한다. 성경 해석이 잠정적인 최종성을 갖는다는 의미는, 제자가 스승의 해석에 순종하더라도 그 순종은 성경신학의 전문 논문을 하나 더 읽으면 깨질 수 있다는 의미일 수밖에 없다. 아울러 성경을 해석하려는 모든 노력에는 흠이 있다. 따라서 우리는 자신의 성경 해석을 늘 바로잡고 고쳐가야 한다.

신선한 인상을 주는 성경 이야기 중 하나가 열 므나 비유다. 레슬리 뉴비긴은 우리 모두가 "개연성 구조"를 통해 세계를 본다고 말하면서 이에 대해 논의한다.[1] 그가 말하고자 하는 것은 우리 각자가 자신의 언어와 문화, 역사와 정치, 경제 이론과 종교, 군사라는 렌즈를 통해 실재를 인식한다는 것이다. 서구인인 우리가 사용하는 렌즈 중 하나가 자본주의다. 열 므나 비유도 부지불식간에 우리의 이야기 번역과 해석에 영향을 미쳤을 수 있는 자본주의의 여러 전제에서 해방되어야 하지 않을까?

---

1) Lesslie Newbigin, *The Gospel in a Pluralist Society* (Grand Rapids: Eerdmans, 1990), pp. 64-65.

이런 질문을 염두에 둔다면, 이 비유 도입부는—원래 누가가 쓴 것이든 아니면 그가 원용한 자료이든—예수의 일부 제자가 종말 사상을 가진 열심당이었음을 분명하게 보여준다. 이 비유에 앞서 나오는 이야기는 예수가 삭개오와 그 친구들에게 하신 말씀인 "오늘 구원이 이 집에 이르렀다"(눅 19:9)로 끝맺는다. 예수와 제자들은 애굽으로부터 벗어난 정치적 해방을 회고하는 유월절을 기념하려고 예루살렘으로 올라가던 길이었다. "오늘 구원이 이르렀다"에는 종말적인 묵시의 분위기가 가득하다. 삭개오처럼 증오받는 세리에게 구원이 이르렀다면, 필시 유대 민족에게도 구원이 임했으리라! 유월절은 "야웨의 날"(암 5:18)이 나타날 적기다. 본문은 예수가 이 비유를 가르치심은 "그들이 하나님 나라가 당장 나타날 것으로 생각했기 때문"이라고 말한다(눅 19:11).

(우리 시대를 포함한) 모든 시대를 보면, 만물의 종말이 임한다고 선포하는 목소리들이 있다. 이런 생각은 현재의 여러 책임을 쉽게 모면할 탈출구를 제공한다. 세상의 종말이 임박했다면, 권력자에게 진리를 설파할 필요가 없다! 정의 사회를 만들려는 온갖 노력도 무의미하다. 평화와 화해를 이루려고 일할 이유도 없지 않은가? 만사가 곧 끝날 것이다. 자연계를 보호하고 보존하는 데 들이는 에너지도 헛수고다. "당신의 나라가 이 땅에 임하시며"라는 기도에 헌신하거나 반응할 필요도 없다. 이 땅 자체가 곧 사라지는데, 그런 기도가 무슨 쓸모가 있으랴?

신약성경은 하나님 나라의 임함이라는 주제와 관련하여 세 가지 역설을 제시한다. 하나님 나라는 예수 그리스도 안에서 **임했지만, 여전히 미래에 임할** 나라다. 그 나라는 **가까이 왔으면서도** 아직 **멀리 떨어져** 있다. 예수를 따르는 자들도 하나님 나라가 임할 **시기를 전혀 모른다**. 그런데도 **여기에 그 나라가 임할 징조들이 있다.**[2]

---

2) Werner G. Kümmel, *Promise and Fulfillment*, Studies in Biblical Theology 23 (Naperville: Alec R. Allenson, 1957).

논의 중인 비유는 하나님 나라를 설명하면서, 그 완성이 "조금 있으면 이루어질 것"이라고 분명하게 말한다. 본문과 본문의 수사 구조는 그림 31.1.에서 제시되었다.

헤롯 대왕은 왕으로 인정받고자 기원전 40년에 로마를 방문했으며, 그의 아들 아켈라오도 기원전 4년에 로마를 찾아 이복동생 안티파스가 아니라 자신에게 왕위 계승권이 있음을 주장했다. 예수는 청중에게 익숙한 정치적 장면을 이 비유의 배경으로 사용하셨다. 이야기가 시작되자, 한 귀인이 "먼 나라로 가서 그의 왕위를 받아 돌아오려고" 길을 떠나기에 앞서 자기 종들에게 분부를 내린다. 분명 이 귀인은 자신이 얻으려는 왕위를 받으리라고 확신한다. 그러나 주위 사람들은 모두 귀인과 생각이 다르다. 말과 무대를 꼼꼼히 살펴볼 필요가 있다.

귀인은 종 열 사람을 불러 각자에게 한 므나를 준다(한 므나는 노동자 한 사람의 100일치 일당과 같다). 마타 알 미스킨은 이런 달란트 자체가 "믿음, 소망, 사랑을" 상징하며, "은혜로 말미암아 아무 공로 없이 거저 받은 구원의 필수 구성요소"라고 말한다.[3] "므나"는 분명 후히 베푸는 주인이 각 종에게 거저 준 선물이었다. 귀인은 종들에게 이 선물을 주면서, "내가 돌아올 때 열심히 장사하라"(Engage in trade [*en ho*] I am coming back)라고 말한다. 그리스어에서 잘 쓰지 않는 표현인 *en ho*는 문자 그대로 옮기면 "in which"를 의미한다. 아울러 이 말은 "…할 때까지"(until)로 옮겨도 타당한데, 이런 경우에는 "내가 돌아올 **때까지** 열심히 장사하라"(Engage in trade until I return)의 뜻이 된다.[4] 세 번째로 가능한 번역은 *en ho*를 이유를 제시하는 말로 보아 다음과 같이 옮기는 것이다. "내가 돌아올 것이**므로** 열

---

3) Matta al-Miskin, *al-Injil, bi-Hasab Bisharat al-Qiddis Luqa* (Cairo: Dayr al-Qiddis Anba Maqar, 1998), p. 634.
4) Walter Bauer, *A Greek-English Lexicon of the New Testament*, trans. W. F. Arndt, F. W. Gingrich and F. W. Danker (Chicago: University of Chicago Press, 1979), p. 261.

1.	한 귀인이 먼 나라에 가서 그의 왕위를 받아 돌아오려고 갔다. 그가 그의 종 열을 불러 그들에게 열 므나를 주고 그들에게 말하되 "내가 돌아올 때에/내가 돌아올 것이므로 열심히 장사하라."	신실함
2.	그러나 그 백성들이 그를 미워하여 그의 뒤로 한 사자를 보내 말하되 "우리는 이 사람이 우리를 다스리길 원하지 않습니다."	저주
3.	그러다 그(귀인)가 왕의 권세를 받고 돌아와 그가 돈을 주었던 종들을 불렀으니, 이는 그들이 무슨 장사를 했는지 알려 함이었다.	
4.	**첫째**가 그 앞에 와서 말하되 "**주여**, 당신의 한 므나로 열 므나를 더 만들었나이다."	신실함
5.	그러자 그(주인)가 그에게 말하되 "잘했다. 착한 종아, 네가 아주 작은 일에 신실했으니 내가 네게 **열** 성읍을 다스릴 권세를 주노라."	결과
6.	**둘째**가 와서 말하되, "**주여**, 당신의 한 므나로 다섯 므나를 만들었나이다."	신실함
7.	그러자 그(주인)가 그에게 말하되 "내가 네게 **다섯** 성읍을 주노라."	결과
8.	이어 **또 다른 이**가 와서 말하되 "**주여**, 여기 당신의 한 므나가 있사오니 내가 수건으로 싸두었습니다. 이는 내가 당신을 무서워했기 때문인즉	신실치 않음 (그가 한 일)
9.	당신이 엄한 사람이기 때문입니다. 당신은 두지 않은 것을 취하시고 심지 않은 것을 거두십니다."	종의 평가
10.	그러자 그(주인)가 그에게 말하되 "네 자신의 입으로 내가 너를 심판하노라. 너 악한 종아,	심판
11.	너는 내가 엄한 사람이요 내가 두지 않은 것을 취하고 심지 않은 것을 거둔다는 것을 알았다/체험했다.	종의 평가
12.	그러면 너는 왜 내 돈을 은행에 맡기지 않았느냐? 그랬으면 내가 왔을 때 내가 그 돈을 이자와 함께 거두지 않았겠느냐?"	신실치 않음 (그가 한결같으려면 했어야 할 일)
13.	또 그가 옆에 선 자들에게 말하되 "그 한 므나를 빼앗아 열 므나를 가진 자에게 주라." 그들이 그에게 말하되 "**주여**, 그에겐 **열** 므나가 있나이다."	결과
14.	내가 너희에게 말하되 "**가진** 자는 받을 것이요, **가지지 않은** 자는 그가 가진 것을 **빼앗기리라**.	
15.	그러나 저 내 **원수들**, 곧 내가 그들을 다스리는 것을 원하지 않던 자들을 여기로 데려다가 내 앞에서 죽이라."	심판 선고

그림 31.1. 먼 나라로 간 귀인 비유(눅 19:11-27)

심히 장사하라"(Engage in trade because I am coming back). 영역 성경은 두 번째 번역을 택하여 이 본문을 "내가 돌아올 때까지 열심히 장사하라"로 옮겼다.

*en ho*를 시간을 가리키는 말(…때까지)로 번역하면, 주인이 내리는 명령의 전체 요지는 이런 말이 된다. "가서 네 온 힘을 다해라. 네 자신을 시장에서 증명할 시간은 한정되어 있다. 내가 돌아오면 이익을 남겨놓겠지! 너희가 돈을 얼마나 많이 만들어내는지 보겠다. 벌 수 있는 기회만 생기면 돈을 벌어라!"

하지만 돌아오자마자 종들을 불러 모은 주인은 첫 번째 종을 **성공했다**고 칭찬하지 않고 **신실했다**고 칭찬한다. 이 주인이 진정 요구하는 것은 무엇인가?

*en ho*를 문자 그대로 읽으면 "내가 돌아올 때 열심히 장사하라"로 번역할 수 있다. 이것이 정당한 독법이면 이 이야기의 전체 줄거리를 사뭇 다르게 이해하게 하는 결과가 생긴다. (*en ho*를 이유를 나타낸다고 보아 "…때문에"로 번역해도 결과는 마찬가지다.) 예수 시대 중동 지역에는 안정된 정치 제도가 없었다. 그때는 정치적 과도기로서 큰 불안과 불확실성의 시대였다(지금도 그렇다).[5] 이란의 샤(Shah)가 권세의 막바지에 이르렀을 때 그의 종 열을 불러 이렇게 말하는 장면을 상상해보라.

나는 잠시 휴가를 보내러 멀리 떠나려 한다. 너희 각자에게 오천 달러씩 주겠다. 나는 너희가 테헤란 중심가에 내 이름을 건 가게를 열길 바란다! 그 가게 간판은 당연히 "국왕 폐하의 융단(혹은 다른 어떤 상품이라도 좋다) 가게"여야 한다. 내가 돌아온다는 것을 명심해라! 나는 내게 원수들이 있음을 안다. 그들은 필시 나를 따라와 죽이려 할 것이다. 그러나 무서워마라. 나는 원수들을 무찌르고 꼭 돌아온다.

---

5) Stewart Perowne, *The Later Herods* (London: Hodder & Stoughton, 1958).

종들은 그 돈을 받고 샤가 나라를 떠나기가 무섭게 무엇을 하려 하는가? 그 음모는 바로 다음 부분에 자세히 밝혀져 있다.

2. 그러나 그 백성들이 그를 미워하여 그의 뒤로 한 사자를 보내
말하되 "우리는 이 사람이 우리를 다스리길 원하지 않습니다."   저주

이 본문은 내가 원문을 한 번 더 문자적으로 번역한 것이다. 이 본문은 이런 의미다. "우리는 이 [욕설은 삭제함]가 우리를 다스리길 원하지 않습니다." 미국 남북 전쟁 때, 북군이 전투에서 질 때마다 투자자들은 시장에서 큰돈을 빼냈다. 금값은 올랐고, 새 지폐인 법정 공인 지폐(금융 혼란과 위폐 유통을 막고 국가의 경제 감독권을 확보하고자 링컨이 처음으로 연방 정부 이름으로 발행한 화폐-역주) 가치는 떨어졌다. 많은 이가 링컨이라는 인간(고릴라, 촌놈, 털보 원숭이)이 그들을 다스리는 것을 원하지 않았다!

이 이야기는 비유 속의 종들이 귀인 뒤를 쫓아가 어떤 희생을 치르더라도 이 귀인을 무너뜨리려 하는 사절에 관해 모든 것을 알고 있다고 본다. 그렇기는 해도 정치 상황이 불안하다는 것을 깨달은 사람이라면 누구나 그 돈을 묻어두었다가, 귀인이나 귀인도 알고 있는 원수들 가운데 누가 통치권을 얻는지 알 수 있을 때까지 기다릴 것이다. 아마도 지하 경제 활동 같은 형태가 가장 신중할 것이다. 그 도시의 모든 "검은 돈"은 뒤채 마루 밑에 묻어놓을 것이다.

이런 모습이 비유의 배경인 실제 세계다. 헤롯 왕의 로마 방문은 성공을 거두었다. 그는 왕위를 얻었다. 그의 아들 아켈라오도 같은 목적으로 방문했지만 쫓겨났다. 이렇게 위태로운 여행이 언제 끝날지 아무도 모른다. 귀인이 알고 싶어하는 것은 이것이다. "많은 이들이 나를 거부하고 내 통치를 거부하는 세상에서 너희가 (나 없는 동안) 위험을 무릅쓰면서까지 너희 자신이 내 충성스러운 종임을 공개적으로 선언할 수 있겠느냐?"

귀인의 확실한 원수들을 언급한 뒤에도 그런 원수들이 존재하지 않는

것처럼 이야기가 이어지는 것은 놀랍기만 하다. 코끼리가 방안으로 들어오면 아무도 올려다보지 않는다. 마타 알 미스킨은 "자신이 받은 므나 때문에 애쓰고 고초를 견딘" 종들을 언급한다.[6] 그는 이슬람의 대양 가운데 섬처럼 자리한 그리스도인 중 일부라는 배경을 바탕에 깔고 글을 쓴다. 이런 이유로 그는 다수가 예수를 보면서 "우리는 이 XX가 우리를 다스리길 원하지 않습니다"라고 말하는 세상에서 산다는 것이 의미하는 바에 민감하다. 귀인은 종들에게 선물을 나눠주면서, 실상 이렇게 말하는 셈이다. "일단 내가 왕위를 받아 돌아오면, 너희 자신이 내 충성스러운 종임을 공공연히 선언하기가 쉬울 것이다. 나는 내가 없을 때 너희가 어떻게 처신하며 너희가 큰 대가를 치르더라도 너희 자신과 나를 공공연히 공동 운명체로 여겨야 한다는 것에 관심이 많다."

나는 라트비아 루터교회를 대상으로 한 단기 강좌에서 가르치는 특권을 누렸다. 리가에 있는 루터 아카데미에서 가르치는 동안, 나는 신입생 선발 면접을 목격했다. 나는 면접 위원들이 지원자들에게 묻는 질문이 어떤 유형인지 물어보았다. 위원들은 "'언제 세례를 받았습니까?'가 가장 중요한 질문입니다"라고 알려주었다. 그래서 나는 "세례 일자가 왜 그렇게 중요한 문제가 되나요?"라고 물었다. 그러자 그들은 이렇게 대답했다. "옛 소련 통치 시절에 세례를 받았다면, 목숨을 걸고 미래를 포기하면서까지 세례를 받은 겁니다. 만일 옛 소련에서 해방된 뒤에 세례를 받았다면, 왜 목사가 되고 싶어하는지 지원자에게 더 많은 것을 물어봐야 합니다." 이 비유에서 주인은 종들에게 원수들을 두려워하지 말고 그들의 주인이 곧 미래의 주인공이 되리라고 확신하면서 주인이 준 자원을 활용하여 이 주인의 종이라는 것을 온 천하에 드러내며 담대히 살아가라고 독려한다.

역사를 살펴보면, 복음서 곳곳에서 발견되는 예수를 싫어하고 자기 자신의 예수를 만들어낸 운동이 여럿 있었다. 이런 운동 중 유명한 것이 고

---

6) Matta al-Miskin, *al-Injil, bi-Hasab Bisharat al-Qiddis Luqa*, p. 634.

대 영지주의다. 영지주의자들은 역사적 계시보다 철학적인 사변을 더 좋아했다. 그들은 자신 안에 있는 하나님을 발견하라고 일러주는 예수를 원했고 이런 예수를 만들어냈다. 가현설 신봉자(Docetists)라 불리는 다른 이들은 육신이 되신 말씀을 원하지 않았다. 그리하여 그들은 육신이 되지 않은 "영이신 말씀"을 만들어냈다. 이슬람교가 일어서면서 가르침과 경고를 전하는 예언자에 불과한 새 예수가 만들어졌다.[7] 지난 200년간 전 세계의 많은 곳에서 핍박받는 교회는 예수와 예수의 메시지를 멸시하는 세계 속에서 삶을 살아내며 증언해야 했다. 이 비유가 우리에게 던지는 가장 큰 도전은 이 이야기의 필수 불가결한 부분인 다음 본문에서 발견된다. 이야기는 이렇게 계속된다.

3. 그러다 그(귀인)가 **왕의 권세를 받고 돌아와**
   그가 **돈을 주었던** 종들을 불렀으니
   이는 그들이 무슨 **장사를** 했는지 알려 함이었다.

귀인은 (그를 뒤따라 간 사절이 그가 왕좌에 오르는 것을 막으려 했는데도) 왕위를 받아 돌아온다. 그는 집에 오자마자 종 열을 다시 불러 모은다. 그는 무엇을 *diepragmateusanto* 했는지 알고 싶어한다. 여기가 그리스어 신약성경에서 이 동사가 유일하게 등장하는 곳이다. 그 주된 의미는 "그들이 얼마나 많은 거래를 했는지"[8]다. 발터 바우어(Walter Bauer)는 이 동사의 두 번째 의미로 "그들이 장사하여 얼마나 많이 **벌었는지**"를 제시한다. 2세기 이후로 시리아어와 콥트어 역본은 이 본문을 줄곧 첫 번째 의미로 번역해 왔다. 대다수 아랍어 역본도 마찬가지였다. 그 차이는 아주 중요하다. 만

---

7) Tarif Khalidi, *The Muslim Jesus* (Cambridge, Mass.: Harvard University Press, 2001). 깊은 학식을 담은 이 책은 무슬림 자료에 나오는 "예수의 말씀" 303개를 모아 번역하고 여기에 주석을 달아놓았다.
8) Bauer, *Greek-English Lexicon*, p. 187.

일 주인이 자기 종들이 장사하여 무엇을 벌었는지 알고자 한다면, 종들에게 "번 돈을 내게 보여봐라" 같은 형태로 요구할 것이다. 그러나 주인이 "너희가 얼마나 많은 거래를 했느냐?"라고 묻는다면, 이는 종들이 주인이 자리를 비운 위험한 시기에도 얼마만큼 주인에게 공개적으로 충성했는지를 밝히려는 것이다. 얼른 회계 장부를 살펴보면, 종들이 부재하는 귀인의 충직한 종으로서 대중 앞에 자기를 드러낸 범위가 드러날 것이다. 이 중요한 단어의 주된 의미는 주인이 애초에 종들에게 지운 책임을 어떻게 이해할 것인가와 관련해서 내가 제시한 주장에 힘을 실어준다. 주인은 길을 떠나기 전에 종들에게 자신이 자리를 비운 불확실한 시기에도 공개적으로 주인을 대변하라고 독려하면서 자신은 꼭 돌아온다고 확약했다. 주인은 자신이 집에 돌아왔을 때 종들이 그의 명령에 얼마나 순종했는지 점검하고 싶어한다.

장부에 거래 내역이 가득 기록되어 있으면, 문제가 된 종이 그 주인의 종임을 온 고을 사람이 다 안다는 것이 드러날 것이다. 장부 기입란이 거의 비어 있으면, 그 종이 주인에게 충성한다는 것을 만인 앞에 보여주길 두려워했음이 드러날 것이다. 그럼 왜 이 핵심 문구를 대개 "너희가 장사하여 얼마나 많이 벌었느냐?"로 번역해왔을까? 서구인들이 이 비유를 번역하고 이해한 방식에 자본주의가 영향을 미치지 않았을까? 이 이야기의 초점은 **이윤**일까? 아니면 불리한 환경에서도 눈앞에 없는 주인에게 **신실함**을 다하는 것일까?

주인과 첫 두 종 사이의 대화가 다음과 같이 펼쳐진다.

4. **첫째**가 그 앞에 와서 말하되 "**주여,**　　　　　　　　　신실함
   당신의 한 므나로 열 므나를 더 만들었나이다."

5. 　　그러자 그(주인)가 그에게 말하되 "잘했다. 착한 종아,
   네가 아주 작은 일에 신실했으니　　　　　　　　　결과
   내가 네게 **열 성읍을 다스릴 권세를** 주노라."

6. 둘째가 와서 말하되 "**주여,**　　　　　　　　　　신실함
   당신의 한 므나로 다섯 므나를 만들었나이다."

7. 　　그러자 그(주인)가 그에게 말하되
   "내가 네게 **다섯 성읍을** 주노라."　　　　　　　결과

신실한 종들이 가장 먼저 보고한다. 이들은 각각 다음과 같이 보고할 수도 있었다.

제겐 좋은 생산품이 있었습니다.
조심스럽게 시장 조사를 실시했습니다.
제 자신을 혹사할 정도로 최선을 다했습니다.
유능한 직원들도 채용했습니다.
그렇게 하여 이룬 결과가 여기 있습니다. 주인님은 투자금의 10배 이득을 거두셨습니다.

그러나 첫 번째 종은 "당신의 한 므나로 열 므나를 만들었습니다"라고 보고한다. 즉 "당신이 주신 선물로 우리가 수고한 열매를 만들어냈습니다"라고 보고한 것이다. 주인은 두 종이 성공을 거두었다는 이유로 칭찬하지 않고 신실하다는 이유로 칭찬한다. 더구나 두 종에게 준 보상은 특혜가 아니라 더 큰 책임이었다. 첫 번째 종은 열 성읍을, 두 번째 종은 다섯 성읍을 다스릴 책임을 받았다.

마찬가지로 바울도 독자들에게 이렇게 말한다.

나는 심었고 아볼로가 물을 주었다.
그러나 하나님이 자라게 하셨다.…
각각 ("자기 생산량대로"가 아니라) 자기가 일한 대로 자기 삯을 받으리라(고전 3:6, 8).

이어 우리는 주인과 세 번째 종의 대화를 만난다.

8. 이어 **또 다른 이**가 와서 말하되 "**주여**,   신실치 않음
   여기 **당신의 한 므나**가 있사오니 내가 수건으로 **싸두었습니다**. (그가 한 일)
   이는 **내가 당신을 무서워했기** 때문인즉

9. 당신이 **엄한** 사람이기 때문입니다.   종의 평가
   당신은 두지 않은 것을 취하시고 심지 않은 것을 거두십니다."

10. 그러자 그(주인)가 그에게 말하되 "네 자신의 입으로
    내가 너를 **심판하노라**. 너 악한 종아!   심판

11. 너는 내가 엄한 사람이요 내가 두지 않은 것을 취하고   종의 평가
    심지 않은 것을 거둔다는 것을 알았다/체험했다.

12. 그러면 너는 왜 **내 돈을 은행에** 맡기지 않았느냐?   신실치 않음
    그랬으면 내가 **왔을** 때   (그가 한결같으려면
    내가 그 돈을 **이자와 함께 거두지** 않았겠느냐?"   했어야 할 일)

세 번째 종은 주인을 무서워했다고 주장한다. 그러나 정작 이 종이 두려워한 것은 주인이 돌아오는 것이었을 가능성이 더 높다. 주인이 돌아온다는 것은 곧 종이 "경주에서 진 쪽"을 응원했다는 말이 되기 때문이다. 말하자면 이 종이 응원하지 않은 쪽이 경주에서 이긴 결과가 벌어진 셈이

다! 승리한 주인에게 붙잡힌 신세가 되었으니, 이제 종은 어떻게 자신을 변호하려 할까?

주인이 실시한 검증을 통과하지 못한 이 종이 일부러 주인을 모욕했다고 상상하기는 불가능하다. 이 종의 말은 분명 주인에게 경의를 표하려고 한 찬사임이 틀림없다. 하지만 지금 종은 (사실상) 주인의 면전에 대고 "나는 당신을 도둑놈으로 봐"라고 말하는 셈인데, 주인에게 경의를 표하려는 이 찬사가 어찌 진심일 수 있으랴? 주인이 무서웠다는 종의 말이 경의를 표하는 찬사일 수 있을까?

갈리아인들(Gauls) 사이에서는 실제로 이런 이름표가 경의를 표시하는 찬사였다. 키케로는 「공화국」에서 이렇게 쓴다. "갈리아인들은 손으로 노동하여 곡식을 기르는 것을 수치스럽게 생각한다. 결국 그들은 무장하고 나아가 다른 사람들의 밭에서 난 것을 거둬들인다."9)

다시 중동 역사를 살펴보면, 베두인족에게도 똑같은 모습이 있었다. 이 비유 속 주인이 베두인족 습격자의 우두머리라면, 신실치 않은 종이 이 주인을 두고 한 말은 대단한 찬사다. 과거 베두인족은 한 남자의 가치를 그가 습격자로서 얼마나 능숙한 기술을 갖고 있느냐로 판단했다. 내 친구들은 베두인족의 사랑 노래에 방심한 사람들의 야영지를 급습하여 그들이 가진 것과 낙타를 모두 포획할 능력을 가진 고귀한 부족 지도자를 향한 찬미가 가득 들어 있다고 내게 알려주었다.

바빌로니아 탈무드는 다윗 왕과 관련된 이야기 하나를 이렇게 기록하고 있다.

다윗의 침상 위에 하프가 하나 걸려 있었다. 밤이 깊어지자, 북풍이 불어 하프 위로 몰아치자 하프가 혼자 연주했다. 그는 즉시 일어나 동이 틀 때까지 토라를 공부했다. 동이 튼 뒤 이스라엘 현자들이 들어와 그를 알현하고 이렇게 말

---

9) Cicero, *The Republic* 3.9.16.

했다. "우리 주 왕이시여, 이스라엘 백성들이 먹을 것을 요구하나이다." 왕이 그들에게 말했다. "그들을 내어보내 각자 먹고 살게 하라." 그들이 왕에게 말했다. "고기 한 조각으로 사자를 배불릴 수 없고, 구덩이에서 파낸 흙으로 그 구덩이를 메울 수 없나이다." 왕이 그들에게 말했다. "그러면 군대를 보내 (적들을) 공격하여 (약탈하게 하라)."[10]

여기서는 다윗 왕을 한밤부터 동틀 때까지 토라를 공부하는 경건한 사람으로 제시함과 동시에 약탈을 통한 경제활동도 장려하는 인물로 묘사한다. 마찬가지로 이 비유의 신실치 않은 종도 자신이 주인에게 경의를 표하는 찬사를 바치고 있다고 생각함이 틀림없다. 종은 주인을 그 이웃을 약탈하는 자요, 그런 약탈 행위를 성공리에 행하는 자로 묘사한다. 주인은 자신이 두지 않은 것을 취하고 심지 않은 것을 거두기 때문이다.

그러나 주인이 농촌의 정착형 공동체에 사는 귀인이라면, 이런 언어는 모욕이다. 예수와 그의 제자들은 농사를 짓고 물고기를 잡는 정착형 마을 출신이었다. 분명 신실치 않은 종은 주인을 엄청나게 잘못 판단했다. 신실한 종들은 아무 어려움 없이 자기 주인의 참된 본질을 이해했다. 그러나 신실치 않은 노예는 이 큰 사람을 완전히 오해했다. 이 노예는 경의를 표하는 찬사를 바치려다가 실상은 주인을 모욕하고 말았다. 주인은 어떤 반응을 보이는가?

주인은 이렇게 말했다. "네가 나를 엄한 사람으로 알았단(즉 경험했단) 말이지…." 하지만 주인은 자신이 엄한 사람**임**을 인정하지 않고 도리어 이렇게 말한다. "나는 **네가 나를** 엄한 사람으로 **경험했음**을 이해한다." 그런 다음 주인은 신실치 않은 종에게 이 종이 주인에 대해 비뚤어진 견해를 가질 수밖에 없었던 것은 그의 신실치 않음 때문이었다고 선고한다. 종은

---

10) Babylonian Talmud, *Berakot* 3b. 이 이야기는 기원후 2세기에서 3세기에 걸쳐 살았던 랍비인 경건한 자 시므온(Simeon the Pious)이 들려주었다고 한다.

자신의 신실치 않음이 만들어낸 파란 선글라스를 통해 주인을 본다. 파란 선글라스를 통해 바라본 주인은 (종에게는) 파랗게 보인다. 주인은 이렇게 말한다. "내가 네게 선고하는 판단이 이것이니, 나는 네 얼굴에 파란 선글라스를 그대로 놓아두리라. 나는 네가 내 본질에 관하여 스스로 만들어낸 뒤틀린 인식을 네게 그대로 놓아두리라."

시편 18:25-26은 하나님에 관해 이렇게 말한다.

충실한 자에게 당신의 **충실함**을 보여주시며
흠이 없는 자에게 당신의 **흠이 없음**을 보여주시며
순결한 자에게 당신의 **순결하심**을 보여주시며
비뚤어진 자에게 당신을 **뒤틀어** 보여주소서(베일리 강조).

이 시편은 논의 중인 비유를 넘어선다. 여기서 시편의 시인은, 공동체의 태도와 윤리에 합당한 행위가 하나님이 자신을 그 공동체에 보여주심에 영향을 미친다고 이해한다. 이 비유는 오로지 종만을 비판한다. 그 종이 주인을 뒤틀린 모습으로 보게 된 것은 **자신의 신실치 않음** 때문이다. 두 본문은 우리가 살아가는 방식이 우리가 하나님을 바라보는 시각에 영향을 미침을 확증해준다. 이것이 신실치 않은 종의 문제였다.

아울러 귀인은 신실치 않은 종에게 일관성 없음을 지적한다. 이 귀인이 정말 강도 같은 악덕 자본가라면 법 따위는 무시할 것이요, 그의 돈을 은행에 넣어 이자를 받아먹는 것을 행복하게 여길 것이다. 유대 율법은 이자 받는 것을 금지했다. 하지만 귀인이 강도라면 그런 율법은 신경도 쓰지 않을 것이다.

귀인은 이 신실치 않은 종이 받았던 므나를 열 므나 가진 자에게 준다. "이건 공평하지 않아요!"라는 외침이 울려 퍼진다. 뒤이어 예수는 자신이 받은 선물에 신실함으로 응답한 이는 더 큰 선물을 받으리라고 확언하신다. 그러나 신실치 않음이 드러난 자는 처음에 받았던 선물조차도 잃어버

릴 것이다. 제자의 삶은 이런 진리를 증명하는 사례를 많이 보여준다.

더 문제가 있는 본문은 마지막 문장이다. 귀인의 원수들은 이 드라마가 시작할 때 "무대에 등장"했다. 드라마가 막을 내릴 때, 주인은 그 원수들을 죽이라고 명령한다. 어쩌면 이 마지막 말은 예루살렘 함락을 돌이켜 보면서 그 공포를 이해하려고 몸부림쳤던 교회의 모습을 반영하는지도 모른다.

하지만 본문을 보면, 명령은 내려졌으나 그것이 이행되지는 않는다. 이야기가 멈출 때 무대 위에는 주인의 원수들이 없다. 이 비유는 끝나지 않고 다만 마지막 장면을 빠뜨린 채 멈추었다. 이 본문을 더 잘 이해하는 방법은 앞의 명령을 원수들이 **마땅히 당해야 할** 일을 천명한 선언으로 보면서, 그들이 실제 **받은** 것은 기록되지 않았음을 기억하는 것이다. 아브라함은 그의 아들을 죽이라는 명령을 하나님께 받았다. 뒤에 나온 두 번째 명령은 아들을 죽이라는 명령을 취소했다. 창세기 독자가 첫 명령만 읽고 뒤따르는 이야기는 읽지 않은 채 이삭이 죽임을 당했을 것이라고 추측한다면, 그는 하나님을 어떤 분이라고 결론지을까? 예수의 비유 중에는 미완으로 남은 것이 많다. 탕자의 비유에 나오는 맏아들은 아버지와 화해하는 데 동의했을까? 우리는 모른다. 선한 사마리아인이 여관에 데려다준 다친 사람은 자기 집에 무사히 도착했을까? 비유는 우리에게 알려주지 않는다. 포도원에서 일한 품꾼들은 포도원 주인을 너그러운 사람으로 받아들였을까, 아니면 계속해서 "이건 공평하지 않아요!"라고 외쳤을까? 비유는 답을 주지 않는다. 지금 논의 중인 비유에서도 주인은 원수들이 마땅히 당해야 할 일을 선언한다. 그러나 이 비유는 원수들이 무엇을 받았는지 독자에게 알려주지 않는다. 그렇다. "죄의 삯은 죽음이다"(롬 6:23). 그 구절의 나머지 부분은 다음과 같다. "그러나 하나님이 거저 주신 선물은 우리 주 그리스도 예수 안에 있는 영생이다." 중동에서 **"아니오"**는 대답이 아니라, 협상할 때 잠시 멈춰 숨을 고르는 것에 불과하다.

한 서구인이 고용주에게서 "넌 해고야! 네 책상 치워! 오늘 오후 5시까지 네 것 다 챙겨 나가주었으면 좋겠어!"라는 말을 들었다면, 이 피고용인은 자기가 해고당했으니 곧장 짐을 챙겨 오후 5시까지 떠날 채비를 하라는 말로 이해할 것이다. 전통 중동인이 같은 말을 들었으면 이런 결론을 내릴 것이다. "주인이 화가 엄청 난 게 분명하다! 음…아무래도 주인의 화를 누그러뜨리려면 긴 과정이 필요하겠군. 가장 영향력 있는 내 친구들에게 도움을 구해야겠구나. 이것은 당장 신경 써야 할 아주 심각한 문제야."

여기서 주인의 명령은 시작하는 말(opening statement)이지, 그 이상 다른 것이 아니다. 이 이야기에는 결론 장면이 없다. 이런 이유로 독자는 이 비유라는 미완성 교향곡을 곱씹어 보고픈 자극을 받는다. 주인은 이야기 서두에서 자기 종들에게 선물을 주었다. 이 선물은 종들이 힘써 번 것도, 당연히 받아야 할 것도 아니었다. 주인은 이 선물로 그의 너그러움을 증명해 보였다. 주인이 돌아와 신실한 종들을 대한 태도는 이런 너그러움을 다시 한 번 확인해주었다. 심지어 주인은 신실치 않은 종에게도 너그러움을 보였다. 비록 그 종에게 주었던 한 므나를 빼앗긴 했으나, 그에게 벌금을 물리거나 그를 벌하거나 심지어 내쫓지도 않았다. 주인은 이야기의 이 지점에서 자기의 너그러움을 세 번째로 증명해 보였다. 주인은 그를 적극 공격하는 원수들을 정리할 때가 이르자, 이들이 마땅히 받아야 할 바를 공개적으로 선언한다. 이것이 원수들을 처리하는 과정의 시작임은 모든 이가 다 안다. 그럼 그 과정의 끝은 무엇일까? 죄의 삯은 죽음 그리고 또 다른 무엇일까? 이 비유는 독자/청자들에게 주인의 본성을 기억하고, 이런 주인이 그를 매몰차게 반대했던 이들을 어떻게 처리할 수 있는지 깊이 생각해볼 것을 요구한다.

이 명령의 또 다른 측면은 누가의 일관성과 관련이 있다. 만일 주인이 그의 원수를 두고 한 말을 그의 마지막 말로 여긴다면, 예수를 보는 누가의 시각과 관련해서 우리는 심각한 질문을 던질 수밖에 없다. 예수는 누가복음 6:35-36에서 이렇게 가르치신다. "다만 너희 원수를 사랑하고 선히 대하며 돌려받을 것을 기대하지 말고 빌려주어라. 그러면 너희 보상이 클 것이요 너희가 지극히 높으신 이의 아들들이 되리니 이는 그가 감사할 줄 모르고 자기만 아는 자에게도 인자하시기 때문이다. 너희 아버지가 자비하심같이 너희도 자비하라."

예수가 제자들에게 원수를 사랑하라고 요구하신다면, 누가복음 6:36의 명령은 이 비유의 마지막 장면과 완전히 모순이 아닌가? 누가는 자신이 제시했던 예수의 인격에 치명상을 입힌 셈이 아닌가? 아니라면 미완으로 남겨진 이 비유의 결론에 관한 우리의 이해를 재고해야 하는 것이 아닌가?

요약: 열 므나 비유

이 비유가 독자에게 제시하는 신학과 윤리는 각각 무엇인가?

이 이야기의 전체 윤곽은 독자/청자를 그 속으로 초대하는 메타내러티브다. 예수라는 귀인은 당신을 섬길 때 사용하라고 제자들에게 선물을 주신다. 예수는 하나님께 돌아가 보좌에 앉으실 것을 고대하신다. 하나님이 정하신 선한 때가 오면, 그는 당신 종들에게 다시 오셔서 신실한 자들과 신실치 않은 자들을 다루실 것이다. 주인이 원수라고 결정한 이들에게 심판이 선고되었으나 그 심판은 실행되지 않는다. 전체적 시각으로 이 비유를 보면, 여기에는 수많은 윤리와 신학 지침이 제시되어 있다. 그중에는 다음과 같은 것들이 있다.

1. 하나님 나라의 임함이 언젠가는 완전히 이루어지겠으나, 그때는 알려지지 않은 미래이며 "시간이 걸릴 것이다."
2. 주인의 명령을 이행하는 데 필요한 자원은 선물이며, 종은 그 선물에 따른 책임을 주인에게 진다.
3. 주인이 종들에게 가장 먼저 기대하는 것은 일부 사람들이 주인의 통치에 적극 반대하는 상황에서도 그 자리에 없는 주인에게 신실함을 다하는 용감한 자세를 만인에게 보이는 것이다.

4. 종은 그 섬김에서 겸손을 보임이 마땅하다. 신실한 종은 주인에게 ("제가 힘들게 일하여 이것을 벌었나이다"가 아니라) "당신이 주신 므나가 이것들을 만들어냈습니다"라고 말한다.

5. 신실함에 따르는 보상은 더 큰 책임이다. 한 므나로 열 므나를 만들어낸 종이 받은 것은 후한 연금이나 유급 휴가나 바닷가 별장이 아니었다. 그는 열 성읍을 다스리는 자로 임명받았다.

6. 하나님이 주신 선물을 그대로 보관하는 것은 그 선물을 주신 분을 배반하는 것이다. 자기가 받은 므나를 감춰두었던 종은 쫓겨나진 않았지만, 신실하지 않다는 판단을 받았고, 결국은 받은 선물도 빼앗겼다.

7. 신실치 않음은 불순종한 종이 주인을 바라보는 시각도 뒤틀어놓았다. 이런 이유로 종은 주인의 본성을 완전히 잘못 판단하게 된다.

8. 주인이 신실하지 않은 종에게 내린 심판은 (종의 신실치 않음이 만들어낸) 주인에 관한 왜곡된 인식을 그 종에게 그대로 남겨두는 것이었다.

9. 주인은 자신을 일부러, 적극, 단호하게 반대하는 것을 심각하게 받아들인다. 그는 원수들이 마땅히 받을 것이 무엇인지 종들에게 일러준다. 그러나 이 비유는 원수들에게 일어난 일이 무엇인지를 독자들에게 알려주지 않는다.

10. 예수는 분명 너그러운 주인이시다. 그는 제자들에게 충성을 기대하시며, 자신의 때가 되면 제자들과 정산하실 것이다. 이는 어떤 이에게는 기쁨이, 또 다른 이에게는 실망이 될 것이다. 그는 종들에게 거저 므나를 주심으로, 신실한 종들에게는 후한 보상을 베푸시고 신실하지 않은 노예들도 처벌하거나 내쫓지 않으심으로 당신의 너그러움을 실증하신다. 심지어 원수들에게 내린 심판도 선고만 되었지 실행되지는 않는다.

이 비유는 많은 것을 미완으로 남겨놓았다. 많은 성읍을 다스릴 자로 임명받은 이들은 그것을 어떻게 경영해갈까? 신실하지 않은 종은 교훈을 배우고 회개할까? 귀인을 공격하다 실패한 원수들은 그 책임을 어떻게 질까? 결국 주인은 완고한 원수들을 어떻게 처리할까? 이 비유는 이런 질문에 전혀 답을 제시하지 않는다. 하지만 이 비유는 시대를 불문하고 독자에게 중요한 신학과 윤리 지침을 묘사하며 분명하게 일러준다.

한번은 영국의 한 언론인이 테레사 수녀에게 그녀가 캘커타 거리에서 죽어가는 모든 이들의 필요를 채워줄 수 없음을 아는데도 어떻게 그들을 돕는 일을 계속해왔는지 물었다. 테레사 수녀는 이렇게 대답했다. "나는 성공하라는 명령을 받지 않았습니다. 내가 받은 명령은 신실하라는 것이었어요!"(아주 형편없는 자본주의다! 이 여자 회사에는 투자하지 말지어다!)

32장

고귀한 포도원 주인과 그 아들 비유

누가복음 20:9-18

이 비유는 종종 "악한 포도원 농부 비유"라 불리는데, 이는 포도원 임차농(賃借農)이 드라마의 주연 배우라고 생각한 것이다.[1] 그러나 이 비유가 나온 문화적 정황을 보면, 분명 주인공은 포도원 주인이다. 그는 *makrothymia*(오래 참음)를 보여준다. 이 풍성한 말은 힘 있는 자리에 있는 사람이 원수에게 복수할 수 있는데도 그러지 않는 쪽을 택함을 가리킨다. 말하자면 그것은 (문자 그대로 옮기면) "그가 자기 분노를 멀리 떼어놓는다"는 의미다. 이 비유에서 포도원 주인은 폭력 앞에서 철저히 약자가 되는 쪽을 택한다. 영어에는 이 미덕을 표현하는 단어가 여럿 있다. 그리스어(*makrothymia*)와 아랍어(*halim*)도 그런 단어를 갖고 있다. 인내, 오래 참음, 위험 감수, 긍휼히 여김, 자기 비움이 모두 포도원 주인을 묘사하는 말이다. 나는 썩 마뜩치 않아도 이 포도원 주인을 나타낼 수 있는 가장 좋은

---

1) 문제의 그리스어는 *georgos*인데, 이는 "농부", "소작인" 혹은 "포도원 농부"를 뜻할 수 있다. 그들은 임차인이자 농부다. 그러나 그들이 하는 일은 포도를 재배하는 것이다. 나는 "포도원 농부"를 택했다. Walter Bauer, *A Greek-English Lexicon of the New Testament*, trans. W. F. Arndt, F. W. Gingrich and F. W. Danker (Chicago: University of Chicago Press, 1979), p. 157을 보라.

말로 "고귀한"(noble)을 골랐다. 우리의 목표는 잠든 사울 왕을 내려다보며 그냥 그 옆에 서 있었던 다윗의 미덕을 묘사하는 단어를 찾아내는 것이다. 다윗은 사울이 자신을 죽이려 하는데도 동지들의 권고를 거부한 채 왕에게 자기 손을 대지 않고 그의 목숨을 빼앗지 않는다(삼상 26장). 다윗도 이 비유 속의 포도원 주인처럼 그의 분노를 멀리 떼어놓았다.

누가복음은 물론 마가복음에서도, 이 비유의 배경은 예수가 예루살렘에 당당히 입성해서 성전을 정결케 하신 사건이다. 성전 정화 사건은 성전 당국자들이 보기에 중차대한 문제였다. 예수는 분명 몇 시간 동안이나 성전 전체를 점거하셨다. 마가복음은 "그(예수)가 아무나 물건을 들고 성전을 지나다니지 못하게 하셨다"고 쓰고 있다(막 11:16). 당시 사람들은 성전 경내를 공용 통로(지름길)로 사용했던 것 같다. 예수는 당신을 지지하는 이들과 함께 이 무단 우회로를 차단하시고, 환전상들의 탁자 및 비둘기 파는 이들의 의자를 뒤엎으시며, 사고파는 자들을 **모두** 내쫓으셨다. 이러다 보니 35에이커나 되는 성전 건물을 다 통제할 수밖에 없었다. 그날 예수는 그 과정에서 오후 제사도 막아버리셨다. 날이 저물자, 예수와 제자들은 스스로 성전에서 물러났다. 그것으로 이들은 공개적으로 그들의 성명을 발표했다. 톰 라이트의 주장처럼, 메시아이신 새 왕이 자기 왕권을 주장하시면서 성전의 퇴화와 파멸을 암시해주셨다.[2]

중동인들은 항상 그들의 성소를 매우 엄숙하게 받아들였다. 때문에 이런 행동의 결과로 "대제사장과 서기관들과 백성의 지도자들이 그를 파멸시키려 한"(눅 19:47) 것은 당연했다. 하지만 이런 시도는 "백성이 그의 말을 귀 기울여 듣는"(눅 19:48) 바람에 좌절되고 말았다. 예수의 행동은 도발이 극에 달한 것이었다. 이런 이유로 이후 예수는 아무도 따라오지 못할 그의 인기가 그를 보호해줄 때만 체포를 면할 수 있었다. 당국은 대응을 할 수

---

2) N. T. Wright, *Jesus and the Victory of God* (Minneapolis: Fortress, 1996), pp. 414-21.

밖에 없었다.

성전 지도자들이 예수께 보인 첫 공식적 반응은 세 공관복음이 모두 기록하고 있다. 그것은 "대제사장들과 서기관과 장로들의" 대표단이 예수께 가까이 온 일이었다(눅 20:1). 산헤드린은 이 세 부류의 사람들로 이루어져 있었다. 대표단에 이 세 부류가 모두 들어 있었다는 사실은 그들의 우려가 심각했음을 보여준다. 그들은 예수가 무슨 권위로 "이런 일들을 하는지" 알고 싶어했다. 예수는 또 다른 질문으로 받아치셨지만, 그에게 도전하는 자들은 대답하길 거부했다. 이 논쟁은 "나도 무슨 권위로 이런 일들을 하는지 너희에게 말하지 않겠다"(눅 20:8)라는 예수의 대답으로 끝나고 말았다. 예수는 당신의 권위가 어디서 유래하는지 묻는 질문에 **대답하길 거부하시고, 대신 한 가지 이야기를 들려주신다!** 그의 이야기는 그들의 질문에 간접적으로 주신 대답이었다. 이제 그 비유를 살펴보자.

이 본문을 수사 구조의 흐름을 따라 나타내보면, 그림 32.1.과 같은 형태로 제시할 수 있다.

수사

간단히 요약해보면, 비록 대칭을 이루지는 않지만 고리 모양 구성이 다음과 같은 구조를 만들어낸다.

    a. 소유주가 **포도원을 빌려준다.**

    b.   **종들을 보냈으나**
          포도원 농부들이 그 종들을 악하게 대한다.

    c.   **소유주는** 그의 아들만을 비무장으로 보내어
              대응한다.

    d.   **아들이 보이자**
          포도원 농부들이 그를 죽인다.

    e. 소유주가 **포도원을 다른 이들에게 준다**(빌려준다).

또 그가 이 비유를 사람들에게 말씀하시기 시작하셨다.

1. "한 사람이 **포도원을 만들고**   포도원
    그것을 포도원 농부들에게 빌려준 뒤   빌려줌
    다른 나라에 오랫동안 가 있었다.

2.   때가 이르러 그가 **한 종을**
        임차농들에게 보냈으니
          이는 그들이 그에게 포도원 수확 중 일부를   종을 보냄
        바치게 하려 함이었다.   종을 때림
        그러나 포도원 농부들이 그를 때리고
    그를 빈손으로 쫓아 보냈다.

3.   그가 다시 **다른 종을** 보냈더니
        그들이 또 그를 **때리고**   종을 보냄
        능욕한 뒤   때리고 능욕함
    그를 빈손으로 쫓아 보냈다.

4.   그가 다시 세 번째 종을 보냈더니   종을 보냄
        그들이 이 종에게 **부상을 입히고**   부상을 입힘
    내던져 쫓았다.

5.   포도원 주인이 말하기를 '어찌할까?   아들
    내 사랑하는 아들을 보내야겠다.   보냄
        그들이 그 앞에서는 **부끄러움을 느낄지도 모른다.**'

6.   그러나 포도원 농부들이 그를 보고 서로 말하되
        '이는 상속자니 그를 죽이자.   아들을 봄
        그러면 그 유업이 우리 것이 되리라.'   아들을 죽임
        그리고 그들이 그를 포도원에서 **내쫓은** 뒤 죽였다.

7. 그럼 포도원 주인이 그들에게 어찌하겠느냐?
    그가 와서 **포도원 농부들을 진멸하고**   포도원
    포도원을 다른 이들에게 주리라."   넘겨줌

----

8. 그들이 이를 듣고   지도자들
    말하되 "그리되지 말지어다!"   충격을 받음

9. 그러나 그가 그들을 보고 말씀하시길
    "기록되었으니
    '건축자들이 버린 돌이
        모퉁이의 머릿돌이 되었다'는 것이 무슨 말이냐?   예수 그리고
    그 돌 위에 떨어지는 자마다   지지하는 성경 말씀
        산산이 부서지겠으나
    그 돌이 사람 위에 떨어지면
        그를 부숴 가루로 만들리라."

그림 32.1. 고귀한 포도원 주인과 그 아들 비유(눅 20:9-18)

고리 모양 구성에서 늘 그렇듯이, 이야기의 절정이 중앙 부분에 등장한다. 예부터 이 이야기는 사건들을 일직선으로 나열하고 마지막 부분에 절정이 등장하는 것으로 읽혔다. 이런 이유로 아들이 죽임을 당하고 더 나아가 포도원을 다른 이들에게 넘기는 부분을 이야기의 중심 요지로 보았다. 이런 인식 때문에 이 비유가 "악한 포도원 농부 비유"라는 제목을 갖게 되었을 가능성이 높다. 그러나 포도원 주인이 내린 결정은 **엄청나며**, 실제로 그 결정이 이 비유의 절정이다. 마지막 연(7)은 첫 연(1)을 뒤엎는다. 으레 그렇듯이 일곱 개 연이 등장한다. 5연에 있는 절정은, 비록 일곱 장면의 중앙부에서 벗어나 있지만, 그래도 이 **드라마**의 정중앙에 자리해 있다.

마지막으로, 중앙부의 독백(혹은 중요한 말)은 수많은 비유가 보여주는 특징이다. 탕자는 먼 나라에서 독백을 들려준다(눅 15:17-19). 불의한 청지기는 회계 장부를 돌려주러 가는 길에 이런 말을 한다(눅 16:3-4). 자비로운 고용주는 이야기 중앙부에서 핵심이라 할 말을 하고(마 20:8), 맏아들은 등장 장면의 중간 부분에서 자기 모습을 드러내는 말을 한다(눅 15:29-30). 각 경우에 이런 말들이 이야기의 핵심부이자 비유의 수사 표현 중심부에 자리해 있다.

이 비유는 2연부터 4연을 세심하게 구성하고 있다. 각 연은 누군가를 "보냈다"는 말로 시작하고, 보냄 받았던 심부름꾼이 "쫓겨났다"는 말로 끝난다. 세 심부름꾼은 모두 모진 대접을 받았다. 포도원을 빌린 이들이 심부름꾼에게 보인 반응이 **거칠어질수록**, 그들의 대우를 묘사하는 말은 **더 간결해진다**. 처음에는 여섯 줄이 다음에는 네 줄로 줄었다가, 이윽고 세 줄로 줄어든다. 이 분명한 수사 특징을 염두에 두고 이제 이야기 자체를 살펴보자.[3]

---

[3] 막 12:1-12에도 똑같은 비유가 있는데, 이 마가복음 본문은 군더더기 말이 많다. 이는 누가복음 기사가 더 오래되었음을 알려주는 것 같다.

주석

1. 한 사람이 **포도원**을 만들고   **포도원**
   그것을 포도원 농부들에게 빌려준 뒤   빌려줌
   다른 나라에 오랫동안 가 있었다.

첫 연의 이미지는 예전에도 만난 기억이 있다. 비유가 거의 없는 구약 성경에서 이사야 5:1-6의 "포도원 노래"는 몇 안 되는 비유 중 하나다. 이 노래/비유에서 하나님은 포도원을 만드시고, 그곳이 좋은 포도를 만들도록 수고를 아끼지 않으신다. 그러나 애통하게도 그 포도원은 나쁜 포도를 만들어낸다. 주인은 그 포도원이 실패라 판단하고 그곳을 완전히 갈아엎기로 결정한다. 이 이야기의 상징들은 본문에서 모두 밝혀지며, 포도원을 갈아엎기로 한 판단은 냉엄하다. 우리는 이사야서의 상징들과 논의 중인 비유의 상징들을 대조해보아야 한다. 그 결과가 그림 32.2다.

	이사야의 포도원 노래 (와 알레고리 상징)	예수의 비유 (와 알레고리 상징)
소유주	= 만군의 주	= 하나님
포도원	= 이스라엘 집	= 이스라엘
포도나무	= 유다인들	———
기대하는 대상	= 포도원	= 임차농
기대하는 내용	= 좋은 포도 (정의와 의)	= 수확의 일부 (??)
산물	= 나쁜 포도 (피 흘림과 고통에 따른 절규)	= 소유주 몫을 주지 않음, 때림과 모욕과 피 흘림
결과	= 포도원이 파괴당함	= 포도원 농부를 다른 이들로 바꿈

그림 32.2. 이사야의 포도원 노래와 예수의 포도원 비유

이사야서의 비유에는 비유(*māšāl*)와 이를 해석하는 데 필요한 몇 가지 추가 정보(*nimšāl*)가 들어 있다. 예수의 비유 역시 비유와 함께 이를 풀 열쇠를 제공한다.

헤롯 시대에 부자들은 종종 자기 토지에서 꽤 멀리 떨어진 곳에 살았다.[4] 예수의 청중은 이 비유가 갖는 이런 사회적 배경을 익히 알고 있었다.

포도원 노래와 포도원 비유에는 비슷한 상징도 들어 있지만, 둘 사이에는 중요한 차이점이 있다. 예수는 분명 이사야서에 기록된 이야기를 반복하시면서도 거기에 새로운 형상을 부여하신다. 같은 비유가 들어 있는 마가복음 기사는 세부 사항을 덧붙여놓았는데, 이 세부 사항은 두 기사 사이의 여러 연관성에 힘을 실어준다(막 12:1).

양자 사이의 중요한 차이점을 살펴보면, 예수의 비유는 1연에서 포도원 소유주이자 조성자가 제법 멀리 떨어진 곳에 산다고 묘사하는 반면에, 이사야서에서는 소유주 자신이 포도원을 경작하는 것 같다. 이런 변화 덕분에 예수는 임차료를 지불하길 거부하는 임차농이라는 아주 중요한 요소를 당신 비유에 덧붙이실 수 있었다. 이사야의 비유에는 임차농이 없다. 또 다른 대조점들은 더 언급하겠다.

2-4연은 다음과 같다.

2. 때가 이르러 그가 **한 종을**
   임차농들에게 보냈으니
       이는 그들이 **그에게 포도원 수확** 중 일부를   **종을 보냄**
       바치게 하려 함이었다.   종을 때림
       그러나 포도원 농부들이 그를 때리고
   그를 빈손으로 **쫓아 보냈다.**

---

[4] Yizhar Hirschfeld, "A Country Gentleman's Estate: Unearthing the Splendors of Ramat Hanadiv," *Biblical Archaeology Review* 31, no.2 (2005): 18-31.

3. 그가 다시 **다른** 종을 보냈더니

　　그들이 또 그를 때리고   **종을 보냄**

　　능욕한 뒤   때리고 능욕함

　그를 빈손으로 **쫓아** 보냈다.

4. 그가 다시 **세 번째** 종을 보냈더니   **종을 보냄**

　　그들이 이 종에게 **부상을 입히고**   부상을 입힘

　내던져 쫓았다.

　　전통적으로 많은 이야기에서 발견되는 세 가지 장면이 여기서도 나타난다. 늘 그렇듯이, 뒤로 갈수록 이야기 내용이 점점 강하게 진전된다. 첫 번째 종은 두들겨 맞았다. 두 번째 종은 두들겨 맞고 "능욕을 당했다." 세 번째 종은 "부상을 입고 내던져져 쫓겨났다." 분명 이 장면들은 이스라엘에게 보냄을 받았던 여러 예언자의 운명을 상기시킨다. 마가복음은 나중에 보냄 받은 종들이 죽임을 당한 것도 포함시키고 있다.[5]

　　두 번째 종을 능욕한 것은 종들을 악하게 대하는 태도를 매우 강하게 드러내고 있다. 중동에서는 개인의 명예를 높이 존중한다. 마지막 종은 "부상을 입고 내던져져 쫓겨났는데" 이는 그가 도착했을 때는 물론, 쫓겨날 때에도 그 몸에 모종의 폭력이 가해졌음을 암시한다. 첫 두 종은 그냥 "쫓겨났다." 세 번째 종은 "내던져져 쫓겨났다."

　　포도원 주인은 자기 종들을 향한 폭력과 모욕을 얼마나 많이 참아낼까? 주인은 과연 무슨 반응을 보일까? 주인은 과연 무슨 일을 하려 할까? 다섯 번째 장면이 답을 제시한다.

---

[5] 예언자들이 죽임을 당한 것은 렘 26:20-21; 대하 24:20-22; 마 23:34-37; 눅 13:34을 보라. 마가의 기사에 덧붙은 말들은 누가복음의 이야기가 더 오랜 전승일 수 있음을 시사한다.

5. 그러자 포도원 **주인**이 말하기를 "어찌할까?   아들
내 사랑하는 아들을 보내야겠다.   보냄
그들이 그 앞에서는 **부끄러움을 느낄지도 모른다.**"

주인에게는 당국에 신고할 권리가 있다. 주인이 요청하면 당국은 훈련받은 중무장 관원을 보내 그 포도원을 쓸어버리고, 종들을 학대한 폭도들을 체포하여 법정에 세울 것이다. 주인의 종들을 능욕한 것은 주인의 인격을 모독한 것이다. 주인은 이 문제를 처리하여 어떻게든 자기 명예를 지켜야 했다. 본문은 주인이 분노했다고 말하지는 않지만, 그가 분노했으리라는 것은 충분히 짐작할 수 있다. 문제는 그와 종들이 당한 이 불의가 빚어낸 분노를 그가 어떻게 처리할 것인가다.

랍비 전승에는 출애굽기의 모세와 열 가지 재앙 이야기를 다룬 흥미로운 미드라쉬가 있다. 그 미드라쉬를 보면, 하나님의 종 모세가 바로에게 말 그대로 모욕을 당하자, 하나님이 이에 보응하신다. 그 본문은 다음과 같다.

하나님이 누구를 위해 애굽에서 당신을 드러내셨는가? 모세를 위해 그리하셨다. 랍비 니심은 무화과 과수원을 가진 한 제사장 비유로 이를 설명했다. 그 무화과 과수원에는 부정한 밭이 있었다. 제사장은 무화과가 먹고 싶어, 그의 한 종에게 과수원에 가서 임차농에게 "과수원 주인이 당신에게 무화과 둘을 갖다 달라고 하십니다"라는 말을 전하라고 말했다. 종은 가서 그렇게 말했다. 그러자 임차농이 이렇게 대답했다. "누가 이 과수원 주인이란 말이냐? 가서 네 일이나 해라." 그러자 제사장이 이렇게 말했다. "내가 직접 과수원에 가리라." 종들이 말했다. "부정한 땅에 가신다고요?" 그가 대답했다. "설령 거기에 백 가지 부정이 있어도 내가 가겠다. 그래야 내 심부름꾼이 모욕을 당하지 않겠구나."

마찬가지로 이스라엘이 애굽에 있었을 때, 하나님이 모세에게 말씀하셨다. "그러므로 이제 가라. 내가 너를 바로에게 보내노라"(출 3:10). 이에 모세가

갔으나 이런 질문을 받았다. "하나님이 누구냐? 그가 누구기에 내가 그의 음성을 들어야 한다는 말이냐?…나는 하나님을 모른다. 가서 네 일이나 해라." 그러자 하나님이 이렇게 말씀하셨다. "내가 직접 애굽으로 가리라." 이에 하나님의 천사들이 이렇게 말했다. "부정한 땅에 가시렵니까?" 하나님이 대답하셨다. "그렇다. 그래야 내 심부름꾼 모세가 모욕을 당하지 않겠구나."[6]

랍비 니심은 바그다드의 유명한 랍비 학교인 수라 학교에서 공부한 뒤, 튀니지 카이르완으로 돌아가 그곳의 랍비였던 아버지 뒤를 이었으며, 거기서 1040년에 세상을 떠났다. 그는 자기 저작 중 일부를 아랍어로 집필했다. 그는 문화적으로 보면 중동인이었다.

이 미드라쉬를 읽는 이는, 하나님이 "내가 직접 애굽으로 가리라"라고 말씀하실 때 그 목적이 애굽의 모든 첫 것을 죽이는 열 번째 재앙을 실행하시는 것이었음을 안다. 랍비 니심은 누가복음 20:9-18을 읽는 중동인이라면 누구나 자기 종이 평범하게 무시당하는 데 그치지 않고 세 번이나 잇달아 모욕당하고 두들겨 맞으며 내쫓김을 당했던 포도원 주인에게 기대하는 바로 그 태도를 보여준다.

요컨대 (랍비 니심에 따르면) 하나님도 당신 종 모세가 말로 모욕당한 것에 보응하시고자 **몸소** 애굽으로 가셔서 처음 난 것들을 죽이시는 벌을 내리기로 하셨다면, (예수의 비유 속) 포도원 주인도 종들이 잇달아 모욕당하고 두들겨 맞는 일이 벌어지면 물리력을 행사하려고 하지 않겠는가? 이사야의 비유에서 하나님은 포도원 전체를 파괴하고 이렇게 마지막 선고를 내리신다. "내가 또 구름에게 명령하여 그 위에 비를 내리지 못하게 하리라"(사 5:6). 포도원은 철저히 파멸당한다! 애굽인에게 열 번째 재앙 역시 파멸이었다! 우리는 예수의 이야기에 나오는 주인의 결정을 어떻게 이해

---

[6] *Midrash Rabbah, Exodus*, Trans. H. Freedman, vol. 3 (London: Soncino, 1983), pp. 183-84.

해야 할까?

큰 잔치 비유(눅 14:15-24)를 보면, 한 부자가 큰 잔치를 베풀고 많은 사람을 초청한다. 부자는 잔치 때 종들을 손님들 집으로 보내 "오소서, 모든 것이 준비되었습니다"라고 말하게 한다. 그러나 손님들은 차례로 초대를 거절하고, 주인에게 모욕을 안겨주는 뻔한 거짓 핑계를 댄다.[7] 주인이 이런 식으로 세 번이나 공개적인 모욕을 당한 뒤, 종은 더 이상 이런 취급을 견딜 수 없어 주인에게 돌아간다. 주인은 손님들이 거절한 속내를 듣자마자 분노한다! 그때 잔치 주인은 포도원 주인과 똑같은 문제에 부닥친다. 그는 자신의 분노를 어떻게 처리하려 했는가? 독자들에게는 놀라운 일이지만, 주인은 분노를 **은혜**로 다시 만들어낸다. 주인은 종을 보내 소외당한 자들을 잔치에 초청한다!

논의 중인 비유에서, 포도원 주인도 동일한 문제에 답을 해야 하는 처지다. 불의 때문에 생긴 분노를 어떻게 처리해야 하는가? 원수들이 그가 보인 반응의 본질을 속속들이 깨닫게 해주어야 하는가? 그는 힘 있는 자리에 있다. 보복하려면 할 수도 있고 보복할 만도 하다. 그렇지만 또 다른 폭력만이 유일한 답일까?

큰 잔치를 연 주인은 그의 분노를 마을의 소외된 사람들, 더 나아가 마을 밖의 소외된 사람들까지 초대하는 은혜로 바꾸는 쪽을 택했는데, 포도원 주인도 이런 값진 길을 따라갈 수 있을까? 우리는 5연 중간부에서 고통스러운 멈춤을 느낀다. 거기서 주인은 이렇게 말한다.

내가 이제 뭘 할 수 있을까?
(포도원 주인은 분노, 좌절, 고통, 비통, 거부, 보복으로 정의를 실현하고픈 욕구, 그리고 마지막으로 그가 택한 행위에서 비롯된 값진 평화를 경험한다.)

---

[7] 이 책 24장을 보라. Kenneth E. Bailey, *Through Peasant Eyes*, in *Poet and Peasant and Through Peasant Eyes* (Grand Rapids: Eerdmans, 1980), pp. 88-99도 보라.

내 사랑하는 아들을 보내야겠다.

독자들은 놀라 까무러칠 일인데, 주인은 자기 아들을 무장도 시키지 않은 채 홀로 보낸다. 에서도 야곱을 만나러 갈 때 무장한 사람을 400명이나 데려갔다(창 33:1). 그러나 이 고귀한 주인은 돌아온 그의 종이 겪은 모욕과 고난을 마음에 되새기면서, 자기가 사랑하는 아들을 보내기로 결심한다. 아들은 아무 경호도 받지 않은 채 길을 떠나 악한 사람들을 만난다. 이들은 자신들이 마지막에 저지른 폭행에 대해 그 아들의 아버지가 보일 반응을 긴장한 채 기다리고 있었다. 주인 입장에서 볼 때, 이렇게 아들을 보내는 것이 터무니없고 어리석은 일일까?

지난 세기의 마지막 수십 년 동안 고(故) 후세인 빈 탈랄(Hussein bin Talal)이 요르단 국왕이었다. 중동 전역에서는 이 왕에 대한 잊을 수 없는 많은 이야기가 입에서 입으로 떠돈다. 나는 다음 이야기를 레바논에서 처음 들었으며, 20년 뒤 그 사건이 일어났을 당시 요르단에서 일하고 있던 미국의 고위 정보 당국자에게서 이를 확인할 수 있었다. 그 이야기는 다음과 같다.

1980년대 초 어느 날 밤, 후세인 국왕은 대략 75명으로 이루어진 요르단군의 한 장교 집단이 바로 그 순간 인근 병영에 모여 요르단 왕국을 전복시킬 군사정변을 모의하고 있다는 정보를 비밀경찰로부터 보고받았다. 비밀경찰은 그 병영을 포위하고 모의자들을 체포하게 해달라고 재가를 요청했다. 잠시 우울한 시간이 흐른 뒤, 국왕은 그 요청을 거부하고 "내게 작은 헬기를 한 대 가져오게"라고 말했다. 헬기가 도착했다. 국왕은 조종사와 함께 헬기에 탄 뒤, 직접 그곳으로 날아가 병영의 평평한 지붕 위에 착륙했다. 국왕이 조종사에게 말했다. "총소리가 들리면, 나는 놔두고 즉시 자네만 떠나게."

그런 뒤 왕은 아무 무장도 하지 않은 채 두 층 계단을 내려가, 모의자들이 밀담을 나누고 있던 방에 갑자기 나타났다.

"제군들, 나는 그대들이 오늘밤 여기 모여 정부를 전복시키고 이 나라를 차지하여 군사 독재자를 세우려는 계획을 마무리하고 있다는 정보를 보고받았다. 그대들이 이런 일을 한다면, 군은 나뉠 것이고 나라는 내란에 빠지고 말 것이다. 죄 없는 국민이 무수히 죽을 것이다. 이런 일을 할 필요가 없다. 여기 내가 있다! 나만 죽으면 그대들 뜻대로 이루어질 것이다. 그러니 딱 한 사람만 죽으면 된다."

깜짝 놀라 잠시 할 말을 잃었던 반란자들은 한 명도 빠짐없이 왕에게 달려가 그의 손과 발에 입을 맞추고 목숨을 다 바쳐 왕께 충성하겠다고 맹세했다.

후세인 왕은 철저히 약자가 되는 쪽을 택했다. 그는 고결하게 행동했고, 이를 통해 꺼져가던 반란자들의 명예심이 활활 타오르게 만들었다.

예수는 논의 중인 본문에서 자신의 자서전 같은 이야기를 들려주신다. 포도원 주인은 이렇게 말한다(문자 그대로 옮겨본다).

내 사랑하는 아들을 보내야겠다.
내 아들이 있으면 그들이 어쩌면 수치심을 느낄지도 모르겠다(13절).

주인은 포도원의 난동꾼들도 후세인 왕 앞에 있던 반란자들처럼, 그들이 종들에게 저지른 폭행에도 불구하고 그의 사랑하는 아들을 무장도 시키지 않은 채 홀로 포도원으로 보낸 주인의 형용할 수 없는 고결함을 깨닫길 소망한다. 이 이야기는, 만일 임차농들이 주인 아들의 권위를 인정하고 그들이 낼 임차료를 낸다면, 그들이 저지른 죄를 용서받으리라는 것을 알려준다. 후세인 왕의 제스처가 암시한 바도 같은 것이었다. 영역 성경은 13절을 보통 이렇게 번역한다. "It may be they will respect him"(RSV, "그들이 그는 존중할지도 모르겠다"). 이야기가 이 지점에 이르면 존중의 문제보다 더 깊고 오묘한 것이 드러난다. 포도원 주인은 말로 표현할 수 없을 만큼 고결하게 행동한다. 아울러 그는 철저히 약자가 되기로 한 그의 선택이 포도원에서 기다리고 있는 난동자들의 마음속 기억에서 오랫동안 사라졌던 명예심을 일깨우기를 깊이 소망한다. 주인은 이런 위험을 감내하려 한다. 이미 그의 종들이 두들겨 맞고 부상을 입었지만, 그는 훨씬 더 큰 손실도 무릅쓰려 한다.

지난 천 년 동안 나온 아랍어 역본들은 대부분 이 핵심 문구를 문자 그대로 *yastahiyun minhu*(그가 있으면 그들이 수치를 느낄 것이다)로 번역했다.[8] 보복만이 유일한 길은 아니다. 철저히 약자가 되는 값진 방법은 후세인 왕의 경우처럼 생명을 되살려내는 힘이 있다. 폭력을 택하면 또 다른 폭력을 불러올 뿐이다.

후세인은 죽음을 무릅씀으로써 부활을 얻었다. 예수도 그리하셨으나, 그는 후세인 왕과 다른 방식으로 훨씬 더 큰 대가를 치르시면서 다른 차원에서 그 일을 이루셨다. 이 두 이야기는 다르게 끝난다. 그러나 두 이야기 모두 철저히 약자가 되는 장면에서 절정을 이룬다. 이렇게 철저히 약자가 되려면 자기를 비우는 값진 사랑을 바쳐야 한다. 성육신(구유에서 태어나심)과 대속("그 일이 끝났다" 그리고 "그가 부활하셨다")은 분리될 수 없다. 이 비유의 중심인 동시에 핵심이다. 믿기 어려운 포도원 주인의 결정은 천지가 놀랄 일이며, 과거에 사람들이 했던 것보다 훨씬 더 깊이 성찰해보아야 한다.

"내 사랑하는 아들"이라는 말은 어떻게 이해해야 하는가? 시편 2:7을 보면, 야웨가 새로 등극한 이스라엘 왕에게 "너는 내 아들이라. / 내가 오늘 너를 낳았다"라고 말씀하신다. 이스라엘의 메시아는 그런 왕이 되실 분이었다. 이 비유의 포도원 주인/아버지라는 말이 예수가 사용했을 법한 언어라기보다, 십자가 사건 후 한 세대 혹은 그보다 긴 시간이 흐른 뒤에 나왔던 바울 신학을 반영한 언어임이 틀림없다고 추측할 필요는 없다. 예수는 이 비유를 말씀하시기 며칠 전에 영광스러운 예루살렘 입성이라는 드라마

---

8) Ibn al-'Assal, *The Four Gospels*, British Museum Oriental Manuscript No. 3382, 1252 A. D., folio no. 268 (Recto). 다른 많은 아랍어 역본도 같은 단어를 사용한다.

틱한 행동으로 자신이 메시아이심을 만인 앞에서 확인해주셨다. 이 이야기는 누가복음 독자가 이미 예수의 인격(예수라는 이의 정체성)에 관해 알고 있는 것을 많은 부분 확인해준다. 아버지는 예수가 세례를 받으시는 장면과 변화산 사건에서 예수를 당신이 "사랑하는/택한 아들"이라고 말씀하셨는데, 이는 이사야서에 나온 종의 노래 첫 구절(사 42:1)을 다르게 표현한 것이다. 이 비유 속 주인의 언어는 예수의 사역 및 부활 뒤 교회의 신학과 일치한다.

포도원 주인은 공명을 자아내는 질문을 던진다. "어찌할까?" 그는 이 값진 행위를 통해 공을 임차농들에게 넘긴다. 이제는 임차농들이 주인의 아들을 보는 순간 주인과 같은 질문을 던질 수밖에 없을 것이다. 이야기는 다음과 같이 계속된다.

6. 그러나 포도원 농부들이 그를 보고 서로 말하되   **아들을 봄**
   "이는 상속자니 그를 죽이자.   아들을 죽임
   그러면 그 유업이 우리 것이 되리라."
   그리고 그들이 **그를** 포도원에서 **내쫓은** 뒤 **죽였다.**

임차농들은 주인의 아들을 포도원 밖으로 끌어냈다. 포도원 안에서 죽였다간 그들이 재배하던 포도가 상하여 가치가 없어지기 때문이었다.[9]

그러나 이보다 훨씬 더 중요한 것은 **그 유업이 우리 것이 되리라**라는 말이다. 이는 무슨 뜻인가? 이 이야기와 관련해서 미쉬나에는 "점유자의 권리"에 관한 규정이 다음과 같이 들어 있다. "집, 저수지, 도랑, 지하저장고, 비둘기장, 목욕장, 올리브 압착기, 관개 농지, 노예, 그리고 계속 수

---

[9] 어떤 이들은 누가가 이 비유의 줄거리와 예수가 예루살렘 성 밖에서 죽임을 당한 사실을 일치시키고자 주인의 아들이 포도원 밖에서 살해당한 것으로 적었다고 주장했다. 살해 과정에서 포도가 상할 수도 있음을 고려하면, 굳이 이런 억지 추측은 하지 않아도 된다.

익을 내는 것이면 무엇이든, 취득하여 만3년 동안 점유한 자는 그 소유권을 확보한다."10) 이 규정에 비추어볼 때, 비유의 배경은 예수 당대의 유대 세계다. 아울러 이 규정은 이야기 속 임차농들의 생각을 밝히 설명해준다. 이들은 자신들이 포도원을 3년 동안 계속 점유할 수만 있다면, 그 소유권을 확보할 수 있다고 믿었다.

독자가 이 지점에서 가장 깊이 관심을 갖는 것은 여기서의 "유업"이 무엇인가다. 이 "유업"은 땅인가, 이스라엘 민족인가, 아니면 이스라엘의 영적 유업인가? 이 비유 자체가 힌트를 제시하기는 하지만 그것으로 끝나고 만다. 이 문제와 관련된 것이 7연(16절)에서 "포도원"을 받을 이로 이야기되는 "다른 이들"의 정체를 밝히는 일이다. **누구에게 무엇이 주어질 것인가?**

포도원을 다루는 이사야서 본문은 이 포도원이 "이스라엘인들"을 표상한다고 밝히고 있다. 이 이야기는 독자들에게 포도원이 산산이 부서질 것이라고 말한다(이는 이스라엘 민족에게 다가올 멸망을 암시한다). 그러나 예수의 비유는 포도원이 아니라 임차농들을 비판한다. 임차농들은 자기 신분을 잊고 주인처럼 행세하기 시작했다! 예수는 이 중요한 이야기를 매개 삼아 자기와 성전 지도자들 사이의 다툼을 바라보는 자신의 이해를 표명하면서 그들을 비판하신다. 이는 그들의 마지막 언급을 기록한 누가복음 20:19이 확증해준다. "서기관들과 대제사장들이 그때 즉시 그를 잡으려 하였으나 그들이 백성을 두려워하였으니 이는 그가 그들을 가리켜 이 비유를 말씀하셨음을 그들이 알았기 때문이다."

예수는 이 비유를 말씀하신 뒤 여전히 무리와 함께 계셨으며, 무리는 예수가 그들이나 이스라엘 민족 전체를 비판하시는 것이 아님을 알았다. 이 비유는 "서기관과 대제사장들"을 겨냥했으며 그들 자신도 이를 알았다. 서기관과 대제사장들에게서 빼앗은 것은 다른 이들에게 주어질 것이었다.

헐트그렌은 "다른 이들"이 이방인 교회거나 그리스도인 공동체라는 생

---

10) Mishnah, *Baba Batra* 3.1 (Danby, p. 369).

각을 거부한다. 그는 덧붙여 이렇게 말한다. "'다른 이들'은 예루살렘의 지도자라기보다 새로운 지도자 혹은 다시 새로워진 지도자라고 보는 것이 더 적절하다. 이 비유가 정말 예수의 것이라면, 그 새 지도자는 열두 제자, 혹은 예수와 열두 제자, 혹은 하나님이 장차 부활케 하실 새 지도자로서 예수의 선포를 받아들이는 이들로 이루어질 것이다."[11]

예수는 정착 운동을 시작하고 이스라엘 땅을 통제하는 일에도, 새로운 헤롯 대왕이 되어 나라를 다스리는 것에도 관심이 없으셨다. 하지만 그는 **이스라엘의 유업**에는 예민한 관심을 갖고 계셨다. 푀르스터(Werner Foerster)는 논의 중인 비유에 비추어 **유업**이라는 말을 이렇게 주석했다.

> 유업은 하나님 나라다.…예수는 이 땅에 낮은 몸으로 오신 자신을 υἱὸς καὶ κληρονόμος("아들이자 상속인")로 묘사하시는데, 여기서 하나님 나라의 개념과 유업 개념은 이 땅의 모든 한계와 제약에 매이지 않고 자유롭다. 그 나라 혹은 유업은 하나님이 홀로 통치하고 주재하시는 신세계다.[12]

시편의 시인은 이렇게 쓰고 있다. "내게 줄로 재어준 구역은 아름다운 곳에 있으니 / 정녕 내 유업이 아름답도다"(시 16:6). 내 자신이 받은 유업은 아주 작았다. 그러나 내가 잉글랜드 성공회 신자인 영국인 어머니와 장로교 신자인 미국인 아버지를 통해 받은 유업은 과거나 지금이나 막대하다. 이스라엘의 대제사장 집단은 제도와 여러 채 건물을 통제하는 동시에, 이스라엘의 유업을 대변했다. 1세기에 다섯 아들(이들은 다 대제사장이 되었다)과 가야바(안나스의 사위)를 포함한 안나스 가문은 수십 년 동안 대제사장직

---

11) Arland J. Hultgren, *The Parables of Jesus* (Grand Rapids: Eerdmans, 2000), p. 360.
12) Werner Foerster, "κληρονόμος," *Theological Dictionary of the New Testament*, 10 vols., ed. Gerhard Kittel and Gerhard Friedrich, trans. Geoffrey W. Bromiley (Grand Rapids: Eerdmans, 1964-1976), 3:782.

을 독차지했다. 그들은 자기 자리가 영원히 이어지리라고 믿어 의심치 않았다. 예수는 짧은 시간 동안 성전 경내를 차지하심으로써 그들의 이런 억측에 도전하셨다. 그들은 예수를 제거할 수만 있다면 유업을 독차지할 수 있는 힘이 다시는 도전받지 않으리라고 확신했는데, 예수는 그들의 이런 확신을 꿰뚫고 계셨다. 예수는 자신과 제자들이 아브라함과 모세와 예언자들의 하나님께 신실하다는 것이 무슨 의미인지 정의할 수 있는 권리를 갖고 있다고 보셨는데, 예수는 바로 이 권리가 문제의 유업이라고 보셨다. 예루살렘에서 예배하느냐 아니면 그리심 산에서 예배하느냐는 중요하지 않았다. 결국 중요한 것은 "영과 진리"로 예배하는 것이었다(요 4:21-23).

"유업" 개념은 예수 시대 직전과 직후 수 세기 동안 땅과 민족보다 훨씬 더 많이 알려져 있었다. 「에녹1서」 40:1-9은 "영생을 유업으로 받을 사람들의 소망"에 관해 이야기한다.[13] 누가복음 10:25에서는 한 율법교사가 예수께 "선생님, 내가 무엇을 해야 영생을 얻겠습니까?"라고 물으며, 누가복음 18:18에서도 한 관원이 똑같은 질문을 던진다. 마지막으로, 1세기 말 랍비 엘리에제르의 제자들은 스승에게 "내세의 삶을 차지할"(베일리 번역) 방법을 물었다.[14] 여기서 핵심 단어는 *bkz*인데, 이 단어는 "소유", "무언가를 차지함", "법률상 소유권을 얻을 자격이 있음"의 의미와 연계해서 사용된다.[15] 결국 적어도 기원전 1세기부터 신약 시대를 거쳐 기원후 1세기말의 랍비 시대에 이르기까지, "유업" 개념은 "영생 개념과 연계되는 경우가 잦았다."[16]

요르단 후세인 국왕은 죽을 각오가 되어 있었다. 이 비유에 나오는 주

---

13) *1 Enoch*, in *The Old Testament Pseudepigrapha*, trans. E. Isaac, ed. J. H. Charlesworth (New York: Doubleday, 1983), 1:32.
14) Babylonian Talmud, *Berakot* 28b.
15) Marcus Jastrow, *A Dictionary of the Targumim, the Talmud Babli and Yerushalmi, and the Midrashic Literature* (New York: Padres, 1950), 1:398.
16) I. Howard Marshall, *The Gospel of Luke* (Exeter: Paternoster, 1978), p. 442.

인이 사랑하는 아들도 다른 종들에게 무슨 일이 일어났는지 알았으며, 임차농들과의 만남이 어떤 결말로 이어질 수 있는지 분명하게 이해했다. 누가는 예수가 자신의 죽음을 예언하셨던 세 경우를 기록하고 있다. 결국 이 비유에서는 포도원 농부들이 임차농이 아니라 주인인 것처럼 계속 행세하면서, 나아가 주인의 아들까지 죽였다. 이제 포도원 주인은 무엇을 할까?

7. 그럼 포도원 **주인**이 그들에게 어찌하겠느냐?
   그가 와서 **포도원 농부들을 진멸하고**   **포도원**
   포도원을 다른 이들에게 주리라."   넘겨줌

8. 그들이 이를 듣고   **지도자들**
   말하되 "그리되지 말지어다!"   충격을 받음

---

9. 그러나 그가 그들을 보고 말씀하시길
   "기록되었으니
   '건축자들이 버린 돌이
   　모퉁이의 머릿돌이 되었다'는 것이 무슨 말이냐?   **예수** 그리고
   그 돌 위에 떨어지는 자마다   지지하는 성경 말씀
   　산산이 부서지겠으나
   그 돌이 사람 위에 떨어지면
   　그를 부숴 가루로 만들리라."

예언자들도 거듭 이스라엘 민족에게 다가올 멸망을 이야기했다. 이사야는 포도원 노래에서 예루살렘이 무너지기 오래전에 포도원이 파멸당할 것을 제시했다. 그러나 예수의 비유는 그 원형보다 훨씬 더 온건하다. 포도원을 비판하거나 결코 위협하지 않는다. 문제는 **임차농들**이다. 이런 이유로 예수의 예언은 성전 지도자들을 겨냥한 것이지, 이스라엘 민족을 겨

냥한 것이 아니다. 이스라엘 민족은 더 나은 목자를 가질 자격이 있다.

청중(예수의 비유를 듣는 성전 지도자들의 대표자들)은 당연히 그 의미를 파악하고 "그리되지 말지어다!"라고 말했다. 이에 예수는 시편 118:19-28의 중심부에 등장하는 돌에 관한 비유로 대답하셨다. 그는 왜 이 특별한 비유를 쓰셨으며, 하필 왜 돌의 비유/은유를 쓰셨을까?

시편 118:19-28에는 예수의 장엄한 예루살렘 입성에 나타나는 일련의 놀라운 특징들이 들어 있다. 이런 특징들은 다음과 같다.

1. 성전 문으로 올라가 그 문을 통과하는 행진 대열
2. "호산나"의 외침
3. "주의 이름으로 들어오시는 이에게 복이 있을지어다"라는 확언
4. 행진하는 이들이 가지를 들고 감

이 축하 행진을 묘사하는 구절의 중앙에 돌의 비유가 있다. 이 돌은 버림받았으나 나중에 "모퉁이의 머릿돌"임이 확인된다. 본문은 이렇게 말한다.

건축자들이 버린 돌이
모퉁이의 머릿돌이 되었도다(시 118:22).

예수의 장엄한 예루살렘 입성을 유심히 관찰한 이들은 시편 118:19-28에 묘사된 행진과 그들의 눈앞에서 벌어지는 퍼레이드의 독특한 특징 사이의 여러 연관성을 놓칠 수 없을 것이다. 이는 같은 본문의 중앙에 자리한 돌의 비유(시 118:22)를 고찰해보아야만 비로소 그 연관성을 관찰할 수 있다.

더구나 예수는 장엄한 입성이 이루어지는 동안 바리새인들에게 "내가 너희에게 말하노니 이들(제자들)이 잠잠하면 바로 **돌들이** 소리 지르리라"(눅 19:40)고 하심으로써 당신을 따르는 이들을 바리새인 앞에서 옹호하

신다. 그럼 우리는 이 돌들이 무슨 돌인지 물을 수 있다. 예수는 성전 건물의 큰 돌들과 시편 118편의 비유에 나오는 돌, 곧 건축자들에게 버림받았으나 나중에 모퉁잇돌이 된 돌을 생각하셨을까? 아마도 이런 점을 염두에 둔다면, 예수가 다음날 바로 이 돌의 비유를 원용해서 자신에게 적용하신 것을 이해하기가 쉬울 것이다.

이 비유(mašāl)와 이 비유 뒤에 나오는 대화(nimšāl)에는 히브리어 언어유희가 들어 있을지도 모른다. 히브리어 단어 ben은 "아들"을 뜻한다. 히브리어 'eben은 "돌"이다. 버림받은 'eben(돌)이 이 비유 속의 ben(아들)이다.[17] 이런 제안을 신뢰한다면, 시편 118:19-28의 줄거리를 따라 펼쳐진 장엄한 예루살렘 입성 덕분에, 이 시편 본문이 모든 사람의 마음에 신선하게 다가갔을 것이다.

본문은 이에 더하여 이사야 8:14을 더 인용한다. 이사야 8:14은 독자들에게 하나님이 이스라엘에게 "성소"와 "공격하는 돌"이 되실 것이라고 일러준다. 여기서는 시므온이 누가복음 2:34에서 선언했던 복, 곧 "보라, 이 아이가 이스라엘 중 많은 사람을 망하게 하고 흥하게 하리라"는 축복의 메아리를 들을 수 있다.

그러나 이사야 8:14의 인용은 다음과 같은 더 큰 문제를 야기한다. 예수가 인용하신 성경 본문은 하나님을 가리키는가 아니면 예수 자신을 가리키는가?

고인이 된 이스라엘의 탁월한 신약학 교수인 다비드 플루서는 예수와 힐렐을 비교하는 짤막한 논문, "힐렐의 자기 인식과 예수"를 출간한 바 있다.[18] 플루서는 예수보다 한 세대 앞서 살았던 위대한 랍비 힐렐이 자존심이 높아, 하나님에 관한 성경 본문을 자신에게 적용했다고 주장한다. 플루

---

17) 헐트그렌은 이런 언어유희가 히브리어에서는 가능하나 아람어에서는 불가능하다고 말한다(Hultgren, *Parables of Jesus*, p. 363).
18) David Flusser, "Hillel's Self-Awareness and Jesus," *Judaism and the Origins of Christianity* (Jerusalem: Magnes Press, 1988), pp. 509-14.

서가 말하는 요지는 "제2성전 시대 유대교에서 자신은 물론 자신의 종교적 지위와 관련해서 자존심을 높이 내세우는 이가 존재하지 않았다"고 확언하기가 더 이상 불가능하다는 것이다.[19] 플루서는 힐렐 외에도 쿰란 공동체 안에 있었던 의의 교사 역시 드높은 자존감을 갖고 있었다고 주장한다.

복음서들이 예수가 이사야 8:14 같은 본문들을 자신에게 적용하신 것을 기록해놓았을 경우, 우리는 예수가 힐렐 및 의의 교사와 같은 신학적 연못 안에 있다고 볼 수 있다. 플루서의 논지를 고찰해본 결과, 예수와 힐렐의 차이는 힐렐의 학생들은 힐렐을 진지하게 생각하지 않았던 반면에, 예수의 제자들은 예수를 중요한 분이자 진리로 확신한 점인 것 같다.

어쨌든 이 비유의 결론이 강조하는 심판은 이사야 5장의 비유가 선언하는 멸망보다 훨씬 더 부드러운 예언의 말이다.

예수는 이 비유에서 은혜와 심판을 제시하시는데, 이는 그의 가르침에서 거듭 나타나는 주제다. 큰 잔치 비유에서는 은혜가 비천한 자들에게까지 미치며, 잔칫날 끝에는 귀인의 잔치 초대를 거부하고 심판을 자초했던 이들에게 문이 닫히고 만다(눅 14:24). 달란트 비유에서는 은혜가 모든 종에게 미치고, 심지어 신실하지 않았던 자에게도 미쳤다. 하지만 주인을 철저히 거부했던 자들은 그들에게 합당한 보응을 받았다(눅 19:27). 무화과나무 비유에서는(눅 13:6-9) 열매를 맺지 못하는 나무가 특별한 은혜를 받았지만, 심판을 받을 가능성도 남아 있었다(눅 13:9).

이 위대한 비유를 요약하기는 거의 불가능하다. 이 비유는 여러 방향으로 뻗어나가는 생각과 행위의 대로를 열어준다. 우리는 다음과 같은 것들을 깊이 생각해볼 수 있다.

---

19) Ibid., p. 509.

요약: 고귀한 포도원 주인 비유

1. **성육신과 대속**. 이 비유에서도 이 두 큰 주제가 만난다. 하나님은 당신 종들이 두들겨 맞고 모욕당하고 부상당한 채(마가복음: 죽임을 당한 채) 내동댕이쳐졌던 포도원으로 사랑하는 아들을 혼자 보내셨다. 이 비유는 백성을 다시 돌이키시려고 당신 아들을 통해 당신을 철저히 약한 모습으로 내어주시려는 하나님의 의지를 보여준다. 이 비유는 성육신을 강조하고 십자가를 미리 보여준다. 헤롯의 뜻은 골고다에서 이루어졌다. 단기적으로만 보면, 사랑을 베푼 결과는 아들의 죽음이었다. 이 비유는 사람의 생각을 자극하여 주인과 그가 사랑하는 아들의 자기 비움 행위가 오랜 기간에 걸쳐 일으킨 효과들을 성찰하게 한다.

2. **기독론**. 예수는 예언자의 계보 속에 계신 분이요 하나님이 사랑하시는 아들이다. 예언 전통은 예수에게서 그 정점에 이른다. 하나님은 예수라는 대변자를 통해 궁극에 이른 값진 사랑을 호소하신다. 예수는 모든 백성, 특히 원수들을 불러 당신의 아버지와 화해케 하시려고 이 세상에 보냄을 받았다. 이 비유는 구약성경이 하나님을 묘사하는 언어를 인용하여 예수께 적용한다(시 118:22; 사 8:14-15).

3. **분노를 은혜로 바꿈**. 포도원 주인은 위력이나 폭력으로 임차농들에게 대응하지 않는다. 오히려 그는 철저하게 약자의 위치로 내려가는 성육신을 택한다. 이를 위해 그는 분노를 뜻밖의 사랑/은혜를 값지게 증명하는 것으로 바꿀 수밖에 없다. 성육신은 그가 베푸신 사랑을 받아들이는 이에게는 용서를 의미한다.

4. **하나님의 포도원의 지도자**(참고. 사 5:1-5). 포도원 농부들은 주인이 아니라 임차농이었다. 그들은 그 사실을 잊어버리고 "취득시효에 따른 소유권"을 얻은 것처럼 행세했다. 그들은 자신이 포도원을 충분히 긴 시간 동안 통제해왔으며, 주인의 아들을 죽임으로써 "없던 사실을

새로 만들어낼" 수 있다면 포도원이 그들 차지가 되리라고 생각했다. 그들은 잘못을 저질렀다. 시대를 불문하고 예수의 제자라면 언제나 자신이 "유업"을 소유한 자가 아니라는 것, 그들이 그 유업의 열매를 독차지하지 못한다는 것을 유념해야 한다. 그들이 그리하려고 시도한다면 포도원 농부들과 같은 길에 빠지고 말 것이다. 포도원의 열매는 그 소유주에게 돌아가야 한다. 이 비유는 임차농들에게 주인이 사랑하는 아들에게 순종할 것을 요구한다.

5. **하나님께 합당한 포도원 열매의 본질**. 이사야 5:7은 이 열매들의 본질이 "정의 및 의"라고 밝힌다. 예수의 비유도 같은 본질을 암시하지만, 세부 사항은 독자/청자의 상상에 맡긴다.

6. **유업의 본질**. 난폭한 임차농들은 "유업"을 차지하길 소원하며 주인의 아들을 죽인다. 예수는 땅이나 "손으로 만든 성전"을 소유하거나 통제하는 데 관심이 없으시다. 그러나 예수는 사역 내내 아브라함과 모세와 예언자들에게 받은 신학적·윤리적 유산에 관심이 많으시다. 이 유산의 소유권을 주장하면서 그 유산에서 현재와 미래를 위한 의미를 추출해낼 권리는 누가 갖고 있는가? 예수는 당신이 그 권리를 갖고 있다고 주장하시면서, 죽음으로 그 권리를 행사하며 완성하려고 하신다.

7. **깊은 죄**. 깊은 죄는 부끄러움을 모른다. 포도원 농부들은 주인의 값진 사랑에 주인의 아들을 죽임으로 응답한다.

8. **정당성을 확인해줌**. (성전 지도자들이) 거부한 돌(예수)은 모퉁이의 머릿돌이 되었다. 여기서는 장엄한 예루살렘 입성에서 확증된 메시아이신 왕의 권리들을 다시 제시하면서 분명하게 밝힌다. 예수는 이 비유를 말씀하실 당시 이미 "모퉁이의 머릿돌"이셨다. 이런 역할은 부활에서 확증되었다.

9. **심판**. 이 비유 속의 심판은 백성이 아니라 성전 지도자들과 그들의 파멸에 초점을 맞춘다. 많은 사람이 예수가 말씀하신 이 비유를 들

었고, 계속해서 예수를 지지하고 옹호한다. 이 비유가 말하는 심판은 포도원 노래(사 5:1-7)보다 훨씬 더 온건하다. 포도원은 파괴되지 않고, 오히려 더 신실한 지도자로 바뀔 것이라는 약속이 주어진다. 은혜는 값이 없고 풍성하다. 그러나 다른 비유들에서도 그렇듯이, 은혜의 결과로 심판이 사라지는 일은 일어나지 않는다.

/ 참고 문헌 /

Abuna, Albert. *Adab al-Lugha al-Aramiyah* (Literature of the Aramaic language). Beirut: Starko Press, 1980.

Achtemeier, Paul J. *The Inspiration of Scripture: Problems and Proposals.* Philadelphia: Westminster Press, 1980.

Alfeyev, Hilarion. *The Spiritual World of Isaac the Syrian.* Kalamazoo, Mich.: Cistercian Publications, 2000.

Allison, C. FitzSimons. "Modernity or Christianity? John Spong's Culture of Disbelief." In *Can A Bishop Be Wrong?* Edited by Peter C. Moore. Harrisburg, Penn.: Morehouse, 1998.

The Alternative Service Book 1980. Cambridge: Cambridge University Press, 1980.

Arberry, Arthur J. *The Koran Interpreted.* 2 vols. New York: Macmillan, 1955.

Bailey, David M. *Vista Point.* (1997) ⟨www.davidmbailey.com⟩.

Bailey, Kenneth E. *Poet and Peasant and Through Peasant Eyes.* Grand Rapids: Eerdmans, 1980.

_____. "The Structure of I Corinthians and Paul's Theological Method With Special Reference to 4:17." *Novum Testamentum* 15 (1983).

_____. *The Cross and the Prodigal.* Downers Grove, Ill.: InterVarsity Press, 2005.

_____. *Finding the Lost: Cultural Keys to Luke 15.* St. Louis: Concordia Press, 1992.

_____. "Hibat Allah Ibn al-'Assal and His Arabic Thirteenth Century Critical Edition of the Gospels." *Theological Review* (Beirut), 1 (1978).

_____. *Jacob and the Prodigal.* Downers Grove, Ill.: InterVarsity Press, 2003.

_____. "The Manger and the Inn: The Cultural Background of Luke 2:7." *Theological Review* (Beirut) 2 (1979).

_____. *Open Hearts in Bethlehem.* Louisville: Westminster/John Knox, 2005. (A

Christmas musical drama.)

_____. "The Song of Mary: Vision of a New Exodus (Luke 1:46-55)." *Theological Review* 2, no. 1 (1979): 29-35.

_____. "Women in Ben Sirach and in the New Testament." *For Me to Live: Essays in Honor of James Leon Kelso.* Edited by R. A. Coughenour. Cleveland: Dinnon/Liederbach, 1972.

_____. "Women in the New Testament: A Middle Eastern Cultural View." *Theology Matters.* Blacksburg, Va.: Presbyterians for Faith, Family and Ministry, 2000.

Barrett, C. K. *The Gospel According to St John.* London: SPCK, 1960.

Barth, Markus. *Ephesians.* Anchor Bible 34A. New York: Doubleday, 1974.

Batey, Richard A. *Jesus & the Forgotten City: New Light on Sepphoris and the Urban World of Jesus.* Grand Rapids: Baker, 1991.

Bauckham, Richard. *Jesus and the Eyewitnesses: The Gospels as Eyewitness Testimony.* Grand Rapids: Eerdmans, 2006.

Bauer, Walter. *A Greek-English Lexicon of the New Testament.* Translated and adapted by W. F. Arndt, F. W. Gingrich and F. W. Danker. Chicago: University of Chicago Press, 1979.

Beasley-Murray, George R. *John.* Word Biblical Commentary 26. Waco, Tex.: Word, 1987.

Bishop, E. F. F. *Jesus of Palestine.* London: Lutterworth, 1955.

Blomberg, Craig L. *Neither Poverty nor Riches: A Biblical Theology of Material Possessions.* Grand Rapids: Eerdmans, 1999.

Bonhoeffer, Dietrich. *Life Together.* New York: Harper, 1954.

_____. *Meditations on the Cross.* Edited by Manfred Weber. Louisville: Westminster John Knox, 1998.

Bratton, Susan P. "The Original Desert Solitaire: Early Christian Monasticism and Wilderness." *Environmental Ethics* 10, no. 1 (1988).

Brown, Raymond E. *The Birth of the Messiah: A Commentary on the Infancy Narratives in Matthew and Luke.* London: Geoffrey Chapman, 1977.

_____. *The Gospel According to John.* Anchor Bible. 2 vols. Garden City, N.Y.: Doubleday, 1966.

Brooten, Bernadette. "Junia...Outstanding Among the Apostles (Romans 16:7)." *Women Priests: A Catholic Commentary on the Vatican Declaration*. Edited by L. Swidler and A. Swidler. New York: Paulist, 1977.

Bruce, F. F. *The Gospel of John*. Grand Rapids: Eerdmans, 1983.

Bultmann, Rudolf. *The Gospel of John*. Philadelphia: Westminster, 1971.

_____. *Theology of the New Testament*. 2 vols. New York: Scribner, 1955.

Burkitt, F. Crawford. *Evangelion Da-Mepharreshe*. 2 vols. Cambridge: Cambridge University Press, 1904.

Burge, Gary. *John*. NIV Application Commentary. Grand Rapids: Zondervan, 2000.

Calvin, John. *The Epistles of Paul the Apostle to the Romans and to the Thessalonians*. Translated by R. Mackenzie. Grand Rapids: Eerdmans, 1976.

_____. *A Harmony of the Gospels, Matthew, Mark and Luke, I*. Translated by A. W. Morrison. Grand Rapids: Eerdmans, 1972.

Charlesworth, J. H., Editor. *The Old Testament Pseudepigrapha*. 2 vols. New York: Doubleday, 1983.

Christie, William M. "Sea of Galilee." In *A Dictionary of Christ and the Gospels*. 2 vols. Edited by James Hastings (Edinburgh: T & T Clark, 1908).

Chrysostom, John. *Homilies on Galatians, Ephesians, Philippians, Colossians, Thessalonians, Timothy, Titus, and Philemon*. Edited by Philip Schaff. Nicene and Post-Nicene Fathers 12. Grand Rapids: Eerdmans, 1979.

Cicero. *The Republic*. Translated by C. W. Keyes. Cambridge, Mass.: Harvard University Press, 1970.

Coughenour, Robert A., ed. *For Me to Live: Essays in Honor of James Leon Kelso*. Cleveland: Dillon/Liederbach, 1972.

Cranfield, C. E. B. *Romans: A Shorter Commentary*. Grand Rapids: Eerdmans, 1985.

Cullman, Oscar. "Infancy Gospels." In *New Testament Apocrypha*. Edited by W. Schneemelcher. 2 vols. Philadelphia: Westminster Press, 1963.

Cyril of Alexandria. *Commentary on the Gospel of Saint Luke*. Translated by R. Payne Smith. n.c.: Studion, 1983.

Daniélou, Jean. "The Ebionites." *The Theology of Jewish Christianity*. Philadelphia: Westminster Press, 1964.

Davies, W. D., and Dale C. Allison Jr. *The Gospel According to Saint Matthew*. 3 vols. New York: T & T Clark, 1988.

Davis, Burke. *To Appomattox: Nine April Days, 1985*. New York: Popular Library, 1960.

The Dead Sea Scrolls in English. Translated by Géza Vermes. Middlesex: Penguin Books, 1975.

Derrett, J. D. M. "Law in the New Testament: The Parable of the Prodigal Son." *New Testament Studies* 14 (1967).

Dewey, J. *Markan Public Debate: Literary Technique, Concentric Structure and Theology in Mark 2:1-3:6*. Chico, Calif.: Scholars Press, 1980.

Dodd, C. H. *The Interpretation of the Fourth Gospel*. Cambridge: Cambridge University Press, 1965.

_____. *The Parables of the Kingdom*. New York: Scribner's, 1961.

Dunn, James D. G. *The Parting of the Ways (Between Christianity and Judaism and Their Significance for the Character of Christianity)*. London: SCM, 1991.

_____. *Romans*. Vol. 2. Waco, Tex.: Word, 1990.

Edersheim, A. *The Temple: It's Ministry and Services as They Were at the Time of Jesus Christ*. London: Religious Tract Society, n.d.

Eisenman, R. H., and M. Wise. *The Dead Sea Scrolls Uncovered*. Rockport, Mass.: Element, 1992.

Ellis, E. E. "The Authorship of the Pastorals: A Resume and Assessment of Recent Trends." *Paul and His Recent Interpreters*. Eerdmans: Grand Rapids, 1979.

Elton, Lord. *Gordon of Khartoum*. New York: Knopf, 1955.

Ephrem the Syrian: Hymns. Translated by Kathleen E. McVey. New York: Paulist, 1989.

Epictetus. *The Book of Epictetus: Being the Enchiridion Together with Chapters from the Discourses and Selections from the Fragments of Epictetus*. Edited by W. Rolleston, translated by Elizabeth Carter. London: Ballantyne Press, n.d.

Eusebius. *The History of the Church*. Translated by G. A. Williamson. Baltimore: Penguin Books, 1965.

Fitzmyer, J. A. *The Gospel According to Luke (I-IX)*. New York: Doubleday, 1981.

_____. *The Gospel According to Luke (X-XXIV)*. New York: Doubleday, 1985.

Flusser, David. *Judaism and the Origins of Christianity*. Jerusalem: Magnes Press, 1988.

Freedman, David N. "Prolegomenon." In *The Forms of Hebrew Poetry*, by George B. Gray. New York: Ktav, 1972.

Gibson, M. D., ed. *An Arabic Version of the Epistles of St. Paul to the Romans, Corinthians, Galatians, with part of the Epistle to the Ephesians from a Ninth Century Ms. in the Convent of St Catherine on Mount Sinai*. Studia Sinaitica 2. London: Cambridge University Press, 1894.

Godet, Frédéric Louis. *Commentary on the Gospel of John*. 2 vols. 1893. Reprint, Grand Rapids: Zondervan, 1969.

Goodwin, Jan. *The Price of Honor*. Boston: Little, Brown, 1994.

Graf, Georg. *Geschichte der christichen arabischen Literatur*. 5 vols. Studie Testi 113, 133, 146, 147, 172. Vatican City: Biblioteca Apostolica Vaticana, 1944-1953.

Green, Joel B. *The Gospel of Luke*. Grand Rapids: Eerdmans, 1997.

Gray, George B. *The Forms of Hebrew Poetry*. New York: Ktav, 1972.

Guidi, I. "Le traduzione degle Evangelli in arabo e in ethopico." *Tipografia della Reale Accademia dei Lincei*, vol. CCLXXV, 1888.

Hamilton, V. P. "Marriage (OT and ANE)." In *The Anchor Bible Dictionary*. Edited by D. N. Freedman et al. Vol. 4. New York: Doubleday, 1992.

Hastings, James. *A Dictionary of Christ and the Gospels*. 2 vols. Edinburgh: T & T Clark, 1908.

Hauck, Friedrich, and G. Bertram. "μακάριος." *Theological Dictionary of the New Testament* 4:362-70. Edited by Gerhard Kittel and Gerhard Friedrich. Translated by Geoffrey W. Bromiley. Grand Rapids: Eerdmans, 1967.

Hauptman, J. "Images of Women in the Talmud." *Religion and Sexism: Images of Women in the Jewish and Christian Traditions*. Edited by Rosemary R. Ruether. New York: Simon & Schuster, 1974.

Hedrick, Charles W. *Parables as Poetic Fictions*. Peabody, Mass.: Hendrickson, 1994.

Hengel, Martin. *The Zealots: Investigations into the Jewish Freedom Movement in the Period from Herod I Until 70 A.D*. Edinburgh: T & T Clark, 1989.

Hertz, Joseph H. *The Authorized Daily Prayer Book*. New York: Bloch, 1979.

Hirschfield, Yizhar, with M. F. Vamosh. "A Country Gentleman's Estate: Unearthing the Splendors of Ramat Hanadiv." *Biblical Archaeology Review* 31 March/April (2005).

Horowitz, George. *The Spirit of Jewish Law*. New York: Central Book, 1953.

Hoskyns, E. C. *The Fourth Gospel*. Edited by F. N. Davey. London: Faber & Faber, 1947.

Hultgren, Arland J. *The Parables of Jesus*. Grand Rapids: Eerdmans, 2000.

Ibn al-'Assal. *The Four Gospels* (Arabic). British Museum Oriental Manuscript no. 3382. 1252 A.D.

Ibn al-Tayyib al-Mashriqi, Abdallah. *Tafsir al-Mashriqi*. Edited by Yusif Manqariyos. Two vols. Egypt: al-Tawfiq Press, 1907. An Arabic commentary on the four Gospels by Abdallah Ibn al-Tayyib al-Mashriqi, Arabic, originally composed in the 11th century.

Ibn al-Salibi. *Kitab al-Durr al-Farid fi tafsir al-Ahad al-Jadid* (The book of rare pearls of interpretation of the New Testament). Cairo: n.p., 1914. Originally composed in Syriac in the 13th century.

The Isaiah Targum, The Aramaic Bible II. Translated by Bruce D. Chilton. Edinburgh: T & T Clark, 1987.

Jastrow, Marcus. *A Dictionary of the Targumim, the Talmud Babli and Yerushalmi, and the Midrashic Literature*. 2 vols. New York: Padres, 1950.

Jeremias, Joachim. *Jerusalem in the Time of Jesus*. Philadelphia: Fortress, 1967.

_____. *Jesus' Promise to the Nations*. Studies in Biblical Theology 24. Naperville, Ill.: Alec R. Allenson, 1958.

_____. *The Lord's Prayer*. Philadelphia: Fortress, 1969.

_____. *The Parables of Jesus*. London: SCM, 1963.

_____. *The Prayers of Jesus*. Philadelphia: Fortress, 1978.

Jerusalem Talmud, Hagigah and Moed Qatan. Translated by Jacob Neusner. Chicago: University Press, 1986.

Johnson, Luke Timothy. *The Gospel of Luke*. Collegeville, Minn.: Liturgical Press, 1991.

Just, Arthur A., ed. *Luke*. Ancient Christian Commentary on Scripture. Downers Grove, Ill.: InterVarsity Press, 2003.

Justin Martyr. *Selections from Justin Martyr's Dialogue with Trypho, a Jew*. Translated and edited by R. P. C. Hanson. London: Lutterworth, 1963.

Khalidi, Tarif. *The Muslim Jesus: Sayings and Stories in Islamic Literature*. Cambridge, Mass.: Harvard University Press, 2001.

Kierkegaard, Søren. *Fear and Trembling*. Translated by Walter Lowrie. New York: Doubleday Anchor Books, 1954.

Kittel, Gerhard, and Gerhard Friedrich. *Theological Dictionary of the New Testament*. 10 vols. Grand Rapids: Eerdmans, 1964-1976.

Kopp, Clemens. *The Holy Places of the Gospels*. New York: Herder & Herder, 1963.

Kuhn, Karl G., and Otto Procksch. "ἅγιος." In *Theological Dictionary of the New Testament* 1:88-115. Edited by Gerhard Kittel and Gerhard Friedrich. Translated by Geoffrey W. Bromiley. Grand Rapids: Eerdmans, 1964.

Kümmel, Werner Georg. *Promise and Fulfillment: The Eschatological Message of Jesus*. Studies in Biblical Theology 23. Naperville: Alec R. Allenson, 1957.

La Sor, William S. "Artemis." In *The International Standard Bible Encyclopedia*. Vol. 1. Revised. Edited by G. W. Bromley. Grand Rapids: Eerdmans, 1979.

Ladd, George E. *Jesus and the Kingdom: The Eschatology of Biblical Realism*. Waco, Tex.: Word, 1970.

Lauterbach, Jacob Z., tr. *Mekhilta of de-Rabbi Ishmael*. 3 vols. Philadelphia: Jewish Publication of America, 1976.

Liddell, H. G., and R. Scott. *A Greek-English Lexicon*. Revised by H. S. Jones and R. McKenzie. Oxford: Oxford University Press, 1966.

Lindars, Barnabas. *The Gospel of John*. In New Century Bible. London: Oliphants, 1972.

Linnemann, Eta. *Jesus of the Parables*. New York: Harper & Row, 1964.

Maalouf, Tony. *Arabs in the Shadow of Israel*. Grand Rapids: Kregel, 2003.

Manson, T. W. *The Sayings of Jesus*. 1937. Reprint, London: SCM, 1964, c. 1937.

_____. *The Teaching of Jesus*. Cambridge: Cambridge University Press, 1955.

Marmardji, A. S., ed. *Diatessaron de Tataien*. Beyrouth: Imprimerie Catholique,

1935.

Marshall, I. Howard. *The Gospel of Luke: A Commentary on the Greek Text*. Exeter: Paternoster, 1978.

Matta al-Miskin. *al-Injil, bi-Hasab Bisharat al-Qiddis Luqa* (The Gospel according to saint Luke). Cairo: Dayr al-Qiddis Anba Maqar, 1998.

_____. *al-Injil, bi-Hasab al-Qiddis Yuhanna* (The Gospel according to Saint John). 2 vols. Cairo: Dayr al-Qiddis Anba Maqar, 1990.

McVey, Kathleen, tr. *Ephrem the Syrian: Hymns*. New York: Paulist, 1989.

Metzger, Bruce M. *A Textual Commentary on the Greek New Testament*. London: United Bible Societies, 1971.

Meyers, Eric M., and J. F. Strange. *Archaeology, the Rabbis & Early Christianity*. London: SCM Press, 1981.

Michel, Otto. "τελώνης." *Theological Dictionary of the New Testament* 8:88-105. Edited by Gerhard Kittel and Gerhard Friedrich. Translated by Geoffrey W. Bromiley. Grand Rapids: Eerdmans, 1972.

Midrash Rabbah, *Song of Songs*. Translated by M. Simon. New York: Soncino Press, 1983.

The Mishnah. Edited and translated by Herbert Danby. Oxford: Oxford University Press, 1980.

Moore, George Foot. *Judaism in the First Centuries of the Christian Era*. 2 vols. New York: Schocken, 1971.

Mt. Sinai Arabic Codex 151. Vol. 1, Pauline Epistles. Translated and edited by H. Staal. Corpus Scriptorum Christianorum Orientalium. Scriptores Arabici Tomus 40. Lovanii: A. E. Peeters, 1983.

Mygind, H., Micheal Zasloff and others. "Plectasin Is a Peptide Antibiotic with Therapeutic Potential from a Saprophytic Fungus." *Nature*, October 2005, 437: 975-980.

Neusner, Jacob. *The Tosefta*. Vol. 2, Moed. New York: Ktav, 1981.

Newbigin, Lesslie. *The Gospel in a Pluralistic Society*. Grand Rapids: Eerdmans, 1990.

_____. *The Light Has Come: An Exposition of the Fourth Gospel*. Grand Rapids:

Eerdmans, 1982.

―――. *The Open Secret*. Grand Rapids: Eerdmans, 1979.

―――. *Proper Confidence*. Grand Rapids: Eerdmans, 1995.

―――. *Sin and Salvation*. Philadelphia: Westminster Press, 1956.

Niles, Daniel T. *C. C. A. Hymnal*. Kyoto, Japan: Kawakita, 1974.

―――. *Upon the Earth*. London: Lutterworth, 1962.

―――. *This Jesus…Whereof We Are Witnesses*. Philadelphia: Westminster Press, 1965.

Nolland, John. *Luke*. Word Biblical Commentary. 3 vols. Dallas: Word, 1989-1993.

Nouwen, Henri J. M. *The Return of the Prodigal Son*. New York: Doubleday, 1992.

Novum Testamentum Domini Nostri Jesu Christi, Versio Arabica. Translated by J. Dawud. Mosul, Iraq: Typis Fratrum Praedictorum, 1899.

The Oxford Book of English Verse 1250-1918. Edited by A. Guiller-Couch. New York: Oxford University Press, 1940.

Perowne, Stewart. *The Later Herods: The Political Background of the New Testament*. London: Hodder & Stoughton, 1958.

―――. *The Life and Times of Herod the Great*. London: Hodder & Stoughton, 1957.

Plummer, Alfred. *The Gospel According to St. John*. Cambridge Greek Testament for Schools and Colleges. Cambridge: Cambridge University Press, 1982.

―――. *Gospel According to S. Luke*. 5th ed. International Critical Commentary. 1922. Reprint, Edinburgh: T & T Clark, 1960.

Rabin, Chaim. "Hebrew and Aramaic in the First Century." In *The Jewish People in the First Century*. Vol. 2. Philadelphia: Fortress Press, 1976.

Rad, Gerhard von. *Old Testament Theology*. 2 vols. New York: Harper & Row, 1962.

Ringsdorf, Karl Heinrich. "ἀπόστολος." *Theological Dictionary of the New Testament* 1:407-47. Edited by Gerhard Kittel and Gerhard Friedrich. Translated by Geoffrey W. Bromiley. Grand Rapids: Eerdmans, 1964.

Safrai, S., and Menahem Stern, eds. *The Jewish People in the First Century*. Vol. 2. Philadelphia: Fortress, 1976.

Sa'id, Ibrahim. *Sharh Bisharat Yuhanna* (Commentary on the Gospel of John). Cairo: Dar al-Thaqafa, n.d.

_____. *Sharh Bisharat Luqa* (Commentary on the Gospel of Luke). Beirut: Middle East Council of Churches, 1970.

Sanneh, Lamin. *Translating the Message: The Missionary Impact on Culture*. Maryknoll, N.Y.: Orbis, 1989.

Sasse, Hermann. "γῆ." In *Theological Dictionary of the New Testament* 1:677-81. Edited by Gerhard Kittel and Gerhard Friedrich. Translated by Geoffrey W. Bromiley. Grand Rapids: Eerdmans, 1964.

Scharlemann, Martin H. *Proclaiming the Parables*. Saint Louis: Concordia, 1963.

Schneemelcher, Wilhelm, and Edgar Hennecke, eds. *New Testament Apocrypha*. Vol. 1. Philadelphia: Westminster Press, 1963.

Schrenk, G. "δίκη, δίκαιος, δικαιοσύνη." In *Theological Dictionary of the New Testament 2*. Edited by Gerhard Kittel and Gerhard Friedrich. Translated by Geoffrey W. Bromiley. Grand Rapids: Eerdmans, 1964.

Scott, B. B. *Hear Then the Parable*. Minneapolis: Fortress, 1989.

Shahid, Irfan. *Byzantium and the Arabs in the Fourth Century*. Washington, D.C.: Dumbarton Oaks Research Library and Collection, 1984.

Sperber, Alexander, ed. *The Bible in Aramaic*. Vol. 3, The Latter Prophets. Leiden: E. J. Brill, 1962.

Stager, Lawrence E. "Why Were Hundreds of Dogs Buried at Ashkelon?" in *Biblical Archaeology Review* 17 no. 3 (1991): 26-42.

_____. "Ashkelon." In *The New Encyclopedia of Archaeological Excavations in the Holy Land*. Edited by E. Stern. 4 vols. Jerusalem: Israel Exploration Society, 1993.

Stendahl, Krister. *The Bible and the Role of Women*. Philadelphia: Fortress, 1966.

Stern, M. "Aspects of Jewish Society: The Priesthood and other Classes." In *The Jewish People in the First Century*. Vol. 2. Philadelphia: Fortress, 1976.

Stevenson, James, ed. *A New Eusebius*. London: SPCK, 1957.

Suetonius. *The Twelve Caesars*. Translated by Robert Graves. London: Penguin Books, 1979.

Swidler, Leonard. *Biblical Affirmations of Women*. Philadelphia: Westminster Press, 1979.

The Talmud of the Land of Israel. Translated by Jacob Neusner. Hagigah and Moed

Qatan 20. Chicago: University of Chicago Press, 1986.

Temple, William. *The Church Looks Forward*. London: Macmillan, 1944.

_____. *Nature, Man and God*. London: Macmillan, 1953.

_____. *Readings in St. John's Gospel*. 1st and 2nd ser. London: Macmillan, 1955.

Teresa, Mother. *The Joy in Loving*. Compiled by J. Chaliha and E. Le Joly. New York: Viking/Penguin, 1997.

Thompson, William. *The Land and the Book*. 2 vols. New York: Harper & Brothers, 1871.

Trimingham, J. Spener. *Christianity Among the Arabs in Pre-Islamic Times*. London: Longmans, 1979.

Tutu, Desmond M. *Hope and Suffering: Sermons and Speeches*. Grand Rapids: Eerdmans, 1984.

van der Post, Laurens. *Venture to the Interior*. Middlesex: Penguin Books, 1957.

Vatican Arabic MSS #95, The Four Gospels. Unpublished manuscript.

Vatican Arabic Ms. No. 13, The New Testament (8th/9th centuries). Unpublished manuscript.

Viviano, Benedict. *The Kingdom of God in History*. Wilmington, Del.: Michael Glazier, 1988.

Wadell, Helen. *Beasts and Saints*. London: Constable, 1949.

Wehr, Hans. *A Dictionary of Modern Written Arabic*. Edited by J. M. Cowan. Ithaca, N.Y.: Cornell University Press, 1961.

Werblowsky, R. J. Zei, and G. Wigoder, eds. *The Encyclopedia of the Jewish Religion*. New York: Adama Books, 1987.

Westcott, B. F. *The Gospel According to St. John*. 1908. Reprint, Ann Arbor, Mich.: Baker, 1980.

Whiston, William. *The Works of Josephus*. Rev. ed. Peabody, Mass.: Hendrickson, 1987.

Whitacre, Rodney A. *John*. IVP New Testament Commentary. Downers Grove, Ill.: Inter-Varsity Press, 1999.

White, R. C. *Lincoln's Greatest Speech: The Second Inaugural*. New York: Simon & Schuster, 2002.

Wise, O. M., and J. D. Tabor. "The Messiah at Qumran." *Biblical Archaeology Review* 18, no. 6 (1992): 60-65.

Zerwick, Max, and Mary Grosvenor. *A Grammatical Analysis of the Greek New Testament*. Rev. ed. Rome: Biblical Institute Press, 1981.

/ 색인 /

현대 저자 색인

A
Achtemeier, Paul J. (악트마이어, 폴) 32, 33n.14
Alfeyev, Hilarion 147n.1
Allison, C. FitzSimons 617n.22
Allison, Dale C., Jr. (앨리슨) 83n.2, 94n.5, 136n.9, 151n.5, 155, 191n.7, 422n.1, 443n.6
Arberry, Arthur J. 167n.2

B
Bailey, David M. 476n.9
Bailey, Kenneth E. (베일리, 케네스 E.) 24n.6, 30n.9, 32n.10, 41n.1, 59n.21, 96n.6, 148n.3, 233n.1, 278n.7, 283n.14, 293n.1, 294n.4, 297n.6, 303n.9, 344n.6, 373n.1, 385n.16, 393n.32, 407n.1, 439n.1, 465n.1, 481n.1, 516n.1, 518n.3, 535n.1, 544n.14, 568n.2, 590n.4, 649n.7
Barrett, C. K. 309n.1
Batey, Richard A. 341n.2
Bauer, Walter (바우어) 283n.15, 560n.2, 575n.8, 598n.10, 621n.4, 626, 639n.1
Beasley-Murray, George R. 309n.1, 333n.19

Bishop, E. F. F. (비숍) 51, 85, 222n.5, 333n.18
Blomberg, Craig L. 436n.4, 467n.3, 543n.12
Bonhoeffer, Dietrich (본회퍼, 디트리히) 273, 286, 386, 401
Bratton, Susan P. 601n.15
Brown, Raymond E. (브라운, 레이먼드) 64, 65n.2, 68, 85n.7, 94n.5, 109, 309n.1, 358
Bruce, F. F. (브루스) 309n.1
Bultmann, Rudolf (불트만, 루돌프) 127, 309n.1, 393, 394n.33
Burge, Gary (버지, 개리) 309n.1, 314n.5, 358n.6, 369
Burkitt, F. Crawford 112n.6, 194n.10, 420

C
Calvin, John (칼뱅) 208n.6
Chilton, Bruce D. (칠턴, 브루스) 242, 483n.3
Christie, William M. (크리스티, 윌리엄) 222
Cragg, Kenneth (크래그, 케네스) 33, 35
Cremer, H. 126n.3
Cullman, Oscar 44n.3

677

D

Danby, Herbert (댄비) 135n.8, 279, 387nn.22,23
Daniélou, Jean 249n.22
Davey, F. N. 332n.16
Davies, W. D. (데이비스, W. D.) 83n.2, 94n.5, 136n.9, 151n.5, 155, 191n.7, 422n.1, 443n.6
Davis, Burke 393n.31
Derrett, J. D. M. 56n.19
Dodd, C. H. (도드, 찰스) 309n.1, 563
Dunn, James D. G. (던, 제임스) 326

E

Edersheim, Alfred 538n.5, 542n.11
Eisenman, Robert H. (아이젠만) 235n.3, 248, 249n.21
Elton, Lord 263n.29

F

Fitzmyer, Joseph A. (피츠마이어, 조지프) 36, 54, 109n.2, 575
Flusser, David (플루서, 다비드) 359, 659, 660
Foerster, Werner (푀르스터, 베르너) 655
Freedman, David Noel (프리드먼, 데이비드 노엘) 570

G

Godet, Frédéric 358n.6
Goodwin, Jan 388n.26
Graf, Georg (그라프, 게오르크) 22n.3, 23
Gray, George B. 570n.3
Green, Joel B. (그린, 조엘) 223
Grosvenor, Mary 271n.2

H

Hamilton, V. P. 62n.1
Hanson, R. P. C. 85n.5
Hauck, Friedrich (하우크) 110
Hedrick, C. W. 414n.5
Hengel, Martin 112n.5, 511n.10
Hertz, Joseph H. 150n.4, 168n.3
Hirschfeld, Yizhar 46n.10
Horowitz, George (호로비츠, 조지) 520
Hoskyns, E. C. 332n.16
Hultgren, Arland (헐트그렌, 알란드) 36, 411n.3, 418, 422n.2, 457n.16, 526n.10, 543n.12, 556, 598n.9, 654, 659n.17

J

Jastrow, Marcus (재스트로, 마커스) 280, 656n.15
Jeremias, Joachim (예레미아스, 요아힘) 157, 167, 206, 207, 237, 238, 239, 510, 544
Johnson, James R. (존슨, 제임스) 599n.12
Johnson, Luke Timothy (존슨, 티모시 루크) 586
Just, Arthur A. 385nn.17,18,19, 455n.13

K

Kierkegaard, Søren (키에르케고어, 쇠얀) 69, 70, 135
Kittel, Gerhard 110n.3, 156n.10, 172n.5, 277n.5, 287n.18, 394n.33, 535n.2, 655.12
Kopp, Clemens 239n.10
Kuhn, Karl G. (쿤, 칼) 171, 172n.5
Kümmel, Werner G. 183n.2, 620n.2

L
Ladd, George E. 183n.2
Liddell, H. G. 72n.7, 575n.8
Lindars, Barnabas 309n.1

M
Maalouf, Tony 294n.3
Manson, T. W. (맨슨) 420, 433, 516, 529, 590n.3
Marmardji, A. S. 273n.4
Marshall, I. Howard (마샬, 하워드) 36, 54, 540n.9, 595n.6, 656n.16
Metzger, Bruce M. (메츠거, 브루스) 357, 358
Meyendorff, John (마이언도르프, 존) 21, 22n.1
Meyers, Eric M. 239nn.9,12
Michel, Otto (미헬, 오토) 277
Milton, John (밀턴, 존) 583, 584
Moore, George Foot (무어, 조지 푸트) 381, 382, 395
Mygind, H. 599n.12

N
Newbigin, Lesslie (뉴비긴, 레슬리) 37, 253n.25, 310, 323, 325, 329n.15, 355, 439, 467, 468, 613, 619n.1
Niles, Daniel T. (나일스, 대니얼) 99, 259, 315, 316, 568
Nouwen, Henri J. M. (나우웬, 헨리) 160

P
Perowne, Stewart 91n.1, 623n.5
Plummer, Alfred (플러머, 알프레드) 53, 54, 250n.24, 309n.1, 618

R
Rabin, Chaim 452n.10
Rad, Gerhard von (폰 라트, 게르하르트) 125n.2, 126, 132, 536

S
Sanneh, Lamin (사네, 라민) 152
Sasse, Hermann 116n.7
Scharlemann, Martin 436n.3
Schneemelcher, Wilhelm 44nn.3,7
Schrenk, G. 125n.1, 128n.6, 535n.2
Scott, Bernard B. 547n.17
Scott, Robert 72n.7, 575n.8
Shahid, Irfan 19n.1
Shakespeare, William (셰익스피어) 182, 310
Smith, J. Payne 194n.11, 574n.5
Stager, Lawrence E. (스테이저, 로렌스) 600
Stern, Menahem (스턴) 451
Stevenson, James 431n.1
Strange, J. F. 239n.9

T
Temple, William (템플, 윌리엄) 213, 245, 309, 310, 320, 326, 328, 370
Thompson, William (톰슨, 윌리엄) 50
Trimingham, J. Spencer 22n.2
Tutu, Desmond M. (투투, 데스몬드) 79, 203

V
van der Post, Laurens (반 데어 포스트, 로랑) 204
Viviano, Benedict (비비아노, 베네딕트) 186

W

Wadell, Helen 601n.15
Werblowsky, R. J. Zwi 170n.4
Westcott, B. F. (웨스트코트) 309n.1, 318
Whitacre, Rodney A. 309n.1
White, Ronald C. 204n.3
Wigoder, Geoffrey 170n.4
Wise, Michael O. 235nn.4,5
Wright, N. T. (라이트, 톰) 437, 438n.5, 640

Z

Zerwick, Max 271n.2

초기 유대교 자료 색인

「에녹서」 483, 484, 656
「요셉과 아스낫」 390n.30
타르굼 483

사해 사본

공동체 규칙 507n.6
메시아의 통치(1QSa) 484
4Q434 248
4Q436 246

미쉬나

ʾAbot 314
Baba Batra 280, 654n.10
Baba Qamma 600n.14
Berakot 163
Ketubbot 378n.23
Maʿaśerot 541
Moʿed 508n.7
Šabbat 364n.10
Sanhedrin 262n.28, 453n.12
Tamid 538n.5
Ṭohoroth 135

바빌로니아 탈무드

ʾAbot de Rabbi Nathan 389n.28, 443n.4
Baba Qamma 287n.17
Berakot 378n.5, 380n.9, 388, 403n.41, 443n.4, 631n.10
Derek Ereṣ Zuṭa 380n.9, 384n.15, 579n.14
Giṭṭin 387n.24
Kallah Rabbati 119n.9
Pesaḥim 279n.8, 443n.4
Šabbat 282n.13, 443n.5, 491n.7
Yoma 389

예루살렘 탈무드

Hagigah 589n.1, 590n.2
Moʿed Qatan 590n.2

토세프타

Moʿed Kippurim(Yoma) 508n.8

Mekhilta of Rabbi Ishmael 249

Midrash Rabba
Exodus 648n.6
Song of Songs 302n.8
Ruth Rabbah 589n.1

Rashi 280

중동의 아랍어 및 시리아어 기독교 문헌 저자 색인

Abuna, Albert 23n.5
Ephrem the Syrian (시리아인 에프렘) 23, 333
Ibn al-'Assal, Hibatallah (이븐 알 아살) 24, 652n.8
Ibn al-Salibi, Diyunisiyus Ja'qub (이븐 알 살리비) 24
Ibn al-Tayyib (이븐 알 타이이브) 23, 238, 342, 350, 377, 382, 416, 425, 442, 446-448, 451, 454-459, 474, 491, 494, 502, 520, 524-526, 539, 549, 562, 574, 601
Isaac the Syrian (시리아인 이삭) 147
Matta al-Miskin (마타 알 미스킨) 24, 55, 206, 208, 309, 580, 581, 583, 604, 621, 625
Sa'id, Ibrahim (사이드, 이브라힘) 24, 160, 309, 410n.2, 442

아랍어, 아르메니아어, 콥트어, 시리아어 복음서 역본 색인

아랍어 디아테사론 23, 273
아랍어 역본 73, 181n.1, 209, 340, 455, 558, 575, 598n.10, 599, 604, 626, 652
고전 아르메니아어 역본 542
콥트어 역본 626
초기 아랍어 역본 560
이븐 알 아살 사복음서 비평본 24
고시리아어 역본 112, 194, 195, 202n.2
시리아어 페쉬타 194, 202n.2
세 시리아어 역본 202n.2
Vatican Arabic No. 13 73n.8
Vatican Arabic No. 95 50n.11

그리스어와 라틴어 문헌 저자 색인

Ambrose of Milan (밀라노의 암브로시우스) 385, 386, 455, 472
Aristotle (아리스토텔레스) 118
Augustine of Hippo (히포의 아우구스티누스) 186, 385n.17, 455, 472, 475, 494
Epictetus (에픽테투스) 523
Eusebius (유세비우스) 147
Cassian, John (카시아누스) 385
Chrysologus 385n.17
Cicero (키케로) 630
Clement of Rome (로마의 클레멘스) 85
Cyril of Alexandria (알렉산드리아의 키릴로스) 573, 585
Galen (갈레누스) 431, 432
Jerome (히에로니무스) 44, 192, 601
Josephus, Flavius (요세푸스) 362
Justin (Martyr, 순교자 유스티누스) 54, 84, 85
Origen of Alexandria (오리게네스) 191, 193, 385, 386, 455
Suetonius 333n.17

성경 색인

❖ 구약성경

창세기
1:27 162
18:1-8 58, 379
18:2 379
18:7-8 580
18:8 379
22장 70
22:1-19 205
27:1-36:8 544
33:1 650
38:1-30 61
41:45 390
43:34 300n.7

출애굽기
1:8-22 94
2:11-15 469
3:1-22 172
3:5 385n.16
12:11 573
20:7 173

레위기
19:18 444, 445
19:34 445
20:10 361
20:12 63
26:19 503

신명기
6:4-5 150
6:5 444

7:6 173
18:8 300n.7
18:18 332
22:23 69
23:18 600
25:5-10 62
26:18 173
32:18 161

여호수아
2장 63

사사기
4-5장 294
11:29-40 49

룻기
1:16-17 64
3:6-9 64
3:14 64

사무엘상
26장 640
28장 48

사무엘하
11:1-12:25 65

열왕기상
9:28 84n.4
10:2 84n.4, 86
17:8-16 250
17:19 47
18:46 573

열왕기하
5:1-14 250
5:1-15 258
5:17 258
17:24-38 447

역대상
29:11-13 209

역대하
24:20-22 646

욥기
28:16 84n.4
29:14-16 129

시편
16:6 655
24:1 463, 591
35:3 328
37:9 117
37:11 117
37:29 117
60:8 384n.16
103:13 154
110:1 384n.16
118:22 658, 661

잠언
31장 294

전도서
2:18-19 477
4:1 82
5:2 149
7:2-4 114

7:20 366
8:15 474

아가
2:14 388
4:1 388

이사야
5장 660
5:1-5 661
5:1-6 411, 644
5:1-7 663
5:6 648
5:7 662
5:8 472
6장 178
6:1 322
6:1-5 174
6:1-6 226
6:1-10 174
6:5 174, 322
8:14 659, 660
8:14-15 661
9:1 239
25:6-9 482, 497
28장 25, 510, 554
28:14-18 26, 31, 450, 504, 506, 507, 546
29:19 248
32장 130
41:16-20 217, 218
42장 71
42:1 653
42:1-6 70
42:3 129, 364, 371
42:6 319

42:7 252
42:13 158n.13
42:13-17 218
42:14 158n.13
45:1-3 218
47장 78
47:1-3 78
47:2 388
49:6 495
53:5 286, 367, 399
53:6 366
53:7-8 233n.1
54:10-17 127
55장 360
55:1-3 359
55:8-9 233n.1
56:1 496
56:6-8 496
56:8 496
56:10 600
58:6 234, 241, 243, 251
58:7 111
60장 77, 85
60:1-3 86
60:1-7 241
61장 234, 239, 243, 254, 256, 264
61:1 248
61:1-7 240, 241
61:2 251
61:6-7 242
64:8 154
66장 547, 548
66:1-6 544, 545, 546, 549
66:2 111, 248
66:3 600

66:5 249

예레미야
1:10 241
1:17 573
2:13 319
26:20-21 646n.5

에스겔
16:4 46
20:41-42 171
33:29-33 511, 512
36장 178
36:16-23 171
36:21-23 171

다니엘
6:10 150

호세아
1:2 176
2:19 177
6:1 177
11장 159
11:1-9 158
11:9 158

아모스
5:18 182, 620
9:13-14 331

요나
1:3 257

미가
6:3-5 126, 536

6:5　608
6:6　129
6:8　130, 537

하박국
1:7　119, 468

❖ 외경

유딧
9:1　539n.6

집회서
7:24-29　294
7:26　294
22:3-5　294
25:13-26　294
25:22-26　294
26:1-4　344
26:9-12　294
33:20　294
35:14-18　407, 408
42:6-7　294
42:9-11　294
42:12-14　295
42:14　344
44-50장　61, 294

솔로몬의 지혜
14:3　155

❖ 신약성경

마태복음
1장　61
1:1-21　61
1:18-19　68, 69
1:20　71, 73
1:20-21　77
1:23　567
2장　84
2:1-2　82
2:1-12　58, 77
2:13-18　91
2:16　72
2:16-18　91
4:15　239
5-7장　105
5:1-5　105
5:3　249
5:3-12　107, 108
5:6-12　123
5:14-15　49
5:34-35　546
6:5-9　145
6:7　146
6:7-8　147
6:9　165
6:9-13　133
6:10-11　181
6:12-13　199
7:12　444
7:24-27　499
9:4　73
9:36　132
12:48-50　298
13:44-46　125
13:47-50　222
14:14　132
15:21-28　271, 337, 338
18:4　544
18:23-34　200
18:23-35　133, 395, 610n.20
18:25　458
18:27　132
20:1-16　478, 551, 552
20:8　643
23:12　544
23:34-37　646n.5
24:36　184
25:1-13　419, 420, 582
25:14-30　395
26:58　451n.8
28:18-20　67
28:19　172

마가복음
1:1　306
1:9-11　36, 511
1:13　601
1:15　182
1:41　132
3:7-8　342
6:7-13　316
6:8-9　316
6:14-29　354
6:21-29　284n.16
6:34　132
7:3-4　579n.13
7:24-30　598
10:46　271
11:16　640
12:1　645
12:1-12　74, 643n.3
12:37　56
13:32　184, 428
14:3-9　349

14:36　154
14:38　207
14:54　451n.8
15:40-47　303, 304
16:1-8　303, 305, 306

누가복음

1:1-2　377n.2
1:1-4　234, 243, 303
1:2　46, 377
1:5-20　303
1:8　538
1:26-36　303
1:46-49　296
1:46-55　268, 296, 297n.6
1:50　301
1:50-55　296
1:52　57
1:52-53　268
1:55　301
1:68　249
1:68-69　81
1:76-77　81
2:1-7　45
2:1-18　42
2:4　42, 43
2:7　51, 52, 53
2:8-14　56
2:22-36　91
2:25-32　95
2:34　97, 659
2:34-35　97
2:38　95
3:8　615
3:21-22　393
3:23-38　61

4:14-15　232
4:16　249
4:16-20　233, 374
4:16-30　236, 264, 288, 290, 297, 467
4:16-31　238
4:17-19　245
4:17-30　343
4:18　252
4:18-19　235, 252
4:22　237, 238
4:22-30　235
4:23-24　254
4:24　378
4:25　31, 217, 377
4:25-27　255, 301
4:28　72
4:29-30　262
4:38-39　220
4:38-40　236
5:1-3　317
5:1-11　213, 215, 216, 217, 374
5:9-10　377
5:24　403
5:30　381, 391
5:36-39　301
6장　510
6:20　249
6:20-26　106
6:20-49　105
6:31　444
6:35-36　606, 634
6:36　635
6:46-49　499, 501, 504, 511, 546

7장　374
7:13　132
7:22　236
7:36-50　233n.1, 301, 339, 373, 374
7:37　383
7:41-42　396
7:46-50　371
8:1-3　67, 298, 314
10:25　656
10:25-28　440
10:25-37　52, 439, 449, 554
10:29-30　440
10:33　132
10:36-37　440
10:38　299
11:4　133, 201
11:5-6　576
11:5-8　301, 411n.3
11:20　112, 184
12:13-21　46, 463, 464
12:35-38　31, 421, 567, 570, 572
12:35-39　568
12:51-53　301
13장　80
13:2　394
13:4　394
13:5　80
13:6-9　660
13:9　660
13:10-17　49
13:18-19　214
13:18-21　96, 302
13:21　214

13:22-30 485
13:34 646n.5
14:1-6 228
14:11 544
14:15-24 481, 485, 486, 649
14:16-24 74
14:26-27 302
15장 226
15:2 381
15:1-10 228
15:3-10 96
15:3-11 302
15:4-7 283n.14, 288, 289, 544, 561
15:11-23 466
15:11-32 228, 340, 551, 592
15:16 597
15:17-19 643
15:20 278n.7
15:24-31 554
15:24-32 466
15:29-30 643
16:1-8 466, 515, 517, 592
16:3-4 643
16:9-13 518, 590, 592
16:11 591
16:12 591
16:13 29
16:16-18 592n.5
16:19-30 589, 593
16:19-31 589
16:20 340
18:1-8 301, 407, 409
18:9-14 301, 533, 534

18:18 656
18:35-43 268, 269
18:35-19:10 288
18:35-19:11 267
18:38 132, 341n.3, 542, 604
18:39 345
18:41 343
19:1-10 226, 275
19:4 278
19:9 184, 620
19:11 184, 620
19:11-27 619, 622
19:12-28 395
19:27 660
19:40 658
19:47 640
20:1 641
20:8 641
20:9-18 466, 493, 639, 642, 648
20:19 654
20:27-36 302
21:1-4 303
21:5-36 184
22장 52
22:10-12 53
22:27 586
22:31-32 208
23:48 542
24:44 360

요한복음

1:14 214
1:18 136
1:29 543

3:16 371
4:1-6 310
4:1-42 309
4:7-9 312
4:10-13 318
4:13-15 320
4:16-17 321
4:17-20 323
4:21-23 656
4:21-25 325
4:26 327
4:27 345
4:27-30 328
4:39-42 331
5:6 343
6:40 549
6:54 549
7:32 451n.8
7:37-38 358, 359
7:46 359
7:49 359
7:53-8:11 353, 356, 357
8장 402
8:4-5 362
8:7 365
8:12 311
10:11-15 570, 571
10:18 326
10:30 397
11:45-50 613
13:1-18 584, 586
13:6-8 579
13:17 586
13:23 602
18:3 451n.8
18:18 451n.8

18:31 363
18:36 190
20:17 322
21:25 87

사도행전
2:1-4 36
5:1-11 465
7:49-50 546
7:57-60 363n.9
9:36 298
10:19 72
13:15 232
21:1-18 377n.2
21:17-18 227n.8
22:3 299
27:1 377n.2

로마서
1:1 578
1:3 271n.1
3:26 355
4:13 118
6:23 633
7:13-20 444
8:15 154
8:22 118
11:33 120
13:12 184
14:23 260
15:26 249

고린도전서
1:17-2:2 30, 356
2:10 592
2:10-11 233n.1
3:1-2 233n.1
3:6 629
3:8 629
3:10-17 513n.11
3:16 511
4:6 246
5:7 355
6:13-20 234
6:19-20 356
7:1 390n.29
7:29 184
10:11 184
12:1-30 233n.1
13:4-7 607
13:13 253
15:3 353, 355
15:42-50 215
15:44 463
15:57 356

고린도후서
5:19 567

갈라디아서
2:10 249
3:28 67
4:6 154

에베소서
1:7 356

빌립보서
1:1 578
3:2 600
3:10 406
4:7 137

골로새서
2:13-14 395
2:14 356
2:15 356

히브리서
13:14 190

야고보서
1:11 479
1:13 206
2:16 605

베드로전서
4:7 184
5:1 402
5:6 544

베드로후서
2:22 600
3:3-10 185

요한1서
3:9 161, 433
4:19 133

요한계시록
3:20 576
21:9-27 88
22:15 600

색인

687

중동의 눈으로 본 예수
고대 중동의 삶, 역사, 문화를 통해 본 복음서

Copyright ⓒ 새물결플러스 2016

1쇄 발행 2016년 3월 24일
17쇄 발행 2025년 2월 15일

지은이 케네스 E. 베일리
옮긴이 박규태
펴낸이 김요한
펴낸곳 새물결플러스

편 집 왕희광 정인철 노재현 이형일 나유영 노동래
디자인 황진주 김은경
마케팅 박성민
총 무 김명화 이성순
영 상 최정호
아카데미 차상희

홈페이지 www.holywaveplus.com
이메일 hwpbooks@hwpbooks.com
출판등록 2008년 8월 21일 제2008-24호
주 소 (우) 04114 서울시 마포구 신촌로28가길 29
전 화 02) 2652-3161
팩 스 02) 2652-3191

ISBN 979-11-86409-48-0 93230

책값은 뒤표지에 있습니다.